D1797402

FURRER

Die
Vier- und Fünfmast-Rahsegler
der Welt

Herzogin Sophie Charlotte, 1894
Schulschiff des Norddeutschen Lloyd, ehemals *Albert Rickmers*

Hans Jörg Furrer

Die Vier- und Fünfmast-Rahsegler der Welt

KOEHLERS VERLAGSGESELLSCHAFT MBH · HERFORD

Bildnachweis:

Farbbilder:

Schutzumschlagvorderseite: Reproduktion nach dem Gemälde *Loire* vom Marinemaler Roger Chapelet

Schutzumschlagrückseite: Reproduktion nach dem Gemälde *Antoinette* von Albert Brenet

Seiten 113, 115, 117, 121, 123, 127, 129, 131, 133 und 135 nach Gouachen vom Marinemaler Roger Chapelet

Seiten 119 und 125 nach Kapitänsbildern unbekannter Maler

Alle Gemälde befinden sich im Besitz des Verfassers

Schwarz-Weiß-Bilder:

Vorsätze: Altonaer Museum in Hamburg

L'Invention (Seite 7) und *Columbus* (Seite 12): Archiv des Verfassers

Alle übrigen:
Mit freundlicher Genehmigung des Deutschen Schiffahrtsmuseums Bremerhaven

CIP-Kurztitelaufnahme der Deutschen Bibliothek

Furrer, Hans Jörg:
Die Vier- und Fünfmast-Rahsegler der Welt / Hans Jörg Furrer. – Herford : Koehler, 1984.
  ISBN 3-7822-0341-0

ISBN 3-7822-0341-0; Warengruppe Nr. 41

© 1984 by Koehlers Verlagsgesellschaft mbH, Herford
Alle Rechte, insbesondere das der Übersetzung, vorbehalten
Schutzumschlaggestaltung: Ernst A. Eberhard, Bad Salzuflen, unter Verwendung der beiden obengenannten Reproduktionen
Layout und Produktion: Heinz Kameier
Satz und Druck: HB-Drucke Brackmann GmbH, Löhne
Bucheinband: Hunke & Schröder, Iserlohn
Printed in Germany

Inhaltsverzeichnis

Dem Andenken an die Kapitäne
Friedrich Mellert
und
Rolf Reinemuth
gewidmet

Kapitän Friedrich Mellert

war Generalsekretär
der deutschen Sektion der
»Amicale Internationale des
Capitaines au Long Cours Cap Horniers«

Kapitän Rolf Reinemuth

war Bezirks-Präsident »Weser«
der »Amicale Internationale des
Capitaines au Long Cours Cap Horniers«

1. Teil

Einleitung

Als stolze Zeugen einer vergangenen großen Zeit der Schiffahrt dümpeln heute in verschiedenen Häfen unseres Erdenrunds stillgelegte große Segelschiffe.
Unser besonderes Augenmerk gilt einer speziellen Kategorie dieser Schiffe:
den rahgetakelten Vier- und Fünfmastern.
Verschiedene Institutionen und Museen betreuen diese Meisterleistungen des Schiffbaus aus dem 19. und den ersten Jahren des 20. Jahrhunderts. Noch heute werden die einst größten Massengutfrachter unter Segeln von Tausenden interessierter Besucher besichtigt und bestaunt.

Von den hier beschriebenen Viermastern wurden folgende Einheiten in den nachstehend genannten Häfen aufgelegt:

Falls of Clyde	in Honululu
Moshulu	in Philadelphia
Passat	in Travemünde
Peking	in New York
Pommern	in Mariehamn
Viking	in Göteborg

L'Invention, 1801
Erstes Viermast-Vollschiff

Obschon das Segelschiff als Frachter seit dem Zweiten Weltkrieg seine Bedeutung ganz verloren hat, drängen sich dem Betrachter von heute viele Fragen auf.

O Wer hat diese Schiffe alle gebaut?

O Wann wurden sie gebaut?

O Wer hat diese Großsegelschiffe bereedert?

O Welches war das Schicksal jedes einzelnen Fahrzeuges?

O Wie viele dieser Einheiten hat es jemals gegeben?

Diese Fragen haben den Verfasser beschäftigt, nachdem er mehrere der erwähnten Schiffe hat besichtigen können.

Angesichts der Fülle von Segelschiffen jeder Art und Größe habe ich diesen Bericht eingegrenzt und nur Vier- und Fünfmastrahschiffe berücksichtigt.

Vom ersten Schiff dieser Art, L'Invention, erbaut im Jahre 1801, bis zu der 1931 in Kiel vom Stapel gelaufenen Hussar umfaßt dieser geschichtliche Abriß eine große Epoche der Schiffahrt.

Im Lauf der umfangreichen Nachforschungen entstand beim Verfasser auch der Wunsch, in diejenige Zeit zurückzublenden, in der die ersten Viermaster überhaupt die Weltmeere durchpflügten. Insgesamt hofft der Autor, all jenen einige Informationen zu vermitteln, die sich mit der Geschichte der Schiffahrt befassen. Der Bericht umfaßt alle in der erwähnten Zeit weltweit gebauten Einheiten mit Vier- und Fünfmasttakelung. Über jedes Schiff ist ein »Steckbrief« verfaßt worden.

Ein umfangreiches Literaturverzeichnis aus deutschem, französischem, englischem, italienischem und schwedischem Sprachgebiet gibt dem Interessierten die Möglichkeit zur vertiefenden Information über die Einzelheiten bestimmter Segelschiffe.

Geschichte

Der Viermaster vom späten Mittelalter bis Ende des 18. Jahrhunderts

Im Museo Correr zu Venedig wird eine von Jacob Barbari im Jahre 1498 gezeichnete Ansicht der Lagunenstadt aufbewahrt. Das Bild ist ausgeschmückt mit der Abbildung von Segelschiffen jener Zeit. Sehr deutlich lassen sich auf diesem Dokument Einheiten mit vier Masten erkennen. Es darf angenommen werden, daß es sich bei dieser Zeichnung um eine der ältesten Darstellungen handelt, auf der die uns interessierenden Viermaster abgebildet sind.

Die Malteser-Ritter beauftragten im Jahre 1523 eine Werft in Nizza mit dem Bau einer Karracke, die vier Masten führte. Die Republik Malta hat dieses *Santa Anna* getaufte Schiff kürzlich auf einer Briefmarke dargestellt.
Auch zur Zeit von Sir Francis Drake waren in der Seeschlacht gegen die berühmte spanische Armada im Jahre 1588 Viermaster im Einsatz.
Ein Zeitgenosse von Drake, der Maler Pieter Breughel, hielt auf Zeichnungen und Gemälden die stolzen, hochgetakelten Segelschiffe des Mittelalters fest, darunter auch Viermaster.
In verschiedenen Stadtsiegeln aus der Zeit Ende des 16. Jahrhunderts dienten Segelschiffe mit vier Masten als Schmuck. Im Gegensatz zu späteren Takelagen führten all die erwähnten Einheiten an beiden achteren Masten die sogenannten Lateinersegel, deren Rahen im Winkel von etwa 45° zur Horizontalen an den Masten befestigt waren.

Im Laufe der Jahre und Jahrzehnte entstanden ganz besonders in Nordeuropa regelrechte Prachtbauten als Statussymbole von Nationen und Monarchen. Für heutige Zeiten unvorstellbar reicher und kostbarer Schmuck machte die Schiffe zu wahren Kunstwerken, mit ihren hohen Vor- und Achterdecks waren sie in der Tat beeindruckende Repräsentanten ihrer Nationen. *Henry Grace à Dieu, Ark Royal* und *Adler von Lübeck* waren die bekanntesten Konstruktionen jener Zeit.

Nach der Mitte des 17. Jahrhunderts verschwand der vierte Mast auf den Schiffen wieder, und die Takelage entwickelte sich zum Vollschiff. Alle Masten ähnlicher Höhe führten durchweg Rahen. Das Lateinersegel verlor bei dieser Art Rigg seine Bedeutung, alle Rahen wurden horizontal gefahren.

Ein bleibender Zeuge des großen hölzernen Vollschiffs ist uns in Portsmouth erhalten, Nelsons Flaggschiff *Victory* aus der Seeschlacht von Trafalgar.
Mit der weiteren Entwicklung im Schiffbau ergab sich eine gewisse Versachlichung. Schmuck und Dekorationen verloren sich gegen Ende des 18. Jahrhunderts fast vollständig, und es begann auch die Aufteilung in Kriegs- und Handelsschiffe.
In früheren Zeiten hatte man sich keine besonderen Gedanken über die Geschwindigkeit von Wasserfahrzeugen gemacht. Als sich noch alles gemächlich bewegte, hatte man keinen Grund, der Geschwindigkeit besondere Beachtung zu schenken.

Schlagartig aber änderte sich die Situation mit der Erfindung der Dampfmaschine. Schon im Jahre 1786 machte der Brite Fitch erste Versuche, ein Schiff mit einer Dampfmaschine anzutreiben. Die Entwicklung ging sehr rasch voran, und 1819 überquerte das erste Dampfschiff *Savannah* den Atlantik. Dieses Ereignis setzte einen Markstein in der Geschichte der Seefahrt. Über Jahrtausende hinweg hatten Ruderer, Segel und Wind das Vorankommen der Schiffe auf See bestimmt. Nun plötzlich stand eine Maschine zur Verfügung, die dem Menschen einen Teil der schweren Arbeit abnehmen und die Fahrtgeschwindigkeit unabhängig von Wind und Wetter bestimmen konnte. Die Segelschiffahrt sah sich einer ernsten Herausforderung gegenüber. Zum ersten Mal in der Geschichte der Seefahrt hatte sie einen Konkurrenten erhalten. Sollten die Segelschiffe nicht von den Meeren verschwinden, mußten die Konstrukteure handeln.

In den Vereinigten Staaten von Amerika war man zuerst bestrebt, dem mechanisch angetriebenen Schiff Paroli zu bieten. Als erster ging der nachmalig berühmt gewordene Schiffbauer Donald Mc Kay aus Boston ans Werk, und er trug sich mit seinen »Clippern« in das goldene Buch der Schiffbauer ein.

Geschwindigkeit wurde nun praktisch oberstes Prinzip im Bau und Betrieb der Segelschiffe.

Statt der früher eher fülligen Schiffsrümpfe entwickelte man schlanke, scharf geschnittene Schiffskörper. Dadurch ergaben sich wesentlich verbesserte Fahreigenschaften in bezug auf die Geschwindigkeit. Aber der moderne Segelschiffbau konnte den angebrochenen Siegeszug des Dampfers nur verzögern, aufhalten konnte er ihn nicht.

Schon in der Mitte des 19. Jahrhunderts wurde das Segelschiff aus der Passagierschiffahrt verdrängt. Lediglich im Transport von zeitlich nicht besonders gebundenen Massengütern wie Kohle, Korn und Salpeter wurde das windgetriebene Gefährt nur zögernd durch den Dampfer ersetzt. Frühe Maschinenschiffe waren noch große »Kohlenfresser«, und die notwendigen Versorgungsplätze zum Bunkern waren noch nicht in genügender Zahl vorhanden. Zudem konnte der Segler noch mit billigeren Frachtraten aufwarten. Dank konservativer Kräfte, vor allem in Frankreich und in Deutschland, erlebte das Segelschiff in einer letzten großen Anstrengung als Massengutfrachter noch einmal eine kurze Blütezeit mit der *Preußen* und anderen Einheiten der Reederei Laeisz aus Hamburg.

Der bittere Weg zum Ende begann für die Schiffahrt unter Segeln eigentlich erst mit dem Zweiten Weltkrieg. Nur wenige, aber nicht mehr frachtfahrende Schulschiffe pflügen heute noch durch die Ozeane.

Über 5000 Jahre hatte die Entwicklung des Segelschiffs in Anspruch genommen. Nur 50 Jahre aber dauerte die letzte kurze Zeitspanne, während welcher sich der Segler verzweifelt gegen seinen Widersacher mit mechanischem Antrieb aufbäumte. Die Welt hatte sich grundlegend verändert, das Zeitalter der Maschine war angebrochen.

Aber schon um 1900 erhielt auch die Dampfmaschine ihren mächtigen Konkurrenten, und heute verkehren unzählige Einheiten großer und kleiner Tonnage mit Dieselmotoren als Antriebsmaschine. So wie sich das Rad der Geschichte weiterdreht, so führten die Anstrengungen in der Technik zu weiteren Errungenschaften. Turbine und Atomkraft dienen heute zum Antrieb verschiedener Schiffsgattungen. Und ein Ende der Entwicklung in diesem Spezialgebiet der Technik ist noch nicht abzusehen.

Die einst so hoch gepriesene, schnelle Passagierschiffahrt – man denke nur an Namen wie *Bremen, Queen Mary, Normandie, Rex* oder *France* – ist heute kaum noch gefragt. Die schnellere Konkurrenz in der Luft hat sie aus dem Markt geworfen.

Damit hätten wir die Zeit vom Jahre 1500 bis zur Gegenwart kurz umrissen, eine Zeit, die vom prunkvollsten Anfang zum sachlich-technischen Höhepunkt und weiter zum bitteren Ende führte.

Mit den letzten 130 Jahren in der Entwicklung der Segelschiffe befassen wir uns nun näher, wobei die Einschränkung gilt, daß nur die rahgetakelten Vier- und Fünfmaster beschrieben werden. Es handelt sich also um diejenigen Schiffe, die wir als letzte Zeugen einer vergangenen großen Zeit in der Frachtschiffahrt bezeichnen möchten.

Erste Viermaster mit Rahtakelung im 19. Jahrhundert

Die früheste Darstellung eines Segelschiffs mit vier vollgetakelten Masten stammt aus dem Jahre 1801. Die Neuerung führte sinnigerweise den französischen Namen *L'Invention,* zu deutsch *Die Erfindung.*

Es war ein Franzose namens Thibault, der in Bordeaux das Schiff mit der neuen Takelage erbauen ließ. Es handelte sich um ein Viermastvollschiff, es waren also alle Masten mit Rahen bestückt. Am 19. Juli 1801 ging der Segler in See, und zwar auf Kaperfahrt in den Atlantik. In Frankreich war Napoleon an die Macht gelangt, und schon zeichneten sich die ersten Schwierigkeiten mit Großbritannien ab, die dann im Jahre 1805 zur Seeschlacht von Trafalgar führten.

Ein britisches Kriegsschiff war es dann auch, das die *L'Invention* in der Nähe von Cap Finisterre stellte und als Prise aufbrachte. Die Briten untersuchten und studierten die Neukonstruktion genau, bevor sie sie einem Kaufmann auf Guernsey weiterverkauften. Ein 1803 in Neapel entstandenes Gemälde zeigt das Schiff unter vollen Segeln mit Royals an drei Masten. Mars- und Bramsegel waren noch aus einem Stück gefertigt. Die Länge der Einheit betrug 135 Fuß, die Breite war mit 27 Fuß angegeben. Ein kolossal langer Klüverbaum und ein langer Besanbaum gaben dem Gefährt ein besonderes Gepräge. *L'Invention* kreuzte im Atlantik bis nach New York und zum Rio de la Plata, wo sie letztlich auch verlorenging. Dieses Fahrzeug war für seine Zeit ein absolutes Novum, insbesondere der Takelage und des Rumpfes wegen. Der Breitenindex, also das Verhältnis Länge zu Breite mit fünf zeigte deutlich, daß Thibault etwas von der späteren Erkenntnis »Länge läuft« geahnt haben muß.

Der Versuch des Franzosen fand in Europa vorerst kein Echo. Das Viermastvollschiff war noch nicht reif für den allgemeinen Einsatz. Es dauerte rund ein Vierteljahrhundert, bis im weit entfernten Kanada neue Schiffe dieser Gattung von sich reden machten.

In Großbritannien war damals Bauholz sehr knapp geworden. Die riesigen Wälder in Schottland und anderen Teilen des Inselreichs waren über Jahrhunderte dem Schiffbau in Holz »geopfert« worden. Man hatte sich keine Gedanken über mögliche Aufforstungen gemacht, wie sie heute, speziell in Schottland, in großem Stile unternommen werden.

Irgendwie mußte man sich Holz beschaffen, und als Lieferanten kamen Skandinavien und Kanada in Frage. Die Preise in Schweden und Rußland (Finnland war damals noch russisch) schienen den Briten aber zu teuer, und so suchte man die Lösung in Kanada.

Charles Wood, ein Schiffbauer aus Port Glasgow, baute in Kanada eigenartige, mächtige Schiffe. Ganz roh gezimmert, sollten sie nur dem einmaligen Transport von Holz nach Europa dienen. In Großbritannien sollten diese Einheiten wieder abgebrochen werden, und das anfallende Holz sollte anderweitig Verwendung finden. Damit hoffte man zu einigermaßen preisgünstigem Holz zu kommen.

In Anse du Fort bei Quebec ging Wood ans Werk, und es entstanden zwei Schiffe, die für ihre Zeit außerordentliche Dimensionen aufwiesen. Im Juli 1823 lief der erste Neubau bereits vom Stapel. Mit einer Länge von 301 Fuß, einer Breite von 50.5 Fuß und einer Tonnage von 3690 ts übertraf *Columbus,* wie das Schiff getauft wurde, alles, was bisher gebaut worden war.

Für Charles Wood ergaben sich noch vor dem Stapellauf besondere Probleme. Der Schiffbauer befürchtete nämlich, das Schiff werde den Stapellauf nicht heil überstehen, sondern beim Aufschwimmen des Hecks im Wasser auseinanderbrechen. Schließlich wurde *Columbus* vor dem Stapellauf voll beladen. Das Wagnis gelang, und vor rund fünftausend Zuschauern glitt das Schiff in sein Element.

Auch in bezug auf die Takelage bot dieser Viermaster eine Neuerung, denn erstmals wurde ein Schiff als

Viermastbark getakelt. Der achtere Mast, Besanmast genannt, führte nur noch Schratsegel, also keine Rahen mehr. Der Erbauer legte ja keinen besonderen Wert auf gute Segeleigenschaften, war doch eine möglichst große Transportkapazität bei möglichst kleinem bautechnischem Aufwand die Hauptsache. Der bereits erwähnte roh gezimmerte Rumpf wurde deshalb auch nicht kalfatert.

Am 5. September 1824 ging Columbus mit Bestimmung Großbritannien in See. Während der ganzen Passage von sieben Wochen lag das Schiff mehr unter als auf dem Wasser, und die Besatzung war froh, daß Wood wenigstens sehr leistungsfähige Pumpen hatte einbauen lassen. Nur deren Hilfen ist es zu verdanken, daß Columbus den Atlantik heil überqueren konnte. Gegen Ende der Reise standen etwa 11 bis 12 Fuß Wasser im undichten Rumpf. Glücklich erreichte man Blackwall an der Themse. Groß war das Aufsehen, das der Riese aus Kanada in London erregte, hatte man doch noch nie ein Schiff dieser Ausmaße gesehen. Auch die Takelage war für die Briten neu, und alle bekannteren Zeitungen befaßten sich mit Details des neuen Schiffes. Beeindruckend war auch die gewaltige Menge an Bauholz, die vom Schiff gelöscht wurde.

Entgegen der ursprünglichen Absicht wurde Columbus in London aber nicht abgebrochen. Ende April 1825 verließ der Viermaster in Ballast Großbritannien wie-

der, um die erste erfolgreiche Fahrt zu wiederholen. In einem schweren Sturm am 17. Mai brach dann aber der Rumpf vor der Küste Irlands auseinander, und die Wellen schlugen über der ersten Viermastbark der Welt zusammen.

In Kanada hatte man inzwischen schon munter mit dem Bau einer zweiten Einheit begonnen, als sich Columbus noch auf der ersten Reise befunden hatte. Dieser zweite Bau übertraf seinen Vorgänger noch. Bei annähernd gleicher Länge wurde die Breite auf 61 Fuß gesteigert, und auch die Raumtiefe war mit 34 Fuß rund um ein Drittel größer.

So ergab sich für diesen Baron of Renfrew getauften Viermaster eine Tonnage von 5880 ts. Wiederum als Viermastbark getakelt, ging auch dieses Schiff, vollständig mit Holz beladen, auf die große Fahrt nach Großbritannien.

Baron of Renfrew erreichte im Oktober 1825 den Kanal, wo Lotsen den Viermaster in Empfang nahmen. Noch nie aber hatten diese Leute ein Schiff solcher Dimensionen zu führen gehabt, und so geschah es, daß sie es bei Long Sound Head auf Grund setzten. Tagelange vergebliche Bemühungen, das Schiff abzubringen, schlugen fehl, und nach kurzer Zeit brach der Rumpf auseinander. Wrackteile trieben quer über den Englischen Kanal und konnten in Dunkerque und Gravelines eingesammelt werden.

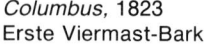

Columbus, 1823
Erste Viermast-Bark

Damit hatten die ersten Viermastbarken, die als Weltpremiere den Atlantik querten, ein rasches Ende gefunden. Es sollte wiederum etwa 25 Jahre dauern, bis eine weitere, noch berühmtere Viermasteinheit zu Wasser kam.

Mit großem Erfolg hatte der bereits erwähnte Donald Mc Kay seine Clipper in Boston gebaut. Zur Zeit des »goldrush« waren schnelle Passagen rund Kap Hoorn nach dem sagenumwobenen Lande Kalifornien an der Pazifikküste sehr gefragt. Berühmt gewordene Segelschiffe wie *Flying Cloud, Sovereign of the Seas* und andere hatten Mc Kay als Schiffbauer in aller Welt bekannt und berühmt gemacht.

Von seinen Erfolgen beflügelt, entschloß sich der Schiffbauer aus Boston im Jahre 1853 zum Bau eines Großsegelschiffs von etwa 4500 ts. *Great Republic* lief am 4. Oktober 1853 vom Stapel. Fünfzigtausend Zuschauer – unter ihnen der deutsche Reeder Ferdinand Laeisz – wohnten dem nicht alltäglichen Ereignis bei. Zur Feier des Tages hatte die Stadtverwaltung einen freien Tag verfügt.

Mit diesem Schiff erschien zum dritten Male in der Schifffahrtsgeschichte die Viermastbarktakelage auf See. Eine Neuerung gegenüber den früheren Bauten bedeutete die Aufteilung der Mars- und Bramtücher in zwei Teile. Bei den fast unvorstellbaren Ausmaßen der Takelage und der Segel dieses Riesenschiffes wären ja Segel, aus einem Stück gefertigt, kaum mehr von Hand zu bedienen gewesen.

Gewaltig waren die Abmessungen der Viermastbark. 335 Fuß lang, 53 Fuß breit und eine Raumtiefe von 38 Fuß ergaben eine Tonnage von 4555 ts. *Great Republic* war damit das größte Segelschiff, das jemals gebaut wurde.

Es muß erwähnt werden, daß Mc Kay das aus Holz gebaute Schiff mit eisernen Gurtungen verstärkte und damit die ersten Schritte in Richtung der Composit-Bauart tat. Die Größe der Einheit verdeutlichen auch die Hauptmaße des Riggs. So stand der Großmast mit rund 69 Metern über dem Kiel, und die Großrah hatte eine Länge von fast 37 Metern. Der Durchmesser des Hauptmasten auf Deckshöhe betrug ganze 111 Zentimeter!

Mc Kay hatte den Riesenbau auf eigene Rechnung gebaut, und keiner seiner zahlreichen Kunden fand den Mut – oder die Mittel –, das große Schiff zu erwerben. So entschloß sich der Werftbesitzer, das Gefährt in eigener Kompetenz in der Australienfahrt einzusetzen. Kapitän sollte Mc Kays Bruder Lauchlan Mc Kay werden, der sich als Führer der *Sovereign of the Seas* einen Namen gemacht hatte.

Im Schlepp wurde die Viermastbark nach New York gebracht und vor der ersten Seereise in dem berühmten Hafen ausgestellt. Tausende von New Yorkern besichtigten das Schiff in den Weihnachtstagen des Jahres 1853. Das erhobene Eintrittsgeld stiftete Mc Kay zur Errichtung eines Seemannsheimes in Boston. Einen guten Zweck hatte *Great Republic* damit erfüllt, es sollte leider auch der einzige bleiben.

Während der Ladegeschäfte für die erste Reise nach Liverpool lag der Viermaster neben anderen Einheiten an der Pier. Am 26. Dezember brach dann im Hafen ein Großfeuer aus, und starke Winde trugen Funken in die Takelage des Viermasters. Innerhalb kürzester Zeit war *Great Republic* eine riesige, brennende Fackel. Keine der herbeigeschafften Feuerwehrspritzen war leistungsfähig genug, um in die turmhohen Masten des Segelschiffs Löschwasser zu befördern. Brennende Teile von Rahen, Masten und Tauwerk stürzten auf das Oberdeck des Holzschiffes, und schließlich brannte *Great Republic* lichterloh. Erst als die Flammen ihr Zerstörungswerk bis zur Wasserlinie fortgesetzt hatten, bot das Seewasser ihrem gefräßigen Tun Einhalt.

So lag denn die Viermastbark als Brandwrack im Hafen von New York. Zwei in der Nähe liegende Clipper, *Joseph Walker* und *White Squall,* waren ebenfalls ein Raub der Flammen geworden. Diese Katastrophe traf Donald Mc Kay schwer. Die Versicherungsleistungen genügten bei weitem nicht, und der Schiffbauer sah seine größten Hoffnungen zerstört. Obschon Mc Kay später noch sehr erfolgreich wirkte, hat er diesen schweren Schlag zeitlebens nicht verwunden.

Great Republic wurde in stark reduzierten Ausmaßen wiederhergestellt und blieb noch viele Jahre in Fahrt, bis sie im Jahre 1872 in der Nähe der Bermudas in schwerem Sturm sank.

L'Invention, Columbus, Baron of Renfrew und *Great Republic* waren also die ersten Viermasteinheiten im 19. Jahrhundert. Im zeitlichen Abstand von ungefähr fünfundzwanzig Jahren erschienen sie auf den Weltmeeren. Alle waren sie aus Holz gebaut, und alle hatten sie nach kürzerer oder längerer Zeit das gleiche Schicksal.

Mit der Entwicklung zu immer größeren Schiffen verlor das Holz als Baumaterial für Rumpf und Rigg an Bedeutung. Zu Beginn des letzten Viertels des 19. Jahrhunderts erschien dann auch der erste Viermaster aus Eisen und leitete damit die letzte, aber bedeutendste Bauepoche von Frachtseglern ein.

Entwicklung zur höchsten Vollendung

Unbestritten hatten die Nordamerikaner mit dem Bau ihrer Clipper für die Kalifornienfahrt um 1850 herum gewaltige Erfolge zu verzeichnen. Die Segelschiffe waren wesentlich schneller geworden und erreichten Reisezeiten, die man sich früher nicht hätte vorstellen können.

Der Vorsprung, den die Schiffskonstrukteure und Werften in den USA aufweisen konnten, spornte auch ihre Berufskollegen in der Alten Welt zu besseren Leistungen an. Ganz besonders in Großbritannien, dessen Vormachtstellung als führende Seemacht sich immer deutlicher abzeichnete, war man bemüht, den Vorsprung der Amerikaner aufzuholen. Es wurden Konstruktionen geschaffen, die den Vergleich mit den Bauten eines Donald Mc Kay nicht zu scheuen brauchten. Namen wie *Cutty Sark, Ariel* und *Taeping* wurden bald weltbekannt.

Im Unterschied zu den Einheiten aus Nordamerika wurden in Europa aber praktisch nur noch Frachtsegler erbaut. Man sprach dann auch zum Beispiel von Tee- oder Juteclippern, die die erwähnten Produkte aus dem Fernen Osten nach Europa brachten.

Im Jahre 1869 bewegte ein Ereignis die ganze Welt, besonders aber all jene, die direkt mit der Schiffahrt verbunden waren. Die Technik feierte einen neuen Triumph. Der Suezkanal, eine schleusenlose Großschiffahrtsstraße zwischen dem Mittelmeer und dem Roten Meer, wurde eröffnet. Der Franzose de Lesseps hatte dieses Meisterwerk geschaffen.

Damit ergaben sich für Maschinenschiffe ganz neue Möglichkeiten, erübrigte sich doch nun der Seeweg um ganz Afrika herum, d.h. die Reise von Europa zum Fernen Osten oder nach Indien verkürzte sich um rund 6000 Seemeilen.

Diese Tatsache versetzte die größeren Segelschiffsreederein in Panik. Man glaubte sich dem Dampfer nun endgültig ausgeliefert, und es setzte eine regelrechte Verkaufswelle von Segelschiffen ein. Viele der stolzen Einheiten wechselten zu billigsten Preisen ihre Besitzer.

Andererseits gab es auch Reeder, die einen unerschütterlichen Glauben an das Segelschiff bewahrten und die jetzt von der Verkaufseuphorie ihrer Konkurrenten profitierten. Es sei hier besonders die Unternehmung von Antoine Dominique Bordes in Frankreich erwähnt, die zu dieser Zeit mehrere Einheiten aus Großbritannien ankaufte.

Erstaunlicherweise sollte die eigentliche Epoche des großen Viermasters jetzt erst beginnen.

1875 bestellte die Reederei der Gebrüder R. + J. Craig aus Glasgow bei der Werft von Barclay, Curle + Co. in derselben Stadt das erste Viermastvollschiff aus Eisen. Das mit 1691 BRT vermessene Schiff war die erste einer ganzen Serie von Einheiten, die Craig dann in Auftrag gab und die alle Namen britischer Grafschaften erhielten. *County of Peebles* hieß die erste Eisenkonstruktion ab einer Werft am Clyde, getakelt als Viermastvollschiff. Die Ausmaße dieses Schiffes waren noch bescheiden, wurden aber im Laufe der Jahre um mehr als das Dreifache übertroffen, wenn wir von der Bruttoregistertonnage ausgehen.

Die Craigs waren eine jener Reedereien, die sich durch den neuen Seeweg quer durch Arabien nicht beeindrucken ließen.

Im Anschluß an *County of Peebles* bestellten die Reeder eine weitere Reihe von fünf Schwesterschiffen nach dem Muster des Erstlings. Innerhalb von zwei Jahren, von 1876 bis 1878, liefen *County of Caithness, County of Inverness, County of Cromarty, County of Dumfries, County of Kinross* vom Stapel. Ihre großen Erfolge führten dazu, daß die Firma gleich im Anschluß an die letzten Ablieferungen neue Aufträge erteilte. Sie gelangten zwischen 1878 und 1879 wiederum von den Helgen bei Barclay, Curle zu Wasser. Etwas größer als ihre Vorgängerinnen – vermessen zu rund 1950 BRT –, erhielten sie die Namen *County of Selkirk, County of Haddington* und *County of Aberdeen.*

Mit den genannten neun Viermastern waren R. + J. Craig in Großbritannien zu einem der größten Reedereibetriebe geworden. Die Takelage war bei allen Einheiten die gleiche mit doppelter Marsrah, einfacher Bramrah und Royal. Der Stern des Unternehmens der Brüder Craig stieg immer höher, und bald mußte neuer Schiffsraum beschafft werden. In den Jahren 1885 bis 1887 lieferte die Hauswerft Barclay, Curle weitere drei Schiffe ab, die erstmals über 2000 BRT vermaßen: *County of Edingburgh, County of Roxburgh* und *County of Linlithgow.*

Es schien, als ob die Craigs aus Glasgow das Startsignal für eine letzte, große Ära der Segelschiffahrt gesetzt hätten. Allerdings sah die Konkurrenz nicht tatenlos zu.

Die Takelage als Viermastvollschiff erwies sich wohl nicht in jedem Falle als ideal, und so kam es, daß schon bald nach *County of Peebles* eine Takelage Auferstehung erlebte, die vor rund fünfzig Jahren erstmals gebaut worden war.

Im Jahre 1877 lieferten Barclay, Curle an die Reederei von J. + A. Roxburgh, ebenfalls in Glasgow ansässig, die erste eiserne Viermastbark. Das Schiff war recht klein, vermaß es doch nur 1460 BRT und kam als *Tweedsdale* im April 1877 zu Wasser. Es darf angenommen werden, daß die Takelung als Viermaster bei einem so kleinen Schiff den Versuch darstellte, die ins Gigantische gewachsene Takelage von Vollschiffen und Barken zu reduzieren und handlicher zu machen, indem man die ähnlich große Segelfläche auf vier Masten verteilte. Für die Bedienung hatten kleinere Tücher nur Vorteile. Die Takelung entsprach dem Vorbild des Vollschiffs für die drei vorderen Masten, am achteren vierten Mast wurden aber keine Rahsegel mehr gefahren, sondern nur Gaffelsegel. Die Bramsegel waren noch in einem Stück gefertigt.

Mit *Tweedsdale* war die Stammesälteste einer ganzen, gegen 300 Schiffe umfassenden Reihe von großen Segelschiffen geschaffen worden. Die Bauart hat sich bis in unsere Tage erhalten, sei es als Schul- oder Museumsschiff. Als letzte Zeugen aus der Zeit der Frachtsegler befahren heute noch die ehemalige *Padua* und *Kommodore Johnsen* als *Krusenstern* und *Sedov* unter

Altair, 1890
Viermast-Bark mit Skysegeln an Fock- und Großmast

der Flagge der UdSSR die Ozeane, allerdings mit ganz anderer Zweckbestimmung.

Den tragischen Schlußpunkt unter die große Zeit der frachtfahrenden Großsegler setzte am 21. September 1957 die Viermastbark *Pamir*. Sie sank im Orkan, und 80 Seeleute verloren bei der Katastrophe ihr Leben. Nach diesem Ereignis wurden dann alle noch vorhandenen Frachtsegler aus der Fahrt genommen, nur die Schulschiffe der Japaner und Russen sind heute noch in Betrieb.

Als letztes Schiff der Bauart Viermastbark wurde im Jahre 1931 auf der Germania-Werft in Kiel eine Luxusyacht gebaut.

Der Milliardär Hutton aus den USA beauftragte die Werft mit dem Bau eines Schiffes, das nur von der Takelage her als zu unserem Bericht gehörend betrachtet werden muß. Über mehrere Besitzer hinweg gelangte der Sonderling vor wenigen Jahren wiederum nach Europa und kreuzt nun als Luxus-Kreuzfahrer unter dem Namen *Sea Cloud of Cayman* in der Karibik und in anderen Teilen der Weltmeere.

Mit den beiden Einheiten *County of Peebles* und *Tweedsdale* war also der Grundstein für eine sich noch gewaltig entwickelnde Großsegler-Epoche gelegt worden, und die Befürchtungen wegen der Konkurrenz des Suezkanals hatten sich nicht bewahrheitet.

Die großen Fähigkeiten der britischen Schiffbauer und der entschlossene Einsatz der Besatzungen brachten große Erfolge. Insbesondere am Clyde waren mehrere Werften über Jahre gut beschäftigt. Neben den Neubauten von Segelschiffen befaßten sich die Schiffbaubetriebe auch mit dem Umbau von Dampfern in Viermastsegler. Nicht alles, was mit Maschine fuhr, bewährte sich auf Anhieb, man kehrte zurück zur ursprünglichen Antriebskraft, dem Wind. Ein sehr bekannt gewordenes Schiff, das zum Segelschiff umgebaut wurde, war der Dampfer *Péreire* der Compagnie Générale Transatlantique. Als *Lancing* errang das Viermastvollschiff wegen seiner beachtlichen Fahrgeschwindigkeit Ansehen und Respekt.

Die Entwicklung der großen Segelschiffe schritt unaufhaltsam weiter, ein erster Höhepunkt wurde im Jahre 1884 erreicht. *Palgrave,* ein Viermastvollschiff mit Skysegeln, vermessen mit 3187 BRT, wurde von der Werft W. Hamilton + Co. in Port Glasgow gebaut. Die Takelage war mit doppelten Mars- und Bramsegeln, Royals und Skysegeln eine eher selten gebliebene Ausführung.

Bisher war nur die Rede von Werften in Großbritannien, hauptsächlich in Schottland. Es konnte aber nicht ausbleiben, daß sich auch andere Nationen an den Bau von größeren Segelschiffen heranmachten.

Als erste versuchten es im Jahre 1886 die Deutschen, die in Hamburg über eine sehr tüchtige Werft, die Firma Blohm & Voss, verfügten. Von deren Helgen glitt im Januar des erwähnten Jahres die erste in Deutschland aus Eisen hergestellte Viermastbark *Polymnia* in ihr Element. Das Schiff führte die Hausflagge der Reederei B. Wencke Söhne, es war mit einer Bruttotonnage von 2129 ts registriert. Aber es dauerte nicht lange, bis Schiffe mit immer größerer Bruttotonnage gebaut wurden.

Die Anstrengungen für fortlaufende Verbesserung der Qualität von Werkstoffen wurden zu der Zeit belohnt, als es gelang, besseres Eisen mit der Bezeichnung Stahl herzustellen. Die maßgeblich verbesserten Festigkeitseigenschaften des neuen Materials erlaubten wesentliche Einsparungen im Konstruktionsdetail. So konnten zum Beispiel die Rumpfplatten weniger stark gewählt werden, was zu erheblicher Reduktion des Gesamtgewichts eines Schiffes führte. Damit konnte eine wesentliche Erhöhung der Ladekapazität erreicht werden.

In Großbritannien, wo Stahl erstmals hergestellt wurde, baute die Werft von J. Reid + Co. in Port Glasgow im Jahre 1882 die Viermastbark *Pinmore* als erstes Schiff aus Stahl, bestimmt für die Reederei J. Kerr + Co. in Greenock.

Einige Jahre später war man auch in Deutschland in der Lage, den so begehrten Stahl herzustellen. Blohm & Voss bauten 1891 als erstes Stahlschiff den Viermaster *Hebe* für die Reederei B. Wencke Söhne in Hamburg.

Entgegen allen anderen Erwartungen trieb der Bau von neuen Einheiten – trotz Dampferkonkurrenz – in wenigen Jahren einem absoluten Höhepunkt entgegen. Dieser wurde im Jahre 1892 erreicht, als 69 Neubauten zu Wasser kamen.

Ein bedeutender Teil der in Fahrt stehenden großen Frachtsegler wurde von den verschiedensten Reedereien in den achtziger und neunziger Jahren des letzten Jahrhunderts in der Salpeterfahrt nach und von Chile eingesetzt. Salpeter war zu jener Zeit als Düngemittel und als Rohstoff für die Munitionsfabrikation in Europa sehr gefragt.

Hauptträger dieser Bedürfnisse waren bedeutende Reedereien wie A. D. Bordes in Frankreich und auch F. Laeisz in Deutschland. Sie waren es, die ihre Schiffe ganz besonderrs für die Passagen rund Kap Hoorn nach Chile einrichteten und bemannten. Chile war der eindeutig wichtigste Lieferant von Salpeter, der in der Alten Welt schier unbegrenzt Absatz fand. Der große Salpeterbedarf war es denn auch, der die Konstrukteure zur Schaffung immer größerer Ladekapazitäten und damit zum Bau von immer größeren Segelschiffen anspornte.

Wohl war es im Stahlschiffbau möglich, längere Rümpfe mit größerer Breite herzustellen. Wie aber sollte man in gleichem Maße erhöhte und auch verbreiterte Takelagen überhaupt noch bedienen können? Obschon etliche Bedienungshilfen wie zum Beispiel die Brasswinde von Jarvis geschaffen wurden, sah man sich doch den Grenzen menschlicher Kraft auf den Segelschiffen gegenübergestellt. Es mußte ein anderer Weg für die Takelung noch größerer Einheiten gefunden werden. Die Lösung ergab sich dadurch, daß die

erforderliche größere Segelfläche nicht auf die bisher üblichen vier Masten verteilt wurde. Ein fünfter Mast, entsprechend der größeren Länge des Schiffsrumpfes, kam ins Rigg. Mit dieser Konstruktion war die höchste Entwicklungsstufe des Rahseglers erreicht, das Fünfmastrahschiff.

Es gereicht dem Hause Bordes zur Ehre, die erste Fünfmastbark der Welt in Fahrt gebracht zu haben. Der Bauauftrag für die *France,* wie das Schiff heißen sollte, ging an die Werft von D. + W. Henderson in Partik/ Glasgow. Der mit großer Spannung erwartete Stapellauf fand am 2. September 1890 statt. Mit den Hauptmaßen von 119 Metern Länge, 16,1 Metern Breite und

Maria Rickmers, 1891
Einziger Fünfmaster mit Skysegel

17

einer Raumtiefe von 8,5 Metern vermaß der Riese eine Bruttotonnage von 3784 ts.

Zur Zeit dieser Neuschöpfung glaubte man den höchsten Stand im Bau von reinen Segelschiffen erreicht zu haben. Wie schon oft in der Technik war aber auch dieses Werk nur Ansporn zu noch größerer Leistung. Natürlich spielte nebenher auch die Rivalität unter den seefahrenden Nationen eine Rolle. Was die Franzosen zusammen mit den Briten erreichten, mußten doch deutsche Werften und Reeder auch schaffen.

Noch war *France* kein Jahr alt, da machte der Reeder Rickmers in Bremerhaven von sich reden. Er hatte nämlich die Werft von Russell + Co. in Port Glasgow beauftragt, einen weiteren Fünfmaster mit Barktakelage zu bauen. Am 18. Februar 1891 glitt *Maria Rick-*

mers, vermessen mit 3822 BRT, vom Helgen und war damit das größte Rahsegelschiff der Welt. Allerdings muß einschränkend hinzugefügt werden, daß es sich bei dieser Neukonstruktion nicht mehr um ein reines Segelschiff handelte. *Maria Rickmers* erhielt eine Hilfsmaschine von ungefähr 700 PS eingebaut. Schiffe mit dieser zusätzlichen Antriebskraft wurden als »auxiliary«-Einheit bezeichnet.

Zwei dieser größten jemals gebauten Einheiten waren also in Großbritannien für Frankreich und Deutschland gebaut worden. Es sollten vorläufig die letzten sein, denn man hatte sich offenbar der Schiffbauer in Schottland bedient, um Muster für spätere Eigenbauten sowohl in Frankreich als auch in Deutschland zu haben.

C. B. Pedersen, 1891
Typischer Glattdecker, ehemals die *Emanuele Accame*

Vom glanzvollen Höhepunkt in kurzer Zeit zum Ende

In Deutschland wirkte in Hamburg seit Jahrzehnten eine Reederei, die es verstanden hatte, sich auf der ganzen Welt einen bedeutenden Namen zu machen. Das Haus Ferdinand Laeisz war durch seine Schiffe, deren Namen alle mit »P« anfingen, auf allen Ozeanen vertreten. Nicht von ungefähr sprachen die Seeleute von der »flying P-Line«. Schnelle Einheiten befuhren die bereits erwähnte Salpeterrroute in guten und schnellen Passagen.

Als Gegenstück in Frankreich war die Groß-Reederei von A. D. Bordes in Dunkerque, vom Schiffspark her betrachtet, noch bedeutender als Laeisz.

Unter einer, respektive zwei Hausflaggen verfügten diese beiden großen Reedereien zu jener Zeit über die bedeutendste Konzentration von Schiffsraum in der ganzen Welt. Ihre Einheiten fuhren regelmäßig Frachtdienst, und der Bedarf an Frachtraum stieg ständig an.

In den Jahren nach der Inbetriebsetzung von *France* und *Maria Rickmers* beschäftigte man sich in Hamburg mit dem Bauauftrag für ein großes Segelschiff. Wollte man im Geschäft bleiben, war ein weiterer Ausbau der Flotte unumgänglich. Nach reiflichen Studien und Berechnungen wurde dann die Werft von J. C. Tecklenborg in Geestemünde mit dem Bau der ersten rein deutschen Fünfmasteinheit betraut.

Am 8. Juni 1895 war auf dem Schiffbaubetrieb Festtag, lief doch unter den Namen *Potosi* die Fünfmastbark von den Helgen. Damit begann die letzte große Zeit der Segelschiffe unter der Laieszschen Hausflagge, dem roten »FL« im weißen Tuch. Erneut waren die Dimensionen gegenüber den beiden früheren Fünfmastern gesteigert worden. *Potosi* wurde mit 4027 BRT vermessen. Erstmals war damit die 4000-ts-Grenze für Segelschifffe überschritten. Die Takelage entsprach den damaligen Normen für Rahschiffe, d.h. doppelte Mars- und Bramsegel und Royals.

Kein geringerer als der berühmt gewordene Kapitän Robert Hilgendorf übernahm das große Schiff für die ersten zehn Reisen, rund Kap Hoorn nach Chile.

Neben dem Bau von größten Einheiten mit fünf Masten lief aber auch die Produktion von »gewöhnlichen« Viermastern in den Jahren 1888 bis 1893 ununterbrochen weiter. In Großbritannien, Frankreich, Deutschland und Italien wurden Dutzende von neuen Viermastern registriert, wobei allerdings die meisten aus Britannien stammten. 1892 war das Jahr mit der Rekordzahl von Stapelläufen, wie bereits erwähnt wurde. Eine derartige Entwicklung hätte im Jahre 1869 bei der Eröffnung des Suezkanals wohl niemand vorauszusagen gewagt, aber die nicht verzagenden Segelschiffsreeder hatten recht behalten.

Es muß hier auch erwähnt werden, daß im Laufe der Jahre die Takelage als Viermastvollschiff fast vollständig verschwand. Wohl das schönste Schiff dieses Typs, *Peter Rickmers*, wurde im Jahre 1889 durch die Werft von Russell + Co. in Port Glasgoe gebaut, ausgerüstet mit den selten verwendeten Skysegeln. Die Viermastbark-Takelage war in der Bedienung einfacher und erforderte auch weniger Mannschaften.

Es mag deshalb eigenartig anmuten, daß die Krönung aller Segelschiffe ausgerechnet in Form eines Vollschiffes mit fünf Masten geschaffen wurde, doch davon später.

Recht häufig wurden ursprüngliche Vollschiffe zu Barken umgetakelt. Leider ist der Zeitpunkt des Umbaus für die meisten Einheiten nicht mehr zu datieren. Verwirrung in diesem Punkt schuf auch Lloyd's Register, weil in früheren Jahren grundsätzlich alle Einheiten als »ship« eingetragen wurden und erst später die Unterscheidung von »ship« und »barque« hinzukam.

Die dem Verfasser zur Verfügung stehenden Unterlagen ergaben, daß, weltweit gesehen, von 1801 bis

1931, also in 130 Jahren, die stolze Zahl von 445 Vier- und Fünfmastrahschiffen die Weltmeere durchpflügten. Bedauerlich war es, in mehreren Dokumentationen offensichtliche Widersprüche feststellen zu müssen. Auch die anscheinend ursprünglichen Quellen nicht über jeden Zweifel erhaben zu finden war verschiedentlich eine Enttäuschung. Hinzu kam die Tatsache, daß die unterschiedlichen Schreibweisen in den verschiedenen Sprachen nicht unbedingt zur Klärung von Unsicherheiten beitrugen. Um eine Richtlinie zu haben, wurden für diese Arbeit die Angaben in Lloyd's Register von 1850 bis 1932 als maßgebend betrachtet. Es sei allerdings die Feststellung erlaubt, daß auch diese Quelle nicht absolut fehlerfrei ist. Zudem hinken die Lloyd's-Eintragungen zeitlich immer etwas hinterher.

Nach vielen Jahrhunderten im Bau von Schiffen jeder Art und Größe lag der eindeutige Höhepunkt im Bau von Vier- und Fünfmastern sogar erst im 20. Jahrhundert. Die größten Segelschiffe der beiden erwähnten Bauarten hatten ihren Geburtstag nach der Jahrhundertwende. Neben dem Salpeter machte sich ein Transportgut stürmisch bemerkbar, welches sogar zum Bau von speziellen Einheiten führte. Wasserfahrzeuge, die Öl, das flüssige Gold, in offenen Tanks befördern konnten, wurden dringend notwendig, denn die Beförderung des immer stärker gefragten Brennstoffs in Kisten war viel zu aufwendig geworden und zwang die Ölfirmen zu rationellerem Laden und Löschen der Frachter.

1901 und 1902 lieferte die Werft von Russell + Co. in Port Glasgow der Anglo-American Oil Company die größten jemals gebauten Viermastbarken mit etwas über 3700 BRT.

Brilliant und *Daylight* wurden die beiden Einheiten getauft, die rund 50 Jahre nach *Great Republic* den Höhepunkt im Bau dieses Schiffstyps markierten. Selbstverständlich waren beide Stahlschiffe, die wie erwähnt in die Kategorie Tanker eingereiht werden konnten.

Nach diesen beiden Schiffen blieb die Tonnage der Großsegelschiffe einigermaßen konstant, denn Bruttotonnagen von über 3000 ts waren keine Seltenheit mehr. Verbesserungen wurden hauptsächlich noch in technischer Beziehung erreicht, wobei Navigation, Kommunikation (Funk) und Erleichterung in der Bedienung einen bedeutenden Platz einnahmen.

Schließlich lief dann erst im Jahre 1926 das letzte und wohl vollkommenste Segelschiff, die frachtfahrende Viermastbark *Padua* für die Reederei Laeisz, bei J. C. Tecklenborg in Geestemünde am 24. Juni vom Stapel.

Nach *Padua* wurden nur noch die japanischen Schulschiffe *Kaiwo Maru* und *Nippon Maru* sowie die *Hussar* als Viermastbarken zu Wasser gelassen.

Glanzvoller Star aller Segelschiffe überhaupt war die *Preußen*. Am 7. Mai 1902 kam dieses Fünfmastvollschiff von der Werft Tecklenborg in ihr Element. Damit hatte die reine Segelschiffahrt, was die Größe einer Einheit betrifft, ihren krönenden Abschluß gefunden. *Preußen* war und blieb das größte jemals neu gebaute reine Segelschiff, vermessen mit 5081 BRT und einer Transportkapazität von rund 8000 ts. Die Ausmaße dieser Meisterleistung stellten alles in den Schatten, was bisher im Bau von Segelschiffen erreicht worden war. Die Länge von 133,5 Metern, eine Breite mit 16,4 Metern und die Raumtiefe von 8,23 Metern ergaben die vermerkte Bruttoregistertonnage. Der Flaggenknopf des Großmastes stand 57,75 Meter über Deck, die Takelage entsprach mit doppelten Mars- und Bramsegeln sowie Royals den geltenden Normen.

Über die Bezeichnung des vierten Mastes entspann sich eine angeregte Diskussion, und verschiedenenorts wurde er als Ehrung für die Besitzer dieses Prachtbaus »Laeisz«-Mast genannt. Erster Kapitän von *Preußen* wurde Boye R. Petersen, ein würdiger Schüler, Kollege und Nachfolger des berühmt gewordenen Robert Hilgendorf, der bis 1901 die andere Fünfmastbark von Laeisz, *Potosi,* geführt hatte.

Sozusagen hinter den Kulissen spielte sich zwischen den verschiedenen Groß-Reedereien natürlich auch ein Machtkampf ab. Es war deshalb nicht verwunderlich, daß im Jahre 1906 ein Schiff auf Kiel gelegt wurde, das in seinen Ausmaßen *Preußen* wohl noch übertraf, aber kein reines Segelschiff mehr war. Rickmers in Bremerhaven baute die Fünfmastbark mit Namen *R. C. Rickmers,* ausgerüstet mit einer Hilfsmaschine von rund 1160 PS. Bei einer Länge von 134,10 Metern verfügte das Schiff über 5548 BRT.

In Deutschland war mit dieser Einheit eine Konkurrentin zu *Preußen* entstanden, nun kehrte Ruhe ein, wenigstens was die ganz Großen anbetraf.

Demgegenüber war man in Frankreich noch nicht zur Ruhe gekommen. Nach dem Verlust der ersten *France* im Jahre 1901 verfügten die Franzosen über keine Einheit mehr, die den deutschen auch nur annähernd gleichkam. Erfolg um Erfolg heimsten die deutschen Reeder ein, und dies wiederum spornte die französischen Reeder an, die einst innegehabte Vormachtstellung wiederzugewinnen.

1911 fiel die Entscheidung, ein neues Schiff zu bauen, welches erneut alles Bisherige übertreffen sollte. Entgegen einer weit verbreiteten und viel zitierten Ansicht war es aber nicht Bordes, der den Bauauftrag erteilte. Die Firma Prentout, Leblond in Rouen beauftragte die Werft »Ateliers et chantiers de la Gironde« in Bordeaux mit der Erstellung der zweiten *France,* wie das Schiff wiederum heißen sollte.

Am 9. November 1911 glitt dieser Riese von der Helling, getakelt als Fünfmastbark mit dem sogenannten »baldheader«-Rigg. Dies bedeutete, daß keine Royals mehr gefahren wurden. Das Schiff machte deshalb auch einen niedrigen, aber breiten Eindruck. Ausgerüstet war *France II* wie *R. C. Rickmers* mit zwei Hilfsmaschinen von je 934 PS. Schon damals hatten die Franzosen den Ehrgeiz, das größte Schiff der Welt zu besitzen, und der Name *France* blieb auch für spätere Zeiten Verpflichtung. Mit einer Länge von 136,80 Metern, einer Breite von 17,01 Metern und einer Raumtiefe von 8,60 Metern vermaß die Einheit ganze 5633 BRT, also noch etwas mehr als *R. C. Rickmers.*

Größtes reines Segelschiff aber blieb für alle Zeiten die von Laeisz bereederte *Preußen!*

Nach über 5000 Jahren der Entwicklung hatte das Segelschiff eine Größe erreicht, die schon längere Zeit dem Dampfer vorbehalten schien. Kühne Seefahrer und harte Kämpfer glaubten immer noch, dem Konkurrenten mit Kohle und Dampf den Weg zum endgültigen Sieg streitig machen zu können.

Heute, etwa sieben Jahrzehnte später, werden ausgedehnte Studien unternommen, um im Zeichen einer sich anbahnenden Energiekrise das Segelschiff zu neuem Leben zu erwecken. In den USA, Japan und andern Ländern werden Forschungen in dieser Richtung getrieben. An eine Auferstehung der großen Zeit der Rahsegelschiffe darf aber niemand denken – die Männer des ausgehenden 20. Jahrhunderts wären den Strapazen einer Segelschiffahrt nach traditioneller Art nicht mehr gewachsen. Es gibt heute besser bezahlte und leichtere Arbeit.

Lawhill, 1892
Sehr bekannte Viermast-Bark, hier mit gebrochener Bramstenge am Großmast

Herzogin Sophie Charlotte, 1894
Ehemals *Albert Rickmers.* Schulschiff des NDL. Auffällig die verlängerte Poop zur Erweiterung der Kadettenräume.

Letzte Zeugen

Noch zehn Jahre nach dem französischen Supersegler *France II* lief in Leith/Edinburgh auf der Werft von Ramage + Ferguson die Fünfmastbark *København* vom Stapel und beschloß damit die Reihe der Rahschiffe mit fünf Masten. Ihre Dimensionen hatten sich aber wieder stark reduziert. Die Tonnage entsprach einem großen Viermaster, die Länge von 111,3 Metern glich jener von vielen in der Zeit um 1900 herum gebauten Windjammern. Auch *København* erhielt eine Hilfsmaschine eingebaut, war also auch als »auxiliary«-Einheit zu bezeichnen.

Nach 1921 wurden nur noch vier große Segelschiffe gebaut, die Epoche der Großsegler-Neubauten ging zu Ende. *Padua, Kaiwo Maru* und *Nippon Maru,* die beiden letzteren als Schulschiffe gebaut, waren die letzten vom Stapel gelaufenen Vertreter der Gattung Viermastbark.

Schlußpunkt bildete die bereits erwähnte Luxusyacht *Hussar,* die 1931 in Kiel gebaut wurde. An diesem Schiff war aber nur die Takelage einer Viermastbark ähnlich und erinnerte noch an die stolzen Frachtsegler von einst. Ansonsten war das Schiff eben eine Yacht mit all ihren Einrichtungen für Leute, die die Seefahrt nur vom »Hörensagen« kannten.

Durch den Zweiten Weltkrieg wurde die Flotte der verbliebenen Rahsegler so stark dezimiert, daß letztlich nur noch eine kleine Zahl dieser Meisterstücke der Schiffbaukunst übrigblieb.

Letzte frachtfahrende Einheiten der Bauart waren die berühmt gewordene *Pamir* und *Passat,* die auch nach 1945 noch im Einsatz standen. Das tragische Ende der *Pamir* erschütterte im Jahre 1957 die Seeleute aller Nationen. *Passat* wurde darauf, nachdem sie beinahe dasselbe Schicksal erlitten hatte, aus dem Verkehr gezogen.

Auf das Jahr genau 130 Jahre nach dem Bau der ersten Viermasteinheit, die in unsere Betrachtung fällt, beschloß also *Hussar* die Ära der großen vier- und fünfmastigen Segler. In diesen 130 Jahren waren die Schiffe von einer sehr einfachen Holzkonstruktion bis zur höchsten Vollendung in Stahl entwickelt worden.

Ohne eine nicht zu überblickende Zahl erstklassiger Schiffsführer mit harten und ausdauernden Mannschaften und ohne eine oder mehrere Generationen bedeutender Reedereiunternehmungen wäre der letzte, große Aufschwung in der Segelschiffahrt niemals möglich gewesen.

Nicht zuletzt sei auch der teils so berühmten Werften und der Kühnheit und des Könnens der Schiffskonstrukteure gedacht. Ohne ihre hervorragende Arbeit wäre ja die prächtige Entwicklung gar nicht möglich gewesen.

Reeder, Konstrukteure, Schiffsführer und Seeleute aller Grade waren Träger einer stolzen Zeit in der Schiffahrtsgeschichte – der Zeit der Vier- und Fünfmastrahschiffe.

Pitlochry, 1894
Zur Zeit ihres Stapellaufs größte FL-Einheit

Technische Entwicklung

Der Schiffsrumpf, Bauarten und Baustoffe

Wollte man ein Segelschiff in seine Hauptteile zerlegen, ergäben sich drei annähernd gleichwertige Teile, nämlich der Rumpf, das Rigg und die Segel. Keiner der drei Bestandteile kommt, um wirksam zu sein, ohne den andern aus, jeder hat seine sehr entscheidende Bedeutung. Allen voran aber steht doch der Rumpf, denn ohne ihn kein Schiff, ohne ihn keine Seefahrt, mit oder ohne Segel.

Es kann nicht Aufgabe dieses Berichtes sein, die Entwicklung des Schiffsrumpfes vom Einbaum bis zum großen Segelschiff am Anfang des 19. Jahrhunderts darzulegen.
Der Beginn der uns interessierenden Zeitspanne liegt wieder im Jahre 1801 mit dem ersten Viermastschiff nach damaliger Auffassung. Es war die Zeit, da sich grundsätzliche Unterschiede zwischen einem Kriegsschiff und einem Handelsfahrer abzeichneten. Mit den sich immer weiter entwickelnden Handelsbeziehungen zwischen den Ländern und Kontinenten stellte sich sozusagen von selbst der Bedarf nach reinen Handelsfahrzeugen ein.

Vom althergebrachten Kriegsschiff übernahm man praktisch nur den Baustoff, das Holz. Die Eigenschaften dieses Baustoffes begrenzten auch die Baugröße der Einheiten. Erst mit der Kombination von Holz mit Eisen gelang es, stärkere Schiffsrümpfe herzustellen. Hauptsächlich im Verbund des Holzes leistete das Eisen seine guten Dienste. Beim reinen Holzbau erfolgte die Verbindung der einzelnen Rumpfteile wie Kiel, Spanten und Beplankung mittels Nägeln, Stiften und Bolzen. Anfänglich ergab sich damit ein recht solider Verbund der einzelnen Bauteile. Wenn aber Wind und Seegang eine gewisse Zeit auf diese Schiffe eingewirkt hatten, zeigten sich die Nachteile des Holzes. Die teilweise kurzen Lebenszeiten von reinen Holzschiffen sprechen da ein beredtes Zeugnis.

Ein derart zusammengezimmertes Schiff glich einer einfachen Holzkiste, die nach einigem Gebrauch aus den Fugen gerät, wenn sich die Nägel zu lösen beginnen. Eine eisenbeschlagene Kiste hält wesentlich größere Strapazen aus.

Wenn dieser Vergleich auch etwas übertrieben scheint, so waren doch sicher *Columbus* und *Baron of Renfrew* gleichermaßen Vertreter dieser Baumethode, die ja für diese Einheiten ganz bewußt gewählt wurde. Beide Schiffe wurden aber – jedes auf seine Weise – Opfer der rohen Zimmerei.
In der äußeren Erscheinung entwickelten sich aus den schweren und plumpen Querschnittsformen mit gewaltigen Rundungen langsam die U-förmigen Rümpfe mit immer weniger Aufkimmung. Aus dem Spantenriß der Konstrukteure war ersichtlich, daß die Schräglage des Schiffsbodens gegenüber der Horizontalen immer kleiner wurde. Die letzten großen Frachtsegler hatten schließlich ganz flachen Boden, und der Spantenriß war wirklich U-förmig, mit mehr oder weniger breiter Basis natürlich.
Zur äußeren Gestaltung des Schiffes gehörte natürlich auch die Formgebung am Bug. Waren die alten Schiffe auch dort recht füllig gebaut, ergaben sich mit der Zeit messerscharf geschnittene Linien. Nicht von ungefähr entstand der Ausdruck »Clipper«, was zu deutsch etwa mit schneiden übersetzt werden könnte.

Die in der Zeit der Geschwindigkeitseuphorie entstandenen schnellen Segelschiffe – man denke nur an die heute in Greenwich erhaltene *Cutty Sark* – waren typische Vertreter dieser Bauart. Die scharf geschnittenen Rümpfe im Verein mit einer überdimensionierten Takelage sowie einer kaum vorstellbaren Treiberei seitens der Schiffsführer erbrachten dann auch Leistungen wie die berühmt gewordene Fahrt von *Flying Cloud* in nur 89 Tagen von New York nach Kalifornien.

Ganz ähnlich wie dieser Clipper war *Great Republic* gebaut, die leider im ursprünglichen Zustande kein Zeugnis ihrer Fähigkeit ablegen konnte.

Der Holzrumpf hatte auch andere Nachteile. Nach längerer Fahrtzeit setzten sich am Rumpf ansehnliche Mengen von Meeresgetier und Algen fest. Dadurch wurden natürlich die Fahreigenschaften des Schiffes verschlechtert. Recht häufig mußten die Unterwasserpartien vom bremsenden Bewuchs gereinigt werden, eine aufwendige Prozedur. Zeitverlust und Umtriebe kosteten auch damals schon Geld. So suchte man nach einer Lösung dieses Problems. Die Rümpfe wurden bis zur Wasserlinie mit Kupferplatten beschlagen, was den diversen Muscheln und Algen den Haftgrund entzog. Die Verwendung kupferhaltiger Farben hat sich bis in unsere Tage erhalten, wenn Unterwasserpartien eines Schiffes gestrichen werden.

Etwa Mitte des 19. Jahrhunderts ergab sich im Schiffbau eine Übergangslösung vom reinen Holz- zum späteren reinen Eisenbau. Die hölzernen Bauteile eines Rumpfes wurden vermehrt mit Eisenteilen zusammengefügt. Als Beispiel seien hier die sogenannten Stringer erwähnt, das sind Längsgurtungen, die die Spanten untereinander verbinden. Donald Mc Kay hatte bei *Great Republic* diese Verbesserung erstmals angewandt.

Mit fortschreitender Entwicklung ersetzte man immer mehr Holz durch Eisen, bis schließlich das ganze Gerippe wie Kiel, Spanten usw. aus Eisen bestand und nur noch die Beplankung aus Holz gefertigt wurde. Composit-Bauweise nannte man diese Technik, für die uns ein prachtvolles Muster erhalten blieb, *Cutty Sark* in Greenwich.

Selbstredend verlieh das ganze »Gerüst« aus Eisen den Einheiten eine wesentlich bessere Festigkeit, die mit Holz niemals zu erreichen gewesen wäre. Dementsprechend steigerte sich auch die Lebensdauer all der Schiffe, die nach diesem System gebaut wurden. Der nächste Schritt, vom Composit- zum reinen Eisenschiff, wurde erst zu dem Zeitpunkt möglich, als die Metallindustrie den Werften die zur Bearbeitung von Grobblechen notwendigen Maschinen zur Verfügung stellen konnte. Nur davon hing der Fortschritt ab, denn es waren ja nur noch die Holzplanken durch die modernere Eisenplatte zu ersetzen.

Zunächst aber baute man auch eiserne Einheiten noch nach den Baugrundsätzen des Holzbaus. Der Kiel war sozusagen das Rückgrat des Schiffes, und auf ihm wurden die übrigen Teile des Rumpfes aufgebaut. Die Schiffskonstrukteure fanden aber bald heraus, daß der Rumpf aus Metall, hergestellt in Verbundbauweise in Kastenform, gleiche Festigkeit in Boden und Deck bedeutete. Damit konnte man wesentlich stärkere Schiffe bauen, und so ist auch das »aus den Fugen« geratene große Holzschiff bald ganz von den Meeren verschwunden.

Wenn zu Zeiten der großen Machtkämpfe im späteren Mittelalter die Schiffe allgemein mit großem Aufwand künstlerisch verziert wurden, verlor sich dieser Schmuck mit der Zeit so weit, daß im 19. Jahrhundert nur noch eine Galionsfigur am Bug und eine einfache Zier am Heck des Schiffes verblieb.

Die eigentlichen Linienrisse der großen Segelschiffe änderten sich im Laufe der Zeit immer wieder. Vom alten, schwerfälligen Segler zu Beginn des 19. Jahrhunderts über den rassigen, schlanken Clipper-Rumpf kehrte man gegen Ende des Jahrhunderts zurück zu eher schwerfällig wirkenden Rumpfgebilden.

Seit nämlich die Passagierschiffahrt ausschließlich von Dampfern betrieben wurde, zählte bei den noch frachtfahrenden Segelschiffen nur noch die Tragfähigkeit und nicht mehr die Geschwindigkeit. Die wenigen Transportgüter, die dem Segler blieben, waren Kohle, Salpeter und auch Korn, also Güter, die keine besonders kurze Transportzeit notwendig machten wie etwa Frischware.

Es sei noch erwähnt, daß die einzelnen Eisenplatten der Rumpfaußenhaut der Schiffe anfänglich durch Nietung miteinander verbunden wurden, später wurden sie elektrisch verschweißt.

Das Ruder, einer der wichtigsten Teile des Rumpfes, machte hinsichtlich Form, Anordnung und Handhabung eine lange Entwicklung durch: von handbetätigten Konstruktionen mit Pinne und hölzernem Ruderblatt bis zu den ausgereiften Bauarten, bei welchen die Drehung am Ruderrad über gegenläufige Gewindehülsen auf einer Spindel und Kuppelstangen auf das Ruderjoch übertragen wird. Für den Fall eines Versagens der Rudermaschine war in jedem Fall noch die Steuerung des Schiffes im Handbetrieb gewährleistet.

Intensive Forschung brachte auch in der Metallurgie entsprechende Fortschritte. Es war der Brite Bessemer, der durch sein Spezialverfahren des »Windfrischens« in der nach ihm benannten »Bessemer-Birne« flüssiges Eisen von zu hohem Kohlenstoffgehalt und anderen unerwünschten Einschlüssen befreite. Damit gewann er eine wesentlich verbesserte Qualität des so wichtigen Rohstoffes, den Stahl.

Wo es auf hohe Festigkeit ankam, wurde Stahl in Konstruktionen verschiedenster Arbeitsbereiche angewendet. Auch der Schiffbau machte sich natürlich die wesentlichen Vorteile des neuen Materials zunutze.

In Port Glasgow baute Reid im Jahre 1882 die erste Stahl-Viermastbark für die Reederei Kerr aus Greenock. *Pinmore* blieb bis in den Ersten Weltkrieg hinein in Fahrt. Sie wurde am 19. Februar 1917 durch *Seeadler,* unter Graf Luckner, versenkt.

In Deutschland kam die erste stählerne Viermastbark vier Jahre später bei Blohm & Voss in Hamburg von der Helling. *Polymnia* hieß die für B. Wencke Söhne in Hamburg erbaute Einheit.

Noch später begannen die Franzosen mit dem Bau von Stahlschiffen. Die »Ateliers et chantiers de la Loire« in Nantes lieferten 1896 die Viermastbark *Madeleine* an die Reederei Bordes in Dunkerque. Die Franzosen ließen ihre Einheiten über längere Zeit noch in Großbritannien, namentlich in Schottland, bauen.

Neben der Entwicklung des eigentlichen Rumpfes lief die bessere Inneneinrichtung der Schiffe einher. Die früher teilweise menschenunwürdigen Verhältnisse für die Mannschaften wurden stetig verbessert: Unterkunfsräume, technische und maschinelle Vorrichtungen zur Erleichterung der ohnehin nicht einfachen Seemannschaft auf Großseglern. Auf sichere Fahrt abgestimmte Dispositionen der Aufbauten gaben immer wieder Anlaß zu Verbesserungen.

Wenn man die Silhouette von Segelschiffen betrachtet, fällt auf, daß sie alle verschiedene Aufbauten haben. Zu Beginn des 19. Jahrhunderts hatte sich das Schiff zum Flachdecker entwickelt, nachdem es früher durch sehr markante Aufbauten an Bug und Heck aufgefallen war. Das Deck des Segelschiffs galt früher ausschließlich als Manövrierfeld der Mannschaft, Passagiere und

Erasmo, 1903
Eine der wenigen in Italien erbauten Viermast-Barken

Fracht waren unter Deck untergebracht oder verstaut. Mit der fortschreitenden Ablösung des Segelschiffs in der Passagierschiffahrt durch den Dampfer wurde das windgetriebene Gefährt bald zum ausgesprochenen Frachter. Frachtraum aber brachte Geld ein, und so wurden alle notwendigen Unterkünfte und Nebenräume dem Frachtraum zugeschlagen. Man begann erneut, Back und Poop höher zu bauen, um dort einerseits Kapitän und Offiziere, anderseits Mannschaft, Kombüse und andere Nebenräume unterzubringen. Diese Bauart wurde als Zweiinselschiff bezeichnet.

In schwerem Wetter, bei extremem Seegang – am Kap Hoorn zum Beispiel – schlugen bei diesem Typ Schiff die Brecher über das Deck zwischen Back und Poop und setzten es unter Wasser. Das bedeutete oftmals Lebensgefahr für die dort arbeitenden Matrosen. Über die Sicherheit für die Leute machte man sich aber offenbar wenig Gedanken. Und so mancher Seemann bezahlte diese Gleichgültigkeit mit dem Leben.

Man suchte auch in dieser Beziehung nach Verbesserung. In der Schiffsmitte wurde später ein erhöhtes Mitteldeck angeordnet, von welchem aus Manöver gefahren wurden, ohne daß man die überfluteten Deckspartien betreten mußte. Das Dreiinselschiff wurde in der letzten Phase des Baus von Windjammern jeder Art zur Norm. Um aber doch ungehindert von der Back zur Poop oder zum Brückendeck gelangen zu können, wurden zwischen diesen Aufbauten Verbindungsstege eingebaut. Man war also auch dann noch beweglich, wenn Hunderte von Tonnen Seewasser die Deckteile und die verschalkten Luken überfluteten.

Typische Vertreter dieser Bauart waren die prachtvollen Großsegler der Reederei Laeisz. Sie wurden zu Beginn des 20. Jahrhunderts gebaut, und ihre Namen gingen in die Geschichte der Seefahrt ein: *Pamir* und *Passat*.

Ein Wort noch über den Anstrich der Schiffe. Alle möglichen Farben waren anzutreffen, einfarbig oder in verschiedensten Kombinationen. Jede Reederei hatte ihre eigene Farbgebung, an der man alle zur Flotte gehörenden Schiffe erkennen konnte.

Als letztes Überbleibsel aus der Zeit der alten Linienschiffe mit den verschiedenen Geschützdecks hielt sich die Bemalung mit Stückpforten an den absolut friedlichen Frachtseglern. Typische Vertreter dieses schmucken Äußeren waren die Einheiten der französischen Großreederei Bordes.

Laiesz strich seine Schiffe alle in den Nationalfarben Deutschlands, schwarzweißrot. Für Laeisz typisch war der bei Ballastfahrt weithin sichtbare weiße Wasserpaß.

Die Stabilitätsprobleme beim Segelschiff mit oft mehreren tausend Quadratmetern Segelfläche beschäftigten Konstruktuere und Schiffsführer ohne Unterlaß. Immer höher und schwerer wurden die Takelagen, und ein relativ leichter oder sogar leerer Schiffsrumpf war den auf ihn einwirkenden Kräften von Masten, Spieren, stehendem Gut und Segel nicht gewachsen. Deshalb mußten schon von alters her die Segelschiffe bei Leerfahrt im Frachtraum beschwert werden, wollten sie nicht infolge großer Windeinflüße auf Rigg und Segel einfach kentern.

Der sogenannte Ballast wurde in verschiedener Form eingebracht. Lange Zeit waren Sand und Steine die bevorzugten Materialien, und die Segelschiffe führten an Bord spezielle große Körbe mit, die dem Einbringen und Löschen von Ballast dienten.

Die Arbeit mit dem Ballast in dieser Form war aber eine beschwerliche Angelegenheit und kostete viel Zeit und Geld. Die Liegezeiten in Häfen und auf Reede wurden ungebührlich lang. Mit der fortschreitenden Entwicklung der technischen Einrichtungen auf den Schiffen mußte deshalb ein Weg gefunden werden, die zeitraubenden Ballastarbeiten zu mechanisieren.

Die Lösung des Problems fand man im Einbau von Wasser-Ballasttanks, die mittels Pumpen aufgefüllt und geleert werden konnten. Die ersten Wasserbehälter für Ballast wurden in Form eines Doppelbodens im Schiff geschaffen. Der Raum zwischen Außenhaut und Doppelboden konnte mit Wasser gefüllt werden, womit der benötigte Ballast auf einfache Weise eingebracht und gelöscht werden konnte. Hand in Hand mit Laden oder Löschen eines Schiffes lief dann die Arbeit der Ballastabgabe oder -aufnahme.

Dieses System hatte aber vom rein wirtschaftlichen Aspekt aus einen großen Nachteil. Der Ballastraum war als Frachtraum im Schiff verloren, was bei großen Einheiten eine respektable Summe von Tonnen ausmachen konnte.

Der nächste Schritt in der Konstruktion ging deshalb dahin, daß man Tanks schuf, die während einer Frachtfahrt auch beladen werden konnten und nur bei Leerfahrt als Ballastbehälter fungierten. Dies ermöglichte die Ausnützung der Nettotonnage eines Schiffes in vollem Umfange.

In der Sicherheit der Segelschiffe hat die Frage der Stabilität eine große Rolle gespielt. Die berühmt gewordene WASA in Stockholm und viele ihrer Artgenossinnen in späteren Jahrhunderten fielen zu kleinem Ballast zu Opfer.

Eine langzeitliche Übersicht über die Entwicklung im Bau der Schiffsrümpfe ist damit gegeben. Es konnte nicht Aufgabe dieser Arbeit sein, alle Einzelheiten der Rumpfkonstruktion hier zu beschreiben, damit haben sich ausgewiesene Fachleute beschäftigt und umfangreiche Publikationen vorgelegt.

Ausmaße und Tonnage

Wie in vielen Gebieten der Technik, wurden auch im Schiffbau anfänglich kühne Experimente durch überlegte Konstruktionen abgelöst. Zu einem späteren Zeitpunkt, als es darum ging, immer größere und immer schnellere Schiffe zu bauen, war es dann wieder der Wagemut einzelner Männer, der die Entwicklung vorantrieb.

Die Größenentwicklung der Segelschiffe soll wiederum vom Jahre 1801 an betrachtet werden.

Mit rund 45 Metern Länge und einer Breite von 9 Metern war L'Invention noch ein Schiff mittlerer Dimension, vermessen mit 486 ts war das Viermastvollschiff keineswegs eine außerordentliche Erscheinung.

Ganz im Gegensatz dazu aber standen die beiden Kanadier, die 25 Jahre später auf See erschienen. Sowohl Columbus wie auch Baron of Renfrew übertrafen in ihren Abmessungen alles, was bisher geschaffen worden war. Ein Schiffbauer erkühnte sich, eine hölzerne Viermastbark von 100 Metern Länge bei einer Breite von 17 Metern auf Kiel zu legen, ihre Tonnage betrug fast das Zehnfache des Vorgängers aus Frankreich! Kühnheit, aber auch Geltungsdrang hatten alles Bisherige in den Schatten gestellt. Man wollte ein einzigartiges, ein riesiges Werk schaffen. Die höheren Gesetze der Natur sorgten aber dafür, daß die Bäume nicht in den Himmel wuchsen.

Nach den genannten Kanadiern wurde es um den Bau der Viermaster wieder still. Erst ein Vierteljahrhundert später kam aus dem Lande der unbegrenzten Möglichkeiten die Kunde von einem neuerlichen Riesenbau. Diesmal aber war es ein bereits anerkannter und berühmter Schiffbauer, der den Plan faßte, ein Schiff zu bauen, das die bisher geltenden Normen in jeder Beziehung sprengen sollte. Donald Mc Kay wartete mit einer echten »Neue Welt«-Sensation auf, die den Namen Great Republic führen sollte.

Über 110 Meter Länge und gegen 17,5 Meter Breite wies das gewaltige Schiff auf, daß dann auch mit etwa 4500 BRT vermessen war. Wohlgemerkt ein Holzschiff, doch erstmals mit eisernen Verstärkungen. Auch hier schienen sich höhere Mächte gegen den Mut und das Können eines tüchtigen Konstrukteurs verschworen zu haben. Das Schicksal des Riesen ist bekannt.

Das Intervall von rund 25 Jahren scheint für die Viermaster irgendwie typisch gewesen zu sein, denn wiederum nach 25 Jahren wurde 1875 die erste eiserne Viermasteinheit, das Viermastvollschiff County of Peebles, gebaut. Dieses Schiff wurde aber bei einer Länge von 80 Metern und einer Breite von 11,75 Metern mit nur 1691 BRT vermessen. Das bedeutete eine Rückkehr zu einer vertretbaren Größe.

Es mag interessant sein, die Entwicklung der ersten Viermastschiffe in der nachstehenden Tabelle vergleichen zu können:

		Länge m	Breite m	Raumtiefe m	BRT
1801	L'Invention	45	9		486
1824	Columbus	91	15,39	6,82	3690
1825	Baron of Renfrew	92,65	18,59	10,36	5294
1853	Great Republic	102	16	11,58	4555
1875	County of Peebles	81,22	11,75	7,11	1691

Wenn die Schiffe der Jahre 1824 bis 1853 als für damalige Verhältnisse überdimensioniert zu bezeichnen sind, scheint County of Peebles mit nur 1691 BRT eher eine kleine Einheit für vier Masten gewesen zu sein.

Das Entscheidende bei der Entwicklung der Viermaster in der zweiten Hälfte des 19. Jahrhunderts lag aber nicht in der eigentlichen Größe der Schiffe. Vielmehr waren es die Takelagen der Barken und Vollschiffe mit nur drei Masten, die Ausmaße erreicht hatten, die nicht mehr zu bewältigen waren. In der Tat entlockt uns heute das Bild eines Vollschiffes aus jener Zeit ganz von selbst die Frage: »Wie nur konnte man diese Riesentücher überhaupt noch handhaben?« Schiffbauer und Seeleute mußten einsehen, daß die Grenze menschlicher Kraft erreicht war, und es mußten Mittel und Wege gefunden werden, größere Segelflächen nicht auf immer höhere Masten anzuordnen. Diese Überlegungen führten schließlich zum Schiff mit vier Masten.

Die Entwicklung des Viermasters bis zu seiner größten jemals gebauten Ausführung nahm ab 1875 erneut eine Zeitspanne von 25 Jahren in Anspruch. *Brilliant* und *Daylight,* die beiden größten, kamen in den Jahren 1901 und 1902 vom Stapel.

Der erste Fünfmaster *France* von 1890 eröffnete eine Reihe von nur sieben Einheiten dieser Bauart. Nach *France* erschienen noch *Maria Rickmers, Potosi, Preußen, R. C. Rickmers, France II* und *København* auf den Weltmeeren. Reine Segelschiffe waren allerdings nur die erste *France, Potosi* und *Preußen*. Die vier anderen Einheiten hatten Maschinenhilfe an Bord, die Manöver erleichtern oder in Kalmen wenigstens kleine Fahrt ermöglichen sollte.

Alle diese Fünfmaster verschwanden auf unglückliche Weise von den Ozeanen. Schwere Unfälle, kriegerische Ereignisse und die Eintragung »verschollen« in den Registern beschlossen die Laufbahn der größten jemals gebauten Rahschiffe.

Wenn wir von den Ausmaßen der Schiffe sprechen, müssen wir nochmals auf den bereits erwähnten Breitenindex zurückkommen. Je höher diese Verhältniszahl von Länge zu Breite einer Einheit, desto schlanker der Rumpf. Nach dem Leitsatz »Länge läuft« ließ die Größe dieser Verhältniszahl Schlüsse auf die möglichen Geschwindigkeiten zu. Bei *L'Invention* ergab sich ein Index von rund fünf, wogegen er bei *Preußen* etwas über acht lag. Die entsprechenden Werte vieler anderer Einheiten lagen zwischen diesen Extremwerten.

Pamir, 1905
Im Sturm vor Cape Flattery, nach der Ausfahrt aus der Juan de Fuca-Straße

Die Takelage

Unter dem Begriff Takelage eines Segelschiffes faßt man die einzelnen Teile wie Masten, Spieren, stehendes und laufendes Gut zusammen.

Das stehende Gut dient zur Stützung und Verankerung der Masten, wobei gewisse Teile, wie die Stage, gleichzeitig eine Funktion als Träger von Segeln, der Stagsegel, haben.

Das laufende Gut ist ganz auf die Bedienung der Segel ausgerichtet. Im Gegensatz also zum stehenden Gut bewegt sich hier alles über Blocks, Winden und Spills. Als Spieren bezeichnet man die Teile der Takelage, die dem Tragen, Befestigen und Führen der Segeltücher dienen, also Rahen, Bäume und Gaffeln.

Innerhalb des Begriffes Takelage soll unser Interesse zunächst den Masten als dem wohl wichtigsten Teil des Ganzen gelten. Die Klassifikation der Segelschiffe geschah schon im Laufe der Zeit nach Anzahl der Masten und der Art ihrer Anordnung. Brigg und Brigantine bei den Zweimastern, Vollschiff und Bark bei den Dreimastern und schließlich dann die Ergänzung durch Angabe der Mastenzahl bei Vier- und Fünfmastschiffen.

Brigg und Vollschiff haben nur vollgetakelte Masten, sie sind also nur mit Rahsegeln bestückt. Im Gegensatz dazu fahren Brigantine und Bark am Achtermast nur Gaffelsegel.

Ganz ähnlich wie beim Rumpf entwickelte sich die Fertigung der Masten. Vom reinen Holz- über den genieteten Blechmast bis zum gewalzten Rohrmast – nach dem Mannesmann-Verfahren – vollzog sich der Wandel im Herstellungsprozeß.

Bei kleineren Schiffen konnten Masten aus einem Stück, beispielsweise aus einem Baum, hergerichtet werden. Mit immer zunehmender Länge der Hauptträger der Takelage aber sah man sich gezwungen, einzelne Teile zu einem Ganzen zusammenzufügen. Einerseits hatte man Mühe, entsprechend langes und starkes Holz zu finden, andererseits ergaben sich Probleme beim Antransport der erforderlichen Hölzer zu den Werften.

Vom eigentlichen Thema dieser Arbeit abweichend sei hier erwähnt, daß in Bristol (Großbritannien) die im Jahre 1835 erbaute *Great Britain,* das erste Schraubendampfschiff der Welt, z.Z. restauriert wird. Neben dem Schiff selbst ist dort der aus Einzelteilen zusammengefügte Hauptmast des Dampfers zu sehen, ein großartiger Zeuge der Zimmermannskunst aus der damaligen Zeit. Der Holzmast verfügt immerhin über einen Durchmesser von rund 90 cm.

Die ständige Vergrößerung der Masten führte automatisch zur Unterteilung in zwei und mehr Teile. Entsprechend den Segeln, die sie zu tragen hatten, wurden die Einzelteile als Untermast, Marsstenge, Bramstenge und Royalstenge bezeichnet. Am oberen Ende des auf dem Schiffskiel abgestützten Untermastes ergab sich eine erste Verbindungsstelle zwischen zwei Mastteilen, die Marssaling. Die Saling als wichtigster Bestandteil eines Mastes hat mannigfaltige Bedeutung. Einerseits dient sie zur Lagerung für die Wanten, die den Mast im Unterteil seitlich abstützen, andererseits bildet die Saling zusammen mit dem Eselshaupt die Halterung für die auf den Untermasten aufgesetzte Marsstenge. Die gleiche Anordnung wiederholt sich bei der Verbindung von Mars- und Bramstenge bei der Bramsaling. Die ursprüngliche Bedeutung der »Mars« als Platz für einen Ausguck hoch oben im Mast blieb auch bei den großen Frachtseglern in der Handelsfahrt erhalten.

Dem Eselshaupt, einer brillenförmigen Konstruktion, kommt die Aufgabe zu, eine feste und dauernde Verbindung des unteren mit dem oberen Mastteil zu sichern. Bei größeren Einheiten wurde der wichtige Bestandteil meist aus Guß gefertigt, bei kleineren Einheiten erfüllten zusammengenietete schmiedeeiserne Ringe den gleichen Zweck.

L'Avenir, 1908
Das bekannte belgische Schulschiff. Besonders auffallend die großen Mannschaftsräume

Auch für das Eselshaupt liegt in Bristol ein prachtvolles großes Muster.

Bei normaler Takelage eines Großseglers finden sich also an der Mars- und Bramsaling je ein Eselshaupt. Bram- und Royalstenge waren meist aus einem Stück hergestellt.

Schon *L'Invention* von 1801 hatte Masten dieser Bauart. Bei Einheiten der letzten Generation, das heißt etwa ab 1905, wurden teilweise auch Untermast und Marsstenge aus einem Stück Stahlrohr gefertigt, so daß sich der Mast aus nur zwei Teilen zusammensetzte. Wohl bekanntester Vertreter dieser Bauart der Takelage war das bekannte Fünfmastvollschiff *Preußen* von Laeisz.

Wie bereits vermerkt, erreichten die Masten größerer Schiffe Höhen bis zu sechzig Metern und mehr. Im Verhältnis zur Raumtiefe einer Einheit standen sie um ein Mehrfaches ihrer Länge über dem Hauptdeck. Sollten sie unter Belastung nicht brechen, mußten sie verankert und gestützt werden.

Diese Aufgabe erfüllte das sogenannte »stehende Gut«, wobei der Ausdruck stehend davon herrührt, daß alle Teile mit den Bezeichnungen Wanten, Pardunen und Stage auf dem Schiff während der Fahrt nicht bewegt werden, sie stehen still. Diese Teile sind fest an-

gebracht und mittels Spannvorrichtungen steif gespannt.

Der seitlichen Abstützung der Untermasten dienen die Wanten, wobei sich diese auch über Mars- und Bramsaling bis zum Festpunkt an der Bramstenge hinauf fortsetzen. Alle diese seitlichen Verstärkungen der Masten waren mit den sogenannten Webeleinen untereinander verbunden. Diese ermöglichten dem Seemann beim Aufentern in die Masten ein Steigen wie auf einer Leiter.

Die Pardunen als weitere seitlich angebrachte Verankerung der Masten standen vom Deck direkt an dem Mast hoch, ohne an den Salingen befestigt zu sein, sie waren auch nicht untereinander verbunden.

Da der Windjammer ein Fahrzeug ist, das zur Hauptsache auf Vorwindkursen oder mit achterlichem Wind segelt, werden die Masten auch in Längsrichtung des Schiffes besonders belastet. Sie müssen deshalb auch über die Längsachse der Gefährts verankert werden. Zu diesem Zwecke sind zwischen den Masten die sog. Stage angeordnet. Damit auch der Fockmast abgestagt werden konnte, bedurfte es beim Segler mit Rahtakelage einer Art Ausleger vor dem Bug. Zu Zeiten der Holzschiffe bestand diese Verlängerung meist aus zwei Teilen, dem Bugspriet als massiver Verbindung mit dem Schiffsrumpf und dem aufgesetzten Klüverbaum. Am äußeren Ende des Bugspriets verband wieder ein Eselshaupt die beiden Spieren. Mit dieser Konstruktion ergab sich die Möglichkeit, die verschiedenen Vorstage am Klüverbaum zu belegen. Bei mehr oder weniger Wind ergab sich starker Zug auf die Stage, die den Klüverbaum entsprechend belasteten. Daher wurde dieser wiederum verankert, und zwar über Stampfstock und Wasserstag zurück auf den Schiffsrumpf.

Mit der Entwicklung im Eisen- und Stahlbau gelang es auch, Bugspriet und Klüverbaum aus einem Stück zu fertigen.

Mit Rumpf, Masten und stehendem Gut ist das Segelschiff zur Aufnahme des laufenden Gutes, der Spieren und Segel vorbereitet. Fall und Brasse hatten in erster Linie dem Bewegen der Rahen und Segel zu dienen. Die an Rahen befestigten Segel wurden mit den Falls vorgeheißt, d.h. in ihre richtige Lage am Mast hochgehoben. Die Brassen hingegen, angesetzt am äußeren Ende der Rahen, hatten die Aufgabe, Rahen und Segel in die richtige Stellung im Verhältnis zum einfallenden Wind zu bringen.

Die Brassen hatten wohl die größte Bedeutung im laufenden Gut eines Windjammers. Bei oft wechselnden Windrichtungen war die Arbeit an den Brassen hart und schwer, insbesondere zu der Zeit, als noch keine mechanischen Hilfsmittel zur Verfügung standen. Erst die Erfindung der Brasswinde durch Kapitän Jarvis schuf da Erleichterung. Es könnten noch viele einzelne

Peking, 1911
Typisches Erscheinungsbild einer Laeisz-Viermast-Bark, in Ballast segelnd

Teile des laufenden Gutes erläutert werden, doch diese würden den Rahmen dieser Arbeit sprengen. Unzählige Fachbücher sind viel besser berufen, Auskunft in Einzelheiten zu geben.

Zusammen mit den Rahen machten auch die Segel im Laufe der Jahrzehnte eine bedeutsame Entwicklung durch.

Betrachten wir wiederum *L'Invention* aus dem Jahre 1801. Dieses Viermastvollschiff führte an den Masten je vier Segel. Entsprechend den Mastteilen wurden die Segel benannt, mit Ausnahme der untersten Segel am jeweiligen Mast.

Am Fockmast, dem vordersten in Schiffslängsrichtung gesehen, stand die Fock. Der zweite Mast, Großmast genannt, war mit dem Großsegel bestückt. Als dritter Mast folgte der Kreuzmast, dessen unterstes Segel als Bagien bezeichnet wurde.

An der Marsstenge waren die Vormars-, Großmars- und Kreuzmarssegel angeschlagen. Die höher angebrachten Segel hießen entsprechend Vorbram-, Großbram- und Kreuzbramsegel. Über den Mars- und Bramsegeln führte *L'Invention* noch die kleinen Royalsegel, die wiederum mit den Mastbezeichungen zusätzlich benannt waren. Bei näherer Betrachtung des Bildes des Viermastvollschiffs stellt man fest, daß die verschiedenen Tücher riesige Ausmaße im Verhältnis zum ganzen Schiff hatten. Dabei kann man sich gut vorstellen, welche Kräfte die Mannschaften aufwenden mußten, um zum Beispiel ein vollstehendes Marssegel dieser Fläche zu bergen. Diese Kräfte waren – noch über Jahre – allein durch Menschenhand zu erbringen.

Es zeigten sich in dieser Richtung auch Schwierigkeiten, und man suchte einen Weg, um die Segel mit weniger Aufwand und Kraft bedienen zu können. Dies führte mit der Zeit zur Aufteilung der einzelnen großen Tücher in zwei Teile. Auf diese Weise entstand die später übliche Aufteilung der gesamten Segelfläche eines Mastes in bis zu sieben Einzelsegel. Die Bezeichnungen Mars oder Bram wurden durch Untermars und Obermars respektive Unterbram und Oberbram ergänzt.

Ein Mast mit normaler Takelage führte demnach die nachstehend aufgeführten, von unten nach oben genannten Segel, am Großmast: Großsegel, Untermars, Obermars, Unterbram, Oberbram und Royal. In wenigen Fällen wurde diese Reihe durch ein zusätzliches kleines Segel ergänzt, das die Bezeichnung Skysegel erhielt. Schönstes Beispiel dieser Takelungsart war wohl *Peter Rickmers,* ein Viermastvollschiff mit Skysegeln.

Die weitaus verbreitetste Takelage war aber die mit sechs Segeln an Fock-, Groß- und Kreuzmast, wie sie die Schiffe der Reedereien Bordes und Laeisz führten.

Eine weitere Variation in der Segelführung bildeten die sogenannten »baldheader«, die keine Royals führten, demzufolge eben »kahlköpfig« waren. Uns ist ein schönes Beispiel dieser Bauart erhalten, die vielbesuchte *Pommern* in Mariehamn auf den Ålandinseln. Der Sohn des großen Gustaf Erikson hat dieses Schiff nach dem Zweiten Weltkrieg seiner Heimatstadt zum Geschenk gemacht. Auch die bekannt gewordenen Einheiten mit den »Loch«-Namen aus Schottland waren in der gleichen Weise getakelt. Neben den Unterschieden in Form un Anordnung von Decks und Aufbauten war also die Takelage eines der typischen Merkmale für ein bestimmtes Schiff.

Die Entwicklung der Takelage über Jahrzehnte hinweg hing von verschiedenen grundsätzlichen Faktoren ab. Reine segeltechnische Überlegungen einerseits und wirtschaftliche Probleme andererseits führten zu Änderungen gegenüber althergebrachten Traditionen. Die Takelage wandelte sich zu einem technisch perfekten, wohldurchdachten Mechanismus mit kleinstem Bedarf an Bedienungspersonal. Die andauernd zunehmende Konkurrenz durch Maschinenschiffe zwang Schiffbauer und Reeder zu möglichst rationeller Einrichtung und Führung der Einheiten.

Schon gegen Ende des letzten Jahrhunderts wurden arbeitsrechtliche Vorschriften für die Besatzungen erlassen, die ihrerseits am Lebensnerv der Segelschifffahrt nagten. Auch Subventionen, eigentlich ein Schlagwort unserer Tage, gab es schon vor dem Jahr 1900. Besonders in Frankreich suchte man die einheimische Werftindustrie durch Ausschüttung von Prämien zu schützen. Das System war aber alles andere als ein Erfolg, fuhren doch große Segler in Ballast weite Reisen, ohne eine einzige Tonne Fracht zu transportieren, d.h., sie erhielten Prämien, ohne daß sie einen wirtschaftlichen Nutzen eingebracht hatten.

Diese Prämien wurden nach den Bruttotonnagen berechnet. Man hatte also keinen Anlaß mehr, sparsam mit den Nebenräumen auf den Schiffen zu sein. Die Folge davon war eine auffallende Zunahme der BRT bei den französischen Schiffen aus der Subventionszeit.

Auffälligste Veränderung im Rigg der großen Segler war das sukzessive Verschwinden der Vollschiff-Takelage, sicher auch zum Teil damit begründet, daß weniger Mannschaften benötigt wurden. Eine ganze Reihe ursprünglich als Vollschiff getakelter Einheiten wurde nach kurzer Zeit zur Bark umgebaut. Die Viermastbark war dann auch das weitverbreitetste Rigg unter den über vierhundert Vier- und Fünfmastern.

Werften und Reedereien

Die Werften

Es dürfte von allgemeinem Interesse in Schiffahrtskreisen sein, einen Gesamtüberblick über diejenigen Schiffbaubetriebe zu zeigen, die im Laufe von 130 Jahren die stattliche Zahl von 446 Vier- und Fünfmaster erbauten. – Von 1801 bis 1931 teilten sich insgesamt 78 Werften in die schöne Aufgabe, einen Mastenwald von 1756 Masten für 439 Viermaster und sieben Fünfmaster auf stolzen Schiffen aufzuriggen.

Den weitaus größten Anteil an der Tonnage der Großsegler hatte in der besagten Zeit Großbritannien mit rund 77% der Gesamttonnage. In diesem Land bauten 52 Werften 360 Einheiten, wobei die Produktionsspitze mit 69 Einheiten im Jahre 1892 erreicht wurde. Eine Gesamttonnage von 856929 BRT lief auf den Werften in den verschiedenen Landesteilen vom Stapel. 23 Jahre nach der Eröffnung des Suezkanals (1869) hätte dies wohl niemand erwartet!

Allen britischen Schiffbauern voran stand Russell + Co. mit seinen Bauplätzen in Greenock und Port Glasgow. Dieses Unternehmen allein brachte insgesamt 89 Einheiten, nämlich 88 Viermaster und einen Fünfmaster, *Maria Rickmers,* zu Wasser, eine Tonnage von total 210149 BRT vermessend. Es entspricht dies wiederum einem Anteil von rund 25% der britischen Produktion. Keine andere Werft der Welt hat auch nur annähernd eine solche Leistung erbracht.

Als nächstgrößerer Schiffbaubetrieb folgte die Werft von Barclay, Curle + Co. in Glasgow mit 34 Einheiten und einer BRT von 73352 ts. Der Anteil dieses Betriebes an britischen Neubauten betrug rund 8,6%. Dichtauf folgte Potter in Liverpool mit 20 Segelschiffen und einer Tonnage von 51479 BRT, was ca. 6% des britischen Bauvolumens entsprach. Im Anhang finden sich auch die Werte für die in Großbritannien erbauten Einheiten auf verschiedenen kleineren Werften.

Die mit Abstand größten Schiffbauer der Welt waren also die Schotten mit ihren Großbetrieben am Clyde, die zum Teil heute noch bestehen.

Den zweiten Rang in der Weltproduktion an Segelschiffseinheiten mit vier oder fünf Masten nahmen die Franzosen ein, allerdings mit respektablem Abstand hinter dem Vereinigten Königreich.

In acht Betrieben wurden nur 31 Schiffe, 30 Viermaster und ein Fünfmaster, *France II,* gebaut. Die französische Produktion lag bei total 95962 BRT, also nur etwas höher als eine der ersten Werften am Clyde. Größter Lieferant an Großseglern waren die »Forges et chantiers de la Méditerrannée« in Graville/Le Havre. Sie lieferten acht Einheiten mit 24983 BRT an ihre Kundschaft.

Frankreich wird in der Reihenfolge der Herstellung von Schiffsraum dicht gefolgt von Deutschland. 22 Schiffe verließen die Werften an Elbe und Weser sowie in Kiel. Eine Produktion von 68184 BRT lieferten sie damit an die Welttonnage.

Dank dem Bau der beiden Laeisz-Fünfmaster *Potosi* und *Preußen* führte in Deutschland die bekannte Werft von J. C. Tecklenborg aus Geestemünde/Bremerhaven die Tonnageliste mit 25108 BRT an, gefolgt von Blohm & Voss in Hamburg mit total 23354 BRT.

Einen weiteren Schritt zurück liegen die Vereinigten Staaten von Amerika, welche im gleichen Zeitraum nur 45129 BRT in 14 Schiffen beisteuerten. Hier hielt Sewall aus Bath die Spitze mit 11 Einheiten und einer Bruttotonnage von 35445 ts.

Alle anderen Länder, nämlich Italien, Kanada, Japan, die Niederlande und Dänemark zusammen, haben nur wenige Einheiten gebaut. Nur 17 Schiffe mit einer Gesamtvermessung von 47706 BRT kamen in den fünf Ländern von den Hellingen.

Im Anhang finden sich, wie schon erwähnt, tabellarische Ergänzungen zum Bericht, die in allen Einzelheiten über die Tätigkeit der Werften Auskunft geben. Der Textteil ist zudem ergänzt durch eine Aufstellung sämtlicher Schiffsnamen aller Vier- und Fünfmaster mit Angaben über Baujahre, Bauwerften usw.

Magdalene Vinnen, 1921
Viermast-Bark mit Hilfsmaschine, heute noch als *Sedov* unter UdSSR-Flagge in Betrieb

Die Reedereien

Drei Faktoren haben von jeher maßgeblichen Einfluß auf die Geschichte der Schiffahrt ausgeübt: Schiffbauer, Schiffe und Kapitäne.

Erst in neuerer Zeit, als sich Teile der Schiffahrt von den unchristlichen Begleitumständen von Eroberung und Krieg lösen konnten, gesellte sich den drei Faktoren ein vierter hinzu. Durch die eindeutige Trennung von Kriegs- und Handelsmarine erlangte nun der Besitzer eines oder mehrerer Handelsschiffe, der Reeder, eine ganz zentrale Bedeutung. Er bestellte oder kaufte Schiffe, er heuerte Mannschaften an, und er vertraute beide, Schiff und Besatzung, seinen Schiffsführern, den Kapitänen, an.
Im Gegensatz zur Kriegsmarine war also hier ein Mann oder eine Gesellschaft allein verantwortlich für das, was unter privater Flagge zur See fuhr. Vielen dieser Unternehmer war der Erfolg versagt, andere aber erlangten mit der Zeit – zum Teil über mehrere Generationen hinweg – eine Bedeutung, die ihnen einen Platz in der Geschichte der Seefahrt sicherte.
Schon kurz nach Beginn des 19. Jahrhunderts entwickelten sich in Europa zwei Schiffahrtsbetriebe, die über Jahrzehnte hinweg, die eine bis in unsere Tage, maßgebliche Bedeutung in der Schiffahrt hatten.

Von Bordeaux und Hamburg aus knüpften in jungen Jahren die Herren Antoine Dominique Bordes und Ferdinand Laeiz geschäftliche Beziehungen mit Partnern in Südamerika, hauptsächlich in Chile. Bordes hatte schon in Bordeaux Kontakte zur Schiffahrt, während Laeiz als gelernter Hutmacher im fernen Lande zunächst vorwiegend Absatz für seine Seidenhüte suchte. In kurzer Zeit bauten sich beide Auswanderer einen Handel auf, der es gestattete, ja erforderte, mit eigenen Schiffen zu fahren. Damit hatten der Franzose und der Deutsche den Grundstein zu ihren später weltbekannten Reedereien gelegt.

Aus bescheidenen Anfängen entwickelten sich zwei Segelschiffsreedereien, wie sie von keinem anderen Unternehmen in der Geschichte der Handelsfahrt unter Segeln erreicht wurden.
Es mutet eigentümlich an, daß aus Großbritannien, dem Lande der großen Schiffbauer, nie ein Reeder auch nur anhähernd die Bedeutung eines Bordes oder Laeisz erlangte.
Bordes brachte seinen ersten Viermaster *Union*, ein Viermastvollschiff, im September 1882 bei Russell in Greenock zu Wasser. Laeisz hingegen entschloß sich erst zehn Jahre später zum gleichen Schritt. Tecklenborg baute *Placilla*, eine Viermastbark, im Winter 1891/92, und das Schiff glitt im Februar 1892 von der Helling.
Insgesamt fuhren für Bordes in der Zeit von 1882 bis zum Ersten Weltkrieg 37 Viermaster und ein Fünfmaster, die erste *France*.
Laeisz hatte insgesamt 17 Viermaster und die zwei Fünfmaster *Potosi* und *Preußen* unter seiner Hausflagge mit dem roten »FL« im weißen Tuch.
Im Sinne dieses Buches werden hier nur die Schiffe mit vier und fünf Masten behandelt. Natürlich hatten beide Reedereien auch eine ganze Reihe von kleineren Einheiten mit Vollschiff- und Barktakelage in Betrieb.
In Großbritannien hatten zur Zeit der letzten Blüte der Segelschiffahrt verschiedene Reeder wie beispielsweise die Anglo American Oil Company in London, A. Weir + Co. in Glasgow, R. Shankland + Co. in Greenock und R. + J. Craig in Glasgow sowie Macvicar, Marshall + Co. in Liverpool ansehnliche Flotten in Betrieb. Keine verfügte jedoch über mehr als 14 Einheiten.
In England und Schottland gab es etliche Reedereien, die nur ein einziges Schiff auf ihre Rechnung betrieben. Natürlich bestanden sowohl in Frankreich als auch in Deutschland mehrere Schiffahrtsbetriebe, die im

Schatten von Bordes oder Laeisz standen, aber doch respektable Schiffsparks unterhielten. In erster Linie muß hier von weiteren deutschen Unternehmen berichtet werden. Allen voran ist die Firma Rhederei AG. von 1896 mit 17 Viermastern zu erwähnen, dicht gefolgt von Knöhr + Burchard mit 12 Schiffen der gleichen Bauart.

Die Bedeutung der anderen Reedereien in Deutschland und Frankreich ist aus dem Anhang ersichtlich.

Als weitere Seemacht, im Sinne der Handelsschiffahrt natürlich, mag auch Norwegen gegolten haben. Eine Besonderheit der norwegischen Reedereien war es allerdings, daß sie nur gebrauchte Einheiten, also »second hand ships«, unter ihre Hausflaggen stellten. Die größten von ihnen waren S. O. Stray in Christiansand und E. Monsen + Co. in Tvedestrand mit neun respektive acht Viermastern.

In den USA war eigentlich nur die Reederei Sewall in Bath mit Großseglern im Geschäft. Besonders bekannt wurde Sewall durch seine selbstgebauten großen Viermaster mit den Indianernamen.

Dollar und Rolph in San Francisco erreichten gemeinsam mit der Alaska Packers Corporation erst nach dem Ende des Ersten Weltkrieges eine gewisse Bedeutung, als sich ihnen die Gelegenheit bot, abzuliefernde ehemals deutsche Segelschiffe zu günstigen Konditionen zu erwerben.

In vielen Fällen führten die Reeder eine besondere Namensgebung für ihre Einheiten ein. Bekanntes Beispiel dafür ist sicher das »P« aller Laeisz-Schiffe. Dieses Markenzeichen entstand durch den Kosenamen von Frau Laeisz, die ihres krausen Haares wegen liebevoll Pudel genannt wurde. *Pudel* war dann auch der Name einer der ersten Einheiten von Laeisz, und damit begann die zur Tradition gewordene Reihe der »flying P-Liners«. Letzte Zeugen dieser stolzen Flotte waren *Pamir* und *Passat*, von *Padua* abgesehen, die jetzt als *Krusenstern* unter UdSSR-Flagge segelt.

Bei anderen Reedereien gab es ähnliche Vorgehen, beispielsweise mit besonderen Endungen, wie . . . bek oder . . . bank und . . . burn. Die Vielfalt war groß, und sie ist im Anhang zu übersehen.

Gegen Ende der Epoche der großen Segelschiffe erhielten Bordes und Laeisz noch einen namhaften Konkurrenten, der sich weltweit einen Namen machte. Kurz vor dem Ersten Weltkrieg begründete Gustaf Erikson in Mariehamn ein Unternehmen, das sich in die Reihe der Großunternehmen einordnete. Auch Erikson erwarb nur bereits gebrauchte, also »second hand«-Schiffe, und er fuhr diese Viermaster ohne jede Versicherung. Viele der bekannten Großsegler fristeten ihre letzten Lebensjahre unter seiner Hausflagge, dem schwarzen »G E« im weißen Tuch. Erikson gab, mit wenigen Ausnahmen, den Einheiten ihre ursprünglichen Namen zurück. Als Denkmal für diese Zeit liegt heute *Pommern* in Mariehamn. In der Getreidefahrt von Australien verkehrten die Eriksonschen Windjammer noch bis zum Beginn des Zweiten Weltkrieges im Jahre 1939.

Den Deutschen fiel die Aufgabe zu, die letzten frachtfahrenden Viermaster zu bereedern. *Pamir* und *Passat* wurden in letzter Minute von der Abwrackwerft geholt, neu eingerichtet und wieder in Fahrt gesetzt. Nach der *Pamir*-Katastrophe fand dieser Traum ein abruptes Ende, und auch *Passat* wurde am Priwall in Travemünde bei Lübeck aufgelegt.

Das Jahr 1957 wurde sozusagen zum Schicksalsjahr der Handelsschiffahrt mit Großseglern. Denn mit diesem Jahr endete ganz allgemein eine über 5000 Jahre dauernde Geschichte des Segelschiffs als Beförderungsmittel für Güter.

Heute sind nur noch die Schulschiffe der seefahrenden Nationen auf den Weltmeeren anzutreffen, wobei nur Russen und Japaner noch Einheiten mit vier Masten, als Bark getakelt, in Betrieb halten. Die ehemalige *Padua* als *Krusenstern* und die frühere *Kommodore Johnsen* als *Sedov* sind die letzten Einheiten, die noch vor gar nicht so langer Zeit als frachtfahrende Viermastbarken unter deutscher Flagge die Ozeane durchpflügten.

Die Einsatzaufgaben bei der UdSSR sind – nach vollständigen Umbauten – ganz anderer Natur.

Neueste Forschungen, im Zeichen einer sich anbahnenden Energiekrise, sind damit beschäftigt, eine mögliche Wiedergeburt des Segelschiffs zu prüfen. Allerdings käme dies nur in Frage, wenn eine fast vollständige Mechanisierung der Vorgänge an Bord zu realisieren wäre. Tatsächlich gibt es in Japan schon ein Versuchsschiff in dieser Richtung. Die Zukunft wird zeigen, ob der billigste Antrieb, den es für ein Schiff geben kann, der Wind, erneut als Fortbewegungsmittel für ein Wasserfahrzeug zum Einsatz gelangt.

Transporte unter Segeln

In der Reihe der zu Beginn der Arbeit aufgeworfenen Fragen wurde ein Gebiet ausgelassen, dem für die gesamte Segelschiffahrt eminente Bedeutung zukam, die Frage nämlich, welche Transporte die großen Segelschiffe eigentlich zu bewältigen hatten.

Mit wenigen Ausnahmen hatten die Vier- und Fünfmaster ihre Heimathäfen ja in Europa. Demzufolge mußten für die Fahrten nach den überseeischen Gebieten, so Indien, Chile usw., Frachten gefunden werden, die die Schiffe auf ihren Ausreisen »outward bound« auslasteten, sollten die Fahrten rentabel sein.

Wenn das eine Land reichlich besaß, was das andere brauchte, gab es keine besonderen Probleme.

Zur großen Zeit der Jute-Fahrt wurde z. B. in sehr vielen Fällen Salz als Fracht nach Indien geladen. Jute war dann das Frachtgut für die Heimreisen »homeward bound«.

Ein anderes Produkt, das in Europa nicht in genügendem Maße vorhanden war, der Reis, mußte ebenfalls aus dem Fernen Osten herangebracht werden. Besonders bekannt waren da die Rickmers-Einheiten, die eine eigene Reismühle in Bremerhaven unterhielten.

Im Verkehr mit Chile spielte Kohle eine besondere Rolle. Die Kohlehäfen in Großbritannien, z. B. Cardiff oder Newcastle am Tyne, waren Ausgangspunkt für unzählige Reisen nach Südamerika. In Chile, aber auch in Santa Rosalia (Golf von California) war dieser Brennstoff immer willkommen, verfügte man doch über keinerlei eigene Kohlevorräte. In Santa Rosalia wurde eine große Kupfermine betrieben, deren Bedarf an Kohle fast unersättlich war.

Wie groß der Verbrauch an Kohle in Chile war, belegt die Tatsache, daß viele Segler noch Abstecher quer über den Pazifik nach Newcastle (NSW) in Australien machten, um dort auch das schwarze Gold zu laden.

Es soll hier aber gleich bemerkt werden, daß auch andere Frachten die Segelschiffe beschäftigten. So wurde Zement, Eisenbahnmaterial, aber auch allgemeine Fracht den Schiffen anvertraut.

Von Chile heimwärts war Salpeter für alle Einheiten sozusagen das universale Transportgut. Abertausende von Tonnen dieses Naturprodukts brachten die Vier- und Fünfmaster nach Europa, wo der Bedarf an Salpeter für Düngezwecke und Munitionsfabrikation nie versiegte.

Gegen Ende des 19. Jahrhunderts erschien am internationalen Markt ein Produkt, das auch gewisse Auswirkungen auf die Segelschiffahrt hatte. Weltweit stieg der Bedarf an Petroleum oder Öl, wie die kurze Bezeichnung lautete. Längere Zeit schon war dieser Brennstoff, in Kanister und Kisten verpackt, auf Segelschiffen transportiert worden. Diese Art der Verpackung war aber bei immer zunehmendem Verbrauch sehr aufwendig. So kam der Zeitpunkt, da Segelschiffe als eigentliche Tanker im heutigen Sinne der Bedeutung eingerichtet wurden. Bekannte Einheiten dieser Bauart waren die beiden von der Anglo American Oil Co. gelieferten *Brilliant* und *Daylight*.

Neben Kohle und Salpeter hatte ein weiteres Transportgut für die Segelschiffahrt über Jahre und Jahrzehnte seine große Bedeutung, Getreide in all seinen Produktionsformen, kurz Korn genannt. Wichtige Lieferanten waren die USA, und viele Schiffe liefen Kalifornien an, um dort Korn zu laden. Portland und Astoria waren das Ziel vieler Ausreisen.

Kohle, Korn und Salpeter hatten für die Segelschiffahrt noch sehr lange große Bedeutung, bis weit in das 20. Jahrhundert hinein.

Für den Salpetertransport brachte der Erste Weltkrieg ein jähes Ende. Durch die kriegerischen Ereignisse wurden die Segler arg bedroht, und es gab große Verluste. Viele Schiffe gingen unter, ihre volle Ladung Salpeter mit sich reißend. Damit entstand in Europa großer Mangel an diesem so wichtigen Rohstoff für die

Munitionsfabrikation. Sehr bald aber hatte man ein Verfahren entwickelt, welches die Herstellung des dringend benötigten Stickstoffs aus der Luft ermöglichte. Haber-Bosch gelang 1917 diese umwälzende Erfindung, die den Salpetertransport in relativ kurzer Zeit zum Erliegen brachte.

In diesem Zusammenhang mag es angebracht sein, etwas über die Verluste von Segelschiffen im Gesamtüberblick zu berichten. Die einzelnen Schicksale der Einheiten sind im zweiten Teil der Arbeit in den »Steckbriefen« verzeichnet.

An erster Stelle der Verluste stehen die Strandungen und Wrackläufe. Rund ein Viertel aller Vier- und Fünfmaster sind diesem Schicksal erlegen. Schon an zweiter Position aber stehen die Verluste durch kriegerische Ereignisse, gefolgt von den Schiffen, die auf See verschollen sind. Eine ganze Reihe von Einheiten sind durch Brand- oder Explosionsunglücke von See verschwunden. Dabei spielte der Transport von Kohle eine sehr bedeutende Rolle, kam es doch des öfteren vor, daß sich dieses Transportgut selbst entzündete und das Schiff dadurch zerstörte.

Eine respektable Anzahl der einst so geschätzten Segler kamen am Ende ihrer Karriere zur Abwrackwerft, nachdem sie über Jahre gute Dienste geleistet hatten. Mit dem Ausfall der Salpetertransporte ergaben sich für mehrere Reedereien große Schwierigkeiten, und viele Viermaster wurden aufgelegt und später abgebrochen. Andere Reeder verlegten ihre Tätigkeit in ein neues Fahrtengebiet. In Australien waren große Produktionen an Getreide und Wolle entstanden, die ihren Absatz finden mußten. Eine letzte Transport-Euphorie der Segelschiffe begann mit den Australienreisen. Bis zum Ausbruch des Zweiten Weltkrieges segelten alljährlich ganze Pulks von Schiffen zum fünften Kontinent, wo sie ihre Laderäume mit Korn und Wolle vollstopften. Auf den Ausreisen wie auch bei den anschließenden Heimfahrten wurden regelrechte Rennen gefahren, und die Sieger wurden in Europa groß gefeiert. Es war wie zur Zeit der Teeclipper, die zu ihrer Zeit berühmt gewordene Wettfahrten aussegelten. Clipper wie *Ariel*, *Taeping* und *Cutty Sark* wurden durch solche Fahrten weltberühmt.

Von den Viermastern segelte *Parma* im Jahre 1933 in nur 83 Tagen von Port Victoria nach Europa, eine Rekordzeit, die nie mehr unterboten wurde.
Wie Dampfer und Motorschiff dem Segelschiff die Passagiere schon seit längerer Zeit weggenommen hatten, so kam unweigerlich die Zeit, da die Maschinenschiffe sich auch der Frachten aller Art bemächtigten.

Endgültiges Ende der frachtfahrenden Segelschiffahrt bedeutete der Zweite Weltkrieg, wenn wir von der kurzen Episode mit *Pamir* und *Passat* absehen.
Mit dem Verschwinden der Segelschiffe von See endete eine Ära, die über Jahrtausende dem Menschen gedient hatte, eine Ära, die vom einfachen, selbstgezimmerten Schiff bis zur höchsten Vollendung in Form des Vier- und Fünfmastrahseglers reichte. Das vom Wind getriebene Schiff hatte ausgedient. Nur einige Museumsschiffe zeugen heute noch von den einst großartigen Leistungen von Schiffen, Reedern und Mannschaften.
Die noch fahrenden Schulschiffe dienen einzig und allein noch der Ausbildung von Mannschaften, und auch ihre Zeit wird einmal zu Ende gehen.
Ein Wort noch zu den Geschwindigkeiten, die von großen Segelschiffen erreicht wurden. Dabei wird von einzelnen, z. T. umstrittenen Rekordreisen abgesehen. Diese waren ohnehin mehr vom Zufall abhängig, spielten doch der herrschende Seegang, die Stärke der Winde über weite Strecken und die allgemeine Wetterlage eine sehr bestimmende Rolle.
Viele der in dieser Arbeit besprochenen Einheiten segelten ja mehrere Reisen über dieselbe Strecke, und so interessieren eher Durchschnittswerte als Spitzenresultate.
Es sei vorerst einmal die Rede von dem berühmt gewordenen Kapitän Robert Hilgendorf und seinen zehn Reisen mit der Fünfmastbark *Potosi*. In der Zeit vom 26. Juli 1895 bis zum 9. November 1901 segelte *Potosi* zwischen Elbe und chilenischen Häfen hin und her. Dabei betrug die Reisedauer für die Ausreisen rund 70 Tage, diejenige für die Heimreisen lag immer bei etwa 79 Tagen.
In Anbetracht der abzusegelnden Distanz von ca. 11 440 Seemeilen ergaben diese 70 bzw. 79 Tage eine Durchschnittsgeschwindigkeit von 7,5 Knoten. Als maximale Fahrt soll sich auf einer Reise nach Iquique im Jahre 1900 ein Wert von 15,7 Knoten als Etmal ergeben haben, wobei Windstärken zwischen 9 und 10 Beaufort gemessen wurden.
Eines ist sicher: Hilgendorf war ein außergewöhnlich guter Kenner und Führer, Kenner der jeweiligen Wetterlage und ihrer Einflüsse auf Schiff und Mannschaft, Führer seiner Mannschaften in jeder Beziehung. Die Weisung der Reederei Laeisz: »Meine Schiffe können und müssen schnelle Reisen machen« schien Hilgendorf voll und ganz zu befolgen.
Neben *Potosi* machten natürlich auch andere Schiffe schnelle und gute Reisen. Von Hilgendorf geführt waren auch *Placilla* und *Pitlochry*. In nur 58 Tagen brachte der hervorragende Schiffsführer *Placilla* von Lizard Point nach Valparaiso. Man schrieb das Jahr 1892, und

die Viermastbark war ganz neu. Hier bewiesen sich die vorstehend erwähnten glücklichen Umstände, denn Hilgendorf konnte seine erfolgreichste Fahrt nie mehr wiederholen.

Neben den Deutschen machten aber auch viele Schiffe und Kapitäne anderer Nationen gute bis sehr gute Reisen, die den genannten Werten nur wenig nachstanden. Hierbei sei nur der Leistungen der Bordes-Einheiten gedacht, die wie die Laeisz-Segler fast fahrplanmäßig ihre großen Fahrten nach Chile unter den Kiel legten.

Abschließend soll ein Überblick von Reisezeiten um den ganzen Globus herum ein Bild von den Leistungen der großen Vier- und Fünfmaster geben:

Großbritannien – Australien
Oweenee	60 Tage
	Prawle Point – Port Pirrie
Wendur	81 Tage
	Frederikstadt – Melbourne

Australien – Großbritannien
| Swanhilda | 66 Tage |
| | Wallaroo – Queenstown |

Großbritanien – China
Muskoka	80 Tage
	London – Hongkong
Metropolis	91 Tage
	Cardiff – Hongkong

China – Vereinigte Staaten
| Alcides | 83 Tage |
| | von Hongkong |

Europa – Südamerika
Preußen	57 Tage
	Lizard Point – Iquique
Eudora	57 Tage
	Eddystone Rock – Coquimbo
Potosi	59 Tage
	Dover – Valparaiso

Kommodore Johnsen, 1921
Ehemals als Magdalene Vinnen auf See. Gut erkennbar die lange Mittschiffsbrücke. Zur Zeit als Sedov wieder in Betrieb

Südamerika – Europa

Potosi	57 Tage	
	Iquique – Prawle Point	
Pindos	61 Tage	
	Tocopilla – Dunkerque	
Placilla	70 Tage	
	Iquique – Lizard Point	
Preußen	61 Tage	
	Iquique – Lizard Point	

San Francisco – Großbritannien

Falls of Garry	88 Tage	
	San Francisco – Queenstown	
Andelana	89 Tage	
	San Francisco – Brow Head	
Principality	95 Tage	
	Astoria – Queenstown	
Susquehanna	94 Tage	
	San Francisco – Queenstown	

Großbritannien – San Francisco

Eudora	99 Tage	
	Lundy Isl. – San Francisco	

Diverse Routen:

Wendur	29 Tage	
	Newcastle (NSW) – Valparaiso	
Loch Torridon	30 Tage	
	Newcastle (NSW) – Valparaiso	
Benares	40 Tage	
	Table Bay – New York	
Dundee	31 Tage	
	Cardiff – Rio de Janeiro	
Howard D. Troop	21 Tage	
	Yokohama – Astoria	
Lancing	44 Tage	
	Montevideo – New Caledonia	

Aus diesen Werten geht hervor, daß sich mehrere Einheiten auf gleichen Fahrtrouten in keiner Weise nachstanden, immer eingedenk dessen, daß die Schiffe zwischen 4000 und 8000 Tonnen Fracht beförderten.

København, 1921
Die letzte Fünfmast-Bark, gebaut 1921

II. Teil

»Steckbriefe«

der einzelnen Vier- und Fünfmaster

Anleitung
zu den »Steckbriefen«

Erster Name des Segelschiffs
Baustoff   St=Stahl   Fe=Eisen   Ho=Holz
Schiffsstype   ms=Vollschiff   mbk=Bark
Netto/Bruttotonnage
Baujahr und Stapellauf resp. Inbetriebnahme
Länge, Breite und Raumtiefe in Fuß und Zoll
Anzahl Decks
Länge, Breite und Raumtiefe in Metern (angenähert)
Kurze Beschreibung von Rigg und Segeln
Bauwerft   Erster Besitzer
_____
→ Jahre der Besitzerwechsel und neue Namen
_____
Stichwortartige Beschreibung des Schicksals der Einheit
_____
Steckbrief

Achnashie

| St | 4 | mbk | 2334/2476 | 1892 | 4. | 293.8 /45.5 /25.2 |
| 2 Dks | | | | | | 89,51/14,87/ 7,67 |

Glattdecker, Masten mit Mars- und Bramstenge, doppelte Mars- und Bramsegel sowie Royals, Besanmast mit Stenge und einer Gaffel.

Duncan, R.+Co., Port Glasgow Thom+Cameron Ltd.   Glasgow
→ 1907   4.   *Chanaral*   A. D. Bordes et fils   Dunkerque

Unter Commandant Yves Bernard am 22. April 1916 vom deutschen U-Boot 67 etwa 60 Seemeilen südlich der Scilly Inseln versenkt.

Die Kapitäne E. J. Pasifull und A. Longmuir führten den Viermaster für Thom+Cameron.
Im Jahre 1906 geriet das Schiff am Kap Hoorn in schwere Stürme und verlor praktisch das ganze Rigg. Im Nothafen Montevideo konnten die Sturmschäden, nach längerem Aufenthalt, behoben werden.
Zu den besten Leistungen des an und für sich nicht besonders schnellen Seglers gehörte eine 57-Tage-Passage von Newcastle (NSW) nach San Francisco.
Im April 1907 kam das Schiff unter die Hausflagge der französischen Großreederei Bordes. Für die Übernahme bezahlten die Franzosen einen für »second-hand«-Tonnage bisher nicht üblichen Preis von 10500 Pfund oder über 4 Pfund pro Registertonne. Als *Chanaral* kam die Viermastbark auf der Salpeterroute nach Chile zum Einsatz. Für die Reederei waren die Herren Kapitäne Le Dirbat, Texier, Hamoniaux und Bernard als verantwortliche Kommandanten an Bord.
Nach mehreren Jahren ohne besondere Zwischenfälle geriet *Chanaral* am 22. April 1916 in die Fänge des Feindes. Auf Heimatkurs von Mejillones nach Falmouth »for orders« stellte U 67 das Segelschiff. Kaum hatte die Mannschaft und Kapitän Bernard die Boote bestiegen, versenkte das deutsche U-Boot den Segler.
Ohne Verluste an Menschenleben erreichten die Rettungsboote die Küste Cornwalls bei Penzance.

Acme ✓

St	4 mbk	2987/3288	1901		332.2 /45.4 /26.1
2 Dks					101,24/13,81/ 7,95

Glattdecker, Masten mit Mars- und Bramstenge, doppelte Mars- und Bramsegel sowie Royals, Besanmast mit Stenge und einer Gaffel.

Sewall, A.+Co., Bath (Me)	Standard Oil Co.	New York
→ 1913 *Star of Poland*	Alaska Packers Association	San Francisco

Am 15. September 1918 strandete diese Einheit auf der Reise von den USA nach Japan an der japanischen Ostküste bei Katsura.

Im Auftrag der Standard Oil Co. war *Acme* zum Transport von Öl in Kanistern speziell eingerichtet worden. Es handelte sich demnach noch nicht um einen Tanker im herkömmlichen Sinne des Wortes. Unter der Führung von Kapitän R. S. Lawrence brachte dieser Viermaster mehrere Reisen zwischen den USA und Japan unter den Kiel. Wie auch heute noch war Japan von eingeführtem Öl abhängig.
Ein anderer blühender Handel an der Westküste der USA betraf die Fischerei in Alaska. Kurz vor Beginn des Ersten Weltkrieges kam die Viermastbark deshalb unter die Flagge der Alaska Packers, die im wesentlichen die Transporte aus Alaska zur Aufgabe hatten. *Star of Poland* hieß das Schiff fortan, führten doch alle Schiffe der großen Reederei *Star*-Namen. Kapitän T. A. Thomsen führte die Einheit während der Jahre bis zur Strandung.
Während des Krieges kam *Star of Poland* mehrheitlich in Charter für die US-Regierung zum Einsatz.
Der Unfall bei Katsura ist wohl auf schlechte Wetterbedingungen bei der Suche zur Einfahrt in die Sagami Bay (Tokio) zurückzuführen.

A. D. Bordes ✓

Fe	4 ms	2025/2384	1884	3.	294.4 /43.2 /23.0
2 Dks					89,71/13,15/ 7,01

Glattdecker, Masten mit Mars- und Bramstenge, doppelte Mars- und Bramsegel sowie Royals. Besanmast voll getakelt, mit Stenge und einer Gaffel. Dieses Viermastvollschiff gehörte zu den ersten Einheiten, die mit Doppelboden-Ballasteinrichtung versehen wurden.

Thompson, W. B., Glasgow	Ant. Dom. Bordes et fils	Dunkerque

Abbruch 1923

Nach *Union* war *A. D. Bordes* die zweite Einheit mit Viermastvollschiff-Takelage, die der französischen Großreederei geliefert wurde. Mit dem Einbau der neuartigen Ballasteinrichtung wurde die sehr beschwerliche Arbeit für Einbringen und Löschen des Ballastes in Form von Schüttgut wesentlich erleichtert. Meist war ja Sand als Ballast verwendet worden, der dann mühsam in Körben über Bord gehievt werden mußte. Das Auffüllen oder Entleeren der Wasserballasttanks besorgten jetzt leistungsfähige Pumpen. Damit verkürzten sich die teuren Liegezeiten in den Häfen, und zudem ergab sich durch die moderne Art, Ballast über Bord zu bringen, auch eine Verkürzung der Reisezeiten.
Ursprünglich sollte dieses Schiff den Namen *Persévérance* erhalten. Nach dem Tode des Firmengründers Antoine Dominique Bordes wurde es dann, ihm zu Ehren, auf seinen Namen getauft.
Wie die meisten Bordes-Einheiten war auch *A. D. Bordes* fast ausschließlich in der Salpeterfahrt im Einsatz. Auf den Ausreisen wurde sehr oft Kohle nach Chile verfrachtet.
Am 2. Oktober 1917 drohte ein feindliches U-Boot diesem Schiff den Garaus zu machen. Eine kleine Kanone an Bord und der bravouröse Einsatz der Mannschaft unter Commandant Joseph Briand sorgten aber dafür, daß sich das feindliche Kriegsschiff verzog. Briand und seine Leute wurden für ihre Tapferkeit besonders ausgezeichnet.
Der Viermaster lief immer unter der Hausflagge der Firma Bordes. Über die Jahre führten die Kommandanten Le Bras, Le Queric, Martin, Etchepare, Thébaut, Legé, Louvet, Briand und Nicolas das Schiff.
Nach dem Ende des Ersten Weltkrieges verloren die vorher so begehrten Segelschiffe recht schnell an Bedeutung und wurden unrentabel. Im Jahre 1923 gelangte das stolze Schiff auf die Abwrackwerft.

Adolphe

St	4 mbk	2462/3204	1902	4.	313.6 /45.1 /24.1
2 Dks					95,55/13,73/ 7,33

Glattdecker mit langer Back (88 Fuß) und Poop (72 Fuß). Masten mit Mars- und Bramstenge, doppelte Mars- und Bramsegel und Royals, Besanmast mit Stenge und einer Gaffel.

Chantiers de France, Dunkerque	A. D. Bordes et fils	Dunkerque

Commandant Layec steuerte am 30. September 1904 die Einfahrt nach Newcastle (NSW) an. Trotz Schlepperhilfe strandete der Viermaster auf der berüchtigten Oyster-Bank in der Mündung des Hunter und ging verloren.

Die Chantiers de France lieferten der Reederei Bordes im Jahre 1902 vier Einheiten mit über 3000 BRT. *Adolphe* gehörte in diese Reihe. Auffällig ist der große Unterschied zwischen Brutto- und Nettotonnage. Es war dies eine direkte Folge der französischen Prämienordnung für neue Segelschiffe.
Betrug die Differenz früher rund 100–200 ts, lag sie nun bei über 700 ts. Das Prämiensystem – eigentlich zur Förderung der Werftindustrie in Frankreich gedacht – bewertete bei den Seglern die Gesamttonnage und nicht die Transportkapazität. Damit hatten die Reeder ein Interesse, möglichst große Schiffe zu bauen, und die gut gemeinte Subventionierung war letztlich ein Schlag ins Waser. Parallel zu dieser Entwicklung gingen aber schon damals arbeitsrechtliche Forderungen der Besatzungen nach besseren Unterkünften und kürzeren Arbeitszeiten. Alle diese Überlegungen führten zu maßgeblich größeren Ausbauten in Back und Poop, und damit erklären sich die wesentlich verlängerten genannten Aufbauten.
Die Prämienordnung führte auch zu ganz eigenartigen Auswüchsen. Mehrmals kam es vor, daß im Ballast fahrende Einheiten, auf Aus- und Heimreise sozusagen im Leerlauf fahrend, noch Prämien einkassierten. Nach kurzer Zeit fand das unglückliche System ein Ende.
Adolphe war nur eine bescheidene Lebensdauer gegönnt. In etwas mehr als zwei Jahren führten die Kapitäne Gosselin und Layec das Schiff nach Chile und Australien. Auf dem fünften Kontinent war meist Newcastle (NSW) mit seinen großen Kohlevorkommen der Ansteuerhafen.

Afghanistan

Fe 4 mbk 2221/2286 1888 2. 291.2 /42.1 /24.3
2 Dks 88,74/12,82/ 7,38

Glattdecker, Masten mit Mars- und Bramstenge, doppelte Mars- und Bramsegel sowie Royals, Besanmast mit Stenge und einer Gaffel.

Richardson, Duck + Co., Stockton	British and Eastern Shipping Co.	Liverpool

Vom britischen Kriegsschiff *Caesar* am 3. Juni 1905 vor Dungeness überrannt und sofort gesunken. Bei diesem Unfall kamen 23 Mann ums Leben.

Die von den Kapitänen J. Callew und J. Craigie geführte Viermastbark machte sich durch sehr langsame Fahrten keinen besonderen Namen.
Im Jahre 1899 dauerte eine Reise von San Francisco nach Liverpool ganze 212 Tage. Drei Jahre später, 1902, war das Schiff von derselben Hafenstadt in Kalifornien nach Queenstown »for orders« sogar 297 Tage unterwegs. Das ehemals so bekannte Queenstown wurde nach der Unabhängigkeit Irlands in Cóbh umbenannt.
Im Vergleich zur letztgenannten Reise der *Afghanistan* sei erwähnt, daß der bekannte Clipper *Miltiades* für die gleiche Fahrt nur 89 Tage benötigte!
Es kam aber vor, daß auch am Kap Hoorn und in den Kalmengürteln nur bescheidene Winde wehten, und damit verlor ein Segelschiff Tage oder sogar Wochen, ohne wesentlich voranzukommen.

Afon Alaw ✓

St 4 mbk 1947/2052 1891 12. 284.4 /41.0 /23.7
2 Dks 86,66/12,49/ 7,18

Glattdecker, Untermasten und Marsstenge aus einem Stück gefertigt, Bramstenge. Doppelte Mars-, aber einfache Bramsegel und Royals. Besanmast als Pfahlmast mit einer Gaffel.

Stephen, A.+Sons, Glasgow	Hughes+Co.	Menai Bridge
→ 1904	Thomas, W.+Co.	Liverpool
→ 1915 *Storebror*	Stray, S. O.	Christiansand

Das deutsche Kriegsschiff *Wolf* versenkte diese Einheit am 4. Januar 1918 auf der Reise von Beira, an der Ostküste Afrikas, nach Montevideo.

Afon Alaw gelangte unter britischer Flagge hauptsächlich in der Chile- und Australienfahrt zum Einsatz. Meist gingen die Reisen mit Kohle von Großbritannien nach Chile. Dort schloß sich eine Pazifikreise nach Newcastle (NSW) an, wo wiederum Kohle geladen und nach der Westküste Südamerikas verfrachtet wurde. Ab Chile ging dann die Reise mit Salpeter in die Heimat zurück. Die Kapitäne R. Thomas, J. Davies, E. Jones, D. James und M. Jones führten das Schiff unter britischer Flagge.
Während des Ersten Weltkrieges verkaufte Thomas die Viermastbark an den bekannten norwegischen Reeder Stray in Christiansand. Eine ganze Reihe von großen Segelschiffen kam während der Wirren des Krieges unter die Flagge dieser Reederei. Trotzdem blieben die Einheiten nicht von Angriffen durch feindliche Kriegsschiffe verschont.
Bei Stray war Kapitän T. Duus verantwortlicher Schiffsführer.

Afon Cefni

St 4 mbk 1967/2066 1892 3. 285.5 /41.0 /23.7
2 Dks 87,0 /12,49/ 7,03

Glattdecker, Masten mit Mars- und Bramstenge, doppelte Mars-, einfache Bramsegel und Royals. Besan mit Stenge und einer Gaffel, sogenanntes englisches Rigg.

Stephen, A.+Sons, Glasgow	Hughes+Co.	Menai Bridge

Dieses Schiff verließ am 5. Januar 1894 den Hafen von Swansea mit Bestimmung San Francisco. Nach etwas mehr als einem Monat fand man Wrackteile bei Penzance, Land's End und den Scilly Inseln, die offensichtlich von *Afon Cefni* stammten. Lloyds erklärte den Viermaster daraufhin für verschollen.

Während der kurzen Lebensspanne dieser Einheit dienten die Kapitäne O. Pierce und J. Hughes an Bord.
Für jedes frachtfahrende Segelschiff bedeutete der Transport von Kohle eine latente Gefahr. Immer wieder ereigneten sich Selbstentzündungen im Ladegut, was dann für Mannschaft und Schiff höchste Gefahr bedeutete. Es ist anzunehmen, daß auch *Afon Cefni* dieses Schicksal erlitt. Bei diesem Unfall kam die ganze Besatzung ums Leben.

Albert Rickmers

St 4 mbk 2302/2395 1894 10. 270.0 /43.3 /27.8
2 Dks 82,30/13,17/ 8,42

Glattdecker, Masten mit Mars- und Bramstenge, doppelte Mars- und Bramsegel und Royals, Besan als Pfahlmast mit einer Gaffel.
Nach dem Umbau zum Schulschiff des Norddeutschen Lloyd wurde die Poop bis über die Schiffsmitte verlängert, von ursprünglich 44 Fuß auf 138 Fuß.

Rickmers Reismühlen, Rhederei und Schiffbau AG., Geestemünde, Bremerhaven	Rickmers Reismühlen, Rhederei und Schiffbau AG. Geestemünde	
→ 1899 *Herzogin Sophie Charlotte*	Norddeutscher Lloyd	Bremen
→ 1913	Schlüter+Mack	Hamburg
→ 1921	Auslieferung an Großbritannien	
→ 1921	Mattson,	Mariehamn Åland
→ 1922 *Gjertrud*	Christian Frandsen	Sarpsborg

Abbruch in der Marinewerft in Wilhelmshaven im Jahre 1927.

Diese Viermastbark war der erste Stahlbau auf der Rickmers Werft. Die erste Reise mit Kapitän G. Warneke ging mit einer Kohleladung von Barry nach Japan. Das Schiff war anfänglich vom Pech verfolgt. Durch schwere Stürze verlor Kapitän Warneke zwei Mann, und zu allem Übel kam in Portland (Ore) noch eine Desertion von zwölf Mann der Besatzung. 1897 löste Kapitän J. Hansen den Stammkapitän für eine Reise ab.
Die Reisen der Viermastbark gingen unter der Rickmersflagge meist in den fernen Osten. Von dort wurde dann der Rohstoff für die firmeneigenen Reismühlen nach Europa verfrachtet.
Am 18. Dezember 1899 lief das Schiff in Bremerhaven ein und wurde dort an den Norddeutschen Lloyd verkauft.
Der Lloyd hatte eine Einheit gesucht, die sich als Schulschiff eignen würde. Ein umfangreicher Umbau ermöglichte dies, namentlich wurde die Poop ausgebaut, die dann Raum für die an Bord kommenden Kadetten bot.

Als *Herzogin Sophie Charlotte* kam die Viermastbark dann im April 1900 in Dienst. Kapitän Warneke ging mit »seinem« Schiff zum Lloyd über und blieb bis 1903 Kommandant.

Von 1903 an war Kapitän Emil Zander für die Führung des Schulschiffes verantwortlich. Seine Nachfolger wurden die Herren F. Gluud und A. Hoek.

Nach dem Verkauf an Schlüter + Mack in Hamburg kam 1913 Kapitän G. Reingardt an Bord. Auch diesem Schiff blieb der bittere Weg zu den Feindmächten nicht erspart. 1919 kam es nach Großbritannien. Von den Briten erwarb der Reeder R. Mattson aus Mariehamn die Viermastbark. Im Jahre 1922 kam die Einheit unter norwegischer Flagge bei Frandsen in Sarpsborg. Leider ist über die Tätigkeit unter der blau-roten Nationalflagge wenig bekannt. Längere Zeit aber lag *Gjertrud* untätig in Tönsberg. Letzter Kapitän war J. Abel, und im Jahre 1927 erfolgte der Abbruch des stolzen Viermasters in Wilhelmshaven.

Albyn

Fe   4 ms   2095/2154   1883   4.   284.0 /40.3 /24.4
2 Dks   86,56/12,26/ 7,41

Glattdecker, Masten mit Mars- und Bramstenge, doppelte Mars- und Bramsegel und Royals, Besanmast mit Stenge und einer Gaffel.

Oswald, Mordaunt+Co., Southampton	John Houston	Liverpool
→ 1907	Z. A. Zachariassen+Co.	Nystad

Im März 1921 auf der Reise von Newport News nach Göteborg unter Kapitän Erikson verschollen.

Über die Fahrten dieses Schiffes ist recht wenig bekannt. Im Jahre 1911 geriet der Viermaster am Kap Hoorn in große Schwierigkeiten und suchte in Port Stanley, auf den Falklandinseln, Schutz. Für Houston waren die Kapitäne J. H. Fisher, A. C. Burnett und G. H. Wiliams an Bord des Viermastvollschiffs. Für Zachariassen kamen dann die Kapitäne L. A. Lundahl, A. Karlsson und Erikson zum Einsatz.

Alcedo

St   4 mbk   2309/2470   1891   11.   301.0 /43.1 /23.7
2 Dks   91,74/13,12/ 7,03

Dreiinselschiff, Masten mit Mars- und Bramstenge, doppelte Mars- und Bramsegel und Royals, Besanmast mit Stenge und einer Gaffel.

Royden, T.+Sons, Liverpool	J. R. Haws+Co.	Liverpool
→ 1910 *Alsterschwan*	A. G. Alster	Hamburg
→ 1912	E. C. Schramm+Co.	Hamburg
→ 1913 *Barthold Vinnen*	F. A. Vinnen+Co.	Bremen
→ 1919	British Shipping Controller	London

In Toulon 1927 abgewrackt.

In der Zeit unter britischer Flagge war Kapitän R. Coutts ununterbrochen als Kommandant an Bord des Viermasters.

Die erste Reise machte das Schiff nach San Francisco. Schon im Kanal ergab sich eine sehr kritische Situation durch eine Begegnung mit der Bark *Jessie Osborne*, die der schwer geriggten *Alcedo* den ihr gebührenden Vortritt nicht zuzubilligen schien. Nur dem seemännischen Können von Kapitän Coutts war es zu ver-

danken, daß es nur zu kleinen Schäden an seinem Schiff kam. Coutts hatte die Gewohnheit, im Kartenhaus auf der Poop zu schlafen, sobald das Schiff auf See war.

Back, Brückendeck und Poop waren bei diesem Viermaster mit Gehsteigen verbunden, es war dieses für die Mannschaft eine große Erleichterung bei schwerem Wetter.

Unter britischer Flagge wurde durch *Alcedo* auch Calcutta angelaufen. Als *Alsterschwan* kam die Viermastbark dann 1900 unter die Flagge der Aktiengesellschaft Alster in Hamburg. Die Kapitäne B. Giertz, A. Erdmann und A. Coltzau führten das Schiff bei mehreren Reisen über Atlantik und Pazifik.

Nach kurzer Zeit bei E. C. Schramm kam der Viermaster dann zur Reederei von F. A. Vinnen in Bremen und hieß dann *Barthold Vinnen*.

Die Kapitäne L. Peters und W. Hilgendorf führten die Einheit dann bis zu ihrer Internierung in Caldera (Chile).

Nach Friedensschluß mußte auch dieses Schiff an die Siegermächte ausgeliefert werden, wo es der britischen Behörde unterstellt wurde. Nach den Wirren des Ersten Weltkrieges blieb die Geschichte der Viermastbark weitgehend im dunkeln. 1927 erfolgte der Abbruch des starken Stahlschiffes in Toulon.

Alcides

St   4 mbk   2492/2704   1892   10.   312.1 /43.2 /24.4
2 Dks   95,11/13,15/ 7,41

Dreiinselschiff, Masten mit Mars- und Bramstenge, doppelte Mars- und Bramsegel und Royals, Besanmast mit Stenge und einer Gaffel.

Grangemouth Dockyard Co. Alloa	J. R. Haws+Co.	Liverpool
→ 1900	Anglo American Oil Co.	London
→ 1912	O. W. Henriksen	Risör
→ 1916	L. Sunt+T. M. Holst	Oslo

Im Juli 1917 vor Tory Island torpediert, Totalverlust.

Diese Einheit wurde von verschiedenen Seeleuten als »beautiful vessel« bezeichnet. Unter Kapitän Dart machte der Viermaster 1895 eine schnelle Reise von Hongkong nach New York in nur 83 Tagen.

Im Jahre 1904 begegneten sich am 8. Juli in der Lombok-Straße die *Alcides* und die *Robert Rickmers*. Dabei machte sich ein Taifun über die beiden Segelschiffe her und entmastete *Alcides* ganz, *Robert Rickmers* ging sogar verloren.

Durch den Ankauf dieser Einheit hatte die Anglo American Oil ihre Frachtkapazität erweitert, und *Alcides* befand sich nun in guter Gesellschaft mit den größten Viermastbarken *Briliant* und *Daylight*. Aber auch *Arrow* und die bekannt gewordenen Sewall-Schiffe *Astral*, *Acme* und *Atlas* gehörten der Ölgesellschaft.

Ihren Namen beibehaltend, kam die Einheit dann 1912 unter norwegischer Flagge zur Reederei Henriksen in Risör.

Durch die großen Verluste im Ersten Weltkrieg wurde Schiffsraum immer knapper und sehr gefragt. So kam es, daß das Schiff im Jahre 1916 zum zehnfachen Anschaffungspreis weiterverkauft wurde an Sunt + Holst in Oslo.

Die Zeit bei dieser Reederei war jedoch sehr kurz, denn schon 1917 wurde *Alcides* vor Tory Island an der Nordwestküste Irlands durch ein deutsches U-Boot torpediert und versenkt. Die ganze Mannschaft der Viermastbark verlor dabei ihr Leben.

Unter britischer Flagge führten die Kapitäne L. C. Dart, J. Reid, J. H. Cummings, Smith, A. Watt und J. C. B. Jarvis die Viermastbark. Die norwegischen Kollegen waren J. M. Skaugen und H. Halvorsen.

Alcyone

Fe	4	mbk	2148/2229	1889	11.	281.6 /41.3 /24.6
2 Dks						85,79/12,56/ 7,46

Glattdecker, Masten mit Mars- und Bramstenge. Fock- und Großmast mit Skysegel, einfache Bramsegel. Besanmast mit Stenge und einer Gaffel.

Potter, W. H.+Co., Liverpool	Boyes+Ruyter	Bremen
→ 1907	*Daghild*	J. P. Pedersen+Sön	Oslo

Nach dem Jahrgang 1912/1913 ist das Schiff im Lloyds Register nicht mehr verzeichnet, Schicksal unbekannt.

Unter seinem ersten Kapitän H. C. Bruns machte die Viermastbark mehrere Reisen nach Australien. Im Jahre 1903 übernahm G. Bachmann das Schiff als Kapitän.
Bei der norwegischen Reederei waren die Herren G. Staalhane und A. Larsen die verantwortlichen Schiffsführer.

Alexandre

St	4	mbk	2419/3205	1902	6.	315.0 /45.0 /24.1
2 Dks						96,01/13,71/ 7,33

Typischer Vertreter der Bauart der französischen Werften zu Beginn des 20. Jahrhunderts. Langgezogene Back und Poop, kein Mitteldeck. Masten mit Mars- und Bramstenge, doppelte Mars- und Bramsegel keine Royals, sogenannte »baldheader«-Takelage. Besanmast mit Stenge und einer Gaffel.

Chantiers de France, Dunkerque	A. D. Bordes et fils	Dunkerque

Im Schlepp auf der Fahrt von Dunkerque zum Tyne, nach Trossenbruch etwa 30 Seemeilen östlich von Whitby, verschollen. Von Schiff und Mannschaft unter Kapitän Maurin ist seit dem 21. November 1903 nie mehr etwas gehört oder gesehen worden.

Als zweite Einheit einer Viererserie der Chantiers de France aus dem Jahre 1902 lief *Alexandre* am 22. Juni in Dunkerque vom Stapel. Das Kommando des Schiffes übernahm Commandant J. B. Forgeard père, und er segelte den Viermaster auf der ersten Reisen nach Iquique. Die Salpeterroute wurde zur Hauptbeschäftigung auch dieses Segelschiffes.
Verschiedene Einheiten der französischen Großreederei gingen bei Schleppfahrten verloren, so *Alexandre* und *Antoinette,* aber auch das Vollschiff *Chanaral.* Gerieten die Schleppzüge von einem Hafen zum anderen in schweres Wetter, erwiesen sich öfter die Schlepper selber oder aber die Trossen als zu schwach, um die großen, schweren Segelschiffe sicher ans Ziel zu bringen.
So verunglückte, wie bereits erwähnt, auch *Alexandre.* Der Schleppzug befand sich plötzlich in einer starken Böe. Der Schlepper drohte zu kentern und sah seine Rettung nur im Kappen der Schlepptrosse. Damit war das Segelschiff – ohne gesetzte Segel – den Naturgewalten ganz ausgeliefert, und es ist anzunehmen, daß es kenterte. Es ist verständlich, daß solche Überfuhren mit nur minimalstem Ballast gefahren wurden. Dadurch aber war auch die verbleibende Stabilität der Schiffe nicht die beste.

Alice A. Leigh

St	4	ms	2929/3003	1889	8.	309.6 /46.1 /25.2
2 Dks						94,33/14,04/ 7,67

Glattdecker, Masten mit Mars- und Bramstenge, doppelte Mars- und Bramsegel, Besanmast mit Stenge und einer Gaffel. Ursprünglich als Viermastvollschiff getakelt, Umbau zur Bark 1901.

Whitehaven Shipbuilding Co., Whitehaven	J. Joyce+Co.	Liverpool
→ 1918/19		New York+Pacific Sailing Ship Co. Ltd.	Liverpool
→ 1920	*Rewa*	Geo. H. Scales	Wellington (NZ)

Am 27. Juni 1930 wurde diese Einheit als Wellenbrecher bei der Insel Moturekareka (Nordinsel Neuseelands), im Hauraki-Golf versenkt.

Zu ihrer Zeit war *Alice A. Leigh* das größte britische Segelschiff. Die Werft hat kein größeres Schiff mehr gebaut. Über Jahre führte Kapitän A. Davison ab 1900 den Viermaster, und er lebte mit seiner ganzen Familie an Bord. Alle Kinder des Ehepaares sollen auf See zur Welt gekommen sein. Die Eltern tauften denn auch die Kleinen auf Namen nächstgelegener Orte, wie z.B. San Francisco, Valparaiso oder California.
Zu Beginn ihrer Karriere machte *Alice A. Leigh* auch Reisen nach Indien, wobei Kapitän J. Belyea das Schiff führte, nachdem er es nach dem Stapellauf übernommen hatte. Nachfolger Belyea's wurde J. A. Rookes im Jahre 1893. Dieser wurde dann vom bereits genannten Kapitän Davison abgelöst.
Davison blieb über zwanzig Jahre an Bord und verließ seinen Viermaster erst nach dem Verkauf nach Neuseeland.
Unter der Flagge dieses Landes brachte das Schiff, nun *Rewa* benannt, Talk und Wolle nach Europa. Für die Rückreise hatte Kapitän Robert Kennedy alle Mühe, Fracht zu erhalten. Die zwanziger Jahre waren ja in dieser Beziehung recht schwierig. Schließlich segelte *Rewa* in Ballast über Cape Town nach Newcastle (NSW), wo dann endlich eine Kohleladung nach Auckland übernommen werden konnte.
Nach der Heimkehr lag das Schiff über Jahre aufgelegt, bevor es dann als Wellenbrecher versenkt wurde. Ein unrühmliches Ende für das stark gebaute, ehemals größte Schiff der Briten.

Alsterberg

St	4	mbk	3072/3239	1902	5.	330.1 /47.0 /27.0
1 Dk						100,60/14,32/ 8,22

Schwer geriggter Glattdecker, Masten mit Mars- und Bramstenge, doppelte Mars- und Bramsegel und Royals, Besanmast mit Stenge und einer Gaffel.

Mc Millan, A.+Son Ltd., Dumbarton	AG. Alster	Hamburg
→ 1912		E. C. Schramm+Co.	Hamburg
→ 1912	*Walküre*	H. Foelsch+Co.	Hamburg
→ 1921	*William Dollar*	Rob. Dollar Co.	San Francisco
→ 1929	Leichter	Pacific Coyle Navigation Co.	
→ 1936	Barge	Island Tug+Barge Co.	

Am Ende ihrer Laufbahn wurde diese Viermastbark als Schleppkahn verwendet. Auch ihr wurde der Bruch einer Schlepptrosse zum Verhängnis. Vor British Columbia sanken im Jahre 1936 die kläglichen Überreste dieser einst stolzen Einheit.

Unter den Kapitänen E. R. R. Neef und J. Saelzer machte *Alster-berg* mehrere Reisen im Pazifik, so nach Port Townsend im Puget Sound, nach San Francisco und Santa Rosalia. Abstecher quer über den Pazifik nach Australien waren im Fahrtenprogramm zu finden.

Im Jahre 1911 geriet auch dieses Schiff am Kap Hoorn in Schwierigkeiten und sah sich gezwungen, Port Stanley auf den Falklandinseln als Nothafen anzulaufen.

1912 übernahm der Reeder Foelsch in Hamburg den Viermaster und gab ihm den Namen *Walküre*, als Ersatz für ein verlorenes Vollschiff gleichen Namens. Kapitän A. Coltzau ging mit dem Schiff zur neuen Reederei über.

Im Jahre 1914 geriet *Walküre* in die Kriegswirren und wurde in Santa Rosalia, dem bekannten Hafen im Golf von Kalifornien, interniert.

Zu jener Zeit wurde in Santa Rosalia eine Kupfermine betrieben, die sehr viel Kohle verbrauchte. Für die Segelschiffe war dieser Brennstoff eine sehr willkommene »outward bound«-Fracht von Europa her. Getreide ab Kalifornien oder Salpeter von Chile bildeten dann die Frachten für die Heimreisen.

Nach den langen Liegezeiten in Mexiko mußte das Schiff letztlich an Frankreich ausgeliefert werden. Ein Jahr darauf erwarb die Dollar Co. aus San Francisco den Viermaster, der dann *William Dollar* getauft wurde. Kapitän Peter Bergmann übernahm das Schiff unter Dollar's Flagge.

Nach einer Reise nach Shanghai im Jahre 1921 wurde die Viermastbark in Lake Union aufgelegt und verblieb dort über Jahre. 1929 dann erwarb die Pacific Coyle Navigation Co. das Schiff, takelte es ab und verwendete es als Leichter.

Ein letzter Handwechsel ergab sich dann 1936. Nach kurzer Zeit aber ging der Rumpf des einst bekannten Seglers auf Tiefe.

Altair

Fe	4	mbk	2346/2452	1890	8.	300.8 /42.2 /24.8
2 Dks						91,64/12,85/ 7,51

Dreiinselschiff mit einfachen Bramsegeln, Royals und Skysegel an Fock- und Großmast. Masten mit Mars- und Bramstenge, Besanmast als Pfahlmast mit einer Gaffel.

Potter, W. H.+Sons, Liverpool	Boyes+Puyter	Bremen
→ 1907	Lewis, Heron+Co.	London

Das Schicksal dieser eisernen Viermastbark liegt im dunkeln. Im Lloyds Register von 1913/14 noch verzeichnet, fehlt *Altair* im darauffolgenden Band 1914/15. Es war Krieg, und man geht wohl nicht fehl in der Annahme, daß der Viermaster Opfer des Völkerringens wurde.

Die Kapitäne D. J. Spille, B. Fortmann und M. Gebühr führten die Einheit auf Reisen nach Indien und nach Chile, dem Salpeterlieferanten. Eine schnelle Passage gelang Kapitän Spille im Jahre 1895 mit der Fahrt von Lizard nach Calcutta in nur 83 Tagen.

Spille erkrankte im Jahre 1902 auf der Reise nach Chile schwer. *Altair* sah sich gezwungen Rio de Janeiro anzulaufen, wo der Kapitän im Krankenhaus verstarb und dann in Brasilien beigesetzt wurde. Seemannsschicksal.

Altmore

St	4	ms	1716/1772	1887	6.	265.2 /39.0 /23.2
2 Dks						80,82/11,88/ 7,05

Details über die Takelage dieser Einheit sind nicht zu ermitteln. Das kleine Viermastvollschiff wurde aber bald zur Viermastbark umgebaut.

Duncan, R.+Co., Port Glasgow	Thom+Cameron	Glasgow

Unterwegs von Sydney nach San Francisco geriet das fast neue Schiff im Jahre 1889 in der Gruppe der Fidschi-Inseln auf ein Riff und ging verloren. Die Mannschaft, mit Kapitän W. G. Weeke, konnte per Dampfer von Suva in die Heimat zurückkehren.

Einzelheiten über die kurze Laufbahn dieser Einheit sind keine bekannt.

Ama Begñakoa

St	4	mbk	2356/2516	1902	7.	300.0 /43.2 /24.8
1 Dk						91,44/13,15/ 7,51

Glattdecker, Masten mit Mars- und Bramstenge, doppelte Mars- und Bramsegel und Royals. Zwei Deckshäuser, das eine direkt hinter dem Fockmasten, das andere zwischen Kreuzmast und Poop. Damit ein großes freies Deck zwischen Groß- und Kreuzmast. Besanmast mit Stenge und einer Gaffel.

Mc Millan, A.+Sons, Dumbarton	Sota y Aznar	Monte Video
→ 1910	*Medway*	Devitt+Moore	London
→ 1918	Tanker *Myr* *Shell*	Anglo Saxon Petroleum Co.	London

In Singapore diente der ehemalige Viermaster eine gewisse Zeit als Depotschiff, bevor er im Jahre 1933 in Japan zum Abbruch kam.

Die Compania Navigazion Sota y Aznar hatte ihren Sitz in Bilbao. Trotzdem segelte *Ama Begñakoa* unter der Flagge Uruguays. Die Kapitäne T. de Undabarrena, E. Medurio und G. Aguirre führten das Schiff, welches schon zu Beginn seiner Laufbahn als Schulschiff für die Ausbildung der Mannschaften der Reederei diente. Leider ist über die Fahrten der Einheit unter uruguayanischer Flagge nichts bekannt.

Nach der Übernahme durch Devitt + Moore erhielt die Einheit den Namen *Medway* und wurde auf der ganzen Welt als Schulschiff der britischen Reeder bekannt.

Die Kapitäne R. Jackson und D. Williams teilten sich in die Aufgabe als Schiffsführer und Lehrmeister für jeweils 56 Kadetten. Zur Hauptsache kam *Medway* in der Australienfahrt zum Einsatz. Auch während des Ersten Weltkrieges machte der Viermaster recht gefährliche Passagen nach Europa, so zum Beispiel nach Bordeaux.

Im Jahre 1918 suchte die britische Admiralität dringend neuen Schiffsraum. Gegen heftigen Protest der Reederei wurde das Schiff in Cape Town beschlagnahmt. Mit dem Umbau zum Motortanker wurde der Aufgabenkreis des Segelschiffs grundlegend geändert.

Schließlich bemächtigten sich Abwracker in Japan der einst so bekannten *Medway*.

Amazon

Fe 4 mbk 1998/2062 1886 6. 286.7 /42.5 /24.1
2 Dks 87,34/12,92/ 7,33

Glattdecker, Masten mit Mars- und Bramstenge, doppelte Mars-
und Bramsegel, Besanmast mit Stenge und einer Gaffel.

Barclay, Curle+Co., Glasgow Hill, R.+Co. Greenock

Am 1. September 1908 in den Mumble Roads (Swansea Bay) vor
Anker. Durch schweren Sturm losgerissen und dann bei Port
Talbot wrackgeschlagen. Tragischer Unfall mit Verlust von 17
Menschen, darunter Kapitän A. Garrick.

Mit Kapitän D. Mc. Laren machte das Schiff seine Jungfernreise
nach Calcutta, blühte doch damals der Jutehandel Indien-Groß-
britannien. Später war die Viermastbark auch in den Häfen
Australiens zu sehen. Auch New York und Philadelphia wurden
besucht.
Nach Kapitän Mc Laren führten die Herren W. J. Christie und der
erwähnte A. Garrick den Viermaster.
Der schwere Unfall ereignete sich, als das Schiff, beladen mit
Kohle und Petroleum, einen schweren SW-Sturm in der Swan-
sea Bay abwettern wollte. Letztlich hielten die Ankerketten der
Belastung nicht stand, und der tief in den Lademarken liegende
Segler trieb ab. Von den Margam Sands konnten sich nur sechs
Mann retten, ihre 17 Kameraden verloren das Leben.

Ancona

St 4 mbk 2570/2852 1893 11. 280.2 /44.8 /22.9
1 Dk 85,39/13,61/ 6,92

Eine der Einheiten mit dem sogenannten »Jubilee-Rigg«. Andere
Ausdrücke für diese Art der Takelage sind »baldheaded« (kahl-
köpfig) oder »poor man's rig«, was soviel bedeutet wie »armer
Leute Rigg«. Durch das Fehlen der Royalsegel machten diese
Schiffe eher einen niedrigen und schwerfälligen Eindruck. Die in
Mariehamn liegende *Pommern* ist ein bleibender Zeuge dieser
Art der Takelage.

Russel+Co., Greenock Soley, G. T.+Co. Liverpool

Auf der Reise von Antwerpen nach San Francisco im November
1906 durch Brand verlorengegangen.

In den wenigen Jahren ihrer Existenz wurde *Ancona* von den Kapitänen T. Long, J. Ellis, L. E. Robbins und P. S. Ferguson geführt. Unter Seeleuten wurde der Viermaster durch eine ganz besondere Reise bekannt. Auf der Passage von Shanghai nach
New York erkrankte die gesamte Mannschaft. Nachdem auch
der Kapitän arbeitsunfähig geworden war, brachte der Schiffs-
zimmermann mit den Schiffsjungen das Schiff heil nach New
York.
Für seine Zeit war das Segelschiff hochmodern eingerichtet, verfügten doch die Mannschaften sogar über ein Bad.

Ancyra

St 4 mbk 2198/2333 1892 7. 279.1 /41.9 /24.2
2 Dks 85,05/12,71/ 7,30

Glattdecker, Masten mit Mars- und Bramstenge, doppelte Mars-
und Bramsegel sowie Royals, Besanmast mit Stenge und einer
Gaffel.

Russel+Co., Greenock Soley, G. T.+Co. Liverpool
→ 1900 *Wandsbek* Knöhr+Burchard Hamburg

Nach ihrer Internierung in Santa Rosalia lag *Wandsbek* noch
1923 im Golf von Kalifornien vor Anker. Ein schwerer Sturm
überfiel am 15. Oktober dieses Jahres das Schiff. Die Anker hielten den ungeheuren Kräften nicht stand, und der Viermaster
trieb hilflos auf die Hafenmole von Santa Rosalia zu. Schwer beschädigt blieb das Schiff liegen, und ein weiterer Sturm zerschlug die Reste der Viermastbark im Jahre 1931 endgültig.

Die Reederei Soley setzte die Viermastbark auch in der Indienfahrt ein. Für Soley waren die Kapitäne J. Ellis, J. N. Frost, Robinson und J. B. Stuart als Schiffsführer eingesetzt.
Im Jahre 1900 übernahmen Knöhr + Burchard in Hamburg die
Viermastbark und gaben ihr den Namen *Wandsbek*.
Unter deutscher Flagge machte das Schiff Reisen nach Philadelphia, Hiogo, Santa Rosalia, Pisagua, Portland (Ore) und Mejillones. Für Knöhr + Burchard waren die Herren J. B. Tadsen,
H. Köhnke und W. Burmeister als verantwortliche Schiffsführer
an Bord des Schiffes. 1914 erfolgte die Internierung in Santa Rosalia unter Kapitän Burmeister. Trotz Zuteilung des Viermasters
an Italien blieb das Schiff im Internierungshafen liegen. Auch der
Verkauf an die Dollar Co. in San Francisco brachte das Schiff
nicht mehr auf See. Im Jahre 1923 begann für *Wandsbek* der
Weg zum Ende.

Andelana

St 4 ms 2418/2512 1889 10. 303.7 /42.2 /24.6
1 Dk 92,52/12,85/ 7,46

Glattdecker, Masten mit Mars- und Bramstenge, Jubilee-Rigg,
doppelte Mars- und Bramsegel, vollgetakelter Jiggermast.

Williamson, R.+Son, Roberts, E. F.+W. Liverpool
Workington

Im Januar 1899 lag *Andelana* im Hafen von Tacoma am Puget
Sound. Wie in jener Gegend üblich, wurde das Schiff mit großen
Holzstämmen, die seitlich am Schiff anlagen, im Gleichgewicht
gehalten. Steuerbord- und Backbordbalken waren über das
Deck hinweg mit Ketten verbunden. Mit dieser Vorrichtung sollte
das Schiff auch ohne Ballast eine Reststabilität behalten.
In einer Sturmböe brach eine der Ketten, und damit verlor der
Viermaster seinen Halt. Innerhalb von Minuten kenterte er und
riß einige Seeleute mit sich in die Tiefe. Der 14. Januar wurde
zum Trauertag im bekannten Holzhafen.

Die Kapitäne J. Gillis, J. Richards und G. W. Starling führten das
Vollschiff auf guten und weiten Reisen. New York, Shanghai, Ja-
pan und Kalifornien waren Reiseziele des Schiffes.
Im Jahre 1898 geriet *Andelana* in einen Taifun, wurde entmastet
und sah sich gezwungen, Shanghai als Nothafen anzulaufen.
Am 6. Januar 1899 lief das Schiff in den Hafen von Tacoma ein.
Acht Tage später war die Reihe an ihm, Weizen als Fracht nach
Europa zu übernehmen. Dann geschah das Unglück, dem auch
Kapitän Starling zum Opfer fiel.

Andelana war eine der bekannt gewordenen sogenannten »Workington sisters«, d. h. eines der sechs Viermastschiffe, die die Werft in Workington gebaut hatte, nämlich *Andelana, Eusemere, Pendragon Castle, Vortigern, Caradoc* und *Conishead*. Die sechs Viermaster mit annähernd gleicher Tonnage wurden in den Jahren 1889 bis 1892 erbaut.

Andorinha

| St | 4 mbk | 3264/3440 | 1892 | 9. | 346.8 /46.1 /25.5 |
| 2 Dks | | | | | 105,66/14,04/ 7,75 |

Glattdecker, Masten mit Mars- und Bramstenge, doppelte Mars- und Bramsegel, Royals und Skysegel. Besanmast mit Stenge und einer Gaffel.

Pickersgill, W. + Sons, Sunderland	Roberts, E. F. + W.	Liverpool
→ 1899	Goldberg, S. + Sons	Swansea
→ 1909 *Hélène*	A. D. Bordes et fils	Dunkerque

Am 22. Februar 1919 nach schwerer Kollision mit dem norwegischen Dampfer *Gansfjord* vor der Küste Virginias gesunken.

Zu ihrer Zeit eine der größten Viermasteinheiten der Welt. Später übertrafen nur noch *Brilliant* und *Daylight* dieses Schiff. Unter britischer Flagge machte sich die Viermastbark einen schlechten Namen. Praktisch auf jeder Fahrt sollen Seeleute verunglückt sein, was dem Schiff den wenig rühmlichen Zunamen »man killer« eintrug.
Die ständig zunehmende Nachfrage nach flüssigen Brennstoffen im fernen Osten führte auch dazu, daß *Andorinha* ab Philadelphia und New York mehrere Reisen in diese Gebiete ausführte. Durch die Größe und entsprechende Ladekapazität des Schiffes wurden solche Fahrten erst rentabel.
Unter dem Union Jack führten die Kapitäne D. Shepherd, A. Campbell, D. Morgan, D. Nicholas und J. Griffiths die Viermastbark.
Als *Hélène* kam die Einheit im Jahre 1909 zur französischen Großreederei Bordes, wo bekannte Kapitäne wie Louis François Bourgain, H. Maisonneuve und J. Layec sich in die Führung teilten.
Den Ersten Weltkrieg überstand das Schiff, ohne Schaden zu nehmen. Einige Zeit nach Friedensschluß ereilte aber das Schicksal auch diesen Viermaster. Vor der Küste Virginias kollidierte er am 22. Februar 1919 mit dem norwegischen Dampfer *Gansfjord* und sank innerhalb weniger Minuten. Ein Verlust von 17 Menschenleben war zu beklagen. Zur Zeit des Unfalls war Commandant Maisonneuve an Bord.

Andrada

| St | 4 mbk | 2444/2551 | 1891 | 1. | 304.5 /43.2 /24.0 |
| 2 Dks | | | | | 92,77/13,15/ 7,31 |

Dreiinselschiff mit nur kleiner Mittschiffsbrücke. Masten mit Mars- und Bramstenge, Jubilee-Rigg. Besanmast als Pfahlmast mit einer Gaffel.

Pickersgill, W. + Sons, Sunderland	Roberts, E. F. + W.	Liverpool

Das Schiff ist seit dem 11. Dezember 1900 auf der Überfahrt von Santa Rosalia nach Portland (Ore) in der Nähe von Vancouver Island verschollen.

Unter der Hausflagge von E. F. + W. Roberts führten die Kapitäne G. E. Adams und D. O. Thomas den Viermaster.
Andrada verkehrte zur Hauptsache auf der Getreideroute nach und von San Francisco.
Nach dem Unfall wurde als letztes Zeichen der Viermastbark ein Brett mit dem geschnitzten Namen *Andrada* am Strand bei West Vancouver angeschwemmt.

Andrina

| Fe | 4 ms | 2636/2699 | 1886 | 2. | 320.6 /42.9 /24.9 |
| 2 Dks | | | | | 97,68/13,02/ 7,53 |

Glattdecker, Masten mit Mars- und Bramstenge, doppelte Mars- und Bramsegel und Royals. Besanmast mit Stenge und einer Gaffel.
Ursprünglich als Viermastvollschiff getakelt, erscheint das Schiff im Lloyds Register von 1892/93 als Viermastbark.

Oswald, Mordaunt + Co., Southampton	Roberts, G. W.	Liverpool
→ 1887	Roberts, E. F. + W.	Liverpool
→ 1918 *Alejandrina*	Soc. G. C. Menendez	Valparaiso
→ 1921 Leichter	Comp. Chilena de Navigacion Interoceania	Punta Arenas

Dieses Schiff hatte ein ganz eigenartiges Schicksal. Am 10. Mai 1899 strandete der Viermaster auf einer Reise von Antwerpen nach San Francisco in der sandigen Bucht von Policarpo auf Tierra del Fuego (Feuerland).
Über zwanzig Jahre etwa lag dann der gestrandete Segler am Unfallort. Alles, was nicht niet- und nagelfest war, verschwand im Laufe der Jahre.
Mit dem Ersten Weltkrieg erinnerte man sich plötzlich des Wracks, denn Schiffsraum war wieder sehr gefragt.
Menendez aus Valparaiso ließ die Überreste der Viermastbark abbergen, und das Segelschiff entstand im alten Glanz. Im Juli 1919 war das Schiff wieder einsatzbereit. Nach dem Ende des Krieges aber war der Bedarf von Schiffsraum wieder vorbei, und das nun *Alejandrina* genannte Schiff wurde im Jahre 1921 zum Leichter abgetakelt. Noch im Zweiten Weltkrieg diente der Rumpf als Schleppleichter zwischen Magallanes und Buenos Aires. Abbruch nach dem Krieg.

Während der Zeit unter britischer Flagge wurde der Viermaster von den Kapitänen A. Campbell, B. V. Smith und W. L. Smith geführt. Zur Hauptsache war das Schiff zwischen Europa und der Westküste Nordamerikas im Einsatz.
Andrina war sehr stark gebaut, nur so ist es zu erklären, daß der Rumpf die lange Liegezeit in der Bucht von Policarpo unbeschädigt überstand. Menendez, der Wollkönig von Patagonien, war es, der die Viermastbark wieder instand setzen ließ. Als *Alejandrina* war das Schiff im Jahre 1920 im Hafen von London zu sehen, wohin es eine volle Ladung Getreide gebracht hatte.

Andromeda

St	4 mbk	1822/1928	1890	5.	271.3 /40.0 /23.6
2 Dks					82,67/12,91/ 7,16

Glattdecker, Masten mit Mars- und Bramstenge, doppelte Mars-, aber einfache Bramsegel und Royals, Großmast zusätzlich mit Skysegel. Besanmast mit Stenge und einer Gaffel.

Duncan, R.+Co., Port Glasgow	Smith, G. F.	Glasgow
→ 1901	Black, Moore+Co.	London

Am 12. Februar 1915 auf der Heimreise von Tacoma, mit einer 3000-ts-Ladung Weizen, bei Porthcatho (Cornwall) gestrandet und wrackgeschlagen.

Der Viermaster verkehrte während seiner ganzen Laufbahn zwischen Europa und dem Pazifik, wobei auch Häfen in Australien, Japan und China angelaufen wurden.
Für Smith waren die Kapitäne F. G. Andrews, B. T. Carter und W. F. Kierstead an Bord des Schiffes.
Mit der Übernahme durch Black + Moore wechselte das Kommando zu den Herren J. Fulton und R. J. Deeks. Letzterer hatte das Pech, das Schiff zum erwähnten Zeitpunkt ins Unglück zu führen.

Anne-Marie

	1854	
Paimboeuf	Guilbaud	
	Nantes	

In seinem Buch »Les derniers grands voiliers« berichtet der französische Kapitän Louis Lacroix von einer Viermastbark, die in Frankreich im Jahre 1854 aus Holz gebaut worden sei.
Dieses Schiff sei im Handelsregister der Stadt Nantes, aus dem Jahre 1862, verzeichnet, und ein Kapitän Voisin habe den Viermaster geführt. Als Reeder firmierte ein Mann namens Guilbaud. Leider war es nicht möglich, diese Angaben zu überprüfen. Immerhin wäre diese Anne-Marie das einzige in Europa gebaute Holzschiff mit Viermastertakelage.

Antoinette

St	4 mbk	2434/3017	1897	2.	322.2 /45.7 /25.4
2 Dks					98,19/13,88/ 7,72

Glattdecker mit verhältnismäßig langer Bark (53 Fuß) und Poop (49 Fuß). Masten mit Mars- und Bramstenge, doppelte Mars- und Bramsegel und Royals, Besanmast mit Stenge und einer Gaffel. Typischer Vertreter der Bordes'schen Viermaster.

Forges et chantiers de la Méditerranée, La Seyne	Ant. Dom. Bordes et fils Dunkerque

Auf den Serrena Rocks vor Nicaraguas Küste am 21. Dezember 1919 gestrandet. Das Schiff befand sich auf der Reise von Iquique via Panamakanal nach New York.

Während seiner ganzen Dienstzeit stand der Viermaster unter der Flagge der französischen Großreederei Bordes.
Die Reisen des Schiffes gingen fast ausschließlich rund Kap Hoorn nach Chile, also zum Hauptlieferanten von Salpeter.
Im Laufe der Jahre führten die Herren P. Engrand, J. Gouyet, P. Guillon, J. B. Pierre, J. M. Ohier, H. Maisonneuve, L. Gautier

und P. Le Chevanton als »Commandants« die prächtige Einheit. Während des Ersten Weltkrieges wurde Antoinette am 4. Oktober 1917 von einem deutschen U-Boot angegriffen. Nur dem großen Geschick von Commandant Le Chevanton und seiner Mannschaft ist es zu verdanken, daß die Viermastbark entkommen konnte.
Kommandant und Mannschaft wurden denn auch für ihre Leistung speziell ausgezeichnet.

Antonin

St	4 mbk	2418/3204	1902	9.	313.5 /45.0 /24.2
2 Dks					95,52/13,71/ 7,36

Glattdecker mit langer Back (88 Fuß) und Poop (72 Fuß). Normales Rigg mit sechs Rahen, d. h. doppelte Mars- und Bramsegel und Royals. Masten mit Mars- und Bramstenge, Besanmast mit Stenge und einer Gaffel.

Chantiers de France, Dunkerque	Bordes, Ant. Dom. et fils Dunkerque

Antonin war auf der »Erfolgsliste« von Graf Luckner zu finden! Am 3. Februar 1917 befand sich das Schiff auf 7° N/36° W von Iquique her Richtung Brest segelnd. Die Seeadler unter Graf Luckner, als Norweger getarnt, erweckte bei Commandant Lecoq keinen Argwohn. Doch plötzlich entpuppte sich der Harmlose als Feind unter deutscher Kriegsflagge. Es verging nur kurze Zeit, und Antonin versank in den Fluten des Atlantik.

Antonin war, zusammen mit Valparaiso, eine der letzten für Bordes gebauten Einheiten. Das Schiff wurde von seiner Reederei ausschließlich auf der Salpeterroute rund Kap Hoorn eingesetzt. Der Viermaster war ein guter und schneller Transporter. Eine Reise von Port Talbot nach Iquique wurde im Jahre 1904 in 75 Tagen unter den Kiel gebracht. 1915 gelang eine Passage von La Pallice nach Antofagasta in nur 72 Tagen. Diese beiden Fahrten sind als sehr gute Reisen zu bezeichnen.
Die Schiffsführung teilten sich die Commandants E. Pothin, F. Bourgain, der spätere Reedereiinspektor, E. Gascon, Pierre, P. Le Chevanton und F. Lecoq.
Vor der Versenkung übernahm Seeadler die gesamte Mannschaft der Viermastbark, räumte alles, was auf dem Segler von Interesse war, weg, und erst dann wurde das Kommando zur Versenkung erteilt.
Antonin war eine der schönsten Einheiten, die jemals unter der Flagge von Bordes die weiten, blauen Tiefen der Ozeane durchpflügten. Der weiße Anstrich des Rumpfes mit den aufgemalten Pfortenbändern gab dem Schiff ein majestätisches Aussehen.

Archibald Russell

St	4 mbk	2181/2385	1905		291.4 /42.9 /24.0
2 Dks					88,79/13,02/ 7,31

Glattdecker, Masten mit Mars- und Bramstenge, doppelte Mars- und Bramsegel und Royals. Besanmast mit Stenge und einer Gaffel.
Markante drei Deckshäuser, verbunden mit Laufstegen von der Back bis zur Poop.

Scott's Shipbuilding and Engenneering Co., Greenock	Hardie, J.+Co.	Glasgow

→ 1924	Erikson, G.	Mariehamn
→ 1941	Britische Prise	
→ 1947	Erikson überlassen	

Im Herbst 1949 begann der Abbruch des Viermasters auf den Werftplätzen von J. J. King + Co. in Gateshead-on-Tyne.

Archibald Russell war der letzte Viermaster mit Rahtakelage, der in Großbritannien für britische Eigner gebaut wurde.
Unter der Flagge von Hardie segelte das Schiff bis Januar 1922, als es in Milford Haven aufgelegt wurde.
Für Hardie lief *Archibald Russell* zur Hauptsache auf der Salpeterroute, wobei aber auch Häfen an der Westküste der USA und Australien angelaufen wurden. Den Ersten Weltkrieg überstand das Segelschiff unbeschadet. Für Hardie waren die Kapitäne C. Lowe, W. W. Swinton, J. Mcmillan, R. Montgomery und A. Buchan an Bord.
1924 kaufte Gustaf Erikson den Viermaster für 5500 Pfund. Nach diesem Wechsel nahm das Schiff dann andere Kurse unter den Kiel, nämlich Richtung australische Getreidehäfen.
Als sich Finnland dann im Jahre 1941 den Achsenmächten anschloß, konfiszierten die Briten die Viermastbark. Mars- und Bramstengen wurden abmontiert, und das Schiff diente als Lagerschiff in Goole. Ende 1946 überführte man die Hulk nach Dunston-on-Tyne, wo die Hafengebühren billiger waren.
1947 übergab man die Überreste des einst so stolzen Gefährts seinem Besitzer Erikson. Bei Swan + Hunter war man mit der Wiederherstellung der Takelage beschäftigt, als der große Reeder in Mariehamn verstarb. Der Sohn Eriksons versuchte den Viermaster zu verkaufen, doch seinem Vorhaben war kein Erfolg beschieden. Damit kam der in Seefahrerkreisen so bekannte Viermaster nach Gateshead-on-Tyne zum Abbruch.
Bei Erikson kamen die nachstehend genannten Kapitäne als Schiffsführer zum Einsatz: I. Erikson, M. A. Gustaffson, K. G. Sjögren, H. Lindfors, M. Sjögren, P. Sommarlund und zuletzt Werner Öjst.
Werner Öjst wurde in späteren Jahren zum »Grand Mât« der Cap Horniers gewählt, starb aber leider kurz nach seiner Wahl.

Armadale

Fe	4 mbk	1960/2015	1887	3.	285.2 /40.5 /23.8
2 Dks					86,91/12,31/ 7,31

Glattdecker mit je etwa 30 Fuß langer Back und Poop. Masten mit Mars- und Bramstenge, Jubilee-Takelage, Besanmast mit Stenge und einer Gaffel.

Stephen, A.+Sons, Glasgow	Roxburgh, J.+A.	Glasgow

→ 1910	*Audun*	Marcussen, J.	Risör/Askeröen
→ 1921		Torbjörnsen, A. H.	Oslo

1924 Verkauf zum Abbruch.

Roxburghs Einheiten waren alle bleigrau gestrichen und mit einem Pfortenband verziert, ganz ähnlich wie die Schiffe der Reederei Bordes aus Frankreich. Zudem führten alle Schiffe Roxburghs . . . dale-Namen.
Von 1887 bis 1910 waren nur zwei Kapitäne auf dem Viermaster im Dienst. W. Duncan vom Beginn bis 1901 und J. H. Stiven dann bis zum Verkauf im Jahre 1910.
Bei Marcussen wechselte das Schiff seinen Heimathafen von Risör nach Askeröen. Geführt wurde es durch die Kapitäne O. Olsen und Danielsen.
Nach dem zweiten Handwechsel zu Torbjörnsen ergab sich erneut ein anderer Heimathafen, nämlich Christiania, wie Oslo damals noch hieß. Für den neuen Besitzer waren aber die wirtschaftlichen Umstände gar nicht günstig. *Audun* blieb in Tönsberg über drei Jahre liegen, bis dann der Verkauf auf Abbruch der Laufbahn des Viermasters ein Ende setzte.

Arracan

St	4 mbk	2222/2282	1892	5.	291.3 /42.1 /24.5
2 Dks					88,76/12,82/ 7,43

Glattdecker mit normaler Back und Poop von rund 35 Fuß, Masten mit Mars- und Bramstenge, doppelte Mars- und Bramsegel und Royals. Besanmast mit Stenge und einer Gaffel.

Richardson, Duck+Co., Stockton	British and Eastern Shipping Co.	Liverpool

→ 1908		Lewis, Heron+Co.	Liverpool
→ 1913	*Carla*	Schmidt, H. H.	Hamburg
→ 1922	*Fehmarn*	Schröder, Hölken+Fischer	Hamburg

Im Oktober 1924 den Abwrackern zugeführt.

Für die British and Eastern Co. segelte *Arracan* sowohl in der Indien- als auch in der Salpeterfahrt. Aber auch Getreide aus Kalifornien gehörte zum Frachtgut, das der Viermaster transportierte.
Im Jahre 1908 hatte das Schiff große Schwierigkeiten mit einer in Brand geratenen Kohleladung. Unterwegs von Port Talbot nach Iquique mußte deshalb Montevideo als Nothafen angelaufen werden.
Wie schon erwähnt, ist in Brand geratene Kohle mehreren Schiffen zum Verhängnis geworden.
Nachdem die Kohleladung in Argentinien versteigert worden war, wurde *Arracan* verkauft und kam bei Lewis, Heron aus Liverpool ins Register.
Kurz vor dem Ersten Weltkrieg kam das Schiff dann unter deutsche Flagge als *Carla* bei Schmidt in Hamburg. Die erste Ausreise hatte dann Pisagua zum Ziel. Am 16. Februar 1913 verließ der Viermaster den Hafen von Port Talbot, wiederum mit Kohle

beladen. Zufolge der Ereignisse des Ersten Weltkrieges blieb *Carla* in Pisagua interniert liegen.
1921 endlich gelangte das Segelschiff mit einer vollen Salpeterladung nach Zeebrugge. Nachdem die Ladung gelöscht war, mußte *Carla* an die Siegermächte ausgeliefert werden.
Im Jahre 1922 konnte die Viermastbark von Schröder, Hölken und Fischer erworben werden. Als dritter Name wurde *Fehmarn* gewählt. Eine Reise machte das Schiff nach Peru, von wo Guano nach Europa gebracht wurde.
Nach dieser Reise erlebte *Fehmarn* noch eine wechselvolle Geschichte. Von Rettich + Co. in Hamburg übernommen, kam das Schiff kurz darauf in die Konkursmasse dieses Unternehmens. Ohne jemals wieder Segel gesetzt zu haben, ging der Viermaster in den Besitz der Reederei Seefahrt GmbH. über, um kurze Zeit später den Abwrackern Arbeit zu verschaffen.
Unter britischer Flagge waren die Kapitäne Hannay, W. J. B. Kelk, J. C. Brokenshar, J. Donald, T. R. Owen und S. W. Bunley als »master next God« an Bord.
Für Schmidt waren es die Herren L. Westphal, P. Babst, R. L. A. Schmeer und Niclas.
Schließlich kam für Schröder + Co. noch F. Müller zum Einsatz.

Arrow ✓

| St | 4 | mbk | 2971/3090 | 1902 | 4. | 327.7 | /46.5 | /26.2 |
| 1 Dk | | | | | | 99,84/14,14/ | 8,04 | |

Glattdecker, Masten mit Mars- und Bramstenge, doppelte Mars- und Bramsegel und Royals. Besanmast mit Stenge und einer Gaffel. Markantes Ruderhaus auf der Poop.

Rodger, A.+Co., Port Glasgow Anglo American Oil Co. Ltd.
London

→ 1912	*Parma*	Laeisz, F.	Hamburg
→ 1931		De Cloux R. und Villiers A.	
			Mariehamn

Nach einer kleinen Havarie im Hafen von Glasgow wurde *Parma* im Jahre 1936 verkauft und zur Hulk abgetakelt. 1938 erfolgte der Abbruch der Viermastbark.

Die Kapitäne D. McDonnell und C. McIvor führten das Schiff, solange es die Flagge der Anglo American Oil Co. am Großmasten führte. Der Viermaster war speziell zum Transport von Kistenöl eingerichtet. In den 10 Jahren bei der AAOC war *Arrow* oft in den Gewässern der Philippinen zu sehen, wobei die Sunda-Straße mehrmals passiert wurde.
Als Schwesterschiff von *Arrow* wurde bei Rodger in Port Glasgow auch *Eclipse* erbaut.
Nach dem Ölseglerboom verkaufte man die Schiffe, und so kam der Viermaster im Jahre 1912 als *Parma* zu Laeisz nach Hamburg.
Hier nun wurde der große, schwere Frachtsegler nur noch auf der Salpeterroute rund Kap Hoorn eingesetzt. Die Führung des Schiffes übernahmen vor dem Ersten Weltkrieg die Kapitäne F. Wolf, H. Nissen und A. Wist.
Nach Kriegsbeginn blieb *Parma* unter Kapitän Wist in Iquique hängen, und es folgten sechs Jahre Liegezeit in beladenem Zustande. Noch in Chile übernahm dann Kapitän Dieckmann das Schiff, das er schließlich glücklich nach Delfzijl brachte. Das war Ende des Jahres 1920, und deshalb mußte der gut gelagerte Salpeter mit Spitzhacken gelockert werden.
Auch *Parma* blieb die Auslieferung an die Briten nicht erspart. Aber schon im folgenden Jahre gelang Laeisz der Rückkauf. Erneut ging der Viermaster in Richtung Chile auf die Reise. Es war nun an der Reihe der Kapitäne H. Töpper, J. Holst, J. Rohwer

und C. M. Brockhöft, das Segelschiff sicher durch die Weiten der Ozeane zu führen. Mit dem Eintritt der Weltwirtschaftskrise im Jahre 1929 kamen auch die Reeder in Schwierigkeiten. So stand *Parma* im Jahre 1931 zum Verkauf. Als Käufer traten Kapitän Reuben de Cloux und der Schriftsteller Alan Villiers nebst weiteren Beteiligten auf.
Nun kamen für *Parma* die Reisen nach Australien ins Logbuch. Reuben de Cloux – früherer Kapitän der *Herzogin Cecilie* bei Erikson – führte das Schiff zu großen Erfolgen. Unter anderem gelang im Jahre 1933 eine nie mehr erreichte Fahrt von Port Victoria nach Falmouth in nur 83 Tagen.
Nach einer letzten Reise unter Kapitän Karl V. Karlsson geschah das Mißgeschick in Glasgow, das zum Ende einer großen Karriere des Schiffes führte.

Arthur Sewall

| St | 4 | mbk | 2919/3209 | 1899 | | 332.0 | /45.2 | /25.6 |
| 2 Dks | | | | | | 101,19/13,76/ | 7,75 | |

Glattdecker, Untermast und Marsstenge aus einem Stück gefertigt, Bramstenge, Besanmast als Pfahlmast mit einer Gaffel. Auffällig großes Ruderhaus auf der Poop. Doppelte Mars- und Bramsegel u. Royals.

Sewall, A.+Co., Bath (Me)   Sewall, A.+Co.   Bath (Me)

Auf der Reise von Philadelphia nach Seattle verunglückt. Am 5. Februar 1908 als verschollen erklärt. Im August desselben Jahres fand man Wrackteile zwischen Kap Hoorn und Kap Pilar, in der Nähe von Noir Island. Von der gesamten Mannschaft unter Kapitän B. Gaffry fand man keine Überlebenszeichen.

In den USA baute nur Sewall große Viermastrahschiffe. Nachdem anfänglich Holz als Baustoff verwendet wurde, begann Sewall 1894 mit dem Bau von Stahlschiffen. Die erste Einheit aus dieser Reihe war *Dirigo*, die noch mit Material, das aus Großbritannien importiert wurde, gebaut war. Durch dieses Vorgehen erwarb sich die Bauwerft von Sewall die notwendigen Fertigkeiten zur Herstellung von Schiffen aus Stahl.
Arthur Sewall war nach *Erskine M. Phelps* die zweite Einheit aus dem neuen Baustoff.
Bereedert wurden die Einheiten von Sewall selbst. Erster Kapitän der *Arthur Sewall* wurde Jim Murphy. Er blieb aber nur für eine Reise an Bord, und sein Nachfolger Burton Gaffry hatte dann das Pech, das Schiff am Kap Hoorn zu verlieren.
Unklarheit besteht noch über die Takelage des Viermasters. Obschon im Lloyds Register bis 1970 immer als Viermastvollschiff geführt, war kein Bild des Schiffes mit dieser Takelage zu finden.

Ashbank

St	4 mbk	2174/2292	1891	12.	278.6 /42.0 /24.2
1 Dk					84,88/12,80/ 7,36

Glattdecker, Masten mit Mars- und Bramstenge, doppelte Mars- und Bramsegel und Royals. Besanmast mit Stenge und einer Gaffel.

Russell+Co., Greenock	Weir, A.+Co.	Glasgow

Am 31. Mai 1892 verließ das Schiff Algoa Bay zur Reise nach Newcastle (NSW). Da der Viermaster seinen Zielhafen nie erreichte, wurde er als verschollen erklärt.

Die Geschichte dieser Einheit ist schnell erzählt. Nach der Inbetriebsetzung führte Kapitän J. Oates das Schiff zu einer ersten Reise nach Port Elisabeth in Südafrika. Von dort sollte der Viermaster nach Seattle gelangen, um Getreide für Europa zu laden. Es scheint aber, daß auch Ashbank schon in der Kap-Hoorn-Region verunglückt ist.

Asie

St	4 mbk	2045/2954	1897	12.	303.7 /41.9 /23.8
1 Dk					92,52/12,71/ 7,21

Glattdecker mit langer Back (92 Fuß) und Poop (66 Fuß). Untermasten und Marsstenge aus einem Stück gefertigt. Besanmast als Pfahlmast mit einer Gaffel.

Laporte+Co., Rouen	D'Orbigny A., Faustin+Co.	La Rochelle
→ 1908	Bordes, Ant. Dom. et fils	Dunkerque

Nach dem glücklich überstandenen Ersten Weltkrieg verunglückte die Viermastbark im Dezember 1919. In der Loiremündung bei St. Nazaire liegen die Jardinets-Felsen, auf welche Asie auflief und verloren war.

Bei Dorbigny, Faustin war der Viermaster zur Hauptsache in der Getreidefahrt von der Westküste Nordamerikas eingesetzt.
Im Hafen von Portland (Ore) erlitt das Schiff im Jahre 1902 ein – allerdings glücklich abgelaufenes – Mißgeschick. Ganz ähnlich, wie bei Andelana geschildert, lag der Viermaster, durch die Ballastbalken gesichert, im Hafen. Asie als eher rankes Schiff benötigte viel Ballast, um die notwendige Stabilität zu behalten. Deshalb genügten die erwähnten Balken nicht. Etwas auffrischender Wind und Wellenschlag von vorbeifahrenden anderen Einheiten genügten, um das Schiff aus dem labilen Gleichgewicht zu bringen.
Asie legte sich zur Seite, doch glücklicherweise stützten sich die Rahen auf der Pier ab und verhinderten so ein Durchkentern der Einheit. Trotzdem war der materielle Schaden recht groß, die Reparaturarbeiten dauerten ganze sechs Monate.
Unter der Flagge der Reederei aus La Rochelle machte der Segler auch Reisen bis nach Tasmanien.
Die Kapitäne E. Ollivaud de Montoir, Trillard und F. Humbert waren die verantwortlichen Führer des Viermasters.
Im September 1908 erwarb die Großreederei Bordes Asie, nun wurden auch andere Ziele angesteuert, nämlich die Salpeterhäfen in Chile. Die Kapitäne Le Corfec, Jaffré, Berthou und Ollivier führten das Schiff, solange es unter der blau-weiß-roten Flagge Bordes' in Dienst stand. Commandant J. Ollivier hatte das Unglück in der Loiremündung erleben müssen, bei dem aber keine Menschenopfer zu beklagen waren.

Asnières

St	4 mbk	2446/3230	1902	8.	312.0 /45.1 /23.9
1 Dk					95,09/13,73/ 7,23

Glattdecker mit langer Poop (115 Fuß) und 86 Fuß langer Back. Untermasten und Marsstenge aus einem Stück gefertigt. Doppelte Mars- und Bramsegel und Royals, Besanmast als Pfahlmast mit einer Gaffel. Auch einer der typischen Vertreter der Schiffe, die unter den bekannt gewordenen französischen Prämien erbaut wurden. Am besten ist dies aus der Differenz von Brutto- und Nettotonnage zu ersehen.

Forges et chantiers de la Méditerranée, Graville-Havre	Société des Longs Courriers Français	Le Havre

Obschon im Lloyds Register nicht bestätigt, scheint das Schiff vor dem Kriege an die Société Générale d'Armement in Nantes verkauft worden zu sein. Jedenfalls ist diese Tatsache in der einschlägigen Literatur so vermerkt.

Auf der Heimreise via Bahia Blanca ereilte das Schicksal auch diese Einheit. Auf 3°16' N/29°10' W stellte am 2. Januar 1917 der deutsche Hilfskreuzer Möve das Segelschiff und versenkte es. Für Kapitän Ybert war dies schon der zweite Verlust, hatte er doch im März 1916 die Viermastbark Ville du Havre geführt, als diese von U 32 versenkt wurde.

Asnières lief nur zwei Monate nach ihrer Werftschwester Champigny vom Stapel und wurde von Kapitän C. Touzé übernommen, der dann rund 10 Jahre an Bord blieb. Zum Einsatz kam der Viermaster auf verschiedenen Reiserouten. Meist aber brachte er Getreide aus der neuen Welt nach Frankreich und anderen Ländern Europas.
Zur Zeit des Verlustes des Viermasters war Kapitän E. Ybert an Bord.

Astral

St	4 ms	2987/3292	1900	12.	332.3 /45.4 /26.0
2 Dks					101,26/13,86/ 7,92

Glattdecker, Masten mit Mars- und Bramstenge, doppelte Mars- und Bramsegel ohne Royals, sog. Jubilee-Rigg. Besanmast mit Stenge und einer Gaffel, dies jedoch erst nach dem Umbau zur Viermastbark.

Sewall, A.+Co., Bath (Me)	Standard Oil Co.	New York
→ 1910	Star of Zealand Alaska Packers Association	San Francisco

Im November 1935, nach Ankunft in Japan, abgebrochen.

Astral gehörte zu einer Serie von Stahlschiffen, die Sewall für die Standard Oil in New York baute und deren Namen alle mit »A« begannen: Astral, Acme und Atlas.
Die Flotte der Standard hatte sich beim Ölboom in den neunziger Jahren und zu Beginn des 20. Jahrhunderts immer als zu klein erwiesen. Dies war der Grund für die Neubauaufträge an Sewall.
Unter Kapitän J. W. Dunham machte das Schiff verschiedene Reisen in der Ölfahrt, ohne daß aber über Einzelheiten dieser Reisen berichtet werden könnte.
Der Ölboom wurde für die Segelschiffe durch den Lachsboom aus Alaska abgelöst. So kamen eine ganze Reihe von großen Viermastern zu den Alaska Packers, so auch Astral. Im Jahre 1910 gab es auf dem Schiff Namens- und Flaggenwechsel. Star of Zealand wurde von da an durch die Kapitäne P. C. Rasmus-

sen, O. Olsen, W. Mortensen und J. Weiderström geführt.
Auch der Lachsboom hielt nicht sehr lange an, und so wurde *Star of Zealand* im Jahre 1928 in Alameda, in der Bucht von San Francisco, aufgelegt.
1935 endlich füllte man den ganzen Rumpf des Viermasters mit Eisen- und Stahlschrott, und die Fahrt ging nach Japan, zum Abbruch.
Es ist noch nachzutragen, daß das Schiff einmal vom Vollschiff zur Bark umgebaut wurde. Das Datum dieses Wechsels im Rigg ist nicht mehr zu ermitteln.

Atlantique ✓

St	4	mbk	2453/3094	1897	6.	321.2 /45.1 /25.5
2 Dks						97,89/13.73/ 7,74

Glattdecker, Untermasten und Marsstenge aus einem Stück, Bramstenge. Doppelte Mars- und Bramsegel und Royals. Besanmast als Pfahlmast mit einer Gaffel.

Ateliers et chantiers de la Loire, Nantes	Bordes, Ant. Dom. et fils Dunkerque

Abbruch im Jahre 1926.

Bordes beauftragten in den Jahren 1896/97 die Ateliers et chantiers de la Loire in Nantes mit dem Bau von fünf prachtvollen Frachtseglern: *Madeleine, Caroline, Montemorency, Loire* und *Atlantique*.
Aus der großen Differenz zwischen Brutto- und Nettotonnage ist sofort zu ersehen, daß die ganze Reihe zur Zeit der französischen Prämien entstand.
Atlantique lief als letzte vom Stapel, und sie kam wie alle andern Einheiten auf der Salpeteroute zum Einsatz. Auch während des Ersten Weltkrieges zog die Viermastbark, ohne jemals angegriffen zu werden, ihrer Wege.
Nach dem Krieg machte das Schiff nur eine Reise nach Australien, und es war die letzte Einheit unter französischer Flagge, die den fünften Kontinent verließ. Im August 1925 lief *Atlantique* Falmouth an, wo sie Order nach Hull erhielt. Nach dem Löschen der Getreideladung war für das Segelschiff wiederum keine Fracht zu finden. Nachdem es schon von 1921 bis 1924 aufgelegen hatte, entschloß sich die Reederei zum Abbruch des letzten unter ihrer Flagge stehenden Segelschiffs.
Während der großen, schönen Zeit des Viermasters waren nachstehend genannte Herren als Commandants an Bord: L. Goslin, L. F. Bourgain, O. Gosse, E. Gouyet, F. M. Béquet, E. Pothin, F. Le Page und Jaffré.
Es ist noch zu erwähnen, daß die Reederei Bordes nach dem Kriege ihren Namen änderte und dann »Cie. Française d'Armement et d'Importation de Nitrates de Soude« hieß.

Atlas ✓

St	4	mbk	3006/3381	1902		332.4 /45.4 /26.1
2 Dks						101,29/13,81/ 7,94

Glattdecker, Masten mit Mars- und Bramstenge, doppelte Mars- und Bramsegel und Royals. Besanmast mit Stenge und einer Gaffel.

Sewall, A.+Co., Bath (Me)	Standard Oil Co.	New York
→ 1910 *Star of Lapland*	Alaska Packers Association	San Francisco

Nach Ankunft in Japan im Oktober 1935 zum Abbruch gelangt.

Atlas war die letzte von Sewall erbaute große Einheit mit Rahsegeln. Damit fand ein Bauprogramm seinen Abschluß, das drei mächtige Holzsegler und acht Stahlschiffe umfaßte.
Unter den Kapitänen A. F. McKay und J. C. Amberman machte *Atlas* große Reisen von Nordamerika nach Europa und China. Unter Seeleuten hatte der Viermaster keinen besonders guten Namen, wurde er doch »hell ship«, also Höllenschiff, genannt. Zu dieser Bezeichnung trug ganz besonders die stahlharte Führungsweise von Kapitän Amberman bei. Es kam zu Meutereien in Rio de Janeiro und auch in Japan. Am Kap Hoorn überrannte die Viermastbark ein norwegisches Schiff, das denn auch sank. Alles in allem keine erfreuliche Karriere des Segelschiffs. Schließlich löste Kapitän Dart seinen berüchtigten Vorgänger ab, und die Gemüter beruhigten sich.
Im Jahre 1910 kam auch *Atlas* unter die Flagge der Alaska Packers. Ihre Aufgabe bestand auch darin, Fischkonserven von Alaska nach der Westküste der USA zu transportieren. Die Kapitäne T. A. Thomson, P. C. Rasmussen und C. E. Petterson waren dann für das nun den Namen *Star of Lapland* führende Schiff verantwortlich.
Als der Bedarf an Transportraum für Fischkonserven stark zurückging, war für *Star of Lapland* wie auch für andere Einheiten von Packers nur noch selten Ladung zu finden. Im Jahre 1926 aufgelegt, gelangte der Viermaster im Jahre 1935 nach Japan zum Abbruch.
Für die letzte Reise kam eine japanische Crew unter Kapitän Fujieda an Bord. Unterwegs mußte eines Ruderschadens wegen noch Honolulu angelaufen werden. Nach 14 Tagen Reparaturdauer konnten dann die letzten Seemeilen Richtung Japan angetreten werden.

Auchencairn

St	4	mbk	1925/2040	1891	10.	287.7 /40.2 /23.4
1 Dk						87,64/12,24/ 7,11

Glattdecker, Masten mit Mars- und Bramstenge, doppelte Mars- und Bramsegel und Royals. Besanmast mit Stenge und einer Gaffel.

Ritson+Co., Maryport	Ritson+Co.	Maryport
→ 1897 *Nomia*	Rhederei Visurgis AG.	Bremen

Newcastle in Neusüdwales verließ das Schiff am 10. Juli 1912, ohne daß man je wieder etwas von Schiff oder Mannschaft hörte. Darauf erfolgte am 18. Dezember 1912 die Verschollen-Erklärung.
Bei Hokianga auf Neuseeland wurde später eine Flaschenpost gefunden:
»16. 7. 1912 *Nomia* sinking by hurricane 42° S/160° E«.

Der Stapellauf dieser Einheit in Maryport war eher eine Seltenheit, erreichte das Schiff sein Element doch breitseits. Der Fluß, an welchem die Werft lag, war nur etwa 60 Fuß breit, und so blieb nur diese Möglichkeit, das immerhin fast 90 Meter lange Gefährt zu Wasser zu lassen.
Auchencairn machte sich bald einen Namen als schnelles Schiff. Sie machte hauptsächlich Reisen zwischen Großbritannien und den Getreidehäfen an der Pazifikküste der USA.
Nach sehr erfolgreicher Tätigkeit lag der Viermaster dann längere Zeit auf, bevor er nach Deutschland verkauft wurde.
1897 übernahm die Visurgis AG. in Bremen das Schiff, welches fortan den Namen *Nomia* führte.
Für die neuen Besitzer segelte *Nomia* über die weiten Ozeane bis nach Australien und Japan.

Im Jahre 1907 erwartete die Frau von Kapitän Himme ein Kind und wollte um keinen Preis von Bord. In Sydney ließ sich der werdende Vater von einer Hebamme instruieren. Am 19. März kam dann auf Position 40° S/164° 28' W ein gesundes Mädchen zur Welt, welches auf den Namen Nomia Himme getauft wurde. Der stolze Vater amtierte demnach als Hebamme und Standesbeamter, eben als »master next God«.

Tragisch war dann das Unglück, das den Vater fünf Jahre später ereilte.

Bei Ritson wurde *Auchencairn* von Kapitän W. Nelson geführt. Für die Visurgis-Reederei waren es die Herren F. Rowehl, C. Hasselmann und als letzter W. Himme.

Unter Kapitän Rowehl – er befehligte das Schiff von 1898 bis 1902 – diente als Zweiter an Bord Leopold Ziegenbein, der später sehr bekannte Kommodore des Norddeutschen Lloyd. Die Rhederei Visurgis AG. war die Nachfolgerin der renommierten bremischen Firma Gildemeister + Ris.

Australia

| Fe 4 mbk | 2175/2268 | 1886 | 9. | 278.1 /41.9 /24.5 |
| 1 Dk | | | | 84,75/12,71/ 7,43 |

Glattdecker, Masten mit Mars- und Bramstenge, doppelte Mars-, einfache Bramsegel und Royals. Besanmast mit Stenge und einer Gaffel.

Russell+Co., Port Glasgow	Denniston, P.+Co.	Glasgow
→ 1906	*Elisa Lihn*	A. A. A. E. Glimann	Hamburg
→ 1909		Lihn+Cia.	Hamburg
→ 1911		Schlubach, Thiemer+Co.	
			Hamburg
→ 1914		W. Lihn	Antofagasta
→ 1916	*Australia*	Soc. Nacional de Buques y Maderas	
			Valparaiso
→ 1916	Phyllis	Pacific Freighters Co.	
			San Francisco
→ 1919		Astine Steam Ship Co.	
			New York
→ 1922		Transit Navigation Corp.	
			New York

Nach einer letzten, sehr langen Reise von Adelaide nach Falmouth wurde die Viermastbark im Herbst 1925 auf Abbruch nach Italien verkauft. Unter Capitano Tommaso Gazzolo verließ das Schiff am 6. Oktober 1925 London mit Ziel Genua.

Australia wurde bei Russell als Schwester von *Tasmania* erbaut. Leider ist der Bericht über die Laufbahn der Viermastbark nicht so ausführlich wie die Liste der Besitzer. Es sind sozusagen keine Einzelheiten über Reisen des Schiffes verzeichnet.

Unter britischer Flagge führten die Kapitäne Witt, Korff und Jenss die Einheit. Nach dem Flaggenwechsel war Kapitän W. H. Pundt für die deutschen Reeder verantwortlich.

Unter den »Stars and Stripes« kamen dann Kapitän Armstrong und Haskell an Bord.

Austrasia

| St 4 mbk | 2586/2718 | 1892 | 5. | 305.1 /44.0 /24.7 |
| 2 Dks | | | | 92,98/13,41/ 7,48 |

Glattdecker, Masten mit Mars- und Bramstenge, doppelte Mars- und Bramsegel und Royals. Besanmast mit Stenge und einer Gaffel.

Russell+Co., Port Glasgow	Goffey, J.+W.	Liverpool
→ 1910	*Gustav*	Bolten, Aug., Wm. Miller's Nachf.	Hamburg
→ 1913		Vinnen, Gebr.	Hamburg
→ 1927	Melbourne	Engel, H. W. F. M.	Altona
→ 1928		Erikson, G.	Mariehamn

Am 30. Juni 1932 nach Kollision mit dem Motortanker »Seminole« südlich des Fastnet-Leuchtturms gesunken. Kapitän J. B. Johansson und zehn Mann verloren bei diesem Unfall ihr Leben.

Bei Goffey wurde die Führung der Viermastbark Kapitän W. Parker anvertraut, einem Mann echt britischer Prägung mit den besten Eigenschaften eines Schiffsführers.

Schon auf der ersten Reise machte diese Einheit Geschichte. Parker stach gegen Ende Mai 1892 an einem Freitag in See, obschon ihm sein Reeder die präzise Frage gestellt hatte, ob er wirklich an einem Freitag abreisen wolle. Parker hatte für Goffey nur ein kurzes, trockenes Lächeln übrig!

Der Aberglaube sollte aber wieder einmal zu seinem Recht kommen. Im Südatlantik geriet *Austrasia* in schwere Stürme und wurde entmastet. Parker sah sich gezwungen, unter Notrigg Rio de Janeiro anzulaufen. Da aber in Südamerika keine Ersatzteile aufzutreiben waren, entschloß sich der Kapitän kurzerhand zum Aufbau eines provisorischen Riggs mit seiner Mannschaft. Am 18. Dezember 1892 lief der Viermaster wieder in den Mersey ein, wo dann Parker die Quittung seines Reeders erhielt: »Nie mehr wird eines meiner Schiffe an einem Freitag in See stechen.« Nachdem in Liverpool ein vollständig neues Rigg erstellt war, konnte die Viermastbark auf neue große Fahrt gehen. Parker blieb bis 1897 an Bord und wurde dann von Kapitän W. Ewart abgelöst. Ab 1905 waren die Kapitäne J. Hughes und J. Wolfe auf dem Schiff in Dienst.

Mit dem Wechsel unter deutsche Flagge übernahm dann Kapitän H. Jolles den Viermaster, der nun den Namen *Gustav* führte. Eine Internierung in Mejillones blieb auch diesem Segelschiff nicht erspart. Nach dem Kriege brachte Richard Sietas das Schiff nach Gent. Obschon sofort die Auslieferung an die Siegermächte erfolgte, gelang den Gebr. Vinnen der Rückkauf umgehend.

Unter den Herren O. Dieckmann und J. Schütt gingen mehrere Reisen nach Australien und zurück.

Kurz nachdem das Schiff in den Schiffspark von Erikson gewechselt hatte und nun *Melbourne* hieß, geschah auf der Heimreise von Port Victoria der schwere Unfall. Die Offiziere auf dem Motortanker kannten offenbar die Regel über das Vortrittsrecht eines Segelschiffs nicht.

Bahama

St	4 mbk	2080/2245	1893	11.	278.4 /42.0 /24.0
1 Dk					84,83/12,80/ 7,31

Glattdecker, Masten mit Mars- und Bramstenge. Jubilee-Rigg, Besanmast mit Stenge und einer Gaffel.

Russell+Co., Greenock	Denniston, P.+Co.	Glasgow

Im Lloyds Register von 1893/94 ist über dieses Schiff nur die lakonische Bemerkung »abandonned 93 11.« verzeichnet.

Keine einzige Notiz über diese Einheit ist in der umfangreichen Literatur über die Segelschiffe verzeichnet. Es ist deshalb anzunehmen, daß der Viermaster schon auf seiner ersten Ausfahrt verlorenging.

Balasore

St	4 mbk	2562/2724	1892	7.	311.0 /43.6 /24.5
2 Dks					94,79/13,25/ 7,43

Dreiinselschiff mit 50 Fuß langer Mittschiffsbrücke, Masten mit Mars- und Bramstenge, doppelte Mars- und Bramsegel ohne Royals, sog. »baldheader«. Besanmast mit Stenge und einer Gaffel.

Barclay, Curle+Co., Glasgow	Eyre, Evans+Co.	Liverpool
→ 1913	*Dalbek*	Knöhr+Burchard	Hamburg
→ 1917	*Red Jacket*	United Shipping Board	Portland (Ore)
→ 1918	*Monongahela*		
→ 1923		Nelson, Charles	San Francisco
→ 1936	Leichter	Kelly Loging Co.	Vancouver

Im Jahre 1943 soll der Leichter verlorengegangen sein, ohne daß über sein Schicksal Einzelheiten bekannt wären.

Diese Viermastbark erlitt ein Schicksal, wie es vielen anderen Einheiten, die ursprünglich unter britischer Flagge segelten, beschieden war.
Unter den Kapitänen W. Lloyd und J. Garriock machte das Schiff weite Reisen von Europa nach Südamerika, Kalifornien und Australien.
Im April 1906 erlebten Schiff und Mannschaft das schwere Erdbeben in San Francisco.
Kurz vor dem Ersten Weltkrieg übernahm die deutsche Reederei Knöhr und Burchard in Hamburg die Viermastbark, die sie Kapitän C. Brauch anvertraute. Er führte *Dalbek*, wie das Schiff nun hieß, an die Westküste der USA, wo dann prompt die Internierung in Portland (Ore) erfolgte.
Mit dem Eintritt der Amerikaner in den Krieg wurde der Viermaster beschlagnahmt und in *Red Jacket* umgetauft. Diesen Namen führte er allerdings nur sehr kurze Zeit, weil man Verwechslungen mit berühmten Vorgängerinnen vermeiden wollte.
Als *Monongahela* diente das Schiff dann mehrere Jahre dem United States Shipping Board.
Nach dem Kriege war auch diese Einheit dem Shipping Board feil, und im Jahre 1923 konnte der Reeder Nelson aus San Francisco das Segelschiff erwerben. Ausgedehnte Reisen erfolgten dann im ganzen Gebiet des Pazifik. Längere Liegezeiten blieben allerdings auch *Monongahela* nicht erspart. Schließlich kaufte die Kelly Loging in Vancouver das Schiff und takelte es ab. Nach ungefähr sieben Dienstjahren als Leichter ging der übriggebliebene Rumpf verloren.

Balmoral

Fe	4 mbk	2449/2614	1892	7.	301.8 /41.9 /24.6
2 Dks					91,95/12,71/ 7,46

Dreiinselschiff mit 34 Fuß langer Brücke. Masten mit Mars- und Bramstenge, doppelte Mars- und Bramsegel und Royals. Besanmast mit Stenge und einer Gaffel.

Potter, W. H.+Co., Liverpool	Macvicar, Marshall Co.	
		Liverpool
→ 1910	Windram, G.+Co.	Liverpool
→ 1911	Milesi, A. fu P.	Genova

Balmoral segelte am 12. August 1916 unter italienischer Flagge von Europa nach Argentinien. Ein deutsches U-Boot griff den Viermaster an und versenkte ihn bei Capo Mele. Antonio Massone war zu dieser Zeit Kapitän.

Balmoral war mit eisernen Platten beplankt, nur die Decksbalken waren aus Stahl.
Im Juni 1898 hatte die Viermastbark am Kap Hoorn eine Kollision mit *Glenericht*, einer andern Einheit dieses Schiffstyps. Dabei verlor die Frau des Kapitäns der *Glenericht*, Frau Davies, ihr Leben. *Balmoral* konnte die Reise fortsetzen, *Glenericht* hingegen sah sich gezwungen, Montevideo als Nothafen anzulaufen.
Zu Beginn ihrer Laufbahn war die Viermastbark auch im Jutehandel mit Indien eingesetzt. Bei Macvicar, Marshall waren die Kapitäne J. Campbell, R. L. Boldchild, J. E. Ropp und J. Barr für das Schiff verantwortlich.
1911 übernahm Milesi aus Genua den Viermaster als Ersatz für die von ihm verkaufte *Regina Elena*, die als *Ponape* zu Laeisz nach Hamburg kam.

Bandaneira

Fe	4 mbk	1862/1944	1885	3.	267.6 /40.2 /23.7
1 Dk					81,53/12,24/ 7,18

Glattdecker, Masten mit Mars- und Bramstenge, doppelte Mars-, einfache Bramsegel und Royals. Besanmast mit Stenge und einer Gaffel.

Russell+Co., Greenock	Denniston, P.+Co.	Glasgow

Im Januar 1901 sank dieses Schiff bei Helgoland.

Auf Grund der Schiffahrtsregister konnte festgestellt werden, daß die Kapitäne J. Ahrens, J. C. J. Jenss, M. J. J. Falck und R. C. H. P. Fretwurst sich in die Führung der Viermastbark teilten.
Leider ist über die Laufbahn von *Bandaneira* wenig oder nichts bekannt.

Bannockburn

St	4 ms	2000/2068	1886	4.	287.0 /42.5 /24.1
2 Dks					87,47/12,92/ 7,33

Glattdecker, Masten mit Mars- und Bramstenge, sehr typischer Vertreter des »baldheaded«-Riggs ohne Royals. Besanmast mit Stenge und einer Gaffel. 1894 Umbau zur Viermastbark.

Barclay, Curle+Co., Glasgow	Shankland, R.+Co.	Greenock
→ 1905		Leif Gundersen	Porsgrund
→ 1912		Gundersen+Gjertsen	Porsgrund
→ 1916	*Leif Gundersen*		
→ 1917	*Atlas*	Französische Prise in	Lorient

Mit großer Wahrscheinlichkeit darf gesagt werden, daß die Viermastbark als französische *Atlas* vom deutschen *U30* etwa 200 Sm. westlich Fastnet versenkt wurde.

Diese Einheit gehörte zum Schiffspark von Shankland's *Burn-Line*, einer der größten Segelschiffsreedereien in Großbritannien. Erbaut wurden die Schiffe speziell für die Jutefahrt nach und von Indien. Meist mit Unterbestand gesegelt, galten die Shankland-Segler als Hungerschiffe. In späteren Jahren kamen die Schiffe zur Hauptsache in der Salpeter- und Weizenfahrt von Nord- und Südamerika zum Einsatz.
Unter britischer Flagge hatten die Kapitäne M. Bensen, D. Teviotdale, S. M. Nelson, J. Christie und G.Brown das Kommando des Viermasters. Nach dem Verkauf an die Norweger kamen H. E. Larsen und O. D. Hansen als Kapitäne an Bord.
Während des Ersten Weltkrieges wurde *Leif Gundersen* von französischen Kriegsschiffen aufgebracht und als Prise erklärt. Mit dem Namen *Atlas* war das Schiff dann in Lorient beheimatet.
Über den Verlust des Viermasters gibt es keine sicheren Informationen. Unter Commandant Le Squeren verließ *Atlas* am 17. Juli 1917 den Hafen von Glasgow in Ballast, mit Ziel Westindien. Man hat dann nie mehr etwas von Schiff und Mannschaft gehört, und es wurde angenommen, daß der unbekannte Segler, der von U-30 versenkt wurde, die *Atlas* war.

Baron of Renfrew

| Ho | 4 mbk | 5294 | 1825 | 6. | 304 | /61 | /34 |
| 1 Dk | | | | | 92,65/18,59/10,36 | | |

Sehr grob gezimmerte, nicht kalfaterte Holzkonstruktion. Erste Ausführung einer Viermastbark, wie sie sich dann im Laufe der Jahre zur Perfektion entwickelte. Masten mit Stengen und sehr großen, einfachen Tüchern. Gegenüber der Erstausführung *Columbus* noch gesteigerte Dimensionen.

| Wood, Charles, Anse du Fort bei Quebec | unbekannt | |

Schon im Jahre des Stapellaufs auf den Goodwin Sands im Englischen Kanal wrackgelaufen.

Auch diese Einheit der frühen Bauart wurde in erster Linie für den Transport von Bauholz nach Großbritannien vorgesehen. Zu jener Zeit war Holz auf den britischen Inseln ein knapper und sehr gesuchter Baustoff.
Als Lieferanten kamen Skandinavien und Kanada in Frage. Die Preise für Holz, z.B. aus Finnland oder Schweden waren aber sehr hoch, und so suchte man den Ausweg über Kanada.
Die Schiffe wurden sehr roh gebaut und sollten nach Ankunft in der Alten Welt abgebrochen werden, wobei das Holz dann als Bauholz dienen sollte.
Baron of Renfrew erreichte mit einigen Schwierigkeiten den Englischen Kanal. Noch nie aber hatten dort Lotsen ein derartiges Monstrum von einem Segelschiff gesehen, und sie brachten es fertig, das Schiff auf Grund zu setzen. Wrackteile wurden nach einiger Zeit an der französischen Küste gefunden.
Es darf noch erwähnt werden, daß der Name des Schiffes einem der vielen Titel des Prinzen von Wales entspricht.

Bay of Panama

| St | 4 ms | 2282/2365 | 1883 | 11. | 294.0 | /42.3 | /24.3 |
| 2 Dks | | | | | 89,61/12,87/ 7,38 | | |

Glattdecker, Masten mit Mars- und Bramstenge, doppelte Mars- und Bramsegel und Royals Besanmast mit Stenge und einer Gaffel.

| Harland + Wolff, Belfast | Bulloch, J. | London |

In schwerem Sturm am 9. März 1891 an der Küste von Cornwall bei Penare Point, ungefähr zwei Meilen NzW der Manacles Boje, gestrandet. Totalverlust, bei welchem àuch Menschenleben zu beklagen waren.

Zwischen Dundee und Indien florierte in den achtziger Jahren des letzten Jahrhunderts der Handel mit Jute. In diesen Fahrten war auch *Bay of Panama* eingesetzt. Sie galt unter Seeleuten als eines der besten je gebauten Viermastvollschiffe, sicher und schnell. Auf der Heimreise im Frühjahr 1891, beladen mit 17 000 Ballen Jute, geriet das Schiff vor Cornwall in einen fürchterlichen Sturm und strandete. Bilder von dem schweren Unfall waren in der ganzen Welt zu sehen. – Eine Verwechslung von Feuern an Land mit vermuteten Feuern eines andern Schiffes trug wesentlich zum Unglück bei. Unter den Opfern befand sich auch Kapitän Wright mit seiner Frau. Bei Bulloch war das Schiff den Kapitänen S. Bremner, Mc Cann und D. Wright anvertraut.

Beechbank

| St | 4 mbk | 2154/2288 | 1892 | 3. | 277.5 | /42.0 | /24.2 |
| 1 Dk | | | | | 84,54/12,80/ 7,36 | | |

Glattdecker, Masten mit Mars- und Bramstenge, doppelte Mars- und Bramsegel und Royals. Besanmast mit Stenge und einer Gaffel.

Russell + Co., Greenock	Weir, A. + Co.	Glasgow
→ 1913		Monsen, E. + Co.	Tvedestrand
→ 1916	*Stöveren*	Stray, S. O. + Co.	Christiansand

1924 in Stavanger abgebrochen.

Der Reeder Weir taufte alle seine Schiffe mit einem . . . *bank*-Namen, deshalb sprach man in Großbritannien und anderswo auch von der Bank-Line. Wie Shankland gehörte Weir zu den größeren Segelschiffsreedern.
Ein Vorkommnis machte den Viermaster seinerzeit bekannt: Schwer abgeladen mit Salpeter, steuerte das Schiff Kopenhagen an. Unvermittelt wurde das Schiff am 18. Januar 1916 von einem bewaffneten britischen Passagierdampfer zwecks Kontrolle gestellt.
Kapitän Bertil erhielt dann Befehl, Kirkwall auf den Orkney's anzulaufen. Unterwegs kam im Atlantik ein schwerer Sturm auf, dem die Takelage der Viermastbark nicht mehr gewachsen war. Nacheinander kamen Fock- und Großmast herab und richteten schwere Zerstörungen an. Das von den niederstürzenden Rahen zerschlagene Deck führte zu Wassereinbrüchen, was die Lage von Schiff und Mannschaft noch verschlimmerte. Rettung brachte der britische Kreuzer *Ebro*, der das Segelschiff kurzerhand auf den Haken nahm und nach Lerwik auf den Shetland's einbrachte.
Beechbank wurde im Anschluß an den Unfall in London repariert und dann an Stray verkauft. Auch ein neuer Name zierte den Bug des Schiffes: *Stöveren*. – Nach dem Kriege war Schiffsraum von Segelschiffen nicht mehr gefragt, und so kam die Viermastbark im Jahre 1924 in Stavanger zum Abbruch.

Benares

Fe 4 ms 1646/1721 1877 4. 270.0 /39.2 /23.0
1 Dk 82,29/11,93/ 7,01

Glattdecker, Masten mit Mars- und Bramstenge, doppelte Mars-, einfache Bramsegel und Royals. Besanmast mit Stenge und einer Gaffel.

Murray, H.+Co., Port Glasgow Watson Bros.		Glasgow
→ 1905	Henschien, J. A.	Lillesand

Am 18. August 1910 strandete das Schiff auf der Reise von Archangelsk nach der Dalgoa-Bay bei Solombola, Nähe Cross Island, 41° E/64° 30' N.

Benares gehörte zu den frühesten Einheiten, die aus Eisen erbaut wurden und Viermast-Vollschiffstakelage führten.
In den neunziger Jahren des letzten Jahrhunderts wurde auch dieses Schiff zur Viermastbark umgeriggt.
Für Watson machte das Schiff unter den Kapitänen D. B. Inglis, G. Martin, D. G. Simpson, G. Mutch, E. James, E. J. Sims und J. H. Flint Reisen über alle Ozeane bis nach New York und Melbourne. Aber auch die Häfen an der amerikanischen Pazifikküste waren in den Logbüchern zu finden.
1905 kam der Viermaster unter norwegischer Flagge, worauf die Führung an die Kapitäne O. M. Birkeland und O. Schultz überging.
Noch als zwanzig Jahre altes Schiff macht Benares eine sehr gute Reise in 40 Tagen von der Table Bay nach New York. Im Jahre 1899 segelte das Schiff in nur 75 Tagen von Hamburg nach Adelaide in Australien. Dies kam mindestens einer sogenannten »Clipper«-Passage gleich.
Der Unfall, der die Laufbahn des Viermasters beendete, geschah kurz nach der Ausfahrt aus dem Hafen von Archangelk in der Weißen See.

Ben Douran

Fe 4 ms 1871/1950 1881 8. 280.4 /40.2 /23.6
1 Dk 85,44/12,24/ 7,16

Glattdecker, Masten mit Mars- und Bramstenge, doppelte Mars- und Bramsegel und Royals Besanmast mit Stenge und einer Gaffel.

Murray, H.+Co., Port Glasgow Watson Bros.	Glasgow

Mit voller Getreideladung am 22. April 1892 ab San Francisco mit Bestimmung Falmouth. Seither verschollen. Opfer des berüchtigten Kap Hoorn?

Auch diese Einheit mit Ben-Namen gehörte den Gebrüdern Watson. Im November 1885 überrannte dieses Schiff vor Pernambuco das Vollschiff Magician, welches einige Zeit nach dem Zusammenstoß sank. Für die Reeder Watson führten die Kapitäne J. Shaw, S. J. Andrew und T. R. Johns das Schiff.
Nähere Angaben über die Reisen dieses Viermasters waren nicht zu finden.

Bermuda

St 4 mbk 2623/2846 1893 7. 280.2 /44.8 /22.9
1 Dk 85,39/13,61/ 6,92

Glattdecker, Masten mit Mars- und Bramstenge, »baldheader«-Rigg. Besanmast mit Stenge und einer Gaffel.

Russell+Co., Greenock	Denniston, P.+Co.	Glasgow
→ 1912	Nordhav	Bech, C.+Co.	Tvedestrand

Von deutschem U-Boot im August 1918 versenkt.

Unter den Kapitänen H. Kohn, E. O. M. Korff, J. H. T. Witt und F. Fretwurst segelte Bermuda für Denniston nach Indien, Australien und an die Westküste Amerikas.
Nach der Übernahme durch Bech kam Kapitän Iversen als Kommandant an Bord des nun Nordhav getauften Schiffes.
Im Juni 1914 lag der Viermaster im Hafen von Santa Rosalia, segelte aber noch vor Kriegsbeginn in Richtung Astoria.

Bidston Hill

Fe 4 ms 2434/2519 1886 11. 301.6 /42.1 /24.7
2 Dks 91,89/12,82/ 7,48

Glattdecker, Masten mit Mars- und Bramstenge, doppelte Mars- und Bramsegel und Royals. Nach Umbau zur Viermastbark (1893/94) Besanmast mit Stenge und einer Gaffel.

Royden, T.+Sons, Liverpool	Price, W.+Co.	Liverpool

Unter Kapitän J. Kendall ist diese Einheit am 31. Juli 1905 bei Cape Furneaux vor Staten Island wrackgelaufen.

Schon auf ihrer Jungfernreise erlebte Bidston Hill die übelste Wetterecke der Welt in ihrer ganzen Gewalt. Nach fast vollständiger Entmastung – es blieben nur die Untermasten stehen – sah sich der Kapitän gezwungen, Port Stanley auf den Falklandinseln anzulaufen.
Die Reparaturen nahmen ganze sieben Monate in Anspruch.
Die Kap-Hoorn-Region hatte sich aber offensichtlich gegen das Schiff verschworen. Nach fast zwanzig Jahren auf See verunglückte Bidston Hill auf Staten Island.
Vorher hatte das Schiff alle Ozeane unseres Globus befahren. Calcutta, Hongkong und Newcastle (NSW) wurden angelaufen.
Für die Führung des Viermasters waren dem Reeder die Kapitäne Lambert, W. J. Jones, Wilso, R. C. Tait, E. Jenkins und J. Kendall verantwortlich.
Nach dem Unfall vor Staten Island konnte ein argentinischer Dampfer die gesamte Mannschaft retten.

Bracadale

Fe 4 mbk 1962/2015 1887 4. 285.2 /40.5 /23.8
2 Dks 86,91/12,31/ 7,21

Glattdecker, Masten mit Mars- und Bramstenge, »baldheaded«-Rigg, Besanmast mit Stenge und einer Gaffel.

Stephen, A.+Sons, Glasgow	Roxburgh, J.+A.	Glasgow
→ 1909	Svolder	Klaveness, A. F.+Co.	Oslo

Im Jahre 1911 wrackgelaufen, Totalverlust.

Als drittes Beispiel mit spezifischen Schiffsnamen muß Roxburgh mit seinen . . . dale-Einheiten genannt werden. Auch diese

Reederei gehörte zu den größeren Schiffahrtsunternehmen in Großbritannien.
Bracadale und *Armadale* kamen als Schwesterschiffe bei Stephen von den Helgen.
Bracadale darf als wohlproportionierter »baldheader« bezeichnet werden.
Die Reisen des Viermasters gingen zum Pazifik, an die Westküste der USA, aber auch nach Australien, z.B. Adelaide.
Als Kapitäne dienten bei Roxburgh R. Peebles, H. J. S. Youlden, H. Brabender und J. Flett.
Mit dem Verkauf an Klaveness änderte sich auch der Name der Einheit: *Svolder,* und an Bord ging als neuer »Master« B. S. Andersen.
Über den Verlust des Schiffes sind leider keine genauen Angaben zu finden.

Breidablik

St	4 mbk	2309/2417	1890	12.	282.4 /42.9 /24.2	
1 Dk					86,05/13,02/ 7,36	

Glattdecker, Masten mit Mars- und Bramstenge, doppelte Mars- und Bramsegel und Royals, Besanmast mit Stenge und einer Gaffel.

Russell+Co., Port Glasgow   Bruusgard, Kjorsterud+Co.
Drammen

In der Delgoa-Bay im Oktober 1895 wrackgelaufen.

Breidablik war eine der wenigen Einheiten, die nicht als »secondhand«-Schiff unter norwegische Flagge kamen. Die Reeder kauften den Viermaster auf der Werft am Clyde.
Als Kapitän diente auf der Viermastbark A. O. Arnesen, doch über die Reisen des Schiffes sind in der Literatur keine näheren Angaben zu finden.

Brilliant

St	4 mbk	3609/3765	1901	5.	352.5 /49.1 /28.2	
2 Dks					107,40/14,95/ 8,58	

Glattdecker, Masten mit Mars- und Bramstenge, doppelte Mars- und Bramsegel und Royals. Besanmast mit Stenge und einer Gaffel.

Russell+Co., Port Glasgow   Anglo American Oil Co. London

→	1914	*Perkeo*	Laeisz, F.	Hamburg
→	1915	*Bell*	Monsen, A.	Tönsberg

Am 30. März 1916 geriet die unter norwegischer Flagge segelnde *Bell* in die Fänge eines deutschen U-Boots. Etwa 70 Seemeilen südwestlich der Scilly Islands versenkte U 44 das Segelschiff, nachdem die Kontrolle der Schiffspapiere ergeben hatte, daß die Viermastbark Getreide für Großbritannien an Bord hatte.

Brilliant war einer der letzten großen Segler, die Calcutta anliefen. Der Indienhandel wurde nach dem Bau des Suezkanals bald ausschließlich mit Dampfern betrieben.
Gebaut zum Transport von Öl, machte die große Viermastbark auch Reisen nach Japan. Anfänglich erfolgte das Verladen des flüssigen Goldes in Kannen. Im Jahre 1910 baute man *Brilliant* zum Tanker im heutigen Sinne um. Diese Arbeiten erfolgten in New York.
Das große Schiff wurde für die Anglo American durch die Kapitäne G. Cowlishaw, C. Morrison und C. R. Grant geführt.

Im Juli 1914, also kurz vor Beginn des Ersten Weltkrieges, kaufte Laeisz die Einheit und gab ihr den »P« Namen *Perkeo.* Als erster Verantwortlicher ging der später sehr bekannt gewordene Kapitän Hinrich Nissen an Bord.
Die Zeit unter der rot-weißen Fl-Flagge von Laeisz war aber sehr kurz. Auf der Heimreise von New York nach Hamburg brachte ein britischer Kreuzer am 6. August 1914 die Viermastbark auf, und Nissen mit seiner Mannschaft kamen in britische Gefangenschaft.
Schon wenige Monate nach diesem Ereignis verkaufte man aber den Viermaster an Monsen in Tönsberg/Norwegen.
Bell hieß das Schiff fortan, und die Reisen gingen erneut nach New York und Japan.
Doch das große, schwere Schiff schien ein Magnet für feindliche Kriegsschiffe zu sein. Auf der Heimreise von Portland (Ore), tief abgeladen mit Weizen, lauerte dem Segelschiff das deutsche U-Boot 44 auf. Voll unter Segeln stehend ging das Schiff in die Tiefe. Die Mannschaft hatte glücklicherweise keine Verluste zu beklagen, wohlbehalten erreichte sie Liverpool.
Es ist noch zu erwähnen, daß *Brilliant* und *Daylight* die größten jemals gebauten Segelschiffe mit Viermastbarktakelage waren.

Brownrigg

Fe	4 ms	2279/2375	1884	4.	301.1 /42.0 /24.3	
1 Dk					91,76/12,80/ 7,38	

Glattdecker, Masten mit Mars- und Bramstenge, doppelte Mars- und Bramsegel, Kreuzmast mit Stenge und einer Gaffel.

Russell+Co., Greenock   Houston, J.   Liverpool

Nach einer ihrer besten Reisen erreichte *Brownrigg,* nach 97 Tagen von San Francisco her kommend, den Hafen von Hull. Nachdem die Ladung gelöscht war, schickte sich das Schiff an, wieder in See zu gehen. In der heiklen Hafenausfahrt geriet *Brownrigg* aber auf Grund und war verloren. Das nur vierjährige Schiff mußte aus den Registern gestrichen werden, man schrieb das Jahr 1888.

Houston vertraute den Viermaster Kapitän Williams an. Er führte die Einheit bis zum unglücklichen Verlust.
Ein denkwürdiges Ereignis für die Mannschaft des Viermasters war eine Begegnung mit dem berühmten Clipper *Thermopylae.*

Buckingham

St	4 ms	2613/2668	1888	9.	307.7 /45.1 /24.2	
2 Dks					93,74/13,73/ 7,36	

Glattdecker, Masten mit Mars- und Bramstenge, doppelte Mars- und Bramsegel, Kreuzmast mit Stenge und einer Gaffel. Umbau zur Viermastbark im Jahre 1899.

Royden, Th.+Sons, Liverpool Macvicar, Marshall+Co.
Liverpool

→	1901	*Bertha*	Wätjen, D. H.+Co.	Bremen
→	1914	*Ottawa*	Rhederei AG. von 1896	
				Hamburg
→	1917	*Muscoota*	U. S. Government	
→	1919	*Flying Cloud*	United States Shipping Board	
				Washington D. C.
→	1921	*Muscoota*		
→	1924	Hulk		

In der Nähe der Gabo-Insel hatte der Viermaster 1924 eine Kollision mit dem Dampfer *Yarra*, worauf er abgetakelt und in Sydney als Hulk verwendet wurde.

Diese Einheit mit einer wechselvollen Geschichte soll nach Lubbock von Königin Victoria persönlich getauft worden sein. Die Galionsfigur soll die Königin dargestellt haben. Andere Quellen bestreiten allerdings diese Angaben ganz energisch.
Zur Hauptsache verkehrte das Schiff auf der San-Francisco-Route. Für Macvicar, Marshall waren die Kapitäne P. Lyall, A. Sime, T. B. Bruce und C. P. Scott die verantwortlichen Schiffsführer.
Nach dem Verkauf an Wätjen übernahm Kapitän C. Hüneke die nun *Bertha* genannte Einheit. Er wurde von Kapitän H. Wessel abgelöst.
Als *Ottawa* kam der Viermaster dann zu den 1896ern, wo der nächste Schiffsführer O. Heinatz hieß.
Bei Kriegsausbruch 1914 lag das Schiff in San Francisco, wo es aufgelegt wurde.
Mit dem Eintritt der USA in den Krieg übernahmen die Amerikaner das Vollschiff, welches dann mehrmals Besitzer und Namen wechselte. Zuerst *Muscoota*, dann *Flying Cloud* und letztlich wieder *Muscoota*. Die Kapitäne Mc Donald, A. C. Wilvers und Mont Eton waren in dieser Zeit als Kommandanten an Bord.
Ihre alten Tage fristete auch diese einstmals sehr bekannt Einheit als Hulk in Sydney.
In der Milne Bay wurden die kümmerlichen Reste eines stolzen Segelschiffs durch kriegerische Ereignisse im Jahre 1942 zerstört.

Buteshire ✓

St	4 ms	1854/1906	1888	8.	266.5 /40.0 /23.7
1 Dk					81,19/12,19/ 7,18

Glattdecker, Masten mit Mars- und Bramstenge, »baldheader«-Rigg, Besanmast mit Stenge und einer Gaffel. Ursprünglich als Viermastvollschiff getakelt, Umbau zur Bark 1892/93.

Birrell, Stenhouse + Co., Dumbarton	Law, T. + Co.	Glasgow

Am 27. März 1911 von Mannschaft und Kapitän verlassen, worauf das Schiff wegen Leckage auf Position 48° 47' N/7° 19' W sank.

Buteshire machte unter den Kapitänen A. Storm, W. W. Swinton und R. Purdie weite Reisen über alle Ozeane, bis nach Australien. Im Jahre 1901 führte eine große Fahrt das Schiff »round the world«, von Barry nach Hongkong und weiter nach Portland (Ore) und zurück rund Kap Hoorn nach Falmouth.
1909 hatte der Viermaster schlimme Tage im Pazifik zu überstehen. Diesmal waren es nicht Stürme, sondern widerliche Winde und Kalmen. Von Panama sollte die Reise nach Caleta Coloso gehen, doch nach drei Monaten kehrte die Viermastbark nach Panama zurück – die Verpflegung war ausgegangen!
Das Schiff wurde dann nach Portland beordert, aber auch hier waren die Winde gegen Kapitän und Mannschaft verschworen. Nach ganzen 123 Tagen gelangte man erst nach Acapulco. Zum dritten Mal erfolgte ein Kurswechsel, das Ziel hieß nun Australien.
Auf der Heimreise von Pisagua nach Hamburg ereignete sich dann die verhängnisvolle Leckage. Trotz ununterbrochener Arbeit an den Pumpen – mit Unterstützung durch die Frau des Kapitäns – gelang es nicht, das Schiff zu retten. Am 27. März 1911 gab man die Viermastbark auf.

Cairniehill

St	4 mbk	2415/2524	1889	9.	312.9 /41.9 /24.6
2 Dks					95,31/12,71/ 7,46

Dreiinselschiff mit 56 Fuß langer Brücke, Masten mit Mars- und Bramstenge, doppelte Mars- und Bramsegel und Royals. Besanmast mit Stenge und einer Gaffel.

Russell + Co., Port Glasgow	Dixon, W. T. + Sons	Liverpool
→ 1895	*Charles R. Flint* Flint + Co.	Corinto/Nicaragua

Durch Feuer im April 1896 zerstört.

Zu Beginn ihrer Laufbahn war *Cairniehill* unter Kapitän P. Faraday auch in Calcutta zu sehen, also im Jutehandel tätig.
In New York geriet das Schiff im Jahre 1895 in Brand und erlitt großen Schaden. Die Brandruine wurde dann an die Flint Co. verkauft und wieder instand gesetzt. *Charles R. Flint* hieß die Viermastbark dann und ging wieder auf große Fahrt.
Der Feuerteufel aber hatte sich an der Einheit festgeklammert, denn im April 1896 zerstörten Flammen den Viermaster endgültig.

California

St	4 ms	2991/3099	1890	4.	329.3 /45.2 /26.7
2 Dks					100,34/13,76/ 8,09

Glattdecker, Masten mit Mars- und Bramstenge, doppelte Mars- und Bramsegel und Royals. Besanmast mit Stenge und einer Gaffel.

Harland + Wolff, Belfast	Ismay, Imrie + Co.	Liverpool
→ 1896	Ritson, J. A. + J. Livesey	Liverpool
→ 1897	*Alster* Sloman, R. M.	Hamburg
→ 1898	AG. Alster	Hamburg
→ 1912	Schramm, E. C.	Hamburg
→ 1913	*Christel Vinnen* Vinnen, F. A.	Bremen
→ 1926	Aste, M.	Genova

Am 15. April 1927 auf Old Providence Island (81° 50' W/13° 30' N) gestrandet.

Ismay, Imrie, die Vorgänger der berühmt gewordenen White Star Line, hatten *California* als letzten Segler unter ihrer Flagge. Die Kapitäne T. Dickinson und J. Blair waren die Führer des großen Schiffes.
Nach dem Verkauf nach Deutschland soll der Umbau zur Viermastbark erfolgt sein. Über die Besitzerwechsel unter deutscher Flagge bestehen in der einschlägigen Literatur einige Unsicherheiten.
1914 blieb *Christel Vinnen* in Valparaiso hängen. Der Aufenthalt im bekannten Hafen an der chilenischen Küste dauerte dann bis 1926. Erst im Januar 1927 segelte die Einheit unter Kapitän T. H. Kirkwood ab Caleta Coloso mit Bestimmung Norfolk via Panamakanal. – Nach einer Meuterei an Bord konnte der Viermaster Colon endlich verlassen.
Noch war man nicht sehr weit in die Karibische See vorgedrungen, als das große, stolze Schiff auf Old Providence Island strandete und Totalschaden erlitt.
Unter deutscher Flagge kamen die Kapitäne J. Saelzer, H. Bettaque und A. Behnert bei der AG. Alster an Bord. Für Vinnen führte Kapitän F. Willenborg das Schiff. – Die letzte Fahrt in Richtung Europa machte die Viermastbark unter italienischer Flagge mit Signore Aste aus Genova als Besitzer.

Cape Clear

St	4 mbk	2017/2129	1892	5.	279.6 /42.1 /24.4
2 Dks					85,18/12,82/ 7,41

Glattdecker, Masten mit Mars- und Bramstenge, doppelte Mars-
und Bramsegel und Royals. Besanmast mit Stenge und einer
Gaffel.

Duncan, R.+Co., Port Glasgow Lyle Shipping Co.	Greenock
→ 1899 *Amérique* Bordes, A.D. et fils	Dunkerque

Kaum unter die Flagge von Bordes gestellt, ist das Schiff unter
Kapitän Plusquellec in der Kap-Hoorn-Region verschollen. Letztmals am 22. September 1899 südlich von Feuerland gesehen,
wahrscheinlich einem Eisberg zum Opfer gefallen.

Zu Beginn ihrer Laufbahn wurde *Cape Clear* von Kapitän
S. Grierson geführt. Die erste Reise machte die Einheit nach Cal-
cutta, wo sie im November 1892 lag.
Mehrere Fahrten der Viermastbark hatten die Table Bay in Süd-
afrika zum Ziel. Die Schiffe von Lyle brachten Kohle aus Süd-
Wales nach den Depots der Union Line und der Castle Main Pak-
kets Co. in Capetown.
Im Jahre 1899 ging auf dem Schiff erstmals die Flagge von Bor-
des am Großmast hoch, und der Viermaster hieß nun *Amérique*.
Als Commandant kam Herr Plusquellec an Bord. Mit dem Sohn
von Reedereiinspektor Le Querhic als Fahrgast verließ das
Schiff Europa mit Bestimmung Salpeterküste von Chile.
Nachdem man weder von Schiff noch Mannschaft jemals eine
Spur fand, mußte *Amérique* verschollen erklärt werden.

Cape Wrath

St	4 mbk	1998/2140	1892	9.	280.3 /42.1 /24.4
2 Dks					85,41/12,82/ 7,41

Glattdecker, Masten mit Mars- und Bramstenge, doppelte Mars-
und Bramsegel und Royals. Besanmast mit Stenge und einer
Gaffel.

Duncan, R.+Co., Port Glasgow Lyle Shipping Co.	Greenock
→ 1898 Thomas, W.+Co.	Greenock

Auf der Reise von Callao nach Astoria im Jahre 1901 verschollen.

Das Schwesterschiff der *Cape Clear* erlitt das gleiche Schicksal,
auch hier hieß die Bestätigung des Verlustes: verschollen.
Die Einheiten von Lyle waren in erster Linie für den Kohletransport zwischen den Häfen von Süd-Wales und Südafrika tätig.
Für Lyle war Kapitän A. Hart der verantwortliche Mann an Bord.
Nach dem Verkauf an Thomas sah man *Cape Wrath* auch im Pazifik, wo sie im Jahre 1894 eine schnelle Reise zwischen Newcastle (NSW) und San Francisco in nur 53 Tagen unter den Kiel
legte.
Im Pazifik ist die Viermastbark dann 1901 verschollen zur Zeit,
da Kapitän C. Lampshire den Befehl an Bord hatte.

Cape York

St	4 mbk	2030/2128	1890	8.	276.5 /41.2 /24.3
2 Dks					84,24/12,51/ 7,38

Glattdecker, Masten mit Mars- und Bramstenge, doppelte Mars-
und Bramsegel und Royals. Besanmast mit Stenge und einer
Gaffel.

Barclay, Curle+Co., Glasgow Lyle Shipping Co.	Greenock
→ 1899 *Gers* Bordes, A.D. et fils	Dunkerque

Auf der Heimreise von Tocopilla nach la Pallice suchte das Schiff
unter Kapitän Delépine am 15. Januar 1905 die Einfahrt zum Per-
tuis d'Antioche. Lotbare Tiefen waren erreicht, doch es
herrschte sehr trübes Wetter, bei hohem Seegang. Das Schiff
geriet dann bei Chauchardon Point auf der Ile de Ré auf Felsen
und ging verloren.

Cape York machte große Reisen bis nach Australien, war aber
auch oft für den Kohletransport nach Südafrika eingesetzt. Die
Jahre unter der Flagge Lyle's führte Kapitän J. Mitschell den
Viermaster. Im Jahre 1899 gelang eine Rekordpassage in nur 38
Tagen von Newcastle (NSW) nach Mollendo in Peru.
Nach dem Verkauf an Bordes und der Umbenennung in *Gers* wa-
ren die Commandants Annette, P. Standaërt und Delépine an
Bord der Viermastbark.

Cap Horn

St	4 mbk	2608/2626	1888	10.	305.7 /44.6 /24.2
2 Dks					93,13/13,56/ 7,36

Glattdecker, Masten mit Mars- und Bramstenge, doppelte Mars-
und Bramsegel und Royals. Besanmast mit Stenge und einer
Gaffel.

Russell+Co., Port Glasgow Bordes, A.D. et fils	Dunkerque

Nach einer über 30 Jahre ununterbrochenen Laufbahn unter der
blau-weiß-roten Flagge des Hauses Bordes kam dieses Schiff im
Jahre 1923 nach Belgien zum Abbruch.

Diese Einheit war das erste Stahlschiff, das bei Bordes in Betrieb
genommen wurde. Der Einsatz erfolgte fast ausschließlich in der
Salpeterfahrt. Zusätzlich zum normalen Doppelboden war *Cap
Horn* mit sog. »deep tanks« ausgerüstet. Es waren dies im
Rumpf eingebaute Ballasttanks, die bei Fahrt auch mit Fracht
gefüllt werden konnten (im Gegensatz zum Doppelboden, der
nur der Aufnahme von Ballastwasser dienen konnte). *Cap Horn*
war auch das erste Schiff, welches nur in Ballast Kap Hoorn umrundete.

Eine ganze Reihe von bekannten französischen Commandants
hat diese Einheit im Laufe der Jahre geführt, nämlich Leguen,
Moizan, Voisin, Nicolas, Azul, Forgeard, Thébaud, Hamon, Gouyet, Salains, Perdraut, Gautier und Riou.

Außer einem kleineren Zwischenfall auf der Elbe verlief die Geschichte dieser Einheit ohne besondere Vorkommnisse. Der Zwischenfall, eine Kollision mit dem Dampfer *Heinrich Horn* kostete
diesen den Schornstein und *Cap Horn* das Bugspriet.

Während des Ersten Weltkrieges war der Viermaster bescheiden
bewaffnet, hatte aber nie Anlaß, die zwei Kanonen einzusetzen –
die deutschen U-Boote ließen das Schiff unbehelligt.

Zusammen mit vielen anderen der prächtigen Bordes-Einheiten
beschloß *Cap Horn* ihre Laufbahn unter den Schweißbrennern.

Caradoc

St 4 mbk 2409/2531 1892 4. 305.8 /42.3 /24.6
1 Dk   93,16/12,87/ 7,46

Glattdecker, Masten mit Mars- und Bramstenge, »baldheader«-Rigg, Besanmast mit Stenge und einer Gaffel.

| Williamson R.+Son., Workington | Caradoc Ship Co. | London |

Im Oktober 1898 verschollen.

Die »Workington sisters« waren zur Zeit der großen Segelschiffe allgemein bekannt. Es waren sechs Einheiten, die bei Williamson erbaut wurden: *Andelana*, *Eusemere*, *Pendragon Castle* bildeten eine erste, *Vortigern*, *Caradoc* und *Conishead* die zweite Serie. Besonders die drei ersten Einheiten waren als schnelle Schiffe bekannt.
Caradoc hatte unter den Kapitänen W. Hughes und J. Jones eine recht kurze Laufbahn, und es sind über ihre Fahrten keine besonderen Angaben zu finden.

Caroline

St 4 mbk 2376/3011 1896 5. 321.1 /45.0 /25.5
2 Dks   97,86/13,71/ 7,74

Glattdecker, Untermast und Marsstenge als Stahlrohrmast, Bramstenge. Besanmast als Pfahlmast mit einer Gaffel. Doppelte Mars- und Bramsegel und Royals.

| Ateliers et chantiers de la Loire, Nantes | Bordes, A.D. et fils | Dunkerque |

Am 3. September 1901 auf Punta Magdalena im Westen der Insel Pico, in der Azorengruppe, gestrandet. Im dichten Nebel geschah dieses Unglück, weil das Chronometer versagt hatte.

Nach *Madeleine* war *Caroline* die zweite Einheit, die bei den Ateliers in Nantes für Bordes erbaut wurde. Typischer Vertreter des bei der französischen Großreederei üblichen Schiffbaus.
Auch *Caroline* kam ausschließlich in der Salpeterfahrt zum Einsatz. Die Commandants C. Le Bras, Louvet und A. Barach amtierten als Schiffsführer.
Unter Commandant Louvet gelang dem Viermaster im Jahre 1900 die schnellste je gesegelte Reise nach Chile und zurück. Am 12. August nahm die große Fahrt ihren Anfang, und nach nur 73 Tagen lag das Schiff vor Iquique. Innerhalb von neun Tagen war die Ladung übernommen, und in 74 Tagen kehrte die Viermastbark nach Dunkerque zurück. Die gesamte Reisedauer von fünf Monaten und sieben Tagen war praktisch nicht mehr zu unterbieten.
Caroline war eine der Einheiten, die zur Zeit des französischen Prämienregimes bestellt und erbaut wurden. Es geht dies ganz deutlich aus der beträchtlichen Differenz von Brutto- und Nettotonnage hervor.
Beim Unfall auf den Azoren konnte die ganze Mannschaft gerettet werden.
Es ist noch zu erwähnen, daß die drei Einheiten *Madeleine*, *Caroline* und *Montmorency* den ersten von Bordes in Frankreich erteilten Auftrag für Schiffsneubauten darstellten.

Carradale

St 4 mbk 1982/2085 1889 11. 285.7 /39.0 /23.7
2 Dks   87,03/11,88/ 7,18

Glattdecker, Masten mit Mars- und Bramstenge, »baldheader«-Rigg. Besanmast mit Stenge und einer Gaffel.

Stephen, A.+Sons, Glasgow	Roxburgh, J. A.	Glasgow
→ 1914	Tengström, J.	Åbo
→ 1923	Erikson, G.	Mariehamn

Erikson verkaufte *Carradale* im Jahre 1924 nach Bremen zum Abbruch.

In der Zeit, da das Schiff unter der Flagge der Dale-Line von Roxburgh lief, machte es Reisen nach Indien, San Francisco, Queenstown und anderen Häfen im Pazifik. Geführt wurde der Viermaster von den Kapitänen A. Smith, R. Peebles, T. J. Gill und A. S. Baxter.
Kurz vor Ausbruch des Ersten Weltkrieges verkaufte Roxburgh die Einheit an Tengström in Åbo, welches damals noch russisch war, und deshalb führte das Schiff denn auch des Zaren Flagge. Zu dieser Zeit erfolgte der Einsatz zur Hauptsache in Holztransport aus den baltischen Häfen nach Europa. Kapitän J. Langström führte die Viermastbark bei Tengström. – 1923 stieß auch dieses Schiff zur bekannten Flotte von Gustaf Erikson in Mariehamn. Dort teilten sich die Kapitäne K. Lundquist und Isidor Erikson in die Führung der Viermastbark.
Nachdem Erikson auch *Archibald Russell* erworben hatte, verkaufte er die wesentlich ältere *Carradale* zum Abbruch nach Bremen.

Cave Hill

St 4 mbk 2158/2246 1892 4. 284.0 /41.9 /24.5
1 Dk   86,56/12,71/ 7,43

Glattdecker, Masten mit Mars- und Bramstenge, doppelte Mars- und Bramsegel und Royals, Besanmast mit Stenge und einer Gaffel.

| Workman, Clark+Co., Belfast | Galbraith+Moorhead | London |

Im Dezember 1894 wrackgelaufen.

In der umfangreichen Literatur ist dieses Schiff nirgends erwähnt. Das Lloyds Register führt diese Viermastbark erstmals im Nachtrag 1891/92 auf. Die kurze Laufbahn der Einheit ist ebenfalls im Register erwähnt. Im Band 1894/95 steht kurz: »wrecked 12.94«. – Kapitäne im Dienste von Galbraith+Moorhead waren Leahy und C. T. Raymond.

Cawdor

Fe 4 ms 2355/2426 1884 2. 302.3 /41.4 /25.1
2 Dks   92,11/12,59/ 7,64

Glattdecker, Masten mit Mars- und Bramstenge, doppelte Mars- und Bramsegel und Royals. Besanmast mit Stenge und einer Gaffel.

| Oswald, Mordaunt+Co., Southampton | Houston, J. | Liverpool |

| → 1911 | Hulk in Corcubion (Spanien) |

Schicksal unbekannt.

Für Houston führten die Kapitäne S. Farce, Guthrie, Fischer, J. Jardalla, E. H. Burch und J. Christie das Schiff.
Die Takelage der *Cawdor* war ursprünglich als Vollschiff ausgebildet, später soll der Umbau zur Bark erfolgt sein.
Auch diesem Schiff blieben längere Liegezeiten nicht erspart, wie sie sich aus wirtschaftlichen Situationen mit unlohnenden Frachtraten ergaben. *Cawdor* lag in so einer Krise während vier Jahre in Martinez in der San Francisco-Bay.
Die letzte Reise ging für das Schiff von Newport nach Corcubion, wo es dann zur Hulk abgetakelt wurde. Corcubion liegt in der Bucht bei Cap Finisterre.

Cedarbank ✓

St	4 mbk	2649/2825	1892	8.	326.0 /43.0 /24.5
1 Dk					99,36/13,10/ 7,43

Glattdecker, Masten mit Mars- und Bramstenge, doppelte Mars- und Bramsegel und Royals, Besanmast mit Stenge und einer Gaffel.

Mackie+Thomson, Glasgow	Weir, A.+Co.	Glasgow
→ 1913	Monsen, E.+Co.	Tvedestrand
→ 1916	Brövig, T. H.	Farsund

Auf der Reise von Halifax (NZ) nach Aarhus im Jahre 1917 verschollen. Offiziell am 29. November 1917 aus den Registern gestrichen.

Mackie + Thomson bauten nur zwei Viermaster, die beide sehr bekannt wurden: *Cedarbank* und *Olivebank*.
Erstere verkehrte für Weir auf allen Ozeanen. Hongkong, San Francisco, Newcastle (NSW) und die Salpeterhäfen in Chile wurden von *Cedarbank* angelaufen.
Im Jahre 1893 ereignete sich auf dem Schiff eine Brandkatastrophe, die nur dank sehr umsichtigen Handelns seitens des Kapitäns nicht zum Untergang führte. Der Transport von Kohle war und blieb für alle Einheiten eine erhöhte Gefahr, sozusagen von innen heraus. Auch eine Entmastung in der Region des Kap der Guten Hoffnung überstand das Schiff glücklich, als es sich auf der Reise nach Calcutta befand.
Für Weir waren A. D. Moody, J. A. Robbins, B. A. Batchelor, J. Henderson und J. Boyd als Kapitäne für Mannschaft und Schiff die verantwortlichen Vorgesetzten.
Monsen aus Tvedestrand erwarb die Viermastbark im Jahre 1913, worauf Kapitän E. Abrahamsen an Bord das Sagen hatte.
Nach dem dritten Flaggenwechsel folgte bald die letzte große Reise, von der das Schiff nicht zurückkehren sollte.

Celticburn ✓

St	4 mbk	2500/2655	1892	3.	296.0 /45.6 /25.7
2 Dks					90,22/13,86/ 7,79

Glattdecker, Masten mit Mars- und Bramstenge, »baldheaded«-Rigg, Besanmast mit Stenge und einer Gaffel.

Barclay, Curle+Co., Glasgow	Shankland, R.+Co.	Greenock
→ 1908	Shute, T. A.	Greenock
→ 1917	Anglo Saxon Petroleum Co.	London
→	Umbau zum Tanker *Circe Shell*	

Nach den Dienstjahren als Motortanker erfolgte der Abbruch des Schiffes.

Einer der größeren Reedereibetriebe in Großbritannien war Shankland in Greenock mit seinen . . . burn-Schiffen.
Celticburn war zur Zeit des blühenden Jutehandels auch in der Indienfahrt eingesetzt. Anderseits sah man den Viermaster auch an der Pazifikküste der USA. Längere Zeit war Kapitän Davis der verantwortliche Mann an Bord.
In Montevideo konnte die Anglo Saxon das Schiff erwerben, das dann, zusammen mit andern Einheiten der Gesellschaft, zum Tanker umgebaut wurde.
Dem Motorschiff blieb am Schluß der Laufbahn der Weg zu den Abwrackern auch nicht erspart.

Centesima

St	4 mbk	2796/2949	1893	9.	308.0 /46.2 /25.8
1 Dk					93,87/14,07/ 7,82

Glattdecker, Masten mit Mars- und Bramstenge, doppelte Mars- und Bramsegel und Royals. Besanmast mit Stenge und einer Gaffel.

Williamson, R.+Son, Workington	Williamson, R.+Son	Workington
→ 1901 *Nauarchos*	Reederei Visurgis AG.	Bremen

In Antofagasta geriet der Viermaster in Feuer, wobei die Takelage zerstört wurde. Weiterhin als Hulk in Antofagasta verwendet.

Williamson betrieb die von ihm gebaute *Centesima* auf eigene Rechnung. Das Schiff wurde durch die Kapitäne T. B. Peters, C. Torrible und J. Webster geführt.
Durch den Verkauf an die Visurgis AG. in Bremen kam die Viermastbark zu einem neuen Namen: *Nauarchos*.
Die Kapitäne T. Arfmann, I. Behrens und F. Rowehl kommandierten das Schiff, das nun zur Flotte der Salpetersegler gehörte.
In Antofagasta brach auf dem Viermaster ein Feuer aus. Damit war seine Laufbahn als Bark beendet. Als Hulk fristete das Schiff, oder seine Überreste, noch eine gewisse Zeit ein trauriges Dasein, bis sich auch bei ihm die Schweißbrenner ans Werk machten. Der Zeitpunkt für die Abbrucharbeiten ist nicht bekannt.

Champigny

St	4 mbk	2729/3112	1902	6.	312.1 /45.1 /23.9
1 Dk					95,11/13,73/ 7,23

Glattdecker mit langer Back (86 Fuß) und überlanger Poop (115 Fuß), Masten nur mit Bramstenge, doppelte Mars- und Bramsegel und Royals, Besanmast als Pfahlmast mit einer Gaffel.

Forges et chantiers de la Méditerranée, Graville-Le Havre	Société Anonyme des Longs Courriers Français	Le Havre
→ 1923 *Fennia*	Finska Skolskeppsrederiet	Helsingfors
→ 1927 Hulk in Port Stanley, Falklandinseln		

Bis 1967 blieb die Hulk der einst so stolzen *Champigny* in Port Stanley. Es war vorgesehen, das Schiff für das Marinemuseum in San Francisco wieder herzurichten. Im Jahre 1977 war das Schiff jedoch nicht mehr zu sehen, wahrscheinlich abgebrochen.

Zusammen mit *Asnières* wurde *Champigny* im Jahre 1902 bei den Forges in Graville als letzter Großsegler erbaut.

Commandant J. Boju übernahm die Viermastbark nach dem Stapellauf und machte mit ihr gleich eine Weltreise. Am 18. Juni 1902 verließ das Schiff Le Havre und segelte über Penarth, Honolulu, San Francisco, Melbourne, Newcastle (NSW), San Francisco zurück nach Swansea, wo es am 23. März 1904 wieder ankam. Mehrmals war *Champigny* dann noch in Hawaii zu sehen, ebenso in San Francisco. Dreizehn Reisen machte das Segelschiff unter den Commandants Boju, J. Castex, G. Guerguin, P. Noel, Couédel, L. Malbert und Sevin.

Im Juli 1923 erwarben die Finnen die Viermastbark und setzten sie als Schulschiff *Fennia* ein. Heimathafen war Helsingfors, das heutige Helsinki. – Auch in der neuen Aufgabe segelte das Schiff auf der Kap-Hoorn-Route unter dem Kommando der Kapitäne O. Blom und Christensen.

1927 geriet der Viermaster am Kap Hoorn in äußerst schwieriges Wetter. Nach schweren Sturmschäden und teilweiser Entmastung suchte die Schiffsführung in Port Stanley Schutz.

Der Zustand des Schulschiffs war aber derart schlecht, daß man sich zur Kondemnierung entschließen mußte. Abgetakelt diente das einst so prächtige Segelschiff dann als Hulk. – Die vom Marinemuseum in San Francisco entworfenen Pläne zur Wiederherstellung als Museumsschiff zerschlugen sich. Vielleicht kamen die New Yorker mit der *Peking* dem Vorhaben zuvor. – Allerdings berichtet Henri Picard in seinem Buch »La fin des Cap-Horniers« von Plänen, die alte *Champigny* in einen Schoner umzubauen, mit Motor natürlich. Ob dieses Projekt jemals verwirklicht wurde, ist nicht bekannt.

Chelmsford

St	4	mbk	2197/2347	1893	12.	299.0 /44.0 /24.5
1 Dk						91,13/13,41/ 7,43

Glattdecker, Untermast und Marsstenge aus Stahl in einem Stück gefertigt, Bramstenge. Doppelte Mars- und Bramsegel und Royals, Besanmast als Pfahlmast mit einer Gaffel.

Fairfiled Shipbuilding Co., Glasgow		Briggs, Harvie+Co.	Glasgow
→ 1897		Aitken, Lilburn+Co.	Glasgow
→ 1902		Briggs, F.+Co.	Glasgow
→ 1909	*Inverlogie*	Milne, G.	Aberdeen

Auf der Reise von Cardiff nach Archangelsk überraschte ein deutsches U-Boot die Viermastbark *Inverlogie* am 9. März 1917. Etwa 15 Seemeilen SSW der sog. Smalls im St.-Georgs-Kanal wurde das Segelschiff versenkt.

Briggs, Harvie betrieben ihre Reedereien mit . . . ford-Einheiten. Mehrere Schiffe wie *Gifford*, *Gunford* und *Chiltonford* waren Viermaster.

Chelmsford machte unter den Kapitänen W. B. Thomson, A. Burd, D. T. Burd und J. Watt ihre großen Fahrten, hauptsächlich in den Pazifik, an die Westküsten Nord- und Südamerikas. Salpeter und Getreide waren die Frachten auf den Heimreisen. In der Geschichte dieser Einheit ist vielleicht die Bemerkung angebracht, daß Liegezeiten in den Häfen damals recht lange dauern konnten. So lag *Chelmsford* vom 1. August 1894 bis Mitte Januar 1895 in Santa Rosalia. Zu viele Schiffe wollten gleichzeitig löschen und neue Ladung aufnehmen, so daß es zu langen Liegezeiten kommen mußte. – Als *Inverlogie* bei Milne, war Kapitän W. J. Ryder für gute Führung von Schiff und Mannschaft verantwortlich. Gegen die Tücken eines Krieges war aber Ryder machtlos, er verlor sein Schiff.

Die Smalls, wo sich der Untergang der Viermastbark vollzog, sind eine kleine Inselgruppe, vorgelagert der äußersten SW-Ecke von Wales, Großbritannien.

Chiltonford

St	4	mbk	2198/2348	1892	12.	298.8 /44.0 /24.5
1 Dk						91,03/13,41/ 7,43

Glattdecker, Untermast und Marsstenge aus Stahl in einem Stück gefertigt, Bramstenge. Doppelte Mars- und Bramsegel und Royals, Besanmast als Pfahlmast mit einer Gaffel.

Fairfield Shipbuilding Co., Glasgow		Briggs, Harvie+Co.	Glasgow
→ 1897		Corsar, C. W.	Glasgow
→ 1910		Hardie, J.+Co.	Glasgow
→ 1913		Windram, G.+Co.	Liverpool
→ 1915	*Chile*	Monsen, F.+Co.	Tvedestrand
→ 1916	*Asalia*	Heistein, Thv. B.+Sons	Christiansand

Wie ihre Reederei-Schwester *Chelmsford* fiel auch diese Einheit einem U-Boot zum Opfer. Auf der Heimreise von New York nach Dublin lauerte das U 44 dem Segler auf Pos. 51° 10' N/14° 50' W auf und versenkte ihn. Der Ort des Geschehens lag nicht weit vom Fastnet Leuchtfeuer entfernt.

Wie aus den Daten der . . . ford-Schiffe zu ersehen ist, baute die Fairfield Werft jedes Jahr einen Viermaster, und die Stapelläufe fanden sowohl für *Pass of Melfort*, *Chelmsford* und *Chiltonford* jeweils im Dezember der Jahre 1891, 1892 und 1893 statt.

Chiltonford machte weite Reisen nach Indien, Australien und an die Pazifikküste Amerikas. Als Schiffsführer kamen die Kapitäne Hendry, W. S. Chapman und T. Atkinson zum Einsatz, solange die Flagge von Briggs, Harvie und Corsar vom Masttop wehte.

Bei Hardie kam dann der spätere Kommandant der *Archibald Russell*, Kapitän R. Montgomery an Bord des Viermasters und führte ihn bis zur Übergabe an Windram. Nachfolger unter der neuen Hausflagge wurde Kapitän J. Williams.

Als *Chile* kam die Viermastbark dann unter norwegische Flagge beim bekannten Reeder Monsen in Tvedestrand. Dort wurde O. C. Olsen mit der Führung des Schiffes betraut, allerdings nur für kurze Zeit.

Im Jahre 1916 wechselte Besitzer und Namen der Einheit erneut. Als *Asalia* ging das nun Heistein gehörende Schiff wieder in See, geführt von Kapitän C. Sangereit. Doch auch hier war die Uhr schon fast abgelaufen, denn im Jahre darauf erfüllte sich das Schicksal.

Christine

St	4	mbk	1900/1987	1891	3.	271.7 /39.3 /23.0
2 Dks						82,77/11,95/ 7,01

Glattdecker mit langgezogener Poop (64 Fuß), Masten mit Mars- und Bramstenge, »baldheaded«-Rigg, Besanmast mit Stenge und einer Gaffel. Wohl die kleinste jemals unter deutscher Flagge gefahrene Viermastbark.

Tecklenborg, J. C., Geestemünde		Bischoff, J. D.	Bremen
→ 1898		Bunnemann, C. A.	Bremen
→ 1905		Dauelsberg, H.	Bremen
→ 1906	*Leni*	Schramm, E. C.	Bremen
→ 1909		Bolten, Aug. Wm. Miller's Nachf.	Hamburg
→ 1913		Vinnen, Gebr.	Hamburg
→ 1920	Auslieferung an Italien		

Bei Ende ihrer Laufbahn ist die Viermastbark im Jahre 1922 in Italien abgebrochen worden.

Für die kurze Zeit unter deutscher Flagge lassen sich als Kapitäne von *Christine* F. Warneke, D. Kruse, R. Hamer und A. Barenborg nachweisen. Vorwiegend Kohle wurde durch den Viermaster nach Japan und Südamerika transportiert. Salpeter, aber auch Öl bildeten dann die Frachten für die Heimreise.

Als *Leni* segelte das Schiff über die Ostküste Südamerikas (Rio de Janeiro) nach Australien, wo Getreide und Wolle für Europa geladen wurde.

Mit Kapitän Barenborg wurde die Viermastbark 1914 in Mejillones interniert, und sie blieb dort bis 1920 liegen.

Nach dem Kriege segelte Kapitän O. Dieckmann das Schiff zurück nach der Alten Welt, wo die Auslieferung an Italien erfolgte.

Clan Buchanan

Fe	4 ms	2072/2140	1887	3.	283.5 /40.5 /24.5
1 Dk					86,37/12,31/ 7,43

Glattdecker, Masten mit Mars- und Bramstenge, doppelte Mars-, einfache Bramsegel und Royals, Besanmast mit Stenge und einer Gaffel.

Russell+Co., Port Glasgow	Dunlop, T.+Sons	Glasgow
→ 1909 *Valerie*	Berg, Th.	Stavanger

Am 22. April 1917 wurde auch dieses Schiff Opfer der deutschen U-Boote. Auf der Fahrt von Bordeaux nach St. Thoms (Ont) beendete ein Torpedo die Laufbahn des Segelschiffs.

Dunlop besaß mit seinen *Clan*-Schiffen eine ansehnliche Flotte. Unter den Kapitänen A. Jack, G. R. Harris, T. Rankine und D. Thompson machte auch diese Einheit weite Reisen bis nach Australien und an die Pazifikküste Nord- und Südamerikas. Dabei waren Kohle aus Newcastle (NSW) und Getreide aus Portland (Ore) das Frachtgut auf den Heimreisen. Aber auch direkte Ausreisen nach Japan standen im Logbuch der Einheit verzeichnet.

Im Lloyds Register ist *Clan Buchanan* bis 1900 immer als Vollschiff verzeichnet. Zu welchem Zeitpunkt der Umbau zur Bark erfolgte, ist ungewiß. Es muß aber auch bemerkt werden, daß Lloyd anfänglich den Unterschied Vollschiff – Bark im Register gar nicht machte. Erst ab 1887 wird unterschieden zwischen den beiden Riggs. Photographien in verschiedenen Dokumentationen belegen aber eindeutig die Viermastbark.

Bei Berg in Stavanger waren die Kapitäne N. Petterson, P. Larsen und Likensund für das Schiff verantwortlich. Leider sind über die Reisen unter norwegischer Flagge keine Angaben zu finden.

Clan Galbraith

St	4 mbk	1983/2149	1894	2.	282.9 /40.4 /24.6
1 Dk					86,17/12,29/ 7,46

Glattdecker, Masten mit Mars- und Bramstenge, doppelte Mars- und Bramsegel und Royals, Besanmast mit Stenge und einer Gaffel.

Russell+Co., Port Glasgow	Dunlop, T.+Sons	Glasgow
→ 1910	Bech, C.+Co.	Tvedestrand

Am 24. April 1917 von deutschem U-Boot auf der Fahrt von Philadelphia nach Liverpool versenkt.

Auch diese Einheit von Dunlop verkehrte vorwiegend nach dem Pazifik. Das Kommando führten unter britischer Flagge die Kapitäne J. Simpson, I. T. Hinds und G. E. Barker.

Nach dem Verkauf an Bech kam G. O. Bräkke als neuer Kapitän an Bord. Im Jahre 1916 strandete die Viermastbark in der Nähe von New York, konnte aber unbeschädigt wieder flottgemacht werden. Dunlops Einheiten waren alle stark gebaut, und so überstanden sie solche Mißgeschicke unbeschadet. – Die Reiserouten zum Pazifik blieben auch unter der Hausflagge Bechs unverändert. – Ehemalige Dunlop-Einheiten wurden innerhalb Tagen Opfer von U-Booten, so *Clan Buchanan* und *Clan Galbraith*.

Clan Graham

St	4 mbk	1976/2147	1893	12.	282.9 /40.4 /24.6
1 Dk					86,17/12,29/ 7,46

Glattdecker, Masten mit Mars- und Bramstenge, doppelte Mars- und Bramsegel und Royals, Besanmast mit Stenge und Gaffel.

Russell+Co., Port Glasgow	Dunlop, T.+Sons	Glasgow
→ 1909	Bruusgard, S.	Drammen
→ 1914	Monsen, E.+Co.	Tvedestrand
→ 1917 *Asheim*	Heistein, Thv. B.+Sons	Christiansand

Eine weitere ehemalige Dunlop-Einheit fiel einem deutschen U-Boot zum Opfer. Vor der schottischen Küste geriet die Viermastbark am 8. Juli 1917 in die Fänge von U 53 und ging auf Tiefe.

Die Kapitäne R. Wilson, J. Simpson, D. McIntyre und H. Smith führten den Viermaster auf den weiten Reisen unter Dunlops Hausflagge. – Im Jahre 1907 hatte das Schiff im Pazifik, auf der Heimreise von Tacoma im Puget Sound, einen sehr schweren Sturm zu überstehen. Bei übergegangener Ladung kämpfte die Mannschaft unter Kapitän McIntyre gegen die entfesselten Naturgewalten. Nachdem sich fast alle Segel »selbständig« gemacht hatten, gelang es, das Schiff unter Notrigg rund Kap Hoorn nach Montevideo zu bringen. Eine seemännische Meisterleistung.

Auf *Clan Graham* diente im Jahre 1915 ein Matrose, der später in die Geschichte der Segelschiffahrt eingehen sollte: Robert Clauss. Als Kapitän führte Clauss keine geringeren als *Pamir*, *Priwall* und *Padua*. 1917 kam die Viermastbark als *Asheim* zu Heistein in Christiansand, wo die Kapitäne Abrahamsen, Tobiassen und Terkelsen sich in die Führung des Schiffes teilten.

Cluny Castle

Fe	4 ms	1934/1986	1883	11.	276.5 /41.2 /24.0
2 Dks					84,24/12,54/ 7,31

Glattdecker, Masten mit Mars- und Bramstenge, »baldheaded«-Rigg, Besanmast mit Stenge und einer Gaffel. Ursprünglich als Vollschiff getakelt, Umbau im Jahre 1897.

Barclay, Curle+Co., Glasgow	Currie, D.+Co.	London
→ 1889 *Rowena*	Ferguson+Letham	Greenock
→ 1897	Rae, James	Greenock
→ 1901	Ferguson, R.+Co.	Greenock
→ 1905	Thomas, W.+Co.	Greenock
→ 1914	Stenius, G.	Helsingfors
→ 1917	Sundmann, V.	Helsingfors
→ 1921	Gadd, J. F.	Åbo
→ 1922	Hulk in Adelaide	

Das endgültige Schicksal dieser Einheit ist nicht bekannt. Man geht aber wohl nicht fehl in der Annahme, daß australische Hochöfen die Überreste des Schiffes wieder zu Rohmaterial verarbeiteten.

Nur wenige Schiffe, die in diesem Bericht verzeichnet sind, hatten eine derart bewegte Laufbahn. Fast 40 Jahre dauerte das Geschehen vom Stapellauf bis zur Hulk in Australien.
Zu Beginn ihrer Karriere wurde *Cluny Castle* zur Hauptsache in der Australienfahrt eingesetzt. Viele Auswanderer jener Zeit wurden mit dem Segelschiff auf den fünften Kontinent befördert. Unter britischer Flagge waren nachstehende Kapitäne für das Schiff verantwortlich: J. Hamilton, W. W. Pearce, W. Reid, J. Baxter, J. Johnston, G. Mc Kay, W. M. Hunter und W. Cadwalader.
Im Juni 1911 geriet der Viermaster in Junin in einen der berüchtigten »Norder«. Nur dank der Entschlossenheit von Kapitän Cadwalader gelang die Rettung. Kurz entschlossen ließ der Kommandant die Anker kappen und Segel setzen, um auf offene See zu kommen. Als der Sturm sich verzogen hatte, brachte ein Schlepper die Viermastbark wieder zurück nach Junin.
Unter demselben Schiffsführer rammte *Rowena* etwas später das Feuerschiff Sandette vor Calais. Dieser Zwischenfall kostete den verantwortlichen Mann nun den Posten. Danach Verkauf nach Finnland.
Nach Übergang der Einheit unter russische Flagge war dann Kapitän V. E. Erikson an Bord. Es muß vermerkt werden, daß das heutige Finnland erst nach dem Ersten Weltkrieg selbständige Nation wurde.

Colonial Empire II

St	4 mbk	2281/2436	1902	3.	302.1 /43.2 /24.7
2 Dks					92,06/13,15/ 7,48

Glattdecker, Untermast und Marsstenge aus einem Stück gefertigt, Bramstenge. »baldheaded«-Rigg, Besanmast als Pfahlmast mit einer Gaffel.

Reid, J.+Co., Glasgow	Duncan, G.+Co.	London
→ 1910	Cook+Dundee	London
→ 1917	Grayson, H. M.	London

In der Algoa-Bay vor Cape Recife am 27. September 1917 auf Thunderbolt Riff gestrandet und verloren.

Colonial Empire verkehrte auf ihren großen Fahrten meist zum Pazifik, wo die Häfen von San Francisco, Melbourne, Newcastle (NSW), Tocopilla, Sydney, Coqiumbo und Iquique angelaufen wurden. Die Führung des Schiffes war den Kapitänen D. D. Watson, J. Simpson, M. Bousfield und Saunders anvertraut.
Das erwähnte Unglück ereignete sich anläßlich einer Charterfahrt für die Anglo American Oil Co.
Wie für viele andere Segelschiffe, war bei den Heimreisen meist Falmouth der Ansteuerhafen. »Falmouth for orders« war einem jeden Seemann ein Begriff.

Colony

Fe	4 ms	1694/1750	1886	3.	258.0 /39.5 /23.1
1 Dk					78,63/12,00/ 7,03

Glattdecker, Masten mit Mars- und Bramstenge, ursprünglich als Vollschiff geriggt, Umbau zur Viermastbark (1898/99) mit »baldheaded«-Rigg, Besanmast mit Stenge und einer Gaffel.

Doxford, W.+Sons, Sunderland	Thomas, W.+Co.	Liverpool
→ 1915 *Kringsjaa*	Knudsen, Kr.	Christiansand

Kringsjaa wurde am 14. Juni 1918 von U 151 versenkt.

Für Thomas waren die Kapitäne J. Owen, J. Parry, J. Hughes, I. Thomas, S. Hughes, D. J. Davies, G. P. Williams und J. Mann für gute Führung der Einheit verantwortlich.
Das relativ kleine Schiff lief zwischen Europa und dem Pazifik, bis nach Australien. Auf den Ausreisen war meist Kohle aus den Kohlerevieren in Wales geladen; die Getreidehäfen an der Westküste der USA, z.B. Portland (Ore) waren die Liegeorte der Segler. Dort nahmen sie ihre Fracht für die Heimreise auf.
Für Knudsen waren die Kapitäne O. Arntsen und Magmusdal an Bord des nun *Kringsjaa* genannten Schiffes tätig.
Über den Ort der Versenkung des Viermasters schweigt sich die Literatur leider aus.

Columbus

Ho	4 mbk	3690	1824	7.	301 /50.6 /22.5
					91,74/15,39/ 6,82

Takelage einer Viermastbark, nach dem heutigen Verständnis der Typenbezeichnung als Erstausführung.
Grob gezimmerte Holzkonstruktion, nicht kalfatert. Masten mit Mars- und Bramstenge, einfache Mars- und Bramsegel, keine Royals. Besanmast mit Stenge und einer sehr hoch angeschlagenen Gaffel. Rumpfform vierschrötig, als Glattdecker ausgebildet. Kolossale Ausmaße für damalige Zeit.
Columbus kann als Urahne der Viermastbark bezeichnet werden, zusammen mit *Baron of Renfrew*.

Wood, Charles, Anse-du-Fort bei Quebec	unbekannt, wahrscheinlich Wood selbst

Auf der Rückreise von London nach St. John N. B. am 17. Mai 1825 im Sturm zerschlagen und gesunken.

Eine im Jahre 1824 veröffentlichte Abbildung der Neuheit *Columbus* vermittelt einen Eindruck von der Größe dieser Einheit.
Ganz gewaltig die Ausmaße der Segel. Kaum glaubhaft, daß Menschenhand diese Tücher noch beherrschen konnte, ohne irgendwelche mechanische Hilfen.
Der Grund zum Bau dieses ersten Riesen lag in der Holzknappheit in Großbritannien.
Wenn man sich den Holzbedarf für ein Schiff der Zeit, z.B. *Victory*, vorstellt und die Tätigkeit der Briten im Schiffbau einige Zeit zurückverfolgt, dann wird die Holzknappheit verständlich.
Hoch oben in Schottland werden jetzt gewaltige Anstrengungen unternommen, um die kahlgeschlagenen Gebiete wieder aufzuforsten.
Für die Lieferung von Holz kamen zu Beginn des 19. Jahrhunderts zwei Lieferanten in Frage, Skandinavien und Kanada. Aus dem Norden Europas schienen den Briten die Angebote zu teuer, und so entschied man sich für Kanada.
Die Idee des Schotten Wood war, die Schiffe in Großbritannien wieder zu demontieren und das Holz anderweitig zu verwenden.

Die erste Reise der *Columbus* begann am 5. September 1824. Sie ging mit einigen Schwierigkeiten in Szene. Wood hatte sehr leistungsfähige Pumpen einbauen lassen. Trotzdem kam der Viermaster mit etwa zwölf Fuß Wasser im Rumpf in Britannien an. Dank der erfolgreichen Passage wich Wood von seinem ursprünglichen Plan ab. Er beorderte das Schiff zurück nach Kanada, um die ganze Übung zu wiederholen. Die Natur war aber stärker, und am 17. Mai 1825 sank *Columbus* vor der irischen Küste.

Comet

St	4 mbk	2890/3014	1901	2.	323.0	/46.1	/26.0
1 Dk					98,45/14,04/ 7,92		

Hamilton, W.+Co., Port Glasgow		Anglo American Oil Co. London
→ 1913	Orotava	Rhederei AG. von 1896 Hamburg
→ 1921	James Dollar	Dollar, Rob. Co. San Francisco

Als Leichter »Crown Zellerbach No. 2« die Laufbahn abgeschlossen. Datum der Außerbetriebsetzung nicht bekannt.

Comet war das erste Segelschiff größerer Dimensionen, das für den Transport von Öl in offenen Tanks eingerichtet war.
Für die Zeit bei der AAOC war Kapitän W. J. Davis verantwortlich für den Tanker.
Comet machte mit der heiklen Fracht weite Reisen, bis nach Ostasien. Am Neujahrstag 1909 strandete der vollbeladene Viermaster auf einer Insel der Banka-Inselgruppe, als er sich auf der Heimreise von Japan nach New York befand. Mit Hilfe eines starken Schleppers konnte das geleichterte Schiff schließlich, ohne Schaden genommen zu haben, wieder flottgemacht werden.
Kapitän F. Dreier übernahm im Jahre 1913 das Kommando über die nun *Orotava* genannte Einheit. Schon im Jahr darauf wurde die Viermastbark in Santa Rosalia interniert. Auch ihr blieben lange Liegejahre nicht erspart.
Nach dem Kriege wurde *Orotava* den Franzosen zugesprochen. Diese aber wußten nicht, was mit all den Segelschiffen, die ihnen zugesprochen wurden, anzufangen sei. So kam es zu einem weiteren Verkauf des Schiffes an die Robert Dollar Co. in San Francisco. Als *James Dollar* kam die Viermastbark dann in die Register.
Nach einer einzigen Reise in den Fernen Osten wurde der Viermaster dann im Puget Sound aufgelegt.
Gegen Ende 1929 sah man bei Dollar keine Verwendung mehr für das Schiff. Als Leichter fristete der Rumpf der ehemals stolzen Einheit noch längere Zeit sein Dasein.

Comliebank

St	4 mbk	2179/2283	1890	10.	278.6	/41.9	/24.2
1 Dk					84,88/12,71/ 7,36		

Glattdecker, Masten mit Mars- und Bramstenge, doppelte Mars- und Bramsegel und Royals, Besanmast mit Stenge und einer Gaffel.

Russell+Co., Port Glasgow		Weir, A.+Co. Glasgow
→ 1913		Monsen, E.+Co. Tvedestrand
→ 1916	Asulf	Heistein, Thv. B.+Sons Christiansand

Asulf mußte auf Pos. 33° 57' N/73° 46' W während der Reise von Bahia nach Philadelphia aufgegeben werden. Zeitpunkt: 27. Januar 1919.

Die Viermastbark machte unter der Hausflagge Weir Reisen über alle Ozeane nach Indonesien, Australien, Amerika und Afrika. Während dieser Fahrten waren die Kapitäne W. Smith, P. Carson, J. P. Storm, A. Walker und T. George als Schiffsführer im Amt. Besondere Ereignisse blieben auch dieser Einheit nicht erspart. Im Jahre 1903 strandete das Schiff bei Cape Henlopen auf der Reise von Laurenço Marques nach New York. Es gelang allerdings, den Viermaster wieder abzubringen.
1909 geschah etwas Seltsames in bezug auf Reisedauer. Am 30. November verließ *Comliebank* Pisagua mit einer vollen Salpeterladung. Auf der Elbe kam das Schiff aber erst am 24. April 1910 an, also nach ganzen 145 Tagen.
Mit dem Verkauf an Monsen übernahm Kapitän Henriksen das Kommando an Bord. Bald aber wechselte die Führung erneut, denn als *Asulf* kam der Viermaster zu Heistein, wo R. Andersen als Chef an Bord ging. Die Gründe für die Aufgabe der Einheit sind nicht bekannt.

Conishead

St	4 mbk	2404/2526	1892	10.	305.8	/42.3	/24.6
1 Dk					93,16/12,87/ 7,46		

Glattdecker mit überlanger Poop (45 Fuß). Untermasten und Marsstenge in Stahl aus einem Stück gefertigt, Besanmast als Pfahlmast mit einer Gaffel. Einfache Bramsegel.

Williamson, R.+Son, Workington		Bourke+Huntrods Workington
→ 1898	Athene	Wencke B. Söhne Hamburg
→ 1905		Rhederei AG. von 1896 Hamburg
→ 1914	Cooroy	Australian Government Sydney

Cooroy wurde am 28. August 1917 durch das deutsche U-Boot 75 zehn Seemeilen südlich Hook Point, Waterford torpediert und versenkt.

Als eine der bekannten »Workington sisters« kam *Conishead* zur Reederei von Bourke + Huntrods in Workington selbst.
Geführt durch die Kapitäne J. A. Bromley und J. Neilson, machte das Schiff schnelle und sichere Reisen. 1894 gelang Bromley eine Fahrt von Barrow-in-Furness zum Kap Hoorn in nur 42 Tagen, ein Rekord, der wohl nur selten oder niemals wieder geschafft wurde.
Conishead machte sich durch seine guten Fahrten einen entsprechenden Namen. So ist es nicht verwunderlich, daß Wencke die Viermastbark erwarb. Wencke hatte ein besonders gutes Auge für schnelle Schiffe.
P. Lorenzen, F. E. Thomann und F. Dreier fuhren den Viermaster weiterhin auf guten und schnellen Reisen. Dreier segelte 1911 in nur 73 Tagen von Lizard nach Melbourne. *Athene*, wie das Schiff nun hieß, behielt also den guten Ruf von *Conishead* bei.
Unter deutscher Flagge segelte die Einheit zur Hauptsache in der Salpeterfahrt, mit gelegentlichen Abstechern nach Australien.
Nach dem Tode von Friedrich Wencke im Jahre 1905 gingen seine Schiffe an die »1896er« über. Kapitän Dreier blieb beim Besitzerwechsel auf »seinem« Schiff, bis er dann 1912 von P. Dahm abgelöst wurde und selbst *Orotava* übernahm.
Der später bei der Reederei Laeisz bekannt gewordene Kapitän Martin Brockhöft begann seine Seemannslaufbahn auf *Athene*.

1914 wurde der Viermaster in Sydney interniert und im Jahre darauf beschlagnahmt. Als *Cooroy,* unter britische Flagge gestellt, diente die Einheit dann dem Commonwealth, bis das deutsche U-Boot ihrem Einsatz ein Ende machte.

Corunna

St	4 mbk	2268/2432	1893	10.	293.0	/43.0	/24.4
2 Dks					89,30/13,10/ 7,41		

Henderson, D.+W.+Co.	Hardie, J.+Co.	Glasgow
Partik, Glasgow		

→	1904	Hulk in Montevideo		
→	1917	*La Epoca*	Société Boillard de Boisguilbert Paris	

Mit Uruguays Flagge am Masttopp wurde *La Epoca* am 29. Oktober 1917 vom deutschen U-Boot 93 versenkt. Das Schiff lag auf Pos. 45° 10' N/1° 45' W, als die angebrachten Sprengladungen ihre Wirkung taten.

Nach überaus beachtenswerten, schnellen Reisen, die das Schiff bis nach Australien hinter sich brachte, strandete *Corunna* am 1. September 1904 bei Miramar südlich des Rio de la Plata. Nach wochenlangen Versuchen gelang schließlich die Bergung, worauf der Viermaster nach Montevideo eingebracht wurde und als Hulk Verwendung fand.
Unter britischer Flagge hatten die Kapitäne J. Robson, D. S. Macmillan, McNeil und J. Mason die Interessen ihres Dienstherrn vertreten.
Als nach Ausbruch des Ersten Weltkrieges in kurzer Zeit Frachtraum knapp und teuer wurde, erinnerte man sich der einst stolzen und schnellen Viermastbark. Die französische Gesellschaft Boillard de Boisguilbert erwarb den Rumpf der *Corunna* zum unwahrscheinlichen Preis von rund 70 000 Pfund, also etwa vierzigmal mehr als das Schiff vor dem Kriege wert war!
Wieder neu aufgeriggt, kam die Viermastbark als *La Epoca* wieder in Betrieb. Bereedert wurde das Schiff durch die Oriental Navigation Corp. in New York, unter der Flagge Uruguays.
Vermutlich auf einer Charterfahrt für Frankreich ereilte das Schicksal die Viermastbark in der Biskaya.

County of Aberdeen

Fe	4 ms	1865/1943	1879	3.	281.0	/40.4	/24.1
1 Dk					85,64/12,29/ 7,33		

Glattdecker, Masten mit Mars- und Bramstenge, doppelte Mars-, aber einfache Bramsegel und Royals, Jiggermast mit Mars- und Bramstenge und vier einfachen Segeln.

Barclay, Curle+Co., Glasgow	Craig, R.+J.	Glasgow

Nach dem 21. Dezember 1884 als verschollen erklärt. Das Schiff hatte sich auf einer Reise von Cardiff nach Bombay befunden.

Auf Grund der alphabetischen Reihenfolge in diesem Bericht eröffnet diese Einheit die Berichte über die *County*-ships der Reederei von R. und J. Craig. Die Brüder Craig waren die bedeutendsten Segelschiffsreeder aller Zeiten in Großbritannien.
Die Craigs besaßen um die 80er Jahre des letzten Jahrhunderts herum allein acht Viermaster, neben anderen kleineren Einheiten.
Zu jener Zeit blühte der Jutehandel mit Indien, und *County of Aberdeen* machte in ihrer recht kurzen Laufbahn alle Reisen nach dem Subkontinent.

Die fünfte und letzte Reise begann am 21. Dezember 1884 in Cardiff mit Ziel Bombay; das das Schiff aber nie erreichen sollte.
Die Kapitäne Drummond, D. McLean und Miller führten den Viermaster, der zu den kleineren Einheiten dieser Gattung gehörte.

County of Caithness

Fe	4 ms	1636/1715	1876	9.	266.4	/38.8	/23.6
2 Dks					81,17/11,78/ 7,16		

Glattdecker, Masten mit Mars- und Bramstenge, doppelte Mars-, aber einfache Bramsegel, Jiggermast mit Mars- und Bramstenge, vier einfache Segel.

Barclay, Curle+Co., Glasgow	Craig, R.+J.	Glasgow

→	1903	*Sofie*	Olsen, M.	Porsgrund

Olsen hatte in Fremantle (Westaustralien) eine Niederlassung, und dort beendete das Schiff seine Tage als Hulk.

Wie alle Craig-Schiffe der ersten Zeit, ist auch diese Einheit nach dem Muster der *County of Peebles,* der Urform des Viermastvollschiffs, nach unserem heutigen Verständnis, erbaut worden. Unter britischer Flagge erfolgte der Einsatz der Einheit fast ausschließlich im Jutehandel mit Indien und anderen Ländern des Fernen Ostens.
Als Ausnahme in dieser Reihe galt wohl eine Reise, die 1902 nach Shanghai und Tacoma ging.
Als Kapitäne setzten die Reeder von 1876 bis 1903 die Herren A. Miller, Johns, Duncanson, J. McDonald, J. Cumming, A. McLeod und A. Buchan ein.
Nach dem Verkauf an Olsen in Porsgrund kamen die Kapitäne S. K. Andersen, W. H. Holtau und L. Schwanborg an Bord des Viermasters.
Zu welchem Zeitpunkt auch die Hulk dann zum Abbruch kam, ist nicht bekannt.

County of Cromarty

Fe	4 ms	1644/1723	1878	2.	267.3	/38.8	/23.7
2 Dks					81,45/11,78/ 7,18		

Glattdecker, Masten mit Mars- und Bramstenge, doppelte Mars-, aber einfache Bramsegel, Jiggermast mit Bramstenge, vier einfache Segel.

Barclay, Curle+Co., Glasgow	Craig, R.+J.	Glasgow

Die Jungfernreise dieser Einheit sollte von Glasgow nach San Francisco führen. Der in Ballast fahrende Viermaster lief zuerst Rio de Janeiro an, bevor die Fahrt rund Kap Hoorn fortgesetzt wurde.
Am 8. August aber lief das Schiff etwa drei Seemeilen südlich Rio Grande do Sul wrack.

In der ansonst glücklichen Reedereigeschichte der Craigs steht nur der frühe Verlust von *County of Cromarty* zu Buch. Es darf angenommen werden, daß mangelnde Stabilität des in Ballast fahrenden Schiffes zum Unglück beitrug.
Auf der Unglücksfahrt war der später sehr bekannte Kapitän Pattmann als Erster an Bord. *Loch Torridon,* ein Viermaster mit großem Namen, wurde über längere Zeit von R. Pattman geführt.

County of Dumfries

Fe	4 ms	1640/1718	1878	3.	266.2 /38.8 /23.5
2 Dks					81,12/11,78/ 7,16

Glattdecker, Masten mit Mars- und Bramstenge, doppelte Mars-, aber einfache Bramsegel, Jiggermast mit Mars- und Bramstenge, vier einfache Segel.

Barclay, Curle+Co., Glasgow	Craig, R.+J.	Glasgow
→ 1906 *Sovinto*	unbekannter Besitzer in Raumo, damals also russisch.	

Das Schicksal dieser Einheit ist nicht bekannt. Im Lloyds Register ist der Viermaster im Jahre 1906/07 noch verzeichnet, im darauf folgenden Band 1907/08 fehlt der Eintrag.

Als britisches Schiff machte das Vollschiff unter den Kapitänen McLean, Parkhouse, Borland, Leslie, Casey und Inglis viele gute Reisen, zur Hauptsache nach Indien, Colombo und Indonesien. Diese Einheit war als erster Vertreter seiner Bauart in Deutschland zu sehen. Es wird berichtet, daß in Geestemünde eine Ladung Reis gelöscht wurde und daß sich Peter Rickmers durch *County of Dumfries* zum Bau eigener solcher Segler anregen ließ.
1905, also kurz vor dem Verkauf nach Raumo, war das Schiff auch in Vancouver zu sehen.
Wie sich der Verlauf der Zeit unter russischer Flagge gestaltete, ist nicht bekannt.

County of Edinburgh

Fe	4 ms	2078/2160	1885	6.	285.6 /42.5 /24.3
2 Dks					87,01/12,92/ 7,38

Glattdecker, Masten mit Mars- und Bramstenge, doppelte Mars-, aber einfache Bramsegel und Royals. Jiggermast mit Stenge und fünf Segeln.

Barclay, Curle+Co., Glasgow	Craig, R.+J.	Glasgow
→ 1904 *Frieda*	Witte, A.	Bremen
→ 1914	Lundquist, M.	Mariehamn

Bei South Rock, County Down in Irland am 7. November 1916 wrackgelaufen.

Viermastvollschiffe waren in Großbritannien recht häufig. Im Gegensatz dazu baute Deutschland auf seinen Werften kein einziges Schiff dieses Typs.
Nur drei Einheiten mit der erwähnten Takelage waren einmal an den Häfen der Weser registriert, nämlich *Frieda*, *H. Bischoff* und *Peter Rickmers*. Gebaut wurden aber alle diese Viermaster in Britannien. *County of Edinburgh* machte sich bald einen guten Namen als schnelles Schiff. Anfänglich noch in der Jutefahrt eingesetzt, machte diese *County* später Reisen über alle Ozeane, nach Südafrika, Amerikas Ost- und Westküste, China und Japan.
Im Dienste der Herren Craig standen die Kapitäne W. Hood, Fordyce, D. Lloyd, J. Webster, G. Le Couteur und F. W. J. Tode an Bord des Schiffes. Nach dem Verkauf an Witte in Bremen wurden sowohl Name als auch Takelage der Einheit geändert. *Frieda* war als Viermastbark getakelt. Die Führung übernahmen die Kapitäne D. Kruger, D. Logemann und M. Mark.
Im Jahre 1914 kam *Frieda* dann nach Mariehamn unter russische Flagge. Auf einer Fahrt während des Ersten Weltkrieges lief das Schiff in Nordirland wrack.

County of Haddington

Fe	4 ms	1865/1943	1878	11.	281.0 /40.4 /24.1
2 Dks					85,64/12,21/ 7,33

Glattdecker, Masten mit Mars- und Bramstenge, doppelte Mars-, aber einfache Bramsegel und Royals. Jiggermast mit Mars- und Bramstenge und vier einfachen Segeln.

Barclay, Curle+Co., Glasgow	Craig, R.+J.	Glasgow

Das Schiff verließ am 2. Februar 1901 den Hafen von New York mit Bestimmung Shanghai. Den Zielhafen hat der Viermaster nie erreicht, er mußte als verschollen erklärt werden.

Wie alle anderen Craig-Segelschiffe war auch *County of Haddington* in der Jutefahrt nach Indien im Einsatz. Auf den Ausreisen wurde meist Salz als Ladung mitgeführt. Indien hatte großen Bedarf an diesem Produkt, und zudem war der Transport nicht an zeitliche Limits gebunden. Alles, was termingerecht zur Ablieferung gebracht werden mußte, hatte sich nach dem Bau des Suezkanals der Dampfer als Transportgut gesichert.
Im Winter 1894 geriet das Viermastvollschiff im Kanal in orkanartige Stürme. Kapitän Scott meisterte diese Unbill mit Mannschaft und Schiff, doch einige Segel gingen verloren.
Neben Scott waren J. Jamieson, W. Armour, Fordyce, Parry und C. McDonald als Kapitäne im Dienst auf dem Viermaster.
Nach über zwanzig erfolgreichen Jahren unter der Flagge der Craigs ging das Schiff letztlich »irgendwo« verloren.

County of Inverness

Fe	4 ms	1636/1716	1877	1.	266.6 /38.8 /23.6
2 Dks					81,22/11,78/ 7,16

Glattdecker, Masten mit Mars- und Bramstenge, doppelte Mars-, aber einfache Bramsegel und Royals. Jiggermast mit Mars- und Bramstenge und vier einfachen Segeln.

Barclay, Curle+Co., Glasgow	Craig, R.+J.		Glasgow
→ 1899		Shaw, Sawill+Co.	Glasgow
→ 1911	Hulk am Rio de la Plata mit Namen *Dora*		
→ 1916	*Carmen* neu aufgerigt	Ramet, M.	Bordeaux
→ 1918		Boussac, R.	Bordeaux
→ 1925	Dampfer *Nemrac*		Estland
→ 1940	Dampfer *Amicizia*		Italien

Als Dampfer, mit dem typischen Clipperbug, diente der Rumpf der ehemals Craig'schen Einheit bis in den Zweiten Weltkrieg hinein. Am 10. April 1945 vernichtete ein Bombenangriff auf Hamburg das Schiff, und im Jahre 1947 wurde der Rumpf zur Hafenräumung gehoben und verschrottet.

Neben *County of Peebles* hatte nur *County of Inverness* eine über Jahrzehnte reichende Geschichte zu verzeichnen.
Mehrmals machte das Schiff Jutefahrten nach Indien und brachte die kostbare Fracht nach Aberdeen, dem nördlichsten Hafen in Britannien.
Für Craig waren die Kapitäne R. McKenzie, J. Allan, A. Slade, J. H. Reid, E. Moonie und F. W. J. Tode fast ausnahmslos zwischen Europa und Indien unterwegs.
Nach dem Verkauf an Shaw, Sawill erfolgte der Umbau des Vollschiffs zur Bark, und Kapitän F. Gray übernahm die Einheit. 1910

wurde dann J. A. Evans mit der Führung des Schiffes betraut. Doch schon ein Jahr später »enterte« man das Segelschiff am Rio de la Plata, es wurde zur Hulk abgetakelt.

Der Erste Weltkrieg hauchte auch dieser Hulk neues Leben ein. Schiffsraum war knapp geworden, und so entstand eine neu aufgeriggte Viermastbark, auf den Namen *Carmen* getauft.

Mit *Carmen* ging Commandant A. Ferlicot aus Bordeaux auf große Fahrt. Nach Friedensschluß schränkte sich das Tätigkeitsfeld auch für dieses Schiff ein.

Im Jahre 1925 verkaufte man die Viermastbark nach Estland. Dort baute man das Segelschiff zum Dampfer um. Sehr einfallsreich der neue Name: *Nemrac*, also die Umkehrung des Namens *Carmen*.

Die alte *County of Inverness* erlebte auch noch den Zweiten Weltkrieg, wo sie dem Bombenhagel auf Hamburg zum Opfer fiel. Als damals italienisches Schiff war sie wohl mit Transporten zwischen Deutschland und Italien im Einsatz.

Siebzig Jahre hatte der Rumpf des Schiffes verschiedenen Zwecken gedient, bevor er in Stücken auf dem Schrotthaufen landete.

County of Kinross

Fe	4 ms	1641/1719	1878	1.	267.0 /38.8 /23.6
2 Dks					81,38/11,78/ 7,16

Glattdecker, Masten mit Mars- und Bramstenge, doppelte Mars-, aber einfache Bramsegel und Royals. Jiggermast mit Mars- und Bramstenge und vier einfachen Segeln.

Barclay, Curle+Co., Glasgow	Craig, R.+J.	Glasgow
→ 1906 *Marpesia*	Bruusgard, K.	Drammen

Der Rumpf dieses Schiffes soll noch im Jahre 1927 in Buenos Aires gedient haben. Das endgültige Schicksal der Einheit ist nicht bekannt. Letztmals im Jahre 1922 im Lloyds Register verzeichnet.

Auch diese Einheit hat in der Craig'schen Flotte praktisch nur Reisen nach Indien unter den Kiel gelegt.

Die Kapitäne J. Cumming, Stroak, Parry, L. Lloyd, Hughes, R. G. Murdoch und J. F. Collins waren an Bord des Vollschiffs für Mannschaft und Fracht verantwortlich.

Nach einem Bild in Lubbocks »Last of the Windjammers, Vol. I« zu urteilen, muß das Schiff einmal eine schwere Kollision mitgemacht haben.

Bruusgard übernahm die Einheit im Jahre 1906, wo sie den Namen *Marpesia* erhielt. Kapitän wurde H. Nilsen.

Leider war der Abschluß der Laufbahn des Schiffes nicht zu ergründen.

County of Linlithgow

Fe	4 ms	2122/2207	1887	5.	286.9 /43.5 /24.1
2 Dks					87,39/13,22/ 7,33

Glattdecker, Masten mit Mars- und Bramstenge, doppelte Mars-, aber einfache Bramsegel und Royals. Jiggermast mit Mars- und Bramstenge, gleiche Besegelung wie die anderen Masten, also fünf Segel, weil das Marssegel in zwei Tücher aufgeteilt war.

Barclay, Curle+Co., Glasgow	Craig, R.+J.	Glasgow
→ 1906/07	Sociedad Nacional de Buques y Maderas	Valparaiso

→ 1916	*Katherine* Sechsmast- schoner mit Motor	Pacific Freigthers Co. San Francisco
→ 1917		Cia. General de Tabacos de Filipinas San Francisco
→ 1922	Doppelschrau- benschoner mit vier Masten	Philippine Vegetable Oil Co. Manila
→ 1931		Galani, J. A.+Y. Behar Piräus
→ 1935	Motortanker *Frieda* Umbau nach schweren Feuerschäden.	
→ 1940	noch aus See	

In Europa wurde das Schiff letztmals im Jahre 1928 in Bremen gesehen. Wahrscheinlich ist die Einheit in den Kriegswirren des Zweiten Weltkrieges in Mitleidenschaft gezogen worden. Genaue Daten sind nicht bekannt.

Ähnlich der *County of Inverness* hat diese Einheit eine recht komplizierte Lebensbahn durchlaufen.

Für Craig führten die Kapitäne R. McKenzie und J. Stroak das Schiff auf der Indienroute. *County of Linlithgow* war neben *County of Roxburgh* die größte Einheit in der Craig-Flotte. Abertausende von Juteballen fanden auf ihr den Weg in die europäischen Verarbeitungsstätten.

In späteren Jahren wurde die Takelage des Vollschiffs stark reduziert. Die Royalstengen wurden entfernt, und die nur noch kurzen Bramstengen mit einfachen Bramsegeln geben dem Schiff das Aussehen eines »baldheaders«.

Unter chilenischer Flagge waren die Kapitäne F. Walker, J. A. Zachary und H. Müller als verantwortliche Männer an Bord.

Nach dem Verkauf an die Pacific Freighters im Jahre 1916 werden die Informationen über das Schicksal des bekannten Segelschiffs unklar und spärlich. So wird *County of Linlithgow* im Lloyds Register bis in die zwanziger Jahre hinein als Viermastvollschiff verzeichnet, während andere Quellen von Umbau zu Sechsmastmotorschoner sprechen.

Wie und wo die einst so typische Segelschiffseinheit ihre letzten Tage fristete, ist leider nicht bekannt.

County of Peebles

Fe	4 ms	1614/1691	1875	7.	266.6 /38.7 /23.4
2 Dks					81,22/11,75/ 7,11

Erste eiserne Viermasteinheit mit Vollschifftakelage. Alle Masten auf dem Glattdecker mit Mars- und Bramstenge, doppelte Mars-, aber einfache Bramsegel und Royals. Jiggermast mit nur einfachen Segeln.

Barclay, Curle+Co., Glasgow	Craig, R.+J.	Glasgow
→ 1898	Hulk in Talcahuano	

Ein im Jahre 1980 erschienener Zeitungsartikel in der »Neue Westfälische« berichtet von einem Besuch am Kap Hoorn. Im Bild ist dort eindeutig die jetzt über hundert Jahre alte *County of Peebles* auszumachen.

Mit dem Bau dieses Viermastvollschiffs hat die Werft in Glasgow die letzte große Ära der Segelschiffe eingeleitet.

Ein weiterer Weg von diesem kleinen Schiff über die ganz großen wie *Preußen* und *France I* zum abschließenden Höhepunkt mit der letzten für die Frachtschiffahrt gebauten *Padua* im Jahre 1926.

In den rund fünfzig Jahren hat sich im Bau, der Ausrüstung und in der Besatzung der großen Segelschiffe vieles geändert. Letztlich hat dann das Maschinenschiff dem vom Wind abhängigen Segler den Rang endgültig abgelaufen.

Der erste »Wurf« eines neuen Typs von Segelschiffen war für die Werft von Barclay, Curle ein voller Erfolg. Noch elf gleiche oder sehr ähnliche Einheiten konnte die Werft auf Kiel legen, wahrlich ein seltenes Ereignis in der gesamten Geschichte der Segelschifffahrt. Über die Reisen von *County of Peebles* berichtet Lubbock in seinem Werk »Last of Windjammers, Vol. I« sehr ausführlich.

Unter britischer Flagge führten die Kapitäne A. Miller, W. Fordyce, Blair, Murphy, J. Allen, J. Gallowy und R. Cumming das Schiff.

Der nachmalige Kommodore der Cunard White Star-Line, Sir James Bisset, begann seine Laufbahn als Seemann auf diesem kleinen viermastigen Segelschiff. Er machte dann seinen Weg bis zum Kommandanten der 83873 BRT großen *Queen Elisabeth*.

County of Peebles ist also die Urahne einer langen Reihe von Segelschiffen mit metallenem Rumpf.

In Punta Arenas, ganz nahe am Kap Hoorn, liegt die Hulk heute noch, und stetig, aber sehr, sehr langsam tut der Rost sein Werk.

County of Roxburgh

Fe 4 ms 2121/2209 1886 6. 285.6 /43.5 /24.0
2 Dks   87,01/13,22/ 7,31

Glattdecker, Masten mit Mars- und Bramstenge, doppelte Mars-, aber einfache Bramsegel und Royals. Jiggermast mit Mars- und Bramstenge und vier Segeln.

Barclay, Curle+Co., Glasgow   Craig, R.+J.   Glasgow

Nach zwanzig Jahren guter Dienste für die Reederei ist dieses Schiff am 8. Februar 1906 im Tuamotu Archipel verunglückt. Auf der Fahrt von Caldera nach Melbourne geriet die Einheit in einen schweren Sturm, der den Viermaster seiner Segel entledigte. Steuerlos geworden, wurde das Schiff auf Takaroa Atoll geworfen, wo das Wrack, noch über Jahre sichtbar, liegenblieb.

Hunderte von Tonnen Jute brachte auch diese Einheit aus Craigs Flotte von Indien nach Großbritannien. Später kam es aber auch zu anderen Reisen, wie es die Beschreibung des Schicksals des Schiffes darlegt.

Beim erwähnten Unglück verloren zehn Seeleute ihr Leben, die anderen erfuhren liebevolle Betreuung durch die Eingeborenen. Als Schiffsführer waren an Bord des Viermasters die Kapitäne W. Fordyce, J. Stroak, A. Buchan und J. C. Leslie tätig.

County of Selkirk

Fe 4 ms 1865/1943 1878 10. 281.0 /40.4 /24.1
2 Dks   85,64/12,29/ 7,33

Glattdecker, Masten mit Mars- und Bramstenge, doppelte Mars-, aber einfache Bramsegel und Royals. Jiggermast mit Mars- und Bramstenge, Aufteilung der Segel wie bei den anderen Masten.

Barclay, Curle+Co., Glasgow   Craig, R.+J.   Glasgow

Kapitän J. Sinclair verließ mit dem Viermastvollschiff am 31. Dezember 1895 Calcutta mit Ziel Großbritannien. Weder vom Schiff noch von der Mannschaft hat man jemals wieder etwas gehört – *County of Roxburgh* ist verschollen.

Auch diese Einheit wurde von Craig praktisch nur in der Jutefahrt eingesetzt, wobei auch Abstecher bis nach Batavia im Logbuch zu finden waren.

Für gute Führung des Viermasters waren im Laufe der Jahre die Kapitäne J. Dysdale, Thomson, Pattmann, A. Stewart und J. Sinclair ihrem Reeder verantwortlich.

Craigburn

Fe 4 ms 1997/2065 1884 5. 289.7 /42.2 /23.9
2 Dks   88,25/12,85/ 7,23

Glattdecker, Masten mit Mars- und Bramstenge, doppelte Mars- und Bramsegel und Royals, ursprünglich als Vollschiff getakelt, Umbau zur Viermastbark etwa 1890.

Thompson, W. B., Glasgow   Shankland, R. +Co. Greenock

Ein mißglücktes Schleppmanöver hat auch diesem Schiff den Garaus gemacht. Im Mai 1891 lief der Viermaster hinter einem Schlepper durch die Port Phillip-Bay, in Melbourne, hinaus. Unvermittelt brach die Schlepptrosse, und bei starkem Wind trieb das Schiff ohne Segel auf Sorrento-Beach zu, wo es wracklief.

Craigburn war das letzte Schiff, das aus Eisen für Shankland gebaut wurde.

Die Kapitäne Barrett, A. Kerr und J. Young führten den Viermaster, doch sind über die Fahrten keine Aufzeichnungen zu finden.

Craigend

St 4 mbk 2219/2272 1889 5. 279.3 /41.9 /24.5
1 Dk   85,10/12,71/ 7,43

Glattdecker, Masten mit Mars- und Bramstenge, doppelte Mars- und Bramsegel und Royals, Besanmast mit Stenge und einer Gaffel.

Russell+Co., Port Glasgow   North British Shipping
                                                  Glasgow
→ 1892   Gordon, G.+Co.   Glasgow

Im Juni 1897 ist dieses Schiff verschollen.

Die Literatur schweigt sich über diese Einheit ganz aus. Lediglich die Angaben in Lloyds Register gestatten die Feststellung, daß die Kapitäne J. Hamilton und J. Lethwaite das Gefährt führten und daß das Schiff im Juni 1897 verschollen ist.

Craigerne

St 4 mbk 1732/1822 1889 5. 270.2 /40.0 /23.5
2 Dks   82,34/12,19/ 7,16

Glattdecker, Masten mit Mars- und Bramstenge, »baldheader«-Rigg, Besanmast mit Stenge und einer Gaffel.

Duncan, R.+Co., Port Glasgow Thorburn, W.   Greenock
→ 1900   Watson, Bros.   Glasgow
→ 1910   *Margareta*   Troberg, Aug.   Mariehamn
→ 1917   Erikson, G.   Mariehamn

Auf der Fahrt von Port Arthur (Texas) nach Liverpool ist diese Viermastbark am 17. Mai 1917 von einem deutschen U-Boot vor Berehaven (Irland) versenkt worden. Die Mannschaft wurde in Castletown an Land gebracht.

Für Thorburn und Watson segelte *Craigerne* nach Amerika und Australien, geführt durch die Kapitäne D. W. A. Quaile, Suffern und J. McBride. Letzter Schiffsführer war Kapitän W. Loades.
Als *Margareta*, unter der Hausflagge von Troberg, gingen die Reisen hauptsächlich nach den USA, wo Holz als Fracht für die Heimreise übernommen wurde.
Damals unter russischer Nationalflagge fahrend, waren für Troberg und Erikson C. E. Erikson, Edv. Johnson und J. E. Gustafsson als Kapitäne an Bord des Schiffes.

Crocodile

St	4 mbk	2424/2555	1892	5.	288.4 /41.2 /24.6
1 Dk					87,88/12,54/ 7,46

Dreiinselschiff mit 50 Fuß langer Mittschiffsbrücke. Masten mit Mars- und Bramstenge, doppelte Mars- und Bramsegel und Royals. Besanmast mit Stenge und einer Gaffel.

Southampton Naval Works Co., Southampton	Peel, Macalister+Son. Liverpool
→ 1903	Thomas, W.+Co. Liverpool
→ 1915 *Storegut*	Stray, S. O. Kristiansand

Am 13. Juni 1917 ungefähr 235 Seemeilen südwestlich Lands End von deutschem U-Boot versenkt.

Diese Viermastbark der neuesten Bauart mit einer Brücke in Schiffsmitte segelte unter britischer Flagge für zwei Reedereien. Die Kapitäne W. Wilson, J. Williams und H. Roberts führten das Schiff auf großen Fahrten nach Südamerika an die Salpeterküste und weiter bis nach Australien und Japan. Auch Fahrten nach Afrika und Indien standen im Logbuch des Viermasters verzeichnet.
Der Verkauf an Stray brachte Kapitän N. Isaksen an Bord. Auf der Heimreise von Philadelphia nach Le Havre wurde das Schicksal auch dieses Schiffes durch ein U-Boot besiegelt.

Crofton Hall

Fe	4 ms	2074/2127	1883	4.	301.7 /39.1 /23.6
2 Dks					91,91/11,90/ 7,16

Glattdecker, Masten mit Mars- und Bramstenge, doppelte Mars- und Bramsegel und Royals. Besanmast mit Stenge und einer Gaffel.

Potter, W. H.+Co., Liverpool	Herron, Dunn+Co. Liverpool
→ 1889	Dunn, Chas. G.+Co. Liverpool

Auf Sable Island im April 1898 wrackgelaufen.

Diese Einheit wurde meist auf der Route New York – Calcutta eingesetzt.
Durch vergiftetes Fleisch, das in Indien an Bord genommen war, erkrankten im Jahre 1892 einige Seeleute, es kam auch zu Todesfällen. Kapitän Lyons vermutete zunächst eine Choleraepidemie. Nach der Umkehr nach Calcutta wurde durch eine Untersuchung die Fleischvergiftung nachgewiesen.
Im Laufe der wenigen Jahre der Laufbahn des Schiffes waren folgende Kapitäne an Bord tätig: Kilvert, Homewood, Wilkinson, T. W. Lyons, D. Evans, R. Parker, P. J. Paynter und R. S. Thurber.

Crompton

St	4 ms	2717/2810	1890	7.	310.0 /45.3 /24.9
2 Dks					94,48/13,78/ 7,53

Glattdecker, Masten mit Mars- und Bramstenge, doppelte Mars- und Bramsegel, Besanmast mit Stenge und einer Gaffel. Umbau zur Viermastbark im Jahre 1900.

Royden, T.+Sons, Liverpool   MacVicar, Marshall+Co.
Liverpool

Auf der Reise von Tacomo nach Limerick am 22./23. November 1910 auf Puffin Island bei Portmagee an der Südwestküste Irlands wrackgelaufen.

Crompton wurde von MacVicar, Marshall im Amerikageschäft eingesetzt. Auf den Ausreisen war meist Kohle als Fracht an Bord, gelegentlich wurde allerdings auch gemischte Ladung mitgeführt.
Die Kapitäne J. A. Patterson, L. Lloyd, G. P. Scott, W. L. Smith, W. R. Kidd, J. Garriock, J. T. Hume und G. H. Williams führten den Viermaster auf seinen Reisen, die meist in der Gegend von San Francisco endeten. Als Fracht »homeward bound« wurde hauptsächlich Getreide geladen, war doch Amerika schon damals ein sehr bedeutender Lieferant für das Grundmaterial unseres täglichen Brotes.

Crown of Austria

St	4 mbk	2993/3137	1892	6.	329.2 /45.4 /25.7
1 Dk					100,32/13,81/ 7,79

Glattdecker, Masten mit Mars- und Bramstenge, »baldheader«-Rigg, Besanmast mit Stenge und einer Gaffel.

Ramage+Ferguson, Leith   Robertson, Cruickshank+Co.
Liverpool

Auf der Jungfernreise von Cardiff nach Rio de Janeiro im Dezember 1892 an der Küste Brasiliens wrackgelaufen.

Wenig Glück hatte Kapitän T. J. Greenbank mit seiner Viermastbark. Noch bevor die erste Ausreise beendet war, verunglückte das Schiff. Die näheren Gründe des Unfalls sind nicht bekannt.

Crown of Germany

St	4 mbk	2154/2241	1892	5.	284.4 /41.9 /24.5
1 Dk					86,66/12,71/ 7,43

Glattdecker, Untermast und Marsstenge aus einem Stück gefertigt. Doppelte Mars- und Bramsegel sowie Royals. Besanmast als Pfahlmast mit einer Gaffel.

Workman, Clark+Co., Belfast	Gibson, W.+Co. Belfast
→ 1893	Reid, J. Belfast
→ 1900	Potter Bros. London
→ 1910 *Fischbek*	Knöhr+Burchard Hamburg

Schon kurz nach der Übernahme durch Knöhr + Burchard ist das Schiff am 19. Juli 1910 vor False Cove, in der Nähe der Thetis Bay, Le Maire-Straße, wrackgelaufen.

Auf ihren Reisen unter britischer Flagge war *Crown of Germany* in Australien und Nordamerika zu sehen. Nebenbei aber erfolgten auch Fahrten nach Indien, wo Jute übernommen wurde.

Nach Ausbruch des Burenkrieges nahm der Viermaster auch Kurs auf die Table Bay, Südafrika.

Für sichere Führung waren den Reedern die Herren R. Mann, R. Davidson, J. McIlgam und T. H. Helms verantwortlich.

Als das Schiff dann deutsche Flagge führte und den Namen *Fischbek* erhielt, war Kapitän Schellhas als »master next God« an Bord. Das Glück war aber Schiff und Kapitän nicht hold, und so kam es zu dem schweren Unfall.

Crown of India

| Fe | 4 mbk | 1975/2056 | 1885 | 6. | 276.7 /41.3 /24.1 |
| 2 Dks | | | | | 84,29/12,56/ 7,33 |

Glattdecker, Masten mit Mars- und Bramstenge, doppelte Mars-, aber einfache Bramsegel und Royals, Besanmast mit Stenge und einer Gaffel.

| Ramage+Ferguson, Leith | Robertson, Cruickshank+Co. |
	Liverpool
→ 1898	Young, J. R.+Co. Liverpool
→ 1906	Henderson, Tucker+Co.
	Liverpool
→ 1908	Joyce, J.+Co. Liverpool

Am 11. Juni 1915 war *Crown of India* mit einer vollen Kohleladung in Barry reisefertig und verließ den Hafen an der walisischen Küste, Bestimmung Pernambuco in Brasilien. Kapitän C. Branch kam aber mit der Viermastbark nicht weit. Etwa 70 Seemeilen NW von St. Ann's Head lauerte U 35 dem Segelschiff auf und versenkte es.

Mehrere Havarien blieben diesem Schiff nicht erspart. Nach der Ausfahrt von Newcastle (NSW) geriet der Viermaster 1898 in schweres Sturmwetter, dem die gesamte Takelage nicht gewachsen war. In Sydney konnten die notwendigen Reparaturen ausgeführt werden.

Ein anderer Zwischenfall ereignete sich 1909 zwischen Queenstown und Cork. Im Schlepp geriet die Einheit auf Grund und konnte nur nach Tagen härtester Arbeit wieder freigebracht werden. Unter den Kapitänen J. Rollo, J. E. Corkhill, B. A. Hardinge, C. Hunter, R. H. Gilbert, C. Sauter, J. Cox, H. Williamson und C. Branch machte das Schiff seine Reisen rund Kap Hoorn nach Chile, dem Westen von Nordamerika und Australien. In Europa waren verschiedenste Häfen Ausgangspunkt der großen Fahrten.

Nach der Versenkung durch das deutsche U-Boot gelangte die Mannschaft vollzählig nach Milford Haven.

Curzon

| Fe | 4 mbk | 1860/1962 | 1865 | 11. | 282.0 /38.5 /25.5 |
| 2 Dks | | 1891 | | | 85,95/11,70/ 7,74 |

Ursprünglich Dampfer *Patricio de Satrustegui*, Umbau zur Viermastbark im Jahre 1891. Glattdecker, Masten mit Mars- und Bramstenge, doppelte Mars-, aber einfache Bramsegel und Royals. Besanmast mit Stenge und einer Gaffel.

Denny, W.+Bros., Dumbarton	Dobell, G. C.+Co.	Liverpool
→ 1903	Sutherland, A.	Valparaiso
→ 1906	Soc. Nacional de Buques y Mederas	Valparaiso
→ 1918	Sutherland, A. E.+Salvo, M. A.	Valparaiso
→ 1920 *Cisneros*	Gasoliba Alvargouyalez S. A.	Barcelona
→ 1922	Lopez Marin, M.	Barcelona
→ 1927	Hulk in Buenos Aires	

In der Zeit, als die Einheit die Hausflagge von Dobell führte, war sie hauptsächlich in der Salpeterfahrt eingesetzt. Dabei waren die Kapitäne A. Peterkin, P. Black und W. D. Lawley mit dem Kommando des Schiffes betraut.

Mit der Übernahme durch Sutherland in Valparaiso änderte sich das Fahrtenprogramm, nun wurden vorwiegend Holztransporte ab nordamerikanischen Häfen an der Westküste gefahren.

Für die Reisen unter chilenischer Flagge zeichneten die Kapitäne J. Welsh, Johansen und J. B. de Basterrechea verantwortlich.

Im Jahre 1920 kehrte der umgebaute Dampfer in seinen ursprünglichen Heimathafen Barcelona zurück.

Wie viele andere Rümpfe von Segelschiffen, fristete auch der markante Dampferrumpf der *Cisneros* sein letztes Dasein als Hulk in Buenos Aires. Das die Laufbahn der Einheit abschließende Schicksal ist nicht bekannt.

Die von Hurst in seinem Werk »Square riggers, the final epoch« aufgeführte Bemerkung, daß dieses Schiff unter norwegischer Flagge als *Trident* gefahren sei, ist fragwürdig.

Damson Hill

St	4 mbk	1984/2087	1893	1.	282.8 /40.5 /23.8
2 Dks					86,15/12,31/ 7,21

Glattdecker, Untermast und Marsstenge aus einem Stück gefertigt, Jubilee-Rigg, Besanmast als Pfahlmast mit einer Gaffel.

Harland+Wolff, Belfast	Ismay, Imrie+Co.	Liverpool
→ 1896 *Niobe*	Gildemeister+Ries	Bremen
→ 1896	Rhederei Visurgis AG.	Bremen
→ 1921 *Harald*	Nordische Handelsgesellschaft Hackfeld, Fischer GmbH. Hamburg	

Abbruch im Jahre 1925

Eigentliche Besitzer der Viermastbark waren W. J. Myers Son + Co., doch bereedert wurde sie von Ismay, Imrie. *Damson Hill* war auch das letzte Segelschiff, das von der White Star Line – so der Name der Reederei von Ismay, Imrie – in Betrieb gehalten wurde. Das Schiff segelte in alle Teile der Welt, so war es in Ceylon, Yokohama und San Francisco zu sehen. Für die britischen Reeder war als Kapitän T. Brown an Bord der Einheit.
Schon 1896 kam der Viermaster unter deutsche Flagge zu Gildemeister und Ries nach Bremen. *Niobe* wurde von Kapitän H. Jordan übernommen, und er ging mit dem Schiff zur Visurgis Rhederei über. Die großen Fahrten gingen wiederum rund um die Welt. 1901/03 machte die Viermastbark eine Reise von Hamburg über Philadelphia, Nagasaki, San Francisco und zurück nach Antwerpen. Diese Reise machte der später sehr bekannte Laeisz-Kapitän Jürgen Jürss mit, der im Anschluß an die fünfzehn Monate dauernde Fahrt sein Examen als Steuermann auf großer Fahrt ablegte.
Während des Ersten Weltkrieges lag *Niobe* in Chile interniert, und sie wurde nach Friedensschluß den Briten ausgeliefert. Schon nach wenigen Monaten konnten die Deutschen das Schiff zurückkaufen. Es kam nun als *Harald* zu Hackfeld, Fischer nach Hamburg.
Kapitän A. Coltzau wurde Führer des Viermasters, er absolvierte zwei Weltrundreisen mit dem Schiff. *Harald* soll das letzte große Segelschiff gewesen sein, das China angelaufen hat.
Am 2. Dezember 1924 lief *Harald* wieder in Hamburg ein, worauf die Einheit den Abwrackern überlassen wurde.

Daylight

St	4 mbk	3599/3756	1902	1.	351.5 /49.1 /28.2
2 Dks					107,10/14,95/ 8,58

Glattdecker, Masten mit Mars- und Bramstenge, doppelte Mars- und Bramsegel und Royals, Besanmast mit Stenge und einer Gaffel.

Russell+Co., Port Glasgow	Anglo American Oil Co. London	
→ 1912	Tank Storage+Carriage Co.	London
→ 1917	Standard Transportation Co.	Hongkong
→ 1921	Nelson, Charles+Co.	San Francisco
→ 1924	Griffith, J.+Sons	Seattle
→ 1941 *Tangara* Viermastbarkentine	Murray Simonsen	Brasilien

Das Schicksal der größten Viermastbark, die jemals gebaut wurde, liegt im dunkeln. Letztmals wurde das Schiff im Jahre 1947 unter brasilianischer Flagge in Alexandria gesehen. Abbruch 1954.

Zusammen mit *Brilliant* war dieses Schiff eine der größten überhaupt gebauten Viermastbarken. *Daylight* war um weniges größer als ihr Schwesterschiff *Brilliant*.
Von Anfang an speziell zum Transport von Kistenöl eingerichtet, kam der Viermaster mehrheitlich in der Ölfahrt nach dem fernen Osten zum Einsatz.
Im Jahre 1910 Umbau zum eigentlichen Tanker, d. h. das flüssige Gold konnte in offene Tanks gepumpt werden.
Für die Anglo American waren als Kapitäne J. Reade, H. Nickerson und J. McBryde an Bord. Ihnen folgte bei der Tank Storage + Carriage C. Anderson als »master next God«.
Als der Viermaster dann Hongkong als Heimathafen im Register verzeichnet hatte, war Kapitän H. A. Smith der verantwortliche Schiffsführer.
Wie viele andere Segelschiffe war auch *Daylight* dazu verurteilt, als Hulk Dienst zu tun. Sie lag längere Zeit im Puget Sound aufgelegt, damals im Besitze von Griffith in Seattle.
Auch hier wurden Kriegsereignisse zum Grund einer Erneuerung der Takelage. Allerdings waren die Zeiten für das Rahschiff vorbei. Als Viermastbarkentine mit Motoren entstand »Tangara«, unter brasilianischer Flagge.
Mit Kriegsmaterial beladen ging das Schiff dann meist mit Kurs Mittelmeer in See. Letztmals sah man es im Jahre 1947 in Alexandria.
Die Daten über Verkäufe und Besitzerwechsel sind in Lloyds Register und in der einschlägigen Literatur sehr unterschiedlich. So können möglicherweise Differenzen mit den obenstehenden Angaben entstehen.

Dirigo

St	4 mbk	2856/3005	1894	2.	312.0 /45.1 /25.6
2 Dks					95,09/13,73/ 7,77

Glattdecker, Masten mit Mars- und Bramstenge, doppelte Mars- und Bramsegel und Royals. Besanmast als Pfahlmast mit einer Gaffel.

Sewall, A.+Co., Bath (Me)	Sewall, A.+Co.	Bath (Me)

Am 31. Mai 1917 südwestlich des Eddystone Rock-Leuchtfeuers von deutschem U-Boot versenkt.

Mit diesem Schiff kam in den USA die erste aus Stahl gebaute Einheit vom Stapel. Das Rohmaterial, bis zu den fertigen Platten des Rumpfes, wurde nach Plänen schottischer Schiffbauer in Glasgow hergestellt und importiert. Sewalls hatten dann Gelegenheit zum kopieren.
Sewall baute und betrieb einige große Segelschiffe auf eigene Rechnung.
Dirigo segelte während seiner Laufbahn über alle Meere der Welt, bis hinauf nach Kalmar in der Ostsee.
Die Schicksalsreise der Viermastbark begann am 15. Oktober 1915 in Seattle im Puget Sound. Mit voller Ladung Gerste steuerte der Viermaster Europa an. Am 2. März 1916 stellte ein britisches Patrouillenschiff *Dirigo* und beorderte sie nach Lerwick auf den Shetlandinseln. Beschlagnahmt kam die Einheit unter britische Flagge.
Am 31. Mai 1917 dann ging das prachtvolle Schiff nach Torpedotreffer auf Tiefe.

Die Bemerkung mag interessant sein, daß die USA zum Zeitpunkt des Unglücks von *Dirigo* noch nicht am Ersten Weltkrieg teilnahmen.

Für Sewall waren an Bord die Kapitäne G. W. Goodwin, D. E. Chapman, G. W. Chapman und W. W. Mallett im Dienst.

Dominion

St	4 mbk	2398/2539	1891	12.	294.0 /43.0 /24.0
2 Dks					89,61/13,10/ 7,31

Dreiinselschiff mit 34 Fuß langer Brücke. Masten mit Mars- und Bramstenge, »baldheader«-Rigg, Besanmast mit Stenge und einer Gaffel.

Doxford, W.+Sons, Sunderland	Thomas, W.+Co.	Liverpool

Im Januar 1899 verließ *Dominion* Honolulu auf Hawaii mit Bestimmung Vancouver. Ballastfahrt, ohne daß das Ziel erreicht wurde. Verschollen.

Dominion war die letzte Einheit, die für Thomas gebaut wurde. Typischer Vertreter des schwer geriggten Frachtseglers. Die meisten Reisen gingen an die Westküsten der USA und Südamerikas, wobei Kapitän W. Meredith ausnahmslos die Führung der Viermastbark besorgte.

Wie in andern Fällen ist auch hier die Annahme berechtigt, daß ein zu geringer Ballast dem Schiff zum Verhängnis wurde.

Donna Francisca

St	4 mbk	2163/2277	1892	4.	277.5 /42.0 /24.5
1 Dk					84,54/12,80/ 7,43

Glattdecker, Masten mit Mars- und Bramstenge, »baldheader«-Rigg, Besanmast mit Stenge und einer Gaffel.

Russell+Co., Greenock		Hayes, J.+Co.	London
→ 1911	*Herbert*	Siemers, G. J. H.	Hamburg
→ 1922	*Lemkenhafen*	Schröder, Hölken+Fischer	Hamburg

Mit einer vollen Ladung Kohle erreichte der Viermaster Cerro Azul in Peru. Zu Beginn des Monats Juni 1924 begannen die Löscharbeiten. Immer höher stieg der Rumpf des Schiffes aus dem Wasser. Von einer Flugwelle erfaßt, kenterte das Schiff bei geöffneten Luken und sank wie ein Stein, Kapitän Loeder und einen Matrosen mit sich reißend.

Die Häfen an der Pazifikküste, in Amerika und Australien, wurden von dieser Einheit mehrmals angelaufen.

Als Kapitäne amtierten während der ganzen Zeit, die das Schiff unter britischer Flagge segelte, die Herren J. Carrington und J. Simon. Nach der Übernahme durch Siemers kam Kapitän I. Mohrschlacht an Bord der nun *Herbert* genannten Einheit. Der Einsatz erfolgte danach hauptsächlich in der Salpeterfahrt. Dadurch kam es 1914 zur Internierung in Iquique.

Nach langer Wartezeit brachte Mohrschlacht das Schiff nach dem Krieg nach Europa zurück, wo der Viermaster an die Siegermächte ausgeliefert werden mußte.

Im Jahre 1922 zurückgekauft, kam die Viermastbark als *Lemkenhafen* zu Schröder, Hölken + Fischer nach Hamburg. Kapitän Kaletsch übernahm das Kommando, unterstützt durch seinen Ersten, Richard Loeder. Die erste Reise ging nach Calcutta, wo

sich ein schwerer Zwischenfall ereignete. Bei den Löscharbeiten legte sich das Schiff plötzlich zur Seite. Hätten nicht die Rahen auf einem längsseits liegenden Dampfer Halt gefunden, wäre *Lemkenhafen* wohl durchgekentert. Nach erfolgreich abgeschlossenen Reparaturarbeiten setzte der Viermaster seine Reise nach Newcastle (NSW) fort.

Im Hafen an der Ostküste Australiens erkrankte der Schiffsführer ernsthaft, und so kam Loeder zu seinem ersten Kommando. Nachdem eine volle Ladung Kohle verstaut war, ging *Lemkenhafen* unverzüglich auf große Fahrt nach Peru.

Fehlende Stabilität führte dann dazu, daß das Schiff im Hafen sank.

Dowan Hill

St	4 mbk	1976/2115	1893	7.	280.8 /40.5 /24.6
1 Dk					85,54/12,39/ 7,46

Glattdecker, Masten mit Mars- und Bramstenge, doppelte Mars-, aber einfache Bramsegel und Royals. Besanmast mit Stenge und einer Gaffel.

Russell+Co., Port Glasgow		Dickson, J.R.+Co.	Glasgow
→ 1900		Campbell, J. M.+Son	Glasgow
→ 1911	*Eugenio Bruni*	Grefstad+Herlofson	Arendal
→ 1914	*Dowan Hill*	Marcussen, S. W.	Arendal
→ 1916		Johannsen	Farsund
→ 1917	*Snig*	Stray, S. O.+Co.	Christiansand

Nordwestlich von Irland versenkte ein deutsches U-Boot die Viermastbark am 5. März 1917.

Zu Beginn ihrer Karriere machte diese Einheit ihre Reisen rund Kap Hoorn nach den Westküsten Amerikas. Die Kapitäne J. C. Brokenshart, C. Milne, G. W. Puxtey, J. Davies und E. Owens führten das Schiff, solange es britische Flagge führte.

Nach dem Wechsel unter norwegische Farben, bei Grafstad + Herlofson in Arendal, übernahm Kapitän T. Stiansen das nun *Eugenio Bruni* genannte Schiff.

Kurze Zeit später ergab sich ein neuerlicher Besitzwechsel, wonach die Viermastbark ihren ersten Namen wieder erhielt. An Bord waren die Kapitäne J. M. Jensen und A. Pedersen im Amt.

Nach einem kurzen »Gastspiel« bei Johannsen kam die Einheit schließlich zu Stray nach Christiansand. *Snig*, wie der Viermaster nun hieß, hatte aber bei der bedeutsamen Reederei von Stray nur noch eine kurze Lebenszeit.

Drumalis

St	4 mbk	2450/2530	1890	10.	318.0/42.3 /24.6
2 Dks					94,48/12,87/ 7,46

Glattdecker, Masten mit Mars- und Bramstenge, »baldheader«-Rigg, Besanmast mit Stenge und einer Gaffel.

Pickersgill, W.+Sons, Sunderland	Iredale, P.+Porter	Liverpool

Auf Sable Island bei Cape Sable im August 1902 wrackgelaufen.

Eine Rekordpassage von der Table Bay nach Newcastle (NSW) brachte diesen Viermaster seinerzeit ins Gerede. Es wurde die Behauptung aufgestellt, *Drumalis* habe die Fahrt von Cape

Town an die Ostküste Australiens in nur 14 Tagen unter den Kiel gebracht. Bei einer Gesamtdistanz von etwa 8000 Seemeilen ist dies wohl reiner Unsinn. Andere Quellen waren so bescheiden, von 24 Tagen für diese Reise zu sprechen, was immer noch Etmale von über 300 SM. bedeuten würde.

Die Viermastbark war zweifellos ein schnelles Schiff, geführt von den Kapitänen R. Campbel und A. J. Whelan.

Drumalis machte zur Zeit des Burenkrieges mehrheitlich Fahrten von Großbritannien nach der Table Bay, wo Kohle ein sehr begehrter Energieträger war.

Newcastle (NSW) stellte damals einen anderen bedeutsamen Lieferanten von »schwarzem Gold« dar.

Die Gründe der Strandung auf Sable Island sind nicht bekannt.

Drumblair

Fe	4 ms	1848/1907	1883	9.	267.4 /40.2 /24.1
2 Dks					81,48/12,24/ 7,33

Glattdecker, Masten mit Mars- und Bramstenge, doppelte Mars-, aber einfache Bramsegel und Royals. Ursprünglich als Viermastvollschiff getakelt, Umbau zur Viermastbark im Jahre 1899. Besanmast mit Stenge und einer Gaffel.

Russell+Co., Greenock		Gillison+Chadwick	Liverpool
→ 1905	*Cissie*	Bowen, W.	Llanelly
→ 1912		Bech, A.+Co.	Tvedestrand
→ 1914		Monsen, E.+Co.	Tvedestrand

Am 22. Oktober 1915 ereignete sich im Englischen Kanal eine Kollision zwischen einem Dampfer und *Cissie*. Dem Segelschiff wurde der ihm gebührende Vortritt nicht gewährt. Für *Cissie* bedeutete der Zusammenstoß den Untergang.

Drumblair war Schwesterschiff der *Drumeltan*.

Der Viermaster machte für seine Reeder Reisen bis zum Puget Sound. Verantwortliche Kapitäne waren Cowell, E. White, Bacon, R. McDouwall, C. Armstrong, J. Bevan, Cullen, J. Farren und R. Trebilcock. Letzterer blieb auch nach dem Verkauf an Bowen als Kommandant an Bord des Schiffes. Abgelöst wurde er durch J. Francis und J. S. Crane.

Nach dem Wechsel unter norwegische Flagge, bei Bech und Monsen, führten A. Pedersen, J. Jörgensen und G. M. Olsen den Viermaster.

Der Unfall, der zum Verlust von *Cissie* führte, geschah auf der Fahrt von England nach Port Arthur im Fernen Osten.

Drumburton

Fe	4 ms	1840/1891	1881	7.	266.6 /40.2 /23.8
2 Dks					81,22/12,24/ 7,21

Glattdecker, Masten mit Mars- und Bramstenge, doppelte Mars-, aber einfache Bramsegel und Royals, Jiggermast gleich getakelt wie die andern Masten.

Russell+Co., Port Glasgow	Gillison+Chadwick	Liverpool
→ 1910	Western Commercial Co.	
		Victoria B. C.

Am 3. September 1904 auf der Reise von San Francisco zum Puget Sound bei San Francisco Cliffhouse, Point San Pedro, wrackgelaufen.

Schon die erste Ausreise des Segelschiffes war eine Bewährungsprobe, mußte doch Melbourne in Australien angesteuert werden. Die Reise, unter dem Kommando von Kapitän J. Cowell, verlief ohne Zwischenfälle, und nach 89 Tagen lag das Schiff im Hafen von Melbourne.

Die Heimreise mit einer vollen Ladung Getreide ging dann in 105 Tagen nach London.

Für seine Tonnage führte das Gefährt eine enorme Segelfläche. Unter britischer Flagge waren im Anschluß an den ersten Schiffsführer die Kapitäne J. Johnson und C. P. Spurring an Bord tätig. Mehrere Fahrten machte der Viermaster zur Westküste der USA. Dort wurde auch der Kaufvertrag mit der Western Commercial abgeschlossen, worauf Kapitän W. Thomas das Kommando übernahm. Unter seinem Kommando geschah auch das Unglück bei Point San Pedro.

Die Angaben über den genauen Ort des Unfalls in der Literatur sind widersprüchlich. Die naheliegendste Variante ist hier aufgeführt.

Drumcliff

Fe	4 ms	2468/2525	1887	1.	311.3 /43.2 /24.2
2 Dks					94,86/13,15/ 7,36

Glattdecker, Masten mit Mars- und Bramstenge, doppelte Mars-, aber einfache Bramsegel und Royals. Ursprünglich als Viermastvollschiff getakelt, später Umbau zur Viermastbark. Besanmast mit Stenge und einer Gaffel.

Russell+Co., Greenock	Gillison+Chadwick	Liverpool
→ 1898	*Omega*	Rhederei AG. von 1896
		Hamburg
→ 1917	In Peru interniert	
→ 1918	Schulschiff	
	in Peru	
→ 1926		Compania Administradora del
		Guano Callao

Am 26. Juni 1958 auf der Reise von den Guano-Inseln nach Huacho gesunken.

Aus dem Datum des Untergangs ist zu ersehen, daß *Pamir* nicht das letzte große Segelschiff war, das sank. *Omega* war über siebzig Jahre auf See.

Für Gillison + Chadwick wurde *Drumcliff* von Kapitän H. Davies geführt.

Bereits im Jahre 1898 erwarben die »1896er« den Viermaster, der dann zur Bark umgebaut wurde. Als Kommandanten amtierten die Herren H. Krause, M. Ratzsch, A. Schellhas, G. Oellrich, P. Hammer und W. Niejahr. Als Fahrtgebiete wurden in den Logbüchern alle Ozeane verzeichnet, bis hin nach Australien.

Im Jahre 1917 beschlagnahmte Peru die Viermastbark, ein Jahr später kam sie als Schulschiff zum Einsatz.

Als letzte Tätigkeit blieb dem stolzen Schiff der Transport von Guano, einem getrockneten Vogelmist, der als Dünger Verwendung fand.

Drumcliff war in dem Sinne ein Unikum, als das Schiff nie eine Maschine eingebaut erhielt, obwohl es eine Lebensdauer von über 70 Jahren erreichte.

Drumcraig

| Fe | 4 | mbk | 1919/1970 | 1885 | 1. | 280.4 /41.1 /23.5 |
| 2 Dks | | | | | | 85,44/12,51/ 7,13 |

Glattdecker, Masten mit Mars- und Bramstenge, doppelte Mars-, aber einfache Bramsegel und Royals. Besanmast mit Stenge und einer Gaffel.

Barrow Shipbuidling Co., Barrow-in-Furness	Gillison+Chadwick	Liverpool
→ 1902	Western Commercial Co.	Victoria B. C.
→ 1905	Barneson, Ross+Co.	Victoria B. C.

Am 20. September 1905 verließ der Viermaster Astoria mit Bestimmung Manilla. Eine Flaschenpost wurde am 19. März 1906 gefunden mit der Meldung: »Ship sinking 43° N/127° W«. Darauf kam am 18. April 1906 von Lloyds die Verschollen-Meldung für Drumcraig.

In Barrow-in-Furness wurden vier Einheiten mit Viermasttakelage gebaut, als letzte kam Drumcraig von den Helgen.
Zum Einsatz kam das Schiff unter britischer Flagge hauptsächlich in der Kalifornienfahrt. Die Kapitäne T. S. Bailey, C. P. Sparring, J. H. Johnson und W. E. Spurr führten Drumcraig zu dieser Zeit.
Mit dem Verkauf nach British Kolumbien wechselten auch die Kapitäne, und es waren dann die Herren A. McCallum, J. Barneson und N. McCallum, die die Führung des Schiffes übernahmen. Mehrere Reisen brachte die Viermastbark im Pazifik unter den Kiel, bevor im Jahre 1906 das Unglück geschah.

Drumeltan

| Fe | 4 | ms | 1848/1908 | 1883 | 11. | 267.3 /40.3 /24.1 |
| 2 Dks | | | | | | 81,45/12,26/ 7,33 |

Glattdecker, Masten mit Mars- und Bramstenge, doppelte Mars-, aber einfache Bramsegel und Royals. Besanmast mit Stenge und einer Gaffel. Ursprünglich als Viermastvollschiff getakelt, Umbau aber schon nach sehr kurzer Zeit.

Russell+Co., Greenock		Gillison+Chadwick	Liverpool
→ 1894		Farnham, S. C.+Co.	Shanghai
→ 1898		Bliss, F. E.	London
→ 1900		Anglo American Oil Co. Ltd.	London
→ 1912		Tank Storrage+Carriage Co.	London
→ 1919		Standard Transportation Co.	Hongkong
→ 1921	Margaret Overman	Browne Willis	Punta Arenas Costa Rica
→	Schoner Brooklyn	Neptune Line Inc.	New York

Am 25. April 1894 strandete das Schiff auf Tonega Sima (Japan), wurde anschließend verkauft und von Chinesen wieder aufgeriggt. Das genaue Schicksal der Einheit ist nicht bekannt.

Drumeltan wurde eigentlich für die »Loch«-Line gebaut, kam aber nie unter deren Flagge. Gillison + Chadwick übernahmen den Viermaster und setzten ihn unter den Kapitänen Chubb und T. E. Cowell rund um den Erdball ein.

In Japan strandete Drumeltan; danach kam sie in chinesischen Besitz. Mit Kapitän W. Smith als Kommandanten segelte der Viermaster mit Fracht aus China nach New York. Wohl das einzige Segelschiff, das jemals unter chinesischer Flagge den Hafen am Hudson anlief.
Ab 1900 gehörte der Viermaster zur Flotte der Anglo American Oil. Die Kapitäne W. Smith, L. D. Vance, C. McIvor und S. Watt dienten an Bord.
Gemeinsam mit Daylight kam Drumeltan später nach Hongkong. Nach dem Ersten Weltkrieg wurde die Hausflagge von Browne in Costa Rica am Großmasten gesetzt, und das Schiff hieß fortan Margaret Overman. Seine Laufbahn beschloß der Viermaster unter Schonertakelage in den USA. 1931 war der Schoner noch in New York registriert.

Drummuir

| Fe | 4 | ms | 1798/1844 | 1882 | 8. | 270.5 /39.2 /24.0 |
| 2 Dks | | | | | | 82,41/11,93/ 7,31 |

Glattdecker ohne Back, Masten mit Mars- und Bramstenge, unterschiedliche Takelage. Fockmast mit doppelten Marssegeln, einfachem Bramsegel und Royal. Großmast zusätzlich mit Skysegel ausgerüstet. Kreuzmast wie Fockmast. Besanmast mit Stenge und einer Gaffel.
Ursprünglich höchstwahrscheinlich als Viermastvollschiff gerigat.

Potter, W.H.+Son, Liverpool	Gillison+Chadwick	Liverpool
→ 1899	Webster, F. W.	Liverpool
→ 1900	Western Commercial Co.	Victoria B. C.
→ 1905	Barneson+Co.	Victoria B. C.
→ 1914	Hind, Rolph Co.	Victoria B. C.

Nur wenige Segelschiffe haben wohl einen Beitrag zur Seekriegsgeschichte geleistet. Für Drummuir war dies aber der Fall: Etwa vier Wochen nach der Seeschlacht bei Coronel wurde der mit einer vollen Ladung Kohle in Richtung San Francisco segelnde Viermaster von deutschen Seestreitkräften gestellt. Datum: 2. Dezember 1914. Drummuir fuhr als Schiff in amerikanischem Besitz unter britischer Flagge. Proteste der Schiffsführung gegen die Beschlagnahme nützten nichts, die Antwort der Deutschen war kurz: »Britische Flagge – britisches Schiff!«
Die deutschen Kriegsschiffe Leipzig, Gneisenau und Nürnberg waren bereitwillige Empfänger für die Fracht der Viermastbark. Die Umladearbeiten nahmen recht lange Zeit in Anspruch, die der Befehlshaber der im gleichen Raume operierenden Briten, Sturdee, nutzte, um die Falklandinseln zu besetzen.
Diese Tatsache führte dann schließlich zur Niederlage der deutschen Seestreitkräfte bei den Falklandinseln.
Für Drummuir bedeutete der Zwischenfall allerdings auch eine Niederlage, wurde sie doch nach beendigter Löschung der Kohlefracht am 6. Dezember 1914 auf Pos. 55° 30'S/65° W kurzerhand versenkt.

Ihre Jungfernreise machte Drummuir unter Kapitän R. Chubb nach Sandrige in Australien.
Als Nachfolger von Chubb kamen die Kapitäne T. H. Whithers, C. Armstrong und A. G. McNeill, W. D. Corning, D. R. Fleming, J. C. Eagles an Bord der Viermastbark.
Über die Fahrten des Viermasters ist leider nichts Näheres bekannt. Das Schiff stand in Victoria in amerikanischem Besitz, führte aber britische Flagge, was ihm zum Verhängnis werden sollte.

Drumrock

St	4 mbk	3010/3182	1891	9.	329.2 /45.4 /25.7
2 Dks					100,32/13,81/ 7,79

Dreiinselschiff mit 46 Fuß langer Mittschiffsbrücke. Masten mit Mars- und Bramstenge, doppelte Mars- und Bramsegel und Royals. Besanmast mit Stenge und einer Gaffel.

Ramage+Ferguson, Leith		Gillison+Chadwick	Liverpool
→ 1899	Persimmon	Laeisz, F.	Hamburg
→ 1912	Helwig Vinnen	Vinnen, F. A.+Co.	Bremen
→ 1923	Allen Dollar	Dollar Co.	San Francisco
→ 1924	Leichter	Herate Straits Towing Co.	
			Vancouver
→ 1925	Hulk, wieder Drumrock getauft	Pacific Coyle Navigation Co.	Vancouver

Im Jahre 1927 auf Schleppfahrt als Hulk in der Takush Bay, Smith Sound, gesunken.

Drumrock war die letzte für Gillison + Chadwick erbaute Viermasteinheit, gleichzeitig auch die größte. Das Schiff galt als eine der besten Realisationen einer Viermastbark. Die meisten Reisen wickelten sich auf der Route zum Puget Sound ab, wo pro Fahrt rund 5000 Tonnen Getreide übernommen wurden. Als erster Kapitän diente T. S. Bailey an Bord, und er blieb im Amte bis zum Verkauf an Laeisz.

Neben Potosi war Persimmon bei Laeisz das größte Schiff der Reederei. Der Transport von Salpeter ab Chile wurde nun zur Aufgabe des Schiffes. Die Kapitäne H. A. Dehnhardt, H. Horn, A. Oetzmann und A. Wist kamen zum Einsatz.

Im Jahre 1910 war der Viermaster unter Oetzmann arg vom Pech verfolgt, verlor er doch auf ein und derselben Reise acht Seeleute bei Segelmanövern und Rettungsversuchen.

Mit dem Verkauf an Vinnen wechselte erneut der Name der Einheit. Helwig Vinnen hieß das nun in Bremen beheimatete Segelschiff. Kapitän H. Wessel wurde mit dem Schiff in Santa Rosalia interniert. Bis 1923 lag die Einheit im Hafen am Golf von Kalifornien.

Nach dem Kriege erwarb die Dollar Co. das große Schiff und gab ihm den Namen Allen Dollar. Unsicher ist, ob das Segelschiff jemals unter dem neuen Namen wieder auf See war.

Als Hulk und Leichter fristete der ehemals so stolze Segler dann sein Dasein, bis er im Jahre 1927 bei einer Schleppfahrt auf Tiefe ging.

Duchalburn

St	4 mbk	1998/2058	1887	8.	287.0 /42.5 /24.0
2 Dks					87,47/12,92/ 7,31

Glattdecker, Masten mit Mars- und Bramstenge. Erstes mit dem später recht populär gewordenen »Jubilee-Rigg« ausgerüstetes Schiff. Andere Bezeichnungen für diese Art der Takelage lauteten »baldheaded«-Rigg, oder auch »poor man's rigg«. Doppelte Mars- und Bramsegel, aber keine Royals, dafür recht breite Segel mit entsprechend langen Rahen. Besanmast mit Stenge und einer Gaffel.

Barclay, Curle+Co., Glasgow		Shankland, R.+Co.	Greenock
→ 1908	Freden	Bech, A.	Tvedestrand
→ 1916	Vestfield	Henschien, J. A.	Tvedestrand

Auf der Passage von New Orleans nach Le Havre wurde die unter norwegischer Flagge segelnde Vestfield am 8. September 1917 von einem deutschen U-Boot versenkt.

Die ab 1887 eingeführte Takelage führte den Namen »Jubilee« auf Grund des von Königin Victoria im selben Jahre gefeierten Jubiläums von 50 Regierungsjahren.

Der englische Ausdruck »baldheaded« bedeutet im Deutschen soviel wie »kahlköpfig«. Demgegenüber fanden die Amerikaner den Begriff »poor man's rigg«, verdeutscht »des armen Mannes Rigg«, zutreffender.

Grund für die Einführung dieser Besegelung war allein die Reduktion der Arbeitshöhe an den bisher turmhohen Masten. Die wegfallende Segelfläche der Royals wurde durch Verbreiterung der restlichen Rahen und Segel kompensiert. Dadurch entstand der eher schwerfällige und breite Eindruck der Einheiten, die dieses Rigg führten.

Ein typischer Vertreter dieses Schiffstyps ist der heutigen Generation in der in Mariehamn liegenden Pommern erhalten geblieben. Shankland hatte unter seiner Flagge mehrere »baldheader«, nämlich Kelburn und Springburn neben Duchalburn.

Versuche mit dem erwähnten Rigg waren schon früher in Deutschland und Großbritannien gemacht worden.

Shanklands Einheiten waren ursprünglich für den Jutehandel gebaut woren. In den neunziger Jahren des letzten Jahrhundert erfolgte der Einsatz aber dann fast ausnahmslos in der Getreidefahrt zum Westen der USA.

Die Kapitäne J. Canese, R. Randall, J. Hunter, L. Robertson, R. Forbes und E. A. Dent waren unter britischer Flagge auf dem Schiff. Die Kollegen unter der Flagge Norwegens hießen P. Araldsen, P. Gunnersen und T. Stephensen.

Dumfriesshire

St	4 mbk	2512/2565	1890	1.	313.6 /42.1 /24.4
1 Dk					95,55/12,82/ 7,41

Zweiinselschiff mit Back und Mittschiffsbrücke von 56 Fuß Länge. Keine Poop. Masten mit Mars- und Bramstenge. Doppelte Mars-, aber einfache Bramsegel, Royals und Skysegel. Besanmast mit Stenge und einer Gaffel.

Russell+Co., Port Glasgow	Law, T.+Co.	Glasgow

Ein deutsches U-Boot versenkte den Viermaster am 28. Juni 1915 etwa 25 Seemeilen südwestlich der Smalls im St. George's Kanal.

Auch für diese Einheit war der Transport von Getreide aus dem Westen der USA die Hauptbeschäftigung. Dabei kam es natürlich auch zu Abstechern nach Australien.

Im Jahre 1897 lag Dumfriesshire im Hafen von Newcastle (NSW), und schon damals gab es Streiks in den Kohlegruben. Über 100 Segelschiffe lagen auf Reede und warteten auf den so begehrten Brennstoff. Eine Konferenz von 56 Kapitänen ergab sich auf der Viermastbark.

Für Law standen die Kapitäne W. C. McGibbon, W. W. Swinton, C. Evans, W. M. Jones und R. W. Furneaux als Kommandanten im Dienst.

Das Schicksal der Viermastbark wurde im Jahre 1915 besiegelt. Von San Francisco her Richtung Europa segelnd, erwischte am 158. Tage der Reise ein U-Boot den stolzen Segler.

Dundee

Fe	4 ms	1998/2063	1882	10.	291.5 /43.1 /23.4
2 Dks					88,81/13,12/ 7,11

Glattdecker, Masten mit Mars- und Bramstenge, doppelte Mars-, aber einfache Bramsegel und Royals. Ursprünglich als Vollschiff getakelt, Umbau etwa 1900. Besanmast mit Stenge und einer Gaffel.

Thompson, W. B., Dundee	Barrie, Ch.	Dundee
→ 1907	Mattson, R.	Mariehamn
→ 1919/20 nach Entma-	Sociéta Anonima di Costruzioni	
stung Andora	e Imprese Navali	Genova

In Rotterdam im Jahre 1925 abgebrochen.

Zur Blütezeit des Jutehandels wurde auch Dundee in Dienst gestellt. Ein steifes und starkes Schiff, das aber auch sehr schnell sein konnte.

Für Barrie waren die Kapitäne T. E. Naughten, J. Low, P. Singer, W. McG. Jarvis, T. Coss, H. C. Hemming und J. Stephen die kompetenten Führer. In späteren Jahren fuhr der Viermaster auf Reisen rund um die Welt.

Nach dem Verkauf an Mattson kamen von den Ålandsinseln die Herren Gustafsson und Holmström als Kapitäne an Bord der Einheit.

Eine vollständige Entmastung im Jahre 1919 führte zum Verkauf nach Italien.

Lubbock berichtet, daß der Viermaster noch zum Fünfmastschoner umgebaut und mit Motoren ausgerüstet worden sei.

Dundonald

St	4 mbk	2115/2205	1891	11.	284.2 /42.0 /24.4
1 Dk					86,61/12,80/ 7,41

Glattdecker, Untermasten und Marsstenge in einem Stück gefertigt, Bramstenge, doppelte Mars- und Bramsegel und Royals. Besanmast als Pfahlmast mit einer Gaffel.

Workman, Clark + Co., Belfast	Dixon, T. + Sons	Belfast
→ 1900	Kerr, Newton + Co.	Glasgow

Von Sydney nach Falmouth unterwegs, strandete die Viermastbark am 6. März 1907 auf Disappointment Island in der Auckland-Inselgruppe. Von Lloyds am 2. Oktober 1907 als verschollen erklärt.

Dramatische Rettung der Überlebenden.

Dundonald ist eine der wenigen Einheiten, die nach der Vermißtmeldung wieder aufgefunden wurden.

Bei Fahrt in stockdunkler Nacht entdeckte die Wache plötzlich voraus die weißen Schaumkronen schwerer Brandung. Alle Maßnahmen der Schiffsführung konnten eine Strandung nicht mehr verhüten.

Die Reste der Mannschaft hielten sich unter größten Entbehrungen auf der Insel am Leben. Schließlich wurden sie entdeckt und durch einen Dampfer nach Neuseeland gebracht.

Über die Fahrten bei Dixon ist nichts Besonderes bekannt. Als Kapitäne waren J. Pearcey und R. Girvan an Bord des Viermasters.

Für Kerr, Newton waren dann A. B. Milne und J. Thorburn als verantwortliche Schiffsführer im Einsatz. Unter Thorburn geschah das viel Aufsehen erregende Unglück.

Dunfermline

St	4 mbk	2773/2902	1890	10.	308.6 /45.2 /25.1
2 Dks					94,02/13,76/ 7,64

Glattdecker, Masten mit Mars- und Bramstenge, doppelte Mars- und Bramsegel und Royals. Besanmast mit Stenge und einer Gaffel.

Potter, W.H. + Sons, Liverpool	Macvicar, Marshall + Co.	
		Liverpool
→ 1911	*Carl Rudgert Vinnen*	Schramm, E. C. + Co.	Bremen
→ 1913		Vinnen, F. A. + Co.	Bremen
→ 1915	*Burrowa*	Admirality	London

Ungefähr 60 Seemeilen westlich der Scilly Islands, unter britischer Flagge, am 27. April von deutschem U-Boot versenkt.

Für Dixon führten die Kapitäne D. S. Forbes, J. Woodward, P. Farren und W. McLaughlin die Viermastbark auf ihren Reisen zu den Getreidehäfen im Westen der USA. In San Francisco, Tacoma und Port Townsend war das Schiff wohlbekannt.

Andere Fahrten waren in Logbüchern nach Indien und Australien verzeichnet.

Auf einer Heimreise von Tacoma, Anfang Dezember 1905, wurde Kapitän Woodward von Bord gespült und ertrank. Nach abenteuerlicher Fahrt gelangte das Schiff schließlich doch noch zu seinem Zielhafen Belfast.

Unter der Flagge Deutschlands kamen die Kapitäne H. Kirchner und Sandvej an Bord der Viermastbark. Am 4. August 1914 kam Carl Rudgert Vinnen in Newcastle (NSW) in britische Hände, worauf die Einheit im Besitz der britischen Admiralität stand. Nochmals wechselte der Name in Burrowa.

Doch auch diesem Schiff war kein Glück beschieden, es wurde Opfer der überall sehr aufmerksam agierenden deutschen U-Boote.

Dunkerque I

St	4 mbk	3094/3152	1889	7.	329.8 /46.2 /24.9
2 Dks					100,47/14,07/ 7,53

Glattdecker, Masten mit Mars- und Bramstenge, doppelte Mars- und Bramsegel und Royals. Besanmast mit Stenge und einer Gaffel.

Russell + Co., Port Glasgow	Bordes, A. D. et fils	Dunkerque

Am 23. Juni 1891 verließ Dunkerque, tief abgeladen mit Kohle, den Hafen von Cardiff. Ziel der Reise sollte Rio de Janeiro sein. Kapitän Jules Voisin war als Commandant an Bord.

Einige Zeit später fand man am Eingang zum Englischen Kanal ein Rettungsboot des Viermasters. Ansonsten hatten sich jegliche Spuren der Einheit verloren, und es lag nahe, an eine Explosion der Kohleladung zu denken.

Die erste Viermastbark von Bordes mit dem Namen Dunkerque hatte also nur eine kurze Laufbahn. Das Schiff lief für die Reeder auf der bekannten Salpeterroute, geführt durch die Commandants Moizan, Loquen und eben Voisin.

Dunkerque II

St	4	mbk	2498/3338	1897		2.	327.8 /45.6 /25.5
2 Dks							99,86/13,86/ 7,74

Glattdecker, Untermast und Marstenge aus einem Stück gefertigt. Bramstenge, doppelte Mars- und Bramsegel und Royals. Besanmast als Pfahlmast und einer Gaffel.

Laporte + Co., Rouen	Bordes, A. D. et fils	Dunkerque

1924 nach Italien verkauft und dort in Savona abgebrochen.

Einige Jahre nach dem Verlust der ersten *Dunkerque* kam dieses Schiff unter die Flagge der französischen Großreederei.
Mit den Kapitänen F. Martin, L. F. Bourgain, A. Morfouace, C. Hamon, O. Gouyet, A. Beaujeau, F. Le Mentec und Forgeard als Commandants war der Viermaster vor dem Ersten Weltkrieg ausschließlich in der Salpeterfahrt nach Chile eingesetzt.
Während des Ersten Weltkrieges fuhr das Schiff mit bescheidener Bewaffnung, mußte davon aber nie Gebrauch machen.
Mehrere Male segelte *Dunkerque* in Parallelfahrt mit *Potosi* von Laeisz, und sie blieb dem Fünfmaster wenig oder nichts schuldig.
Nach Berichten mehrerer Schiffahrtshistoriker soll diese Einheit eine der besten unter der Bordes'schen Flagge gewesen sein.
Der Stapellauf des Schiffes fand am 11. August 1896 statt, also bedeutet das oben erwähnte Datum »Februar 1887« den Zeitpunkt der Indienststellung.
Nach dem Kriege lag der Viermaster längere Zeit in Dunkerque auf. Schließlich ging er mit Kohle beladen von Swansea im Schlepp nach Italien, wo die Abwracker ans Werk gingen.
Nach den gleichen Plänen wie *Dunkerque* wurde bei Laporte auch *Quevilly* gebaut, nur hatte erstere keine Einrichtung zum Transport von Öl.

Dunstaffnage

St	4	mbk	3129/3317	1892		12.	327.8 /47.2 /25.6
2 Dks							99,86/14,37/ 7,77

Dreiinselschiff mit 39 Fuß langer Brücke. Masten mit Mars- und Bramstenge, doppelte Mars- und Bramsegel und Royals. Besanmast mit Stenge und einer Gaffel.

Potter, W. H. + Sons, Liverpool	Macvicar, Marshall + Co., Liverp.

→	1911	*Magdalene Vinnen I*	Schramm, E. C. + Co.	Bremen
→	1913		Vinnen, F. A.	Bremen
→	1921		italienische Regierung	

In Neapel im Jahre 1924 abgebrochen.

Längere Zeit war *Dunstaffnage* das größte Segelschiff unter britischer Flagge. Die Kapitäne J. A. Patterson, D. S. Forbes und J. E. Roop führten den großen Viermaster, der zu Beginn seiner Karriere in der Jutefahrt nach Indien zum Einsatz kam. Danach verlagerte sich das Fahrprogramm mehrheitlich in den Getreidehandel. Keinem der bekannten Häfen an der Pazifikküste der USA war *Dunstaffnage* unbekannt. Mit dem Verkauf an Schramm in Bremen änderte sich auch der Name.
Als erste *Magdalene Vinnen* ging die große Viermastbark dann auf der Salpeterroute auf große Fahrt, geführt von den Kapitänen D. F. Dirks und A. Permien.
1914 trat auch für dieses Schiff eine erzwungene Fahrtenpause ein. Interniert in Talcahuano, waren einige Jahre quälender Untätigkeit zu verbringen.
Erst im Jahre 1921 kam die Order zur Auslieferung an Italien. Über Rotterdam laufend erreichte das Schiff am 22. Dezember 1923 letztlich Neapel, wo die Abwrackwerft neue Arbeit erhielt.

Earl of Aberdeen

Fe	4	mbk	2084/2145	1886		7.	291.2 /42.6 /24.0
2 Dks							88,74/12,95/ 7,31

Glattdecker, Masten mit Mars- und Bramstenge. Einzelheiten der Segelführung nicht bekannt.

Connel, C. + Co., Glasgow	Brown, D. + Sons	London

Im Mai 1892 ist diese Einheit auf der Fahrt von Barry nach Montevideo auf dem Hats + Barrel's Riff (Pembrokeshire) nördlich Milford Haven wrackgelaufen.

Die sogenannte Earl-Line verlor im Laufe von zehn Jahren ihre ganze Flotte.
Ins Leben gerufen wurde diese Reederei wie andere auch durch den einstmals blühenden Jutehandel, was zur Hauptsache Fahrten nach Indien bedeutete.
Als Kapitäne dienten auf diesem Viermaster Atkinson und Patrick.

Earl of Beaconsfield I

Fe	4	ms	2488/2686	1864			338.2 /42.4 /27.6
2 Dks				1877			103,07/12,90/ 8,37

Ehemaliger Dampfer *Cuba* der Cunard-Line. Umbau zum Viermastvollschiff im Jahre 1877. Einzelheiten der Takelage sind nicht bekannt.

1864:	Tod + McGregor, Glasgow		Cunard-Line
1877:		Brown, D. + Sons	London

Am 6. November 1887 in der Nähe von Aldborough (Yorkshire) auf der Fahrt von Calcutta nach Hull wrackgelaufen.

Als Segelschiff machte die Einheit ihre Jungfernreise von London nach Melbourne. Abreise war am 1. November 1877.
Da Lloyds in seinen Registern ursprünglich nicht zwischen Vollschiff und Bark unterschied, ist leider nicht festzustellen, ob das Rigg wirklich dasjenige eines Vollschiffs war. In der Literatur bestehen Zweifel in dieser oder jener Richtung.
Interessant ist die Tatsache, daß im Register der großen Versicherer aus dem Jahre 1883 eine zweite Einheit des gleichen Namens aufgeführt ist. Sie wird gleich nachfolgend behandelt.

Earl of Beaconsfield II

Fe	4	ms	1893/1960	1883		12.	269.1 /40.2 /24.3
2 Dks							82,01/12,24/ 7,38

Glattdecker mit Back und Poop von je 33 Fuß Länge. Einzelheiten der Takelage nicht bekannt, wahrscheinlich aber Viermastvollschiff

Russell + Co., Port Glasgow	Mc Alister, A.	Glasgow

Lediglich im Nachtrag des Lloyds Register von 1883/84 ist diese Einheit verzeichnet.
Das Schiff muß nach sehr kurzer Zeit verlorengegangen sein. Erster Kapitän war J. Kerr.

Earl of Chatham

Fe 4 mbk 2057/2141 1884 11. 290.7 /42.7 /23.9
2 Dks   88,56/12,97/ 7,23

Glattdecker, Masten mit Mars- und Bramstenge, doppelte Mars-, aber einfache Bramsegel und Royals. Besanmast mit Stenge und einer Gaffel.

| Barrow Shipbuilding Co., Burrow-in-Furness | Brown, D.+Sons | London |

Im Register von Lloyds aus dem Jahre 1885 ist das Schicksal dieses Schiffes kurz und lakonisch beschrieben: »stranded«.

Nur wenige Monate war Kapitän T. De Gruchy an Bord des Viermasters, bevor er strandete.

Earl of Dalhousie

St 4 mbk 1677/1765 1884 5. 264.0 /38.7 /23.4
2 Dks   80,64/11,75/ 7,11

Glattdecker, Masten mit Mars- und Bramstenge, doppelte Mars-, aber einfache Bramsegel und Royals. Besanmast mit Stenge und einer Gaffel.

| Stephen, A.+Sons, Dundee | Stephen, W. | Dundee |
| → 1893 | Gordon, G.+Co. | Dundee |

In Lloyds Register von 1901/02 ist dieses Schiff letztmals eingetragen, ohne daß über ihr Schicksal etwa Näheres bekannt wäre.

An Bord dieses Viermasters wirkte ein Mann als Kapitän, der sich in der Geschichte der Segelschiffahrt einen bleibenden Namen machte. J. C. B. Jarvis erfand die nach ihm benannte, für den Seemann wesentliche Arbeitserleichterung bringende Braßwinde.
Jarvis war es auch, der den Viermaster nach einem schweren Unfall in der Bucht von San Francisco aus fast hoffnungsloser Lage rettete. Bei einem Verholmanöver des nicht ballastierten Seglers drückte eine Böe das Schiff bis zum Kentern, und es sank auf Grund. Mit starken Pumpen wurde Luft in den Schiffsraum gepreßt, und praktisch von selbst hob sich der Rumpf an die Oberfläche. Eine Meisterleistung von Jarvis in Zusammenarbeit mit den Union Iron Works.
Mehrmals brachte der Viermaster Getreide aus den USA nach Europa, so z. B. aus Tacoma am Puget Sound.

Earl of Dunmore

St 4 mbk 2205/2287 1891 5. 277.9 /42.1 /24.2
1 Dk   84,64/12,82/ 7,36

Glattdecker, Masten mit Mars- und Bramstenge, »baldheaded«-Rigg, Besanmast mit Stenge und einer Gaffel.

Russel+Co., Greenock	Thomson, J. D.	Glasgow
→ 1907	Malcolm, J.	Glasgow
→ 1912 *Spartan*	Grefstad+Herlofson	Arendal
→ 1914	Bech, C.+Co.	Tvedestrand

In der Nähe der Scilly Islands wurde das Schiff unter norwegischer Flagge am 9. März 1917 von einem deutschen U-Boot versenkt.

Unter britischer Flagge verkehrte der Viermaster zur Hauptsache zwischen Europa, Chile und Australien. Kohle, Korn und Sal-

peter waren die Frachten, die die Kapitäne T. Kay und A. S. J. Mencke sicher zu den Zielhäfen brachten.
Als *Spartan* war dann Kapitän H. B. Gerner für das Schiff verantwortlich. Leider sind über die Reisen keine Daten bekannt.

Earl of Jersey

Fe 4 ms 2052/2129 1883 10. 290.7 /42.7 /23.9
2 Dks   88,56/12,97/ 7,23

Glattdecker, Masten mit Mars- und Bramstenge, doppelte Mars-, aber einfache Bramsegel und Royals. Höchstwahrscheinlich als Viermastbark getakelt.

| Barrow Shipbuilding Co., Barrow-in-Furness | Brown, D.+Sons | London |

Am 29. September 1887 strandete *Earl of Jersey* in der Bengal Bay, Nähe Chittagong. Voll abgeladen mit Jute, sollte der Viermaster nach Dundee gelangen. Alle Versuche, das Schiff abzubringen, schlugen fehl.

Zur Blütezeit der Jutefahrt war auch diese Einheit nur zwischen Europa, Indien und Burma eingesetzt. Die Kapitäne R. Skinner und Peters kommandierten das Schiff.
Im Jahre 1886 ereignete sich ein schwerer Unfall. Nachdem ein Mann über Bord ging, setzte man im schweren Sturm ein Rettungsboot aus. Die Naturgewalten forderten aber wieder einmal ihren Tribut.
Dem Seeman konnte keine Hilfe gebracht werden, und zudem gingen auch Besatzung und Rettungsboot verloren.

Earl of Shaftesbury

Fe 4 ms 2005/2079 1883 7. 280.6 /42.1 /24.0
2 Dks   85,49/12,82/ 7,31

Glattdecker, Masten mit Mars- und Bramstenge, Einzelheiten der Takelage unbekannt.

| Ramage+Ferguson, Leith | Brown, D.+Sons | London |

Das kurze Wort »wrecked« beschließt im Register von 1893/94 auch das Schicksal dieser Einheit. Das Unglück soll im Mai 1893 geschehen sein.

Dieses Schiff kam als erster Neubau für die »Earl«-Line von Brown bei Ramage + Ferguson vom Stapel. Brown hatte vorher nur den Dampfer *Cuba* erworben und umbauen lassen.
Auch diese Einheit führten die Kapitäne R. Irvine, Randall und T. B. Maynard nur zwischen der Alten Welt und Indien, wo Jute geladen wurde.

Ecclefechan

Fe 4 ms 2058/2106 1882 8. 290.7 /42.2 /23.7
2 Dks   88,56/12,85/ 7,18

Auch bei dieser Einheit bestehen Unklarheiten bezüglich der Takelage. Lloyds führt das Schiff bis 1892/93 als Vollschiff, ab 1893/94 ist es als Viermastbark im Register verzeichnet.

| Duncan, R.+Co., Port Glasgow | Guthrie, T. C. | Glasgow |

Am 23. Februar 1900 auf der Heimreise von Calcutta nach Dundee bei Barn-Ness-Leuchtfeuer (Haddington), Nähe Dunbar, gestrandet.

Die große Zeit der Jutefrachten beschäftigte auch dieses Schiff. Guthrie's Auftrag an Duncan stellte den ersten größeren Segelschiffsneubau dieser Werft dar.

Ecclefechan war kein besonders schnelles Schiff, es wurde auch von den Kapitänen J. Dow und G. E. Hind nicht besonders hart geführt. Jute aus Indien brachte der Viermaster bis nach San Francisco.

Zur Klärung der Frage in bezug auf die Takelage trägt ein Photo aus den »Sea Breezes« aus dem Jahre 1929 bei. Der Besanmast – also Viermastbark – führt keine Rahsegel. Demzufolge ist sehr wahrscheinlich ein Umbau des ursprünglichen Vollschiffs zur Bark erfolgt.

Eclipse

St 4 mbk 2969/3090 1902 6. 326.8 /46.4 /26.2
1 Dk 99,56/14,12/ 7,97

Glattdecker, Masten mit Mars- und Bramstenge, doppelte Mars- und Bramsegel und Royals. Besanmast mit Stenge und einer Gaffel.

Rodger, A.+Co., Port Glasgow Anglo American Oil Co. Ltd.
London

→ 1912	*Egon*	Siemers, G. J. H.	Hamburg
→ 1921	*Janet Dollar*	Dollar, R. Co.	San Francisco

Im Jahre 1928 an die China Portland Cement Co. verkauft und als Hulk auf dem Yangtzekiang in Chinkiang verwendet. Der Rumpf der ehemals großen und stolzen Viermastbark soll noch 1970 im Dienst gestanden haben.

Rodger stellte im Jahre 1902 die Schwesterschiffe *Eclipse* und *Arrow* in Dienst. Beide Einheiten kamen später unter deutsche Flagge. Besonders bekannt wurde *Arrow* als *Parma* unter der Hausflagge von Laeisz in Hamburg.

Als Öltransporter war *Eclipse* zur Übernahme des schwarzen Goldes in Kannen besonders eingerichtet. Es darf also nicht von einem Tanker im heutigen Sinne des Begriffes gesprochen werden.

Die Kapitäne J. McBride, J. E. Jeffery und J. C. White führten den Viermaster meist zwischen Europa und Hongkong. Schon die Jungfernreise führte das Schiff nach Nagasaki. Besonders McBride trug zum Ruf eines schnellen Schiffes bei.

Siemers übernahm die Einheit im Jahre 1912, worauf sie ihren Namen in *Egon* änderte und von Kapitän Möller geführt wurde. Die Zeit unter der schwarz-weiß-roten Nationalflagge war aber sehr kurz. In Santa Rosalia blieb *Egon* im Jahre 1914 liegen, und der Viermaster hat Europa nie mehr gesehen.

Nach Abschluß des Krieges kam das Schiff zur Dollar Co. in San Francisco, und zum zweiten Male wechselte der Name in *Janet Dollar*. Im Jahre 1924 brachte das Segelschiff eine volle Fracht Holz nach China. In Tsingtao kam der begehrte Baustoff an Land, und wiederum blieb *Janet Dollar* für längere Zeit liegen.

1927 dann war der Zustand der Viermastbark derart, daß nur noch eine Verwendung als Hulk in Frage kam.

Das endgültige Schicksal der großen Viermastbark ist nicht bekannt.

Edward Sewall

St 4 mbk 2916/3206 1899 10. 332.0 /45.3 /25.5
2 Dks 101,19/13,78/ 7,74

Glattdecker, Untermasten und Marsstenge aus einen Stück gefertigt, Bramstenge. Doppelte Mars- und Bramsegel und Royals. Besanmast als Pfahlmast mit einer Stenge und einer Gaffel.

Sewall, A.+Co., Bath (Me)   Sewall, A.+Co.   Bath (Me)

→ 1919		Texas Co.	Port Arthur (Tex)
→ 1922	*Star of Shetland*	Alaska Packers Co.	
			San Francisco

Seinen Heimathafen San Francisco verließ das Schiff am 19. September 1936 mit Ziel Japan. In Osaka machten sich die Abwracker ans Werk.

Sewall betrieb die von ihm erbaute *Edward Sewall* selbst. Erster Kapitän war J. E. Sewall, der aber bald durch R. Quick abgelöst wurde. Er blieb dann für Jahre an Bord des Viermasters.

Viele Fahrten machte *Edward Sewall* im Raume des Pazifik. Aber kurz vor dem Ersten Weltkrieg gelangte das Schiff in die Gazetten. Eine Reise, beginnend am 18. Oktober 1913 in Philadelphia, wollte kein Ende nehmen. Der Zielhafen Seattle wurde erst am 5. August 1914 erreicht!

293 Tage war die Einheit also auf See, und ganze 67 Tage brauchte Kapitän Quick zur Umrundung von Kap Hoorn. Wohl eine der längsten jemals gesegelten Passagen. Zudem waren schwere Sturmschäden einem rascheren Fortkommen nicht sehr förderlich.

Von 1915 bis 1919 segelte der Viermaster meist in Charter für die Texas Co., die ihn schließlich auch käuflich erwarb.

Schon im Jahre 1922 wechselte erneut der Besitzer, und nun ging das Schiff als *Star of Shetland* wieder in See.

Viele Fahrten zwischen Alaska und San Francisco beschäftigten dann Mannschaften und Schiff über mehrere Jahre. Schließlich aber, als die Zeit des großen Salm-Geschäfts zu Ende ging und Schiffsraum für den Fischtransport nicht mehr gefragt war, mußte die Einheit aufgelegt werden.

Auf der Suche nach Schrott erwarben dann Japaner im Jahre 1936 das langsam verrottende Schiff. Noch unter Segeln gelangte *Star of Shetland*, geführt vom japanischen Kapitän Mayeda, nach Japan. Ziel war Osaka mit seiner bekannten Abbruchwerft.

Eleanor Margaret

Fe 4 mbk 2327/2465 1860 348.8 /39.1 /28.3
2 Dks 1878 106,27/11,90/ 8,60

Ehemaliger Dampfer *Mooltan* der P+O-Line. Umbau zur Viermastbark im Jahre 1878. Glattdecker, Masten mit Mars- und Bramstenge, doppelte Mars-, aber einfache Bramsegel und Royals. Besanmast mit Stenge und einer Gaffel. Beachtlich der Breitenindex von 8,93!

Thames Shipbuilding Co. Ltd., Pedley, J.   Greenock
London

→ 1888		Bischoff, J. D.	Bremen

Auf der Fahrt von Newcastle (Tyne) nach Valparaiso im Jahre 1891 verschollen. Am 16. Juni ging der Viermaster in See und wurde letztmals am 28. Juni auf Pos. 45° N/25° W gesehen.

Der umgebaute Dampfer kam als Viermastbark in den Besitz von Pedley in Greenock.

Für ein Segelschiff war der Rumpf des Schiffes aber sehr lang und ebenso schmal. Trotz Einbau von großem Ballast behielt die Einheit eine gewisse Instabilität. – Einen Vorteil brachte der schlanke Rumpf: Das Schiff war sehr schnell.

Der Umbau zum Segelschiff erfolgte in Liverpool, wobei beim Aufriggen beinahe ein schweres Unglück geschehen wäre. Als die Takelage auf den ranken Rumpf einzuwirken begann, legte sich der Viermaster auf die Seite.

Nach der Übernahme durch die Bremer Reederei kam Kapitän J. Fischer als Kommandant an Bord. Er führte das Schiff, in genauer Kenntnis seiner Nachteile, auf weiten Reisen nach Yokohama, Hongkong, Honolulu und San Francisco, ohne jemals Schwierigkeiten zu begegnen.

Trotzdem ist Fischer mit dem großen Schiff auf See geblieben.

Elginshire

| St | 4 mbk | 2093/2160 | 1889 | 6. | 285.0 /40.5 /24.7 |
| 1 Dk | | | | | 86,66/12,31/ 7,48 |

Glattdecker, Masten mit Mars- und Bramstenge, doppelte Mars-, aber einfache Bramsegel und Royals. Besanmast mit Stenge und einer Gaffel.

| Birrell, Stenhouse+Co., Dumbarton | Law, T.+Co. | Glasgow |

Nach kurzer Liegezeit in Milford Haven verkaufte Law den Viermaster im Jahre 1923 nach Deutschland, wo er in Wilhemshaven abgebrochen wurde.

Elginshire war die letzte Einheit unter Segeln, die für Law gebaut wurde. Ihre Fahrten gingen meist nach Australien, Neuseeland und Neu-Kaledonien.

Die Kapitäne R. Alexander, R. Greig, J. G. Hannah, D. Scott, W. Wright, C. C. Dixon und D. Roberts führten die Viermastbark. Besonders bekannt war Dixon in der Reederei. Jahrelang segelte er unter dem Kommando seines Vaters, wobei er sich sehr gute Kenntnisse von Seemannschaft und Navigation aneignete. Ein Meisterstück bot der Kapitän, als er ohne Karte und andere Hilfen die Viermastbark im Jahre 1917 in den Hafen von Durban hineinsteuerte. – Im Jahre 1902 gelang *Elginshire* eine sehr gute Passage in nur 86 Tagen von Neu-Kaledonien nach dem Clyde.

Ellesmere

| Fe | 4 ms | 2645/2708 | 1886 | 4. | 308.8 /45.2 /24.7 |
| 2 Dks | | | | | 93,87/13,76/ 7,48 |

Zweiinselschiff, Back von 35 Fuß und Mittschiffsbrücke von 56 Fuß, aber kein Poopdeck. Masten mit Mars- und Bramstenge, doppelte Mars- und Bramsegel und Royals. Ursprünglich als Vollschiff getakelt, Umbau nach Verkauf nach Deutschland.

Oswald, Mordaunt+Co., Southampton		Fischer+Sprott	London
→ 1896		Croshaw, G.	London
→ 1898	*Schiffbek*	Knöhr+Burchard	Hamburg
→ 1917	*Santa Maria*	Portugiesische Regierung	
			Lissabon

Als *Santa Maria* unter portugiesischer Flagge am 4. September 1918 von deutschem U-Boot versenkt.

Weizen und Salpeter waren auch für dieses Schiff die wichtigsten Transportgüter. Unter britischer Flagge führten die Kapitäne Summers, A. Windemer und C. Beeching den Viermaster, ohne daß sich besondere Zwischenfälle ereigneten.

Im Jahre 1898 übernahmen Knöhr + Burchard die Einheit, die dann den Namen *Schiffbek* erhielt, entsprechend der Reedereitradition mit den andern . . . bek-Schiffen.

Über den Zeitpunkt des Umbaus zur Bark sind keine eindeutig klaren Unterlagen zu finden. Lloyds z. B. führt das Schiff schon im Band 1895/96 als Viermastbark auf.

Für die deutsche Reederei waren die Kapitäne H. Jolles, F. Wagner, F. Bruss und M. Stebinger als Kommandanten an Bord. Das Fahrtgebiet änderte sich praktisch nicht, Getreide und Salpeter füllten weiterhin die Frachträume des Viermasters.

Von Vancouver her brachte *Schiffbek* zur Abwechslung einmal eine Ladung Holz nach Europa. Man schrieb das Jahr 1914. Unterwegs erhielt Kapitän Stebinger von einem britischen Dampfer Meldung über den Kriegsbeginn. Kurz entschlossen steuerte der Schiffsführer die Azoren an, wo das Schiff im Hafen von Ponta Delgada festmachte. Nach drei Jahren Liegezeit auf der Insel San Miguel trat auch Portugal in den Krieg ein (1917), und der Viermaster wurde sofort beschlagnahmt. Portugiesische Flagge und neuer Name *Santa Maria* waren die Folgen dieser Operation.

Doch nur kurz war die Zeit im Dienste Portugals. Am 4. September 1918 geriet das Segelschiff in die Fänge eines deutschen U-Bootes, dessen Torpedo das Ziel nicht verfehlte.

Ellisland

| Fe | 4 ms | 2355/2426 | 1884 | 4. | 302.3 /41.4 /25.0 |
| 2 Dks | | | | | 92,11/12,59/ 7,62 |

Glattdecker, Masten mit Mars- und Bramstenge, doppelte Mars- und Bramsegel und Royals. Besanmast mit Stenge und einer Gaffel. Ursprünglich als Vollschiff getakelt, Umbau in den frühen neunziger Jahren.

| Oswald, Mordaunt+Co., Southampton | Houston, J. | Liverpool |
| → 1908 | Weir, A.+Co. | Liverpool |

Am 9. Juli 1910 verließ das Schiff Newcastle (NSW) mit Bestimmung Caldera in Chile. Daselbst ist es aber nie angekommen, worauf Lloyds am 11. 1. 1911 das Schiff als verschollen erklärte.

Nach einem Bild, veröffentlicht in Bill Adams »Ships and memories«, führte das Schiff zu Beginn seiner Karriere möglicherweise auch Skysegel. Zudem hatte der Besanmast zwei Stengen und zwei Gaffeln. Für Houston standen die Kapitäne C. Roberts, Lyall, R. Large , J. Garrick, J. C. Brokenshar, S. Forest und S. H. Quayle im Dienst. Mehrheitlich lief *Ellisland* die Westküste der USA an. Im Jahre 1902 erreichte der Viermaster San Francisco, wo er dann bis 1906 liegenblieb. Viel zu niedrige Frachtraten waren der Grund für die Unterbrechung im Fahrtenprogramm der Einheit. – Nach Rückkehr in heimatliche Gewässer erfolgte der Verkauf an die Bank-Line von Weir.

Kapitän S. H. Whettem übernahm das Kommando des Schiffes. Auf der Reise von Newcastle (NSW) nach Caldera ist der Kapitän zusammen mit seiner Frau mit seinem Schiff verschollen.

In Newcastle wurden die Segelschiffe mit großen Kieseln als Ballast beladen. Ein anderes Material stand nicht zur Verfügung. Diese »Kullersteine« stellten für die Schiffe eine große Gefahr dar. Bei hohem Seegang und Überholen geriet der Ballast in Bewegung, was bleibende Schlagseite und auch Untergang bedeuten konnte. Sehr wahrscheinlich ist auch *Ellisland* auf diese Weise der See zum Opfer gefallen.

Elmbank

St	4 mbk	2188/2288	1890	4.	279.0 /41.9 /24.2
1 Dk					85,03/12,71/ 7,36

Glattdecker, Masten mit Mars- und Bramstenge, »baldheaded«-Rigg. Besanmast mit Stenge und einer Gaffel.

Russell+Co., Port Glasgow	Weir, A.+Co.	Glasgow

Von Le Havre im Schlepp nach Greenock unterwegs, strandete das Schiff nach Bruch der Schlepptrosse am 10. Januar 1894 auf der Isle of Arran am Eingang zum Firth of Clyde.

Andrew Weir beschäftigte in seiner Bank-Line mehrheitlich Viermastbarken, wovon die meisten bei Russell in Port Glasgow gebaut wurden. Die Karriere der von J. Erskine und A. Greig geführten *Elmbank* war sehr kurz. Auch ihr wurde der Bruch einer Schlepptrosse zum Verhängnis.

Emanuele Accame

St	4 mbk	2093/2131	1891	2.	289.0 /40.5 /25.3
1 Dk					88,08/12,31/ 7,69

Glattdecker, Masten mit Mars- und Bramstenge, doppelte Mars- und Bramsegel und Royals. Besanmast mit Stenge und einer Gaffel.

Continental Lead+Iron Co., Pertusola	Fratelli Accame fu E. Genova	
→ 1912	*Ferm*	Markussen, Jörgensen+Co. Grimstad
→ 1916		Prebensen, A.	Risör
→ 1917	*Elsa Olander*	Olander, E.	Stockholm
→ 1921	*Svecia*	Svenska Lloyd	Göteborg
→ 1922	*C. B. Pedersen*	Pedersen, A.	Göteborg

Ungefähr 600 Seemeilen südwestlich der Azoren kollidierte die Viermastbark am 25. April 1937 (!) mit dem Dampfer »Chagres«. Schwere Beschädigungen des Segelschiffs hatten dessen Sinken binnen zwanzig Minuten zur Folge. Das Dampfschiff konnte die gesamte Besatzung des Viermasters an Bord nehmen.

Zwei ehemals bekannte Großsegler liegen also nicht weit voneinander in der Tiefe des Atlantik: *C. B. Pedersen* und *Pamir*. Die in Italien erbauten großen Segelschiffe waren nicht sehr zahlreich, und nur wenige haben »Geschichte« gemacht. Zu ihnen gehört sicher diese Einheit, die bis kurz vor dem Zweiten Weltkrieg in Dienst stand. *Emanuele Accame* lief in der allgemeinen Handelsfahrt. 1898 trat das Schiff eine Weltrundreise an, die es über Table Bay-Newcastle (NSW)-Valparaiso-Junin und Falmouth hinter sich brachte. Auch der Ferne Osten gehörte ins Reiseprogramm der Viermastbark. Für sichere Führung zeichneten unter italienischer Flagge die Kapitäne S. Bellando, S. Genta, G. Gavi, P. Serra, F. Frugone, P. Chiglione, G. Ameglia und B. Chiappori.

Von 1912 an ergaben sich mehrere Besitzerwechsel unter norwegische und schwedische Flagge, und der Name der Einheit wurde viermal geändert. Bis zum Jahre 1916 teilten sich die Kapitäne D. Nielsen und C. Danielsen in die Kommandogewalt an Bord.

Als dann 1917 das schwedische Schiff auch während des Krieges seine Fahrten fortsetzte, wurde es mit großen Buchstaben an beiden Außenwänden gekennzeichnet: *Elsa Olander*. Kapitän C. P. Mattson führte das Schiff unbehelligt durch die restlichen Kriegszeiten.

Im Jahre 1921 erneut verkauft, hieß der Viermaster dann *Svecia*. Die Zeit für Kapitän C. O. Wahlquist an Bord war kurz, denn erneut wechselte das Schiff Reeder und Namen. Kapitän Pedersen erwarb die Viermastbark, die er dann *C. B. Pedersen* nannte. Die weiten Reisen nach Australien, wo das Schiff Getreide für Europa an Bord nahm, standen unter der Führung von Kapitän J. H. Dahlström. Für die Ausreisen füllte meist skandinavisches Holz die Frachträume der Einheit.

Das Unglück für Schiff, Mannschaft und Reeder geschah auf der Heimreise von Australien, genau auf Pos. 35° 48' N/35° 54' W.

Emile Renouf

St	4 mbk	2425/2924	1897	8.	312.0 /45.4 /24.6
1 Dk					95,09/13,81/ 7,46

Glattdecker, Masten mit Mars- und Bramstenge, doppelte Mars- und Bramsegel und Royals. Besanmast mit Stenge und einer Gaffel.

Forges et chantiers de la Médi- terranée, Graville-Le Havre	Corblet, E.+Co.	Le Havre

Auf dem Durand Riff, in der Nähe der Insel Maré (Loyalitätsinseln), ungefähr 125 Seemeilen östlich von Thio am 2. Juni 1900 durch Strandung verlorengegangen.

Corblet setzte diese Einheit auf der Fahrt nach Neu-Kaledonien ein. Der Stapellauf des Schiffes fand am 1. März 1897 statt, demnach ist das oben angegebene Datum offenbar identisch mit der Inbetriebnahme der Einheit.

Kapitän Boju führte den Viermaster auch auf der Unglücksreise, ohne daß ihm Vorwürfe gemacht werden konnten. Die Mannschaft der Viermastbark konnte durch einen Schoner nach Noumea auf Neu-Kaledonien gebracht werden.

Im Laufe der Jahre entwickelte sich aus der Reederei Corblet die bekannte Reederei von Brown + Corblet.

Emilie Siegfried

St	4 mbk	2429/3214	1899	3.	312.0 /45.4 /24.6
1 Dk					95,09/13,81/ 7,46

Glattdecker mit langer Back (86 Fuß) und langer Poop (115 Fuß), Masten mit Untermast und Marsstenge aus einem Stück gefertigt, Bramstenge, doppelte Mars- und Bramsegel und Royals. Besanmast mit Stenge und einer Gaffel.

Forges et chantiers de la Médi- terranée, Graville-Le Havre	Corblet, E.+Co.	Le Havre
→ 1911	*Sainte Marguerite*	Compagnie Navale d l'Oceanie Le Havre
→ 1914	*Blanche*	Bordes, A. D. et fils	Le Havre

Auf der Reise von La Pallice nach Iquique griff das deutsche U-Boot 151 das Segelschiff auf Pos. 47° 10' N/10° 35' W an. Am 19. September 1917 ging *Blanche* auf Tiefe.

Der Stapellauf dieser Einheit fand am 29. November 1898 statt, also auch hier scheint das Datum oben die Inbetriebsetzung festzuhalten. *Emilie Siegfried* wurde zur Hauptsache in der Nickelerz-Fahrt von Neu-Kaledonien eingesetzt. Das Schiff machte unter den Kapitänen Jussèau, Furgier, Tixador, Heurté, Riou und Pollès z. T. sehr gute Reisen.

Auch nach dem Verkauf und der neuen Namensgebung *Sainte Marguerite* segelte der Viermaster weiterhin mit Nickelerz nach Europa, geführt von Kapitän Méteyé.

Kurz vor dem Ersten Weltkrieg kam die Einheit als *Blanche* zur weltweit bekannten Großreederei Bordes. Zu Beginn der Bordesschen Zeit war Commandant S. Lansquet an Bord, der dann 1916 von seinem Kollegen Bailleux abgelöst wurde. Die Fahrtrouten hatten sich grundlegend geändert, denn Salpeter war nun das Transportgut, welches nach Europa zu bringen war.

Bailleux war es auch, der die Versenkung seines Schiffes erleben mußte. Vorerst nahm *Blanche* den Kampf mit dem U-Boot auf, war sie doch mit einer kleinen Kanone bewaffnet. Gegen das Kriegsschiff konnte allerdings nichts ausgerichtet werden. Wutentbrannt versenkte der deutsche U-Boot-Kommandant das Segelschiff mit Mann und Maus, so wenigstens nahm er an. Trotzdem konnten sich 16 Mann des Segelschiffs retten, die Kameraden und Commandant Bailleux gingen mit ihrem Schiff auf Tiefe.

Die erwähnten großen Dimensionen von Back und Poop waren auch bei dieser Einheit auf die damalig gültigen Subventionsgesetze der Franzosen zurückzuführen.

Engelhorn

St	4 mbk	2374/2461	1889	11.	300.1 /42.8 /24.0
2 Dks					91,46/13,00/ 7,31

Glattdecker, Masten mit Mars- und Bramstenge, doppelte Mars- und Bramsegel und Royals. Besanmast mit Stenge und einer Gaffel.

Whitehaven Shipbuilding Co.	de Wolf, J. R.+Son	Liverpool

Am 28. August 1914 stach der Viermaster von Valparaiso in See, Ziel Europa. Sehr wahrscheinlich am Kap Hoorn untergegangen und dann als verschollen erklärt.

Während seiner ganzen Laufbahn blieb das Schiff unter der Flagge der Wolfs. Als Fahrtrouten waren mehrheitlich Salpetertransporte maßgebend.

Ohne nennenswerte Ereignisse führten die Kapitäne W. J. Minns, R. Shimmin, W. F. Andrews, E. H. Lowitt und O. Olsen den Viermaster bei seinen Reisen rund Kap Hoorn. Lediglich im Jahre 1908 ergab sich eine Kollision mit der Laeiszchen *Pommern*, worauf beide Schiffe nach Hamburg zur Reparatur geschleppt wurden.

Bei der Unglücksfahrt im Jahre 1914 war das Segelschiff mit Gerste in Säcken beladen. Ob wohl die Fracht nicht seriös verstaut war?

E. Raggio

St	4 mbk	2095/2133	1890	11.	289.1 /40.3 /25.3
1 Dk					88,10/12,26/ 7,69

Glattdecker, Masten mit Mars- und Bramstenge, doppelte Mars- und Bramsegel und Royals. Besanmast mit Stenge und einer Gaffel.

Continental Lead+Iron Co., Pertusola	Raggio, C.	Genova
→ 1898		Società Commerciale Italiana de Navigazione Genova
→ 1900	*Enrichetta*	
→ 1912		Società Anonima Riccardo Gualino per Legnami e Cementi Genova

In der Nähe von Dieppe ist dieser Viermaster im Jahre 1915 verlorengegangen.

E(dilio) Raggio war das erste Viermastschiff, das in Italien erbaut wurde. Pertusola liegt in unmittelbarer Nähe von La Spezia.

Die erste Reise führte die Einheit gleich rund um die Welt. Von Italien nach New York, dann weiter nach Shanghai, Bangkok und zurück nach Falmouth »for orders«. Als Kapitäne dienten ihren Reedern die Herren B. Capurro, G. Rixi, L. Sanguinetti, G. Ovivari und E. Figari. Tommaso Gropallo erwähnt in seinem Werk »Romanzo della Vela« auch Kapitän Mascazzini, der als erster das Schiff geführt haben soll.

Die näheren Umstände, die zum Verlust des Viermasters führten, sind nicht bekannt.

Zum Fahrtenprogramm des Schiffes ist noch nachzutragen, daß es auch in Australien und Chile bestimmte Häfen anlief.

Erasmo

St	4 mbk	2157/2224	1903	3.	288.9 /41.5 /22.0
1 Dk					88,0/12,61/ 6,70

Glattdecker, Masten mit Mars- und Bramstenge, doppelte Mars-, aber einfache Bramsegel und Royals. Besanmast mit Stenge und einer Gaffel.

Società Esercizio Baccini, Riva Trigoso	Raffo, E. fu E.	La Spezia
→ 1912	*Pinguin*	Laeisz, F. Hamburg
→ 1917	*Weser*	Klingenberg, C. J. Bremen
→ 1920	*Jacobsen*	S. A. des Voiliers Dunkerquois Dunkerque

Unter Segeln verließ das Schiff am 25. Dezember 1923 den Hafen von Dunkerque mit Ziel Bruges in Belgien. Dort warteten die Abwracker auf neue Arbeit für das Jahr 1924.

Die Jungfernreise von *Erasmo* stand unter keinem guten Stern. Am 12. Juni 1903 verließ das Schiff Genua mit Bestimmung New York. In Küstennähe der USA wurde es entmastet und der erste Offizier von einer herunterfallenden Rah erschlagen. Kapitän Queirolo brachte den Viermaster unter Notrigg in 66 Tagen nach dem Hafen am Hudson. Die Versicherer ließen die Viermastbark dann durch den niederländischen Schlepper *Titan* nach Genua bringen, wo die Reparaturen vorgenommen wurden.

Weitere Reisen machte *Erasmo* dann unter den Kapitänen Queirolo, Masiello, Domenico und Massa zum Pazifik, nach Australien und Chile. Das sehr stark gebaute Schiff fand dann das Interesse der Reederei Laeisz aus Hamburg, und im Jahre 1912 konnte es gekauft werden.

Pinguin führte dann die weiß-rote Fl-Flagge, und an Bord kam kein Geringerer als Kapitän Boye Petersen. Als Erster tat ein anderer Mann Dienst, nämlich Kapitän Piening, der später Reedereiinspektor bei Laeisz wurde. Die Fahrten gingen für *Pinguin* nun nur noch nach Chile, wo Salpeter für Europa geladen wurde. Nach Petersen kam noch Kapitän W. Ehlert an Bord der Viermastbark, bevor sie dann im Jahre 1917 als *Weser* nach Bremen kam. Doch Klingenberg erfreute sich des schönen Schiffes nur für kurze Zeit. Bei Abschluß des Waffenstillstandes 1918 mußte auch diese Einheit ausgeliefert werden.

Unter französischer Flagge hieß das Schiff dann *Jacobsen* und war bei den Voiliers Dunkerqouis registriert. Eine letzte Reise machte das Schiff noch, nämlich diejenige nach Bruges zum Abbruch.

Ernest Siegfried

St	4	mbk	2429/3214	1898	4.	312.0	/45.4	/24.6
1 Dk						95,09/13,81/		7,46

Glattdecker mit überlanger Back (86 Fuß) und ebensolcher Poop mit 115 Fuß Länge. Untermasten und Marsstenge aus einem Stück gefertigt, Bramstenge, doppelte Mars- und Bramsegel und Royals. Besanmast mit Stenge und einer Gaffel.

Forges et chantiers de la Médi- terranée, Graville-Le Havre	Corblet, E.+Co.	Le Havre
→ 1909 Sainte Catherine	Société Anon. des Voiliers de Noumea	Le Havre
→ 1911	Société Navale de l'Oceanie	Le Havre
→ 1912 Seine	Bordes, A.D.et fils	Dunkerque

1923 nach Bilbao zum Abbruch verkauft.

Nickelerz aus Neu-Kaledonien war auch für diese Einheit der Grund für die großen Fahrten gen Osten. Die anspruchsvollen Fahrten standen unter der Leitung der Commandants C. Valteau, St. Frossard, Heurté, Laurent und Stephan.
Nach dem Verkauf Sainte Catherine getauft, kam Commandant G. A. Corée an Bord, der das Schiff weiterhin zu den Häfen Neu-Kaledoniens führte. Radikal änderte sich die Hauptreiseroute für die Viermastbark nach dem Verkauf an Bordes. Als Seine fuhr das Segelschiff nun nur noch die Salpeterroute nach Chile, geführt durch die Commandants Langhétée, Olivier, Arzul, Bernot und Quenet. Zwischendurch machte das Bordes-Schiff auch Charterfahrten für die Amerikaner.
Im Oktober 1919 nach Le Havre zurückgekehrt, geriet im Hafen die Baumwolladung in Brand, worauf die Einheit auf Grund gesetzt wurde. Nach den Instandsetzungsarbeiten übernahm Arzul Seine, auf welchem er dann tödlich verunglückte. Ein überkommender Brecher schlug den Schiffsführer an Bord unter eines der Rettungsboote. Dieses löste sich dann aus seiner Halterung, fiel nieder und erdrückte den Commandant.
Das Pech verfolgte das Schiff weiterhin, denn Commandant Pierre, Reedereiinspektor stürzte an Bord in eine der Luken und fand dabei den Tod.
All diese Vorkommnisse brachten die Reeder zum Entschluß, den Viermaster auf Abbruch zu verkaufen.
Besonders auffällig war auch bei dieser Viermastbark die Größe der Aufbauten auf Back und Poop, eine eindeutige Folge der französischen Subventionsgesetze.

Erskine M. Phelps

St	4	mbk	2715/2999	1898	312.1	/45.2	/25.6
2 Dks					95,11/13,76/		7,77

Glattdecker, Masten mit Mars- und Bramstenge, doppelte Mars-, aber einfache Bramsegel und Royals. Besanmast mit Stenge und einer Gaffel.

Sewall, A.+Co., Bath (Me)	Sewall, A.+Co.	Bath (Me)
→ 1914	Union Oil Co. of California	Los Angeles
→ 1919	Hays, T. A.	San Francisco
→ 1922 Viermastschoner		

Ihre Laufbahn soll diese Einheit als Ölleichter in Los Angeles abgeschlossen haben.

Äußerlich sah dieses Schiff der Dirigo sehr ähnlich. Für Sewall führte Kapitän R. J. Graham die Einheit über Jahre bis zum Verkauf. Die Fahrten des Viermasters liefen hauptsächlich zwischen den Ost- und Westküsten der USA. Es wurden aber auch Hawaii, Java und Chile angelaufen.
Bei der Union Oil war Kapitän W. H. Curtis für das Schiff verantwortlich, doch sind über die Reisen unter dieser Hausflagge keine Daten bekannt.
Nachdem das Schiff zunächst zum Schoner umgebaut worden war, schloß die Karriere der Einheit als Leichter ab. Noch im Jahre 1940 soll der Rumpf der ehemals stolzen Viermastbark in Los Angeles gelegen haben.

Eudora

St	4	mbk	1938/1992	1888	7.	287.5	/40.5	/23.7
2 Dks						87,59/12,31/		7,18

Glattdecker, Masten mit Mars- und Bramstenge, doppelte Mars- und Bramsegel und Royals. Besanmast mit Stenge und einer Gaffel.

Stephen, A.+Sons, Dundee	Stephen, A.+Sons	Dundee
→ 1896	Shute, T.+Co.	Liverpool

Am 14. Februar 1917 versenkte das deutsche U-Boot 83 die Viermastbark, ungefähr 30 Seemeilen SSW des Fastnet Rock.

Eudora hatte während ihrer ganzen Laufbahn einen sehr guten Namen, sprach man doch von der schnellsten Viermasteinheit, die jemals gebaut worden sei. Besonders eine 57-Tage-Reise im Jahre 1904 ließ aufhorchen, hatte das Schiff doch in diesem Zeitraum die Reise von Lizard nach Coqiumbo in Chile unter den Kiel gebracht.
Nur die deutschen Laeisz-Segler Potosi, Preußen und Priwall erreichten gleiche Reisezeiten.
Für Stephen und Shute standen die Kapitäne D. S. Donaldson, D. George, A. F. Ogilvie, L. D. Weston, S. W. Crosby, J. Scott, C. E. McNutt und T. Atkinson als Führer der Einheit im Einsatz.
Die Reisen machte das Schiff zur Hauptsache von Europa nach der Westküste Nord- und Südamerika und zurück.
Underhill berichtet in seinem Werk »Deep water sail« von einer Spezialität des Besanmastes der Einheit. Eine ganz einfache Konstruktion der Saling, ähnlich derjenigen einer modernen Yacht, soll bei Eudora als einzigem Schiff der Zeit angewendet worden sein.

Eulomene

St	4	ms	2607/2725	1891	8.	310.5	/43.0	/24.5
2 Dks						94,60/13,10/		7,43

Glattdecker, Masten mit Mars- und Bramstenge, doppelte Mars- und Bramsegel und Royals. Ursprünglich vollgetakelt, ab 1901/02 als Viermastbark in den Registern. Besanmast mit Stenge und einer Gaffel.

Thompson, R.+Sons, Sunderland	Fernie, H.+Sons	Liverpool

Seit Januar 1905 ist diese Einheit, die auf einer Passage von Bremerhaven zum Tyne war, verschollen.

Die ».. .-omene«-Flotte von Fernie war nur mit einem Viermaster bestückt.
Die Kapitäne C. G. Cross, J. D. Ellis, T. Zeal und W. O. Thomas führten das Schiff. Leider sind auch hier keine näheren Angaben über Reisen zu finden.

Euphrates

Fe	4 ms	1643/1716	1879	2.	268.9 /39.2 /23.0	
1 Dk					81,90/11,93/ 7,01	

Glattdecker, Masten mit Mars- und Bramstenge, doppelte Mars-, aber einfache Bramsegel und Royals. Umbau zur Viermastbark ca. 1891/92, Besanmast mit Stenge und einer Gaffel.

Murray, H.+Co., Port Glasgow Hill, R.+Co.		Greenock
→ 1895	Bowen, W.	Greenock
→ 1906	Grönvold+Nielsen	Skien
→ 1907	Larsen, L. P.+Co.	Skien

Nach dem Jahre 1912 fehlt *Euphrates* im Lloyds Register. Über ihr Schicksal ist nichts Näheres bekannt.

Dieses Schiff gehört mit zu den kleinsten Viermastern, die jemals gebaut wurden. Murray baute drei solcher Einheiten. Im Jahre 1877 die *Benares*, 1879 das hier beschriebene Schiff und 1881 noch *Ben Douran*. Die beiden zuerst genannten Viermaster waren eigentlich Schwesterschiffe, wichen doch die Abmessungen praktisch nicht voneinander ab.
Die Kapitäne J. Fullarton, D. Cameron und F. W. Clark für die Reederei Hill, H. Davies für Bowen und T. Andersen für die norwegischen Reeder führten das Schiff in über 30 Jahren über die blauen Tiefen, ohne daß jedoch genauere Angaben über die einzelnen Reisen bekannt sind.

Europe

St	4 mbk	2070/2957	1897	11.	303.7 /41.9 /23.8	
1 Dk					92,52/12,71/ 7,21	

Glattdecker, Masten mit Mars- und Bramstenge, doppelte Mars- und Bramsegel und Royals. Besanmast mit Stenge und einer Gaffel.

Laporte+Co., Rouen	D'Orbigny, A.+Faustin+Co.	
		La Rochelle
→ 1908	Bordes, A.D. et fils	Dunkerque

Am Eingang zum Golf von Gascogne, auf Pos. 45° 15′ N/10° 50′ W, versenkte UC 63 am 24. September 1917 diese Viermastbark.

Europe machte schon vor der Übernahme durch ihre ersten Besitzer von sich reden. D'Orbigny + Faustin hatten im Bauvertrag gefordert, daß das Schiff auch ohne Ballast im Hafen die notwendige Stabilität haben müsse.
In Rouen riß sich die zur Ausrüstung am Quai vertäute Viermastbark bei starker Strömung in der Seine los und brachte so den Beweis der Instabilität. Das Schiff schlug auf Steuerbordseite um, und die Rahen bohrten sich in die Lagerplätze hinter den Quaimauern, damit ein Durchkentern des Viermasters verhindernd.
Nach Fertigstellung kam *Europe* vorerst in der Oregon-Getreidefahrt zum Einsatz.
D'Orbigny + Faustin wollten ursprünglich zu ihrer ansehnlichen Dampferflotte fünf Viermaster erwerben, die die Namen der fünf Erdteile führen sollten. Das Projekt gedieh aber nur bis *Asie* und *Europe*. Nach dem Tode eines der Reeder wurde *Europe* an Bordes veräußert.
Die Commandants Fiaciera, Muller und Rollier führten die Viermastbark bei D'Orbigny + Faustin.
Bordes ließen dem Schiff seinen Namen, und die Commandants Rozé, Le Diabat, Leff und A. P. Nicolas waren ihnen als Schiffs-

führer verantwortlich. Salpeter war auch für *Europe* die Fracht für die Heimreisen. Von Chile aus wurden auch Abstecher nach Australien gefahren. Auf der Heimreise ab Sydney verunglückte die Viermastbark. Am 25. Juni 1917 verließ das Schiff Australien unter Commandant Nicolas. Als Fracht war Getreide geladen, bestimmt nach Pauillac an der Gironde.
Nach der Versenkung wurde die Besatzung aus den Rettungsbooten aufgenommen.
Die erwähnte schlechte Stabilität wäre der Viermastbark im Januar 1900 am Kap Hoorn beinahe zum Verhängnis geworden. Durch einen orkanartigen Sturm verlor das Schiff alle Segel und blieb steuerlos den Naturgewalten ausgeliefert. Schließlich lag *Europe* mit schwerer Schlagseite und übergegangener Ladung hilflos da. Nur dem glücklichen Umstand einer plötzlichen Windstille war es zu verdanken, daß sich die Mannschaft ganz der Neuordnung der Fracht widmen konnte. Mit einer bleibenden Schlagseite und Notrigg konnte die Reise schließlich fortgesetzt werden. Nach drei Monaten war der Viermaster wieder im sicheren Hafen.

Eusemere I

Fe	4 ms	2651/2720	1884	10.	300.0 /45.2 /25.0	
2 Dks					91,44/13,76/ 7,62	

Dreiinselschiff mit 56 Fuß langer Mittschiffsbrücke. Masten mit Mars- und Bramstenge, doppelte Mars- und Bramsegel und Royals.

Potter, W. H.+Sons, Liverpool Fisher+Sprott	London

Im April 1890 durch Strandung verlorengegangen.

Die erste Einheit mit diesem Namen wurde für Fisher + Sprott durch die Kapitäne J. Windermere und O. A. Windemer geführt. Die Laufbahn des Schiffes war recht kurz, und schon im Juni 1890 kam das zweite Schiff desgleichen Namens vom Stapel *Eusemere I* soll eine Reise Chile-Kanal in 57 Tagen absolviert haben. Damit würde sich die Einheit unter die schnellen Segler einreihen. Siehe aber Bemerkung unter *Eusemere II*.

Eusemere II

St	4 mbk	2463/2512	1890	6.	330.7 /42.2 /24.5	
1 Dk					92,52/12,85/ 7,43	

Glattdecker, Untermasten und Marsstenge aus einem Stück gefertigt. Doppelte Mars-, aber einfache Bramsegel und Royals. Besanmast als Pfahlmast mit einer Gaffel.

Williamson, R.+Sons, Workington	Fisher+Sprott	London
→ 1896 *Pindos*	Wencke, B. Söhne	Hamburg
→ 1906	Rhederei AG. von 1896	
		Hamburg

Auf der Heimreise von Mejillones (Chile) nach Hamburg am 1. Februar 1912 bei Coverack (Cornwall) auf Mears Rock wrackgelaufen.

Fisher + Sprott tauften diese zweite *Eusemere* sicher erst nach dem Verlust des ersten Schiffes auf diesen Namen.
Eusemere II war als Schwesterschiff der *Andelana* bei Williamson auf Kiel gelegt worden. Sie war also eine der bekannten sechs »Workington sisters«.

Mit den Kapitänen J. B. Sprott und J. N. Hurst segelte diese Einheit mehrmals Reisen nach Indien, Colombo, New York und Philadelphia. Für Wencke kamen dann die Kapitäne R. Auhagen, F. Wolter, J. Timme und E. Jochensen an Bord der Viermastbark. Die Reisen gingen in fast alle Erdteile, zur Hauptsache aber waren Rangoon, Chile und Kalifornien in den Logbüchern verzeichnet.

Pindos erlebte im Jahre 1906 einen neuerlichen Besitzerwechsel. Für die »1896er« übernahmen die Kapitäne W. Peters und A. Sandvej das Schiff, das sie dann meist auf westlichen Kursen in den pazifischen Raum führten. Santa Rosalia, Newcastle (NSW), Pisagua, Iquique und Tocopilla wurden jetzt Anlaufhäfen. Ab Mejillones kehrte *Pindos* zu Beginn des Jahres 1912 mit voller Salpeterladung nach Europa zurück. »Falmouth for orders« lauteten die Befehle für den Kapitän. Im berühmten Hafen Cornwall's lautete die Order dann: Bremen. Im Schlepp setzte das Schiff die Reise fort. Nicht sehr weit von Falmouth geriet der Schleppzug in einen orkanartigen Sturm. Zu schwach war der Schlepper, um den tief abgeladenen Segler zu halten, und so kam es zum Verlust der Einheit.

Als Schiffsführer bei Wencke machte sich besonders Jochensen unter Seeleuten einen Namen. Er segelte *Pindos* unter vollen Tüchern die Elbe hinauf bis Schulau, wo dann die ersten Segel geborgen wurden. Die in mehreren Dokumentationen erwähnte 57-Tage-Reise von Chile zum Kanal ist wohl eindeutig diesem Schiff zuzuweisen und nicht ihrer ersten Namensschwester.

Euterpe

Fe	4 mbk	2052/2129	1884	3.	290.7 /42.7 /23.9
2 Dks					88,56/12,97/ 7,23

Glattdecker, Masten mit Mars- und Bramstenge, doppelte Mars- und Bramsegel und Royals. Besanmast mit Stenge und einer Gaffel.

Barrow Shipbuilding Co. Ltd., Wencke, B. Söhne   Hamburg
Barrow-in-Furness

Am 8. September 1902 ereignete sich an Bord des Schiffes eine gewaltige Explosion in der Kohleladung. Das Hauptdeck der Viermastbark wurde buchstäblich zerrissen und die Steuerbordwache in die See katapultiert, was ihren Tod bedeutete. Schließlich sank *Euterpe* über das Heck. Die Überlebenden konnten durch den Dampfer *Rydallhall* gerettet werden.

Für die Reeder Wencke führten die Kapitäne F. C. Bramslöw, H. Krause, C. Wittmüss, J. Timme und E. A. W. Eduard von Kaufmann-Tripkan diese Viermastbark auf weiten Reisen in den fernen Osten, Australien und Chile.
Nach der Aufnahme von 3000 Tonnen Kohle in Cardiff ging *Euterpe* am 6. September 1902 in See. Etwa 50 Seemeilen außerhalb Lizard ereignete sich dann der schwere Unfall.

Falkland

Fe	4 mbk	2739/2804	1889	8.	317.8 /45.3 /24.9
2 Dks					96,82/13,78/ 7,53

Glattdecker, Masten mit Mars- und Bramstenge, doppelte Mars- und Bramsegel und Royals. Besanmast mit Stenge und einer Gaffel.

Potter, W. H.+Sons, Liverpool Macvicar, Marshall+Co.
                                           Liverpool

Auf Heimatkurs mit Bestimmung Falmouth »for orders« segelnd, lag das Schiff am 22. Juni 1901 in der Nähe der Scilly Islands. Ein mäßiger SW-Sturm trieb die mit Weizen abgeladene Viermastbark bei Nebel und schlechter Sicht auf die Bishop Rocks zu. Mit lautem Krachen setzte der Rumpf auf den Felsen auf, und die Großrah streifte sogar den berühmten Leuchtturm. In der hochgehenden See hob sich das Schiff wieder von den berüchtigten Felsen ab und trieb nordwärts. Da aber der Rumpf großen Schaden erlitten hatte, lief die Einheit bald voll Wasser und versank in den Fluten.

Zu den frühen großen Viermastern gehörte diese Einheit, die von den Kapitänen J. T. Gardiner, J. Roberts und G. S. Gracie für die bekannten Reeder aus Liverpool geführt wurde.
Die Reisen gingen meist in die Getreidehäfen an der nordamerikanischen Pazifikküste. So hatte auch die Unglücksreise in Tacoma (Puget Sound) begonnen.
Nach dem Unfall konnten sich die Seeleute, zusammen mit Frau und Tochter des Kapitäns, retten. Kapitän Gracie selber verlor sein Leben.

Falls of Afton

Fe	4 ms	1899/1974	1882	2.	276.7 /41.0 /23.7
2 Dks					84,29/12,49/ 7,18

Glattdecker, Masten mit Mars- und Bramstenge, doppelte Mars- und Bramsegel und Royals. Jiggermast vollgetakelt, jedoch nur einfaches Bramsegel. Umbau zur Viermastbark, Datum nicht bekannt.

Russell+Co., Greenock		Wright+Breakenridge Glasgow
→ 1892		Wright+Graham+Co. Glasgow
→ 1901	*Francesco Giuseppe*	Leva, F. G.
		Lussinggrande bei Triest
→ 1907	*Falls of Afton*	Bech, Alex. Tvedestrand
→ 1916		Einersen, K. T. Christiania

Am 20. Februar 1917 lief der Viermaster, von Buenos Aires kommend, den Englischen Kanal hinauf, Richtung Rotterdam. Durch ein deutsches U-Boot ereilte auch dieses mit Weizen beladene Schiff das Schicksal.

Die »Falls«-Line von Wright + Breakenridge, später Wright + Graham und Co., umfaßte eine ganze Reihe von Viermastern, die zu den frühesten Konstruktionen dieser Bauart gehörten. Die Reihe begann 1878 mit der nachmals sehr bekannt gewordenen *Falls of Clyde*.
Unter britischer Flagge führten die Kapitäne Bryce, Seaton, Fish, Mc Garrity, Mc Dougall, D. Addison und F. Title das Schiff auf seinen Reisen nach den Getreidehäfen am Pazifik.
1901 erwarb Frau Leva aus Lussigrande bei Triest das Viermastvollschiff, das dann als *Francesco Giuseppe* den Namen des österreichischen Kaisers Franz Josef führte. Triest gehörte da-

mals noch zu Österreich, und es wird wohl das einzige große Segelschiff gewesen sein, das jemals die Handelsflagge des habsburgischen Reiches führte. Die unter Kapitän G. Rodinis' Führung gesegelten Fahrten sind leider nicht im einzelnen bekannt. Im Jahre 1907 zog das Schiff aus südlichen Breiten in den Norden, zu Bech nach Tvedestrand. Erneut erhielt der Viermaster seinen ursprünglichen Namen *Falls of Afton,* und die Kapitäne A. H. Hagen und A. Olsen führten ihn.

Die Zeit unter der Flagge des vierten Besitzers, Einersen im heutigen Oslo, war kurz, denn schon im folgenden Jahre wurde das Schiff Opfer des Krieges.

Falls of Bruar

Fe	4 ms	1740/1808	1879	3.	266.2 /40.0 /23.5
1 Dk					81,12/12,19/ 7,13

Glattdecker, Masten mit Mars- und Bramstenge, doppelte Mars-, aber einfache Bramsegel und Royals. Takelage für alle vier Masten die gleiche.

Russell + Co., Port Glasgow	Wright + Breakenridge Glasgow

Das Schiff ging am 2. September 1887 verloren. Die näheren Umstände des Verlustes sind nicht bekannt.

Diese Einheit, geführt von den Kapitänen Bardo, Edwards und Neilsen, machte in ihrer kurzen Laufbahn Reisen nach dem Pazifik wie auch nach Calcutta.

Falls of Clyde

Fe	4 ms	1741/1807	1878	12.	266.1 /40.0 /23.5
1 Dk					81,09/12,19/ 7,13

Glattdecker, Masten mit Mars- und Bramstenge, doppelte Mars-, aber einfache Bramsegel und Royals an allen vier Masten.

Russell + Co., Port Glasgow		Wright + Breakenridge Glasgow
→ 1900	Umbau zur Viermastbark	Matson, W. Honolulu
→ 1906		Associated Oil Co. San Francisco
→ 1907	Umbau zum Tanker	General Petroleum Corp. San Francisco
→ 1927	abgetakelt, Leichter in Alaska	Mitchel, W. E. Ketchikan-Alaska
→ 1963	im Schlepp von Alaska nach Honolulu	
→ 1968	vom Bishop Museum in Honolulu erworben. Als Viermastvollschiff wieder aufgeriggt.	

Eine der wenigen Einheiten, denen das Schicksal gut gesinnt war. Als einziges noch erhaltenes Viermastvollschiff über einhundert Jahre alt geworden.

Falls of Clyde hat eine wechselvolle Lebensgeschichte hinter sich. Als erste Einheit mit Vollschifftakelage von Russell den Reedern Wright + Breakenridge abgeliefert, ging das Schiff auf Reisen nach Indien, wo Jute nach Europa verfrachtet wurde. Die Kapitäne Bryce, Crispin, Lawrence, Hurry, Hill, Anderson und Addison waren mit der Führung des Viermasters betraut.

Mit dem Verkauf an Matson ergab sich der Umbau zur Viermastbark, und ein Jahr später schon wurde das Segelschiff zum Transport von Öl in Kisten eingerichtet.

Mit der schlechten Weltwirtschaftslage in den zwanziger Jahren fand der Lebenslauf als Segelschiff ein Ende. Zum Leichter abgetakelt, diente der Rumpf lange Jahre als Lagerschiff. Zuerst in Los Angeles, später im weit entfernten Alaska.

Kurz bevor eine Verwendung als Wellenbrecher durch Versenkung definitiv ins Auge gefaßt wurde, meldeten sich Interessenten aus Honolulu für das alte Schiff. – Schließlich brachte ein Schlepper *Falls of Clyde* in 20 Tagen von Alaska nach Hawaii. Dort wurde das Viermastvollschiff wieder aufgetakelt und als Museumsschiff verankert. Honolulu ist also der Heimathafen des letzten Schiffs der genannten Bauart geworden.

Falls of Dee

Fe	4 ms	1916/1974	1882	4.	276.7 /41.0 /23.7
2 Dks					84,29/12,49/ 7,18

Glattdecker, Masten mit Mars- und Bramstenge, doppelte Mars- und Bramsegel und Royals. Jiggermast war nur mit einfachem Bramsegel getakelt.

Russell + Co., Greenock		Wright + Breakenridge Glasgow
→ 1901		Herron, J. + Co. Glasgow
→ 1911	*Teie*	Hytten, O. Tönsberg

Auch diesem Schiff wurden die Kriegswirren des Ersten Weltkrieges zum Verhängnis. Am 24. Mai 1917 versenkte ein deutsches U-Boot das Schiff vor Irland.

Falls of Dee war das letzte Viermastvollschiff, welches unter britischer Flagge stand. Der Einsatz der Einheit erfolgte meist in den pazifischen Raum, nach Chile und Australien. Geführt wurde das Schiff durch die Kapitäne Bardoe, Seaton, J. H. Lock, J. A. Patterson, C. Anderson, F. C. Doty, R. Blance und W. Sinclair. Nach dem Verkauf nach Norwegen waren dann O. Clausen, O. O. Thom und A. E. Pedersen als Kapitäne im Dienst von Hytten, der als Reeder für die Walfängerei-Gesellschaft aus Tönsberg amtierte. *Teie,* wie das Schiff nun hieß, war auch mit Walöl beladen, als es 1917 versenkt wurde.

Falls of Earn

Fe	4 ms	2292/2386	1884	5.	302.6 /42.1 /24.5
2 Dks					92,19/12,82/ 7,43

Glattdecker, Masten mit Mars- und Bramstenge, doppelte Mars- und Bramsegel und Royals, Skysegel am Groß- und Achtermast, Jiggermast vollgetakelt, ohne Skysegel.

Russell + Co., Greenock	Wright + Breakenridge Glasgow

Im Juli 1891 ist diese Einheit auf der Reise von Penarth nach Acheen (Sumatra) bei Acheen Head wrackgelaufen.

Das größte Schiff in der Flotte von Wright + Breakenridge wurde auf seinen Reisen in die Fernen Osten durch die Kapitäne Neilsen, Johnston und J. McNeil geführt. *Falls of Earn* soll auch der schnellste Viermaster der »Falls«-Line gewesen sein.

Falls of Ettrick

St	4 mbk	2135/2264	1894	3.	278.3 /42.0 /24.4
1 Dk					84,80/12,80/ 7,41

Glattdecker, Masten mit Mars- und Bramstenge, doppelte Mars- und Bramsegel und Royals. Besanmast mit Stenge und einer Gaffel.

Russell+Co., Port Glasgow	Wright+Graham+Co.	Glasgow
→ 1899	Bliss, F.E.	London
→ 1900	Anglo American Oil Co. Ltd.	London

Auf der Insel Thwart-the-Way in der Sunda-Straße im Jahre 1903 wrackgelaufen.

Wright + Graham + Co. erhielten als letzte Einheit dieses Schiff geliefert. Schon im ersten Betriebsjahr lief der Viermaster auf Grund, doch konnte er wieder flottgemacht und nach Calcutta eingebracht werden.
Für die Anglo American war der Einsatz nur kurz.
Als Kapitän diente J. Williams während der ganzen Laufbahn des Schiffes.

Falls of Foyers

Fe	4 ms	1917/2009	1883	4.	274.1 /41.1 /24.1
2 Dks					83,53/12,51/ 7,33

Glattdecker, Masten mit Mars- und Bramstenge, doppelte Mars- und Bramsegel und Royals. Jiggermast mit nur einfachem Mars- und Bramsegel.

Russell+Co., Greenock	Wright+Breakenridge	Glasgow
→ 1893	Wright+Graham+Co.	Glasgow

Die Berichte über das Schicksal dieser Einheit sind sehr widersprüchlich. Die Annahme, daß Falls of Foyers verschollen ist, kommt wohl den Tatsachen am nächsten. Jedenfalls fehlt das Schiff nach 1897 in den Registern.

Wie andere Schiffe der »Falls«-Line, war auch dieser Viermaster unter den Kapitänen Nielson, Johnston, Wilson, J. Barrr und T. C. Pryde hauptsächlich in der Jutefahrt eingesetzt.

Falls of Garry

Fe	4 mbk	2026/2088	1886	6.	275.1 /41.6 /23.9
2 Dks					83,84/12,64/ 7,23

Glattdecker, Masten mit Mars- und Bramstenge, doppelte Mars-, aber einfache Bramsegel und Royals. Besanmast als Pfahlmast.

Russell+Co., Port Glasgow	Wright+Breakenridge	Glasgow
→ 1893	Wright+Graham+Co.	Glasgow
→ 1899	Kopsen, Craig+Walker	Sydney
→ 1904	Hatfield, Cameron+Co.	Glasgow

Am 21. April 1911 auf den Sovereign Rocks bei Oyster-haven, Nähe Kinsale, Irland, gestrandet. Das Unglück ereignete sich auf der Heimreise von Port Pirie, kurz vor dem Ziel Queenstown.

Falls of Garry ist eines der wenigen Segelschiffe, die mit vollem Namen in einem Gedicht verewigt wurden. Kapitän Wilfried H. Scott-Shawe hat ein langes Gedicht dieser Viermastbark, auf der er selber fuhr, gewidmet.
Die großen Fahrten führten das Schiff meist in den Raum des Pazifik, so nach San Francisco, Australien und Neu-Kaledonien.
Im Januar 1898 lag Falls of Garry vor Anker in Tchio auf Neu-Kaledonien, als unvermittelt ein Sturm über die Hafengegend hinwegbrauste. Beide Anker der Viermastbark versagten ihren Dienst, und so geriet die Einheit auf ein Korallenriff und schien verloren.
Die Versicherer versteigerten das Wrack. Ein tüchtiger Bergungsfachmann aber brachte den Viermaster wieder zu Wasser, und in Sydney wurden umfangreiche Reparaturen ausgeführt.
Bis 1911 versah dann Falls of Garry ihren Dienst ohne nennenswerte Zwischenfälle. Die als gutes und schnelles Schiff geltende Einheit wurde durch die Kapitäne W. Lawrence, B. Broadfoot, T. Mahon, T. Kay, J. Macfarlane und W. H. Roberts geführt. Letzterer verunglückte mit dem Schiff, doch dank sehr mutigem Einsatz von Rettungsmannschaften wurden Kapitän und Besatzung aus schier hoffnungsloser Lage befreit.

Falls of Halladale

Fe	4 ms	2026/2085	1886	7.	275.2 /41.6 /23.9
2 Dks					83,87/12,64/ 7,23

Glattdecker, Masten mit Mars- und Bramstenge, doppelte Mars- und Bramsegel und Royals. Ursprünglich als Vollschiff getakelt, Umbau zur Viermastbark ca. 1890. Besanmast mit Stenge und einer Gaffel.

Russell+Co., Greenock	Wright+Breakenridge	Glasgow
→ 1893	Wright+Graham+Co.	Glasgow
→ 1902	Law, Thomas+Co.	Glasgow

Ein Navigationsfehler wurde dieser Einheit am 14. November 1908 zum Verhängnis. Auf den Felsen vor Warrnambol, Victoria in Australien strandete das Schiff und war nicht zu retten.

Obschon im Laufe der Jahre und Jahrzehnte, auf Grund von Logbüchern, die besten Fahrtrouten in Seekarten und Handbüchern festgehalten waren, spielten oftmals mehr zufällige Umstände für die Reisezeiten der Segelschiffe eine wesentliche Rolle. Als Beispiel seien hier ausgedehnte Kalmenzonen erwähnt. Unter diese Ursache ist denn auch eine sehr lange Reise Falls of Halladale's im Jahre 1904 einzureihen. Für die Passage von Liverpool nach San Francisco benötigte der Viermaster ganze 237 Tage. Auch andere Reisen gerieten nicht ganz nach dem Wunsche von Kapitän und Reeder, und so haftete dem Schiff bald das Odium eines langsamen Seglers an.
Aber nicht nur Kalmen konnten zu langen Reisen führen. Die Stürme an der schlimmsten Wetterecke unseres Globus, am Kap Hoorn, konnten Segelschiffe über Wochen am Fortkommen hindern. Ungezählte Schläge waren notwendig, um den heftig aus Westen anbrausenden Winden trotzen zu können.
Falls of Halladale erlebte solche Situationen mehrmals, führten doch ihre Reisen meist in den Pazifik, wo Häfen in den USA und Australien angelaufen wurden.
Geführt wurde die Einheit durch die Kapitäne G. Bardo, W. Peters, W. Fordyce und D. W. Thomson.

Fannie Kerr

St	4 mbk	2286/2426	1892	10.	293.9 /41.2 /24.5
2 Dks					89,52/12,54/ 7,43

Dreiinselschiff mit 50 Fuß langer Mittschiffsbrücke. Masten mit Mars- und Bramstenge, doppelte Mars- und Bramsegel und Royals. Besanmast mit Stenge und einer Gaffel.

Royden, T.+Sons, Liverpool   Peel, E. R.+McAllester+Sons
                                                  Liverpool

Auf der Passage von Newcastle (NSW) nach San Francisco ist dieses Schiff am 29. April 1902 auf Pos. 26° N/169° W durch Feuer zerstört worden.

Fannie Kerr, ein Schwesterschiff der James Kerr, wurde von Kapitän C. Gibbons geführt.
Obschon die Laufbahn der Einheit fast zehn Jahre abdeckte, sind leider über Fahrten und Ereignisse keine Unterlagen zu finden.

Fascadale

St	4 mbk	1976/2083	1890	2.	285.7 /41.0 /23.7
2 Dks					87,03/12,49/ 7,18

Glattdecker, Masten mit Mars- und Bramstenge, doppelte Mars-, aber einfache Bramsegel und Royals, Besanmast mit Stenge und einer Gaffel.

Stephen, A.+Sons, Glasgow   Roxburgh, J.+A.   Glasgow

Am 7. Februar 1895 an der Küste von Natal wrackgelaufen.

Wie die Reederei-Schwestern Carradale und Armadale hatte auch diese Einheit eine spezielle Art der Bemalung mit den Pforten. Die ». . . dale«-Line von Roxburgh war eine der bekannteren Segelschiffsreedereien in Großbritannien.
Die Kapitäne J. H. Stiven und B. J. G. Gillespie waren in der kurzen Zeit von fünf Jahren an Bord von Fascadale tätig. Leider sind auch für die Fahrten dieses Schiffes keine näheren Angaben zu finden.

Fingal

St	4 mbk	2510/2570	1883	4.	308.2 /42.8 /25.0
2 Dks					93,92/13,00/ 7,62

Glattdecker, Masten mit Mars- und Bramstenge, doppelte Mars- und Bramsegel und Royals, Besanmast mit Stenge und einer Gaffel.

Harland+Wolff, Belfast		Martin, R.+Co.	Dublin
→	1910		Hannevig, Chr.	Horten
→	1915	Umbau zum Motorschiff Hugo Hamilton	Transatlantic Motorship Co.	Christiania

Als Motorschiff im Jahre 1917 von deutschem U-Boot versenkt.

Fingal kam bei Harland + Wolff als Schwesterschiff der Lord Wolseley vom Helgen. – Bei einem Unfall im Hafengebiet von Liverpool sank Fingal im Jahre 1903 auf Grund und blieb so, allerdings auf ebenem Kiel, sechs Monate liegen.
Wieder flottgemacht, ging die Viermastbark weiterhin auf Reisen, die sie meist zum Pazifik unter den Kiel brachte. Bis hinauf in die Juan-de-Fuca-Straße war der Viermaster zu sehen.

Unter norwegischer Flagge war Fingal auch in Australien zu sehen. Für die britischen Reeder waren die Kapitäne W. Baillie, J. F. Fulmore, C. F. W. Archer, W. McMurty und J. O'Neill als verantwortliche Schiffsführer an Bord. Ihr Kollege in Norwegen war dann H. Hannevig.
In Schweden wurde das Segelschiff dann zum Motorschiff umgebaut. Auch Motoren verhinderten nicht den Angriff eines U-Bootes nicht, und so ging Fingal als Motorschiff auf Tiefe.

Forteviot

St	4 mbk	2962/3145	1891	8.	317.3 /46.0 /25.2
2 Dks					96,69/14,02/ 7,67

Dreiinselschiff mit 40 Fuß langer Mittschiffsbrücke, doppelte Mars- und Bramsegel und Royals, Masten mit Mars- und Bramstenge, Besanmast mit Stenge und einer Gaffel.

Potter, W. H.+Sons, Liverpool			Macvicar, Marshall+Co. Liverpool
→	1910	Werner Vinnen	Schramm, E. C.+Co.	Bremen
→	1913		Vinnen, F. A.+Co.	Bremen
→	1914	gekapert, nach Sierra Leone eingeschleppt		
→	1915	Yawry	Houlder, Middleton+Co. London
→	1916	Bellands	Bell. J. jun.	Hull
→	1922		Monsen, A.	Tönsberg

In Blyth (Northumberland) wurde diese Viermastbark 1926 abgebrochen.

Zur Zeit des Burenkrieges in Südafrika machte Forteviot mehrere Reisen in dieses Land. Meist bestand die Ladung aus Kohle. Von Südafrika gingen die Fahrten weiter nach New York und auch Shanghai, wobei dorthin Kannenöl geladen wurde. Auf dem Rückweg wurden Häfen im Puget Sound, beispielsweise Tacoma, angelaufen, und mit Getreide kehrte das Schiff nach Monaten wieder in die Heimat zurück.
Auch Australien wurde durch den Viermaster angesteuert.
1908 hatte das Schiff bei der Ausreise von Hamburg nach Santa Rosalia in der Elbmündung eine schwere Kollision mit zwei Schleppern. Bei plötzlich aufkommendem Wind überrannte das Segelschiff die beiden Schlepper, die die Aufgabe hatten, den Viermaster in tiefes Wasser zu bringen. Fünf Mann der Schlepphilfe kamen bei diesem Mißgeschick ums Leben.
Unter britischer Flagge dienten die Kapitäne J. N. Jackson, A. F. Gilmore, W. R. Kidd und J. Finlay an Bord des großen Schiffes. Als Werner Vinnen übernahm dann Kapitän D. Dinkela die Viermastbark. Am 22. August 1914 wurde das deutsche Segelschiff von britischen Marineeinheiten in der Gegend der Kapverden gestellt und gekapert. Das mit Kohle beladene Schiff wurde nach Freetown (Sierra Leone) eingeschleppt.
Ein Jahr später gelang es den Londoner Reedern Houlder, Middleton, das Segelschiff zu erwerben, und es kam als Yawry unter Kapitän T. Dunning erneut zum Einsatz. Doch die Einheit wechselte schon bald wieder den Besitzer. Bell aus Hull gab der Viermastbark nun den Namen Bellands, und Kapitän W. D. Reid, befehligte das Schiff. Schließlich kam der Viermaster noch unter norwegische Flagge bei Monsen in Tönsberg. Kapitän E. G. Mann führte das Schiff bis nach Australien, doch die Nachkriegszeit bedeutete für die Segelschiffahrt den Beginn eines nicht mehr aufzuhaltenden Niedergangs. So fiel auch diese Einheit letztlich den Abwrackern zum Opfer.

Fort George

Fe 4 ms 1686/1756	1884	2.	260.0 /40.0 /23.1
2 Dks			79,24/12,19/ 7,03

Glattdecker, ursprünglich als Viermastvollschiff getakelt, Masten mit Mars- und Bramstenge, doppelte Mars-, aber einfache Bramsegel und Royals. Umbau zur Viermastbark erst ca. 1908, unter gleichzeitigem Ersatz der Masten, wobei dann Untermasten und Marsstenge aus einem Stück gefertigt waren. Besanmast mit Stenge und einer Gaffel.

Workman, Clark + Co., Belfast	Clark + Service	Glasgow
→ 1897/98	Welch + Co.	Honolulu
→ 1908	Matson Navigation Co.	San Francisco

Diese Einheit ist am 7. Juli 1909 als verschollen erklärt worden. Auf der Fahrt von New York nach Honolulu ist das Schiff wahrscheinlich in der Kap-Hoorn-Region verunglückt.

Die Kapitäne J. Houston, J. C. Hanna und A. J. Tuson führten diese Einheit unter britischer Flagge. Über die Fahrten sind leider auch hier keine näheren Angaben zu finden.
Bei Welch und Matson waren dann die Kapitäne C. C. Morse, G. W. Gove und J. Fullerton die verantwortlichen Männer an Bord. Fullerton blieb auch mit dem verschollenen Schiff auf See.

France I

St 5 mbk 3624/3784	1890	10.	361.0 /48.8 /25.9
2 Dks			110,03/14,83/ 7,84

Glattdecker, Masten mit Mars- und Bramstenge, doppelte Mars- und Bramsegel und Royals. Besanmast mit Stenge und einer Gaffel.

Henderson, D. + W. + Son, Partik-Glasgow	Bordes, Ant. Dom. + fils	Dunkerque

Die erste Fünfmastbark der Welt sank am 14. Mai 1901 in einem Pampero vor dem Rio de la Plata. Das Schiff befand sich auf der Fahrt vom Tyne nach Valparaiso. Commandant Forgeard mußte auf Pos. 34° S/48° W Befehl zum Verlassen des sinkenden Schiffes geben.
Die deutsche Viermastbark *Hebe* ex *Vortigern* konnte die gesamte Besatzung der *France* an Bord nehmen.

France I gehört zu den sieben großen Segelschiffen, die in der Schiffahrt besondere Geschichte machten. Sieben Einheiten waren es, die eine Takelage mit fünf Masten führten: Zwei *France*, *Potosi*, *Preußen*, *R. C. Rickmers*, *Maria Rickmers* und *København*, also zwei »F's«, zwei »P's«, zwei »R's« und ein »K«.
Als erste dieser Großen kam die *France I* für die französische Reederei Bordes in Glasgow zu Wasser. Der Stapellauf, ein Großereignis, fand am 2. September 1890 statt. Erster Commandant wurde Eugène Voisin, der eigentliche »Vater« all der prächtigen Einheiten, die bei Bordes in Betrieb standen.
Die erste große Fahrt mit Fracht begann für das Schiff in Barry. Kohle mußte nach Rio de Janeiro gebracht werden. Von da ging die Reise in Ballast weiter nach Valparaiso. *France I* hatte Ballasteinrichtung mit Doppelbodentanks.
Alle übrigen Reisen des Fünfmasters hatten die Salpeterküste Chiles zum Ziel. Der Salpeter war ja letztlich auch der Grund zum Bau des großen Schiffes, das eine Fracht von gegen 5500 ts des in Europa so gesuchten Materials an Bord nehmen konnte.

Im Laufe der glücklichen Jahre waren nach Voisin die Commandants V. Guguen, J. Daniou, A. Michel, L. T. Bégaud und Forgeard an Bord des Schiffes.
Wie alle andern sechs Fünfmaster ist auch *France I* durch ein Unglück von den Weltmeeren verschwunden.

France II

St aux 5 mbk 4544/5633	1911	11.	418.8 /55.8 /24.9
2 Dks			127,60/16,96/ 7,53

Dreiinselschiff mit 116 Fuß langer Mittschiffsbrücke und langer Back und Poop. Untermast und Marsstenge aus einem Stück gefertigt. Jubilee-Rigg, Besanmast als Pfahlmast mit einer Gaffel. Ausgerüstet mit Maschine, Zweischraubenantrieb, also sogenannter »auxiliary«-Segler.

Chantiers et ateliers de la Gironde, Bordeaux	Prentout-Leblond + Leroux	Rouen
→ 1915	Leroux + Henzey	Rouen
→ 1916	Compagnie Française de Marine et de Commerce	Rouen

In der Nacht vom 11. zum 12. Juli 1922 lief das Schiff etwa 60 Seemeilen von Noumea (Neu-Kaledonien) entfernt bei Coya auf ein Korallenriff. Eine Rettung des Fünfmasters wäre nach Meinung mehrerer Fachleute absolut möglich gewesen, doch die Versicherer überließen die Einheit im Dezember 1922 für 2000 Pfund einer örtlichen Abwrackunternehmung.

Diese Fünfmastbark war das größte jemals gebaute Rahsegelschiff. Anfänglich mit zwei Dieselmaschinen ausgerüstet, die je etwa 1000 PS leisteten, ergaben sich aber trotz großer Hoffnungen keine guten Resultate mit den Motoren. Im Jahre 1919 erfolgte der Ausbau der Antriebshilfen, und damit wurde *France II* zum reinen Segelschiff. Im Gegensatz zu hartnäckigen, aber falschen Behauptungen wurde diese Einheit nicht von Bordes in Auftrag gegeben.
Durch die Takelage als »baldheader« machte der Fünfmaster trotz seiner Länge von fast 130 Meter einen eher niedrigen und breiten Eindruck.
Als Einsatzgebiet war von Anfang an Neu-Kaledonien mit seinen Nickelerzvorkommen vorgesehen.
Auf den Ausreisen wurde meist Kohle in die riesigen Fracht-räume übernommen, rund 7000 ts brachten das Schiff tief in die Lademarken.
Eindrucksvoll war auch die Segelfläche von insgesamt 6350 Quadratmetern. Man kann sich lebhaft vorstellen, welchen Schub diese Tücher bei mittlerem bis starkem Wind dem Schiff gaben.
Am 28. Februar 1917 war *France II* auf der Reise nach Valparaiso, tief abgeladen mit Kohle, als plötzlich Schüsse vor den Bug des Fünfmasters krachten. Glücklicherweise geschah dies zur Zeit der Dämmerung, und Kapitän Gaudé gelang die Flucht aus den Fängen des deutschen U-Bootes. Hier waren offenbar die Maschinen einmal von lebenswichtigem Nutzen!
Die auf ersten Blick unverständliche Reaktion nach dem Unfall in Neu-Kaledonien wurde dadurch verständlich, daß zu jener Zeit die Frachtraten auf ein Minimum gesunken waren. Dies war der Grund für die Aufgabe von *France II*.
Die Commandants V. Lagnel, L. Gaudé, L. Caplain und A. Leport befehligten das große Schiff während seiner Karriere von etwas mehr als 10 Jahren.

Frederick Billings

Ho	4 ms	2497/2629	1885		278.0 /44.8 /29.0
3 Dks					84,73/13,61/ 8,83

Glattdecker, Masten mit Mars- und Bramstenge, doppelte Mars- und Bramsegel und Royals. Besanmast mit Stenge und einer Gaffel. Ursprünglich als Vollschiff getakelt, Datum des Umbaus nicht bekannt.

Carleton, Norwood+Co., Rockport (Me)	Carleton, Norwood+Co. Rockport (Me)

Im Juli 1893 lag das Schiff im Hafen von Caleta Buena. In der Nacht zum 30. Juli brannte der Viermaster bis zur Wasserlinie vollständig ab, und damit war die Laufbahn beendet.

Die Kapitäne J. Sherman, bekannt als »hard nut« (harte Nuß), und H. A. Williams, auch ein äußerst harter Schiffsführer, führten diese hölzerne Einheit auf ihren Reisen zwischen der Ostküste der USA und dem Pazifik.
Auffallend am Schiff war sein langes Achterdeck (Poop) und die anfänglich gefahrenen Skysegel an den drei vollgetakelten Masten. Den Brandunfall schrieb man der Brandstiftung durch die Mannschaft zu. An Bord des Viermasters ereigneten sich, zufolge der sehr harten Führung, allerlei Zwischenfälle. Wegen »Grausamkeit auf See« wurde auch der Kapitän angeklagt. Zu jener Zeit war noch das berüchtigte »shanghaien« in Mode. Dies bedeutete nichts anderes, als daß Seeleute mit Gewalt oder unter starkem Alkoholeinfluß an Bord von Schiffen verbracht wurden. Man kann sich füglich vorstellen, was für tüchtige Leute damit einem Schiffsführer zur Verfügung standen.

Gabriele D'Ali

St	4 mbk	2391/2463	1903	8.	278.1 /43.4 /25.1
1 Dk					84,75/13,20/ 7,64

Glattdecker, Masten mit Mars- und Bramstenge, doppelte Mars- und Bramsegel und Royals. Besanmast mit Stenge und einer Gaffel.

Odero, N.+Co., Genova		D'Ali, G. e figli	Trapani
→ 1906	Gabriele	Assereto, B.	Genova
→ 1909	Gabriele D'Ali	D'Ali, G. e figli	Trapani
→ 1910		Soc. Anon. di Navigazione »La Sicania«	Trapani
→ 1919		Soc. di Navigazione Italo-Americana	Genova
→ 1922		Soc. Anon. Ente Trasporti Cotoni	Genova

1923 in Ancona abgebrochen.

Trotz mehrerer Besitzerwechsel in Italien dienten an Bord der Viermastbark während der zwanzig Jahre überdauernden Laufbahn nur zwei Kapitäne, nämlich G. Chiesa und G. Manca.
Gabriele D'Ali und *Principessa Mafalda* waren Schwesterschiffe von der Werft Odero im Stadtteil »alla Foce« von Genova. – Die erste Reise unter Kapitän Chiesa brachte das Schiff von Italien nach New York und weiter nach Australien unter den Kiel. Auf dem Heimweg war Salpeter ab Chile die Fracht des Viermasters. *Gabriele D'Ali* war aber auch in Niederländisch Indien zu sehen. Während des Ersten Weltkrieges lag die Einheit längere Zeit in Savona auf. Nach dem Kriege wollte sich das Geschäft für die Segelschiffe nicht mehr in Schwung bringen lassen. So kam es nach erneuter Liegezeit in Triest im Jahre 1923 zum Abbruch des Schiffes in Ancona.

Galena

St/Fe	4 mbk	2169/2294	1890	12.	292.0 /42.0 /24.0
2 Dks					89,00/12,80/ 7,31

Glattdecker, Untermasten und Marsstenge aus einem Stück gefertigt, Bramstenge, doppelte Mars- und Bramsegel und Royals. Besanmast mit Stenge und einer Gaffel.

Stephen, A.+Sons, Dundee	Stephen, A.+Sons	Dundee
→ 1898	Shute, Thomas	Liverpool

Auf den berüchtigten Clatsop Sands im Mündungsgebiet des Columbia River am 3. November 1906 gestrandet. Nur wenige Tage zuvor, am 25. Oktober, ging auf die gleiche Weise, an fast der genau gleichen Stelle *Peter Iredale* verloren.

Geführt von Kapitän J. Reid, segelte das Schiff die ersten Jahre seiner Laufbahn für seine Erbauer. Vornehmlich wurden die Getreidehäfen an der Westküste der USA angelaufen. Mehrmals war das Schiff am Kap Hoorn in Schwierigkeiten, ohne aber jemals größeren Schaden zu erleiden.
Nach dem Verkauf an Shute übernahmen die Kapitäne J. Blair, M. P. Chisholm und Howell die Führung der Viermastbark, die in ihrem angestammten Fahrtengebiet weitere Reisen machte.
In der sehr heimtückischen Mündungsgegend des Columbia Rivers waren es besonders die stetig wechselnden Sände, die den Schiffen die Einfahrt erschwerten. Oft war hier auch nebliges Wetter mit schlechter Sicht, was die Aufgabe der Kapitäne zusätzlich belastete. – Mehreren Segelschiffen ist diese Gegend zum Verhängnis geworden.

Galgate

St	4 ms	2291/2361	1888	9.	293.5 /42.8 /24.2
2 Dks					89,42/13,00/ 7,36

Glattdecker, Masten mit Mars- und Bramstenge, doppelte Mars- und Bramsegel und Royals. Nach Umbau Besanmast mit Stenge und einer Gaffel.

Whitehaven Shipbuilding Co., Joyce, J.	Liverpool
Whitehaven	

Von deutschem U-Boot am 6. Mai 1916 etwa 170 Seemeilen WzN von Ouessant versenkt.

Während ihrer ganzen Karriere blieb diese Einheit unter der Hausflagge von Joyce, und die Führung des Schiffes lag in den Händen der Kapitäne T. O. Watson, J. Kennison, J. Jones und W. Griffith.
1895 vollführte *Galgate* eine gute Reise von Calcutta nach New York. Im Jahre 1900 war der Viermaster auch im Hafen von Shanghai zu sehen.
Die normalen Einsätze segelte das Schiff aber an die Häfen der Westküsten Nord- und Südamerikas, wo Weizen und Salpeter als Fracht für die Heimreisen geladen wurde.
Auch dieser Einheit wurde der Erste Weltkrieg zum Verhängnis, sie wurde auf der Heimfahrt im Jahre 1916 kurz vor dem Ziel von einem U-Boot versenkt.

Garnet Hill

St	4 mbk	2186/2274	1890	5.	279.0 /41.9 /24.4
1 Dk					85,03/12,71/ 7,41

Glattdecker, Masten mit Mars- und Bramstenge, »baldheaded«-Rigg, Besanmast mit Stenge und einer Gaffel.

Russell+Co., Port Glasgow	Dickson, J. R.+Co.	Glasgow
→ 1900	Campbell, J. M.+Son	Glasgow
→ 1914	Troberg, A.	Mariehamn

Auf der Reise von Tocopilla nach Liverpool ist dieses Schiff im Februar 1917 von einem deutschen U-Boot torpediert worden.

Die Kapitäne D. McWilliams, J. Frew und R. J. Robinson führten den Viermaster für Dickson. Reiseziel bei den Ausfahrten waren meist die Getreidehäfen an der Westküste Nordamerikas. *Garnet Hill* wurde aber auch in Japan gesehen.
Nach dem Verkauf an Campbell übernahm Kapitän R. Morrison das Schiff, und ihm folgten die Herren T. Williams und G. Miller als »masters next God«. In den Logbüchern wurden weiterhin Reisen rund Kap Hoorn zu den Getreide- und Salpeterhäfen im Pazifik verzeichnet.
Mit der Übernahme der Einheit durch Troberg in Mariehamn auf den Åland-Inseln kam Kapitän Lundquist an Bord, und er segelte das Schiff nun hauptsächlich zu den chilenischen Salpeterhäfen.
Zum Zeitpunkt des Verlustes wurde *Garnet Hill* von Kapitän A. Donner geführt.

Geertruida Gerarda

St	4 mbk	2404/2505	1904	11.	301.9 /44.8 /24.7
1 Dk					91,96/13,61/ 7,48

Glattdecker, Masten mit Mars- und Bramstenge, doppelte Mars- und Bramsegel und Royals, Besanmast mit Stenge und einer Gaffel.

Smit, J.+K., Krimpen a/d Leck van der Hoog, P.		
		Krimpen a/d Lek
→ 1906		Lels, C. J.	Rotterdam
→ 1910	*Olympia*	Rhederei AG. von 1896	
			Hamburg
→ 1920	Italien	Italian Government	Italy
	zugesprochen		

Im Jahre 1926 auf Abbruch verkauft.

Geertruida Gerarda war die größere der beiden in den Niederlanden erbauten Viermastbarken. Unter der blau-weiß-roten Flagge des Landes führten die Kapitäne J. van der Laag und J. Kuijpers den Viermaster auf seinen Reisen bis nach Australien.
Für die »1896er« waren die Kapitäne H. Schipman, P. Hammer und W. Peters im Einsatz. Wie alle anderen Einheiten der großen Reederei erhielt das Schiff auch einen Namen mit dem Anfangsbuchstaben »O«, nämlich *Olympia*.
Mehrheitlich in der Salpeterfahrt tätig, blieb der Viermaster denn auch zu Beginn des Ersten Weltkrieges in Iquique hängen, d. h., er wurde in diesem Hafengebiet interniert.
Kapitän Hammer brachte nach dem Friedensschluß eine volle Salpeterladung nach Antwerpen, doch dann galt es, der Ablieferung an Italien nachzukommen. Capitano Cacace übernahm die Führung während der wenigen Fahrten unter der Flagge Italiens.
Auch *Olympia* konnte sich nicht mehr rentabel halten, und so kam es im Jahre 1926 zum Abbruch in Genova.

General Gordon

Fe	4 ms	1615/1690	1886	5.	258.0 /38.8 /22.7
2 Dks					78,63/11,78/ 6,87

Glattdecker, Masten mit Mars- und Bramstenge, doppelte Mars-, aber einfache Bramsegel und Royals. Besanmast mit Stenge und einer Gaffel.

Evans, R.+J.+Co., Liverpool	Davies, L.+Co.	Liverpool
→ 1905	Kongshavn, E. H.	Haugesund
→ 1909	Nordbö, Th.	Haugesund
→ 1916	Skogland, T. H.	Haugesund

General Gordon wurde in der Nähe von Port Royal (South Carolina) am 25. Februar 1918 versenkt.

Diese kleine Viermasteinheit wurde unter britischer Flagge durch die Kapitäne L. F. Clayton, W. A. Worall, W. Summers, W. Goulding und C. Gibbons gefahren.
Die Anzahl der Masten, die ein Schiff führte, war für seine Größe wenig oder gar nicht aussagekräftig. Im Vergleich zu *General Gordon* sei hier das Vollschiff *Ditton* erwähnt, also ein Dreimaster mit immerhin 2900 BRT, also fast doppelt so groß wie die Viermastbark. In nur wenigen Jahren wechselte das Schiff unter norwegischer Flagge seinen Besitzer. Leider ist über die Fahrten der Einheit nichts zu erfahren. Als Kapitäne dienten A. B. Björnsen und C. Scaflestad.
Obschon Aufnahmen die Einheit als Viermastbark zeigen, hat Lloyds im Register immer ein Viermastvollschiff verzeichnet.

General Roberts

```
Fe    4 ms    1914/1997    1884    7.    274.9 /40.2 /24.2
2 Dks                                    83,73/12,24/ 7,36
```

Glattdecker, Masten mit Mars- und Bramstenge, doppelte Mars-, aber einfache Bramsegel und Royals. Besanmast mit Stenge und einer Gaffel.

Russell+Co., Greenock	Davies, L.+Co.	Liverpool
→ 1905 *Hafrsfjord*	Klaveness, A. F.+Co.	Sandefjord
→ 1919	Harstad, E.+Petersen J.	Holmstrand

1925 in Kopenhagen abgebrochen.

Unter der britischen Flagge segelte diese Einheit, geführt von den Kapitänen S. Bailey, H. W. Dyke, T. C. Fearon, W. J. Crowley und S. Murdock, meist auf den Routen im Pazifik, so nach Newcastel (NSW), San Francisco und anderen Häfen in diesem Raum. Das Schiff war aber auch in Indien zu sehen.
Nach verschiedenen Quellen soll der Viermaster mehrmals seine Takelage geändert haben. Der Umbau zur Viermastbark geschah offenbar erst nach der Übernahme durch die Norweger. Die Kapitäne J. Gulliksen, C. M. Hansen und J. A. Arntsen führten das Schiff für die norwegischen Reeder, auch hier sind keine Angaben über die Fahrten zu finden.
Nach der Heimreise vom Golf von Mexiko nach Kopenhagen kam die Einheit 1925 in der dänischen Hauptstadt zum Abbruch.

George Roper

```
Fe    4 mbk    2033/2104    1883    2.    301.7 /39.1 /23.6
2 Dks                                     91,91/11,90/ 7,16
```

Glattdecker, Masten mit Mars- und Bramstenge, doppelte Mars- und Bramsegel und Royals. Besanmast mit Stenge und einer Gaffel.

Potter, W. H.+Sons, Liverpool	Dixon, W. T.+Sons	Liverpool

Auf Lonsdale Reef, außerhalb Melbourne Head, bereits auf der Jungfernreise im Juli 1883 wrackgelaufen.

Für Kapitän J. Ward endete die erste Ausreise mit dem neuen Schiff im dichten Nebel. Schiffsführer und Mannschaft konnten gerettet werden.
Ward kam dann auf *Pegasus,* die derselben Reederei gehörte, und später wurde der tüchtige Mann zum Reedereiinspektor befördert.

Gifford

```
St    4 mbk    2113/2245    1892    6.    281.6 /42.3 /24.6
1 Dk                                      85,79/12,87/ 7,46
```

Glattdecker, Masten mit Mars- und Bramstenge, doppelte Mars- und Bramsegel und Royals. Besanmast mit Stenge und einer Gaffel.

Scott+Co., Greenock	Briggs, Harvie+Co.	Glasgow
→ 1898	Weir, A.+Co.	Glasgow

Gifford ist am 25. September 1903 auf den Mussel Rocks, in der Nähe von San-Francisco-Cliff-House, wrackgelaufen.

Für Briggs, Harvie wie auch für Weir machte das Schiff seine Reisen meist in den Pazifik bis nach Australien. Die Kapitäne

J. Muir, J. Parry und D. Michie segelten den Viermaster ohne besondere Ereignisse bis zum Unfall im Jahre 1903.
Von Newcastle (NSW) ging *Gifford* mit Kohle auf die Reise quer über den Pazifik Richtung San Francisco, wo dann das Unglück kurz vor dem Ziel das Schiff vernichtete.

Gilcruix

```
Fe    4 ms    2239/2304    1886    8.    289.3 /42.0 /24.3
2 Dks                                    88,15/12,80/ 7,38
```

Glattdecker, Masten mit Mars- und Bramstenge, doppelte Mars- und Bramsegel und Royals. Nach Umbau zur Viermastbark Besanmast mit Stenge und einer Gaffel.

Whitehaven Shipbuildings Co., Ismay, Imrie+Co.		Liverpool
Whitehaven		
→ 1895 *Barmbek*	Knöhr+Burchard	Hamburg
→ 1914	im August aufgebracht und nach Brest geschleppt	
→ 1916 *Pacifique*	Compagnie Navale de l'Oceanie	Brest

Auf der Reise von Frederikstad nach Melbourne hatte *Pacifique* eine Kollision mit dem amerikanischen Dampfer *Naamhok.* Der Zusammenstoß ereignete sich am 2. März 1921 ungefähr 8 Seemeilen südlich von St. Catherine's Point. Das Segelschiff wurde nach Le Havre eingeschleppt und kam dann in Caen zum Abbruch.

Nur wenige Einheiten führten nacheinander britische, deutsche und französische Flagge. Anfänglich zur brühmten »White Star Line« gehörend, machte das Schiff unter den Kapitänen Conby und G. M. Dixon regelmäßige Reisen zur Salpeterküste Chiles. Nach der Übernahme durch Knöhr + Burchard ergab sich auch der erste Namenswechsel in einen der obligaten ». . . bek«-Namen der Reederei: *Barmbek.* Nun führten die Kapitäne P. Erbrecht, J. Tadsen, A. Hausen, A. Lühmann und E. Wallis den Viermaster in den weiten Raum des Pazifik, nach Kalifornien, Santa Rosalia, Chile und Australien.
Die letzte Fahrt unter deutscher Flagge nahm am 21. April 1914 am Columbia River ihren Anfang. Im Atlantik stellte dann der französische Kreuzer *Château Renault* das Schiff, und als Prise kam *Barmbek* nach Brest.
Für kurze Zeit auch von Corblet bereedert, kam die Viermastbark – der Umbau hatte ca. 1900 stattgefunden – dann zur Compagnie Navale de l'Ozeanie in Brest, geführt von Commandant Le Layec.
Beim Unfall im Englischen Kanal wurde das Segelschiff stark beschädigt, wogegen der Dampfer seine Reise fortsetzen konnte.

Glaucus

```
St    4 ms    1999/2056    1889    3.    278.7 /41.1 /24.2
2 Dks                                    84,90/12,51/ 7,36
```

Glattdecker, Masten mit Mars- und Bramstenge, doppelte Mars- und Bramsegel und Royals. Nach dem Umbau zur Viermastbark Besanmast mit Stenge und einer Gaffel.

Barclay, Curle+Co., Glasgow	Carmichael, A.+J. H.+Co.	
		Greenock

→ 1905	*Almendral*	Bordes, Ant. Dom. et fils	
			Dunkerque

Im Jahre 1923 zum Abbruch verkauft.

Glaucus war der einzige Viermaster der an und für sich bedeutenden Reederei Carmichael.
Unter britischer Flagge führten die Kapitäne G. Cook, J. W. Beet, J. Chrystal und E. C. Bennett das Schiff über die weiten Ozeane nach Kalifornien, Australien und Indien.
Die ursprüngliche Takelage soll die eines Viermastvollschiffs gewesen sein. Erhaltene Aufnahmen zeigen die Einheit aber immer als Viermastbark.
Mit dem Übergang zur französischen Großreederei ergab sich auch der Einsatz auf der angestammten Salpeterroute. Die Commandants J. Layec, Legoff, Brunet, Houssand und Robyn hatten die Führung der Einheit zur Aufgabe.
Nach dem Niedergang der Wirtschaft nach dem Ersten Weltkrieg erging es der Reederei Bordes gar nicht gut, und sie sah sich gezwungen, eine Einheit nach der anderen zu verkaufen. Mehrere große Schiffe hatten Bordes schon durch Kriegseinwirkung verloren.

Glenbreck

St	4 mbk	1786/1900	1890	7.	271.1 /40.0 /23.6
2 Dks					82,62/12,19/ 7,16

Glattdecker, Masten mit Mars- und Bramstenge, doppelte Mars- und Bramsegel und Royals. Besanmast mit Stenge und einer Gaffel.

Duncan, R.+Co., Port Glasgow	Thorburn, W.	Greenock
→ 1901	Söderlund, J. W.	Raumo

Am 18. Mai 1901 vom Tyne Richtung Valparaiso in See gestochen. Nach einiger Zeit wurde das Schicksal des Schiffes mit einem Wort besiegelt: Verschollen.

Die britischen Kapitäne A. Burd, Morgan und J. F. L. Barclay führten den Viermaster meist auf der Salpeterroute.
Nur kurze Zeit nach dem Verkauf an die Finnen – damals noch unter russischer Herrschaft – ging das Schiff mit Kapitän G. A. Cavenius und der gesamten Mannschaft verloren.

Glencaird

St	4 mbk	2418/2523	1889	4.	312.8 /41.9 /24.5
2 Dks					95,29/12,71/ 7,43

Dreiinselschiff mit 56 Fuß langer Mittschiffsbrücke, Masten mit Mars- und Bramstenge, doppelte Mars- und Bramsegel und Royals. Besanmast mit Stenge und einer Gaffel.

Russell+Co., Port Glasgow	Dixon, W. T.+Sons	Liverpool
→ 1893	Corsar, C. W.	Liverpool

Im Oktober 1901 schickte sich das Schiff an, die Le Maire-Straße anzulaufen, strandete aber vor Port Margaret auf Staten Island.

Die vornehmlich in der Getreidefahrt mit Kalifornien eingesetzte Viermastbark wurde durch die Kapitäne J. Ward und James English geführt.
Die Umrundung des berühmten Kap der Stürme im tiefen Süden des Kontinents wurde auch *Glencaird* zum Verhängnis. Nicht umsonst nannte man diese Region den größten Schiffsfriedhof der Welt!

Glencairn

Fe	4 mbk	1564/1619	1878	6.	252.4 /40.0 /22.4
2 Dks					76,90/12,19/ 6,80

Über Einzelheiten der Takelage dieser kleinen Viermastbark sind keine Unterlagen zu finden.

Dobie+Co., Glasgow	Allan, J.+A.	Glasgow
→ 1892	Law, Thomas+Co.	Glasgow

Auf der Passage von Rochester (GB) nach Seattle ist *Glencairn* am 25. Juli 1907 bei Polycarp Cove auf Staten Island wrackgelaufen.

Wie um die großen und größten Viermaster, ergab sich auch bei den kleinen eine rege Diskussion. Aus den vorliegenden Unterlagen ist ersichtlich, daß diese Einheit nach *Tweedsdale* wohl die nächstgrößere Viermastbark war.

Die Reisen führten das Schiff zu Beginn seiner Karriere meist nach Indien und Burma. Später, unter den Farben von Law, war der Viermaster auch an den Westküsten der amerikanischen Kontinente und in Australien zu sehen. Holz wurde oft zum fünften Erdteil verfrachtet, Kohle ab Newcastle (NSW) war dann für die Heimreise in den Frachträumen verstaut.

Während der fast dreißig Jahre dauernden Laufbahn des Schiffes waren die Kapitäne Tannock, Crosby, Grosart, Le Page, Wilson, Lungmuir, Kerr, Nichol und Wright den Reedern gegenüber für Schiff und Besatzung verantwortlich.

Oftmals schien die Region von Kap Hoorn wie ein Magnet seine Opfer anzuziehen, so auch *Glencairn*.

Glenclova

St	4 mbk	2246/2369	1893	9.	283.0 /43.0 /24.5
1 Dk					86,25/13,10/ 7,43

Glattdecker, Masten mit Mars- und Bramstenge, doppelte Mars-, aber einfache Bramsegel und Royals. Besanmast mit Stenge und einer Gaffel.

Connell, C.+Co., Glasgow	Taylor, W. O.+Co.	Dundee
→ 1909	*Mimi* Schmidt, H. H.	Hamburg

Bei Nehalem, in der Nähe von Astoria, am 14. Februar 1913 auf Grund gelaufen. Im April darauf wieder flottgebracht, doch am 6. April desselben Jahres gekentert und gesunken.

Für Taylor waren die Kapitäne W. Watt und J. Low an Bord des Schiffes, das hauptsächlich den Puget Sound zum Ziel seiner Ausfahrten hatte. Nach dem Verkauf an Schmidt hieß die Viermastbark dann *Mimi*, geführt von Kapitän L. Westphal.
Beim Ansteuern der Mündung des Columbia River verlor die Schiffsführung im dichten Nebel die Orientierung. Eine Verwechslung der Mündung des Nehalem River mit derjenigen des Columbia führte dann zur Strandung.

Über die Rettung der Einheit entspann sich zwischen Bergern und Kapitän eine rege Diskussion. Kapitän Westphal empfahl, das in Ballast fahrende Schiff zu leichtern, wogegen der Bergungskapitän Farley dies ablehnte. Trotzdem wurde Ballast über Bord gebracht, und das Schiff kam wieder frei. Ohne Ballast aber war das Segelschiff von vornherein seiner Stabilität entblößt. Prompt geschah denn auch das Unglück, und *Mimi* lag schließlich wie ein riesiger Wal am Strand. Die dort herrschende Brandung war viel stärker als Kapitän Westphal hatte glauben wollen.

Glencona

St	4 mbk	2489/2631	1890	2.	313.4 /42.1 /24.6
1 Dk					95,50/12,82/ 7,46

Dreiinselschiff mit 56 Fuß langer Mittschiffsbrücke, Masten mit Mars- und Bramstenge, doppelte Mars-, aber einfache Bramsegel und Royals. Besanmast mit Stenge und einer Gaffel.

Russell+Co., Port Glasgow	Taylor, W. O.+Co.	Dundee

Auf der Fahrt vom Tyne nach San Diego ist *Glencona* am 16. Juli 1903 bei San Blas in Argentinien auf Grund gelaufen und wrackgeschlagen.

Im Jahre 1891 ereigneten sich in Iquique revolutionäre Unruhen. Monatelang blieben dadurch Schiffe auf Reede blockiert, unter ihnen auch *Glencona*.
Andere Reisen machte der Viermaster aber auch nach Indien, z.B. Calcutta.
Als Kapitäne amtierten an Bord J. Webster und J. Lynn.

Glenericht

Fe	4 ms	2341/2434	1885	11.	289.6 /44.3 /25.2
2 Dks					88,23/13,48/ 7,67

Glattdecker, Masten mit Mars- und Bramstenge, doppelte Mars- und Bramsegel und Royals. Nach Umbau zur Viermastbark Besanmast mit Stenge und einer Gaffel.

Royden, T.+Sons, Liverpool		McIntyre, L. H.+Co.	Liverpool
→ 1892		Ferguson, L. J.	Liverpool
→ 1895		Davies, E. H.	Liverpool
→ 1899		Just, W.+Co.	Liverpool
→ 1907	*Mariechen*	Bode, J.	Hamburg
→ 1909		Reederei Gesellschaft Nord mbH.	Hamburg
→ 1910		Mattson, R.	Mariehamn

Das Schicksal dieses Schiffes liegt im dunkeln. Letztmals ist die Einheit 1924 in den Registern verzeichnet.

In der Jutefahrt nach Indien war das Schiff zu Beginn seiner Laufbahn eingesetzt.
Im Jahre 1898 hatte das Schiff in der Nähe von Kap Hoorn eine schwere Kollision mit dem Viermaster *Balmoral*. Letzterer konnte seine Reise fortsetzen, *Glenericht* aber erlitt große Schäden und einen schweren Verlust. Die Frau von Kapitän Davies kam bei diesem Zwischenfall ums Leben. *Glenericht* wurde in Montevideo repariert.
Mit dem Wechsel unter deutsche Flagge änderte sich auch für die nun *Mariechen* getaufte Einheit das Frachtgut. Salpeter war die für die Routenwahl bestimmende Ware.
1910 kam *Mariechen* unter russische Flagge zu Mattson. Über die Dauer des Ersten Weltkrieges lag der Viermaster in Chile interniert. Erst im Jahre 1921 trat *Mariechen* ihre Heimreise an.
Zufolge der allgemeinen Wirtschaftslage in den Jahren nach dem Krieg wird es auch für den Reeder aus Mariehamn Schwierigkeiten gegeben haben, und möglicherweise kam das doch relativ alte Schiff zum Abbruch.
Unter britischer Flagge waren die Kapitäne J. Flynn, E. H. Davies und W. Quinn verantwortliche Schiffsführer. Letzter Kapitän für die Briten war T. Evans.
Nachdem der Viermaster für deutsche Reeder durch Kapitän J. Reimers geführt wurde, lösten ihn für Mattson die Berufskollegen N. N. Tornquist, H. Monsen und J. E. Hägerstrand ab. Hägerstrand war später Kommandant der *Viking*.

Glenfinlas

Fe	4 ms	2148/2228	1882	12.	280.7 /41.9 /24.8
2 Dks					85,51/12,71/ 7,51

Glattdecker, Masten mit Mars- und Bramstenge, doppelte Mars-, aber einfache Bramsegel und Royals. Umbau zur Viermastbark. Besanmast mit Stenge und einer Gaffel.

Sunderland Shipbuilding Co., Sunderland	McIntyre, L. H.	Liverpool
→ 1892	Bowring, C. T.+Co.	Liverpool

Ein weiteres Opfer der Kohleladung ist vermutlich diese Einheit geworden. Auf der Passage von Newcastle (NSW) nach Tocopilla ist *Glenfinlas* im Oktober 1897 verschollen.

Die Jungfernreise unter Kapitän D. Grey ging am 17. März 1883 ab Sunderland nach Dundee. Zu Beginn der Fahrenszeit war das Schiff auch in Indien zu sehen.
Bereits im Jahre 1896 hatte der Viermaster mit brennender Kohle auf See große Schwierigkeiten.
Neben Kapitän Grey waren auch J. Flynn, E. H. Davies, A. Patterson und C. A. Read an Bord tätig.

Glenogil

St	4 mbk	2193/2285	1892	1.	278.6 /42.0 /24.3
1 Dk					84,88/12,80/ 7,38

Glattdecker, Masten mit Mars- und Bramstenge, doppelte Mars-, aber einfache Bramsegel und Royals. Besanmast mit Stenge und einer Gaffel.

Russell+Co., Port Glasgow		Edgar, J.+Co.	Liverpool
→ 1914	*Ernst*	Krabbenhöft+Bock	Hamburg
→ 1914	in Sydney beschlagnahmt → *Canowie*	Australian Government	

In der Nähe von Valparaiso, bei Piritu Point auf Chiloe Island, ist das Schiff am 9. Oktober 1916 unter britischer Flagge wrackgelaufen.

Glenogil wurde durch die Kapitäne D. R. Stevenson, Davies und D. Jones auf ihren Reisen in den pazifischen Raum geführt.
Kapitän Stevenson starb auf See, worauf in Tocopilla sein Kollege Davies das Schiff übernahm.
Kurz vor dem Beginn des Ersten Weltkrieges gelangte der Viermaster durch Verkauf unter deutsche Flagge, wo er dann den Namen *Ernst* erhielt und von Kapitän J. Reinhold übernommen wurde.
Die Tage im Dienste von Krabbenhöft + Bock waren aber gezählt. In Sydney wurde der Viermaster beschlagnahmt, *Canowie* benannt und unter britische Flagge gestellt.
Der Unfall, der zum Verlust des Schiffes führte, ereignete sich bei einer Überfahrt von Port Talbot nach Mejillones.

Glenorchy

Fe	4	ms	2149/2229	1882	8.	280.7	/42.0 /24.8
2 Dks						85,51/12,80/ 7,51	

Glattdecker, Masten mit Mars- und Bramstenge, doppelte Mars-, aber einfache Bramsegel und Royals. Nach Umbau zur Viermastbark Besanmast mit Stenge und einer Gaffel.

Sunderland Shipbuilding Co.	McIntyre+Co.	Liverpool
→ 1893	Bowring, C. T.	Liverpool
→ 1897/78 *Fratelli Beverino*	Fratelli Beverino	Genova
→ 1910 *Cavaliere Lauro*	Lauro, G.	Castellamare
→ 1911 *Italia*	D'Esposito, A.	Castellamare

Im Juli 1915 ist das Schiff nach einer Kollision vor Cabo de Gata (Spanien) gesunken.

Es muß hier nochmals erwähnt werden, daß Lloyd zu Beginn der Registereintragungen die Viermaster nicht als Vollschiff und Bark unterschied. Nach Bildern ist festzustellen, daß die Einheit als Bark getakelt war.

Unter den Kapitänen Grimsditch, McFee, Taylor, G. Seeley, J. Baron und C. T. Bowring segelte *Glenorchy* ihre Reisen nach Indien und Australien.

Als *Fratelli Beverino* kam das Schiff unter die italienische Trikolore, geführt durch die Kapitäne P. Marselli und P. Colotto.

Nach rund zwölf Jahren ergaben sich kurz nacheinander zwei weitere Besitzerwechsel. *Cavaliere Lauro* und *Italia* wurden geführt von Kapitän M. Langobardo und A. Lauro.

Für die Italiener machte der Viermaster seine Reisen nach Australien und Chile. Dabei waren Kohle und Salpeter die hauptsächlichsten Transportgüter.

Nicht weit von der Heimat verunglückte das Schiff 1915. Das Cabo de Gata liegt in der Nähe von Almeria.

Goldenhorn

Fe	4	mbk	1842/1915	1883	1.	268.6	/40.2 /23.7
2 Dks						81,31/12,24/ 7,18	

Glattdecker, Masten mit Mars- und Bramstenge, doppelte Mars-, aber einfache Bramsegel und Royals. Besanmast mit Stenge und einer Gaffel.

Russell+Co., Greenock	de Wolff, J. R.	Liverpool

Am 12. September 1892 ist *Goldenhorn* auf Santa Rosa Island bei Los Angeles wrackgelaufen.

De Wolff gab in den Jahren 1882 bis 1884 bei Russell in Greenock drei Viermastbarken in Auftrag, die alle ».. . horn«-Namen führten. Auch über dieses Schiff ist leider wenig bekannt, lediglich das Ereignis, das zu seinem Ende führte.

Als Kapitäne des Viermasters amtierten die Herren Farr, Skimmin, E. S. Whites und H. Dunn.

Goodrich

St	4	mbk	2153/2243	1892	7.	284.2	/42.1 /24.5
1 Dk						86,61/12,82/ 7,43	

Glattdecker, Masten mit Mars- und Bramstenge, doppelte Mars- und Bramsegel und Royals. Besanmast mit Stenge und Gaffel.

Workman, Clark+Co., Belfast	Boyd Bros.+Co.	Belfast
→ 1895 *Fennia*	Raumo Nya Skeppsrederi A/B.	Raumo
→ 1908	Finska Rederi A/B.	Helsingsfors
→ 1912	A/B Finska Skolskeppsrederiet	Helsingfors
→ 1917	von Großbritannien übernommen. Umbau zum Tanker *Fiona Shell*	

Seit 1923 Ölhulk in Gibraltar. Dort im Jahre 1941 von einem italienischen Torpedoboot versenkt.

Diese erste Einheit, die den Namen *Fennia* führte, wurde in Belfast erbaut. Sie ist nicht zu verwechseln mit der *Fennia II* ex *Champigny*, welche 1902 in Le Havre vom Stapel lief.

Nach der Zeit unter britischer Flagge kam das Schiff nach dem damals russischen Raumo, dem heutigen Åbo.

Von den Reisen dieser Viermastbark sind auch nur wenige Daten bekannt. Man weiß hingegen, daß Reisen rund Kap Hoorn bis hinauf nach San Francisco im Fahrtenprogramm des Schiffes waren. Noch vor dem Ersten Weltkrieg diente *Fennia* als Schulschiff zur Ausbildung nautischen Nachwuchses.

Bei Boyd Bros. führte Kapitän R. A. Williams die Viermastbark. Im damals noch zaristischen Rußland waren die Kapitäne G. W. Wass, K. Hellman, W. Söderman, C. Nygren und P. K. Jansson für das Schiff verantwortlich.

Die Übernahme durch Großbritannien führte zum Umbau als Tanker *Fiona Shell* im Dienste der Anglo-Saxon Petroleum Co. Die eingebauten Motoren waren ursprünglich für russische U-Boote bestimmt. Durch den Ausbruch der Revolution in Rußland wurden die Kontakte mit diesem Lande abgebrochen, und so kamen die Motoren in das umgebaute Segelschiff.

Im Jahre 1921 blieb der Tanker in Piräus als Öllagerschiff liegen. Später schleppte man das Schiff nach Gibraltar, wo die kriegerischen Ereignisse des Zweiten Weltkrieges der ehemaligen *Goodrich* ein Ende bereiteten.

Gosford

St	4	mbk	2136/2251	1892	1.	281.6	/42.3 /24.4
1 Dk						85,79/12,87/ 7,41	

Glattdecker, Masten mit Mars- und Bramstenge, doppelte Mars- und Bramsegel und Royals. Besanmast mit Stenge und Gaffel.

Scott+Co., Greenock	Briggs, Harvie+Co.	Glasgow

Nach einem Vermerk in Lloyds Register ist *Gosford* im November 1893 auf See durch Feuer zerstört worden.

Scott in Greenock baute alle drei ».. . ford«-Einheiten für Briggs, Harvie in Glasgow. Alle drei kamen durch Unfälle aus den Registern. Im Sommer 1893 lag der Viermaster längere Zeit in San Francisco und wartete auf bessere Frachtraten. Offenbar auf der Heimreise aus dem Pazifik ist das Schiff dann verlorengegangen. Als Kapitäne dienten an Bord D. Mc Williams und W. Robertson.

Gowanbank

St	4 mbk	2205/2288	1891	3.	278.0	/42.0	/24.2
1 Dk					84,73/12,80/		7,36

Glattdecker, Masten mit Mars- und Bramstenge, doppelte Mars-, aber einfache Bramsegel und Royals. Besanmast mit Stenge und einer Gaffel.

Russell + Co., Port Glasgow	Weir, A. + Co.	Glasgow

Auf der Reise von Barry nach Iquique mußte das Schiff in der Region von Kap Hoorn am 23. April 1896 aufgegeben werden. Die in Brand geratene Kohle konnte nicht mehr gelöscht werden.

Alle von Russell gelieferten Einheiten für die »Bank-Line« von Weir waren in ihren Dimensionen sehr ähnlich. Besonders für die Getreidefahrt vom Pazifik eingerichtet, waren die Schiffe praktisch auch nur auf dieser Route im Einsatz.
Für die Ausreisen wurde meist Kohle aus den britischen Kohlerevieren in Wales als Fracht an Bord genommen. Vielen Schiffen wurde diese Fracht zum Verhängnis.
Kommandiert wurde *Gowanbank* durch die Kapitäne J. Ferguson, W. Grimsditch und G. Puxley.

Gowanburn

St	4 mbk	1999/2079	1886	4.	289.1	/42.2	/23.7
2 Dks					88,10/12,85/		7,18

Glattdecker, Masten mit Mars- und Bramstenge, doppelte Mars- und Bramsegel und Royals. Besanmast mit Stenge und Gaffel.

Scott + Co., Greenock	Shankland, R. + Co.	Greenock

Seit Februar 1893 ist dieses Schiff auf der Passage von Newcastle nach San Francisco als vermißt gemeldet. Kohleladung!

Indien und der Pazifik bis Australien waren die Ziele der Ausfahrten des Viermasters. Die Kapitäne J. Hunter und W. Gerhard führten *Gowanburn* während ihrer recht kurzen Laufbahn.
Vom berühmten Kohlehafen Newcastle (NSW) auslaufend, ist die Viermastbark im Pazifik verschollen. Höchstwahrscheinlich ist auch hier die gefährliche Fracht am Verlust des Schiffes schuld.

Great Republik

Ho	4 mbk	4300/4555	1853	10.	335	/53	/38
4 Dks					102	/16	/11

Glattdecker, Masten mit Mars- und Bramstenge, doppelte Mars- und Bramsegel und Royals. Besanmast mit Stenge und einer Gaffel.

Mc Kay, Donald, Boston	Mc Kay, Donald	Boston
→ 1853	Am 26. Dezember 1853 im Hafen von New York ausgebrannt.		
→ 1855	erste Ausreise nach Umbau	Low, A. A. + Bros.	New York
→ 1862	Reduktion der Takelage auf 3 Masten		
→ 1866		Hatfield, J. S.	Yarmouth Nova Scotia
→ 1869	*Denmark*	Fernie Bros.	Liverpool

Am 3. März 1872 sank das berühmte Schiff im schweren Orkan bei den Bermuda-Inseln. War schon damals das berüchtigte Bermuda-Dreieck aktiv?

Nur wenige Schiffe, die in den Rahmen unserer Betrachtungen gehören, haben in der Schiffahrtsliteratur mehr Niederschlag gefunden als diese berühmte Einheit.
Ermutigt durch seine großen Erfolge mit den Clippern, wollte McKay ein »Zeichen« setzen. *Great Republic* war die eigentliche Urahne aller späteren Konstruktionen, die die Bezeichnung Viermastbark verdienen. Die noch früheren Kanadier wären wohl als Vorläufer zu bezeichnen.
Aus Holz gebaut, hatte das Schiff aber schon eiserne Versteifungen, war also auch schon wegweisend für die später übliche Composit-Bauweise. Erstmals wurden auch in der Takelage Neuerungen eingeführt. Die Segel hatten so gewaltige Ausmaße, daß die Bramsegel in zwei Tücher aufgeteilt wurden, wären sie doch sonst gar nicht mehr von Hand zu manipulieren gewesen. Die Großrah hatte eine Länge von 120 Fuß, also gegen 37 Meter! Das Glück stand aber dem kühnen Schiffbauer diesmal nicht bei.
Im Schlepp brachte man *Great Republic* nach New York, wo Feuer das Meisterwerk Mc Kays praktisch vernichtete.
Der anschließend vorgenommene Um- und Neubau reduzierte das Schiff auf einigermaßen normale Dimensionen.
Im Februar 1855 startete der Viermaster zu seiner ersten Reise nach Liverpool, wo er nach nur 13 Tagen bei Sandy Hook erschien.
Zu einem späteren Zeitpunkt kam das Schiff nach Europa, wo es als *Denmark* sogar für den Truppentransport zum Krimkrieg eingesetzt wurde.
Schließlich aber waren die Naturgewalten wiederum stärker als Menschenwerk. Im schweren Orkan schlug der Riese leck und versank in den Fluten.

Grenada

St	4 mbk	2106/2268	1894	11.	278.4	/42.0	/24.1
1 Dk					84,83/12,80/		7,33

Glattdecker, Masten mit Mars- und Bramstenge, Jubilee-Rigg, Besanmast mit Stenge und einer Gaffel.

Russell + Co., Greenock	Denniston, P. + Co.	Glasgow
→ 1900	Lang + Fulton	Glasgow
→ 1910	Roberts, Owen + Co.	Glasgow

32 Seemeilen SW von Beachy Head wurde *Grenada* am 22. November 1916 auf der Fahrt von Le Havre nach New York durch ein deutsches U-Boot versenkt.

Die Reisen dieser Viermastbark gingen meist zum Pazifik, sowohl nach Chile, Kalifornien wie auch bis nach Australien.
Die Kapitäne F. J. F. Harder, E. O. Korf, W. P. Putt, J. J. Elston, R. Watt und G. Jones führten die Einheit sicher und auf durchschnittlich guten Reisen, bis daß auch diesem Schiff der Krieg zum Verhängnis wurde.

Gunford

St	4 mbk	2108/2261	1892	10.	281.6 /42.3 /24.6
1 Dk					85,79/12,87/ 7,46

Glattdecker, Masten mit Mars- und Bramstenge, doppelte Mars- und Bramsegel und Royals. Besanmast mit Stenge und einer Gaffel.

Scott+Co., Greenock	Briggs, Harvie+Co.	Glasgow
→ 1897	Briggs, F.+Co.	Glasgow

Von Hamburg nach Santa Rosalia unterwegs, lief die Viermastbark am 10. Dezember 1907 auf Fogo-Riff, Nähe Cap San Roque (Brasilien), wrack.

Wie die anderen Segler, der ». . . ford«-Flotte von Briggs, Harvie wurde auf den Ausreisen Kohle geladen, die nach Kalifornien zu bringen war. Getreide ab den Häfen am Pazifik kam dann in die Frachträume für die Heimreisen.
Über die Jahre führten die Kapitäne J. Weir, P. Macpherson, J. Watt, J. Sinclair und Sember das Schiff.
Nach dem Unfall in Brasilien erkrankten mehrere der geretteten Seeleute an Malaria, die unter ihnen einige Opfer forderte. Kapitän Sember konnte mit dem Rest seiner Crew per Dampfer nach Europa zurückkehren.

Hans

St	4 mbk	2869/3102	1904	335.5 /46.9 /26.5
2 Dks				102,22/14,24/ 8,04

Dreiinselschiff mit 65 Fuß langer Mittschiffsbrücke, Masten mit Mars- und Bramstenge, doppelte Mars- und Bramsegel und Royals, Besanmast mit Stenge und zwei Gaffeln.

Hamilton,W.+Co., Port Glasgow		Siemers, G. J. H.+Co. Hamburg
→ 1914	in Santa Rosalia interniert	
→ 1917	durch die USA beschlagnahmt	
→ 1920	verkauft *Mary Dollar*	Dollar, Rob.+Co. San Francisco
→ 1934	abgetakelt, Spielsalon-Schiff *Tango*	Watt, A. Charles Long Beach
→ 1942	wieder aufgeriggt zur Sechsmast- barkentine	Transatlantik Navigation Co. New York
→ 1943	an Portugiesen, Umbau zu Sechsmast- schoner *Cidade do Porto*	
→ 1948	in Lissabon zum Abbruch versteigert	

In Lissabon im Jahre 1948 abgebrochen.

Zu Beginn des Ersten Weltkrieges standen fünf Viermastbarken im Dienste der Reederei Siemers. *Hans* war wie andere Einheiten speziell zum Transport von Salpeter ab den Häfen der chilenischen Küste eingerichtet. Auf den Ausreisen meist mit Kohle oder Koks beladen, kehrten die Schiffe mit dem begehrten Düngemittel nach Europa zurück. Nebenbei wurden auch Abstecher nach Australien gefahren, wobei dann auch Kohle ab Newcastle (NSW) nach Chile verfrachtet wurde.
Schon auf der Jungfernreise am 24. April 1904 ab Port Talbot ereignete sich an Bord eine Explosion in der Kohleladung. Kapitän J. F. Küelsen sah sich zur Umkehr gezwungen, und die Reise konnte erst am 2. September wieder aufgenommen werden.
1914 erfolgte die Internierung in Santa Rosalia, immer noch unter dem Kommando von Kapitän Küelsen.
Nach dem Kriege kam das Schiff als *Mary Dollar* unter die Hausflagge von Dollar in San Francisco. Nach längerer Liegezeit in Alameda kam die einst stolze Viermastbark als schwimmender Spielsalon »Tango« zum Einsatz.
Mit dem Zweiten Weltkrieg wurde Schiffsraum wiederum knapp, und der Segler kam mit neuer Takelage als Sechsmastbarkentine zu neuen Aufgaben. In Lourenço Marques übernahmen dann die Portugiesen das Gefährt, und nun hieß es *Cidade de Porto*, getakelt als Sechsmastschoner.
Schließlich gelangte die Einheit durch Versteigerung zum Abbruch.

Hawaiian Isles

| St | 4 mbk | 2027/2097 | 1892 | 2. | 270.0 /43.1 /23.6 |
| 1 Dk | | | | | 82,29/13,12/ 7,16 |

Glattdecker, Masten mit Mars- und Bramstenge, doppelte Mars- und Bramsegel und Royals. Besanmast mit Stenge ohne Gaffel.

Connell, C.+Co., Glasgow		Hawaiian Construction Co. Honolulu
→ 1893		Nelson, A.	Honolulu
→ 1900		Welch+Co.	Honolulu
→ 1906		Matson Navigation Co. San Francisco
→ 1910	Star of Greenland	Alaska Packers Association San Francisco
→ 1929	Abraham Rydberg I	Rydberg Stiftung	Stockholm
→ 1943	Foz do Douro	Campus, J. R.	Oporto
→ 1946	nach Entmastung Einbau von Motoren		
→ 1951		Sociedade Industrial Ultramarina	

In La Spezia im Februar 1957 zum Abbruch gelangt.

Dieser Einheit war bestimmt, ein sehr wechselvolles Schicksal hinter sich zu bringen. In Großbritannien erbaut, nach dem Pazifik zum Haupteinsatz verbracht, im Jahre 1929 zum schwedischen Schulschiff umgewandelt. Später dann unter portugiesischer Flagge bis nach Ende des Zweiten Weltkrieges noch im Dienst, und schließlich in Italien zum Abbruch.

Hawaiian Isles war lange Zeit das einzige unter der Flagge von Hawaii registrierte große Segelschiff. Sein Einsatz erfolgte zwischen der Inselgruppe im Pazifik und den USA, sowohl an die Ost- wie an die Westküste. Bis zum Jahre 1909 führten die Kapitäne O. Kustel, O. Rice und W. M. Mallett den Viermaster. Von Hawaii wurde meist Zucker nach den USA verfrachtet.

Nach der Übernahme durch die Alaska Packers kam Kapitän P. H. Petersen an Bord des Schiffes, welches nun den Namen *Star of Greenland* führte. Zwischen den USA und ihrer abgelegenen Provinz Alaska hin und her pendelnd, brachte der Viermaster nun tonnenweise Salm an die Küste Kaliforniens. 1920 war diese Zeit zu Ende, und das Schiff lag für Jahre auf.

Im Jahre 1929 segelte die Viermastbark als *Abraham Rydberg I* mit einer vollen Gerstenladung rund Kap Hoorn nach Europa, wo dann die Laufbahn als schwedisches Schulschiff begann. Die Kapitäne S. Tamm, S. G. Hallström, Malmberg und H. Huet führten die Einheit nun bis nach Australien. Erst im Jahre 1939 fand diese Periode ihr Ende, am 22. Juli traf der Viermaster in Göteborg ein.

Bei Kriegsbeginn wurde das Schiff in amerikanische Gewässer verlegt. Regelmäßige Fahrten zwischen den Ostküsten beider amerikanischer Kontinente konnten ohne Behinderung durch Feindseligkeiten absolviert werden.

Nach längerer Liegezeit wurde die Einheit an die Portugiesen verkauft, worauf erneut der Name wechselte: *Foz do Douro*.

Noch 1946 wurden Motoren eingebaut, doch die Zeit der alten Viermastbark war abgelaufen. Lange, lange Liegezeit wurde 1957 beendet.

H. Bischoff

| Fe | 4 ms | 2708/2776 | 1865 | | 356.0 /43.8 /27.3 |
| 2 Dks | | | 1889 | | 108,5 /13,3 / 8,29 |

Glattdecker, Masten mit Mars- und Bramstenge, doppelte Mars- und Bramsegel und Royals. Achtermast mit nur einfachem Bramsegel.

Napier, R.+Sons, Glasgow		
Blyth Dry Dock Co., Blyth	Bischoff, H.+Co.	Bremen

Am 28. Oktober 1900 auf dem großen Vogelsand in der Elbmündung gestrandet und verloren.

Nicht alles, was Dampf hatte, mußte gleichzeitig auch Erfolg haben. So kam auch der Dampfer *Ville de Paris* der Compagnie Générale Transatlantique im Jahre 1889 zum Umbau in ein Segelschiff. Als Viermastvollschiff *H. Bischoff* kam das Schiff unter deutsche Flagge. Auffällig sind in den Daten sofort die große Länge und die erhebliche Raumtiefe. *H. Bischoff* war nur um weniges kürzer als der Fünfmaster *France I*. Ein Breitenindex von nahezu 8 war zu jener Zeit außerordentlich.

Die gleichen Dimensionen hatte der andere umgebaute Dampfer derselben Gesellschaft. *Péreire* wurde als *Lancing* unter Seeleuten als sehr schnelles Schiff ebenso bekannt.

In Bremen ging Kapitän B. J. Schwarting an Bord des großen Schiffes und führte es zu den Salpeterhäfen in Chile und zurück. Von Caleta Buena heimkehrend, geriet der Viermaster am 28. Oktober 1900 vor der Elbmündung in einen der berüchtigten Nordseestürme. Auf dem als Schiffsfriedhof bekannten großen Vogelsand strandete *H. Bischoff*. Trotz vielseitiger Bemühungen gelang es nicht mehr, das Schiff abzubringen, und am Tage nach dem Unfall brach der Rumpf auseinander. Über Jahre war noch der stählerne Großmast des gesunkenen Schiffes zu sehen, ganz ähnlich wie in unseren Tagen die Masten der *Ondo* und *Fides*.

Hebe

| St | 4 mbk | 2616/2722 | 1891 | 9. | 307.9 /45.1 /25.3 |
| 2 Dks | | | | | 93,79/13,73/ 7,69 |

Glattdecker, Masten mit Mars- und Bramstenge, doppelte Mars- und Bramsegel und Royals, Besanmast mit Stenge und einer Gaffel.

Blohm+Voss, Hamburg	Wencke, B. Söhne	Hamburg

Hebe ist verschollen. Am 23. April 1898 wurde das Segelschiff vom Lloyddampfer *Wittekind* letztmals auf Pos. 15° 6' S/37° W gesehen.

Wencke bestellte bei Blohm + Voss im Jahre 1891 die erste in Deutschland zu bauende Viermastbark aus Stahl, die dann den Namen *Hebe* erhielt.

Kapitän D. Rowehl übernahm das neue Schiff, welches sich als außerordentlich schnell erwies. Die Reisen gingen nach Australien und zu den Salpeterhäfen in Chile.

Mit Kohle ab Barry segelnd, ist der Viermaster verschollen. Sein Zielhafen wäre Iquique gewesen. Da das Schiff an der Ostküste Südamerikas zum letzten Mal gesehen wurde, liegt der Verdacht nahe, daß *Hebe* einem der gefürchteten Pamperos zum Opfer gefallen ist.

Von Schiff, Kapitän und Mannschaft hat man nie mehr etwas gesehen oder gefunden.

Herzogin Cecilie

St	4 mbk	2786/3242	1902	4.	314.1 /46.0 /23.8
2 Dks					95,72/14,02/ 7,21

Dreiinselschiff mit langer, bis Achterkante Mittschiffsbrücke gezogener Poop und relativ kurzer Back. Masten mit Mars- und Bramstenge, doppelte Mars- und Bramsegel und Royals. Besanmast mit Stenge und zwei Gaffeln.

Rickmers AG., Bremerhaven	Norddeutscher Lloyd	Bremen
→ 1921	Erikson, G. Mariehamn	

Am 25. April 1936, also fast auf den Tag genau 34 Jahre nach dem Stapellauf, verunglückte das Schiff bei Salcombe an der Küste von Devon, Nähe Start Point.

Der 22. April 1902 war in Bremerhaven Festtag, lief doch damals das zweite für den Norddeutschen Lloyd erbaute Schulschiff vom Stapel. Herzogin Cecilie sollte einer der bekanntesten Viermaster überhaupt werden. Nur wenige andere Einheiten fanden in der Schiffahrtsliteratur so viel Beachtung wie die Herzogin Cecilie.
Als erster Kapitän ging M. Dietrich an Bord des prachtvollen Schiffes. Nach gründlichen Vorbereitungen konnte am 25. Juni 1902 die Jungfernreise angetreten werden. Salz sollte nach Portland (Ore) transportiert werden. In der Kap-Hoorn-Region erwiesen sich Schäden an den Racks als schwerwiegend, verlor das Schiff doch drei Rahen. Am 19. August lief der Viermaster zu Reparaturen in Montevideo ein.
Am 8. Oktober konnte die Fahrt fortgesetzt werden, und der weitere Verlauf der Reise vor normal.
Nach etwas mehr als einem Jahr kehrte Herzogin Cecilie am 16. Juli 1903 nach Bremerhaven zurück.
Weitere große Fahrten brachte das Schiff auf Kursen nach Chile, Nordamerika (Philadelphia), Japan, Singapore und Rangoon unter den Kiel.
Nach Kapitän Dietrich übernahmen die Herren O. Walter und D. Ballehr das Kommando des Schulschiffes.
In Coquimbo verbrachte die Viermastbark den größten Teil des Ersten Weltkrieges in der Internierung.
Nach dem Kriege den Franzosen zugesprochen, kam das Schiff dann durch Verkauf in Ostende an Gustaf Erikson in Mariehamn, führte also nun finnische Flagge.
Für die Einheit begann eine neue, ganz große Zeit. Kapitän Reuben de Cloux wurde Kommandant und führte Herzogin Cecilie über Jahre. Abgelöst wurde de Cloux im Jahre 1929 durch Sven Erikson, dessen Frau Pamela zur Zeit des Unfalls mit an Bord war.
Im Frühjahr 1936 hatte das Schiff Falmouth »for orders« erreicht und wurde nach Ipswich befohlen. Im dichten Nebel strandete der Viermaster am 25. April.

Hiddekel

St	4 mbk	2500/2655	1892	9.	296.0 /45.6 /25.7
2 Dks					90,22/13,86/ 7,79

Glattdecker, Masten mit Mars- und Bramstenge, Jubilee-Rigg, Besanmast mit Stenge und einer Gaffel.

Barclay, Curle+Co., Glasgow	Hill, R.+Co.	Glasgow

In der Houts Bay (Südafrika) lief Hiddekel am 17. Dezember 1902 auf ein Riff. Trotz verzweifelter Bemühungen der Mannschaft konnte das Schiff nicht gerettet werden, es sank. Die Besatzung konnte sich nach Capetown retten.

Kapitän W. Oudray führte die Viermastbark für seinen Reeder. Die Fahrten gingen bis nach Australien, doch sind keine Einzelheiten bekannt.
Ein Navigationsfehler scheint die Ursache für den Unfall gewesen zu sein.

Hinemoa

St	4 mbk	2203/2283	1890	11.	278.1 /41.9 /24.2
1 Dk					84,75/12,71/ 7,36

Glattdecker, Masten mit Mars- und Bramstenge, Jubilee-Rigg. Besanmast mit Stenge und einer Gaffel.

Russell+Co., Greenock	Leslie, J.	Glasgow
→ 1914	Windram, G.+Co.	Liverpool
→ 1917	Murphy, J. G. P.	Liverpool

Auch dieser Einheit wurde der Krieg zum Verhängnis. Am 7. September 1917 versenkte ein deutsches U-Boot den Viermaster rund 35 Meilen WSW der Bishop Rocks.

Hinemoa war das erste Segelschiff, welches für den Transport von Frischfleisch aus Neuseeland eingerichtet war. Der Name der Einheit deutet schon auf die Maori-Sprache hin, denn Hinemoa hieß die Tochter eines Eingeborenenhäuptlings.
Später, als das Schiff für allgemeines Frachtgut eingesetzt wurde, entfernte man die Kühlmaschinen.
Tragisch verlief die erste Ausreise des Viermasters, starben doch vier junge Seeleute an Typhus. Als Ballast wurde Schutt aus einem Londoner Friedhof geladen!
Für die Schiffsführer schien Hinemoa ein Unglücksschiff ersten Ranges zu sein. Kapitäne waren R. de Steiger, J. H. Walter, N. J. Royan, J. A. Evans, James Rugg, E. Nixon, J. Reynolds, R. A. Goudey, T. A. Parkhill und D. Thomson. Einer der Herren wurde an Bord vom Wahnsinn betroffen, ein anderer wurde kriminell, ein Dritter war unfähiger Trunkenbold, und schließlich wurde ein weiterer Kommandant tot in seiner Kabine gefunden, ein Revolver lag neben ihm.
Das die Viermastbark den Namen eines »unlucky«-ship, also Unglücksschiff, erhielt, war also durchaus berechtigt.
Zu allem anderen Übel kam im Jahre 1908 noch eine Strandung in der Nähe der Lorne Jetty in Australien. Mit viel Glück kam das Schiff jedoch wieder frei, ohne Schaden genommen zu haben.
Unter der Hausflagge von Windram brachte der Viermaster sehr viel Bauholz von Frederikstad nach Australien. Für die Heimreisen war dann meist Getreide die Fracht. So war es auch, als das Schiff versenkt wurde.

Holkar

St	4 ms	2960/3073	1888	4.	329.3 /45.2 /26.7
2 Dks					100,34/13,76/ 8,09

Glattdecker, Masten mit Mars- und Bramstenge, doppelte Mars- und Bramsegel und Royals. Nach Umbau zur Viermastbark Besanmast mit Stenge und einer Gaffel.

Harland+Wolff, Belfast		Brocklebank, T+J.	Liverpool
→	1901	*Adelaide*	Wätjen, D.+H.	Bremen
→	1913	*Odessa*	Rhederei AG. von 1896	
				Hamburg
→	1914	von Großbritannien gekapert und wieder *Adelaide* benannt.		
→	1915	*Souverain*	Meling, A. jr.	Stavanger
→	1917		Henschien, A.	Tvedestrand
→	1923	*Hippalos*	Knudsen, E.	Lillesand

In den Niederlanden im Jahre 1925 abgebrochen.

Holkar und *Sindia*, die beiden in den späten achtziger Jahren in Belfast erbauten Viermaster, gehörten zu den ersten Einheiten mit einer Bruttotonnage von über 3000 ts und damit zu den größten Segelschiffen der Welt.
Holkar war das letzte Segelschiff, welches für Brocklebank gebaut wurde. Unter dessen Hausflagge führten die Kapitäne Ellery, W. Peterkin, J. I. Nicolson und F. Fredrickson den großen, aber nicht besonders schnellen Viermaster. Der Umbau zur Bark erfolgte etwa 1900.
Nach dem Verkauf an Wätjen erhielt das Schiff den Namen *Adelaide*, geführt durch die Kapitäne C. Kobbe, H. Wessel und C. Cäbler. Der Einsatz erfolgte zur Hauptsache auf der Salpeterroute. Kurz vor dem Kriege 1914/18 erwarben die »1896er« aus Hamburg das Schiff, worauf es erneut den Namen wechselte in *Odessa*.
Allerdings war die Zeit für die neue Reederei sehr kurz bemessen, denn schon bald wurde die Einheit von britischen Seestreitkräften aufgebracht und gekapert.
Doch schon im Jahre darauf, 1915, verkauften die Briten das Schiff nach Norwegen, zu Meling nach Stavanger. Wiederum änderte sich der Name, und zwar in *Souverain*.
Damit nicht genug, denn noch zweimal wechselte der Besitzer, und letztlich hieß die Einheit *Hippalos,* als welche sie noch nach Australien segelte. Unter der norwegischen Flagge waren die Kapitäne S. Svendsen und A. J. Axelsen für die gute Führung verantwortlich. Eine reich befrachtete Schiffsgeschichte fand 1925 in den Niederlanden ihren Abschluß.

Hollinwood

St	4 ms	2606/2673	1889	8.	307.7 /45.1 /24.2
2 Dks					93,74/13,73/ 7,36

Glattdecker, Masten mit Mars- und Bramstenge, doppelte Mars- und Bramsegel und Royals. Nach Umbau Besanmast mit Stenge und einer Gaffel.

Royden, T.+Sons, Liverpool	MacVicar, Marshall+Co. Liverpool

Auf der Heimreise mit einer Ladung Wolle von Sydney geriet das Schiff im August 1898 in der Nähe der Azoren in Brand und mußte auf Pos. 35° 38' N/40° 46' W aufgegeben werden.

Hollinwood wurde auf großer Fahrt nach Australien eingesetzt. Geführt von den Kapitänen S. P. H. Atkinson, W. Lewis und W. R. Kidd hatte der Viermaster mehrmals mit Feuer zu kämpfen, jenem Element, das ihm schließlich auch zum Verhängnis wurde.
Im Pazifik war das Schiff in verschiedenen Häfen zu sehen. Auch auf Pitcairn Island machte es 1890 halt, um seine Vorräte an frischem Gemüse und Früchten zu erneuern.

Holt Hill I

Fe	4 ms	2441/2523	1884	4.	300.0 /42.2 /24.7
1 Dk					91,44/12,85/ 7,48

Glattdecker, Masten mit Mars- und Bramstenge, doppelte Mars- und Bramsegel und Royals. Besanmast nach Umbau mit Stenge und einer Gaffel.

Potter, W. H.+Son, Liverpool	Price, W.+Co.	Liverpool

Auf St. Paul's Island im Indischen Ozean ist *Holt Hill I* am 14. November 1889 wrackgelaufen.

Da *Holt Hill I* als Schwesterschiff der *Marlborough Hill* bei Potter für Price erbaut wurde, ist anzunehmen, daß auch diese Einheit ursprünglich mit Skysegeln bestückt war. Genaue Angaben waren aber nicht zu finden. Für Price führten die Kapitäne T. E. Parker und G. Sutherland den Viermaster.
Die Unglücksreise ging in Ballast von Rio de Janeiro nach Calcutta, nachdem in Südamerika eine Ladung Kohle gelöscht worden war.

Holt Hill II

St	4 mbk	2269/2398	1890	7.	282.7 /43.0 /24.1
1 Dk					86,12/13,10/ 7,33

Glattdecker, Masten mit Mars- und Bramstenge, Jubilee-Rigg, Besanmast mit Stenge und einer Gaffel.

Russell+Co., Port Glasgow		Price, W.+Co.	Liverpool
→	1916	als Hulk *Marthe Solange*	Société Maritime et Commerciale	Bordeaux
→	1919	Hulk in Algier		

Zu Beginn des Monats Dezember 1916 verließ *Holt Hill II* den Hafen von Nantes. In einem schweren Sturm wurde das Schiff vollständig entmastet und aufgegeben. Schließlich brachte ein französischer Dampfer den herrenlosen Segler am 30. Dezember 1916 nach Verdon Roads. Als Hulk mit dem Namen »Marthe Solange« dienten die Reste der Viermastbark ab 1919 in Algier, wo 1928/29 auch der Abbruch erfolgte. Die Crew des Segelschiffs wurde durch einen niederländischen Dampfer nach Plymouth gebracht.

Nach dem unglücklichen Verlust der ersten Einheit mit dem Namen *Holt Hill* ließ Price sofort ein neues Schiff gleichen Namens bauen.
Für Price führten die Kapitäne R. Edward, T. E. Parker, E. Jenkins, R. Williams, W. J. Jones, Bolderston, H. J. Bray, D. McLeod und R. C. Scott den Viermaster. Über die Reisen des Schiffes ist leider nichts Näheres bekannt.

Holyhead

Fe	4 mbk	2273/2336	1889	11.	294.0 /42.0 /24.5
2 Dks					89,61/12,80/ 7,43

Glattdecker, Masten mit Mars- und Bramstenge, Jubilee-Rigg, Besanmast mit Stenge und einer Gaffel.

Evans, R.+J.+Co., Liverpool	Thomas, W.+Co.	Liverpool

Schon auf der ersten Ausreise strandete *Holyhead* am 12. Februar 1890.

Es gab ab und zu recht kurze Laufbahnen für diesen oder jenen Segler. *Holyhead* aber scheint doch fast den Rekord in dieser Beziehung zu halten. Kapitän T. Williams widerfuhr dieses Pech.

Honresfeld

St	4 mbk	2873/3045	1891	5.	312.9 /46.1 /25.8
2 Dks					95,31/14,04/ 7,82

Dreiinselschiff mit 36 Fuß langer Mittschiffsbrücke. Masten mit Mars- und Bramstenge, doppelte Mars- und Bramsegel und Royals. Besanmast mit Stenge und einer Gaffel.

Doxford, W.+Sons, Sunderland	Joyce, J.	Liverpool

Am 20. Dezember 1892 im Pazifik auf Pos. 8° 20' N/116° 30' W ausgebrannt aufgegeben. Im Jahre 1895 soll das Wrack des Viermasters auf Pos. 9° N/175° W treibend gesichtet worden sein.

Honresfeld widerfuhr ein ähnliches Schicksal wie *Holyhead*, allerdings war das Schiff über ein Jahr im Dienst. Die Kapitäne C. Guthrie und J. Shaw waren an Bord beordert worden. Ein Walfänger soll die treibende, ausgebrannte Viermastbark am 28. Dezember 1895 auf der angegebenen Position gesehen haben. Die ganze Sache mutet fast unglaublich an, wimmelt es doch im Pazifik von Inseln, die das Wrack hätten aufhalten können.

Hougomont

St	4 mbk	2261/2428	1897	6.	292.4 /43.2 /24.1
2 Dks					89,10/13,15/ 7,33

Glattdecker, Masten mit Mars- und Bramstenge, doppelte Mars- und Bramsegel und Royals. Besanmast mit Stenge und einer Gaffel.

Scott+Co., Greenock	Hardie, J.+Co.	Glasgow
→ 1924	Erikson, G.	Mariehamn

Vor Australien auf Pos. 37° 36' S/133° 15' E am 20. April 1932 vollständig entmastet. Keine Instandsetzung. Am 1. Juli 1933 in der Stenhouse Bay als Wellenbrecher versenkt.

Eine sehr wechselvolle Geschichte brachte dieser Einheit auch manch Ungemach. Mehrere Male wurde das Schiff entmastet, es strandete und erlebte noch andere ungemütliche Situationen. Für Hardie waren die Kapitäne McNeil, C. Lowe, Peterkin, J. McMillan, J. Macdonald und J. A. Watson die verantwortlichen Schiffsführer. Auf großer Fahrt gelangte der Viermaster in den pazifischen Raum, nach Chile, San Francisco und auch nach Australien. Auch die Ostküste der USA (New York) wurde in den Logbüchern verzeichnet. Nach dem Verkauf an Erikson waren die Kapitäne J. Hägerstrand, E. H. Jansen, B. A. Sandström und Ragnar Lindholm für das Schiff verantwortlich. Erikson setzte das Schiff praktisch nur noch in der Australienfahrt ein, wo es denn auch zur letzten, schweren Entmastung kam. Der Zustand des Viermasters lohnte ein neues Aufriggen nicht mehr. So kam *Hougomont* zum wenig rühmlichen Ende mit bewußtem Versenken. *Hougomont* hatte in *Nivelle* ein Schwesterschiff.

Howard D. Troop

St	4 mbk	2080/2165	1892	1.	291.3 /42.2 /24.0
2 Dks					88,76/12,85/ 7,31

Glattdecker, Masten mit Mars- und Bramstenge, doppelte Mars- und Bramsegel und Royals. Besanmast mit Stenge und einer Gaffel.

Duncan, R.+Co., Port Glasgow		Troop+Son	Glasgow
→ 1912	*Annie M. Reid*	Rolph, A. P.	Glasgow
→ 1915		Rolph, J. jun.	San Francisco
→ 1922		Rolph Navigation+Coal Co.	San Francisco

In Alameda im Jahre 1935 abgebrochen.

Dieser Viermaster gehörte zuerst dem aus New Brunswick (St. John) stammenden Troop. Das Schiff machte unter den Kapitänen R. Parker, J. Mac Laughlin, D. W. Corning und E. A. Durkee seine großen Reisen von Europa nach Amerika und Australien, aber auch Zielhäfen in Japan wurden angelaufen. Die Einheit wurde bekannt als gutes und schnelles Segelschiff. Im Jahre 1909 zum Beispiel brachte Kapitän Durkee den Viermaster in nur 20 Tagen von Yokohama nach Astoria (Ore).

Nach einer ebenso schnellen Fahrt, in 33 Tagen von Honolulu nach San Francisco, wurde das Schiff im Jahre 1921 aufgelegt. Nach dreizehn Jahren, also 1934, konnte der Viermaster als Leichter verkauft werden, aber schon im Jahr darauf erfolgte der Abbruch in Alameda.

Howth

St	4 mbk	2166/2244	1892	3.	284.4 /41.9 /24.5
1 Dk					86,66/12,71/ 7,43

Glattdecker, Masten mit Mars- und Bramstenge, doppelte Mars- und Bramsegel und Royals. Besanmast mit Stenge und einer Gaffel.

Workman, Clark+Co., Belfast		Sir R. Martin+Co.	Dublin
→ 1904		Edgar, J.+Co.	Liverpool
→ 1913		Windram, G.+Co.	Liverpool
→ 1917	Umbau zum Motorschiff *Horn Shell*	Anglo Saxon Petroleum Co	London

Nach dem Ersten Weltkrieg ist diese Einheit abgebrochen worden, nachdem sie im Lloyds Register von 1922/23 noch als Zweischrauben-Viermastschoner verzeichnet war.

Die Kapitäne R. F. Martin, H. Nicholson und B. A. Martin führten die Viermastbark bei Sir Martin. Nach dem Verkauf an Evans übernahm sie D. Evans und führte sie bis zum Verkauf an Windram im Jahre 1913. Da waren es nun die Kapitäne R. Parry und J. A. Sanders, die das Kommando der Einheit übernahmen.

Auf ihren Reisen durchkreuzte *Howth* Atlantik und Pazifik bis hinauf in die Getreidehäfen am Puget Sound, nach Hongkong und bis nach Australien.

Über den Einsatz als Motorschiff sind keine Einzelheiten bekannt.

Hussar

St aux 4 mbk 1187/2323 1931 4. 316.0 /49.19/24.8
96,31/15,38/ 7,51

Luxusyacht mit der Takelage einer Viermastbark. Masten mit Mars- und Bramstenge. Fock- und Kreuzmast mit doppelten Mars-, aber einfachen Bramsegeln, Großmast mit doppelten Mars- und Bramsegeln und Royal. Brückenaufbauten zwischen Fock- und Kreuzmast, ähnlich einem Dampfer. Dieselelektrischer Antrieb von rund 3200 PS, mit vier Motoren.

Krupp Germania Werft, Kiel	Hutton, E. F.	New York
→ 1937	*Sea Cloud*	Davies, Marjorie, P. Washington
→	*Angelita*	Trujillo, R. Domen. Republic
→	*Patria*	
→	*Antarna*	Antarna Inc. Miami
→	*Sea Cloud of Cayman*	

Neben den Schulschiffen der Japaner und Russen die einzige noch in Betrieb stehende Viermastbark.

Es mag vermessen scheinen, wenn diese Einheit in die Reihe der »wirklichen« Viermastrahschiffe eingeordnet wird. Die Takelage in einer etwas abgewandelten Form berechtigt aber dazu.
Nur ein Milliardär wie Hutton aus den USA konnte sich einen derartigen Luxus leisten, wobei gleich zu bemerken ist, daß die berühmte Barbara Hutton zu dem Besitzer des Schiffes in keiner Beziehung stand.
Aus begreiflichen Gründen (Privatsphäre) ist über die Fahrten des Viermasters nur sehr wenig bekannt geworden. Über einige Jahre war der Schwede Lawson als Kapitän im Dienste der Herrschaft. Mehrere Fahrten gingen ins Paradies der reichen Leute, nach Monaco.
Hussar war das letzte Schiff, das als Viermaster mit Rahsegeln erbaut wurde.
Mehrheitlich blieb das Schiff im Besitze von begüterten Personen, oder aber auch von Trujillo, dem Diktator der Domenikanischen Republik.
Als *Antarna* kam die Einheit zu der Antarna Inc. in Miami, wo sie für teure Charterfahrten zur Verfügung gestellt wurde.
In recht desolatem Zustande erwarb dann eine Gruppe von Hamburgern das Schiff, möbelte es auf, und zur Zeit macht *Sea Cloud of Cayman* gegen gutes Geld ihre Kreuzfahrten in verschiedene Gegenden der Weltmeere.

Inverness-Shire

St 4 mbk 2147/2307 1894 5. 282.9 /42.8 /24.7
1 Dk 86,17/13,00/ 7,48

Glattdecker, Masten mit Mars- und Bramstenge, Jubilee-Rigg, Besanmast mit Stenge und einer Gaffel.

Duncan, R.+Co., Port Glasgow Law, T.+Co.		Glasgow
→ 1915	*Svartskog*	Stray, O. Christiansand

Auf der Reise von Norfolk (Va) nach Buenos Aires im Oktober 1920 verschollen. Von Lloyd am 15. Juni 1921 als verschollen erklärt.

Die normale Reiseroute der Viermastbark ging von Großbritannien nach Australien und zurück über die Salpeterhäfen in Chile. Zusammen mit *Kinross-Shire* war diese Einheit mit Jubilee-Rigg ausgerüstet, die einzigen in der ». . . shire-Line« von Law.
Neben Chile lief das Schiff auch die Getreidehäfen im Gebiete des Puget Sound und Vancouvers an. Abstecher gingen bis nach Japan.
Unter dem unbeliebten und bösartigen Kapitän E. L. Tindale kam es in den Jahren 1904/05 zu einer Weltumsegelung.
Im Sommer 1915 wurde das Schiff in der australischen Bucht vollständig entmastet und am 21. Juni nach Hobart auf Tasmanien eingeschleppt.
Nach längeren Verhandlungen kaufte Stray den Viermaster, der, wieder aufgeriggt, als *Svartskog* erneut in Betrieb kam.
Unter britischer Flagge führten die Kapitäne J. P. Peattie, E. L. Tindale, Donaldson, Gronow, M. Jones, J. Flett, T. Hodge, H. Brabender, T. E. Burch den Viermaster. Bei Stray war dann A. Nielsen der verantwortliche Mann an Bord.

Invertrossachs

St 4 mbk 2577/2710 1891 11. 305.0/43.2 /25.3
1 Dk 92,96/13,15/ 7,69

Glattdecker, Masten mit Mars- und Bramstenge, doppelte Mars- und Bramsegel und Royals. Besanmast mit Stenge und einer Gaffel.

Russell+Co., Port Glasgow	Bruce, D.+Co.	Dundee

Auf der Jungfernreise zwischen Philadelphia und dem Fernen Osten am 28. Februar 1892 gesunken.

Ähnlich wie *Holyhead* erging es dieser Einheit. Schon auf der ersten Ausfahrt unter Kapitän W. H. Taylor ging das Schiff verloren.
Die Mannschaft – es waren 26 Seeleute – wurde vom Dampfer »Mendelssohn« gerettet. Der Kapitän und acht Matrosen versuchten mit einem der übriggebliebenen Boote Land zu erreichen, doch von ihnen hat man nie mehr etwas gehört.

Iranian

St 4 mbk 2797/2958 1895 3. 308.3 /46.2 /25.8
1 Dk 93,94/14,07/ 7,82

Glattdecker, Masten mit Mars- und Bramstenge, doppelte Mars- und Bramsegel und Royals. Besanmast mit Stenge und einer Gaffel.

Williamson, R.+Son, Workington	Williamson, R.+Son Workington

Totalverlust durch Strandung am 3. April 1900.

Williamson trat, wie die Daten zeigen, auch als Reeder auf. *Iranian,* geführt von den Kapitänen I. Webster und Watts, segelte in den Pazifik, bis hinauf nach Tacoma am Puget Sound.
Iranian war Schwesterschiff der *Centesima.*
Über die genauen Umstände des Verlustes ist leider nichts bekannt.

Italia

St	4	mbk	3030/3109	1903	9.	324.2	/47.9	/25.2
2 Dks						98,80/14,54/		7,67

Dreiinselschiff mit 46 Fuß langer Mittschiffsbrücke. Masten mit Mars- und Bramstenge, doppelte Mars- und Bramsegel und Royals. Besanmast mit Stenge und einer Gaffel.

Cantieri Navali di Muggiano, Becchi+Sturlese La Spezia		Genova
→ 1907	Sturlese, G. B.	Genova

Im Jahre 1908 ca. 20 Seemeilen südlich von Iquique gestrandet.

Italia war eine der wenigen in Italien erbauten Viermasteinheiten, zudem auch eine der größten. Die erste Reise unter Kapitän L. Brigneti machte das Schiff von Genova über New York und weiter nach Hiogo in Japan.
In Chile verstarb später der Kapitän, und er wurde durch Kapitän G. Olivari ersetzt.
Auch in Australien war *Italia* zu sehen, von wo sie Getreide nach Europa transportierte. Ab 1906 war Kapitän E. Marchese an Bord des Viermasters, der dann im Jahre 1908 20 Seemeilen südlich von Iquique strandete und zum Totalverlust wurde.

Iverna

St	4	mbk	2220/2312	1890	10.	283.0	/42.5	/24.7
2 Dks						86,25/12,92/		7,48

Glattdecker, Masten mit Mars- und Bramstenge, doppelte Mars-, aber einfache Bramsegel und Royals. Besanmast mit Stenge und einer Gaffel.

Connell, C.+Co., Glasgow	Mackay, A.+Co.	Glasgow
→ 1915	Larsen, A.	Bergen
→ 1917	Bull, G. B.	Christiania
→ 1918 *Herö*	Boije, H.	Christiansand
→ 1921	Jörgensen, L.	Christiansand

1925 in Rotterdam abgebrochen.

Unter britischer Flagge war die Einheit meist zwischen Europa, Santa Rosalia und hinauf bis zum Columbia River eingesetzt. Geführt wurde das Schiff durch die Kapitäne D. Johnstone, W. Todd, J. Webster, T. Hodge, W. Duncan, W. Johnstone, P. Fegan, C. A. Hinrichs und J. F. Barham. Nach dem Verkauf nach Norwegen und der Umbenennung in *Herö* waren die Kapitäne K. P. Andersen und C. Johannessen ihren Reedern für gute Führung des Viermasters verantwortlich.
Im Jahre 1925 machten sich in Rotterdam die Schweißbrenner ans Zerstörungswerk.

Jacqueline

St	4	mbk	2434/3017	1897	6.	322.2	/45.7	/25.4
2 Dks						98,19/13,88/		7,72

Glattdecker mit langer Back und Poop. Untermasten und Marsstenge aus einem Stück gefertigt, Bramstenge. Doppelte Mars- und Bramsegel und Royals. Besanmast mit Stenge und einer Gaffel.

Forges et chantiers de la Méditerranée, La Seyne	Bordes, Ant. Dom.+fils Dunkerque

Am 25. September 1917 hatte der Dampfer »Victoria« aus Großbritannien den Viermaster auf Pos. 46° 25' N/13° 10' W vor U-Booten gewarnt. Kapitän Nicolas soll gemeldet haben, er werde verfolgt.
Danach hat man von Schiff und Mannschaft nie mehr etwas gehört. Nach dem Kriege wurde festgestellt, daß U 101 die Viermastbark in der Biskaya versenkt hatte.

Die Jungfernreise der Viermastbark ging von Marseille mit einer vollen Fracht von Ziegeln nach Australien.
1907 hatte *Jacqueline* ein besonderes Ereignis zu überstehen. Im Schlepp geriet das Schiff mit dem Leuchtturm des Loup in Berührung, was das Bugspriet demolierte. Ganz geschickt gingen die beiden Schlepper links und rechts vom Leuchtturm vorbei und zogen damit das hilflose Segelschiff direkt auf den Turm los! Der Leuchtturm befindet sich im Bristol-Kanal. Die Reparatur der Viermastbark erfolgte in Falmouth.
Fast ausnahmslos stand das Schiff im Einsatz auf der Salpeterroute. Als Kapitäne amtierten Leonetti, E. André, L. Salaun, M. Boulou, Pothin, J. Rozé, Texier und Y. Nicolas.
Jacqueline verließ am 1. Juli 1917 Iquique mit Bestimmung La Pallice.

James Kerr

St	4	mbk	2281/2420	1892	8.	293.9	/41.2	/24.5
2 Dks						89,52/12,54/		7,43

Dreiinselschiff mit 50 Fuß langer Mittschiffsbrücke, Masten mit Mars- und Bramstenge, doppelte Mars- und Bramsegel und Royals. Besanmast mit Stenge und einer Gaffel.

Royden, T.+Sons, Liverpool	Peel, E. R.+McAllester, G.+Sons	Liverpool
→ 1905	Thomas, W. Sons	Liverpool
→ 1910 *Isebek*	Knöhr+Burchard	Hamburg
→ 1914 in Valparaiso interniert.		
→ 1923 *Maria*	Gonzalez, Soffia+Co.	Valparaiso

Am 19. Januar 1926 lief das Schiff als *Maria* in Chanaral auf Strand und ging verloren.

James Kerr war eine der ersten Einheiten, auf welchen die Räume für Kapitän und Offiziere mittschiffs eingebaut wurden und nicht wie früher in der Poop.
Diese Viermastbark kam wie viele andere auf der Hauptsache auf der Chile- und Australienroute zum Einsatz.
Der Puget Sound und die Table Bay waren ebenfalls Zielhäfen für den Viermaster.
Für die Reedereien in Großbritannien führten die Kapitäne C. Powles, E. Jones und M. Jones das Schiff bis zum Verkauf nach Hamburg. Knöhr + Burchard vertrauten dann die Viermastbark

den Kapitänen W. Hass, A. Lühmann und Mehrckens an. Nun führte die Einheit den Namen *Isebek*.

In der Le Maire-Straße gelang dem Schiff unter Kapitän Hass die Rettung der neun Schiffbrüchigen von der Viermastbark *Thekla* ex Milton Stuart. Diese Siemers-Einheit lief auf der Reise von Cardiff nach Chile am 27. August 1911 wrack.

Auch *James Kerr* kam nicht um eine Internierung in Valparaiso herum. Sie wurde nach dem Kriege den Franzosen zugesprochen, doch diese verkauften den Viermaster an Gonzales, Soffia in Valparaiso. Als *Maria* setzte die Einheit ihre Laufbahn fort, bis sie †1926 verunglückte. Kapitän Mehrckens blieb auch unter chilenischer Flagge auf seinem Schiff.

Janet Cowan

St	4 ms	2498/2578	1889	5.	308.0 /43.8 /25.3
2 Dks					93,87/13,30/ 7,69

Glattdecker, Masten mit Mars- und Bramstenge, doppelte Mars-, aber einfache Bramsegel und Royals. Besanmast mit Stenge und einer Gaffel. Auch bei dieser Einheit ist anzunehmen, daß sie von Anfang an als Viermastbark getakelt war.

Barclay, Curle+Co., Glasgow   Shankland, R.+Co.   Greenock

Janet Cowan strandete am 31. Dezember 1895 auf Vancouver Island und ging dabei verloren.

Obschon das Schiff zur Reederei Shankland gehörte, führte es – als Ausnahme – keinen »... burn«-Namen, denn es handelte sich bei *Janet Cowan* um den Mädchennamen von Shanklands Frau!

Vom Cape Flattery her in die Juan-de-Fuca-Straße einlaufend, wartete die Viermastbark am Silvesterabend 1895 auf Lotsen und Schlepper. Diese aber waren zur Festzeit nicht zu finden (!), und so geschah das Unglück. Mit Booten konnten sich einige Seeleute retten, doch die eisige Kälte hatten den Tod des Kapitäns und mehrerer Matrosen zur Folge. Nach zwölf Tagen erreichten die überlebenden Schiffbrüchigen Port Townsend. Kapitän A. McKay war an Bord des Viermasters und verunglückte mit ihm auf tragische Weise.

Janet Cowan war Schwesterschiff der *Kelburn*.

Jeanette Françoise

St	4 mbk	2231/2292	1892		263.0 /44.0 /27.0
2 Dks					80,16/13,41/ 8,22

Glattdecker, Masten mit Mars- und Bramstenge, doppelte Mars-, aber einfache Bramsegel und Royals. Besanmast mit Stenge und einer Gaffel.

Smit, J.+K.,   de Hoog, P., van
Krimpen a.d. Leck   Krimpen a.d. Leck

→ 1907		Lels, C. J.	Rotterdam
→ 1912		Vroege, J. A.	Rotterdam
→ 1913	*Carl*	Krabbenhöft+Bock	Hamburg
→ 1914	interniert in		
	Antofagasta		
→ 1921	*Souvenir*	Kverndal, O.+Co.	Tvedestrand

Abbruch im Jahre 1925

In den Niederlanden wurden nur zwei Rahschiffe mit vier Masten gebaut. Eine dieser Einheiten war *Geertruida Gerarda*, die andere das hier beschriebene Schiff.

Für den Reeder van de Hoog waren die Kapitäne R. Bleeker, H. Dutt und G. Visser im Einsatz. Leider sind über ihre Fahrten keine Angaben zu finden.

Im Jahre 1913 endete die Zeit unter niederländischer Flagge, und als *Carl* übernahmen Krabbenhöft + Bock den Viermaster, der nun den Kapitänen A. Schröer und H. Kähler anvertraut wurde. *Carl* war die größte Einheit der Reederei.

Im Jahre darauf ereilte auch dieses Schiff das Schicksal der Internierung in Chile.

Nach dem Kriege kam der Viermaster nach Europa zurück, und in Sête wurde er den Franzosen übergeben. Doch auch *Carl* wurde nach Norwegen verkauft, nämlich zu Kverndal nach Tvedestrand. Ein weiterer Namenswechsel war die Folge dieser Transaktion, und *Souvenir* kam unter das Kommando von Kapitän Berntsen. Von Marseille aus ging die Reise dann nach Kanada und weiter nach Australien.

Mit der Rückkehr von dieser großen Fahrt war die Zeit für den Viermaster abgelaufen, er landete in einer Abbruchwerft.

John Ena

St	4 mbk	2568/2842	1892	7.	312.9 /48.1 /25.0
2 Dks					95,31/14,65/ 7,62

Glattdecker, Masten mit Mars- und Bramstenge, doppelte Mars- und Bramsegel und Royals. Besanmast mit Stenge ohne Gaffel.

Duncan, R.+Co., Port Glasgow   San Francisco Shipping Co.
                                                          Honolulu

→ 1907		Lorentzen, A. P.	San Francisco
→ 1915		Rolph Navigation+Coal Co.	
			San Francisco
→ 1916		Standard Oil Co.	San Francisco
→ 1919		Dollar, Rob. Co.	San Francisco
→ 1921		Boots, J.	San Francisco
→ 1925		Mahony, A. F.	San Francisco

In San Pedro bei Los Angeles wurde *John Ena* im Jahre 1934 abgebrochen.

Unter immer gleichbleibenden Namen erlebte diese Einheit eine wechselvolle Geschichte.

In Großbritannien für eine amerikanische Reederei erbaut, kam das Schiff voerst unter die Flagge Hawaiis. Mit dem Anschluß der Inselgruppe an die USA im Jahre 1900 ergab sich automatisch der Flaggenwechsel.

John Ena war eines der wenigen Schiffe, die ein dreieckiges Großsegel führten.

Zu Beginn ihrer Laufbahn lief die Viermastbark in der allgemeinen Handelsfahrt zwischen Hawaii und den USA. Später machte das Schiff auch Fahrten nach Australien, Japan und an die Ostküste der USA. Verantwortliche Führer an Bord waren die Kapitäne C. Schnauer, M. A. Madson, Parke, C. V. Olsen und R. Lancaster.

Zwischenzeitlich war auch Kapitän Lorenz als Kommandant im Einsatz, doch er starb an Bord, und der Steuermann brachte das Schiff heil nach Philadelphia.

Am Cape Hatteras wurde *John Ena* entmastet, erreichte aber am 6. April 1926 Los Angeles.

Nach langer Liegezeit blieb nur noch der Abbruch der Einheit übrig.

John M. Blaikie

Ho	4 ms	1778/1829	1885		245.2 /43.6 /24.0
2 Dks					74,72/13,25/ 7,31

Glattdecker, Masten mit Mars- und Bramstenge. Genaue Disposition des Riggs ist nicht bekannt.

Geddes, J. H., Londonderry	Blaikie, J. M.	Halifax N. S
Nova Scotia		

Im Mai 1892 wrackgelaufen.

F. W. Wallace berichtet in seinem Buch »Wooden ships and iron men« davon, daß diese Einheit als Viermastbark gebaut worden sei.
Im Lloyds Register ist sie allerdings – wie viele andere auch – immer als Vollschiff verzeichnet.
John M. Blaikie gehörte zu den letzten aus Holz gebauten Viermastern.
Über die Reisen des Schiffes ist wenig bekannt; lediglich eine etwas traurige Geschichte ist zu finden:
In den 90er Jahren starb des Kapitäns Frau an Bord und wurde in Anjer Point auf Java beigesetzt. Auf einer späteren Reise nahm der Kapitän einen Grabstein für seine Frau mit, doch das Schiff ging auf dieser Fahrt verloren.

Jordanhill

St	4 mbk	2176/2291	1892	3.	278.4 /42.0 /24.2
1 Dk					84,83/12,80/ 7,36

Glattdecker, Masten mit Mars- und Bramstenge, doppelte Mars-, aber einfache Bramsegel und Royals. Besanmast mit Stenge und einer Gaffel.

Russell+Co., Port Glasgow	Dickson, J. R.+Co.	Glasgow
→ 1900	Law, Th.+Co.	Glasgow
→ 1918/19	von der britischen Regierung erworben.	
→ 1920	*Augustella* mit eingebautem Motor	Soc. Italiana di Navigazione »Stella d'Italia« Genova
→ 1922	*Minerva*	in Cartagena Spanien
→ 1923	Hulk in Cadiz	
→ 1933	als Zielschiff für Schießübungen vorgesehen.	

Im spanischen Bürgerkrieg abgebrochen. Stahl war wichtiger als Zielübungen! Genaues Abbruchdatum nicht bekannt.

Für die beiden Reedereien Dickson und Law segelte der Viermaster unter britischer Flagge auf verschiedenen Reisen in den Pazifik, nach Portland (Ore), Tacoma und Melbourne. Geführt wurde das Schiff durch die Kapitäne D. Marshall, W. Taylor, A. Walker, H. R. Williams, G. N. Kennedy, W. Thom, Th. Stephens und J. Roberts.
Im Jahre 1918 verkaufte Law den Viermaster an die britische Regierung, und diese veräußerte ihn 1920 nach Italien.
Als *Augustella*, mit Capitano E. Olcese, machte die Einheit nur wenige Fahrten. Schon 1922 wieder verkauft und in *Minerva* umbenannt, diente das Schiff als Schulschiff für die spanische Marine. Auch diese Zeit war nur sehr kurz, denn ein Jahr später wurde das Rigg demontiert, und der Rumpf kam als Hulk nach Cadiz.

Letztlich sollte die einst stolze Viermastbark ein besonderes Schicksal erleiden: Zielschiff für Schießübungen.
Doch auch hier kam es anders als erwartet. Im Bürgerkrieg wurde Stahl gebraucht, und so kamen die Reste des Schiffes auf die Abbruchwerft.

Juteopolis

St	4 mbk	2652/2842	1891	12.	310.0 /45.0 /25.1
1 Dk					94,48/13,71/ 7,64

Dreiinselschiff mit 48 Fuß langer Mittschiffsbrücke, Masten mit Mars- und Bramstenge, Jubilee-Rigg. Besanmast mit Stenge und einer Gaffel.

Thompson, W. B.+Co., Dundee	Barrie, C.	Dundee
→ 1899	Bliss, F. E.	London
→ 1900	Anglo American Oil Co.	London
→ 1911	Windram, G.+Son	Liverpool
→ 1917	Garthwaite, Sir W.	Liverpool
→ 1920	*Garthpool*	
→ 1922	registriert in Montreal, aber britische Flagge	

Am 11. November 1929 strandete *Garthpool* während einer Ballastreise von Hull nach Adelaide auf Boa Vista in der Inselgruppe der Kap Verden.

Diese Viermastbark war der letzte Tiefwassersegler unter britischer Flagge.
Zu Beginn ihrer Laufbahn war diese Einheit auch in der Jutefahrt eingesetzt. Barrie besaß mehrere bekanntgewordene Großsegler, so die *Dundee*, *Lawhill* und die hier beschriebene *Juteopolis*.
Nach dem Zusammenbruch des Jutehandels verkaufte Barrie das Schiff an die Anglo-American Oil Co. Für die neuen Eigner machte es Reisen bis in den Fernen Osten, d. h. nach Hongkong und Japan.
1911 erwarb Windram den Viermaster, der dann nach Chile und Britisch Kolumbien auf große Fahrt ging.
1917 wechselte erneut der Besitzer. Sir W. Garthwaite taufte die Einheit im Jahre 1920 um, worauf sie als *Garthpool* weltweit bekannt wurde.
Unter der britischen Flagge ging der in Montreal registrierte Viermaster nun auf große Fahrt nach Australien. Die Ballast-Ausreise im Jahre 1929 wurde dem Schiff dann zum Verhängnis.
Als Kapitäne dienten auf dem Schiff die folgenden Herren:
für Barrie: J. Low, W. Linklater und T. Curdd;
für AAOC: T. Curdd, P. Stewart, F. Downs und McDonald;
für Windram: C. Johnson und D. George;
für Garthwaite: D. Thomson und Atkinson.

Kaiwo Maru

| St | aux 4 mbk | 1743/2284 | 1930 | 1. | 260.0 /42.5 /21.25 |
| | | | | | 79,24/12,92/ 7,03 |

Dreiinselschiff mit sehr langer, bis über den Großmasten gezogener Poop. Untermasten und Marsstenge aus einem Stück gefertigt, Bramstenge. Doppelte Mars- und Bramsegel und Royals, Besanmast als Pfahlmast mit einer Gaffel. Typischer Schulschiffbau mit eingebauter Dieselmaschine.

| Kawasaki Dockyard, Kobé | Japanische Regierung, Institut für Seeausbildung Tokio |

Noch im Dienst stehend.

Kaiwa Maro und Nippon Maru sind zwei Schwesterschiffe, die im Jahre 1930 erbaut wurden. Die Riggs der beiden Einheiten wurden bei Ramage + Ferguson in Leith/Edinburg erstellt.
Zusammen mit Sea Cloud sind diese Einheiten die letzten Viermastbarkbauten, die noch erstellt wurden.
Über die Fahrten von Kaiwo Maru ist aus begreiflichen Gründen wenig bekannt. Nach dem letzten Weltkrieg wurden die Schulschiffe zur Repatriierung japanischer Truppen aus den Überseegebieten eingesetzt.
In den letzten Jahren wurde die Viermastbark mehrmals bei Anlässen der Sail Training Association gesehen, so z.B.1976 bei den 200-Jahr-Feiern in den USA.
An Bord des Schiffes werden Ausbildungskurse für den Seemannsnachwuchs durchgeführt.

Kate Thomas

| Fe | 4 ms | 1693/1748 | 1885 | 6. | 258.0 /39.5 /23.1 |
| 1 Dk | | | | | 78,63/12,00/ 7,03 |

Glattdecker, Masten mit Mars- und Bramstenge, doppelte Mars-, aber einfache Bramsegel und Royals. Besanmast (nach Umbau) mit Stenge und einer Gaffel.

| Doxford, W.+Sons, Sunderland | Thomas, W.+Co. | Liverpool |

Im April 1910 befand sich die Einheit im Schlepp unterwegs von Antwerpen nach Port Talbot. Bei Lands End, Pendeen Light, rammte der Dampfer India am 4. April die Viermastbark. Innerhalb von acht Minuten war das Segelschiff versunken, nur ein einziger Schiffsjunge überlebte die Katastrophe, die ihre Ursache in sehr dichtem Nebel hatte.

Hier wiederholt sich die Unsicherheit bezüglich der Takelage. Sehr wahrscheinlich war Kate Thomas nie als Vollschiff getakelt, doch Lloyd führte sie so in den Registern bis 1907/08.
Für Thomas brachte die Einheit mehrere Reisen bis hinauf zum Puget Sound unter den Kiel. Als Kapitäne waren S. Hughes, W. Thomas, H. Thomas, J. Williams, C. Hughes, H. Roberts und T. Williams an Bord.
Im Jahre 1906 versenkte der Viermaster vor Beachy Head den Dampfer Blanefield« und im selben Jahre wurde auch noch der Dampfer Pyrgos gerammt. Offenbar hatten aber die Meeresgötter dem Schiff Rache geschworen, denn sein Schicksal wurde dann auch von einem Maschinenschiff besiegelt.

Kelburn

| St | 4 mbk | 2499/2579 | 1889 | 10. | 308.0 /43.8 /25.3 |
| 2 Dks | | | | | 93,87/13,30/ 7,69 |

Glattdecker, Masten mit Mars- und Bramstenge, Jubilee-Rigg, Besanmast mit Stenge und einer Gaffel.

| Barclay, Curle+Co., Glasgow | Shankland, R.+Co. | Greenock |

Auf der Abbruchwerft von Garston in Troon ist das Schiff 1911 abgebrochen worden.

Kelburn war eine der ersten Einheiten, die das neue sogenannte Jubilee-Rigg führten.
Der Einsatz des Schiffes erfolgte in der Pazifikfahrt, wobei die Westküste der USA, Australien und Chile angelaufen wurden. Im August 1910 strandete die Viermastbark in der Morecambe Bay (Lancashire), konnte aber wieder flottgemacht werden.
In den frühen Jahren ihrer Karriere war Kelburn auch in Indien zu sehen.
Als Kapitäne standen für Shankland die Herren M. Benson, T. S. Jones, W. A. H. Mull, J. Backlund und R. J. R. Milne im Dienst.

Kelton

| St | 4 mbk | 1776/1924 | 1890 | 6. | 271.6 /40.0 /23.6 |
| 2 Dks | | | | | 82,75/12,19/ 7,16 |

Glattdecker, Masten mit Mars- und Bramstenge, doppelte Mars- und Bramsegel und Royals. Besanmast mit Stenge und einer Gaffel.

| Duncan, R.+Co., Port Glasgow | Guthrie, T. C. | Glasgow |

Diese Einheit wurde im April 1894 auf See aufgegeben.

Als Schwesterschiff von Andromeda und Glenbreck bei Duncan entstanden, gehörte auch Kelton zu den kleineren Viermastbarken.
Unter Kapitän A. Young hatte das Schiff nur eine kurze Laufbahn. Die näheren Umstände, die zur Aufgabe führten, sind nicht bekannt.

Kenilworth

| St | 4 ms | 2243/2308 | 1887 | 3. | 300.2 /43.1 /24.2 |
| 2 Dks | | | | | 91,49/13,12/ 7,36 |

Glattdecker, Masten mit Mars- und Bramstenge, doppelte Mars- und Bramsegel und Royals. Besanmast mit Stenge und einer Gaffel.

Reid, J.+Co., Port Glasgow	Williamson+Milligam	Liverpool
→ 1889		Sewall, A.+Co.	New York
→ 1908	Star of Scotland	Alaska Packers Association San Francisco
→ 1930	Fischleichter	Pearce, Arnold+Lockhart San Francisco
→ 1935	Vergnügungsschiff in Santa Monica	
→ 1938	Rex	Strella, A. C.
→ 1940	neu aufgetakelt als Sechsmastschoner	Hellenthal, F. A. Santa Monica
→ 1942	Star of Scotland	

Zu Beginn des Zweiten Weltkrieges war Schiffsraum wieder sehr begehrt. So kam auch die alte *Kenilworth* zu neuen Ehren. Wieder aufgerigt als Sechsmastschoner *Star of Scotland,* machte das Schiff unter Kapitän K. Flink eine Reise nach Südafrika. Am 13. November 1942 versenkte das deutsche U-Boot 159 das alte Schiff etwa 900 Seemeilen westlich der Lüderitz Bay (Südwest-Afrika).

Auch diese Einheit war sehr wahrscheinlich nie als Vollschiff getakelt, es sei denn nur für kurze Zeit. Andere Quellen behaupten, daß Sewall das Schiff zur Bark umbauen ließ.
Für Williamson + Milligan und Sewall machte die Einheit meist Reisen in den Pazifik, geführt von den Kapitänen McNair, J. G. Blake, W. Taylor, J. A. Amsbury und Sewall.
Nach dem Verkauf an die Alaska Packers war der Einsatz natürlich wieder die Alaska-Route, und hier amtierten die Kapitäne P. C. Rasmussen, B. J. Larsen, T. A. Thomsen und J. de Sassie an Bord des Viermasters. 1917 übernahm der US Shipping Board das Schiff, und es kam zum Einsatz zwischen Kalifornien und Hawaii.
Nach dem Kriege gingen die Tage der Segler ihrem Ende entgegen, und so wurde auch *Star of Scotland* veräußert.
Als Spiel- und Vergnügungschiff *Rex* fristete der Viermaster dann ein wenig würdiges Dasein. Doch mit dem Zweiten Weltkrieg wurde auch alter Schiffsraum wieder wertvoll. Dies bedeutete für das alte Schiff eine Neubelebung in Form eines Schoners. In die lange Liste der Kriegsopfer mußte dann auch diese Einheit eingetragen werden.

Kentmere

Fe	4 ms	2457/2521	1883	6.	300.0 /42.2 /24.7
2 Dks					91,44/12,85/ 7,48

Glattdecker, Masten mit Mars- und Bramstenge, doppelte Mars- und Bramsegel, Royals und Skysegel. Ursprünglich als Vollschiff getakelt, Umbau zur Bark im Jahre 1904.

Potter, W. H.+Son, Liverpool	Fisher+Sprott	London
→ 1896	Bliss, F. E.	London
→ 1904	Anglo-American Oil Co.	London
→ 1909	als Hulk in Punta Arenas im Besitze der Pacific Steam +Navigation Co.	

Über das Schicksal des Schiffes ist nichts Näheres bekannt, doch ist anzunehmen, daß die alte Hulk schließlich abgebrochen wurde.

Im Urteil der Seeleute ihrer Zeit soll *Kentmere* eines der schönsten Schiffe gewesen sein.
Zu Beginn ihrer Karriere segelte diese Einheit mehrmals mit Salz nach Indien und brachte Jute nach Schottland zurück. W. Tickle und C. Boys waren in diesem Zeitraum die Kapitäne des Viermasters.
Nach der Übernahme durch die AAOC erfolgte der Umbau zur Bark. Unter der neuen Hausflagge machte das Schiff große Fahrten im Pazifik bis nach Australien und Japan. Als Kapitäne waren J. Seldon, J. A. B. Ross, T. E. Burch und J. C. Amberman an Bord.
Ab 1909 lag der Rumpf des Viermasters dann in Punta Arenas als Hulk vertäut, teilte also das Schicksal der *County of Peebles.*

King James

St	4 mbk	2178/2305	1892	5.	279.1 /41.9 /24.2
1 Dk					85,05/12,71/ 7,36

Glattdecker, Masten mit Mars- und Bramstenge, Jubilee-Rigg, Besanmast mit Stenge und einer Gaffel.
Diese Angaben sind von Schwesterschiffen bei Russell übernommen, da in der Literatur keine Angaben über diese Einheit zu finden waren.

Russell+Co., Greenock	Walker, J.A.+Co.	Glasgow

Auch dieses Schiff hatte eine recht kurze Karriere, ist es doch bereits im März 1893 durch Feuer verlorengegangen.

Auch die sehr umfangreiche Literatur des Verfassers enthält keine Angaben über diese Einheit. Im Lloyds Register von 1892/93 ist der Viermaster verzeichnet mit dem Vermerk »lost by fire 3.93«. Als Kapitän stand W. S. Drummond in den Diensten von Walker.

King's County

Ho	4 ms	2225/2300	1890	255.0 /45.5 /25.7
2 Dks				77,72/13,83/ 7,79

Glattdecker, Masten mit Mars- und Bramstenge, doppelte Mars- und Bramsegel und Royals. Besanmast mit Stenge und einer Gaffel. Ursprünglich war das Schiff als Vollschiff getakelt, Umbau zur Bark 1895.

Cox, E., Kingsport, Nova Scotia	Burgess, C. R.	Windsor, N. S.

Nach der Strandung auf der English Bank vor Montevideo ist das Schiff dann 1919 in der Hafenstadt am Rio de la Plata abgebrochen worden.

Wohl als letzte hölzerne Viermasteinheit ist dieses Schiff in Nova Scotia gebaut worden. Der Holzbau hielt sich ja in den USA und Neu-Schottland wesentlich länger als in Europa.
Unter den Kapitänen M. Munro, J. W. Salter, W. McBride und F. S. Walley machte das Schiff seine Reisen in Atlantik und Pazifik bis nach San Francisco. Einzelheiten über die Fahrten sind nicht bekannt.

Kinross-shire

St	4 mbk	2168/2299	1893	5.	282.2 /42.5 /24.7
1 Dk					86,00/12,92/ 7,48

Glattdecker, Masten mit Mars- und Bramstenge, Jubilee-Rigg. Besanmast mit Stenge und einer Gaffel.

Russell+Co., Greenock	Law, T.+Co.	Glasgow
→ 1919 *Fiorino*		Norwegen

Im Dezember 1920 befand sich *Fiorino* auf Ballastreise von Christiansand nach Hampton Roads in den USA. Am Kap Hoorn ist der Viermaster verschollen.

Unter der Hausflagge Law's, geführt von den Kapitänen W. Cooper, A. McKinnon, R. Purdy, A. McKay und A. Murchie, ging das Schiff auf große Fahrt nach Australien und an die Westküste der USA. Sozusagen in Vorbeifahrt wurde natürlich auch Chile angelaufen, wo Salpeter für das nimmersatte Europa geladen wurde.

In den Jahren 1898/99 absolvierte der Viermaster eine Weltrund-reise von Philadelphia nach Hiogo, Kobé, Noumea auf Neu-Kale-donien und zurück nach Rotterdam.
Nach dem Verkauf an norwegische Eigner verlieren sich Anga-ben über Fahrten, lediglich die Unglücksreise ist noch ver-zeichnet.

Knight of St. Michael

St	4 ms	2221/2278	1883	2.	294.7 /42.2 /24.1
2 Dks					89,78/12,85/ 7,33

Glattdecker, Masten mit Mars- und Bramstenge, doppelte Mars-und Bramsegel und Royals. Besanmast, nach Umbau zur Vier-mastbark, mit Stenge und einer Gaffel.

Thompson, W. B., Glasgow	Greenshields, Cowie+Co.
	Liverpool
→ 1897 *Pacifique*	Bordes, Ant. Dom. et fils
	Dunkerque
→ 1916 *Pazifique*	Gaillard Bayonne

Am 21. Oktober 1916 verließ die Viermastbark den Hafen von Penarth mit Bestimmung nach Port Arthur (Texas). Auf dieser Fahrt ist das Schiff verschollen.

Die ersten Reisen machte diese Einheit nach dem Osten. Die Jungfernreise ging am 2. April 1883 ab Liverpool nach Hooghly in Indien. Später war das Schiff meist auf der San Francisco-Route im Einsatz. Geführt wurde der Viermaster von den Kapitänen T. Johnstone, T. Williams und Dodd.
Kurz nach einer Ausfahrt von Newcastle-on-Tyne wurde die Kohleladung der Einheit fast zum Verhängnis. Schnelle Umkehr ermöglichte ein Löschen des Frachtgutes, bevor großer Schaden entstand. Durch den Verkauf an die Reederei Bordes änderte sich auch das Einsatzgebiet für das Schiff, denn die Kapitäne waren fast ausschließlich mit dem Transport von Salpeter ab Chile beauftragt. Es waren dies die Commandants Le Treust, J. David, Leyat, E. Gascon, A. Jean, Y. M. Bernard, Le Diabat, P. Bernard, C. Le Vaillant, Bailleux, L. Dubois und T. Hunault.
1901 wurde das Schiff am Kap Hoorn ganz übel zugerichtet, und Commandant Leyat und fünf Seeleute wurden über Bord ge-spült. Montevideo mußte als Nothafen angelaufen werden.
Mit dem Verkauf an Gaillard im Jahre 1916 schien auch das Glück das Schiff verlassen zu haben, denn auf der ersten Aus-reise unter neuer Hausflagge ist der Viermaster verschollen.

København

St aux	5 mbk	3329/3901	1921	9.	368.0 /49.3 /26.9
2 Dks					112,38/15,0 / 8,14

Dreiinselschiff mit 47 Fuß langer Mittschiffsbrücke und 75 Fuß langer Poop. Relativ kurze, 30 Fuß lange Back. Masten mit Mars-und Bramstenge, doppelte Mars- und Bramsegel und Royals. Besanmast mit Stenge und anfänglich zwei, später nur noch einer Gaffel.

Ramage+Ferguson, Leith	A/S Det Ostasiatiske Kampagni
	København

Wie alle anderen Fünfmaster ist auch *København* durch Unglück aus den Registern verschwunden.
Am 14. Dezember 1928 verließ das Schiff Buenos Aires mit Be-stimmung Melbourne, wo es aber nie angekommen ist. Ver-schollen!

Der Auftrag für dieses Schiff wurde von den Dänen bereits vor dem Ersten Weltkrieg erteilt, und der erste Schiffsrumpf lief in Leith schon 1914 vom Stapel. Bei Ausbruch des Krieges beschlagnahmte dann die britische Admiralität das im Ausbau be-griffene Gefährt. Mit dem Namen »Black Dragon« diente die Ein-heit in Gibraltar als Hulk.
Der Auftrag an die Werft in Leith blieb aber aufrechterhalten, und am 24. März 1921 lief der zweite Rumpf für *København* von dem Helgen. Das siebente und damit letzte Fünfmastrahschiff war also im Element, bestimmt zu Fahrten als Schulschiff.
Fast die ganze Welt bereiste der Fünfmaster. So war er zu sehen in Bangkok, Melbourne, Banjoewangi auf Java, Adelaide, Callao und Buenos Aires. Geführt wurde die Einheit durch die Kapitäne Baron Inel-Brockdorff, Mortensen, H. F. Christiansen und H. F. Andersen.
Über den Verlust von *København* wurde viel, sehr viel See-mannsgarn gesponnen. Die einen wollten Wrackteile am Kap Hoorn auf der Insel Navarino gefunden haben, andere berichte-ten von einer Flaschenpost, die gefunden worden sei. Danach wäre das Schiff am 25. Januar 1929 in unübersehbare Felder von Eisbergen geraten, die auf Pos. 47° 37' S/2° 14' E gelegen hät-ten. Die Eismassen hätten den Fünfmaster regelrecht zermalmt. Obwohl das Schiff über Funkeinrichtung verfügte, hat man nach seiner Abfahrt in Buenos Aires nie mehr etwas von ihm gehört. Das Ende mußte also schnell und überraschend erfolgt sein.
Nach dem Verlust von *København* verkauften die Dänen auch ihr zweites Schulschiff, *Viking*.
Gewisse Quellen sprechen davon, daß der Fünfmaster ab Mon-tevideo in See gestochen sei. Wieder andere Berichte melden, daß auf Tristan da Cunha möglicherweise die Galionsfigur des Schiffes angetrieben worden sei.
Eine Gewißheit ist unumstößlich, nämlich die, daß *København* mit Mann und Maus verschollen ist.

Viermast-Vollschiff *Falls of Clyde,* 1878,
einzige Einheit dieser Art, die heute noch in Honolulu existiert

Viermast-Vollschiff *Lancing,* 1888, umgebauter Dampfer

Viermast-Vollschiff *Peter Rickmers,* 1889, mit Sky-Segeln

Roger Chapelet

Viermast-Bark *Afon Alaw,* 1891, mit einfachen Bramsegeln

Viermast-Bark *Alexandre,* 1892, mit »baldheader«-Takelage

Loire, 1897, typischer Bordes-Segler

Viermast-Bark *Nivelle,* 1897, mit doppelten Bramsegeln

Brilliant, 1901, größte Viermast-Bark

Viermast-Bark *Mistral,* 1901, mit einfachen Bramsegeln

Viermast-Bark *Herzogin Cecilie,* 1902,
typischer Schulschiffbau, große Aufbauten

Fünfmast-Bark *France II,* 1911, mit »baldheader«-Takelage

Kurt

St	4	mbk	2875/3109	1904	4.	335.3 /46.9 /26.6
2 Dks						102,17/14,24/ 8,07

Dreiinselschiff mit 65 Fuß langer Mittschiffsbrücke, Untermast und Marsstenge aus einem Stück gefertigt, Bramstenge. Doppelte Mars- und Bramsegel und Royals, Besanmast als Pfahlmast mit zwei Gaffeln.

Hamilton, W.+Co.,	Siemers, G.J.H.+Co. Hamburg
Port Glasgow	

→ 1914	in Astoria (Ore) interniert. Von den USA für kurze Zeit als *Dreadnought* für eigene Zwecke eingesetzt.	
→ 1917	*Moshulu*	United States Shipping Board
→ 1920		Nelson, Ch.+Co. San Francisco
→ 1922		Tyson, James San Francisco
→ 1922 ?		Nelson, Ch.+Co. San Francisco
→ 1935		Erikson, G. Mariehamn
→ 1947	während des Zweiten Weltkrieges in verschiedenen Häfen versteckt gehalten. Letztlich als Hulk in Nådendahl in Finnland.	
→ 1952	vom Hamburger Schliewen gekauft, sollte *Oplag* werden.	
→ 1953	zwangsversteigert	
→ 1971	als Hulk in Amsterdam	
→ 1972	von den USA erworben und nach Los Angeles gebracht.	
1977	in Philadelphia liegend.	

Liegt heute in Philadelphia als Vergnügungsschiff, vollständig entstellt, mit großen Fenstern in der Bordwand eingebaut!

Wahrlich eine vielseitige Karriere für den Viermaster, für die bekannte Reederei Siemers erbaut und in der Salpeterfahrt eingesetzt. Die Kapitäne Chr. Schütt und W. Tönissen führten das Schiff bis Newcastle (NSW) und Santa Rosalia, bevor dann die Heimreisen mit Salpeter angetreten wurden. Unter Tönissen wurde *Kurt* in Astoria (Ore) interniert.
Nach dem Krieg mehrere Male den Besitzer gewechselt und dann 1928 in Esquimault B. C. aufgelegt, wo Erikson die Einheit 1935 erwarb. Mit den Kapitänen Gunnar Boman, G. Holm und M. Sjörgren mehrere Reisen nach Australien bis zum Ausbruch des Zweiten Weltkrieges. Im allgemeinen Wirbel der Kriegshandlungen in verschiedenen Häfen verstecktgehalten.
Im Jahre 1952 konnte Schliewen aus Hamburg neben *Passat* und *Pamir* auch *Moshulu* erwerben, die als *Oplag* auferstehen sollte. Der Konkurs Schliewens verhinderte dieses Vorhaben.
Nach Zwangsversteigerung eine gewisse Zeit im Hafen von Amsterdam liegend, kaufte schließlich die Disneyland Corporation den alten Viermaster. Auch ihre Pläne wurden nicht verwirklicht, und heute fristet das Schiff ein unrühmliches Dasein in Philadelphia.

Lady Wentworth

St	4	mbk	2552/2715	1896	6.	295.7 /45.6 /25.7
2 Dks						90,08/13,80/ 7,79

Glattdecker, Masten mit Mars- und Bramstenge, Jubilee-Rigg, Besanmast mit Stenge und einer Gaffel.

Scott+Co., Greenock	Adam, Hamilton+Co. Greenock

→ 1905	*Woglinde*	Fölsch, H.+Co. Hamburg
→ 1914	in Valparaiso interniert	
→ 1920	nach schweren Sturmschäden in Valparaiso zur Hulk abgetakelt. Werkstattschiff der staatlichen Reederei Empresa Maritima.	

Abbruch im Jahre 1930

Der typische »baldheader« *Lady Wentworth* wurde bei seiner britischen Reederei zur Hauptsache in der Salpeterfahrt eingesetzt, wobei auch Abstecher bis nach San Francisco im Logbuch des Schiffes standen. Kapitän Arch. Murchie führte den Viermaster während der ganzen Zeit unter dem Union Jack.
Mit dem Wechsel zu Fölsch nach Hamburg wurde auch dieses Schiff mit einem »Wagner«-Namen bedacht, *Woglinde*. Auf gleichen Kursen führten die Kapitäne J. Hansen, E. Paulsen, A. Greter und A. Weinecke die Viermastbark wiederum nach Chile.
Im Jahre 1908 kollidierte *Woglinde* auf Pos. 50° 05' S/49° 05' W mit einem großen Eisberg und wurde schwer beschädigt. Im nahegelegenen Hafen von Montevideo traf das Schiff unter Notrigg ein.
Erneut wurde der Viermaster am 12./13. Juli 1919 in Valparaiso durch einen der berüchtigten »Norder« (Sturm aus Norden) schwer beschädigt, aber nicht mehr aufgeriggt. Der gleiche Sturm wurde der Laeisz'schen *Petschili* zum Verhängnis (s. dort).

Lancing

Fe	4	ms	2600/2678	1865	4.	356.0 /43.8 /27.3
1 Dk				1888		108,50/13,30/ 8,29

Glattdecker, Masten mit Mars- und Bramstenge, doppelte Mars- und Bramsegel und Royals, auch am Kreuzmast.

Napier, R.+Sons, Glasgow	Kinnear A. E.+Co. London
Blyth Dry Dock Co., Blyth	Umbau zum Segelschiff

→ 1893	Bryde, P.	Sandefjord
→ 1895	Ross, F.+Co.	London
→ 1901	Johannson, J.	Christiansand
→ 1920	Melsom+Melsom	
	Christiania, heute Oslo	

Bei Frassinetti in Genova im Jahre 1925 abgebrochen.

Eine sehr bekannte Einheit, die zu ihrer Zeit sehr von sich reden machte!
Die Compagnie Générale Transatlantique aus Frankreich verkaufte nach einigen Betriebsjahren ihren Dampfer *Péreire* ebenso wie *Ville de Paris*, die zur *H. Bischoff* wurde.
Für die *Péreire* traten verschiedene Interessenten auf, u. a. auch die Reederei Bordes. Schließlich konnte aber Kinnear aus

London den Dampfer übernehmen, und er ließ das Schiff in Blyth zum Viermastvollschiff umbauen. Offenbar hatte das Dampfschiff den Anforderungen nicht genügt. – Das lange und schlanke Schiff machte sich einen guten Namen als schnelle Einheit. Länge läuft! Ein Breitenindex von über 8 war auch selten. So soll *Lancing* auch den Geschwindigkeitsrekord für große Segelschiffe aufgestellt haben: 18 Knoten während 72 Stunden! Auf seinen Reisen lief der Viermaster Melbourne, Halifax (N. S.), St. Lawrence River, New Orleans und New York – als Beispiele – an. Für britische Farben waren die Kapitäne Persson, G. A. Hatfield, A. Raastad und F. W. Chapman die Verantwortlichen. Nach dem Verkauf nach Norwegen lief das Schiff weiter in der Fahrt zum Pazifik, wo es bis nach Australien segelte und meistens Holz aus Kanada für die Heimreisen an Bord nahm. Für die verschiedenen Reeder aus Skandinavien waren die Kapiäne S. B. Johnson, N. B. Melsom, Olassef, N. S. Melsom, O. Olufsen und P. Th. Pedersen an Bord in Diensten. Das Schiff soll nicht leicht zu steuern gewesen sein. Einmal in Fahrt aber, war der Segler sehr schnell. Als höchste Geschwindigkeit sollen sogar 22 Knoten erreicht worden sein. Am Weihnachtsabend 1924 ging *Lancing* im Schlepp ab Ardrossan nach Genova, wo Frassinetti auf Arbeit wartete.

Lathom

St	4 mbk	2985/3082	1891	8.	324.0 /46.0 /25.2
2 Dks					98,75/14,02/ 7,67

Dreiinselschiff mit 37 Fuß langer Mittschiffsbrücke. Masten mit Mars- und Bramstenge, doppelte Mars- und Bramsegel und Royals. Besanmast mit Stenge und einer Gaffel.

Royden, T.+Sons, Liverpool   Macvicar, Marshall+Co.
                                                                       Liverpool

→ 1899	*Bertha*	Wätjen, D. H.+Co.	Bremen

Im Oktober 1900 ist *Bertha* verschollen.

Über die Fahrten des Schiffes unter britischer Flagge ist nichts Näheres zu erfahren. Die Kapitäne J. J. McGhie, R. Irving und R. Campbell führten den Viermaster. – Für nur kurze Zeit unter deutscher Flagge fahrend, waren bei Wätjen die Kapitäne F. J. Alster und K. Brünings an Bord tätig. Auch über die Unglücksreise sind keine Aufzeichnungen zu finden.

Laurelbank

St	4 mbk	2237/2397	1893	9.	283.0 /43.0 /24.4
1 Dk					86,25/13,10/ 7,41

Glattdecker, Masten mit Mars- und Bramstenge, Jubilee-Rigg, Besanmast mit Stenge und einer Gaffel.

Russell+Co., Port Glasgow   Weir, A.+Co.   Glasgow

Am 31. Oktober 1898 verließ das Schiff den Hafen von Shanghai mit Bestimmung Portland (Ore). Dort ist der Viermaster nie angekommen und mußte als verschollen erklärt werden.

Kurz war die Laufbahn auch dieser Einheit. Schon auf der dritten Reise fuhr sie ins Unglück. – Die erste Reise unter Kapitän W. H. Lindsay begann *Laurelbank* ab Barry Dock's nach Rio de Janeiro. Später wurden noch Sydney und New York angelaufen, bevor die Fahrt sogar bis nach China ging. Nähere Angaben über Einzelheiten der Fahrten fehlen.

Lauriston

St	4 ms	2133/2301	1892	12.	284.6 /42.0 /24.4
2 Dks					86,71/12,80/ 7,41

Glattdecker, Masten mit Mars- und Bramstenge, doppelte Mars- und Bramsegel und Royals, am Kreuzmast ohne Royal.

Workman, Clark+Co., Belfast Galbraith+Moorhead   London

→ 1900		Galbraith, Hill+Co.	London
→ 1905		Duncan, G.+Co.	London
→ 1910		Cook+Dundas	London
→ 1913		Taltal Shipping Co.	London
→ 1917		Hudson Bay Co.	London
→ 1919	*Towarischtsch*	Government Baltic Sailing Ship Co.	Leningrad
→ 1927		Sovtorgflot	Archangelsk

Ein Augenzeuge berichtet über das Schicksal dieses Schiffes folgendes: *Towarischtsch* lag wärend des Zweiten Weltkrieges in Mariupol am Asow'schen Meer als Wohnschiff. Als das Gebiet von den Deutschen geräumt werden mußte, sollte der Viermaster als Sperre in der Hafeneinfahrt gesprengt werden. Nachdem alles, was zu entfernen war, von Bord gebracht wurde, schritt man zur Sprengung der Einheit. Lediglich die Riggen gerieten als Folge der an sich mißlungenen Sprengung in Brand. Nur der Besanmast blieb stehen, weil er bei achterlichem Wind kein Feuer fing. So geschehen im August 1943. Ob die Russen das Schiff wieder instand setzten, ist nicht bekannt.

Lauriston hatte eine wechselvolle Karriere. Bei keiner der verschiedenen Reedereien hatte das Schiff längere Bleibe. Unter britischer Flagge war der Viermaster den Kapitänen W. Latta, G. Lambie, P. S. Young, D. Thomson, W. F. Underwood, W. H. Boxall und W. A. Armstrong anvertraut und machte mehrere Fahrten nach Calcutta und Rangoon. Nach dem Flaggenwechsel unter Hammer und Sichel war als Kommandant des Schulschiffes E. Freimann im Amte. Zur Zeit des Wechsels zu Duncan erfolgte auch der Umbau zur Viermastbark. Im Jahre 1928 hatte *Towarischtsch* im Englischen Kanal eine schwere Kollision mit dem italienischen Dampfer »Alcantara«, der dem Zusammenstoß zum Opfer fiel.

L'Avenir

St	4 mbk	2074/2738	1908	5.	278.2 /44.8 /26.5
2 Dks					84,78/13,61/ 8,04

Dreiinselschiff mit bis zur Achterkante Großmast gezogener Poop. Untermast und Marsstenge aus einem Stück gefertigt, Bramstenge. Doppelte Mars- und Bramsegel und Royals. Besanmast mit Stenge und einer oder zwei Gaffeln. Mittschiffsbrücke relativ kurz.

Rickmers A. G., Bremerhaven Association Maritime Belge
                                                      Anvers/Antwerpen

→ 1932		Erikson, G.	Mariehamn
→ 1937	*Admiral Karpfanger*	HAPAG	Hamburg

In Port Germein ging *Admiral Karpfanger* am 8. Februar 1938 in See. Pos. am 1. März war 51° S/172° E, gemeldet per Funk. Am 12. März hatte das Schiff letztmals Kontakt mit Norddeich Radio, danach hat man von der Viermastbark nie mehr etwas gehört.

Große Suchaktionen brachten Wrackteile in der Windhound Bucht der Insel Navarino am Kap Hoorn als Resultat, gefunden am 8. Oktober 1938. Im September desselben Jahres wurde *Admiral Karpfanger* als verschollen erklärt.

Diese Einheit hat mit ihrem nicht ganz geklärten Ende in der Seefahrt große Geschichte gemacht.
Von Rickmers als Schulschiff für die Belgier gebaut, bereiste der Viermaster praktisch die ganze Welt. Bekannteste Kapitäne an Bord waren F. Zander, Kränzlin und letztlich R. Van de Sande. Zander und Kränzlin wurden von den Belgiern quasi als Lehrmeister beim Norddeutschen Lloyd ausgeliehen. *L'Avenir* führte zeitweise auch dreieckige Fock-, Großsegel und Bagien.
Mit dem Lauf der Jahre wurde das Schiff den Besitzern zu aufwendig, und so hatte Erikson aus Mariehamn Gelegenheit, 1932 die Viermastbark zu erwerben. G. Lundberg und Nils Erikson waren die Kapitäne für das Schiff, das nun praktisch nur noch in der Getreidefahrt nach Australien eingesetzt wurde. Lundberg allerdings überließ den Viermaster nach der Überfahrt von Gent nach Mariehamn dem Neffen Eriksons.
Im Jahre 1937 suchte die HAPAG ein Schulschiff. Erikson war bereit, das Schiff abzugeben, doch nur zu einem Preis von 17 000 Pfund. Ein gutes Geschäft, denn der finnische Reeder hatte kaum 3000 Pfund für das Schiff bezahlt.
Admiral Karpfanger hieß die Einheit unter deutscher Flagge, geführt von Kapitän Walker.
Schon ein Jahr nach der Übernahme geriet das Schulschiff in aller Munde. Keine glücklichen Nachrichten waren es, denn der stolze Viermaster verunglückte, Mann und Maus mit sich in die Tiefe reißend. Die Diskussion um das Segelschulschiff begann schon damals, nicht erst mit der ähnlichen Katastrophe der *Pamir* im Jahre 1957.

Lawhill

St	4	mbk	2749/2942	1892	9.	317.4 /45.0 /25.1
2 Dks						96,72/13,71/ 7,64

Dreiinselschiff mit 48 Fuß langer Mittschiffsbrücke. Untermast und Marsstenge aus einem Stück gefertigt, Bramstenge. Jubilee-Rigg, Besanmast mit Stenge und einer Gaffel.

Thompson, W. B.+Co., Dundee	Barrie, C.	Dundee

→ 1899		Bliss, F. E.	London
→ 1900		Anglo-American Oil Co.	London
→ 1911		Windram, G.+Co.	Liverpool
→ 1914		Troberg, A. M.	Mariehamn
→ 1917		Erikson, G.	Mariehamn
→ 1941	von Australien einlaufend in Südafrika interniert.		
→ 1948	in Laurenço Marques aufgelegt.	de Silva, M.	Portugal
→ 1950	im Motala River von Ankern losgerissen und gesunken.		
→ 1957	Abbruch		

Nach langer Liegezeit, z. T. auf Grund, in Laurenço Marques 1957 abgebrochen.

Nach einer turbulenten Laufbahn hat auch dieses Schiff sein Ende auf der Abbruchwerft gefunden. Bei immer gleichbleibendem Namen hat der Viermaster sechsmal seinen Besitzer gewechselt und wurde rund 65 Jahre alt.
Zu Beginn der Karriere brachte die Viermastbark Tausende von Tonnen Jute nach Schottland. An Bord waren die Kapitäne P. Singer und Th. Coss für den Reeder Barrie verantwortlich.
Nach dem Übergang zu der AAOC kam ein Mann als Kapitän an Bord, der den Seeleuten mit seiner Erfindung der Braßwinde die Arbeit erleichterte, Kapitän J. C. Jarvis. *Lawhill* erlebte die ersten Versuche mit dieser mechanischen Hilfe.
Eine andere Spezialität ließ das Schiff aus großer Entfernung erkennen. Es hatte nämlich die Bramstengen hinter den Untermasten befestigt. Von dieser Konstruktion versprach man sich bessere statische Verhältnisse.
Nach dem Wechsel zu Erikson ging die Viermastbark während über zwanzig Jahren nach Australien in See und brachte Getreide vom fünften Kontinent nach Europa. Neben vielen andern Schiffsführern war auch Kapitän Reuben de Cloux auf *Lawhill* im Einsatz.
Die finnische Flagge wurde dem Schiff zum Verhängnis, als es 1941 in Südafrika Zwischenstation machte. Die Briten beschlagnahmten Schiff und Ladung.
Unsicher ist, ob *Lawhill* kurz vor dem Abbruch nochmals den Besitzer wechselte. Als *Arrca* soll sie einem Inder gehört haben, im Hafen von Laurenço Marques lag sie auf Grund.

Levernbank

St	4	mbk	2242/2400	1893	8.	282.9 /43.0 /24.4
1 Dk						86,17/13,10/ 7,41

Glattdecker, Masten mit Mars- und Bramstenge, Jubilee-Rigg, Besanmast mit Stenge und einer Gaffel.

Russell+Co., Port Glasgow	Weir, A.+Co.	Glasgow

Auf der Reise von Bilbao nach Cardiff ist das Schiff am 20. November 1909 etwa 300 Seemeilen westlich der Scilly Islands aufgegeben worden.

Die Viermastbark wurde meist in der Salpeterfahrt eingesetzt. Dabei wurden auch Reisen bis nach Australien und hinauf bis Tacoma unter den Kiel gebracht. Für Weir standen die Kapitäne E. J. Stuart, W. R. Kennedy, W. F. Turner und S. C. Bent im Dienst an Bord.
Nachdem der Viermaster in Bilbao seine Ladung gelöscht hatte, ging er, wohl in Ballast, auf seine letzte Fahrt mit Ziel Cardiff.
In Cardiff wurden ja die Segelschiffe mit Kohle beladen, bevor sie Richtung Chile wieder auf große Fahrt gingen.
Für *Levernbank* aber hatte die Stunde geschlagen. Sie geriet in der Biscaya in einen fürchterlichen Sturm. Die gesamte Takelage wurde demoliert, die Rettungsboote wurden aus ihren Halterungen gerissen und zum Teil zerschlagen. Schließlich mußte der Kaptiän W. F. Turner zum Verlassen des Viermasters aufrufen.
Die Mannschaft hatte Glück, denn der Dampfer »Russia« übernahm sie vollzählig.

Lindfield

St	4 mbk	2169/2280	1891	12.	277.5 /42.0 /24.2
1 Dk					44,54/12,80/ 7,36

Glattdecker, Masten mit Mars- und Bramstenge, doppelte Mars-, aber einfache Bramsegel und Royals. Besanmast mit Stenge und einer Gaffel.

Russell+Co., Greenock	Shaw, Sawill+Co.	Glasgow
→ 1912	Jeremiassen, H.	Porsgrund

Unter norwegischer Flagge soll das Schiff an der Südküste Irlands torpediert worden sein. Nähere Angaben fehlen. In Lloyds Register ist die Einheit letztmals 1916/17 verzeichnet.

Lindfield soll zu einem späteren Zeitpunkt auch doppelte Bramsegel gefahren haben.
Auch dieses Schiff fuhr meist auf der Salpeterroute, geführt durch die Kapitäne F. H. Hurburgh, W. Patterson, W. J. Read, J. Ceriez, J. J. Alsop und G. Perriam für Shaw, Sawill.
Nach dem Verkauf an Norwegen gingen für Jeremiassen die Kapitäne C. G. Norberg und H. Teigen an Bord.
Leider fehlen auch hier Angaben über Fahrten und insbesondere über das Ende des Viermasters.

L'Invention

Ho	4 ms	ca. 440/486	1801	5.	147 /27
					44,80/ 8,22

Glattdecker, Masten mit Mars- und Bramstenge. Einfache Mars- und Bramsegel und Royals, Kreuzmast mit Stenge, einfachem Marssegel und kleinem Bramsegel.

Thibault, Bordeaux	Thibault	Bordeaux
→ 1801	Carteret, Priaulx+Co.	
		Guernsey

Zu einem unbekannten Zeitpunkt ist L'Invention in der Mündung des Rio de la Plata verunglückt.

Dieses erste Viermastvollschiff darf wohl als Urahne aller Einheiten, die der vorliegende Bericht behandelt, bezeichnet werden. In erster Linie wohl deshalb, weil mit ihm die Art der Takelage erscheint, die dann über ein Jahrhundert bis in unsere Zeit wegweisend war.
Glücklicherweise existiert von diesem Novum ein recht gutes Bild, das die vorstehenden Worte erhärtet. Das Bild datiert vom Jahre 1803. Erbaut wurde das Schiff in Bordeaux, und zwar als Kaperschiff unter französischer Flagge. Offenbar war Thibault Erbauer und Kapitän des Viermasters.
Seiner Zweckbestimmung konnte das Schiff allerdings nur sehr kurze Zeit nachkommen, wurde es doch von britischen Seestreitkräften am 27. Juli 1801 auf Pos. 43° 03' N/11° 42' W gekapert.
Nach eingehendem Studium durch die Briten kam der Neuling zur Versteigerung. Eine Reedergruppe aus Guernsey erhielt den Zuschlag. Kapitän Tardiff kam als Kommandant an Bord und führte das Schiff nach Neapel, Gibraltar, Virginia, Norfolk, Leghorn, New York und St. John in New Brunswick.
Schließlich ging der Viermaster in der Mündung des Rio de la Plata verloren.

Liverpool I

Fe	4 ms	2015/2089	1882	11.	275.5 /42.0 /24.1
2 Dks					83,94/12,80/ 7,53

Über Bauart und Takelage dieser Einheit sind leider keine Unterlagen zu beschaffen.

Dobie+Co., Glasgow	Price, W.+Co.	Liverpool

Letztmals im Januar 1883 mit 100 A1 von Lloyds klassifiziert, ist die erste Einheit mit dem Namen Liverpool im selben Jahr verschollen.

Vom Schicksal gar nicht begünstigt, ist auch diese Einheit nach sehr kurzer Zeit verschollen.
Dobie in Glasgow baute nur zwei Viermaster, die Glencairn und Liverpool I.

Liverpool II

Fe	4 ms	3330/3400	1889	1.	333.2 /47.9 /26.5
2 Dks					101,54/14,54/ 8,04

Dreiinselschiff mit 52 Fuß langer Mittschiffsbrücke, keine Poop. Masten mit Mars- und Bramstenge, doppelte Mars-, aber einfache Bramsegel. Alle vier Masten gleich getakelt.

Russell+Co., Port Glasgow	Leyland, R. W.+Co.	Liverpool

Am 25. Februar 1902 auf der Kanalinsel Alderney gestrandet und verloren.

Als einer der größten Viermaster ist Liverpool II weltweit bekannt geworden. Erster Kapitän war Thomas Calder, und er führte das Schiff auf großen Fahrten bis nach Tacoma und Hiogo in Japan. Calder wurde abgelöst durch Ch. Witting und O. Lewis.
Eigentlich war der Viermaster für die Jutefahrt nach Indien bestimmt gewesen, doch der Höhepunkt dieses Handels war zum Zeitpunkt des Stapellaufs schon überschritten. So kam das Schiff in anderen Gebieten der Weltmeere zum Einsatz, u.a. auch bis nach Australien.
Zu seiner Zeit war diese Einheit der größte Viermaster der Welt. Ungefähr zum Zeitpunkt des Verlustes von Liverpool II erschienen die noch größeren Daylight und Brilliant.
In einer der typischen Nebelnächte im Englischen Kanal ging das Schiff verloren. Die Inselbewohner machten sich über alles, was irgendwie tragbar war, her, und schließlich versank das Wrack in den Fluten.

Loch Broom

Fe	4 ms	2075/2128	1885	2.	287.7 /42.5 /24.1
2 Dks					87,64/12,92/ 7,33

Glattdecker, Masten mit Mars- und Bramstenge, doppelte Mars-, aber einfache Bramsegel am Fockmast. Doppelte Mars- und Bramsegel am Groß- und Kreuzmast. Besanmast mit Stenge und einer Gaffel.

Barclay, Curle+Co., Glasgow	Aitken, Lilburn+Co.	Glasgow
→ 1912	Songdal	Stray, S. O.	Christiansand

Auf der Heimreise von Buenos Aires näherte sich Loch Broom dem Englischen Kanal. Südwestlich von Irland kam ein U-Boot der Deutschen dem Segelschiff in die Quere und versenkte es am 2. Februar 1917.

Anfänglich war diese Einheit auf den Kursen nach Indien zu sehen. Mit dem Zusammenbruch des Jutehandels kamen dann auch Fahrten nach den USA, Australien und Japan in die Logbücher. Für Aitken, Lilburn waren die Kapitäne J. H. Auld, W. Martin, T. Davis, J. P. Radford, Crane, und R. H. Kelynack an Bord des Vollschiffes, das etwa 1906 zur Bark umgetakelt wurde.
Für Stray waren die Kapitäne T. Isaksen und Andresen für die nun *Songdal* getaufte Einheit verantwortlich. Beste Führung eines Schiffes war aber auch gegen feindliche U-Boote ohnmächtig.

Loch Carron

| Fe | 4 ms | 2075/2128 | 1885 | 4. | 287.7 /42.5 /24.1 |
| 2 Dks | | | | | 87,64/12,92/ 7,33 |

Glattdecker, Masten mit Mars- und Bramstenge. Doppelte Mars-, aber einfaches Bramsegel am Fockmast, doppelte Bramsegel am Groß- und Kreuzmast. Besanmast – nach Umbau zur Viermastbark – mit Stenge und einer Gaffel.

Barclay, Curle+Co., Glasgow	Aitken, Lilburn+Co.	Glasgow
→ 1912	*Seileren*	Stray, S. O.	Christiansand

Am 11. Oktober 1915 ereignete sich vor Torr Head, im Norden Schottlands, eine Kollision mit dem Dampfer »Vittoria«. Innerhalb von 15 Minuten sank der Viermaster, der sich auf der Reise vom Clyde nach Savannah befand.

Die Schwester der *Loch Broom* – mit genau gleichen Dimensionen – wurde bei Aitken, Lilburn von den Kapitänen L. + S. Clarke und J. Henderson geführt.
Im Jahre 1904 wurde das Schiff zur Viermastbark umgebaut. Zu Beginn ihrer Laufbahn ging *Loch Carron* auch nach Indien auf große Fahrt. Danach kamen auch für sie andere Kurse zum Zuge, nämlich diejenigen nach Australien.
Am 13. August 1904 kam es zwischen der Viermastbark und der Bark »Inverkip« in etwa 60 Seemeilen Entfernung des Fastnet-Leuchtfeuers zu einer schweren Kollision. Die Bark sank nach dem Zusammenstoß, und vor Seeamt wurde Kapitän Stainton Clarke schuldig gesprochen.
Als Nachfolger kam Kapitän Henderson an Bord. Er hatte vorher ein ganz berühmtes Schiff kommandiert, die *Thermopylae*.
Auch für Stray lief der Viermaster meist auf Kursen Richtung Australien, doch die Zeit unter norwegischer Flagge war ja nur kurz. Wiederum ereignete sich eine Kollision, doch dieses Mal war die Viermastbark an der Reihe, auf Tiefe zu gehen.

Loch Moidart

| Fe | 4 ms | 2000/2081 | 1881 | 9. | 287.4 /42.6 /24.0 |
| 2 Dks | | | | | 87,57/12,95/ 7,31 |

Glattdecker, Masten mit Mars- und Bramstenge, doppelte Mars-, aber einfache Bramsegel und Royals. Besanmast (nach Umbau) mit Stenge und einer Gaffel.

Barclay, Curle+Co., Glasgow Aitken, Lilburn+Co. Glasgow

In der Nähe von Callantsoog (Niederlande) ist diese Einheit am 26. Januar 1890 auf eine Sandbank aufgelaufen und gekentert. Die Reise von Pisagua nach Hamburg endete für den größten Teil der Besatzung im kühlen Grabe der See.

Auch hier ist anzunehmen, daß das Schiff nie als Vollschiff getakelt war. Eintrag im Lloyds Register nach bekannter Manier.

Loch Moidart war Schwesterschiff von *Loch Torridon*, einem besonders bekannt gewordenen Viermaster.
Der Viermaster hatte nur eine verhältnismäßig kurze Laufbahn, während der er durch die Kapitäne Reid, King, J. Simpson und Andrew geführt wurde.
Unter Seeleuten hatten die beiden Schwestern einen sehr guten Namen, ja, man sprach damals von den perfektesten Viermastbarken, die jemals gebaut worden seien.
Die Reisen von *Loch Moidart* gingen häufig zu Getreide- oder Salpeterlieferanten, rund Kap Hoorn, in den Pazifik.
Tief mit Salpeter abgeladen, verunglückte das Schiff auf der Heimreise von Chile her.

Loch Nevis

| St | 4 mbk | 2328/2431 | 1894 | 6. | 301.7 /43.2 /24.6 |
| 2 Dks | | | | | 91,91/13,15/ 7,46 |

Glattdecker, Masten mit Mars- und Bramstenge. Jubilee-Rigg, Besanmast mit Stenge und einer Gaffel.

Reid, J.+Co., Glasgow	Aitken, Lilburn+Co.	Glasgow
→ 1900	*Octavia*	Rhederei AG. von 1896
		Hamburg
→ 1905	durch Feuer zerstört	
→ 1916	Der Rumpf wird zum Bau eines Dampfers *Primero* verwendet.	
→ 1922	Auch der Dampfer brennt aus. Damit ist das Schicksal des Schiffes besiegelt.	

Durch Feuer im Jahre 1922 zerstört, Abbruch.

Unter britischer Flagge machte der Viermaster keine große Karriere. Kapitän Colin McLeod führte das Schiff während der Zeit, da es die Hausflagge von Aitken, Lilburn führte. Einzelheiten über die Fahrten in diesen Jahren sind nicht bekannt.
Nachdem die »1896er« die Einheit erworben hatten, kamen die Kapitäne E. Butz, N. Breckwoldt und R. G. Smit an Bord des nun *Octavia* genannten Viermasters. Regelmäßig führten nun die Kurse das Schiff nach Santa Rosalia, Tacoma, Seattle, Port Los Angeles, Callao und Taltal. Fast ausnahmslos wurde auf den Ausreisen walisische Kohle geladen. Damit erklärt sich auch der erste Brandunfall der Viermastbark an der patagonoschen Küste. Ausgebrannt lag dann der Rumpf über Jahre in Bahia Blanca als Hulk.
Vorerst verhalf der Erste Weltkrieg dem Schiff zu neuem Leben, jetzt als Dampfer namens *Primero*.
Doch *Loch Nevis* schien sich dem Teufel verschrieben zu haben. Ein neuerlicher Brand verwüstete auch das Dampfschiff; das bedeutete das Ende.

Loch Torridon

Fe	4 mbk	2000/2081	1881	11.	287.4	/42.6	/24.0
2 Dks					87,57/12,95/		7,31

Glattdecker, Masten mit Mars- und Bramstenge, doppelte Mars-, aber einfache Bramsegel und Royals. Besanmast mit Stenge und einer Gaffel.

Barclay, Curle+Co., Glasgow	Aitken, Lilburn+Co.	Glasgow
→ 1912	Blom, A. E.	Nystad

Am 24. Januar 1915 wurde das Schiff im Nordatlantik vollständig entmastet und dann aufgegeben.

Loch Torridon machte sich in verschiedener Hinsicht einen Namen. Kapitän R. Pattman tat während ganzen 26 Jahren auf dem Viermaster als »master next God« Dienst. Auf diesem Schiff wurde das einem italienischen Kapitän zugeschriebene Patent der perforierten Segel in der Praxis geprüft. Man erhoffte sich von dem Patent bessere aerodynamische Verhältnisse. Der Erfolg war wohl nicht den Wünschen entsprechend, denn die Löcher in den Segeln waren nur sehr selten zu sehen.

Zu Beginn der Laufbahn segelte *Loch Torridon* auch in der Jutefahrt nach Indien. Der erste Kapitän, Pinder, wurde über Bord gewaschen. Der Unfall ereignete sich am Kap der guten Hoffnung, als das Schiff von einer Weltrundreise Europa-Melbourne-Calcutta-Kap der guten Hoffnung wieder seiner Heimat zusteuerte. Sein Nachfolger war Pattman, der von 1882 bis 1909 an Bord des Viermasters blieb.

Unter dem Kommando von Pattman lief das Schiff dann mehrheitlich nach Australien, wobei die Heimreisen auf verschiedenen Routen vonstatten gingen, so zum Beispiel von Newcastle (NSW) über San Francisco zurück, rund Kap Hoorn, nach Europa.

Auf den Ausreisen brachte die Viermastbark verschiedene Frachten nach Australien, aber auch auf den Heimreisen ging es meist mit Kohle ab Newcastle (NSW) nach Kalifornien, wo für die Weiterfahrt Getreide geladen wurde.

In den Jahren 1904 bis 1908 waren fünf Reisen nach Sydney und Adelaide in den Logbüchern festgehalten. Pattman brachte es während seiner Zeit auf dem Segler immerhin auf 25 Rundreisen um die Welt.

1912 kam *Loch Torridon* unter russischer Flagge, war Finnland doch damals noch Bestandteil des Zarenreiches.

Auf einer Fahrt mit Holzfracht nach Geelong ging das Schiff im Winter 1914/15 verloren. Die gesamte Besatzung konnte durch den Dampfer *Orduna* gerettet werden.

Loire

St	4 mbk	2453/3094	1897	3.	321.2	/45.1	/25.5
2 Dks					97,89/13,73/		7,74

Glattdecker, Untermast und Marsstenge aus einem Stück gefertigt. Bramstenge, doppelte Mars- und Bramsegel und Royals, Besanmast als Pfahlmast mit einer Gaffel.

Ateliers et chantiers de la Loire,	Bordes, Ant. Dom. et fils
Nantes	Dunkerque
→ 1918	Compagnie Française d'Armement et d'Importation de Nitrate de Soude Dunkerque

Im Jahre 1924 abgebrochen.

Loire ist eine der typischen Bordes'schen Einheiten, die fast ausnahmslos in der Salpeterfahrt eingesetzt waren, genau wie ihre Schwester *Atlantique*.

Es fällt bei den Hauptdaten sofort die respektable Differenz zwischen Brutto- und Nettotonnage auf, direkte Folge der damals gültigen französischen Subventionsgesetze.

Mit fast fahrplanmäßiger Regelmäßigkeit machte der Viermaster seine Reisen an die Salpeterküste Chiles. Zwischen 66 und 86 Tagen betrugen die Fahrtzeiten für die großen Distanzen. Unbedeutend, wenn man bedenkt, daß nur Windkraft das schwere Schiff vorantreiben konnte. Die Commandants J. Loquen, G. Thébaut, J. B. Forgeard, E. Gascon, E. Salaün, P. Angiolini, M. Jaffré, Texier, Riou und P. Le Chevanton führten das Segelschiff über ein Vierteljahrhundert sicher durch alle Gefahren, die besonders auf der Kap-Hoorn-Route auf ein Segelschiff lauern konnten. Ein ganz besonderes Ereignis in der Laufbahn der Viermastbark bedeutete die Rettung der Besatzung des Vollschiffs »Dalgonar« im Oktober 1913 auf Pos. 26° S/130 ° W. Das Wrack des Dreimasters machte nach seiner Aufgabe noch eine Treibfahrt von mehreren tausend Meilen, bis es schließlich auf Mophelia Island strandete.

Unter Commandant Riou wurde *Loire* während des Ersten Weltkrieges auch von deutschen Seestreitkräften belästigt, doch Riou gelang die Flucht. Als die Reederei Bordes in die oben genannte neue Rechtsform überging, wechselte auch *Loire* ihre Hausflagge.

Als Opfer der schlechten Wirtschaftslage in den zwanziger Jahren kam auch dieses prächtige Schiff auf die Abbruchwerft in Italien.

Lord Brassey

St	4 mbk	2619/2749	1891	11.	318.3	/43.2	/24.5
2 Dks					96,99/13,15/		7,43

Dreiinselschiff mit 42 Fuß langer Mittschiffsbrücke. Masten mit Mars- und Bramstenge, doppelte Mars- und Bramsegel, Royals und Skysegel. Besanmast mit Stenge und einer Gaffel.

Grangemouth Dockyard Co., Alloa	Herron, J.+Co.	Liverpool

In Ballast verließ die Viermastbark am 6. August 1895 den Hafen von Hongkong mit Bestimmung Neah Bay im Puget Sound. Dort ist das Schiff nie angekommen und mußte als verschollen erklärt werden.

Herron hatte wie auch Dixon mehrere Einheiten mit »Lord«-Namen. Zu Beginn ihrer Fahrenszeit war *Lord Brassey* auch in Calcutta zu sehen, sie war also auch noch in der Jutefahrt tätig.

Ihre Jungfernreise machte die Viermastbark nach Melbourne, ohne besondere Ereignisse.

Für den Untergang des Schiffes war sehr wahrscheinlich ein Taifun in der China See verantwortlich.

Lord Downshire

St	4 ms	2263/2322	1882	4.	299.8 /41.2 /24.8
2 Dks					91,33/12,54/ 7,51

Glattdecker, Masten mit Mars- und Bramstenge, doppelte Mars- und Bramsegel. Besanmast mit Stenge und einer Gaffel, ursprünglich Vollschiff.

Harland + Wolff, Belfast	Dixon, T. + Sons	Belfast

Mit voller Salpeterladung auf der Heimreise von Caleta Buena im Jahre 1894 vor Pernambuco gesunken.

Lord Downshire war die erste Einheit, die bei Harland + Wolff als Viermastvollschiff gebaut wurde.
Der Auftrag Dixons an die Werft war als Antwort auf die beiden Viermaster *Walter H. Wilson* und *W. J. Pirrie* von Lawther gedacht. Zwischen den beiden Reedern bestand eine gesunde Rivalität, die immer wieder zu noch besseren Leistungen ansporte.
Unter dem Kommando der Herren D. Dunn, J. Newcomen, J. Brown und J. G. Murtry machte das Schiff Reisen nach Indien und Chile. Nach dem Zusammenbruch des Jutehandels konnte mit Erfolg ins Salpetergeschäft ausgewichen werden, war doch Europa für dieses Produkt schier unersättlich.
Eine volle Ladung Nitrat ging denn auch mit dem Schiff verloren.
Lloyds erklärte die Einheit im Mai 1895 als verschollen.

Lord Dufferin

St	4 mbk	2135/2250	1896	5.	285 /42 /24.4
2 Dks					86,86/12,80/ 7.41

Glattdecker, Masten mit Mars- und Bramstenge, doppelte Mars- und Bramsegel und Royals. Besanmast mit Stenge und einer Gaffel.

Workman, Clark + Co., Belfast	Heron, J. + Co.	Liverpool

Zu einer Ballastreise von Montevideo nach New York verließ das Schiff am 7. Oktober 1896 den Hafen in Uruguay, kam aber im Bestimmungshafen nie an. Verschollen!

Herron hatte mit seinen Schiffen zum Teil großes Pech. Wie *Lord Brassey* ist auch *Lord Dufferin* kurze Zeit nach der Inbetriebnahme verschollen.
Montevideo war auf der Jungfernreise als erster Hafen angelaufen worden.

Lord Ripon

St	4 mbk	2627/2765	1892	3.	318.0 /43.2 /24.5
2 Dks					96,92/13,15/ 7,43

Dreiinselschiff mit 42 Fuß langer Mittschiffsbrücke. Masten mit Mars- und Bramstenge, doppelte Mars- und Bramsegel, Royals und Skysegel. Besanmast mit Stenge und einer Gaffel.

Grangemouth Dockyard Co., Alloa	Herron, J. + Co.	Liverpool

→ 1898	*Nal*	Rhederei Visurgis AG.	Bremen
→ 1921		Baltische + Weissmeer Handels-Schiffahrt GmbH.	Danzig

Am 20. Januar 1922 bei Barnflet Island (Kap-Hoorn-Region) gesunken.

Zu Anfang ihrer Laufbahn lief *Lord Ripon* auch in der Jutefahrt nach Indien. Meist führten die Reisen das Schiff dann vom indischen Subkontinent weiter nach Australien und den USA.
Böse Zeiten erlebte der Viermaster unter dem Kommando von Kapitän W. Butler, dem ein schlechter Ruf anhaftete. Von einer Reise unter Butler kehrte das Schiff zurück mit drei Viertel der Mannschaft in Ketten!
Kapitän J. Richard löste Butler im Jahre 1895 ab.
Lord Ripon, einer der wenigen Viermaster, die Skysegel führten!
Nach dem Verkauf an die Visurgis lautete der Name des Schiffes dann *Nal*, und die Reisen gingen mehrheitlich nach Chile, Neu-Kaledonien und zur Delaware Bay.
Als deutsches Schiff wurde *Nal* im Jahre 1914 in Caleta Coloso (Chile) interniert und nach dem Kriege den Franzosen zugesprochen. Diese verkauften den Viermaster aber an die Briten, welche ihn an die Reederei in Danzig verkauften.
Unter der neuen Hausflagge erlebte das Schiff nur noch eine, und zwar die letzte Reise.

Lord Shaftesbury

St	4 ms	2273/2341	1888	12.	293.3 /42.8 /24.0
2 Dks					89,37/13,00/ 7,31

Glattdecker, Masten mit Mars- und Bramstenge, doppelte Mars- und Bramsegel und Royals. Nach Umbau zur Viermastbark Besanmast mit Stenge und einer Gaffel.

Whitehaven Shipbuilding Co., Whitehaven	Herron, J. + Co.	Liverpool

→ 1900	*Golden Gate*	Rolph, A. P.	Liverpool
→ 1914		Rolph, J.	San Francisco
→ 1919		Rolph Navigation + Coal Co.	San Francisco

Nach dem Tode von James Rolph im Jahre 1934 in Alameda abgebrochen.

Auch hier bestehen berechtigte Zweifel, ob das Schiff jemals als Vollschiff getakelt war. Nach dem Eintrag im Lloyds Register war dies aber der Fall.
Die Kapitäne J. Cunningham, F. C. Doty, P. G. Henrickson und E. Thomas waren für Herron an Bord des Schiffes die »masters next God«. Der Viermaster wurde zur Hauptsache in den Pazifik, nach Kalifornien, Chile und Australien auf große Fahrt befohlen.
Als *Golden Gate*, im Besitze der verschieden benannten Rolph-Reedereien, wechselte der Viermaster im Jahre 1914 seinen Registerhafen. In den USA war man vorläufig noch von den Kriegswirren in Europa entfernt! Kapitän H. M. Burgess kam an Bord der *Golden Gate* und blieb bis zum Abbruch des Schiffes.
Nach dem Kriege wurden die großen alten Segelschiffe eines nach dem andern arbeitslos. So kam auch *Golden Gate* für lange Zeit zum Aufliegen, bevor dann zum Abbruch geschritten wurde.

Lord Templemore

St	4 ms	2947/3045	1892	4.	329.8 /45.1 /26.7
2 Dks					100,47/13,73/ 8,09

Glattdecker, Masten mit Mars- und Bramstenge, doppelte Mars- und Bramsegel und Royals. Nach Umbau Besanmast mit Stenge und einer Gaffel.

Harland+Wolff, Belfast	Dixon, T.+Sons	Belfast
→ 1898 *Alsternixe*	AG. Alster	Hamburg

Der Viermaster verließ Callao am 26. November 1906 in Ballast mit Ziel Melbourne. Dort ist er nicht angekommen und wurde als verschollen erklärt.

Schon auf der ersten Ausreise geriet der Viermaster an der Küste Südamerikas in einen Pampero, ohne großen Schaden zu nehmen. Immerhin dauerte die Umrundung des Kap Hoorn ganze 86 Tage, und die ganze Reise nach San Francisco nahm 204 Tage in Anspruch.

Nach zeitgenössischen Berichten soll *Lord Templemore* eine der bestausgerüsteten und schönsten Viermasteinheiten gewesen sein.

Für Dixon führten die Kapitäne A. Walker, T. McWilliams und A. Percy das Schiff auf mehreren Reisen rund Kap Hoorn in den Pazifik.

Unter der Hausflagge der AG. Alster erschien dann das zur Viermastbark umgebaute Schiff mit dem Namen *Alsternixe*, geführt durch die Kapitäne E. Hellwege, R. Auhagen, A. Erdmann, H. Engel und L. M. Althaber. Weizen aus Kalifornien und Oregon sowie Salpeter aus Chile bestimmten in den folgenden Jahren die Fahrten der Viermastbark.

Zu geringer Ballast war wohl die Ursache für das Verschwinden des Schiffes.

Lord Wolseley

Fe	4 ms	2518/2577	1883	7.	308.2 /42.8 /25.1
2 Dks					93,92/13,00/ 7,64

Glattdecker, Masten mit Mars- und Bramstenge, doppelte Mars- und Bramsegel und Royals. Am Großmast auch Skysegel. Nach Umbau zur Bark Besanmast mit Stenge und einer Gaffel.

Harland+Wolff, Belfast	Dixon, T.+Sons	Belfast
→ 1898 *Columbia*	Tiedemann, J.C.+Co.	Bremen
→ 1903 am Cape Flattery entmastet und abgeschleppt nach Esquimault, Verwendung als Lagerschiff		
→ 1904 *Everett G. Griggs* Sechsmastbarkentine	Peabody, C. E.	Vancouver
→ 1910 *E. R. Sterling*	Sterling E.R.	Blaine Wash. USA

Im April 1928 wurde die alte Einheit in Sunderland abgebrochen.

Lord Wolseley wurde zu Beginn ihrer Laufbahn auch noch in der Jutefahrt eingesetzt. Wie andere Schiffe, kam der Viermaster später dann auch in Fahrten zum Pazifik. Transport verschiedenster Güter. Kapitäne für Dixon waren J. Dunn und D. McVicker.

Mit dem Verkauf an die Deutschen wechselten Name und Takelage. *Columbia* erhielt Barktakelage, und an Bord waren nacheinander die Kapitäne H. Schütte und H. Schwarting tätig.

Im Jahre 1903 geriet das Schiff am Cape Flattery beim Eingang zur Juan-de-Fuca-Straße in einen schweren Sturm und wurde entmastet. Nach Esquimalt eingeschleppt, diente der Rumpf als Lagerschiff. Schon kurze Zeit später baute man ein neues Rigg auf, und als *Everett G. Griggs* ging die Sechsmastbarkentine neuerdings in See. Nach weiteren sechs Jahren erwarb Kapitän Sterling die Einheit und gab ihr seinen Namen, *E. R. Sterling*. Mit rund 45 Jahren kam die Barkentine schließlich im Jahre 1928 zum Abbruch.

Loudon Hill

Fe	4 mbk	2066/2139	1887	5.	283.4 /40.4 /24.5
1 Dk					86,35/12,29/ 7,43

Glattdecker, Masten mit Mars- und Bramstenge, doppelte Mars-, aber einfache Bramsegel und Royals. Besanmast mit Stenge und einer Gaffel.

Russell+Co., Port Glasgow	Dickson, J. R.	Glasgow
→ 1902	Roberts, E. F.+W.	Glasgow
→ 1910 *Erbrin*	Jacobsen, H.	Frederikstad
→ 1915 *Magda*	Olbers, V. R.	Göteborg
→ 1918 *Gullmarn*	Ingvarsson, N. A.	Göteborg
→ 1919	Carlsson, G.	Göteborg
→ 1924	Petersen+Albeck	København
→ 1924 Hulk in Funchal		

1953 noch als Hulk in Funchal liegend, Schicksal unbekannt.

Loudon Hill segelte unter britischer Flagge meist Reisen in die Gegend des Puget Sound und Vancouvers. Dabei ergaben sich z. T. auch schlechte Fahrten, die dem Schiff keinen guten Namen einbrachten. Besonders die Kap-Hoorn-Region schien sich gegen diesen Viermaster verschworen zu haben. Verlust von Seeleuten, schwerer Unfall des Ersten mit Beinamputation, schwere Schäden an Rigg und Aufbauten, dies alles waren Ereignisse, die dem Schiff und seiner Besatzung zustießen. Für die Kapitäne H. Falconer, W. E. Spur, J. Cruickshank, W. J. Boyd, D. Davies, W. B. Tilston, E. J. Locke und J. Farmer waren das bei Dickson und Roberts wahrlich keine schönen Zeiten.

Als *Erbrin* unter norwegischer Flagge erstand der Viermaster in neuem Glanze. Kapitän A. Nielsen führte das Schiff mehrmals nach Chile und zum Columbia River, ohne die Pechsträne seiner Vorgänger fortzusetzen.

Das oben Gesagte gilt auch für die Fahrten mit den neuen Namen *Magda* und *Gullmarn* für die Reeder Olbers und Ingvarsson aus Göteborg, wobei dann T. A. Borjesen, N. P. Lundt und A. Häggström als Kapitäne Dienst taten.

Im Jahre 1916 kehrte *Magda* von der Salpeterküste Chiles nach Europa zurück. Der unter schwedischer Flagge fahrende Viermaster wurde von britischen Seestreitkräften gestellt, aber nach Inspektion freigegeben.

Auch deutsche Marineeinheiten versuchten das Segelschiff zu fassen, doch gelang es der Schiffsführung immer, ihren Fängen zu entwischen. Nachdem *Gullmarn* auch noch in der Getreidefahrt eingesetzt war, erfolgte 1924 die Demontage der Takelage. Noch lange Jahre lag der Rumpf der ehemaligen *Loudon Hill* in Funchal.

Lucipara

Fe	4 ms	1863/1943	1885	1.	267.1 /40.2 /23.8
1 Dk					81,40/12,24/ 7,21

Glattdecker, Masten mit Mars- und Bramstenge, doppelte Mars-, aber einfache Bramsegel und Royals. Besanmast, nach Umbau, mit Stenge und einer Gaffel.

Russell + Co., Greenock	Denniston, P. + Co.	Glasgow
→ 1911	Gustafsson, J. W.	Mariehamn
→ 1917	Lundquist, M.	Mariehamn
→ 1917	Gustafsson, M. A.	Mariehamn

Im Lloyds Register von 1919/20 ist die Einheit nicht mehr verzeichnet. In der Literatur sind keine Vermerke über das Schicksal des Viermasters zu finden. Es ist anzunehmen, daß der Krieg auch dieser Einheit zum Verhängnis wurde.

Lucipara war auf ihren Fahrten in San Francisco, aber auch in Newcastle (NSW) zu sehen. Getreide ab Kalifornien war das Transportgut in den letzten Jahren des 19. Jahrhunderts. Zwischenzeitlich wurde in Australien auch Kohle geladen, die in Südamerika so begehrt war. Der Umbau zur Viermastbark erfolgte im Jahre 1890.
Für Denniston waren die Kapitäne C. Witt, S. N. T. Witt, F. Horder, F. J. Horder, J. C. Jenss, J. H. T. Witt und W. Henk an Bord des Viermasters, der als schnellstes Schiff der Reederei galt.
Auch unter russischer Flagge segelte *Lucipara* nach Australien, geführt durch die Kapitäne M. A. Gustafsson, J. W. Gustafsson und A. Danielsson.
Das Schicksal der Einheit ist nicht bekannt.

Lyderhorn

St	4 mbk	2723/2914	1892	6.	311.2 /42.4 /25.5
2 Dks					94,84/12,90/ 7,74

Dreiinselschiff mit 60 Fuß langer Mittschiffsbrücke. Masten mit Mars- und Bramstenge, doppelte Mars- und Bramsegel und Royals. Besanmast mit Stenge und einer Gaffel.

Oswald, T. R. + Co., Milford Haven	De Wolf, J. R. + Son	Liverpool
→ 1910	*Jersbek*	Knöhr + Burchard	Hamburg
→ 1914	interniert in Corral, Chile		
→ 1921	Heimkehr nach Europa, abgetakelt.		
→ 1922	Hulk in Gibraltar		

Das Schiff ist letztlich abgewrackt worden, Termin unbekannt.

Lyderhorn machte unter der Leitung der Kapitäne W. Minns, L. D. Weston, J. Wiliams, R. M. Ferguson, D. L. Weston und D. Morill große Fahrten in den Pazifik, nach Japan und Hongkong. Auch Indien war zu Beginn der Laufbahn im Reiseplan des Viermasters verzeichnet.
Nach dem Verkauf nach Deutschland hieß das Schiff *Jersbek*, und die Kapitäne E. Peitzmeier und F. Bruhs übernahmen dessen Führung.
Für Knöhr + Burchard war diese Einheit die größte, die jemals unter ihrer Flagge stand. Die Fahrten gingen nun fast ausnahmslos nach Chile, wo der Viermaster denn auch im Jahre 1914 interniert wurde. Mit einer vollen Ladung Salpeter brachte Bruhs »sein« Schiff im Jahre 1921 nach Europa zurück, wo es an die Franzosen abgeliefert wurde.
Nachdem die Takelage entfernt war, legte man den Schiffsrumpf in Gibraltar auf. Zu welchem Zeitpunkt der Abbruch der Überreste des einst stolzen Schiffes erfolgte, ist nicht bekannt.

Lydgate

St	4 mbk	2350/2534	1893	12.	304.3 /43.2 /24.3
2 Dks					92,72/13,15/ 7,38

Dreiinselschiff mit 36 Fuß langer Mittschiffsbrücke. Masten mit Mars- und Bramstenge. Doppelte Mars- und Bramsegel, nur am Großmast ein Royalsegel, Besanmast mit Stenge und einer Gaffel.

Palmer's Co., Newcastle o. T.	Joyce, J. + Co.	Liverpool
→ 1915	*Skansen I*	Larsen, A.	Bergen
→ 1917		Henschien, Johs. A.	
			Tvedestrand

Skansen I verließ am 8. Februar 1920 Norfolk (Va) mit Bestimmung Aalborg und ist seither verschollen.
Das gesunkene Wrack wurde am 18. Juli 1920 in der Nähe von Skagen entdeckt.

Für Joyce segelte *Lydgate,* geführt durch die Kapitäne J. Shaw, J. Kennison, J. Jones und J. Law, auf großer Fahrt bis nach Shanghai, Australien und die Westküste der USA.
Die Reisen nach den USA wurden auch unter norwegischer Flagge als *Skansen I* wieder ausgeführt. Kapitän J. M. Jensen war für Larsen und Henschien der Verantwortliche.
Die Gründe, die zum Verlust des Schiffes führten, sind nicht bekannt. Nachdem die gesunkene Viermastbark aber im Hertha-Flack-Minenfeld gefunden wurde, ist die Annahme wohl nicht abwegig, daß das Schiff auf eine Mine gelaufen ist.

Lyndhurst

St	4 ms	2249/2311	1886	9.	295.0 /42.1 /24.1
2 Dks					89,91/12,82/ 7,33

Dreiinselschiff mit 48 Fuß langer Mittschiffsbrücke. Nähere Angaben über Takelage sind nicht bekannt. Umbau zur Viermastbark im Jahre 1897.

McMillan, A. + Son, Dumbarton	Price, W. R. + Co.	London
→ 1897	Anglo-American Oil Co.	London

Am 24. August 1911 vor Cape Recife, Nähe Port Elisabeth brennend aufgegeben und dann explodiert. Das treibende Wrack ungefähr 67 Seemeilen südlich der Mossel Bay (Südafrika) durch HMS *Pandora* versenkt.

Price erteilte den Auftrag für diese Einheit zu einer Zeit, da der Jutehandel mit Indien noch blühte. So waren denn die Fahrten vorprogrammiert, und die Kapitäne Martin und H. McIntyre brachten große Mengen Jute nach Großbritannien.
Mit dem Verkauf an die Anglo-American Oil Co. ging der Umbau zur Viermastbark einher. Kapitän R. Beatty führte das Schiff dann mehrmals von New York nach dem Fernen Osten, namentlich Hongkong. Der Nachfolger Beatty's, P. H. Parnell, hatte dann das Pech mit der Unglücksfahrt.

Von Sumatra her kommend, beladen mit Tausenden von Kisten mit Naphta und Parafinöl, geriet *Lyndhurst* vor Cape Recife in Brand. Die Mannschaft konnte den Viermaster verlassen, bevor sich eine gewaltige Explosion ereignete. Das immer noch treibende Wrack wurde schließlich versenkt.

Auf ähnliche Art ging die große *Potosi* auf Tiefe.

Lynton

St	4	mbk	2324/2531	1894	4.	299.8 /43.7 /24.5
2 Dks						91,33/13,27/ 7,43

Glattdecker, Masten mit Mars- und Bramstenge, doppelte Mars- und Bramsegel und Royals. Besanmast mit Stenge und einer Gaffel.

Evans, R.+J.+Co., Liverpool	Johnston, Sproule+Co.	
		Liverpool
→ 1899	Montgomery, W.+Co.	London
→ 1907	Shute, Th. A.	Liverpool
→ 1914	Mattson, R.	Mariehamn

Am 21. Mai 1917 ist *Lynton* vor der Südspitze Irlands durch ein deutsches U-Boot versenkt worden.

Lynton war das letzte Segelschiff, welches auf der Werft von Evans gebaut wurde.

In den ersten Jahren ihrer Laufbahn verkehrte auch diese Einheit auf der Indienroute. Aber auch Fahrten zwischen der Ostküste der USA und Bengalen fanden sich in den Logbüchern verzeichnet. Für Johnston, Sproule amtierte über die ganze Zeit Kapitän T. G. Fraser als Schiffsführer.

Bei Montgomery und Shute gingen die Herren E. G. James, W. Jones und C. N. Morrell an Bord der Viermastbark, die nun mehrheitlich rund Kap Hoorn nach Chile segelte. Die bekannten Abstecher nach Australien gehörten auch für *Lynton* zum Fahrtenprogramm.

Noch kurz vor Ausbruch des Ersten Weltkrieges ging der Viermaster durch Verkauf an Mattson nach Mariehamn. Es bedeutete dies damals, daß nun russische Flagge geführt wurde. Als Kapitän kam K. A. Ekblom an Bord. Ekblom war der Schwager des bekannten Reeders Gustaf Erikson. Schließlich wurde auch *Lynton* von einem U-Boot versenkt.

Madagascar

St	4	mbk	2077/2145	1888	5.	282.0 /40.5 /24.6
1 Dk						85,95/12,31/ 7,46

Glattdecker, Masten mit Mars- und Bramstenge, doppelte Mars-, aber einfache Bramsegel und Royals. Besanmast mit Stenge und einer Gaffel.

Russell+Co., Port Glasgow	Boyd, J.	Glasgow
→ 1913 *Katanga*	Deckers, E.+Co.	Antwerpen
→ 1917	Russische Eigner	

Noch 1927/28 ist das Schiff als Eigentum der sowjetischen Regierung im Lloyds Register eingetragen, Heimathafen Archangelsk. Das Schicksal der Einheit ist nicht bekannt.

Auf den Ausreisen meist mit Kohle beladen, standen für das Schiff vorwiegend Fahrten zum Pazifik im Programm. Für die Heimreisen waren dann Getreide oder Salpeter das Frachtgut. Für Boyd waren die Kapitäne R. McCrone, J. Davidson, G. Dunlop, A. Slade, A. H. Smith, W. McFarlane und D. Jenkins an Bord des Viermasters.

Entgegen einer weit verbreiteten Meinung wurde das Schiff im Jahre 1913 nicht nach Deutschland, sondern Belgien verkauft. Der Irrtum beruht wohl auf der Tatsache, daß *Katanga*, wie das Schiff nun hieß, längere Zeit für Knöhr + Burchard in Charter lief. Kapitän und Mannschaft waren auch Deutsche, der »master next God« hieß M. Mark. Während des Krieges kam *Katanga* unter russische Flagge und war in Archangelsk registriert.

Madeleine

St	4	mbk	2376/3011	1896	1.	321.1 /45.0 /25.5
2 Dks						97,86/13,71/ 7,74

Glattdecker. Untermast und Marsstenge aus einem Stück gefertigt. Bramstenge, doppelte Mars- und Bramsegel und Royals. Besanmast mit Stenge und einer Gaffel.

Ateliers et chantiers de la Loire, Bordes, Ant. Dom. et fils	
Nantes	Dunkerque

Am 23. Juni 1911 fegte einer der berüchtigten »Norder«-Stürme entlang der Westküste Südamerikas. Die in Iquique vor Anker liegende Viermastbark riß Anker und Ketten mit und strandete schließlich auf Serano Island. Der felsige Untergrund beschädigte den Rumpf des Schiffes so stark, daß *Madeleine* sank.

Der Stapellauf des Schiffes fand am 23. Juli 1895 statt, also bedeutet der Eintrag im Register »1896 1.« die Indienststellung der Einheit.

Madeleine, Caroline und *Montmorency* waren drei Einheiten, die die Ateliers in Nantes für Bordes erstellten. Alle drei entstanden unter dem Einfluß der bekannten Subvention, was die Unterschiede von Brutto- und Nettotonnage beweist.

Wie bei Bordes üblich, lief auch *Madeleine* ausschließlich in der Salpeterfahrt, geführt durch die Commandants F. Martin, C. Le Bras, J. B. Pierre, J. M. Ohier, V. C. Hamoniaux und J. Layec.

Bei dem Unfall in Iquique hatte *Madeleine* noch eine gefährliche Kollision mit ihrer Reedereischwester *Union*, die beinahe zum Opfer des Zusammenstoßes geworden wäre.

Madeleine war eine der wenigen Viermastbarken, die Ausreisen nach Chile in weniger als 70 Tagen absegelten, und die Heimreisen dauerten auch nicht länger.

Unter den französischen Seeleuten galt dieser Viermaster als eines der besten Schiffe der Groß-Reederei Bordes.

Magdalene Vinnen

St aux 4 mbk 3017/3476 1921		329.0 /48.2 /26.8
2 Dks		100,27/14,68/ 8,22

Dreiinselschiff mit 107 Fuß langer Mittschiffsbrücke. Untermast und Marsstenge aus einem Stück gefertigt, Bramstenge. Doppelte Mars- und Bramsegel und Royals. Besanmast mit Stenge und zwei Gaffeln. Eingebaute Hilfsmaschine, also »auxiliary«-Viermaster.

Krupp Germania Werft, Kiel	Vinnen, F. A.+Co.	Bremen
→ 1936	*Kommodore Johnsen*	Norddeutscher Lloyd	Bremen
→ 1945	*Sedov*	UdSSR-Regierung	

Nach neuesten Berichten, datiert vom 5. August 1981, soll die Viermastbark wieder in Betrieb stehen, nachdem sie längere Zeit in Kronstadt in der Werft lag.

Obwohl es sich hier nicht um ein reines Segelschiff handelt, darf *Magdalene Vinnen* in unseren Betrachtungen nicht fehlen. Krupp baute in der Kieler Werft nur zwei größere Segelschiffseinheiten, nämlich das hier erwähnte Schiff und *Hussar*. Über Jahre führte Kapitän L. Peters die Viermastbark für Vinnen. Sie war für den Transport von Getreide besonders eingerichtet, verfügte sie doch über ein fest eingebautes Mittschiffsschot, das die Übernahme von lose geschüttetem Korn weniger gefährlich machen sollte.
Zum Einsatz kam der Viermaster nach Chile und mehrmals auch nach Argentinien. Trotz der technischen Vorkehren geriet das Schiff wiederholt wegen übergegangener Ladung in Schwierigkeiten. In den Logbüchern sind auch große Fahrten nach Australien zu finden. Im Jahre 1936 suchte der NDL ein Schiff, das sich als Schulschiff eignete. Neben *Magdalene Vinnen* stand auch *L'Avenir* zur Diskussion. Der Lloyd entschloß sich für erstere Einheit, und letztere ging als *Admiral Karpfanger* an die HAPAG. Kapitän Otto Lehmberg übernahm das nun *Kommodore Johnsen* getaufte Schiff, und er wurde bald durch seinen Ersten, Gottfried Clausen, abgelöst. Die Reisen des frachtfahrenden Schulschiffs gingen nach Australien und Argentinien, wobei ausschließlich Getreide nach Europa geschafft wurde. Im Jahre 1937 hatte der Viermaster in Nähe der Azoren eine schwierige Situation zu überstehen. Im Gegensatz zu *Pamir* gelang aber hier der Mannschaft eine glückliche Rettung aus eigener Kraft.
Kapitän Clausen blieb auch während des Krieges an Bord des Viermasters, der zu dieser Zeit in der Ostsee kreuzte. Im Mai 1945 lag das Schiff in der Flensburger Förde, bevor es, zusammen mit der *Padua*, an die UdSSR abgeliefert werden mußte. *Sedov* ex *Kommodore Johnsen* und *Krusenstern* ex *Padua* machten zusammen mehrere Reisen von der Ostsee ins Schwarze Meer.
In Kronstadt lag dann *Sedov* lange Zeit in der Werft, wo sie im Oktober 1976, mit abgeschlagenen Rahen und rostrot gestrichen, vom Berichterstatter gesehen wurde.

Manchester

St 4 mbk 2851/3046 1892 3.		312.9 /46.1 /25.8
2 Dks		95,31/14,04/ 7,82

Dreiinselschiff mit 36 Fuß langer Mittschiffsbrücke. Masten mit Mars- und Bramstenge, doppelte Mars- und Bramsegel und Royals. Besanmast mit Stenge und einer Gaffel.

Doxford, W.+Sons, Sunderland	Joyce, J.+Co.	Liverpool

Im September 1900 ist *Manchester* auf der Fahrt von New York nach Yokohama verschollen.

Für Joyce waren die Kapitäne J. C. Dodd, J. Belyea, D. Evans, J. E. Hicks, S. Forrest und F. Clemens an Bord im Dienst.
Zu Beginn der Reisen war meist Indien anzulaufen, doch bald kam Öl als Fracht auf den Viermaster. Damit änderten sich auch die Fahrtrouten, die nun mehrheitlich von New York zum Fernen Osten verliefen.
Mit diesem Schiff wurden Versuche unternommen, wieviel respektive wie wenig Ballast die Einheit vertragen würde, ohne die notwendige Stabilität zu verlieren. Offenbar hat man das »wenig« übertrieben, denn es ist anzunehmen, daß diese Versuche dem Schiff zum Verhängnis wurden.
Bei voller Ladung mit 22760 Juteballen und 200 ts Ballast verhielt sich das Schiff gut. Auf den nächsten Reisen wurde der Ballast stetig reduziert – bis zur letzten Reise. Mit 122168 Kannen Öl und nur noch 100 ts Ballast war offenbar die zulässige Grenze unterschritten – das Schiff kam nicht wieder.

Maria Rickmers

St aux 5 mbk 3344/3822 1892 2.		375.7 /48.0 /25.4
2 Dks		114,47/14,63/ 7,72

Dreiinselschiff mit 63 Fuß langer Mittschiffsbrücke. Masten mit Mars- und Bramstenge. Doppelte Mars- und Bramsegel, Royals und Skysegel. Besanmast mit Stenge und einer Gaffel. Hilfsmaschine.

Russell+Co., Port Glasgow	Rickmers Reismühlen, Rhederei u. Schiffbau AG. Bremerhaven

Maria Rickmers ging am 14. Juli 1892 von Saigon mit einer vollen Ladung Reis auf Heimreise. Nach Passieren der Sunda-Straße am 24. Juli verlor sich die Spur des Fünfmasters, und er mußte als verschollen erklärt werden.

Als Antwort auf die erste Fünfmastbark *France* der Franzosen ließ Rickmers diese Einheit bauen. Als einziger der sieben Fünfmaster führte dieses Schiff auch Skysegel.
Für Kapitän J. Gennerich hieß die erste Order Singapore, wo die in Barry geladene Kohle abzuliefern war. Kaum im Fernen Osten angekommen, verstarb der Kapitän, worauf der Erste, Wiethoff, das Schiff übernahm. In Saigon wurden 57000 Sack Reis an Bord genommen, die nach Bremerhaven zu bringen waren.
Wie bei allen andern Fünfmastern auch, hatte die Vorsehung ein anderes Schicksal für *Maria Rickmers* bestimmt.
Über den Tod von Kapitän Gennerich wurde eine »Geschichte« erzählt, die wie folgt lautete: Die Reederei war mit der Ausreise in 82 Tagen nicht zufrieden und erteilte dem Kommandanten einen scharfen Verweis per Telegramm. Der Schock war so groß, daß der Kapitän einen Herzschlag erlitt.
Markantes Erkennungszeichen für das Schiff war ein verhältnismäßig großer Schornstein zwischen Achter- und Besanmast.

Marion Frazer

St 4 mbk	2264/2396	1892	6.	295.0 /43.0 /24.1
1 Dk				89,91/13,10/ 7,33

Glattdecker, Masten mit Mars- und Bramstenge, doppelte Mars- und Bramsegel und Royals. Besanmast mit Stenge und einer Gaffel.

Connell, C.+Co., Glasgow	Rogers+Co.	Glasgow
→ 1900	Lewis, W.+Co.	Liverpool
→ 1916 Umbau zu Dampfer »Pisagua«	Borquez+Co.	Valparaiso

Der zum Dampfer umgebaute Viermaster soll seine Laufbahn in einem der berüchtigten Norder in Valparaiso beschlossen haben. Ein genaues Datum ist nicht bekannt, jedoch nach 1923.

Marion Frazer und Marion Josiah liefen bei Connell im Abstand von einem Monat vom Stapel.
Die Jungfernreise von Marion Frazer, unter Kapitän Donaldsen, ging von Swansea nach San Francisco, wo Getreide, bestimmt nach Hull, geladen wurde.
Nach Donaldsen kamen noch die Kapitäne D. P. Wall, J. McDonald, J. F. Irish, J. McMullen, G. J. Joys und J. L. Rees an Bord des Viermasters.
Ab 10. Oktober 1910 blieb das Schiff nach einem schweren Brandunglück in Iquique als Hulk liegen.
Als aber der Erste Weltkrieg ausbrach, war Schiffsraum wieder, sozusagen »koste es, was es wolle«, sehr gesucht, und auch die Reste von Marion Frazer kamen bald zu neuer Verwendung. Als Dampfer »Pisagua« neu aufgemacht, ging das Schiff unter chilenischer Flagge auf neue Reisen.
Doch auch Dampfer wurden von den gefährlichen Stürmen entlang der Küste Südamerikas nicht verschont.

Marion Josiah

St 4 mbk	2257/2394	1892	7.	295.0 /43.0 /24.1
1 Dk				89,91/13,10/ 7,33

Glattdecker, Masten mit Mars- und Bramstenge, doppelte Mars- und Bramsegel und Royals. Besanmast mit Stenge und einer Gaffel.

Connell, C.+Co., Glasgow		Rogers+Co.	Glasgow
→ 1910	Tijuca	Bordes, Ant. Dom et fils	Dunkerque

U 151 versenkte diese Einheit am 22. November 1917 ca. 220 Seemeilen NNW von Madeira.

Für Rogers war Marion Josiah meist zwischen Europa und dem Pazifik auf großer Fahrt. Die Westküste der USA, Chile und Australien wurden angelaufen. Kohle und Getreide waren ausnahmslos die Frachten für die Aus- respektive Heimreisen. Der Reeder betraute die Kapitäne J. Watson, C. Murchie, J. Thomson, J. Porter, W. L. Grant und J. Macdonald mit der Führung des Viermasters.
Nach dem Flaggenwechsel unter die französische Trikolore gingen die Commandants A. Levaillant und F. Bequet an Bord des nun Tijuca genannten Schiffes. Bei Bordes war das Einsatzgebiet sozusagen vorprogrammiert, es hieß Salpeter!
Auf einer Ballastreise von La Pallice nach Taltal lief das Segelschiff dem Unterseeboot 151 der deutschen Marine vor den Bug, und so erfüllte sich das Schicksal auch dieser Viermastbark im Kriege. Aus Berichten in der französischen Literatur ist zu entnehmen, daß die Commandants Le Guen und J. M. Olivier das Schiff befehligten. Olivier war an Bord zum Zeitpunkt der Versenkung.

Marion Lightbody

St 4 ms	2127/2176	1888	5.	288.8 /42.7 /24.1
1 Dk				87,98/12,97/ 7,33

Glattdecker, Masten mit Mars- und Bramstenge, doppelte Mars- und Bramsegel und Royals. Besanmast – nach Umbau – mit Stenge und einer Gaffel.

Henderson, D. W.+Co., Partik-Glasgow	Rogers+Co.	Glasgow
→ 1911	Trinder, Anderson+Co.	Glasgow
→ 1912	Tengström, J.	Åbo

Auf der Heimreise von Valparaiso versenkte ein deutsches U-Boot die Viermastbark am 10. Juli 1915 vor Fastnet Rock, etwa 60 Seemeilen vom Zielhafen Queenstown entfernt.

Über Jahre führte Kapitän W. Cordiner dieses Schiff für die Reederei Rogers über die Ozeane dieser Welt. Australien und die Westküsten der amerikanischen Kontinente wurden angelaufen. Auch für Marion Lightbody waren Kohle, Getreide und Salpeter die Güter, die ihre Frachträume jeweils füllten.
Kurz nacheinander ergaben sich zwei Besitzerwechsel. Bei Trinder, Anderson war Kapitän C. E. Dagwell der Master; in Åbo wurde die zur Viermastbark umgebaute Einheit von Kapitän R. W. Gruner übernommen.
Leider sind auch hier keine Daten über die Reisen des Schiffes zu finden.
Die Reihe von Kriegsopfern wurde durch Marion Lightbody um eine weitere Einheit ergänzt.
Nach Berichten aus der ersten Zeit ihrer Laufbahn soll Marion Lightbody eines der schönsten Viermastvollschiffe gewesen sein, die jemals gebaut wurden.

Marlborough Hill

Fe 4 mbk	2443/2531	1885	1.	300.5 /42.2 /24.7
2 Dks				91,55/12,85/ 7,48

Glattdecker, Untermast und Marsstenge aus einem Stück gefertigt, Bramstenge. Doppelte Mars- und Bramsegel, Royals und Skysegel. Besanmast als Pfahlmast mit einer Stenge.

Potter, W. H.+Sons, Liverpool	Price, W.+Co.	Liverpool
→ 1911	Mattson, R.	Mariehamn

In Italien im Jahre 1925 abgebrochen.

Während seiner ganzen Betriebszeit wurde dieser Viermaster stets in bestem Zustande gehalten. H. A. Underhill behauptet in seinem Werk »Deep water sail«, daß Marlborough Hill wohl eines der perfektest geriggten Schiffe war.
Für Price unternahm der Viermaster Reisen nach Indien, Chile, Kalifornien und Australien. Als Kapitäne standen im Dienst die Herren W. Lang, Danielsen, E. E. Jones, J. McMullen, E. E. Davies, J. C. McKenzie und P. F. Cannon.

Nach dem Verkauf nach Rußland übernahmen die Kapitäne K. Erikson und Jansson das Schiff. Weiterhin in der Australienfahrt im Einsatz, gewann *Marborough Hill* im Jahre 1921 das sog. Weizenrennen. Das bedeutete: Sie hatte von allen Segelschiffen, die Korn nach Europa brachten, die kürzeste Reisezeit auf der Strecke Australien – Europa gefahren.

Im Jahre 1924 war der Viermaster noch auf großer Fahrt nach Chile, wo Salpeter übernommen wurde.

Obschon sich das Schiff noch immer in bestem Zustande befand, erfolgte schon ein Jahr später in Italien der Abbruch, was sich nur mit der allgemeinen wirtschaftlichen Situation der zwanziger Jahre erklären läßt.

Aus verschiedenen Publikationen läßt sich entnehmen, daß die Skysegel offenbar nach einer gewissen Zeit nicht mehr verwendet wurden.

Marthe II

| St | 4 mbk | 2432/3255 | 1900 | 12. | 311.2 /45.0 /24.3 |
| 2 Dks | | | | | 94,84/13,71/ 7,38 |

Glattdecker mit überlanger Back (86 Fuß) und Poop (72 Fuß). Untermast und Marsstenge aus einem Stück gefertigt, Bramstenge. Doppelte Mars- und Bramsegel und Royals, Besanmast als Pfahlmast mit einer Gaffel.

| Chantiers de la Normandie, Bordes, Ant. Dom. et fils Grand Quevilly/Rouen | | Dunkerque |

Das deutsche U-Boot 155 hat diese Viermastbark am 2. August 1917 versenkt. Das Segelschiff befand sich auf Pos. 33° 38' N/23° 30' W also rund 340 Seemeilen westlich Madeira.

Zum Standard-Fahrtenprogramm der Einheit wurden die Reisen von Europa nach Chile, weiter nach Australien und wiederum zurück ab Chile, mit Salpeter, nach Europa. *Marthe* machte sich bei Reederei und Seeleuten keinen besonderen Namen, war sie doch eher langsam.

Die Commandanten waren L. Morin, L. F. Bourgain, Y. M. Bernard, E. Guillon, F. Le Mentec, F. Béquet, G. Layec und Leff. Sehr populär war Louis François Bourgain, der bei Bordes später Reedereiinspektor wurde.

Eine besondere Leistung erbrachte das Schiff doch, als es in nur 32 Tagen von Newcastle (NSW) nach Valparaiso segelte.

Am 2. Augsut 1917 mittags konnte vom Viermaster aus mit dem Fernglas ein U-Boot ausgemacht werden. Bald darauf eröffnete das feindliche Schiff das Feuer. Unter Commandat Leff wehrte sich die Besatzung des Seglers verzweifelt mit den an Bord montierten Geschützen. Der Kampf war aber für die Franzosen hoffnungslos, und die Mannschaft ging in die zum Teil schon beschädigten Boote. Kurze Zeit nachher erhielt *Marthe II* ihren Todesstoß.

Ein englisches Unterseeboot nahm dann die bedauernswerten Franzosen auf und brachte sie in ihre Heimat zurück.

Marthe ging unter vollen Segeln auf Tiefe, sie befand sich auf Ballastfahrt von Le Verdon in der Gironde nach Valparaiso.

Mashona

| St | 4 ms | 2352/2499 | 1891 | 12. | 304.0 /43.1 /24.1 |
| 2 Dks | | | | | 92,65/13,12/ 7,33 |

Glattdecker, Masten mit Mars- und Bramstenge, doppelte Mars-, aber einfache Bramsegel und Royals. Besanmast mit Stenge und einer Gaffel.

Bigger, C. J., Londonderry, Nord-Irland		Lowden, W.+Co.	Liverpool
→ 1906		Harloff+Rödseth	Bergen
→ 1911	nach Deutschland verkauft	Krabbenhöft+Bock	Hamburg
→ 1914	in Südamerika interniert?		
→ 1917		Towne, C.+Co.	Montevideo
→ 1919		Jacobsen+Thon	Montevideo
→ 1922/23	im Lloyds Register bei	Larrechea Milano+Cia.	Montevideo

Das Schicksal dieses Viermasters war mit den dem Berichterstatter zur Verfügung stehenden Unterlagen nicht zu ergründen. Einerseits berichtet Lubbock vom Abbruch im Jahre 1922 in Italien, andererseits ist in den »Sea Breezes« zu lesen, daß das Schiff 1930 noch bei Larrechea in Betrieb gestanden habe.

Bigger baute als einzigen Viermaster *Mashona*. Lowden war bei Brocklebanks als Kommodore tätig, bevor er seine eigene Reederei gründete. Geführt von den Kapitänen W. Jones, S. H. Whettem, Dougal und J. Henry, machte *Mashona* Reisen nach Australien, San Francisco und Chile. Sie war unter mehreren anderen Einheiten der einzige Viermaster Lowdens. Nach dem Verkauf nach Norwegen kam als neuer Kapitän H. Broch an Bord. Nach wenigen Jahren kam das Schiff bei der Reederei Krabbenhöft + Bock in Hamburg unter deutsche Flagge. Im Lloyds Register von 1912/13 ist vermerkt: »strandet 11. 11 and refloated«. Bis zum Register 1916/17 fehlt das Schiff im großen Verzeichnis, doch da erscheint es wieder, unter demselben Namen, aber im Besitze von Towne in Montevideo.

Nochmals ergaben sich zwei Wechsel bei Reedern in Montevideo, ohne daß über die Verwendung der Einheit Näheres bekannt wäre.

Alles in allem eine recht undurchsichtige Geschichte von *Mashona*. Sehr wahrscheinlich war das Schiff auch nie als Vollschiff getakelt, nur der Eintrag im Register erfolgte nach alter Gepflogenheit. Einem Bericht von E. B. Anderson in seinem Buch »Sailing ships of Ireland« ist zu entnehmen, daß *Mashona*, gemäß Lloyds Register 1923/24, abgebrochen worden sei.

Matterhorn

| Fe | 4 mbk | 1839/1918 | 1882 | 6. | 266.5 /40.2 /23.8 |
| 2 Dks | | | | | 81,19/12,24/ 7,21 |

Glattdecker, Masten mit Mars- und Bramstenge, doppelte Mars-, aber einfache Bramsegel und Royals. Besanmast mit Stenge und einer Gaffel.

| Russell+Co., Greenock | | de Wolf, J. R. | Liverpool |

Auf der Heimreise von Portland (Ore) nach Ipswich ging dem Schiff die lose geschüttete Gerstenladung über, und so kenterte der Viermaster am 27. April 1909 etwa 70 Seemeilen vor Umatilla Reef.

Während vieler Jahre segelte *Matterhorn* unter de Wolf's Hausflagge, geführt von den Kapitänen J. F. Irish, J. Williams, J. B. Warren, D. Morrill und R. L. Salter. Die großen Fahrten gingen zur Hauptsache zu den Getreidehäfen an der Westküste der USA.

Die Unglücksreise begann denn auch in Portland (Ore), wo 105021 Scheffel Gerste lose geladen wurden. Ein Scheffel entspricht ungefähr 36 Liter. Wie vielen anderen Einheiten – unter anderen der berühmten *Pamir* – wurde auch der *Matterhorn* das lose verladene Getreide zum Verhängnis. Ganz besonders gefährlich war die zur Bierherstellung verwendete Gerste, ihrer Körnerform wegen.

Diesem Umstand ist denn auch *Matterhorn* zum Opfer gefallen. Beim Unfall kamen mehrere Seeleute ums Leben. Kapitän Salter kam davon, doch verunglückte er mit seinem nächsten Schiff.

Mayfield

St 4 mbk	2176/2285	1892	2.	277.5 /42.0 /24.2
1 Dk				84,54/12,80/ 7,36

Glattdecker, Masten mit Mars- und Bramstenge, doppelte Mars-, aber einfache Bramsegel und Royals. Besanmast mit Stenge und einer Gaffel.

Russell + Co., Greenock	Shaw, Sawill + Co.	Glasgow

In den Bank's Straits, nördlich Tasmanien, am 5. Februar 1905 gestrandet.

Zum Fahrtenprogramm der Viermastbark gehörten fast ausnahmslos Reisen zum Pazifik, nach Australien und San Francisco.

Über die wenigen Jahre ihrer Laufbahn waren die Kapitäne T. E. Phillips und T. Roberts mit der Schiffsführung betraut.

In Melbourne übernahm das Schiff im Januar 1905 rund 3000 ts Weizen und verließ diesen Hafen mit Ziel Europa, Falmouth for orders. In den Bank's Straits, der engen Passage zwischen Tasmanien und der Furneaux-Inselgruppe, strandete das Schiff und ging verloren.

Über die näheren Umstände, die zur Strandung führten, sind keine Einzelheiten bekannt.

May Flint

Fe 4 mbk	3288/3428	1880	9.	350.8 /42.8 /27.9
3 Dks		1894		106,88/13,0 / 8,44

Glattdecker, Masten mit Mars- und Bramstenge, doppelte Mars-, aber einfache Bramsegel und Royals. Besanmast mit Stenge und einer Gaffel. Umgebauter Dampfer »Persian Monarch«.

Mc Millan A. + Son, Dumbarton	Flint + Co.	New York

In der Bay von San Francisco wurden im Jahre 1900 große Feierlichkeiten zum 50jährigen Jubiläum des Beitritts Kaliforniens zu den USA durchgeführt. Dabei ereignete sich eine Kollision zwischen der Viermastbark und dem Schlachtschiff »Olympia«, welches noch mit einem Rammsporn versehen war. Diesem altertümlichen Kampfmittel war das Segelschiff nicht gewachsen und versank binnen Minuten.

Mc Millan in Dumbarton baute für die Royal Exchange Shipping Co. aus London den Dampfer »Persian Monarch«. Dieses Maschinenschiff strandete am 2. Mai 1894 in der Nähe von New York , wobei es große Schäden erlitt.

Wieder flottgemacht, kam das Schiff bei der Newport News Shipbuilding and Drydock Co. zum Umbau als Viermastbark, im Besitze der Flint Co. in New York.

Zu ihrer Zeit war *May Flint* das größte Segelschiff unter den »Stars und Stripes«, der Nationalflagge der USA.

Als erster Kapitän führte E. P. D. Nickels das große Schiff von Baltimore nach San Francisco, nicht ohne am Kap Hoorn beachtliche Schäden an der Takelage zu erleiden. Im Jahre 1897 sollte *May Flint* von Philadelphia nach Japan fahren, doch wiederum standen ihr Naturkräfte entgegen. In der Nähe der Azoren fegte ein Wirbelsturm über den Viermaster hinweg und riß dessen ganzes Rigg in Stücke. Nur mit einer Notausrüstung aus Reservesegeln konnte zum Ausgangshafen zurückgekehrt werden.

Die nächste Ausreise nach Japan ging dann flott voran, und auf der Heimfahrt aus dem Fernen Osten lief *May Flint* noch Hawaii an, um dort eine Ladung Zucker nach New York an Bord zu nehmen.

Von Nanaimo am Puget Sound in See gestochen, näherte sich die Viermastbark dann der Bucht von San Francisco, wo das oben geschilderte Unglück geschah.

Nach Kapitän Nickels war R. Banfield an Bord des Viermasters.

Mayhill

Fe/St 4 mbk	2027/2121	1890	4.	292.0 /41.0 /23.7
2 Dks				89,0 /12,49/ 7,18

Glattdecker, Masten mit Mars- und Bramstenge, doppelte Mars-, aber einfache Bramsegel und Royals. Besanmast mit Stenge und einer Gaffel.

Stephen, A. + Sons, Dundee	Wood, G. W.	Liverpool
→ 1893	Ismay, Imrie + Co. (White Star Line)	Liverpool

Mayhill ist am 10. August 1895 wrackgelaufen.

Eher selten war die hier von Stephen in Dundee angewandte »composite«-Bauweise aus Eisen und Stahl.

Kapitän Ilumes übernahm das Schiff nach Fertigstellung und führte es nach Australien und San Francisco. Mehrmals brachte der Viermaster Kohle von Newcastle (NSW) über den Pazifik nach dem Golden Gate. Über den Verlust des Schiffes sind keine Angaben zu finden. Ab 1893 gehörte *Mayhill* W. J. Myers, Son + Co. in Liverpool, sie wurde aber von Ismay, Imrie bereedert.

Melita

Fe/St 4 mbk	2658/2857	1892	11.	310.1 /45.2 /25.5
2 Dks				94,50/13,76/ 7,74

Glattdecker, Masten mit Mars- und Bramstenge. Doppelte Mars- und Bramsegel und Royals. Besanmast mit Stenge und einer Gaffel.

Stephen, A. + Sons, Dundee		Stephen, A. + Sons	Dundee
→ 1894	*Marthe I*	Bordes, Ant. Dom et fils	Bordeaux, später Dunkerque

Kurz vor Ende einer Reise ab Pisagua nach Dunkerque verunglückte *Marthe I* am 11. Mai 1898. Der Viermaster wartete im dichten Nebel vor Dunkerque auf einen Schlepper, trieb aber dann auf die Ruytingen Sände vor der französischen Hafenstadt und ging verloren.

Auch diese Einheit wurde von Stephen in »composite«-Bauweise Eisen und Stahl hergestellt, und zwar auf eigene Rechnung. *Melita* war aber nur sehr kurze Zeit unter britischer Flagge in Betrieb, denn im Jahre 1894 erwarben die Bordes das Schiff. Commandant C. Engrand ging an Bord, und sofort stach der Viermaster mit Ziel Chile in See, nunmehr *Marthe* getauft, was dem Vornamen der Frau von Herrn Adolphe Bordes entsprach. Nur wenige Jahre waren der Einheit beschieden, unglückliche Umstände führten nach vier Jahren zu ihrem Verlust.

Metropolis

Fe	4 ms	1759/1811	1887	7.	265.7 /40.0 /22.9
2 Dks					80,94/12,19/ 6,92

Glattdecker, Masten mit Mars- und Bramstenge, doppelte Mars-, aber einfache Bramsegel und Royals. Besanmast mit Stenge und einer Gaffel.

Evans, R.+J., Liverpool	Thomas, W.+Co.	Liverpool
→ 1915	Heistein, T. B.+Sons	Christiansand

Von Philadelphia nach Le Havre unterwegs, wurde *Metropolis* am 22. April 1917 von einem deutschen U-Boot versenkt.

Es ist anzunehmen, daß auch diese Einheit immer als Bark getakelt war, der Eintrag im Register erfolgte aber als Vollschiff. *Metropolis* gehörte zu den kleinen Viermastern. Sie verkehrte von Britannien zu den verschiedensten Häfen im Pazifik, geführt durch die Kapitäne G. O. Williams, W. Richards, J. Hughes, T. Williams, W. Williams, J. Abbit und P. Jones. Besondere Vorfälle ereigneten sich für Schiff und Mannschaft nicht.
Nach dem Verkauf unter norwegische Flagge übernahm Kapitän J. A. Tornsen das Schiff, allerdings nur für kurze Zeit.
Nachdem schon im Dezember 1915 ein U-Boot dem Segelschiff zu schaffen machte, ohne Erfolg zu haben, erfüllte sich 1917 das Schicksal der Viermastbark durch eine dieser sehr gefährlichen Waffen des Feindes.

Miltonburn

St	4 mbk	2499/2663	1893	8.	297.0 /45.2 /25.7
3 Dks					90,52/13,76/ 7,79

Glattdecker, Masten mit Mars- und Bramstenge, Jubilee-Rigg, Besanmast mit Stenge und einer Gaffel.

Barclay, Curle+Co., Glasgow	Shankland, R.+Co.	Greenock
→ 1907 *Goldbek*	Knöhr+Burchard	Hamburg
→ 1915 *Steinsund*	Stray, S. O.	Christiansand

In Ballast von Bordeaux nach Newport News (Va) unterwegs, ist *Steinsund* verschollen. Die Gironde wurde am 3. April 1920 verlassen.

Zur Zeit, da die Einheit Shankland's Hausflagge führte, gingen ihre Reisen meist an die Westküste der USA, bis hinauf zum Puget Sound. An Bord waren die Herren M. Benson, J. H. Pattison und wiederum M. Benson.
Im Jahre 1907 verkaufte die britische Reederei das Schiff an Knöhr + Burchard in Hamburg, wo es einen traditionellen ». . .bek«-Namen erhielt, nämlich *Goldbek*.
Unter Kapitän O. Kaletsch segelte der Viermaster weiterhin zum Pazifik, nach Santa Rosalia, Newcastle (NSW), Portland (Ore)

und Chile. Bei Kriegsausbruch im Jahre 1914 lag *Goldbek* im Hafen von London und wurde sofort beschlagnahmt. Die Briten brachten den alten Namen wieder an und verkauften die Einheit nach Norwegen. – Der bedeutende Reeder Stray aus Christiansand wurde neuer Eigner, und der Name des Schiffes wechselte erneut in *Steinsund*.
Die Kapitäne M. Chr. Stray und R. B. Fjelda führten den Viermaster sehr glücklich durch die Wirren des Ersten Weltkrieges. Kurz nach dem Krieg aber ging *Steinsund* auf einer Ballastreise verloren. Am 29. Dezember 1920 meldete Lloyd in London die Viermastbark als verschollen, und wieder einmal ertönte die bekannte »Lutine«-Glocke.

Milton Stuart

St	4 mbk	3155/3178	1892	8.	327.2 /46.6 /25.8
2 Dks					99,71/14,18/ 7,82

Glattdecker, Masten mit Mars- und Bramstenge, doppelte Mars-, aber einfache Bramsegel, Royals und Skysegel. Besanmast mit Stenge und einer Gaffel.

Swan+Hunter, C. S., Newcastle	Stuart, M.	Liverpool
→ 1899 *Thekla*	Siemers, G. J. H.	Hamburg

Thekla verließ am 21. April 1911 mit voller Kohleladung den Hafen von Cardiff mit Bestimmung Chile. Am 27. August 1911 lief der Viermaster dann in der Le Maire-Straße wrack.

Kapitän Longmuir übernahm das Schiff, das eine der größten Viermastbarken unter britischer Flagge war. Mehrmals war die Einheit nach Indien unterwegs, doch ist über ihre Reisen nichts Näheres bekannt. Nach Longmuir kamen noch die Herren F. Norman und R. Brown an Bord zur Kommandoübernahme.
Nach dem Verkauf an Knöhr + Burchard hieß das Schiff dann *Thekla*, und es wurde durch die Kapitäne F. J. M. Kähler, R. Andersen, M. Meyer, W. T. Alm, F. Walter, H. Voss, Th. Hartmann und H. B. O. Meyer geführt.
Die Reisen gingen meist nach Chile, San Francisco, Santa Rosalia und Newcastle (NSW).
Der genaue Unfallort war False Cove auf Feuerland. Die Besatzung erlitt Verluste, und die Schiffbrüchigen wurden erst am 6. September, also nach neun Tagen, die sie bei eisigem Winterwetter zu überstehen hatten, gerettet.

Mistral

St	4 mbk	2208/2755	1901	10.	294.8 /43.1 /22.7
1 Dk					89,81/13,12/ 6,87

Glattdecker, Masten mit Mars- und Bramstenge, doppelte Mars-, aber einfache Bramsegel und Royals. Besanmast mit Stenge und einer Gaffel.

Ateliers et chantiers de la Loire, Nantes	Société Marseillaise de Voiliers Marseille

Mistral verließ am 6. September 1908 den Hafen von Tchio auf Neu-Kaledonien mit Ziel Glasgow. Dort ist das Schiff nie angekommen, und Lloyds meldete den Viermaster am 6. Februar 1909 als verschollen.

Mistral war eine der ganz typischen Vertreterinnen, die auf Grund der französischen Subventionsgesetze gebaut wurden.

Die größeren und besser eingerichteten Räume für Kapitäne, Offiziere und Mannschaft führten zu der größeren Differenz zwischen Brutto- und Nettotonnage. *Mistral* wurde in erster Linie für die Nickelfahrt nach Neu-Kaledonien eingesetzt. Als Commandants wirkten Cousinet, Dol, Pomiès und Chevrier während der relativ kurzen Karriere.

Neu-Kaledonien war der große Lieferant von Nickelerz. Es gab, besonders in Frankreich, Reedereien, die sich für diese Transporte spezialisiert hatten.

Mistral war mit richtigen Schoten versehen, und das Gefährt konnte auch als Tanker benutzt werden.

Zur Zeit der Unglücksreise war Commandant Chevrier an Bord der Viermastbark.

Mneme

St	4 mbk	2324/2456	1903	2.	302.0 /43.2 /24.7
2 Dks					92,04/13,15/ 7,48

Glattdecker, Untermasten und Marsstenge aus einem Stück gefertigt. Bramstenge, typisches Jubilee- oder »baldheaded«-Rigg. Besanmast als Pfahlmast mit einer Gaffel.

Reid, J. + Co., Port Glasgow	Wencke, B. Söhne	Hamburg
→ 1905	Rhederei AG. von 1896	Hamburg
→ 1906	*Pommern*	Laeisz, F.	Hamburg
→ 1914	in Valparaiso interniert	
→ 1919	Griechenland zugesprochen	
→ 1923		Erikson, G.	Mariehamn

Nach dem Tode des großen Segelschiffsreeders Gustaf Erikson schenkten dessen Erben *Pommern* ihrer Heimatgemeinde Mariehamn. Das Schiff liegt heute als Denkmal und bleibende Erinnerung an die große Zeit der Segelschiffahrt in Mariehamn.

Mneme war der letzte Viermaster, der auf der Werft von Reid in Port Glasgow erbaut wurde. Besteller waren Wencke Söhne in Hamburg. Die Kapitäne J. Hansen und P. Petersen führten das Schiff auf der Salpeterroute, jedoch nur für kurze Zeit. Nach dem Tode des letzten Inhabers der Reederei Wencke ging der Viermaster an die »1896er«, doch schon im folgenden Jahr erwarb Laeisz das Schiff. Die obligatorische Namesgebung, mit einem »P« als Anfangsbuchstaben, führte zum neuen Namen *Pommern*.

Als erster Laeisz-Kapitän führte M. Allwardt die Viermastbark auf der Salpeterroute nach Chile, und er wurde durch die Herren J. Frömcke und H. Ravn abgelöst. Vom Ausbruch des Ersten Weltkrieges in Valparaiso überrascht, lag das Schiff dann für Jahre fest.

Nach dem Kriege mußte *Pommern* an Griechenland ausgeliefert werden. Dort wußte man nicht, was man mit dem Schiff anfangen sollte, und so kam der Verkauf an Erikson zustande. Die Kapitäne W. Gustafsson, E. Johnsson, C. V. Granith und K. Broman segelten den Viermaster bis zum Vorabend des Zweiten Weltkrieges im Jahre 1939. Als der Salpeterhandel für Erikson nicht mehr einträglich war, wechselten seine Schiffe auf Australienkurs. In regelmäßigen Fahrten brachte auch *Pommern* Getreide in die verschiedenen Häfen Europas.

Bei Ausbruch des Krieges 1939 lag *Pommern* im Heimathafen. Um den kriegsbedingten Risiken zu entgehen, verlegte man den Viermaster im Jahre 1944 nach Stockholm und später nach Åbo. Unbeschadet kehrte das Schiff nach Kriegsende nach Mariehamn zurück. Seither haben Tausende von Besuchern das »Monument« einer vergangenen Zeit besucht. Im Jahre 1976 feierte die »Amicale Internationale des Capitaines au Long-Cours« an Bord von *Pommern* einen Teil ihres Jahreskongresses.

Große Aufwendungen braucht es jährlich, um das Schiff in seinem guten Zustande zu erhalten.

Moel Tryvan

Fe	4 ms	1639/1691	1884	8.	258.0 /38.0 /23.1
1 Dk					78,63/11,58/ 7,03

Glattdecker, Einzelheiten über die Takelage sind nicht bekannt.

Doxford, W. + Sons, Sunderland	Jones, W. E.	Carnarvon
→ 1896	Roberts, Owen + Co.	Carnarvon

Im Januar 1901 sank diese Einheit auf Ballastfahrt etwa 25 Seemeilen nordwestlich der Casquets (Alderney).

Über die Fahrten dieser Einheit ist nichts Näheres in der Literatur zu finden. Die Kapitäne R. Williams, R. Edwards und E. Jones standen an Bord im Einsatz.

Der Unfall geschah auf der Überfahrt von Antwerpen nach Cardiff.

Montmorency

St	4 mbk	2376/3011	1896	6.	321.1 /45.0 /25.5
2 Dks					97,86/13,71/ 7,74

Glattdecker, Masten mit Mars- und Bramstenge, doppelte Mars- und Bramsegel und Royals. Besanmast mit Stenge und einer Gaffel.

Ateliers et chantiers de la Loire, Nantes	Bordes, Ant. Dom et fils	Dunkerque
→ 1918	Compagnie Française d'Armement et d'Importation de Nitrate de Soude	Dunkerque

Nachdem das Schiff im Jahre 1925 aufgelegt wurde, gelangte es im folgenden Jahr zum Abbruch.

Zur ersten Serie der unter den französischen Subventionsgesetzen erbauten Einheiten gehörte auch *Montmorency*.

Für die Jungfernreise des Schiffes kam Commandant L. Gosselin an Bord und brachte den Viermaster in nur 65 Tagen nach Iquique. Das Schiff segelte seine Reisen auch unter den Nachfolgern von Gosselin, nämlich G. Thébaut, Boishardy, Fourchon und Angiolini, regelmäßig nach Chile, ohne jemals größere Schwierigkeiten zu haben. Auch die Kriegsjahre überstand *Montmorency* unbeschadet.

Nach dem Weltkrieg kam das Schiff zu der nun neu benannten Reederei.

Am Ende der Laufbahn machten sich auch hier die Schweißbrenner über den Viermaster her.

Moreton

St	4 mbk	2283/2429	1892	9.	283.9 /43.0 /24.2
1 Dk					86,47/13,10/ 7,36

Glattdecker, Masten mit Mars- und Bramstenge, doppelte Mars- und Bramsegel und Royals. Besanmast mit Stenge und einer Gaffel.

Russell+Co., Port Glasgow		Welsford, J. H.+Co.	Liverpool
→	1898	Eilbek	Knöhr+Burchard	Hamburg
→	1918		Kapt. Ipland, G.	Hamburg
→	1922	Tamara XV	Hackfeld, Fischer	Hamburg

Nach letzter Reise im Jahre 1924 verkauft und im folgenden Jahr abgebrochen.

Für die Reederei Welsford führten die Kapitäne D. McDonnell und E. S. Pearce die Viermastbark, über deren Reisen aber keine Daten bekannt sind.

Nach dem Wechsel zu Knöhr + Burchard änderte sich auch der Name traditionsgemäß zu einem ». . . bek«-Namen, nämlich Eilbek.

Am 1. Januar 1899 verließ der Viermaster mit Kapitän J. Tadsen und unter deutscher Flagge Hamburg mit Ziel Melbourne in Australien. Beim Versegeln von Melbourne in Ballast nach Newcastle (NSW) wurde das Schiff in eine schwierige Lage gebracht. Der Ballast ging über, und so drohte der Viermaster zu kentern. Kapitän Tadsen ließ darauf kurzentschlossen die Masten kappen, worauf er unter Notrigg Sydney erreichen konnte. Immer noch hatte das Schiff 30° Schlagseite.

Nach Tadsen kamen N. P. Moritzen und H. Thode als Kapitäne an Bord, und sie führten die Viermastbark wiederholt in den Pazifik, so nach Astoria, Iquique, Valparaiso und Sydney.

Bei Ausbruch des Krieges lag Eilbek in Delfzijl, konnte aber noch nach Hamburg geschleppt werden.

Im April 1918 verkauften Knöhr + Burchard das Schiff an Kapt. Ipland, doch es mußte an den Feindbund ausgeliefert werden. Im Jahre 1922 kam der Viermaster erneut unter deutsche Flagge. Die Nordische Handelsgesellschaft Hackfeld, Fischer GmbH. erwarb ihn, und als Tamara XV ging das Schiff wieder auf große Fahrt. Unter dem Befehl der Kapitäne G. Burmeister, A. Behnert und C. Carlsen wurden große Mengen Getreide aus dem pazifischen Raum nach Europa verfrachtet.

Eine Besonderheit hatte Tamara XV aufzuweisen. Mit ihrem Vater umrundete Elna Carlsen das berühmte Kap Hoorn, und das wurde der Grund dafür, daß eine Dame Mitglied der deutschen Cap Horniers wurde.

Morven

St	4 mbk	1997/2150	1893	4.	280.2 /42.1 /24.4
1 Dk					85,39/12,82/ 7,41

Glattdecker, Masten mit Mars- und Bramstenge, Jubilee-Rigg, Besanmast mit Stenge und einer Gaffel.

Duncan, R.+Co., Port Glasgow		Paterson, R. R.	Greenock
→	1896	Thorburn, J. G.	Greenock
→	1901	Lewis, W.+Co.	Greenock

Am 3. Dezember 1906 ist Morven auf der Heimreise von Tacoma nach Limerick in der Nähe von Loop Head (Irland) gestrandet und verlorengegangen.

Morven war eine der Einheiten, die ihre Laufbahn dadurch beschlossen, daß mit »shanghaiten« Leuten gesegelt werden

mußte. Es bedeutete dies ein zwangsweises An-Bord-Bringen von Mannschaft. Sehr oft zeigte sich – allerdings meist zu spät – daß Leute an Bord waren, die überhaupt keine Ahnung von einem Segelschiff, geschweige denn von dessen Bedienung hatten. – Kein Wunder, wenn ein Kapitän mit derartigen »Seeleuten« in Schwierigkeiten mit seinem Schiff geriet.

Erst nachdem etliche Schiffe, die mit solchen Mannschaften gefahren wurden, verlorengingen, wurde dann im Jahre 1906 in den USA ein Gesetz erlassen, welches dem anstößigen »shanghaien« für immer ein Ende setzte.

Die Kapitäne J. Page, J. Hughes und L. Rees führten Morven auf verschiedenen Fahrten in den Pazifik, zum Puget Sound und zu den andern Getreidehäfen an der Westküste der USA.

Mowhan

St	4 mbk	2747/2873	1892	5.	317.6 /44.2 /24.6
2 Dks					96,77/13,46/ 7,46

Glattdecker, Masten mit Mars- und Bramstenge, doppelte Mars- und Bramsegel und Royals. Besanmast mit Stenge und einer Gaffel.

Pickersgill, W.+Sons, Sunderland		Iredale, P.+Porter	Liverpool
→	1900	Oceana	Rhederei AG. von 1896	Hamburg

Im Jahre 1921 nach Alicante gesegelt, dort an Italien ausgeliefert und abgewrackt.

Kapitän F. R. Patey führte diese Einheit für Iredale + Porter während der ganzen Zeit unter britischer Flagge. Einzelheiten über die Fahrten sind nicht bekannt.

Nach dem Verkauf an die »1896er« in Hamburg kamen nacheinander die Kapitäne H. P. Breckwoldt, H. Krause, P. Petersen, G. Oellrich und W. Fleth an Bord des Viermasters und führten ihn zu den verschiedensten Häfen in den USA, Japan, Mexico und Chile. – In Antofagasta wurde Oceana dann auch 1914 interniert. Erst 1920 konnte das Schiff mit Kapitän Fleth Chile verlassen. Eine volle Ladung Salpeter wurde über den Atlantik nach Alicante gebracht, wo die Italiener als Siegermacht den Viermaster übernahmen. Oceana kam aber nach Löschen der Ladung auf die Abwrackwerft.

Mozambique

St	4 mbk	2305/2433	1892	6.	283.3 /43.0 /24.2
1 Dk					86,32/13,10/ 7,36

Glattdecker, Masten mit Mars- und Bramstenge, doppelte Mars- und Bramsegel und Royals. Besanmast mit Stenge und einer Gaffel.

Russell+Co., Port Glasgow		Boyd, J.	Glasgow
→	1912	Ulrich	Bolten, Aug., Wm. Miller's Nachfolger	Hamburg
→	1915	Sydnaes	Stray, S. O.	Christiansand

Auf der Fahrt von Norfolk (Va) nach Montevideo wurde diese Einheit im März 1920 sinkend aufgegeben. Das genaue Datum ist umstritten, es werden der 2., 3., 5. und 6. März 1920 genannt.

Das Einsatzgebiet der Viermastbark war recht vielfältig. Unter Kapitän Mc Crone segelte *Mozambique* zu Beginn ihrer Laufbahn noch im Jutehandel nach Indien. Die Nachfolger des ersten Kapitäns waren R. Strachan, O. Olsen, D. P. Gronow, W. Griffith und D. Jenkins. Unter ihnen kam das Schiff u. a. bis nach Vancouver.

Mit dem Verkauf an Bolten wechselte der Name der Einheit in *Ulrich*. Kapitän O. Dieckmann kam an Bord des Viermasters und blieb auch, als die Reederei Bolten in die Reederei Vinnen überging.

Im Jahre 1914 gelangte das Schiff zufolge der Kriegshandlungen in britische Hände. HMS. »Venus« stellte die Viermastbark, die dann vom britischen Prisengericht an Stray in Norwegen verkauft wurde.

Erneuter Namenswechsel in *Sydnaes* und Übernahme durch die Kapitäne W. J. Nilsen und Sonnesen waren die Folgen dieses Handels.

Stray setzte das Schiff zwischen Nord- und Südamerika ein, sozusagen »weit vom Geschütz«. Das rettete dem Viermaster aber nur kurzfristig das Leben. Er sank im März 1920.

Muncaster Castle

Fe	4 ms	2037/2104	1882	4.	300.0 /39.2 /23.6
2 Dks					91,44/11,93/ 7,16

Glattdecker, Masten mit Mars- und Bramstenge, doppelte Mars-, aber einfache Bramsegel, Royals und Skysegel. Umbau zur Viermastbark im Jahre 1892. Besanmast mit Stenge und einer Gaffel.

Potter, W. H.+Son, Liverpool	Lancaster Shipowners'Co.	
		Liverpool
→ 1893	Chambers, J.+Co.	Liverpool
→ 1898	Gibson, A.+Co.	Liverpool

Auf Staten Island ist *Muncaster Castle* am 20. Mai 1901 auf der Fahrt von Port Talbot nach Iquique wrackgelaufen.

Wie die meisten in den achtziger Jahren des letzten Jahrhunderts erbauten Schiffe, war auch *Muncaster Castle* speziell für den Transport von Jute eingerichtet. Bezeichnend für diese Zeit war auch das schwere Rigg mit drei Skysegeln.

In den Jahren 1895 bis 1897 machte der Viermaster eine Weltrund-Reise von Europa nach Calcutta, Mauritius, Adelaide, Newcastle (NSW), San Francisco und zurück nach London.

Für die drei Besitzer der Einheit waren die Kapitäne W. Valentine, J. D. Wood, W. Thomas, Scarboro, Jackman und W. Griffith an Bord.

Muskoka

St	4 mbk	2259/2357	1891	11.	300.5 /42.0 /24.7
2 Dks					91,56/12,80/ 7,48

Glattdecker, Masten mit Mars- und Bramstenge, doppelte Mars-, aber einfache Bramsegel, Royals und Skysegel. Besanmast mit Stenge und einer Gaffel.

Richardson, Duck+Co., Stockton	Mahon, F. C. Windsor (Nova Scotia)
→ 1909 *Caroline*	Bordes, Ant. Dom et fils Dunkerque

Caroline geriet im Juli 1920 vor Antofagasta in Brand, woraufhin der Viermaster vom Kapitän auf Strand gesetzt wurde. Die Schäden waren zu groß, um eine Reparatur zu rechtfertigen.

Muskoka und *Oweenee* wurden bei gleichzeitig von Mahon bei Richardson in Stockton bestellt. Beide Schiffe wurden ihrer Schnelligkeit wegen sehr bekannt.

Muskoka wurde auf großer Fahrt eingesetzt, wobei in erster Linie Häfen im Fernen Osten angelaufen wurden, so z. B. Shanghai und Nagasaki. Die Kapitäne J. Davies, A. Crowe und R. McDonald waren mit der Schiffsführung betraut. Für besonders schnelle Fahrten machte sich Crowe einen Namen. Mehrmals erreichte Crowe Reisezeiten, die von keinem anderen Segelschiff der Zeit erreicht wurden.

Mit dem Wechsel zu Bordes änderte sich natürlich auch das Fahrtengebiet, wie üblich zu der Salpeterroute Chiles. Auch unter der Trikolore, mit den Commandants Gautier, Le Mentec, Langhetée und Riou, setzte die nun *Caroline* genannte Einheit ihre sehr guten Reisen fort. Während des Ersten Weltkrieges wurde der Viermaster mit Kanonen bestückt, brauchte sie aber glücklicherweise nicht einzusetzen. Vielleicht half der Viermastbark ihre Schnelligkeit aus kritischen Situationen heraus.

Wie vielen anderen Einheiten war es eine Kohleladung, die dem Schiff zum Verhängnis wurde.

Nation

St	4 mbk	2401/2540	1891	7.	294.0 /43.0 /24.0
2 Dks					89,61/13,10/ 7,31

Dreiinselschiff mit 34 Fuß langer Mittschiffsbrücke. Masten mit Mars- und Bramstenge, doppelte Mars-, aber einfache Bramsegel und Royals. Besanmast mit Stenge und einer Gaffel.

Doxford, W.+Sons, Sunderland	Thomas, W.+Co.	Liverpool

Am 24. März 1892 ging *Nation* in Rangoon mit einer vollen Ladung Reis, mit Bestimmung Bremen, in See. Seither ist dieses Schiff verschollen. Das Unglück traf den Viermaster also schon auf der Heimreise von der Jungfernfahrt.

Aus begreiflichen Gründen sind hier keine besonderen Angaben zu machen. Kapitän R. Wynne hatte ein ähnliches Schicksal wie Wiethoff von der *Maria Rickmers.*

Nile

Fe	4 ms	2079/2163	1886	6.	283.5 /40.5 /24.6
2 Dks					86,37/12,31/ 7,46

Glattdecker, Masten mit Mars- und Bramstenge, doppelte Mars-, aber einfache Bramsegel und Royals, nach Umbau Besanmast mit Stenge und einer Gaffel.

Russell+Co., Port Glasgow	Brown, A.	Glasgow
→ 1903	Boyd, J.+Son	Glasgow
→ 1912 *Thor II*	Dahl, T.	Sandefjord

Auf der Fahrt von South Georgia Island nach Großbritannien ist *Thor II* im Februar 1917 versenkt worden.

Zu Beginn ihrer Laufbahn war *Nile* noch in der Jutefahrt nach Indien eingesetzt, geführt von den Kapitänen Gilmore, A. A. Clark und N. McCallum. Andere Orders hatte das Schiff in Vancouver zu erfüllen. Für Boyd waren als Kapitäne T. R. Simons und O. Griffith an Bord des Viermasters.
Mit dem Verkauf an Dahl wurde auch das Rigg zur Viermastbark abgeändert. Leider sind über die Fahrten unter norwegischer Flagge keine Angaben zu finden. Die Kapitäne J. Johnsen und J. Meyer führten das Schiff.
Man darf sich füglich fragen, was der »Norweger« in South Georgia, weit, weit im Süden unseres Erdenrunds, zu tun hatte. Möglicherweise fuhr *Thor II* in Charter für die Briten.

Nippon Maru

St aux	4 mbk	1743/2285	1930	1.	260.0 /42.5 /25.7
3 Dks					79,24/12,92/ 7,78

Spezialkonstruktion als Schulschiff. Mittschiffsbrücke, sehr lang gezogene Poop. Untermasten und Marsstenge aus einem Stück gefertigt, Bramstenge. Doppelte Mars- und Bramsegel und Royals. Besanmast als Pfahlmast mit einer Gaffel.

Kawasaki Dockyard, Kobé	Institut für Seefahrtsausbildung, ein Department der Regierung Japans

Zur Zeit noch im Dienst.

Wie alle anderen noch fahrenden Schulschiffe, wird auch *Nippon Maru* zu verschiedensten Repräsentationspflichten verwendet. So war der Viermaster im Jahre 1970 in Australien an den 200 Jahrfeiern zu sehen, und die USA wurden 1976 zur Feier des gleichen Jubiläums mit dem Besuch des Schulschiffs beehrt.
Auf großen Reisen besuchte *Nippon Maru* u. a. die Westküste der USA, Hawaii, Philippinen, Borneo, Neu-Guinea, die Salomonen sowie die Fidschi-Inseln.
Nach dem Zweiten Weltkrieg hatte der Viermaster ganz spezielle Einsätze zu fahren. Aus den Überseegebieten brachte das »auxiliary«-Schiff japanische Truppen in die Heimat zurück.
Während des Krieges dienten beide Schulschiffe, *Nippon Maru* und *Kaiwo Maru,* der Marine als Transporter. Sie fuhren aber mit abgeschlagenen Rahen, nur mit Maschine durch die japanischen Küstengewässer.

Nivelle

St	4 mbk	2262/2430	1897	4.	292.4 /43.2 /24.2
2 Dks					89,10/13,15/ 7,36

Glattdecker mit überlanger (56 Fuß) Poop, Masten mit Mars- und Bramstenge, doppelte Mars- und Bramsegel und Royals. Besanmast mit Stenge und einer Gaffel.

Scott+Co., Greenock	Hardie, J.+Co.	Glasgow

Auf der Reise von Newcastle (NSW) nach Antofagasta ist *Nivelle* am 30. Juni 1906 bei Point Grande, ganz in der Nähe des Bestimmungshafens, wrackgelaufen.

Nivelle und ihre bekannter gewordene Schwester *Hougomont* wurden bei Scott für Hardie gebaut.
Im Gegensatz zu *Hougomont* blieb *Nivelle* während ihrer ganzen Laufbahn im Besitze von Hardie.
Fast keine Gegend der Welt gab es, die der Viermaster nicht besucht hätte. Die Kapitäne G. T. F. Williams, D. Stevens, Stephen und D. S. McMillan führten das Schiff nach Südamerikas Ostküste, China, zum Columbia River, nach Indien, Hongkong und auch nach Australien.
Nivelle war ein glückliches, zufriedenes Schiff, verstanden es doch die Schiffsführer immer, nur bestausgewiesene Seeleute an Bord zu beschäftigen.
Der Grund für den Unfall des Viermasters ist darin zu suchen, daß in zu tiefem Wasser geankert wurde. Die Anker fanden keinen genügenden Halt, und so trieb die Viermastbark auf Grund.

Nonpareil

St	4 mbk	2890/3014	1901		323.0 /45.1 /26.0
1 Dk					98,45/14,04/ 7,92

Glattdecker, Masten mit Mars- und Bramstenge, doppelte Mars-
und Bramsegel und Royals. Besanmast mit Stenge und einer
Gaffel.

Hamilton, W.+Co.,	Anglo-American Oil Co.
Port Glasgow	London

Schon auf der Jungfernreise ist *Nonpareil*, eine Werftschwester
von *Comet,* vor New York gekentert, Mann und Maus mit sich
reißend.

Die Laufbahn dieser Einheit war so kurz, daß es nicht einmal zum
Eintrag im Lloyds Register reichte!
Nach Lubbock soll *Nonpareil* übertakelt gewesen sein, was dann
zum Unglück geführt habe. Ungenügende Stabilität wurde ja
mehreren Einheiten zum Verhängnis.

Nord

St	4 ms	3070/3163	1889	12.	332.3 /46.5 /24.8
2 Dks					101,26/14,14/ 7,51

Glattdecker, Untermasten und Marsstenge aus einem Stück gefertigt, Bramstenge. Doppelte Mars- und Bramsegel und Royals,
Besanmast mit Stenge und einer Gaffel.

Barclay, Curle+Co., Glasgow	Bordes, Ant. Dom. et fils
	Dunkerque

Abbruch im Jahre 1926.

Wie es zu den Gepflogenheiten von Lloyds Register gehörte, war
auch diese Einheit ursprünglich als Vollschiff eingetragen, obschon *Nord* wohl nie als solches aufgerigg war.
Zur Zeit ihres Stapellaufs war die Einheit das größte Rahsegelschiff der Welt. Sie wurde von Commandant Danion übernommen und auch in der Salpeterfahrt eingesetzt. Nachfolger in der
Schiffsführung wurden die Commandants Guguen, Michel, Harang, L. Bégaut, L. Quenet, Y. Nicolas, Fourchon und F. Le Coq.
Nord war mit Doppelboden- und Hochtanks für Ballastaufnahme
eingerichtet, was die Liegezeiten in den Häfen wesentlich zu ver-
kürzen vermochte. Dies wiederum trug sehr zu den guten Reisezeiten des Viermasters bei.
Während des Krieges war auch *Nord* mit Bordkanonen ausgerüstet. Dies kam dem Schiff zugute, als es am 4. Oktober 1917
einem deutschen U-Boot begegnete. Commandant Fourchon
ließ aus seinen Geschützen hageln, was das Zeug hielt, und
schlug damit den Angreifer in die Flucht.
Nach glücklich überstandenem Krieg geriet auch die Reederei
Bordes in wirtschaftliche Schwierigkeiten, die zur Reduktion ihrer Segelschiffsflotte führten. Stück für Stück der stolzen Flotte
war im Krieg verlorengegangen, und jetzt war die Reihe an denjenigen Einheiten, die durch Abbruch ihre Laufbahn beendeten.

Norma

St	4 mbk	1999/2122	1893	5.	278.0 /41.2 /24.1
1 Dk					84,73/12,54/ 7,33

Glattdecker, Masten mit Mars- und Bramstenge, Jubilee-Rigg.
Besanmast mit Stenge und einer Gaffel.

Barclay, Curle+Co., Glasgow	Begg, M. J.	Cardiff
→ 1900	Macvicar, Marshall+Co.	
		Cardiff

Am 20. April 1907 nach einer Kollision mit »Ardencraig« in Sema-
phore Anchorage (Port Adelaide) gesunken.

Für Begg war Kapitän D. McDonnell an Bord des Viermasters im
Dienst, bei Macvicar, Marshall löste ihn Kapitän W. McLaughlin
ab.
Ein besonderes Erlebnis hatte *Norma* anläßlich der Jungfernreise, die nach Rio de Janeiro führte. Zum Empfang im südamerikanischen Hafen dröhnten Schüsse über den Viermaster hinweg.
In Rio war wieder einmal »revolucion«. Der Kapitän ließ daraufhin
schleunigst die Ladung löschen, und das Schiff nahm Kurs auf
Melbourne.
Auch in späteren Jahren ergaben sich Zwischenfälle. So 1903,
als Kommandant McLaughlin während eines schweren Sturmes
den Hafen von Newcastle (NSW) anlaufen wollte. Nur das »Fal-
len Anker« und das Weiterschleppen derselben rettete *Norma*
vor einer Katastrophe. Als Retter in höchster Not erschien dann
ein Schlepper und brachte das Schiff in den sicheren Hafen.
Wenige Jahre später kam es dann zum Unfall in Port Adelaide.
Wie aus lauter Rache forderte *Norma* am Tage nach dem Unfall
ein weiteres Opfer. Die Hafenbehörden unterließen es, das
Wrack zu befeuern, und so rammte der Dampfer »Jessie Dar-
ling« den gesunkenen Viermaster und sank selbst innerhalb von
Minuten.

Northam

Fe	4 ms	958/1557	1858		274.0 /34.7 /23.1
			1877		83,51/10,53/ 7,03

Umgebauter Dampfer der P+O-Line. Nähere Angaben fehlen.

Day, Southampton	Eigner unbekannt

Im Dezember 1878, unter Kapitän Cotter auf der Reise nach Sydney, brennend auf See aufgegeben.

Es scheint die Annahme berechtigt zu sein, daß der Viermaster
auf seiner ersten Reise nach Melbourne bestimmt war, denn am
18. März 1878 lag das Schiff im besagten Hafen. Auf der Weiter-
reise nach Sydney ist das Schiff dann verunglückt.
Northam war ein umgebauter P+O-Dampfer, der im Lloyds Register von 1875 als »screw bark« mit 300 PS Dampfmaschine verzeichnet ist.

North Star

St	4 mbk	2627/2761	1892	5.	316.8 /43.2 /24.5
2 Dks					96,51/13,15/ 7,43

Dreiinselschiff mit 42 Fuß langer Mittschiffsbrücke, Masten mit Mars- und Bramstenge. Doppelte Mars- und Bramsegel, Royals und Skysegel. Besanmast mit Stenge und einer Gaffel.

Grangemouth Dockyard Co., Alloa	Bilbrough, A.+Co.	London

→ 1898	Alsterufer	AG. Alster	Hamburg
→ 1912	Susanne Vinnen	Vinnen, F. A.+Co.	Bremen
→ 1914	in Australien beschlagnahmt		
→ 1915	Carrabin	British Government Service	London

Carrabin wurde am 1. Oktober 1917 etwa 10 Seemeilen südlich der Daunt-Felsen von U 96 versenkt.

In den sechs Jahren unter britischer Flagge führten für die Reederei Bilbrough die Kapitäne J. H. Jones, J. Brown und F. P. Grazelier die Viermastbark auf großer Fahrt, u.a. bis nach Australien.
North Star war eine der wenigen Einheiten, die auch Skysegel führten. Alsterufer hieß der Viermaster dann nach der Übernahme durch die AG. Alster, und die Kapitäne L. Neef, Ch. Jensen, O. Wendt, J. Brüdgam und J. Preiss kamen an Bord. Sie führten den Viermaster auf großer Fahrt nach Montevideo, New York, Yokohama, Santa Rosalia, Newcastle (NSW), San Francisco und Chile.
Als sich die Reederei AG. Alster auflöste, kam die Viermastbark zur Reederei von Vinnen in Bremen. Susanne Vinnen, weiterhin geführt von Kapitän Preiss, machte ihre Reisen immer noch in den Raum des Pazifik. Eine besonders gute Fahrt war die Überquerung des Stillen Ozean von Newcastle (NSW) in nur 33 Tagen nach Talcahuano in Chile. Das Schiff lag zu Beginn des Ersten Weltkrieges in Australien, wo es sofort beschlagnahmt wurde. Erneuter Namenswechsel in Carrabin mit Heimathafen London waren die Folgen.
Im Verlaufe der Kriegsereignisse »holten« sich die Deutschen ihr Schiff wieder, ohne es allerdings dann zu besitzen, U 96 erzielte einen Volltreffer.

Oceana

St	4 mbk	1827/1916	1887	9.	269.7 /40.1 /23.7
2 Dks					82,16/12,21/ 7,18

Glattdecker, Masten mit Mars- und Bramstenge, doppelte Mars- und Bramsegel und Royals. Besanmast mit Stenge und einer Gaffel.

Duncan, R.+Co., Port Glasgow	Paterson, R. R.	Greenock

Nach Lloyds Register von 1892/93 ist das Schiff im Juni 1892 wrackgelaufen.

Über diese Einheit sind in der Literatur überhaupt keine Notizen zu finden. Als Kapitän diente J. Page während der kurzen Karriere.

Ocean King

Ho	4 ms	2386/~2500	1874		250.5 /42.3 /30.7
					76,32/12,87/ 9,31

Über dieses Schiff sind keine genaueren Angaben über Details zu finden. Der Viermaster soll Skysegel geführt haben.

Thompson, N. L., Kennebunk (ME)	Sears, J. H.+Co.	Boston (Mass)

Schicksal unbekannt, im Lloyds Register von 1890/91 nicht mehr verzeichnet.

Den Angaben im Lloyds Register von 1887, wo das Schiff erstmals aufgeführt ist, kann entnommen werden, daß Ocean King schon im Jahre 1874 in den USA gebaut wurde, also noch vor den ersten Viermastern in Europa. Kapitän Sawyer führte das Schiff von 1886 an. Wie mehrere andere »Amerikaner« war auch Ocean King aus Holz gebaut. Auffällig die große Raumtiefe des relativ kurzen Rumpfes.

Olivebank

St	4 mbk	2647/2824	1892	10.	326.0 /43.1 /24.5
1 Dk					99,36/13,12/ 7,43

Glattdecker, Masten mit Mars- und Bramstenge, doppelte Mars- und Bramsegel und Royals. Besanmast mit Stenge und einer Gaffel.

Mackie+Thomson, Glasgow	Weir, A.+Co.	Glasgow

→ 1913		Monsen, E.+Co.	Tvedestrand
→ 1916		Henschien, J. A.	Tvedestrand
→ 1920		Jörgensen, L.	Christiansand
→ 1922	Caledonia	Lorentzen, J.	Christiansand
→ 1924	Olivebank	Erikson, G.	Mariehamn

Dieses auf der ganzen Welt bekannte Schiff lief am 8. September 1939 auf Pos. 55° 53' N/5° 7' E auf eine Mine und sank innerhalb kürzester Zeit. Kapitän Granith und ein großer Teil der Mannschaft kamen ums Leben.

Weir's Bank-Line war eine der größten britischen Reedereien mit Segelschiffen.
Auf ihren großen Fahrten war Olivebank in den meisten bekannteren Häfen der Welt zu sehen.
Unter britischer Flagge waren die Kapitäne J. M. Petrie, D. Young, J. Henderson, J. Carse und D. George für das Schiff verantwortlich.

Unter norwegischer Flagge erlebte das Schiff drei Besitzerwechsel. Als norwegische Kapitäne wirkten K. Johansen, J. S. Oesterhus und O. T. Berentsen an Bord *Olivebank* und *Caledonia*.

Mit dem weiteren Wechsel zu Gustav Erikson erhielt das Schiff wieder seinen ursprünglichen Namen *Olivebank*.

Nun begann für den Viermaster erneut eine große Zeit, setzte ihn Erikson doch ausschließlich in der Australienfahrt ein. Geführt von z. T. sehr bekannten Kapitänen wie K. Troberg, Lindgren, J. M. Mattson, L. Lindvall, Uno Mörn, S. Lille und C. Granith segelte *Olivebank* bis zum Zweiten Weltkrieg regelmäßig zwischen Europa und Australien hin und her. Tausende von Tonnen Getreide brachten eine ganze Reihe von Segelschiffen in den bekannten »grain races« vom fünften Kontinent in die Alte Welt, mit ihnen immer *Olivebank* unter finnischer Flagge.

Kurz nach dem Ausbruch des Krieges im Jahre 1939 war die Viermastbark auf der Heimreise Richtung Ostsee. Schon waren aber in der Nordsee die tückischen Minen vorhanden, und *Olivebank* fiel etwa 105 Seemeilen südwestlich von Bavbjerg auf Jütland einer von ihnen zum Opfer. Kapitän Carl Granith und eine große Zahl seiner Mannschaft kam ums Leben. Nur sieben Überlebende konnten von Fischern aus Esbjerg an Land gebracht werden.

Olivebank war also eines der ersten Opfer, die die christliche Seefahrt im Zweiten Weltkrieg brachte.

Oranasia

St	4 mbk	2565/2706	1892	6.	305.1 /44.0 /24.7
2 Dks					92,98/13,41/ 7,48

Glattdecker, Masten mit Mars- und Bramstenge, doppelte Mars- und Bramsegel und Royals. Besanmast mit Stenge und einer Gaffel.

Russell+Co., Port Glasgow	Goffey, J.+W.	Liverpool
→ 1907 *Alsterfee*	AG. Alster	Hamburg
→ 1912 *Lucy Vinnen*	Schramm, E. C.+Co.	Bremen
→ 1919 *Tamara VI*	Vinnen, F. A.+Co.	Bremen
	Nordische Handelsgesellschaft	
	Hackfeld, Fischer GmbH.	
		Hamburg
→ 1921 *Mayotte*	Griechische Regierung	
→ 1922	Schulisch, B.	Danzig
→ 1923 *Hedwig Hemsoth*	Hemsoth, Wilh. AG.	Hamburg
(vorgesehen)		

Als *Mayotte* kam diese Viermastbark im Jahre 1925 nach Großbritannien zum Abbruch.

Wechselvolles Geschick einer Viermastbark! Nach einigen Jahren Dienst unter dem Union Jack, geführt von den Kapitänen A. Greig und J. Rowe, hatte das Schiff mehrere Reisen an die Westküsten der beiden Amerikas unter den Kiel gebracht.

Gleich zu Beginn der Laufbahn war der Viermaster noch in der Jutefahrt nach Indien zum Einsatz gelangt.

Als *Alsterfee* waren dann die Kapitäne A. Behnert und F. Ploog an Bord, ohne daß über die Fahrten nähere Angaben vorliegen.

Nach der Auflösung der Alster AG. kam die Viermastbark nacheinander zu Schramm und Vinnen in Bremen, jetzt *Lucy Vinnen* getauft und von Kapitän A. Greter übernommen.

Für kurze Zeit war der Viermaster dann als *Tamara VI* registriert, im Eigentum von Hackfeld, Fischer aus Hamburg stehend.

Schon 1921 kauften die Griechen das Schiff, ohne aber mit dem großen Schiff etwas Vernünftiges anfangen zu können. Recht günstig konnte deshalb Schulisch aus Danzig die Einheit erwerben, die nun den Namen *Mayotte* führte. Mayotte ist eine der Comoren-Inseln im Osten Afrikas.

Doch auch bei dem neuen Besitzer hatte *Mayotte* keine lange Bleibe. Im Jahre 1923 trat die Hemsoth AG. aus Hamburg als Käufer auf und wollte die Viermastbark als *Hedwig Hemsoth* registrieren lassen. Dazu kam es aber nicht, denn letztlich gelangte das Schiff nach Großbritannien zum Abbruch.

Die Geschichte dieser Einheit ist etwas verworren, deshalb sind Angaben über die Fahrten in den späteren Jahren nicht möglich. Immerhin kann noch beigefügt werden, daß *Mayotte* unter Kapitän Henk zwischen 1922 und 1925 recht gute Reisen nach Australien und China wie auch zur Salpeterküste Chile segelte.

Ormsary

St	4 mbk	2099/2251	1903	1.	278.8 /42.1 /24.5
1 Dk					84,93/12,82/ 7,43

Glattdecker, als »baldheader« geriggt, nähere Einzelheiten nicht bekannt, da nur sehr kurze Lebensdauer.

Russell+Co., Port Glasgow	Lang+Fulton	Greenock

Am 13. September 1906 ab Caleta Coloso in Chile in See gestochen. Das Ziel Antwerpen wurde nie erreicht, höchstwahrscheinlich am Kap Hoorn verschollen.

Kapitän T. Coath führte das unglückliche Schiff auch auf seiner letzten Reise.

Ormsary war das letzte Schiff, das für Lang + Fulton gebaut wurde. Die Viermastbark war mit Wasserballast-Tanks für 1234 ts ausgerüstet. Deshalb sind Behauptungen in der Literatur wohl falsch, die wissen wollen, das Schiff sei mit Kieselsteinen als Ballast beladen worden. Zudem ist in Chile selten oder überhaupt nie ein Schiff ohne Fracht auf Heimatkurs gegangen.

Über andere Fahrten des Viermasters ist nichts zu finden, obschon eine große Zahl von möglichen Quellen zur Verfügung stand.

Osborne

St	4 mbk	2986/3166	1892	3.	325.0 /46.0 /25.2
2 Dks					99,06/14,02/ 7,67

Dreiinselschiff mit 40 Fuß langer Mittschiffsbrücke. Masten mit Mars- und Bramstenge, doppelte Mars- und Bramsegel und Royals. Besanmast mit Stenge und einer Gaffel.

Potter, W.H.+Co., Liverpool	Macvicar, Marshall+Co.
	Liverpool
→ 1910 *J. C. Vinnen*	Schramm, E. C.+Co. Bremen
→ 1914 in Valparaiso interniert	
→ 1920 Ablieferung an Siegermächte, Shipping Controller.	
→ 1922 abgetakelt als Hulk *Guardadora*	PSN Co. Valparaiso

Wann die endgültige Außerdienststellung erfolgte, ist nicht bekannt.

Viele große Kapitäne und Kommodores aus der Glanzzeit der Dampfschiffahrt dienten in jungen Jahren fast ausnahmslos auf großen Segelschiffen.
Der spätere Kommodore der Cunard-Line, Kapitän H. Grattidge, heuerte auf *Osborne*, einem der größen Viermaster der Zeit, als Jungmann an. Damals dachte er wohl kaum an die Möglichkeit, einmals die »Queen Elisabeth« der Cunard White Star-Line zu führen.
Osborne machte in der Zeit vom 1. März 1906 bis zum 1. März 1910, also innherhalb von vier Jahren eine Reise um die Welt. Damit hatte Grattidge seine Zeit als Jungmann abgedient.
Unter Kapitän Atkinson war *Osborne* zu Beginn ihrer Laufbahn auch in Indien zu sehen. Später, unter Kapitän W. Scott, war das Schiff in San Francisco und Australien mit Löschen oder Übernehmen von Ladung zu beobachten. Nach Scott kamen noch die Kapitäne W. Mayne, J. Williams und W. Oliver auf dem Viermaster zum Einsatz.
Der Verkauf nach Bremen hatte eine Umbenennung in *J. C. Vinnen* zur Folge, und die Führung des großen, stolzen Schiffes übernahm Kapitän J. B. Olthaus.
Zusammen mit vielen anderen bekannten Segelschiffen wurde auch diese Viermastbark in Valparaiso interniert. Nach langen Jahren des Wartens und Bangens mußte nach dem Kriege der bittere Weg zur Auslieferung an die Siegermächte angetreten werden.
Für *Osborne* resp. *J. C. Vinnen* war der Weg allerdings nicht sehr weit, blieb sie doch als Hulk in Valparaiso liegen, wobei nochmals der Name in »Guardadora« geändert wurde.
Zu welchem Zeitpunkt die Reste des ehemals bekannten Schiffes aus seinem Element verschwanden, ist nicht bekannt.

Otterburn

St 4 mbk	2499/2663	1893	6.	297.0 /45.2 /25.7
2 Dks				90,52/13,76/ 7,79

Glattdecker, Masten mit Mars- und Bramstenge, Jubilee-Rigg, Besanmast mit Stenge und einer Gaffel.

Barclay, Curle+Co., Glasgow	Shankland, R.+Co.	Greenock
→ 1900 *Anna*	Wätjen, D. H.+Co.	Bremen
→ 1913 *Onda*	Rhederei AG. von 1896	
		Hamburg
→ 1914 interniert in Mejillones		
→ 1921 Auslieferung an Frankreich		

Auf der Deutschen Werft in Hamburg-Finkenwerder erfolgte im Jahre 1923 der Abbruch der Viermastbark.

Unter den Kapitänen J. Hunter und M. Benson fuhr auch *Otterburn* in den Pazifik, wie es fast alle ». . . Burn«-Einheiten von Shankland taten. Mit dem Verkauf an Wätjen änderte sich der Name des Viermasters in *Anna*, und die Kapitäne H. W. Bohlmann, J. Brünnings und C. Köster kamen an Bord. Große Fahrten brachte das Schiff bis nach Australien unter den Kiel.
Erneut wurde die Viermastbark beim Verkauf an die »1896er« umgetauft in *Onda*, worauf sich Kapitän H. Schütt in die Reihe der Schiffsführer einfügte.
Auch diese deutsche Einheit wurde 1914 in Chile interniert, lag sie doch zu Kriegsbeginn in Mejillones.
Nach langer Liegezeit mußte *Onda* an die Franzosen ausgeliefert werden. In Hamburg blieb das Schiff im Roßhafen festgemacht, bis es dann zum Abbruch kam.

Oweenee

St 4 mbk	2334/2432	1891	10.	309.0 /42.0 /24.6
2 Dks				94,18/12,80/ 7,46

Glattdecker, Untermasten und Marsstenge aus einem Stück gefertigt, Bramstenge. Doppelte Mars-, aber einfache Bramsegel, Royals und Skysegel. Besanmast mit Stenge und einer Gaffel.

Richardson, Duck+Co., Stockton	Mahon, F. C.	Windsor (N.Scotia)
→ 1908	Lewis, Heron+Co.	London
→ 1917 Umbau zum Motortanker *Ortina Shell*	The Hudson's Bay Co.	London

Endgültiges Schicksal der Einheit nicht bekannt.

Wie ihre Werft- und Reedereischwester *Muskoka* war auch *Oweenee* ein Schiff für schnelle Fahrten. Kaum in Betrieb, segelte der Viermaster in nur 66 Tagen von Prawle Point nach Port Pirie in Australien. Dies war eine Reisezeit, die sonst nur die schnellen Clipper wie z. B. »Thermopylae« erreichten. Einzige Konkurrenz unter den Viermast-Rahschiffen konnten *Priwall* und *Padua* von Laeisz bieten.
Als Kapitäne amtierten an Bord die Herren C. M. Burchell, Jones und Collins.
Viele Fahrten führten das Schiff über alle Ozeane nach Saigon, China, Japan, Australien sowie Nord- und Südamerika.
Muskoka, *Oweenee* und *Queen Margaret* hatten alle den gleichen Segelriß. Während des Ersten Weltkrieges wurde die Viermastbark umgebaut und als Motortanker *Ortina Shell* eingesetzt. Die schöne Galionsfigur blieb dem Schiff auch nach dem Umbau erhalten.
Zu welchem Zeitpunkt der Tanker zum Abbruch kam, ist nicht bekannt.

Padua

St	4 mbk	2678/3064	1926	6.	320.5 /46.1 /25.4
2 Dks					97,65/14,04/ 7,72

Dreiinselschiff mit 65 Fuß langer Mittschiffsbrücke. Untermasten und Marsstenge aus einem Stück gefertigt, Bramstenge. Doppelte Mars- und Bramsegel und Royals. Besanmast als Pfahlmast mit zwei Gaffeln.

Tecklenborg, J. C., Geestemünde Bremerhaven	Laeisz, F.	Hamburg
→ 1946 *Krusenstern*	Fischerei-Ministerium der UdSSR	

Teilnahme an mehreren Veranstaltungen der Sail Training Association, im Jahre 1980 in Amsterdam und 1984 an den Feierlichkeiten in Quebec.

Ironie des Zufalls: Zufolge der alphabetischen Reihenfolge der Einheiten in diesem Bericht erscheint unter »P« das letzte neu gebaute Frachtsegelschiff *Padua* als erstes in der Reihe.
Allen Zweifeln zum Trotz ließ Laeisz noch im Jahre 1926 diese Einheit bei Tecklenborg erstellen. Der Stapellauf am 24. Juni 1926, die Indienststellung im August desselben Jahres, dies waren große Tage für die bekannte Reederei in Hamburg.
Viele der bekannten Kapitäne haben sich ins Verzeichnis der Schiffsführer von *Padua* eingetragen, nämlich Boye Petersen, Carl Schuberg, Hermann Piening, Robert Clauss, Jürgen Jürss, Hans Richard Wendt und O. Schommartz.
Wie bei Laeisz allgemein üblich, wurde die Viermastbark vorerst nur in der Salpeterfahrt nach Chile eingesetzt. Später kamen auch Fahrten nach Australien hinzu, wo hauptsächlich Getreide geladen wurde. Insgesamt war *Padua* ein glückliches Schiff, doch auch ihr blieben schwere Unfälle nicht erspart. Von einem der gefürchteten »Norder« an der Küste Chiles wurde die Viermastbark übel zugerichtet, es entstand großer Sachschaden.
Viel schwerer allerdings wog der Verlust von vier Seeleuten, die vom Mast fielen oder über Bord gewaschen wurden. Es war dies ein schwerer Schlag für Kapitän Piening, dem späteren Inspektor der Reederei.
Den Zweiten Weltkrieg überstand *Padua* umbeschadet, zuletzt in der Flensburger Förde liegend, nachdem das Schiff unter Kapitän Schommartz mehrere Fahrten in der Ostsee absolviert hatte.
Wie viele andere Einheiten, mußte auch *Padua* an die Siegermächte ausgeliefert werden. Sie ging an die UdSSR, die das Prachtschiff im Dezember 1945 in Swinemünde übernahm.
Größere Umbauten veränderten das Aussehen der Einheit sehr stark. Als *Krusenstern* ist der Viermaster sehr bekannt geworden, nahm er doch an vielen großen Veranstaltungen teil, u. a. bei den Treffen der »Operation Sail« der Sail Training Association.

Palgrave

Fe	4 ms	3078/3187	1884	8.	322.5 /49.2 /25.4
2 Dks					98,26/14,98/ 7,72

Dreiinselschiff mit 80 Fuß langer Brücke, deren Zentrum auf Höhe des Kreuzmastes lag. Masten mit Mars- und Bramstenge, doppelte Mars- und Bramsegel, Royals. Groß- und Kreuzmast zusätzlich mit Skysegeln. Am Jiggermast nur einfaches Bramsegel.

Hamilton W.+Co., Port Glasgow	Hamilton, W.+Co. Port Glasgow

In der Nähe von Coquimbo bei Punta Lengua de Vaca am 11. August 1908 wrackgelaufen.

Nach einer Entmastung im Jahre 1885 wurde das Schiff zur Viermastbark umgetakelt.
Palgrave war eine der ersten Einheiten, die zwischen Back und Poop ein drittes Deck eingebaut hatten. Besonders fällt dabei auf, daß das Brückendeck nicht in Schiffsmitte, sondern achterlich verschoben angeordnet war.
Besonders glücklich war der Viermaster nicht, denn es blieben ihm verschiedene Havarien nicht erspart. Die Entmastung am 15. Dezember 1885 war der Beginn einer ganzen Serie von Zwischenfällen.
Die Fahrten des Schiffes gingen zu den Häfen im Pazifik, sowohl in Chile, den USA als auch in Australien.
Als eigentlicher Auftraggeber für *Palgrave* trat Kapitän Hadfield auf. Als er aber den fertigen Riesen – für damalige Begriffe – sah und übernehmen sollte, bekam er vor der Angst zu tun. Seine Weigerung, den großen Viermaster zu fahren, zwangen schließlich die Erbauer, das Schiff auf eigene Rechnung einzusetzen. Als Kapitäne kamen H. Thomas, J. Rollo, D. Jones, G. M. Dixon, H. Harvey und R. Coutts an Bord.

Palmerston

Fe	4 ms	1116/1250	1853		246.0 /30.0 /22.0
1 Dk			1876		74,98/ 9,14/ 6,70

Umgebauter Dampfer »Charity«, 1853 bei Laird in Birkenhead erbaut. Im Jahre 1876 zur Viermastbark umgetakelt, Einzelheiten des Riggs sind nicht bekannt.

Laird+Co., Birkenhead-Liverpool	Sloman, R. M.+Co.	Hamburg
→ 1891	Brückner+Albers	Hamburg
→ 1894 *Federico*	Pinceti, A.	Genova

Nach schweren Sturmschäden im März 1899 in Greenock condemniert.

Palmerston war eine der kleinsten jemals aufgeriggten Viermastbarken. Es darf angenommen werden, daß Sloman mit dem Umbau des Dampfers einen Versuch mit der noch nicht verbreiteten Takelage machen wollte.
Die großen Fahrten des Viermasters wurden zur Hauptsache im Pazifik, zwischen Australien und der Westküste Südamerikas gesegelt. Dabei waren Kohle und Gretreide die Hauptfracht.
Die Viermastbark war die erste ihrer Gattung, die deutsche Flagge führte. An Bord waren die Kapitäne Cords, P. Kölln, E. S. Sutor, A. Bohmann, F. G. Crantz und C. J. Jensen für Mannschaft und Schiff verantwortlich.
Im Jahre 1889 rundete *Palmerston*, unter Cords, das Kap Hoorn von Pos. 50° Atlantik zu Pos. 50° im Pazifik in nur 9 Tagen.
Mit dem Verkauf nach Italien wurde der Name der Einheit in *Federico* geändert, und Kapitän Massa übernahm das Schiff. Nach ihm war Capitano Gallo an Bord. Unter ihm geschahen im Sturm zwischen Pensacola und Genova die schweren Schäden, die zum Einlaufen nach Greenock zwangen. Das alte Schiff mußte darauf condemniert werden, was nichts anderes als Abbruch bedeutete.

Pamir

St	4 mbk	2777/3020	1905	7.	316.0 /46.0 /26.2	
2 Dks					96,31/14,02/ 7,97	

Dreiinselschiff mit 66 Fuß langer Mittschiffsbrücke. Untermasten und Marsstenge aus einem Stück gefertigt, Bramstenge. Doppelte Mars- und Bramsegel und Royals, Besanmast als Pfahlmast mit zwei Gaffeln.

Blohm + Voss, Hamburg	Laeisz, F.	Hamburg
→ 1914 Internierung auf den Kanarischen Inseln		
→ 1919 Italien zugesprochen		
→ 1921 nach Genova ausgeliefert		
→ 1924 von Laeisz zurückgekauft		
→ 1931	Erikson, G.	Mariehamn
→ 1941 in Neuseeland beschlagnahmt.		
→ 1947 Erikson zurückgegeben		
→ 1951 zum Abbruch in Belgien, doch erworben von	Schliewen, H.	Hamburg
→ 1955 Konkurs Schliewen	Stiftung »Pamir und Passat«	

Am 21. September 1957 in einem Wirbelsturm auf Pos. 35° 57'N/40° 20' W gekentert und gesunken. Kapitän und 80 Seeleute kamen ums Leben, nur sechs Gerettete.

Dieses berühmt gewordene Schiff gab die eigentliche Initialzündung für die vorliegende Arbeit.
Brennecke und Dummer bezeichnen ihr Buch »Pamir – ein Schicksal«. Es hieße »Eulen nach Athen« tragen, die Geschichte der Viermastbark hier nochmals aufzuzeichnen. Viele Werke, in mehreren Sprachen verfaßt, berichten von der interessanten Laufbahn des Viermasters. Tausende von Tonnen Salpeter hat Pamir von Chile nach Europa geschafft, geführt durch die Laeisz-Kapitäne C. N. Prützmann, H. Horn, R. Miethe, G. Becker, J. Jürss, W. Ehlert, H. Nissen, H. Oellrich, C. Brockhöft, R. Clauss und W. Schaer. Pamir blieben auch schwere Schäden und Verluste an Menschenleben nicht erspart.
Gegen Ende der zwanziger Jahre, als die Verfahren zur Herstellung von Stickstoff aus der Luft den aufwendigen Salpeterimport aus Chile nahezu überflüssig gemacht hatten, sah Laeisz sich gezwungen, verschiedene Schiffe zu verkaufen. So kam die Viermastbark zum letzten großen Segelschiffsreeder Erikson nach Mariehamn, also unter finnische Flagge. Pamir wurde nun in der Australienfahrt zum Getreidetransport eingesetzt. Auch bei Erikson waren bekannte Kapitäne an Bord: K. J. Sjögren, J. M. Mattson, Uno Mörn, V. B. Björkfelt, G. Boman und L. Lindvall.
Nach den Kriegswirren kam das Schiff wieder zu Erikson, doch die Zeit der frachtfahrenden Segelschiffe war vorbei.
Längere Zeit aufgelegt, sollte Pamir dann abgebrochen werden. Eine vorläufige Rettung brachte Schliewen, aber erst die Stiftung Pamir + Passat war in der Lage, den Viermaster vor der Verschrottung zu bewahren. Lose geschüttetes Getreide ab Argentinien wurde diesem prächtigen Vertreter des Viermastrahschiffes zum Verhängnis.

Pangani

St	4 mbk	2822/3054	1903	1.	322.2 /46.2 /26.3
2 Dks					98,19/14,07/ 7,99

Dreiinselschiff mit 62 Fuß langer Mittschiffsbrücke. Untermasten und Marsstenge aus einem Stück gefertigt, Bramstenge. Doppelte Mars- und Bramsegel und Royals. Besanmast als Pfahlmast mit zwei Gaffeln.

Tecklenborg, J. C., Geestemünde Bremerhaven	Laeisz, F.	Hamburg

Am 18. Januar 1913 kollidierte Pangani vor Cap de la Hague mit dem Dampfer Phryné und sank sehr schnell. Es blieb keine Zeit, Boote auszusetzen, und so forderte das Unglück rund dreißig Tote. Nur vier Mann konnten gerettet werden.

Die Kapitäne T. Schmidt und F. Junge führten Pangani ausnahmslos in der Salpeterfahrt nach Chile. Mehrmals waren Reisezeiten von weniger als 70 Tagen zwischen Europa und Chile in den Logbüchern verzeichnet.
Dieser Viermaster gehörte zu den unglücklichen Einheiten der Reederei Laeisz. Wie Pisagua und Preußen fiel er einer Kollision zum Opfer.
Auf den gefahrenen Reisen zeugte das Schiff von bester Konstruktion, stand doch in dieser Beziehung der bekannte Schiffbauer Georg W. Claussen der Einheit Pate. Clausen war ja der große Mann bei Tecklenborg, denn er hatte sich durch den Bau von Potosi und Preußen einen besonderen Namen gemacht.

Passat

St	4 mbk	2882/3091	1911	9.	322.0 /47.2 /26.5
2 Dks					98,14/14,37/ 8,04

Dreiinselschiff mit 69 Fuß langer Mittschiffsbrücke. Untermasten und Marsstenge aus einem Stück gefertigt, Bramstenge. Doppelte Mars- und Bramsegel und Royals, Besanmast als Pfahlmast mit zwei Gaffeln

Blohm + Voss, Hamburg	Laeisz, F.	Hamburg
→ 1914 in Iquique interniert		
→ 1919 Auslieferung an Frankreich		
→ 1922 Rückkauf durch Laeisz		
→ 1932	Erikson, G.	Mariehamn
→ 1939 in Mariehamn aufgelegt		
→ 1947 erneut auf großer Fahrt		
→ 1949 in Penarth aufgelegt		
→ 1951 nach Belgien auf Abbruch		
→ 1951	Schliewen, H.	Hamburg
→ 1955 nach Konkurs Schliewen	Stiftung »Pamir und Passat»	
→ 1957 nach letzter Reise außer Betrieb gesetzt		
→ 1959 von Lübeck erworben		

Eine der wenigen noch vorhandenen Viermastbarken, im Yachthafen am Priwall aufliegend.

Von Schwesterschiffen spricht man, wenn zwei Einheiten kurz hintereinander nach gleichen Plänen auf derselben Werft gebaut wurden. Im Gegensatz zur weit verbreiteten Meinung war dies bei *Passat* und *Pamir* nicht der Fall, liegen doch ihre Stapelläufe rund sechs Jahre auseinander.

Was schon bei *Pamir* gesagt wurde, gilt auch hier. Es sind so viele Bücher über diese Einheit geschrieben worden, daß es müßig wäre, hier die Geschichte der Viermastbark zu wiederholen. Unter Kapitän J. Wendler ging das Schiff auf die Jungfernreise, natürlich nach Chile. Als Nachfolger kamen die Kapitäne O. Piper, H. T. Ravn, E. Müller, J. Rohwer, J. Jürss und C. M. Brockhöft an Bord. Als das Salpetergeschäft nicht mehr florierte, trennte sich Laeisz auch von *Passat,* und auch sie kam zu Erikson nach den Ålands-Inseln.

Die Kapitäne G. Lundberg, K. G. S. Sjögren, N. Erikson, F. Grönlund, I. Hägerstrand, J. M. Mattson und V. B. Björkfelt gingen mit dem Viermaster nun auf große Fahrt nach Australien, wo Getreide übernommen wurde. Glücklicherweise lag *Passat* in Mariehamn, als der Zweite Weltkrieg entbrannte. Zur Sicherheit wurde das Schiff auch noch nach Stockholm verlegt.

Nach dem Ende des Völkerringens kam auch für Erikson die Zeit, da sich das Segelschiff nicht mehr lohnte.

Von Schliewen vor dem Abbruch gerettet, kam der Viermaster auch zur Stiftung »Pamir + Passat«.

Der Welt letzter großer Frachtsegler machte unter Kapitän Grubbe im Jahre 1957 seine letzte Fahrt, auf der er beinahe das Schicksal

Pass of Brander

St 4 mbk	1993/2127	1890	9.	280.5 /42.1 /24.4
1 Dk				85,46/12,82/ 7,41

Glattdecker, Masten mit Mars- und Bramstenge, doppelte Mars- und Bramsegel und Royals. Besanmast mit Stenge und einer Gaffel.

Duncan, R. + Co., Port Glasgow	Gibson + Clark		Glasgow
→ 1906	*Bengairn*	Rae, J. + J. + Co.	Liverpool

Ein deutsches U-Boot überraschte am 1. April 1916 den Viermaster etwa 165 Seemeilen WSW der Fastnet Rocks und versenkte ihn.

Für die Reeder Gibson + Clark machte die Viermastbark unter den Kapitänen J. McDowall und W. J. Ryder ihre Reisen nach Chile und der Westküste der USA.

Im Jahre 1906 wurde *Pass of Brander* an Rae in Liverpool verkauft und gleichzeitig in *Bengairn* umgetauft. An Bord kam nun der bekannte Kapitän J. S. Learmont, ein Meister seines Fachs. Er segelte den Viermaster in Rekordzeit von Cardiff nach Callao in Peru. Die nur 58 Tage für diese Fahrt bedeuteten eine außerordentliche Leistung. Nur die »Renner« von Laeisz konnten da mithalten.

Auch nach Australien segelte Learmont das Schiff in der unglaublich kurzen Zeit von nur 73 Tagen.

Nach der Zeit mit Learmont waren die guten Leistungen vorbei. *Bengairn* verlor ihren guten Namen, ja, sie wurde berüchtigt. Letzter Kapitän war J. H. Rae, der dann auch mit dem Schiff von Seattle her Richtung Englischen Kanal segelte, aber vom Feind abgefangen und versenkt wurde.

Pass of Melfort

St 4 mbk	2196/2346	1891	12.	298.8 /44.0 /24.5
1 Dk				91,03/13,41/ 7,43

Glattdecker, Untermast und Marsstenge aus einem Stück gefertigt, Bramstenge. Doppelte Mars- und Bramsegel sowie Royals, Besanmast als Pfahlmast mit einer Gaffel.

Fairfield Shipbuilding Co., Glasgow	Gibson + Clark	Glasgow

Pass of Melfort strandete am 25. Dezember 1905 am Eingang zum Barclay Sound auf Vancouver Island.

Auf den weiten Reisen führten die Kapitäne A. Hay, T. Walsh, J. Houston und H. Scougall den Viermaster in den Pazifik, bis hinauf nach British Columbia. »Outward bound«, d. h. auf den Ausreisen war beinahe immer Kohle, der Rohstoff aus Wales die Fracht. Dagegen wurde für die »homeward bound«, d. h. Heimreisen in Chile immer Salpeter geladen. – Im Jahre 1895 segelte das Schiff in Ballast von Panama nach Port Townsend am Puget Sound. Vermutlich führte ein Navigationsfehler zum schweren Unfall, den kein einziges Besatzungsmitglied überlebte. Zwei Jungen wurden gefunden und konnten beigesetzt werden.

Pegasus

Fe 4 mbk	2564/2631	1884	7.	314.0 /42.3 /24.9
2 Dks				95,70/12,87/ 7,53

Dreiinselschiff mit 58 Fuß langer Mittschiffsbrücke. Masten mit Mars- und Bramstenge, doppelte Mars- und Bramsegel und Royals. Besanmast mit Stenge und einer Gaffel.

Potter, W. H. + Sons, Liverpool	Dixon, W. T. + Sons	Liverpool
→ 1892	Corsar, C. W.	Liverpool
→ 1909	Nielsen, Chr. + Co.	Larvik

Am 27. August 1912 lief *Pegasus* auf der Market-Insel im bottnischen Meerbusen wrack. In Reval darauf condemniert und abgebrochen.

Die beiden Schwesterschiffe *Pegasus* und *Reliance* waren die ersten Einheiten, die mit einer Brücke in Schiffsmitte ausgerüstet waren. – *Pegasus,* geführt von den Kapitänen J. Ward und J. Moulton für Dixon, machte seine ersten Reisen nach Indien. Später wurde das Fahrtengebiet ausgedehnt zum Pazifik, so z. B. nach Honolulu auf Hawaii. – Bei Corsar übernahmen T. S. Bailey und A. Scott die Führung des Viermasters.

Pegasus war bei vielen Seeleuten der Zeit sehr bekannt wegen ihrer besonders schönen Galionsfigur in Form eines Pferdes.

Am 28. Dezember 1900 lief die Viermastbark erstmals auf Grund, konnte aber wieder flottgemacht werden. Das Mißgeschick geschah bei Lavernock Point, in der Nähe von Cardiff.

Für die Zeit unter norwegischer Flagge hatte das Schicksal der Einheit nur wenige Jahre vorgesehen. Kapitän A. C. Hansen sollte im Sommer 1912 von Sundsvall nach Melbourne segeln. Nach wenigen Tagen schon wurden die Seeleute jäh aus ihren Kojen geworfen. Es war der 27. August, und *Pegasus* lag fest auf der Market-Insel. – Die »Bestandteile« der Viermastbark wurden verteilt. So kamen die noch unbeschädigten Spieren nach Stockholm, zusammen mit der schönen Galionsfigur. Der Rumpf gelangte nach Reval zum Abbruch. – Noch heute kann *Pegasus,* das Pferd, im Marinemuseum Stockholm besichtigt werden.

Peking

St	4 mbk	2882/3100	1911	5.	322.3 /47.2 /26.5
2 Dks					98,21/14,37/ 8,04

Dreiinselschiff mit 64 Fuß langer Mittschiffsbrücke. Untermasten und Marsstenge aus einem Stück gefertigt, Bramstenge. Doppelte Mars- und Bramsegel und Royals. Besanmast als Pfahlmast mit zwei Gaffeln.

Blohm + Voss, Hamburg	Laeisz, F.	Hamburg
→ 1914	interniert in Valparaiso	
→ 1921	an Italien ausgeliefert	
→ 1923	von Laeisz zurückgekauft	
→ 1932	*Arethusa*, stationäres Ausbildungsschiff	Shaftesbury Homes Großbritannien
→ 1975	*Peking*	Searsport Street Museum New York

Neu wieder aufgeriggt, liegt *Peking* zur Zeit in New York als Museumsschiff.

Glückliche Umstände führten zur Erhaltung dieser seinerzeit weltbekannten Einheit.

Hinrich Nissen, einer der bekannten Laeisz-Kapitäne, ging mit dem Viermaster am 30. November 1912 ab Hamburg auf Jungfernreise. *Peking* hatte eine ebenso berühmte Schwester, nämlich *Passat*.

Der Einsatz des Schiffes ist mit einem Wort klargestellt: Salpeter. Nach Nissen waren auch die Kapitäne A. Oetzmann, H. Oellrich, H. Piening, J. Jürss und J. Rower an Bord tätig.

Nach den Kriegsjahren mit Internierung und Auslieferung gelang es Laeisz, das stolze Schiff wieder unter seine Flagge zu stellen. Zu Beginn der dreißiger Jahre wurden die Segelschiffe für Laeisz eine Belastung, er mußte sich zum Verkauf mehrerer Einheiten einschließen, unter ihnen auch *Peking*.

Als stationäres Ausbildungsschiff *Arethusa* kam die Viermastbark nach Großbritannien. In Upnor, Nähe Rochester, auf dem Medway lag dann das zum größten Teil abgetakelte Schiff.

Fast schien es, daß die Überreste des einst stolzen Frachtenseglers an diesem Platz auf ihren unvermeidlichen Abbruch warten sollten. Doch auch hier kam es wieder einmal anders, als man glaubte.

Die seefahrenden Nationen bemerkten mit der Zeit das sukzessive Verschwinden der früher so geschätzten Segelschiffe aller Kategorien. Namen wie *Viking*, *Pommern* und *Passat* ließen aufhorchen. Da hatte man mit Geschick wertvolle Zeugen der einst großen Zeit erhalten. Die USA, kurz vor ihrem 200-Jahre-Jubiläum stehend, wollten auch so ein Schiff haben. Nach zähem Tauziehen mit anderen Interessenten erwarben sie *Arethusa* für rund 70 000 Pfund.

Im Schlepp gelangte der Rumpf der *Peking* nach New York, wo das ganze Rigg wiederhergestellt wurde und der Viermaster dem Searsport Street Museum als Schmuckstück dient. Am Heck des Schiffes wurde auch der alte Heimathafen Hamburg wieder angebracht.

Zu den Jubiläumsfeiern im Jahre 1976 begab sich eine größere Delegation von Cap Horniers zur Einweihung der auferstandenen *Peking* in die USA.

Pendragon Castle

St	4 mbk	2399/2510	1891	2.	303.9 /42.2 /24.6
1 Dk					92,57/12,85/ 7,46

Glattdecker, Untermasten und Marsstengen aus einem Stück gefertigt. Bramstenge, doppelte Mars-, aber einfache Bramsegel und Royals. Besanmast als Pfahlmast mit einer Gaffel.

Williamson, R. + Son, Workington	Chambers, J. + Co.	Liverpool
→ 1898	*Lisbeth*	Schmidt, H. H.	Hamburg
→ 1914	in Iquique interniert		
→ 1920/21	Rückkehr nach Europa		
→ 1922		Hinrichsen, C. GmbH.	Hamburg
→ 1927		Andersen, H.	Hamburg

In Port Glasgow kam *Lisbeth* im Herbst 1927 zum Abbruch.

Williamson in Workington baute sechs Viermaster, die als »the Workington sisters« bekannt wurden. Eine davon war *Pendragon Castle*. Die Kapitäne J. D. Wood und W. Richardson führten die Viermastbark zum Indischen Ozean und zum Pazifik. Calcutta, Colombo, Rangoon, aber auch Newcastle (NSW) und verschiedene Häfen in Chile waren im Logbuch des Schiffes zu finden.

Einseitig wurde das Reiseprogramm von *Lisbeth* bei Schmidt in Hamburg, mit einem Wort: Salpeter. H. Bock, E. C. Kaak, N. J. Lorenzen, P. Hansen und C. Jessen waren die Kapitäne während der Zeit, da das Schiff für Schmidt tätig war.

Im Jahre 1912 segelte Kapitän Jensen den Viermaster in nur 78 Tagen von Geelong nach Falmouth, eine vorzügliche Leistung.

Nach Internierung und Krieg waren die Kapitäne G. Windhorst und M. Stebinger für sichere Führung des Schiffes verantwortlich. Große Fahrten brachte *Lisbeth* weiterhin unter den Kiel, nämlich nach Calcutta, Adelaide, Guam, Newcastle (NSW), Tocopilla, Pensacola, Port Victoria und Sydney.

Ohne einen besonderen Zwischenfall ging auch die Karriere dieser Einheit nicht vonstatten. Im Winter 1891/92 hatte sie eine Kollision mit dem amerikanischen Viermastschoner *Maria O. Teel*, was längere Reparaturarbeiten zur Folge hatte.

Abbruch beendete die Laufbahn dieser bemerkenswerten Einheit.

Persévérance I

Fe	4 ms	2511/2558	1886	4.	305.0 /44.5 /23.3
2 Dks					92,96/13,56/ 7,08

Glattdecker, Masten mit Mars- und Bramstenge, doppelte Mars- und Bramsegel und Royals, Jiggermast ohne Royal.

Thompson, W. B., Glasgow	Bordes, Ant. Dom. et fils Bordeaux

Am 2. Juli 1891 verließ das Vollschiff den Hafen von Rio de Janeiro mit Bestimmung Antofagasta. Von dieser Ballastreise ist das Schiff nicht zurückgekehrt und mußte als verschollen erklärt werden.

Persévérance gehörte zu den ersten Viermastern, die bei der französischen Groß-Reederei in Betrieb kamen.

Als Vorgängerin hatte *Union*, erbaut im Jahre 1882, sich sehr bewährt, was zur Bestellung von drei weiteren Einheiten führte: *A. D. Bordes*, *Tarapaca* und *Persévérance*.

Besonders hervorgetan hat sich keines dieser Schiffe, sie waren als schwer geriggte Frachter erbaut worden, deren Leistungen niemals an die später in Frankreich konstruierten Konkurrentinnen herankamen. *Persévérance* übernahmen nacheinander die Commandants W. Voisin und J. Le Querhic und führten sie ausnahmslos auf der für Bordes wichtigen Salpeterroute.
Obwohl das Schiff mit Doppelboden-Ballasteinrichtung versehen war, ist ihm eine Leerfahrt zum Verhängnis geworden.

Persévérance II

St	4 mbk	2415/2990	1896	8.	322.2 /45.7 /25.4
2 Dks					98,19/13,88/ 7,72

Glattdecker, Masten mit Mars- und Bramstenge, doppelte Mars- und Bramsegel und Royals. Besanmast mit Stenge und einer Gaffel.

Forges et chantiers de la	Bordes, Ant. Dom et fils
Mediterrànée, La Seyne	Dunkerque

Vor La Corunna auf Pos. 44° 22' N/9° 10' W wurde *Persévérance* am 24. September 1917 vom deutschen U-Boot UC 63 versenkt.

Die zweite Einheit dieses Namens unter der Bordes-Flagge hatte eine wesentlich längere Laufbahn als ihre Vorgängerin.
Die Commandants André, P. Harang, J. Hamon, P. Angiolini, P. Péchade und F. Béquet führten das schnelle Schiff mehrmals in 70 bzw. 75 Tagen nach Chile.
Mit rund 4000 ts Salpeter in den Laderäumen, wurde der Viermaster am 24. September 1917 auf der Heimreise Richtung Belle Ile vom Feind angegriffen. Commandant Béquet ließ wohl sofort mit seiner Bordkanone das Feuer eröffnen, doch das U-Boot ließ sich dadurch nicht beeindrucken.
Kaum war die Mannschaft des Segelschiffs in den Booten, ging *Persévérance* auf Tiefe. Der britische Dampfer *Victoria* brachte die Franzosen nach Punta Delgada auf den Azoren.

Peter Iredale

St/Fe	4 mbk	1994/2075	1890	6.	287.5 /39.9 /23.5
1 Dk					87,59/12,10/ 7,13

Glattdecker, Untermasten und Marsstenge aus einem Stück gefertigt. Bramstenge, doppelte Mars- und Bramsegel und Royals. Besanmast als Pfahlmast mit einer Stenge.

Ritson+Co., Maryport	Iredale, P.+Porter	Liverpool

Die Einfahrt zum Columbia River wurde dieser Viermastbark zum Verhängnis. Am 25. Oktober 1906 strandete das Schiff auf den Clatsop Sands und wurde wrackgeschlagen.

Peter Iredale war eine der Einheiten, die in Kombination Eisen/Stahl gebaut waren. Eiserne Spanten und stählerne Platten bildeten den Rumpf.
Über Jahre segelte die Viermastbark, unter den Kapitänen G. A. Brown und H. Lawrence, nach fernen Zielen bis nach Japan und Australien. Keine besonderen Ereignisse oder Unfälle trübten jemals das Tagesgeschehen. Um so tragischer war dann das Ende dieses Viermasters.
Salina Cruz in Mexico verließ *Peter Iredale* am 28. September 1908 mit Ziel Portland im Staate Oregon der USA. Mit dem Herannahen an den Bestimmungsort verschlechterte sich das Wetter zusehends. Als Kapitän Lawrence dann vor der Mündung des

Columbia River eintraf, brach ein schwerer Sturm los, der sogar die Lotsen in die sicheren Häfen trieb. So sah sich Lawrence gezwungen, auf eigene Faust durch die gefährliche Einfahrt zu kommen, und das Schicksal war gegen ihn. Bei den Clatsop Sands lief die Viermastbark auf Grund, worauf die Fluten sofort ans Werk gingen und *Peter Iredale* zerschlugen. Noch im Jahre 1959 sollen Überreste des Schiffes auf den berüchtigten Gründen sichtbar gewesen sein.

Peter Rickmers

St	4 ms	2816/2958	1889	10.	332.0 /44.4 /25.4
2 Dks					101,19/13,51/ 7,72

Dreiinselschiff mit 52 Fuß langer Mittschiffsbrücke. Masten mit Mars- und Bramstenge, doppelte Mars- und Bramsegel, Royal- und Skysegel an allen Masten. Jiggermast mit Stenge.

Russell+Co., Port Glasgow	Rickmers Reismühlen, Rhederei
	und Schiffbau AG.
	Bremerhaven

Am 30. April 1908 strandete das Viermastvollschiff auf Long Island bei Short Beach.

Ohne Übertreibung in diesem oder jenem Sinne darf *Peter Rickmers* als einer der schönsten Viermaster bezeichnet werden, die jemals gebaut wurden.
Bekannte Autoren wie Höver oder Brennecke sprachen von »höchstgetakeltes und schlankstes Viermastvollschiff« oder »ausgesucht schön«. In der Tat handelte es sich bei *Peter Rickmers* um eines der wenigen Schiffe mit Vollschifftakelage und Skysegeln.
Rickmers betrieben den Viermaster während seiner ganzen Laufbahn, und als Kapitäne waren H. Andresen, E. Berg, F. Westermeyer, P. Schober, A. Walsen, E. Nauschütz, H. Plate und G. Bachmann an Bord im Dienst.
Nur wenige Häfen, die das Schiff nicht angelaufen hälte, so z.B. waren Olele auf Sumatra, Rangoon, Singapore, Bassein, Hiogo, New York, Hongkong, Portland (Ore), Astoria und alle bedeutenden Häfen in Europa im Logbuch des Viermasters vermerkt.
Peter Rickmers erwies sich auch als schnelles Schiff. Nach glücklich verlaufenen fast zwanzig Jahren führte fahrlässige Navigation zum Verlust des Prachtbaus.
Die Ladung der letzten Reise bestand aus 117 000 Kisten Petroleum. Bei den Rettungsarbeiten nach der Strandung stand *Peter Rickmers* dann plötzlich in Flammen, und diese zerstörten vollends, was der Orkan übriggelassen hatte.

Petschili

St	4 mbk	2855/3087	1903	6.	321.7 /47.0 /26.2
2 Dks					98,01/14,32/ 7,97

Dreiinselschiff mit 62 Fuß langer Mittschiffsbrücke. Untermasten und Marsstenge aus einem Stück gefertigt, Bramstenge. Doppelte Mars- und Bramsegel und Royals. Besanmast als Pfahlmast mit zwei Gaffeln.

Blohm+Voss, Hamburg	Laeisz, F.	Hamburg

Am 12. Juli 1919 wütete entlang der Küste Chiles einer der berüchtigten »Norder«. In Valparaiso warfen die tobenden Wassermassen *Petschili* hoch an den Strand und schlugen sie wrack.

Für die natürlich auch in der Salpeterfahrt eingesetzte *Petschili* kam als erster Kapitän C. N. Prützmann an Bord.

Die Viermastbark erwies sich als gutes und schnelles Schiff. So wurden im Jahre 1905 für die Fahrt vom Kanal nach Talcuhuano nur 59 Tage benötigt, eine Leistung, die nicht mehr zu unterbieten war. – Als Nachfolger Prützmanns übernahmen A. Teschner und F. Junge die Einheit, die fast fahrplanmäßig zwischen Europa und Chile verkehrte. Zu Beginn des Ersten Weltkrieges lag *Petschilie* in Valparaiso, wo sie interniert wurde. Über Jahre lag das Schiff vor Anker auf Reede. Diese Tatsache führte dann auch im Jahre 1919 zum Verlust.

Der anbrausende »Norder« traf das ohne Segel daliegende Schiff hart. Ohne seine gesetzten Tücher war ein Segelschiff hilflos und vollständig den Naturgewalten ausgeliefert.

Wie ein kleines Ruderboot wurde der große Viermaster an Land geworfen und dann von den Fluten zerschlagen.

Pinmore

| St | 4 ms | 2358/2431 | 1882 | 10. | 310.1 /43.7 /24.7 |
| | 2 Dks | | | | 94,50/13,27/ 7,48 |

Glattdecker, Masten mit Mars- und Bramstenge, doppelte Mars- und Bramsegel, keine Royals. Besanmast – nach Umbau zur Viermastbark – mit Stenge und einer Gaffel. Vorgänger des Jubilee-Riggs.

Reid, J.+Co., Port Glasgow	Kerr, J.+Co.	Greenock
→ 1892	Clink, J. D.	Greenock
→ 1907	Mackay, A.+Co.	Greenock
→ 1916	Brailli, R. D.+Co.	Greenock

Zu den Opfern des weltweit berühmten *Seeteufel* unter Kapitän Graf Luckner gehörte am 19. Februar 1917 auch *Pinmore*. Erst nachdem die Deutschen alles,was nicht niet- und nagelfest an Bord der Viermastbark war, weggebracht hatten, wurde *Pinmore* versenkt.

Reid baute im Jahre 1882 die erste stählerne Viermasteinheit als Vollschiff getakelt, das dann 1885 zur Bark umgebaut wurde.

Nach Einsätzen zum Golf von Bengalen kam das Schiff mehrheitlich in der Getreidefahrt zu den Häfen an der Westküste der USA in Fahrt. Für die Reedereien Kerr, Clink und Mackay waren die Kapitäne Maxwell, D. Jones, T. Jamieson, J. Mullen, J. Barham und T. Seeley an Bord der Einheit im Dienst. – Im Jahre 1902 diente Graf Luckner selbst als Matrose auf *Pinmore*. Es muß für ihn ein besonderes Erlebnis gewesen sein, auch dieses Schiff Jahre später selbst zu versenken. Es war aber Krieg!

Im Jahre 1901 hatte der Viermaster auf der Fahrt von Santa Rosalia nach Portland (Ore) eine schwierige Situation zu überstehen. Zufolge übergegangener Ladung hatte das Schiff schwere Schlagseite. Kapitän und Mannschaft gaben *Pinmore* auf.

Ein vorbeikommender Dampfer brachte die ganze Crew nach Astoria. Die Überrachung von Kapitän und Mannschaft war sicher nicht gering, als sie ihr Schiff im Hafen liegen sahen. Ein anderes Maschinenschiff hatte die verlassene *Pinmore* auf den Haken genommen und sicher nach Astoria geschleppt!

Mit der Takelage des Schiffes verhält es sich so, daß mit dem Umbau zur Bark eine Anordnung gewählt wurde, die später die Bezeichnung »Jubilee-Rigg« erhielt. Königin Victoria feierte ja 1887 ihr 50jähriges Regierungsjubiläum, daher der Name. *Pinmore* hatte also als erste Viermastbark diese Art von Takelage, und zwar zwei Jahre vor dem Anlaß, der dem Rigg dann seinen Namen gab. – Die Versenkung der Viermastbark geschah vor der Küste Südamerikas. *Pinmore* war, vollbeladen mit Salpeter, auf der Fahrt von Buenos Aires nach Großbritannien.

Pisagua

| St | 4 mbk | 2763/2906 | 1892 | 9. | 314.8 /44.7 /26.1 |
| | 2 Dks | | | | 95,70/13,58/ 7,94 |

Dreiinselschiff mit 64 Fuß langer Mittschiffsbrücke. Untermasten und Marsstenge aus einem Stück gefertigt. Doppelte Mars- und Bramsegel und Royals. Besanmast als Pfahlmast mit einer Gaffel.

Tecklenborg, J. C., Geestemünde	Laeisz, F.	Hamburg
→ 1912	A/S Oernen	Sandefjord

Schon auf der ersten Ausreise unter norwegischer Flagge ist *Pisagua* am 12. Februar 1913 auf South Shetland gestrandet und verloren.

Pisagua und ihre Schwester *Placilla* wurden Laeisz im Jahre 1892 von Tecklenborg geliefert.

Kapitän J. Früdden übernahm *Pisagua* und ging mit ihr auf erste große Fahrt nach Chile. Auf diesen Kursen blieb der Viermaster mehrheitlich, doch war er auch in Calcutta, Boston, Philadelphia, Hiogo und Port Pirie zu sehen.

Nach Früdden kamen Bahlke, Nissen, Dehnhardt, Schimper und Dahn als Schiffsführer an Bord.

Wie mehrere andere Einheiten der Laeisz-Flotte hatte auch *Pisagua* mit einer Kollision Pech. Am 12. März 1912 geriet der Dampfer *Oceana* dem Segelschiff in die Quere, nicht weit von Beachy Head entfernt. Die Viermastbark mußte nach Dover eingeschleppt werden, wo auch die Reparaturen vorgenommen wurden.

Als das Schiff wiederum fahrbereit war, verkaufte Laeisz es nach Norwegen an Oernen in Sandefjord. Kapitän Larsen kam als »master next God« an Bord. Das Pech aber blieb dem Schiff treu. Schon auf der ersten Reise ging der Viermaster verloren.

Nach Berichten aus Norwegen soll *Pisagua* zum Walkocher »Oernen« umgebaut worden sein.

Pitlochry

| St | 4 mbk | 2972/3111 | 1894 | 9. | 319.5 /45.2 /26.5 |
| | 1 Dk | | | | 97,35/13,76/ 8,04 |

Dreiinselschiff mit 48 Fuß langer Mittschiffsbrücke. Untermasten und Marsstenge aus einem Stück gefertigt, Bramstenge. Doppelte Mars- und Bramsegel, Besanmast als Pfahlmast mit zwei Gaffeln.

Stephen, A.+Sons, Dundee	Laeisz, F.	Hamburg

Am 28. November 1913 rammte der Dampfer *Boulama* die Viermastbark auf Pos. 47° 20' N/8° 06' W. Die Beschädigungen des Segelschiffs waren derart, daß es sofort versank.

Als zur Zeit größte Einheit der Reederei Laeisz wurde *Pitlochry* von drei ganz »großen« Kapitänen der bedeutenden Reederei geführt: Robert Hilgendorf, dem »Düwel von Hamborg«, Hinrich Nissen und Robert Miethe. Möglicherweise holten sich diese Herren die notwendigen Kenntnisse zum Führen der großen *Potosi* und *Preußen* zum Teil auf dieser Einheit.

Pitlochry lief praktisch nur auf der Salpeterroute. Als weitere Kapitäne dienten an Bord G. Schlüter, C. V. Jessen, J. Schmidt, N. Reimers und H. Horn.

Nissen segelte die große Bark im Jahre 1908 in nur 58 Tagen von Lizard nach Valparaiso.

Am Kap Hoorn wüteten im Südwinter 1905 besonders harte Stürme. Auch *Pitlochry* geriet in den Tagen vom 24./25. September in einen Orkan. Fock- und Großmast mitsamt Klüverbaum gingen über Bord, und im Kreuztopp entstand schwerer Schaden. Unter Notrigg gelangte das Schiff mit Hilfe eines Dampfers nach Montevideo.

Das Unglück, dem *Pitlochry* zum Opfer fiel, geschah auf einer Passage von Hamburg nach Valparaiso.

Placilla

St	4 mbk	2780/2895	1892	2.	314.5 /44.7 /26.5
2 Dks					95,82/13,58/ 8,04

Dreiinselschiff mit 64 Fuß langer Mittschiffsbrücke. Untermasten und Marsstenge aus einem Stück gefertigt, Bramstenge. Doppelte Mars- und Bramsegel sowie Royals, Besanmast als Pfahlmast mit einer Gaffel.

Tecklenborg, J. C., Geestemünde	Laeisz, F.	Hamburg
→ 1900	Rhederei AG. von 1896	Hamburg
→ 1903 *Optima*	umgetauft	

Am 18. Januar 1905 ist *Optima* etwa eine halbe Seemeile SE der trügerischen Haisbro Sands, an der Küste Norfolks, wrackgelaufen.

Nur selten in der Geschichte der Segelschiffahrt gab es wohl ein Paar wie *Placilla* und Kapitän Robert Hilgendorf. Der immer ruhige und beherrschte Mann führte die Viermastbark auf ihren Kursen nach Chile fast nach Fahrplan. Mehrmals segelte Hilgendorf das Schiff in Rekordzeit rund Kap Hoorn, sei es »outward-« oder »homeward-bound«.

Wie andere Laeisz-Einheiten auch brachte der Viermaster Abertausende von Tonnen von Salpeter nach Europa.

Unter Hilgendorf diente der später auch bekannt gewordene Boye Petersen auf *Placilla*, und der Nachfolger Hilgendorfs, Kapitän O. Schmidt hatte Hinrich Nissen als ersten Steuermann mit an Bord. So konnte man *Placilla* als Schulschiff für große Kapitäne der Reederei Laeisz bezeichnen.

Die Gründe, weshalb das Schiff 1900 zu den »1896ern« kam, sind nicht bekannt. Vorerst behielt die Einheit ihren Namen, der dann drei Jahre später in *Optima* geändert wurde.

Für die neuen Reeder waren die Kapitäne F. W. Thöm und Butz an Bord des Viermasters, der seine Fahrten bis Newcastle (NSW) und San Francisco ausdehnte.

Mit Datum vom 6. Januar 1905 verließ *Optima* am Freitag (!), vollbeladen mit Koks, den Hafen von Hamburg. Ziel der Reise sollte Santa Rosalia in Mexiko sein. Kurz nach Verlassen der Elbemündung lief das Schiff in einen schweren Nordseesturm hinein. Zudem herrschte sehr dichter Nebel. Am 18. Januar geschah dann das schwere Unglück. Obwohl sich mehrere Schlepper um die gestrandete Viermastbark bemühten, gelang es nicht, *Optima* zu retten. Für lange Zeit warnten Wrackteile auf den gefährlichen Sands andere Schiffe vor der Gefährlichkeit der Küste Norfolks.

Pola

St	4 mbk	2880/3100	1916		322.5 /47.2 /26.5
2 Dks					98,26/14,37/ 8,10

Dreiinselschiff mit 69 Fuß langer Mittschiffsbrücke. Untermasten und Marsstenge aus einem Stück gefertigt, Bramstenge. Doppelte Mars- und Bramsegel und Royals. Besanmast als Pfahlmast mit zwei Gaffeln.

Blohm + Voss, Hamburg	Laeisz, F.	Hamburg
→ 1919	Auslieferung an Frankreich	
→ 1921 *Richelieu*	S. A. de navigation »Les Armateurs Français«	Dunkerque
→ 1924	S. A. des navires écoles	Nantes

Am 1. Januar 1927 ist *Richelieu* in Baltimore ausgebrannt. Der Rumpf diente noch als Leichter, bevor er im Jahre 1933 abgebrochen wurde.

Auftraggeber für diese Viermastbark war Laeisz in Hamburg, doch *Pola* ist nie unter der Hausflagge dieser Reederei gefahren. Die Geschichte des Schiffes begann recht turbulent. Im Jahre 1914 auf Kiel gelegt, kam der Viermaster zufolge des Ersten Weltkrieges erst 1916 zu Wasser. Die Fertigstellung fiel dann praktisch mit der Auslieferung an Frankreich zusammen.

Am 9. Oktober 1920 ging das Schiff unter Kapitän Brockhöft zum ersten und letzten Male die Elbe abwärts, nach Dunkerque.

Unter der Trikolore nahm das Schiff dann einen großen Namen an: *Richelieu*.

Bis 1923 blieb der Viermaster in Dunkerque liegen, bis dann der Umbau zum Schulschiff erfolgte und Commandant Ch. Populaire seine Aufgabe übernahm. Die erste richtige Ausreise der Viermastbark ging nach Port Lincoln in Australien. Mit voller Ladung Getreide kehrte *Richelieu* nach Liverpool zurück.

Nach dem Verholen nach Brest ergab sich wiederum eine Zeit des Aufliegens.

In Ballast ging dann Commandant Cornec erneut auf große Fahrt nach Baltimore, wo das Schicksal das schöne Schiff ereilte. Das am 1. Januar 1927 ausgebrochene Feuer zerstörte *Richelieu* soweit, daß nur noch eine Verwendung als Leichter blieb.

Poltalloch

St	4 mbk	2139/2254	1893	2.	284.4 /42.0 /24.4
1 Dk					86,66/12,80/ 7,41

Glattdecker, Masten mit Mars- und Bramstenge, doppelte Mars- und Bramsegel und Royals. Besanmast mit Stenge und einer Gaffel.

Workman, Clark + Co., Belfast	Potter Bros.	London
→ 1909	Eschen + Minor	Victoria B. C.

Bei St. Patrick's Causeway, Nähe Harlech in Wales, ist *Poltalloch* am 2. Januar 1916 wrackgelaufen.

Zum Einsatz kam diese Einheit ausschließlich in der Fahrt zum nördlichen Pazifik. Für Potter führten die Kapitäne J. Connel, D. McLeod, A. Young und J. Evans das Schiff.

Wie schon *Peter Iredale* hatte auch *Poltalloch* ihr Erlebnis auf den berüchtigten Clatsop Sands in der Mündung des Columbia River. Am 20. November 1900 strandete das Schiff, doch Kapitän Young gab nicht auf, und nach einem Jahr (!) war *Poltalloch* wieder flott.

Schon ein Jahr später lief die Viermastbark bei Willapa (Wash) erneut auf Grund, konnte aber wieder abgebracht werden.
Bei Eschen + Minor waren die Kapitäne C. R. Armstrong und H. C. D. Neilsen als verantwortliche Führer an Bord.
Mit Beginn des Ersten Weltkrieges wurde *Poltalloch* unter USA-Flagge gestellt. Als Heimathafen wurde San Francisco in den Register eingetragen.
Im nördlichen Teil der Cardigan Bay ist das Schiff am 2. Januar 1916 in der Nähe von Harlech wrackgelaufen.

Polymnia

Fe	4 mbk	2052/2129	1886	1.	290.7 /42.7 /23.9
2 Dks					88,56/12,97/ 7,23

Glattdecker, Masten mit Mars- und Bramstenge. Doppelte Mars-, aber einfache Bramsegel und Royals, Besanmast mit Stenge und einer Gaffel.

Blohm + Voss, Hamburg	Wencke, B. Söhne	Hamburg
→ 1906	Rhederei AG. von 1896	Hamburg

Der 10. März 1907 wurde für *Polymnia* zum Unglückstag. Das Schiff strandete auf der Insel Bayly, in der Wollaston-Gruppe am Kap Hoorn.

Über Jahre und Jahrzehnte hatten sich kontinentale Reeder mit Neubauten aus Großbritannien »eingedeckt«.
Im Jahre 1885 entschlossen sich Wencke Söhne, erstmals in Deutschland eine Viermastbark bei Blohm + Voss in Hamburg bauen zu lassen. *Polymnia* war demzufolge das erste in Deutschland gebaute Schiff dieser Art.
Zum Einsatz kam die Einheit zur Hauptsache nach Chile, doch wurden auch San Francisco und Australien angelaufen. Als Kapitäne amtierten V. B. Diedrichsen, G. Schmidt, M. Ipland, A. Molzen und O. A. Schellhass. Schellhass war der erste Kapitän für die »1896er«.
Im März 1970 forderte die Kap-Hoorn-Region erneut ein Opfer. Auf der Heimreise von Pisagua, nach Falmouth »for orders«, strandete *Polymnia* auf einer kleinen Insel in der Wollaston-Gruppe.

Port Caledonia

St	4 mbk	2320/2426	1892	6.	283.3 /43.0 /24.2
1 Dk					86,37/13,10/ 7,36

Glattdecker, Masten mit Mars- und Bramstenge, Jubilee-Rigg, Besanmast mit Stenge und einer Gaffel.

Russell + Co., Greenock	Crawford + Rowat	Glasgow
→ 1912	Oelander, E.	Stockholm
→ 1914	Zachariassen, J.	Nystad
→ 1920	Svenska Handels och Sjöfarts-Kompaniet	Stockholm
→ 1921	Zachariassen, J.	Nystad

Auf der Heimreise von Mejillones nach La Pallice näherte sich *Port Caledonia* im Oktober der französischen Küste. Bei diesigem Wetter mit schlechter Sicht strandete der Viermaster am 2. November 1924 an den Antioche-Felsen.

Zwanzig Jahre lang segelte *Port Caledonia* unter britischer Flagge zu den verschiedensten Häfen im Gebiet des Pazifik. Als Kapitäne dienten ihrem Reeder R. Peattie, S. P. H. Atkinson, D. Antony, E. Thomas, E. E. Manning, T. R. Symons und W. Adam.
Für die Zeit unter schwedischer und finnischer Flagge fehlen Angaben über die Tätigkeiten der Einheit. Als Kapitäne sind C. Karlsson und K. A. Fredriksson bekannt.
Noch im Jahre 1922 war *Port Caledonia* in der Getreidefahrt nach Australien eingesetzt.

Port Jackson

Fe	4 ms	2132/2212	1882	8.	286.2 /41.1 /25.2
2 Dks					87,22/12,51/ 7,67

Glattdecker, Masten mit Mars- und Bramstenge, doppelte Mars- und Bramsegel und Royals. Besanmast mit Stenge und einer Gaffel – nach Umbau zur Viermastbark im Jahre 1885.

Hall, A. + Co., Aberdeen	Duthie, W.	Aberdeen
→ 1906	Devitt + Moore	Aberdeen
→ 1916	Hessler + Co.	West Hartlepool

Ein deutsches U-Boot versenkte *Port Jackson* am 28. April 1917 auf Pos. 51° N/16° 20' W.

Die als Viermastvollschiff erbaute *Port Jackson* war die letzte Einheit unter Duthie's Flagge. Der Umbau zur Viermastbark erfolgte im Jahre 1885. Ums Jahr 1887 herum kam das Schiff in den Besitz von J. Ross in Aberdeen, doch Duthie bereederte das Schiff weiter.
Die Kapitäne B. Crombie, J. Hodge, A. S. Cutler, G. P. Ward und C. Maitland führten den Viermaster auf großen Fahrten in den Pazifik, bis nach Australien.
Maitland gehörte zu den großen Kapitänen Großbritanniens, befehligte er doch auch die sehr bekannt gewordenen Segelschiffe *Harbinger*, *Hesperus* und *Illawara*.
Mit Kapitän T. J. Walsh an Bord verließ der Viermaster Buenos Aires mit Bestimmung Falmouth. Etwa 180 Seemeilen WzN von den Fastnet Rocks entfernt griff das deutsche U-Boot die Viermastbark an. Nur 15 Mann der Besatzung konnten durch den britischen Zerstörer *Narwhal* gerettet werden.
Port Jackson war gut bekannt als sog. Auswanderer-Schiff. Viele Briten brachte der Viermaster nach Australien, worauf dort meist Wolle für die Heimreisen geladen wurde.

Port Stanley

St	4 mbk	2187/2276	1890	12.	278.0 /42.0 /24.2
1 Dk					84,73/12,80/ 7,36

Glattdecker, Masten mit Mars- und Bramstenge, Jubilee-Rigg. Besanmast mit Stenge und einer Gaffel.

Russell + Co., Greenock	Crawford + Rowatt	Glasgow
→ 1914	Zachariassen, J.	Nystad
→ 1919	Svenska Handels och Sjöfart Kompaniet	Stockholm
→ 1920	Zachariassen, J.	Nystad

Abbruch im Jahre 1924 in Troon.

Die Kapitäne C. Lane, H. Williams, T. Easson und O. Williams führten *Port Stanley* hauptsächlich zum Pazifik, also auf gleichen Kursen wie die Reederei-Schwester *Port Caledonia*.

Eine besondere Laufbahn auf diesem Schiff hatte T. Easson, diente er doch vom Jungen bis zum Kapitän an Bord.

Wie die *Port Caledonia* wechselte auch *Port Stanley* noch vor dem Kriege nach dem damals noch russischen Finnland. Auch hier sind die Angaben über Tätigkeit der Einheit nicht erwähnenswert.

Im Jahre 1924 kehrte der Viermaster von Port Lincoln nach Liverpool zurück, von wo er dann im Schlepp zur Abwrackwerft in Troon gelangte.

Potosi

St	5 mbk	3854/4027	1895	7.	366.3 /49.2 /28.5
2 Dks					111,62/15,10/ 8,65

Dreiinselschiff mit 66 Fuß langer Mittschiffsbrücke. Untermasten und Marsstenge aus einem Stück gefertigt, Bramstenge. Doppelte Mars- und Bramsegel und Royals, Besanmast als Pfahlmast mit zwei Gaffeln.

Tecklenborg, J. C., Geestemünde	Laeisz, F.	Hamburg

→ 1914	in Valparaiso interniert	
→ 1920	Auslieferung an Frankreich	
→ 1923	*Flora*	Gonzalez, Soffia+Co. Valparaiso

Am 16. September 1925 stand die Fünfmastbark auf Pos. 45° S/66° W im Atlantik in Flammen. Lange trieb das brennende Wrack dahin, bis es am 19. Oktober desselben Jahres vom argentinischen Kreuzer *Patria* versenkt wurde.

Potosi war nach *France I* der zweite Fünfmaster mit Rahsegeln, der gebaut wurde.

Stetig zunehmender Verbrauch an Salpeter in jener Zeit zwang Laeisz zur Beschaffung von mehr Transportkapazität, wollte die Reederei im angestammten Frachtengeschäft mithalten.

Nachdem die Franzosen mit dem ersten Fünfmaster den Schritt gewagt hatten, wurde Tecklenborg mit dem Bau von *Potosi* beauftragt.

Kapitän Robert Hilgendorf fiel die Ehre zu, den Neubau am 26. Juli 1895 auf die erste Ausreise nach Chile zu führen. Während insgesamt zehn Fahrten, nach den Salpeterhäfen Chiles, zurück nach meist deutschen Häfen, war Hilgendorf an Bord des Fünfmasters »master next God«. Ihm und seinem Schiff galt am 18. Juni 1899 auch der Besuch des Kaisers.

Als Nachfolger Hilgendorfs übernahmen die Herren G. Schlüter, H. Nissen, Joh. Frömcke und R. Miethe das stolze, große Schiff. Auf der vierten Reise unter Miethe erreichte *Potosi* am 23. September 1914 Valparaiso. Internierung und mehrjährige Liegezeit für Schiff und Mannschaft waren die Folgen des in Europa ausgebrochenen Krieges.

Kapitän Miethe blieb für immer in Chile, wo er im hohen Alter von 98 Jahren im Jahre 1975 starb.

Laeisz baute seine Einheiten nicht in erster Linie als »Renner«, sondern die Schiffe sollten sichere Fahrten garantieren und große Lasten transportieren können. Erstaunlich ist aber die Tatsache, daß auch *Potosi* in regelmäßigen Fahrten bei sehr ansprechenden Reisezeiten ihre Frachten nach Chile und – umgekehrt – nach Europa brachte. Unter Hilgendorf lief das Schiff während mehrerer Reisen unter 70 Tagen für die Ausreise und im Mittel 75 Tage für die Heimfahrt.

Nach dem Kriege mußte der Fünfmaster an die Franzosen ausgeliefert werden. Sie aber verkauften die Einheit an Gonzalez, Soffia in Valparaiso. Als *Flora*, beladen mit Kohle aus Cardiff, fand das berühmt gewordene Schiff brennend sein Ende.

Président Felix Faure

St	4 mbk	2393/2860	1896	5.	311.6 /45.4 /24.9
1 Dk					94,94/13,81/ 7,53

Glattdecker, Untermasten und Marsstenge aus einem Stück gefertigt, Bramstenge. Doppelte Mars- und Bramsegel und Royals. Besanmast als Pfahlmast mit einer Gaffel.

Forges et chantiers de la Méditerrané, Le Havre-Graville	Corblet, E+Co.	Le Havre

Eine falsch erstellte Seekarte wurde dem Schiff am 13. März 1908 zum Verhängnis. Commandant Noel strandete mit der Viermastbark auf einer nicht oder falsch eingetragenen Insel im Antipoden Archipel.

Der Name dieser Einheit rührt vom Präsidenten der Republik, Felix Faure, her, der im Jahre 1899 verstarb.

Nach Berichten von Schiffsführern soll das Schiff recht schnell gewesen sein. Etmale von 330 bis 340 Seemeilen seien mehrmals erreicht worden, mit maximal Geschwindigkeiten von 15 bis 16 Knoten. Auf große Fahrt ging *Président Felix Faure* praktisch nur nach Neu-Kaledonien, dem Hauptlieferanten für Nickelerz.

Als Commandants standen St. Frossard, Ad. Codet, Valteau, Heruté, P. Stephan und A. Noel an Bord im Dienst.

Auch diese Viermastbark hatte schwere Stunden zu überstehen. Am 2. Februar 1898 schoß ein schwerer Brecher über das Deck des Schiffes hinweg und nahm die ganze 15köpfige Wache mit sich. Der schwere Sturm, der *Président Felix Faure* derart mitspielte, wütete im Gebiet der Kerguelen.

Preußen

St	5 ms	4765/5081	1902	7.	407.8 /53.6 /27.1
2 Dks					124,25/16,30/ 8,24

Dreiinselschiff mit 93 Fuß langer Mittschiffsbrücke. Untermasten und Marsstenge aus einem Stück gefertigt, Bramstenge. Doppelte Mars- und Bramsegel und Royals an allen fünf Masten, kleines Gaffelsegel.

Tecklenborg, J. C., Geestemünde	Laeisz, F.	Hamburg

Die Kollision mit dem Dampfer *Brighton* war indirekt die Ursache des Verlustes dieser Einheit. Schwer beschädigt mußte *Preußen* nach dem Zusammenstoß Schlepphilfe in Anspruch nehmen. Alle Kraft der zur Rettung des Riesen ausgelaufenen Schlepper von Dover reichte nicht aus, das Fünfmastvollschiff zu halten. Schließlich lief es am 6. November 1910 bei Dover auf die berüchtigten Klippen und war verloren.

Preußen war und bleibt das größte reine Rahsegelschiff, das jemals die Ozeane dieser Welt durchfuhr!

Kein anderes Schiff ähnlicher Dimensionen war reines Segelschiff, alle hatten sie Motoren eingebaut.

Mit Kapitän Boye Petersen, einem Schüler des großen Hilgendorf, ging *Preußen* am 31. Juli 1902 auf ihre erste Reise, natürlich nach Chile. Nach 65 Tagen ab Start Point meldete sich das

Schiff in Iquique. Der zweite Fünfmaster von Laeisz stand also *Potosi* in keiner Weise nach. Regelmäßig zog die Einheit ihr Kielwasser in die blauen Fluten von Atlantik und Pazifik, man war versucht, von fahrplanmäßigem Verkehr zu sprechen.

Im April 1909 übernahm Kapitän Nissen das einzige Fünfmastvollschiff, das die Welt jemals gesehen hat.

Von Laeisz im Jahre 1908 an die Standard Oil verchartert, verkehrte *Preußen* nun nicht mehr nur auf Kursen nach Chile. New York, Japan und dann wieder Taltal wurden im Logbuch eingetragen, worauf *Preußen* am 5. April 1909 in Cuxhaven in heimatlichen Gewässern festmachte.

Die letzte Fahrt des großartigen Schiffes begann am 31. Oktober 1910 in Hamburg. Im Schlepp gelangte *Preußen* bis zum Englischen Kanal. Am 5. November war Royal Sovereign-Leuchtschiff querab. Diesiges Wetter. Bei frischem Wind und unter dauernder Betätigung des Nebelhorns näherte sich der Fünfmaster Beachy Head.

In finsterer Nacht kollidierte *Preußen* mit dem Dampfer *Brighton*. Nachdem Schlepper aus Newhaven vergeblich versuchten, den schweren Frachter auf den Haken zu nehmen und wegzubringen, wurde noch Verstärkung aus Dover angefordert. Die vereinten Anstrengungen aller »Zugpferde« nützten jedoch wenig oder nichts, schließlich lag *Preußen* rettungslos verloren auf den Kreideklippen bei Dover.

Primrose Hill

Fe	4 mbk	2436/2520	1886	2.	301.6 /42.1 /24.7
2 Dks					91,89/12,82/ 7,48

Glattdecker, Masten mit Mars- und Bramstenge, doppelte Mars- und Bramsegel und Royals, Skysegel. Besanmast mit Stenge und einer Gaffel.

Royden T.+Co., Liverpool	Price, W.+Co.	Liverpool

Bei Penrhyn Mawr auf der Halbinsel Holyhead ist *Primrose Hill* am 24./25. Dezember 1900 wrackgelaufen.

Für Price waren die Kapitäne G. Anderson, E. W. Lawrence und J. Wilson an Bord des Viermasters im Dienst.

Anfänglich machte die Einheit ihre Fahrten nach Indien, wo Jute geladen wurde. Später waren auch Reisen nach Südamerika und zum Puget Sound, nach Tacoma im Programm des Schiffes.

Einen Tag vor Weihnachten 1900 verließ *Primrose Hill* ihren Heimathafen im Schlepp, Bestimmung Australien.

Kaum war der Schleppzug außerhalb des Mersey im offenen Wasser, begegnete er schwerstem Sturm.

Im schweren Seegang versagte der Schlepper bald seinen Dienst, und *Primrose Hill* war verloren. Hilflos wurde das Segelschiff auf die Felsen an der Küste der Halbinsel Holyhead getrieben und zerschlagen. Ein einziger Seemann überlebte das Unglück, alle seine Kameraden wurden im Ort Holyhead beigesetzt.

Prince Robert

St	4 mbk	2654/2846	1893	5.	308.0 /45.0 /24.5
2 Dks					93,87/13,71/ 7,43

Dreiinselschiff mit 45 Fuß langer Mittschiffsbrücke. Masten mit Mars- und Bramstenge, doppelte Mars- und Bramsegel und Royals. Besanmast mit Stenge und einer Gaffel.

Royden, T.+Sons, Liverpool		Röer, P. H.	Christiania (Oslo)
→ 1900		Andressen, J.	Christiania
→ 1906		Andressen, A.	Christiania
→ 1911	*Thielbek*	Knöhr+Burchard	Hamburg
→ 1920	*David Dollar*	Dollar, Rob.+Co.	San Francisco

Im Jahre 1929 wurde der Rumpf des Viermasters mit Sand gefüllt und in Alameda als Wellenbrecher versenkt. Zweck: Flugplatzbau!

Die für den Norweger Röer erbaute *Prince Robert* war der letzte Segelschiffsneubau, der bei Royden von den Helgen glitt. Kapitän C. Hansen übernahm den Viermaster, der dann 1900 und 1906 zweimal Reedern mit dem Namen Anderssen gehörte und von den Kapitänen Bjukseth und Nilsen geführt wurde. Über die Fahrten unter norwegischer Flagge sind keine Angaben zu finden.

Mit dem Verkauf an Knöhr + Burchard ergab sich auch ein Namenswechsel, und zwar in einen der gebräuchlichen ». . . bek«-Namen, *Thielbek*. A. Bergmann und C. Ruppert führten als Kapitäne das Schiff zu den Getreidehäfen im nördlichen Pazifik, so nach Astoria und Tacoma. Auslaufend wurde, mit voller Koksladung ab Hamburg, Santa Rosalia angelaufen. So kam es auch zur Internierung in diesem Hafen.

Nach den Waffenstillstandsverhandlungen sprach man den Viermaster Großbritannien zu, doch die Briten verkauften *Thielbek* an die Dollar C. in San Francisco.

Umgetauft in *David Dollar*, kam die Einheit nie mehr in tiefes Wasser. Dem Schicksal von *Hougomont* in Australien ähnlich, wurde der Rumpf des Schiffes mit Sand gefüllt und als Wellenbrecher versenkt. Damit brachte die Segelschiffahrt dem Flugzeug ein erstes Opfer.

Principality

Fe	4 ms	1699/1758	1885	9.	258.5 /39.6 /23.1
1 Dk					78,75/12,03/ 7,03

Glattdecker, Masten mit Mars- und Bramstenge, doppelte Mars-, aber einfache Bramsegel und Royals. Besanmast – nach Umbau – mit Stenge und einer Gaffel.

Doyford, W.+Sons, Sunderland	Thomas, W.+Co.	Liverpool

Der 4. Mai 1905 war für *Principality* in Junin Reisetag. Mit Ziel Rotterdam ging das Schiff in See, wurde letztmals am 13. Mai gesehen und darauf als verschollen gemeldet.

Zu den kleinsten Viermastern gehörte auch diese Einheit. Die Kapitäne J. Jones, E. Jones, H. Lewis und J. Parry gingen auf große Fahrt bis nach Australien und andern Häfen im Pazifik.

Sehr wahrscheinlich war *Principality* nie als Vollschiff getakelt, aber Lloyds machte die Eintragungen ohne Unterschied zur Bark.

Es ist anzunehmen, daß der Viermaster in der Kap-Hoorn-Region verlorenging.

Principipessa Mafalda

St	4 mbk	2390/2464	1903	5.	278.3 /42.6 /25.2
1 Dk					84,80/12,95/ 7,67

Glattdecker, Masten mit Mars- und Bramstenge, doppelte Mars- und Bramsegel und Royals. Besanmast mit Stenge und einer Gaffel.

Odero, N.+Co., Genova	Fratelli Beverino fu G. B. Genova

Unterwegs von Philadelphia nach Samarang – rund Kap der guten Hoffnung – lief die Viermastbark am 3. Oktober 1905 bei Laoag auf der Insel Luzon wrack. Die Besatzung erreichte Samar.

Nach erfolgreichem Stapellauf am 18. Mai 1903 war der Viermaster zum 13. Juli reisebereit. Capitano Marselli ging an Bord und brachte *Principessa Mafalda* auf ihrer Jungfernreise sicher nach New York. Mit Petroleum als Fracht ging die Fahrt weiter nach Java, und von dort lief das Schiff Australien an. Zurück über den Pazifik wurde anschließend Junin in Peru angelaufen, wo Salpeter die Fracträume füllte. Der nächste Bestimmungshafen war Philadelphia.
Demnach kehrte das Schiff nicht nach Europa zurück.
Wiederum mit Petroleum beladen, sollte die Viermastbark nach Samarang segeln. Capitano Paolo Serra führte das Schiff und geriet gegen den 26. September 1905 in äußerst schwere Stürme. Sogar Menschenleben forderten die wütenden Wasser, indem Seeleute über Bord gewaschen wurden. Schließlich geriet das Schiff an Land und wurde in kurzer Zeit zerschlagen.

Priwall

St	4 mbk	2849/3105	1917/1920	3.	323.0 /47.2 /26.3
2 Dks					98,45/14,37/ 7,99

Dreiinselschiff mit 65 Fuß langer Mittschiffsbrücke. Untermasten und Marsstenge aus einem Stück gefertigt, Bramstenge. Doppelte Mars- und Bramsegel und Royals. Besanmast als Pfahlmast mit zwei Gaffeln.

Blohm+Voss, Hamburg	Laeisz, F.	Hamburg
→ 1941 *Lautaro*	Marine Chiles.	

Den Chilenen diente der Viermaster im Jahre 1945 noch als Guano-Transporter von den Guano-Inseln zum Festland. Am 28. Februar geriet der Vogelmist in Brand und konnte nicht mehr gelöscht werden. Wahrlich ein trauriges Ende für die einst so stolze *Priwall.*

Priwall erging es ähnlich wie *Pola,* die als Schwesterschiff zur gleichen Zeit bei Blohm + Voss in Auftrag gegeben wurde. Auch in diesem Falle kamen Bestellungen für die Marine in erster Linie zur Ausführung, und Bauten für die christliche Seefahrt sahen sich auf allerhöchsten Befehl zurückgestellt.
Im Jahre 1920 war *Priwall* dann fertiggestellt. Kapitän J. Jürss kam als erster Kommandant an Bord und ging, mit 200 Mann an Bord, auf die Fahrt nach Valparaiso.
Neue Besatzungen für die in Chile internierten deutschen Segelschiffe mußten zum fernen Lande in Südamerika gebracht werden, denn die Internierten mußten ja zur Ablieferung an die Siegermächte nach Europa gesegelt werden.
Mehrere Reisen legte *Priwall* unter den Kiel mit Ziel Chile und geführt durch die Kapitäne C. M. Brockhöft, wiederum Jürss, Schuberg und Töpper.

Neue Kurse befuhr der Viermaster ab 1932. Robert Clauss kam als Kapitän an Bord und führte das Schiff nach Australien.
Bekannt wurde eine Ausreise der *Priwall,* zusammen mit *Padua* im Jahre 1933. Beide Einheiten segelten in nur 66 Tagen zum fünften Kontinent. Diese Leistung ließ sich vergleichen mit den Fahrten der früheren Clipper, wie z. B. *Thermopylae.* Vergleicht man aber noch die Transportkapazitäten, dann erbrachten die Viermaster eine ganz hervorragende Leistung.
Unter Kapitän A. Hauth geriet *Priwall* bei Ausbruch des Zweiten Weltkrieges in Valparaiso in Internierung.
Als die Chilenen später auf der Seite der Achsenmächte in den Krieg eintraten, schenkten die Deutschen das Schiff dem neuen Partner im fernen Lande.
Lautaro hieß das Schiff dann und diente eine gewisse Zeit als Schulschiff, bis es zum Transport von Guano, d. h. Vogelmist als Düngemittel, verknurrt wurde.
Ein Brand beschloß die Karriere des zweitletzten Segelschiffs, das für Laeisz gebaut wurde.

Province

Fe	4 ms	1784/1842	1886	10.	268.5 /39.5 /23.1
1 Dk					81,80/12,00/ 7,03

Glattdecker, Masten mit Mars- und Bramstenge. Ursprünglich als Viermastvollschiff getakelt, Umbau zur Viermastbark ca. 1889.
Einzelheiten über das Rigg sind nicht bekannt.

Doxford, W.+Sons, Sunderland	Thomas, W.+Co.	Liverpool

Über das Schicksal der Einheit bestehen widersprüchliche Aussagen. Die eine Version besagt, daß *Province* am 1. März 1910 wrackgelaufen sei, die andere berichtet von der Versenkung am gleichen Tag auf der Fahrt vom Tyne nach Christiania (Oslo). Wer hätte denn das Schiff versenkt? Es war je zu jener Zeit kein Krieg, also ist die erste Version offenbar richtig.

Province machte mehrere Reisen in den Pazifik, wobei Australien und die Häfen im nördlichen Teil des Stillen Ozeans angelaufen wurden. Die Kapitäne H. R. Jones, R. Jones, H. Jones und H. Roberts waren mit der Führung des Viermasters betraut.
Wie bei vielen andern Einheiten wurde auslaufend in Wales Kohle geladen, dagegen war dann Getreide, z. B. aus Astoria, das Frachtgut für die Fahrt »homeward bound«.

Puritan ✓

St	4	mbk	2283/2361	1889	12.	301.6 /43.1 /24.2
2 Dks						91,89/13,12/ 7,36

Glattdecker, Masten mit Mars- und Bramstenge, doppelte Mars- und Bramsegel und Royals. Besanmast mit Stenge und einer Gaffel.

Reid, J.+Co., Port Glasgow	Cameron, Sir R. W.	Glasgow
→ 1903	Oelricks, A. E. G.	Glasgow
→ 1909	Baker, Carver+Morell	Glasgow

Im Sommer 1911 lief die Viermastbark von Newcastle (NSW) nach San Francisco quer über den Pazifik. Etwa 800 Seemeilen von Tahiti entfernt lief das Schiff am 17. Juni im Sturm leck und mußte aufgegeben werden.

Für die drei Reeder, die Puritan unter ihrer Hausflagge hatten, waren die Kapitäne F. MacNair, H. R. Coombs, A. N. Blanchard, C. S. Dunning, F. W. Amesbury und F. W. Chapman an Bord des Viermasters verantwortlich.

Vorerst war Puritan in der Jutefahrt eingesetzt. Mit dem Niedergang dieser Transporte kam das Schiff in Kursen nach dem Pazifik zum Einsatz.

Im schweren Sturm leckte der Viermaster, und trotz größten Anstrengungen der ganzen Mannschaft gelang es nicht, den Wassereinbruch aufzuhalten. Letztlich sah sich Kapitän Chapman zur Aufgabe des Schiffes gezwungen.

Das Kapitänsboot erreichte nach einiger Mühsal Tahiti, ein anderes Boot wurde in höchster Not von einem Dampfer geborgen, ein drittes ist verschollen.

Pyrénées

St	4	mbk	2169/2243	1891	9.	284.5 /42.5 /24.7
1 Dk						86,68/12,92/ 7,48

Glattdecker, Masten mit Mars- und Bramstenge, doppelte Mars- und Bramsegel und Royals. Besanmast mit Stenge und einer Gaffel.

Connell, C.+Co., Glasgow	Hardie, J.+Co.	Glasgow
→ 1902	Thayer, J. E.	San Francisco
→ 1905 Manga Rewa	nach Umbau so benannt	
→ 1916	Brynhilda Shipping Co.	
		San Francisco

Ein weiteres Opfer der U-Boote! Am 9. Dezember 1916 wurde Pyrénées auf der Reise von Hampton Roads nach Rotterdam versenkt.

Pyrénées war Schwesterschiff von Vimeira, beide bei Connell für den Reeder Hardie in Glasgow erbaut.

Nach dem Stapellauf kam Kapitän R. Bryce an Bord der neuen Viermastbark und führte sie zur Jungfernreise nach Sydney. Als in Newcastle (NSW) die Kohleladung an Bord war, ging das Schiff nach Valparaiso auf neue Fahrt. Von Callao verlief dann die Reise über Newcastle (NSW) zu den Diamond Islands und über Bassein in Indien zurück nach Europa, wo in Bremerhaven die Ladung gelöscht wurde.

Die zweite große Reise brachte der Viermaster von Fredrickstad nach Melbourne mit einer vollen Ladung Holz unter den Kiel. Nacheinander waren dann die Häfen New York, Anjer, Philadelphia, Nagasaki, San Francisco und Shanghai bei weiteren großen Fahrten an der Reihe.

Unterwegs von Tacoma nach Falmouth brach auf der Viermastbark am 16. November 1900 Feuer aus. Die Pos. war etwa 126° W auf Höhe des Äquators, weit und breit kein Land. Kapitän Bryce entschloß sich, Pitcairn Island, die berühmte »Bounty«-Insel anzulaufen. Die Unternehmung gelang, Pyrénées wurde auf der Insel auf Grund gesetzt und brannte aus. Es war hoffnungslos, das brennende Getreide löschen zu wollen.

Wider alle Erwartungen wurde das Wrack durch zwei Kapitäne aus San Francisco, unter Mithilfe von Eingeborenen, wieder flottgemacht, nach Frisco geschleppt und wieder aufgeriggt.

Der Name der Örtlichkeit auf Pitcairn, wo das Schiff »notlandete«, hieß Manga Rewa, und so wurde die wiedererstandene Viermastbark eben Manga Rewa getauft. Besitzer wurde einer der Retter, Kapitän Thayer.

Unter der Flagge der USA wurde weiterhin im Pazifik operiert. Die Kapitäne H. C. Townsend und J. E. Willett führten das Schiff mehrmals nach Hawaii. Nebenbei wurden auch Charterfahrten für die Alaska Packers gefahren.

An besonderen Ereignissen fehlte es auch dieser Einheit nicht, waren doch auch Meutereien an Bord zu verzeichnen.

Nochmals wechselte das Schiff seinen Besitzer, und Kapitän J. G. Park führte es für die Brynhilda Co.

Eine bemerkenswerte Reise machte Manga Rewa noch von Philadelphia nach Port Arthur (Tex), Port Louis, Mauritius, Tamatave, Madagascar und Beira.

Queen Margaret

St	4	mbk	1999/2144	1893	6.	275.0 /42.2 /24.0
2 Dks						83,82/12,85/ 7,31

Glattdecker, Masten mit Mars- und Bramstenge, doppelte Mars-, aber einfache Bramsegel, Royals und Skysegel, sog. Klipper-Rigg. Besanmast mit Stenge und einer Gaffel.

McMillan, A.+Son, Dumbarton	Black, J.+Co.	Glasgow

Am 5. Mai 1913 auf den Stag Rocks in der Nähe von Lizard Point gestrandet und verloren.

Die weiß gestrichene *Queen Margaret* galt zu ihrer Zeit als eines der schönsten, aber auch schnellen Schiffe. Man war darauf bedacht, die Viermastbark stets in gutem Zustande zu präsentieren. Die Kapitäne D. F. Faulkner, R. Logie, T. F. Morrison, W. J. Scott und M. Bousfield wurden angehalten, das Schiff jederzeit bestens zu pflegen. *Queen Margaret* sah auf ihren großen Fahrten sozusagen die ganze Welt. Ihre Reisen waren in den Logbüchern verzeichnet nach Philadelphia, Calcutta, Boston, New York, Shanghai, Hongkong, San Francisco, Queenstown, Fleetwood, Barry, Nagasaki, Portland (Ore), Astoria und Dunkerque. Ab diesem französischen Hafen ging die Fahrt weiter nach Cardiff, New York, Hongkong, San Francisco und zurück rund Kap Hoorn nach Antwerpen.

Das Schiff wurde von dort erneut wieder auf Reise geschickt, und zwar nach New York, Hongkong, Port Townsend, Tacoma und wiederum zurück nach dem belgischen Haupthafen.

Kapitän Logie übernahm den Viermaster und führte ihn weiter erneut nach New York, Shanghai, Taltal, Caleta Buena und dann »homeward bound« nach Marseille.

Der Viermaster lief weiterhin »in der ganzen Welt herum«. Als letzte Passagen sind bekannt Barry-Montevideo und Montevideo-Sydney.

Daselbst wurden die Laderäume mit Weizen vollgestopft, woraufhin *Queen Margaret* am 17. Januar 1913 von Australien Abschied nahm. Nach einer eher langsamen Fahrt machte das Schiff am 5. Mai, also nach 108 Tagen, in Lizard fest und fragte nach Order.

Bei Erhalt der Meldung, daß in Limerick gelöscht werden solle, bat Kapitän Bousfield des starken Gegenwindes wegen um Schlepperhilfe. Wartezeit verging, und das stolze Segelschiff wurde am 5. Mai auf die Stag Rocks getrieben. Alle Versuche, den Viermaster wieder abzubringen, u. a. durch Verlagerung der Fracht, scheiterten, und *Queen Margaret* kenterte und ging nach schwerem Wassereinbruch verloren. Am 8. Mai gingen die vier Masten über Bord, woraufhin der vollgeladene Rumpf den Fluten anheimfiel.

Zufolge der Nähe des Lizard-Feuers konnte die Mannschaft vollzählig gerettet werden.

Quevilly

St	4	mbk	2518/3272	1897	6.	322.0 /45.5 /24.2
2 Dks						98,14/13,83/ 7,36

Dreiinselschiff mit 32 Fuß langer Mittschiffsbrücke. Untermasten und Marsstenge aus einem Stück gefertigt. Doppelte Mars- und Bramsegel und Royals, Besanmast als Pfahlmast mit einer Gaffel. Erster als Tanker mit offenen Tanks ausgebauter Viermaster.

Laporte+Co., Rouen		Prentout, H.-Leblond+Boniface, E. Rouen
→ 1900		Prentout, H.-Leblond+Leroux, E. Rouen
→ 1911	Einbau von Motoren	
→ 1915		Leroux+Heizey Rouen
→ 1923	abgetakelt und Umbau zum Walöltanker *Deodata*	Thorbjörnsen, K. A. Oslo

MS. Deodata ist am 21. Oktober 1939 in der Nähe des Inner-Dowring Leuchtfeuers auf eine Mine gelaufen und sofort gesunken.

Als erster Frachtsegler vom Typ Viermastbark war *Quevilly* zur Aufnahme von Ölprodukten in offenen Laderäumen, d. h. Tanks, eingerichtet. Die großen Segel entsprachen bei dieser Einheit genau denjenigen von *France II*, sie waren also unter beiden Schiffen austauschbar.

Die Einsatzroute von *Quevilly* entsprach ihrer Fracht. Das Schiff pendelte zwischen Philadelphia und Rouen hin und her.

An Bord waren die Commandants Chotard, M. Loiset, H. Cousin, P. Ladorne, Gaudé und V. Lagnel für gute und sichere Führung der Einheit verantwortlich.

Im Jahre 1911 wurde *Quevilly* mit Motoren ausgerüstet, und damit war ein erster Schritt zum späteren Schicksal des Segelschiffs getan. Während der Feindseligkeiten des Ersten Weltkrieges lag der Motorsegler auf der Insel St. Michael in der Azorengruppe längere Zeit still. Nach der Rückkehr in den Heimathafen Rouen folgte wieder eine Zeit der Untätigkeit, bis zum Verkauf an die Norweger.

Nun war der Zeitpunkt gekommen, da das Schiff seiner Segel ganz entledigt wurde, und es entstand das *MS. Deodata*.

Über die Reisen der umgebauten Einheit ist nichts Näheres bekannt.

R. C. Rickmers

| St aux | 5 mbk | 4696/5548 | 1906 | 8. | 410.5 /53.6 /30.4 |
| 2 Dks | | | | | 125,08/16,30/ 9,24 |

Glattdecker, aber sehr lange, über 180 Fuß gezogene Poop bis zum Mittelmasten. Masten mit Mars- und Bramstenge, doppelte Mars- und Bramsegel und Royals. Besanmast mit Stenge und einer Gaffel.
Hilfsmaschine von 1160 PS, also sog. »auxiliary«-Segler.

| Rickmers, AG., Bremerhaven | Rickmers Reismühlen, Reederei und Schiffbau AG. |
| | Bremerhaven |

| → 1914 | Neath | Admirality | London |

Am 27. März 1917 besiegelte das deutsche U-Boot 66 das Schicksal der ehemaligen R. C. Rickmers. Vor Irlands Küste, etwa 28 Seemeilen SzE von Fastnet, wurde die unter dem Namen Neath unter britischer Flagge segelnde Einheit versenkt.

Nach dem Verlust ihrer Maria Rickmers wollte die Reederei Rickmers wiederum einen Fünfmaster in Betrieb nehmen.
Als fünftes Schiff dieser Bauart, getakelt als Bark, entstand er auf der eigenen Werft R. C. Rickmers, mit Hilfsmaschine. Als auffälliges äußeres Merkmal verfügte auch die Nachfolgerin der Maria Rickmers über den groß dimensionierten Schornstein.
Das Schiff machte etwelches Furore, und im Jahre 1912 ging in Wladiwostok sogar Zar Nikolaus I. an Bord. Rickmers hatte also auch da gleichgezogen mit dem Besuch des Kaisers Wilhelm auf Preußen.
Das Fahrtengebiet für den Fünfmaster lag mehrheitlich im Osten. Die Kapitäne A. Walsen, H. Bandelin, H. Schwertmann, Dammann, O. F. Borgwardt und Baumann waren verantwortlich für das große Schiff. Die Dimensionen dieser Einheit waren etwas größer als diejenigen von Preußen, aber sie war eben kein reines Segelschiff.
Singapore, Kobé, Hiogo, Wladiwostok waren Anlaufhäfen im Osten, andererseits kam R. C. Rickmers auch in den Pazifik, nach Newcastle (NSW), San Francisco, Valparaiso, Taltal und Portland (Ore). Natürlich transportierte der Fünfmaster für die eigenen Bedürfnisse der Reismühlen große Mengen dieses Nahrungsmittels nach Europa. Die Ausreisen waren gekennzeichnet durch Kohlefrachten aus den Kohlerevieren in verschiedenen Ländern.
Der Unterhalt des großen Schiffes war sehr teuer, und dies war wohl mit ein Grund, daß die Verkaufsabsichten Rickmers' keinen Erfolg hatten. So funktionierte man die Einheit zum Schulschiff für eigene Zwecke der Reederei um und bildete den Nachwuchs für die Dampferflotte unter der grün-weiß-roten Rickmers-Flagge selber aus.
Die erste Ausreise ging nach Cardiff, in Ballast. Dort überraschte der Krieg R. C. Rickmers. Kurze Zeit darauf hieß das Schiff Neath, unter britischer Flagge.
Von Mauritius her brachte der Fünfmaster eine volle Ladung Zucker, die aber nur die Wasser des Atlantik versüßten, als das U-Boot dem ehemals deutschen Schiff den Todesstoß versetzte.

Regina Elena

| St | 4 mbk | 2365/2464 | 1903 | 7. | 293.4 /41.8 /23.7 |
| 2 Dks | | | | | 89,40/12,69/ 7,18 |

Glattdecker, Masten mit Mars- und Bramstenge, doppelte Mars- und Bramsegel und Royals. Besanmast mit Stenge und einer Gaffel.

| Società | Esercizio | Baccini, Cav. Milesi, P. | Genova |
| Genova | | | |

→ 1906		Milesi, A. fu P.	Genova
→ 1911	Ponape	Laeisz, F.	Hamburg
→ 1914	von Briten beschlagnahmt, umbenannt in Bellhouse		
→ 1915		Monsen, A.	Tönsberg
→ 1925	Ponape	Lundquist, H.	Mariehamn
→ 1929		Erikson, G.	Mariehamn

Im September 1936 nach Libau in Lettland zum Abbruch verkauft.

Wahrlich ein wechselvoller Lebenslauf für einen in Italien erbauten Viermaster!
Nach wenigen Jahren unter der italienischen Trikolore, geführt von den Kapitänen G. Ameglio, S. Merello und P. Schiaffino, kam das Schiff dann zu Laeisz.
Schon die Jungfernreise war für Regina Elena bedeutsam. Erstes Ziel war New York, und von dort lief der Viermaster weiter nach Yokohama. Die Heimreise steht im Logbuch verzeichnet mit Port Royal, Antofagasta, wo Salpeter geladen wurde, der nach Genua bestimmt war.
Später war die Königin Helene auch in Sydney, Newcastle (NSW) und Junin zu sehen.
Als Ponape kam die Viermastbark unter die rot-weiße FL-Flagge von Laeisz. Sie war die erste Konstruktion italienischer Herkunft, die die Hamburger Groß-Reederei in Betrieb nahm. Die Kapitäne J. Hamm und G. Eckhardt führten Ponape auch auf den bereits bekannten Kursen zu den Salpeterhäfen in Chile.
Am 20. September 1914 stellte HMS. Majestic die Viermastbark und brachte sie ein nach Falmouth. James Bell konnte die Prise erwerben, die Bellhouse genannt, bald nach Norwegen weiterverkauft wurde.
Die Kapitäne A. Andersen und T. Ellingsen führten den Viermaster. 1925 wechselte das Schiff erneut seinen Besitzer, worauf auch der alte, erste Name Ponape in die Register zurückkehrte.
Für Lundquist war Kapitän Danielsson an Bord des Viermasters, der nun mehrheitlich nach Australien segelte, um dort Getreide zu laden.
Auch nachdem Erikson das Schiff erworben hatte, setzte es seine Fahrten zum fünften Kontinent fort, geführt durch die Kapitäne U. Karlsson, Hugo D. Karlsson und Carl Granith.
Die letzte Reise des Segelschiffs endete am 30. September 1936 in Nystad, wo der Verkauf zum Abbruch in Libau ausgehandelt wurde.

Reliance

Fe	4 ms	2458/2631	1884	1.	313.7 /42.3 /24.9
2 Dks					95,57/12,87/ 7,53

Dreiinselschiff mit 58 Fuß langer Mittschiffsbrücke. Masten mit Mars- und Bramstenge, doppelte Mars- und Bramsegel, Royals und Skysegel. Besanmast – nach Umbau – mit Stenge und einer Gaffel.

Potter, W. H.+Son, Liverpool	Dixon, W. T.+Son	Liverpool
→ 1892	Corsar, C. W.	Liverpool
→ 1907 *Ricard de Soler*	Soler, S.	Valparaiso
→ 1917 *Iberia*	Laguna, J.	Barcelona
→ 1919 *Antonia Mumbru*	Mumbru, D.	Barcelona

Nach wechselvoller Laufbahn im Jahre 1924 abgebrochen.

Reliance gehörte zu den wenigen Großseglern, die auch Skysegel führten. Die Kapitäne J. English und C. Robinson waren für den Viermaster verantwortlich, der in der Salpeterfahrt zum Einsatz kam. Salpeter war es auch, der dem Viermaster im Jahre 1907 sehr gefährlich wurde. Das leicht brennbare Material entzündete sich bei Ladearbeiten, und *Reliance* brannte vollständig aus. Iquique war Schauplatz dieses Ereignisses, das in sehr vielen Buchausgaben im Bild festgehalten ist.

Soler aus Valparaiso erwarb das ausgebrannte Wrack und ließ das Schiff wieder herstellen, worauf es als *Ricart de Soler* wieder auf tiefes Wasser kam. Kapitän M. D'Angelo übernahm die Führung bis zum Zeitpunkt des neuerlichen Verkaufs der Einheit nach Barcelona im Jahre 1917.

Laguna in Spanien gab dem Schiff den neuen Namen *Iberia,* und Kapitän E. Torner kam als neuer Kommandant an Bord.

Offenbar war aber die Zeit für das Schiff doch fast abgelaufen, denn im Jahre 1919 wechselte der Viermaster erneut seinen Besitzer und seinen Namen. *Antonia Mumbru* hieß er letztlich, ohne daß noch große Fahrten gemacht wurden.

Nach dem Kriege war Segelschiffsraum nicht mehr begehrt, und dies führte wenige Jahre später zum Abbruch.

Renée Rickmers

Fe	4 mbk	2064/2135	1887	8.	283.0 /40.5 /24.6
1 Dk					86,25/12,31/ 7,46

Glattdecker, Masten mit Mars- und Bramstenge, doppelte Mars-, aber einfache Bramsegel und Royals. Besanmast mit Stenge und einer Gaffel.

Russell+Co., Port Glasgow	Rickmers, Reismühlen, Rhederei- und Schiffbau AG.	
		Bremerhaven
→ 1913 *Åland*	Erikson, G.	Mariehamn

Am 20. August 1914 strandete die Viermastbark auf einem Riff vor Neu-Kaledonien und ging verloren.

Die Kapitäne T. H. Westermeier, A. Schulze und C. Dan führten diese Einheit zu vielen Häfen im Pazifik und Fernen Osten, u.a. bis nach Japan und Hongkong. Alle Einheiten der Reederei Rickmers waren ja mehrheitlich nach dem Osten orientiert, dies im Gegensatz zu den bekannten Reederein Bordes und Laeisz, die vornehmlich Salpeter nach Europa transportierten.

Beim Aufbau seiner Reederei erwarb Gustaf Erikson nach der *Tjerimai* als zweite Einheit die *Renée Rickmers*. Als *Åland* kam das Schiff damals unter russische Flagge, lagen doch die Inseln zwischen Schweden und dem noch russischen Finnland.

Entgegen den späteren Gepflogenheiten Eriksons wechselte dieses Schiff bei Übernahme seinen Namen.

Gegen Ende Oktober 1913 kam Kapitän Nordberg auf den Viermaster, der zu jener Zeit in Cardiff lag. – Mit walisischer Kohle ging die erste Fahrt für Erikson nach Callao. Nachdem die schwarze Fracht in Peru gelöscht war, setzte der Viermaster seine Reise in Ballast fort, Richtung Neu-Kaledonien. Diese Bestimmung wurde aber nicht erreicht, das Schiff verunglückte.

Republic

St	4 mbk	2399/2540	1891	10.	294.0 /43.0 /24.0
2 Dks					89,61/13,10/ 7,31

Dreiinselschiff mit 34 Fuß langer Mittschiffsbrücke. Masten mit Mars- und Bramstenge, doppelte Mars-, aber einfache Bramsegel und Royals. Besanmast mit Stenge und einer Gaffel.

Doxford, W.+Sons, Sunderland	Thomas, W.+Co.	Liverpool

Auf Pos. 34° N/127° W mußte *Republic* am 19. April 1896 zwischen Newcastle (NSW) und San Francisco brennend aufgegeben werden.

Über die Tätigkeit dieser Einheit ist nur wenig bekannt. Kapitän J. Owen führte den Viermaster, der die Zahl der Segler, die Opfer brennender Kohleladung wurden, wieder um eins vermehrte.

Rhône

St	4 mbk	2434/3017	1896	10.	322.2 /45.7 /25.4
2 Dks					98,20/13,88/ 7,72

Glattdecker, Masten mit Mars- und Bramstenge, doppelte Mars- und Bramsegel und Royals. Besanmast mit Stenge und Gaffel.

Forges et chantiers de la Mediéterannée, La Seyne	Bordes, Ant. Dom et fils	Dunkerque

Abbruch 1926

Wie die Reedereischwestern, so kam auch *Rhône* ausschließlich in der Salpeterfahrt zum Einsatz.

Die Commandants Goymague, Métayer, R. Benoist, O. Gosse, P. Standaert, P. Guillon, E. Pothin, J. M. Bernard, J. Layec, Levaillant und L. Guillon waren mit der Führung des Viermasters in den dreißig Jahren seiner Laufbahn betraut.

Rhône gehörte auch zu den Einheiten, die gute Passagen unter den Kiel brachten. So segelte das Schiff im Jahre 1902 in nur 72 Tagen von Beachy Head nach Iquique.

Ein besonderes Ereignis widerfuhr dem Viermaster im Jahre 1907. Bei bestem Wetter kollidierte er vor den Falklandinseln mit der *Pacifique,* die derselben Reederei gehörte. Der Zwischenfall kostete beide Commandants, Métayer und Bernard, die Stelle. Der fast unbegreifliche Zwischenfall ereignete sich, als ein Warenaustausch von Schiff zu Schiff hätte stattfinden sollen. *Rhône* reparierte ihren demolierten Bugspriet in Valparaiso, *Pacifique* setzte ihre Reise nach Pisagua fort.

Das Schiff erlebte auch noch den Wechsel von Bordes zur »Compagnie Française d'Armement et d'Importation de Nitrate de Soude«. Die letzte Salpeterladung unter der neuen Reederei brachte das Schiff im Jahre 1924 nach Europa.

In den mittleren zwanziger Jahren lag *Rhône* längere Zeit auf, bevor sie dann den letzten Weg zu den Abwrackern ging.

Richard Hayward

Fe	4 ms	1637/1687	1885	5.	258.0	/38.0	/23.1
					78,63/11,58/ 7,03		

Einzelheiten über das Rigg des Schiffes sind nicht bekannt.

W. Doxford+Sons, Sunderland W. E. Jones+Co.   Carnarvon

Im Jahre 1886 auf See aufgegeben.

Richard Wagner

Fe	4 ms	2006/2094	1886	4.	276.0	/41.0	/23.9
2 Dks					84,12/12,49/ 7,23		

Glattdecker, Masten mit Mars- und Bramstenge, doppelte Mars-, aber einfache Bramsegel und Royals. Besanmast mit Stenge und einer Gaffel.

Tecklenborg, J. C.,   Tecklenborg, J. C.
Geestemünde   Geestemünde

→	1889	Hera	Wencke, B. Söhne	Hamburg
→	1906		Rhederei AG. von 1896	
				Hamburg

Hera strandete am 31. Januar 1914 bei Gull Rock, Nähe Porthlos, nur etwa 2 Seemeilen von Falmouth entfernt.

Wie schon mehrmals erwähnt, muß auch hier gesagt werden, daß der Eintrag im Lloyds Register mit Vollschiff nicht den Tatsachen entsprach, doch das Register machte anfänglich keinen Unterschied zwischen den beiden Takelagen.
Richard Wagner war die zweite in Deutschland erbaute Viermastbark, und zwar auf eigene Rechnung von Tecklenborg, der sie auch betrieb. Als Kapitän diente O. Romberg.
Schon im Jahre 1889 aber verkaufte Tecklenborg das Schiff an Wencke in Hamburg, wo es als Hera unter die neue Hausflagge gestellt und von den Kapitänen M. Meyer, J. F. Küelsen, H. F. Ulrich, W. Wiese und R. Lorenz geführt wurde.
In einem der berüchtigten »Norder« an der Küste Chiles in Pisagua ergab sich ein Zusammenstoß von Hera mit der britischen Glocester. Beide Schiffe erlitten erheblichen Schaden, der nur behelfsmäßig repariert werden konnte.
Hera war auf ihren großen Fahrten in vielen Häfen im Osten und Westen der Welt zu sehen.
Unter Kapitän Lorenz kehrte der Viermaster im Jahre 1914 aus Pisagua zurück. »Falmouth for orders« war das Ziel der Reise, doch ein Unglück führte dazu, daß das Schiff den berühmten Hafen in Cornwall nicht erreichte.

Roanoke

Ho	4 ms	3347/3539	1892	9.	311.2	/49.2	/29.2
2 Dks					97,84/14,98/ 8,88		

Glattdecker, Masten mit Mars- und Bramstenge, doppelte Mars-, einfache Bram-, Royal- und Skysegel. Besanmast mit Stenge und einer Gaffel.

Sewall, A.+Co., Bath (Me)   Sewall, A.+Co.   Bath (Me)

Vor Anker liegend, geriet der große Viermaster am 10. August 1905 bei Noumea auf Neu-Kaledonien in Brand und ging verloren.

Wie Aufnahmen vom Stapellauf belegen, war Roanoke nie als Vollschiff getakelt. Art der Eintragung bei Lloyds!
Nach Great Republic war diese Viermastbark das größte jemals in den USA gebaute Holzschiff.
Wenn wir heute oft über Gebiete staunen, die früher einmal dicht bewaldet waren, geben uns die Verbrauchsmengen für die großen Holzschiffe einigen Aufschluß. So wurden für Roanoke beispielsweise folgende Quantitäten an Holz verwendet: 24 000 Kubikfuß bester Eiche und ganze 1 250 000 Kubikfuß Kiefer! In Kubikmetern ausgedrückt sind dies 680 Kubik Eiche und rund 35 000 Kubik Kiefer.
Man stelle sich vor, was etwa die Briten und Spanier seinerzeit für die Flotten schlagen mußten, um all die Schiffe der »Armada« zu bauen. Sewall selber sah ein, daß mit dem Bau von Roanoke der absolute Höhepunkt im Holzbau erreicht war.
Es darf überhaupt verwundern, daß sich der Holzbau in den USA so lange halten konnte. Es fehlten aber in den USA noch die entsprechenden Bearbeitungsmaschinen für Stahlbauten. Für ihre ersten Einheiten aus Stahl ließen sich die Amerikaner die Bauteile in Europa herstellen.
Sewall gab seinen Schiffen Namen, die aus der Sprache der Indianer stammten.
Die Kapitäne J. Hamilton und J. A. Amesbury führten den Viermaster auf wechselnden Kursen nach verschiedenen Destinationen. So war Roanoke in San Francisco, aber auch in Australien und auf Hawaii zu sehen. Im Jahre 1894 ereignete sich zwischen dem Viermaster und dem Dampfer Llangibby an der Ostküste Südamerikas eine Kollision. Das Segelschiff wurde in wochenlanger Arbeit in Rio de Janeiro repariert. Die Reisedauer von New York nach Melbourne dehnte sich damit auf ganze 244 Tage aus.
Unter den Seeleuten waren die Einheiten Sewalls wenig berühmt, ja, sie galten als »bloody boats«, also als blutige Schiffe. Besonders unter Kapitän Hamilton sollen sich mehrere Male arge Szenen abgespielt haben. Grund war die wenig menschenwürdige Behandlung der Crewmitglieder.

Robert Duncan

St	4 mbk	2005/2166	1891	1.	279.7	/42.1	/24.5
1 Dk					85,20/12,82/ 7,43		

Glattdecker, Masten mit Mars- und Bramstenge, doppelte Mars-, aber einfache Bramsegel und Royals. Besanmast mit Stenge und einer Gaffel.

Duncan, R.+Co., Port Glasgow Leitch+Muir   Greenock

→	1910	William T. Lewis	Rolph, A. P.	Greenock
→	1918		Rolph, J.	San Francisco
→	1927		Griffith, J.	Seattle
→	1935	Umbau zum	Island Tug+Barge Co.	
		Schleppleichter,		Victoria B. C.
		1940 noch in		
		Betrieb		

Schicksal unbekannt.

Diese Viermastbark war mehrheitlich auf Kursen zum Pazifik eingesetzt, wobei sie von den Kapitänen R. Falconer, D. Bannatyne, M. McLean und D. Williams geführt wurde.
Nach dem Verkauf unter die USA-Flagge übernahmen die Kapitäne E. E. Manning, Wikander und N. P. Carlsen das Schiff.
Während einer Passage zur Kriegszeit wurde William T. Lewis plötzlich durch ein feindliches U-Boot beschossen. Kapitän Manning sah keine Möglichkeit, sich zur Wehr zu setzen und befahl

seine Leute in die Boote. Nachdem 14 Schüsse aus dem Geschütz des U-Bootes in den Rumpf des Seglers gekracht waren, verschwand der geheimnisvolle Feind ebenso, wie er gekommen war. Nach einer ungemütlichen Nacht fanden die Leute von der *William T. Lewis* ihr Schiff wieder, gingen an Bord und setzten ihre Reise fort. Bald war ein britisches Kriegsschiff zur Stelle und schleppte das Segelschiff nach Berehaven. Nach den Reparaturen ging der Viermaster wieder auf große Fahrt.

Nach weiteren Handwechseln ging das Schiff den gleichen Weg wie vor ihm viele Artgenossinnen, es wurde zum Leichter abgetakelt.

Noch im Jahre 1940 stand er in Victoria B. C. in Betrieb.

Robert Rickmers

Fe	4 mbk	2211/2262	1888	8.	279.3 /42.0 /24.4
2 Dks					85,08/12,80/ 7,41

Glattdecker, Masten mit Mars- und Bramstenge, doppelte Mars- und Bramsegel und Royals. Besanmast mit Stenge und einer Gaffel.

Russell+Co., Greenock	Rickmers Reismühlen, Rhederei und Schiffbau AG. Bremerhaven

Auf der Fahrt von Philadelphia nach Hiogo ist die Viermastbark nach Passieren der Lombock-Straße etwa am 8. Oktober 1904 verschollen, ohne die geringste Spur zu hinterlassen.

Kapitän H. Bruhn übernahm *Robert Rickmers* nach der Fertigstellung und führte sie in mehreren Reisen nach dem Fernen Osten wie z. B. nach Singapore, Pulo Penang und Hiogo.
Am 17. Juni 1904 ging der Viermaster in Philadelphia in See und hatte Auftrag , die Ladung Petroleum nach Hiogo in Japan zu befördern.
In der Lombock-Straße begegnete *Robert Rickmers* noch die britische *Alcides,* eine Viermastbark, die für die Anglo-American Oil Co unterwegs war.
Kaum hatten sich die beiden Schiffe aus den Augen verloren, brach ein Taifun über die Gegend her. *Alcides* wurde vollständig entmastet, überlebte aber. *Robert Rickmers* ging verloren.

Romsdal

Fe	4 ms	1827/1887	1877	10.	275.9 /41.1 /23.5
2 Dks					84,04/12,51/ 7,13

Glattdecker, Masten mit Mars- und Bramstenge, doppelte Mars-, aber einfache Bramsegel und Royals. Neubau als Vollschiff.

Steele, R., Greenock	Allan, J.+A.	Glasgow

Unterwegs von Chittagong nach Dundee geriet *Romsdal* am 2. November 1891 im Golf von Bengalen in einen Wirbelsturm und ging verloren.

Diese Einheit gehört zu den kleineren und frühen Viermastern. Nach Berichten aus verschiedenen Quellen soll es sich bei diesem Schiff um einen wahren Renner gehandelt haben. Fast unglaubliche Daten werden genannt, so als Beispiel eine Zehn-Tage-Reise von New York nach Liverpool oder eine ähnliche, fast unvorstellbare Fahrt von Tail of the Bank nach Montreal und zurück nach Liverpool in unwahrscheinlichen 37 Tagen.
Der Berichterstatter neigt jedenfalls zur Auffassung, daß da tüchtig Seemannsgarn gesponnen wurde, ohne dabei etwa Lubbock nahetreten zu wollen.

Romsdal, geführt durch die Kapitäne J. Jarman, A. Whyte und J. B. Smith, brachte aber auch andere, belegte hervorragende Reisen unter den Kiel, so mehrmals in der Jutefahrt nach und von Indien.
Romsdal soll vom Kiel bis zum Flaggenknopf ein typisch schottisches Schiff gewesen sein. Ganz hervorragend muß Kapitän Whyte gewesen sein, der es verstand, sein Schiff im Sinne eines »teamwork« zu führen und dabei erstaunliche Resultate erzielte. So sollen auf diesem Viermastvollschiff bei jeder sich bietenden Gelegenheit noch die sogenannten Leesegel gesetzt worden sein, Segel wie sie die berühmten Klipper noch verwendeten.
Die Laufbahn der vorzüglichen Einheit war leider nur kurz. In Chittagong ging sie am 31. Oktober 1891 mit einer vollen Ladung Jute auf große Fahrt und verunglückte im Golf von Bengalen. Wrackteile und Rettungsringe wurden später als letzte Zeugen gefunden. Wiederum hatten die Naturgewalten ein teures Opfer gefordert.

Ross-Shire

St	4 mbk	2148/2257	1891	7.	289.1 /41.2 /24.4
1 Dk					88,10/12,54/ 7,41

Glattdecker, Untermasten und Marsstenge aus einem Stück gefertigt, Bramstenge. Doppelte Mars- und Bramsegel und Royals. Besanmast als Pfahlmast mit einer Gaffel.

Scott+Co., Greenock	Law, T.+Co.	Glasgow

In Pisagua ereignete sich an Bord des Schiffes am 23. Dezember 1900 eine Explosion. Der ausgebrochene Brand konnte nicht gelöscht werden, worauf der Viermaster am Weihnachtstag sank.

Ross-Shire war die einzige Neukonstruktion, die Scott an Law liefern konnte.
Law gab allen seinen Schiffen ». . . Shire«-Namen, man sprach deshalb auch von der »Shire«-Line.
Als Kapitäne wirkten an Bord des Viermasters A. Baxter und W. Couper. Im Laufe der Jahre war *Ross-Shire* in vielen Häfen in Ost und West zu sehen, so z. B. in San Francisco, Calcutta, Portland (Ore), Newcastle (NSW), Philadelphia, Hiogo, Port Townsend, Kobé und Moji.
Im Jahre 1893 wetterte die Viermastbark einen schweren Zyklon und kurz darauf einen weiteren schweren Sturm ab, ohne dabei großen Schaden zu erleiden.
1899 zog sich Baxter zurück, und im Frühjar 1900 ging das Schiff, mit Kapitän Couper an Bord, erneut auf große Fahrt. In 84 Tagen gelangte der Viermaster nach Sydney. Von Newcastle (NSW) ging die Reise dann mit Kohle weiter über den Pazifik nach Valparaiso. Anschließend verholte das Schiff nach Pisagua, wo sich dann das schwere Unglück ereignete, daß die Karriere von *Ross-Shire* beschloß.

Routenburn

Fe	4	mbk	1997/2097	1881	4.	289.0	/42.2	/23.9
2 Dks						88,08/12,85/ 7,23

Glattdecker, Masten mit Mars- und Bramstenge, doppelte Mars-
und Bramsegel und Royals. Am Groß- und Kreuzmast zusätzlich
Skysegel. Besanmast mit Stenge und einer Gaffel.

Steele, R.+Co., Greenock		Shankland, R.+Co.	Greenock
→ 1905	Svithiod	Rederi A/B Navigator	Göteborg
→ 1917	nach Beschlag- nahme durch Canada	Stewart, J.+Co.	London
→ 1921	Beatrice	Rederi A/B Pollux	Göteborg

Nach über fünfzig Dienstjahren in Stavanger 1932 abgebrochen.

In der Geschichte der Vier- und Fünfmastrahschiffe erreichten
nur wenige Einheiten ein Alter wie Routenburn.
Als bleibendes Andenken an das einstmals berühmte Schiff be-
wahrt das Marine-Museum in Stockholm den Kreuzmasten der
zuletzt Beatrice genannten Einheit auf.
Wie bei Shankland üblich, erhielt auch diese Einheit einen
». . . Burn«-Namen.
Die Kapitäne J. Young, W. Hartnell, H. Holmyard, G. Roberts,
J. W. Barker, F. P. Horsfall und J. Jensen führten die Viermastbark auf ihren Reisen mehrmals nach San Francisco und anderen Häfen am Pazifik. Leider ist über die frühe Fahrenszeit des
Schiffes nur wenig bekannt.
1905 verkaufte Shankland den Viermaster nach Schweden, wo
er dann Svithiod genannt wurde. Auch hier fehlen in der Literatur
Hinweise über die Tätigkeit.
Während des Krieges von 1914/18 beschlagnahmten kanadi-
sche Seestreitkräfte das Schiff, gaben es aber nach Friedensschluß wieder zurück. Erst nachdem die Reederei Pollux die Viermastbark übernahm und Beatrice taufte, wurde das Schiff dann
bekannt.
Kapitän H. Bruce und sein Nachfolger Thorson brachten die Einheit auf vielen Fahrten nach Australien und zurück. Über mehrere
Jahre nahm Beatrice an den bekannten Wettfahrten zum fünften
Kontinent teil und machte meist keine schlechte Figur. Oft waren
Herzoging Cecilie und Beatrice die großen Rivalinnen anläßlich
der Weizenfahrten vom Spencer Golf nach Europa. Beide Schiffe
hatten ganz tüchtige Kapitäne an Bord, die Herzogin mit Reuben
de Cloux und Beatrice mit H. Bruce.
Beide Viermaster schrieben zu jener Zeit Seefahrtgeschichte erster Ordnung, und jeder Fahrensmann kannte die beiden Viermastbarken wenigstens dem Namen nach.
Als Beatrice führte das Schiff nur noch das sog. »baldheaded«-
Rigg. Schließlich mußte diese bewährte Einheit auch der Konkurrenz mit Motorantrieb weichen, Abbruch hieß die Devise.

Royal Forth

St	4	mbk	2988/3130	1893	6.	329.3	/45.3	/25.6
2 Dks						100,34/13,78/ 7,77

Glattdecker, Masten mit Mars- und Bramstenge. Doppelte Mars-
und Bramsegel und Royals. Besanmast als Pfahlmast, Besan
ohne Gaffel.

Ramage+Ferguson, Leith		Ferguson, J.	Leith
→ 1900	Henriette	Schmidt, H. H.	Hamburg
→ 1919	nach Weltkrieg Italien zugesprochen.		

In Genova im Jahre 1924 abgebrochen.

Unter der Flagge Ferguson's blieb das Schiff nur wenige Jahre.
Als Kapitän amtierte A. Cooper bis zum Verkauf der Einheit nach
Deutschland. Über die Reisen von Royal Forth bestehen keine
Aufzeichnungen. Royal Forth gehörte zu den größten Viermastbarken, die gebaut wurden.
Schmidt übernahm das Schiff und gab ihm den Namen Henriette.
An Bord kamen als Kapitäne M. Dietrich, W. Rasch, P. Thomsen
und E. Butz. Die Reisen gingen nach Santa Rosalia, Port Townsend, Port Pirie, Newcastle (NSW), Valparaiso und Tocopilla.
Im Juli 1908 wurde Henriette am Kap Hoorn bis weit nach Süden
auf 63° S getrieben, respektive verschlagen. Segel um Segel flog
aus den Lieken, und schließlich gelang es, den Viermaster in den
schützenden Hafen von Port Stanley auf den Falklandinseln zu
bringen.
Kapitän Rasch wurde von einer übergekommenen See schwer
verletzt und starb am 27. Juli 1908. Es war der erste Steuermann, der die Henriette nach den Malvinen, wie die Falklands
auch genannt werden, brachte. Nach umfangreichen Reparaturen setzte die Viermastbark ihre Fahrt nach Coquimbo fort.
In Antofagasta interniert, wurde Henriette nach dem Weltkriege
an Italien ausgeliefert und dort dann abgebrochen.

Samaritan

St	4	mbk	1997/2143	1891	6.	282.2 /42.1 /24.5
2 Dks						86,0 /12,82/ 7,43

Glattdecker, Masten mit Mars- und Bramstenge, doppelte Mars- und Bramsegel und Royals. Besanmast mit Stenge und einer Gaffel.

Duncan, R.+Co., Port Glasgow	Thomson, W.+Co.	Liverpool
→ 1901		Macvicar, Marshall+Co.
		Liverpool
→ 1910		Grefstad+Herlofsen	Arendal
→ 1913	Får	Brovig, Th.	Farsund
→ 1915	Dagmar	Olburs, V. R.	Göteborg

Letztmals signalisierte *Dagmar* am 11. November 1915 mit der Signalstation Tail-of-the-Bank, danach ist das Schiff verschollen.

Unter britischer Flagge ereigneten sich an Bord von *Samaritan* meutereiartige Ausstände der Mannschaft. So sah sich die Schiffsführung einmal gezwungen, auf den Bermudas Halt zu machen, um die in Eisen gelegte Crew auszuwechseln. Leider fehlen auch hier nähere Angaben über die Fahrten der Viermastbark, die für die britschen Reeder durch die Kapitäne I. J. Dexter, J. M. Perry und H. H. Dexter geführt wurde.
Ab 1911 war das Schiff in Arendal registriert, worauf nach drei Jahren ein neuer Besitzerwechsel zum Namen *Får* führte und der Heimathafen nach Farsund wechselte.
Schon nach zwei weiteren Jahren wurde die Einheit als *Dagmar* unter neue Hausflagge gestellt, dieses Mal in Göteborg, also Schweden. Kein Glück brachte dem Viermaster die mehrmalige Wechslung von National- und Hausflagge. Nach dem 11. November 1915 ist *Dagmar* verschollen, möglicherweise wurde sie auch ein Kriegsopfer.
Für die skandinavischen Eigner waren die Kapitäne Terejesen, Salvesen und K. N. Kihlmann an Bord. Letzterer blieb mit dem Schiff und seiner Mannschaft auf See.

Saragossa

St	4	mbk	2289/2503	1902	289.9 /43.3 /24.5
2 Dks					88,30/13,17/ 7,43

Glattdecker, Untermasten und Marsstenge aus einem Stück gefertigt, Bramstenge. Doppelte Mars- und Bramsegel und Royals. Besanmast als Pfahlmast mit einer Gaffel.

Dundee Shipbuilding Co., Dundee	Hardie, J.+Co.	Glasgow

Am 15. August 1904 ist *Saragossa* auf der Reise von Newcastle (NSW) nach San Francisco in der Inselgruppe der Cook-Inseln auf Mangaia Island wrackgelaufen und verlorengegangen.

Die Laufbahn dieser Viermastbark begann mit Schwierigkeiten, denn sie wollte beim Stapellauf nicht in ihr Element gleiten. War dies ein schlechtes Omen? Man könnte es meinen.
Auf der Überfahrt vom Bauhafen in Dundee nach Liverpool mußte *Saragossa* mehrere Häfen anlaufen. Schlechtes Omen? Man würde meinen. Die Viermastbark war prachtvoll gebaut, und alles schien zum besten bestellt. Die erste Fahrt von Dundee nach Liverpool begann am 29. Oktober in Dundee, das Schiff in Ballast. Nach verschiedenen Zwischenfällen erreichte die Einheit nach 42 Tagen ihren Bestimmungshafen. Das Ziel für die erste große Fahrt war Sydney, das nach 123 Tagen erreicht wurde, ebenfalls keine hervorragende Leistung.

Hardie gab seinen Schiffen fast ausnahmslos Namen, die Orten britischer Erfolge im Kampf um die iberische Halbinsel entsprachen.
Schon im Jahre 1904 schien das schlechte Omen sich zu erfüllen, verunglückte das Schiff doch nach kaum zwei Jahren Betriebszeit. Die Besatzung wurde nach Auckland auf Neuseeland an Land gebracht, allerdings verlor der Segelmacher beim Unglück sein Leben. Für Hardie dienten die Kapitäne D. Steven und W. Duncan an Bord von *Saragossa*.

Saratoga

St	4	mbk	2134/2297	1893	1.	277.1 /41.9 /24.2
2 Dks						84,44/12,71/ 7,36

Glattdecker, Masten mit Mars- und Bramstenge. Doppelte Mars- und Bramsegel und Royals. Besanmast mit Stenge und einer Gaffel.

Russell+Co., Greenock	Steeves, G. M.	Liverpool

Nach dem 20. August 1896 verschollen.

Gilbert M. Steeves erhielt von Russell's Werft in Greenock fünf große Viermastbarken geliefert, deren Namen alle mit »S« begannen: *Stanley, Simla, Sofala, Somali* und *Saratoga*.
Letztere war nicht vom Glück begünstigt, denn schon nach drei Jahren ist sie, geführt von Kapitän J. Davidson, verschollen.
Wie die anderen erwähnten Einheiten war auch *Saratoga* eine typische Vertreterin des schwer gerigten Frachtenseglers, ohne besondere Ansprüche hinsichtlich Geschwindigkeit. Transportkapazität war in den späten Jahren der Segelschiffahrt von größerer Bedeutung als Schnelligkeit.

Seafarer

St	4	mbk	2163/2211	1888	4.	281.6 /41.2 /24.6
2 Dks						85,79/12,54/ 7,46

Glattdecker, Masten mit Mars- und Bramstenge. An Fock- und Großmast doppelte Mars-, aber einfache Bramsegel, Royals und Skysegel. Der Kreuzmast war ohne Skysegel ausgerüstet. Besanmast mit Stenge und einer Gaffel.

Potter, W. H.+Sons, Liverpool	Potter, W. H.+Sons	Liverpool
→ 1901	Seefahrer	Reederei AG. Brema	Bremen
→ 1909		Witte, A.	Bremen
→ 1910		Klingenberg, C. T.	Bremen
→ 1920		De Cort, C.+Verschuren, F.	
			Belgien

Schicksal unbekannt.

Seafarer führte eine eher seltene Takelage.
Nach der Fertigstellung war das Schiff nicht verkäuflich, und so betrieb Potter die Einheit auf eigene Rechnung. T. S. Tupman und G. Farmer führten den Viermaster als Kapitäne nach Indien, speziell nach Calcutta, wo Jute geladen wurde.
Die Reederei Brema erwarb das Schiff dann im Jahre 1901 und gab ihm den verdeutschten Namen *Seefahrer*. Dafür blieb der Name des ersten Kapitäns unter deutscher Flagge englisch, nämlich B. Shoemaker. Einige Jahre danach übernahm ein anderer Reeder aus Bremen die Viermastbark, Witte. Auch hier war Kapitän Dogen nur für kurze Zeit an Bord, denn schon ein Jahr später kam *Seefahrer* unter die Hausflagge von Klingenberg.

J. Stratmann kam damit als Kapitän auf den Viermaster und führte ihn sicher zur Salpeterküste Chiles. *Seefahrer* wurde denn auch im unbekannnteren Hafen von Gatico zu Kriegsbeginn interniert. Als die Feindseligkeiten beendet waren, gelangte das Schiff unter belgische Flagge. Von da an verlieren sich die Spuren. Im Lloyds Register ist das Schiff noch 1922/23 eingetragen.

Semantha

St	4 mbk	2211/2280	1888	11.	296.7 /43.2 /23.8
2 Dks					90,39/13,15/ 7,21

Glattdecker, Masten mit Mars- und Bramstenge, doppelte Mars- und Bramsegel und Royals. Besanmast mit Stenge und einer Gaffel.

Hamilton, W.+Co., Port Glasgow	Haws, J. R.+Co.	Liverpool
→ 1911	Olsen, B. A.+Son	Lingör und Risör

Unterwegs von Portland (Ore) nach Großbritannien, segelte *Semantha* am 3. Februar 1915 ruhig ihres Weges. Auf Pos. 26° 30' S/27° W erschien unvermittelt der deutsche Kreuzer *Kronprinz Wilhelm* und griff das Segelschiff an. Kaum hatten sich die Seeleute in die Boote begeben, krachten Schüsse in die Viermastbark, und sie ging sofort auf Tiefe.

Wie ihre Schwesterschiffe *Alcides* und *Alcedo* war auch *Semantha* für einen Viermaster ein außergewöhnlich schnelles Schiff. Auf den Fahrten, die meist in den Pazifik führten, waren die Kapitäne D. P. Crowe und L. C. Dart für Schiff und Besatzung verantwortlich. Ihnen folgte noch H. Andrews, bevor die Einheit nach Norwegen verkauft wurde. Für den norwegischen Reeder Olsen war N. Halvorsen an Bord der Master, bis zur Versenkung im Jahre 1915.
Eine der schnellsten Passagen brachte die Viermastbark 1899 hinter sich, als sie in 101 Tagen von Astoria nach Brow Head segelte. Brow Head liegt ganz in der Nähe der Fastnet Rocks.

Shakespeare

Fe	4 ms	1757/1814	1876	5.	278.0 /40.2 /23.5
1 Dk					84,73/12,24/ 7,13

Glattdecker, Einzelheiten der Takelage sind nicht bekannt.

Short, Sunderland	Bates, E.+Sons	Liverpool
→ 1881	Ross, W. H.	Liverpool

Am 20. November 1882 lief *Shakespeare* auf Inaccessible Island wrack.

Dieses Viermastvollschiff gehörte anfänglich W. Adamson aus London, wurde aber von Bates bereedert. Im Jahre 1880 konnte Bates das Schiff käuflich erwerben, doch schon ein Jahr später kam der Viermaster zu Ross.
Über die Tätigkeit der Einheit ist nichts Näheres bekannt, sie gehörte zu den ganz frühen und noch kleineren Viermastern.
Als Kapitäne dienten McGregor und Kearon an Bord von *Shakespeare*.

Shenandoah

Ho	4 ms	3258/3407	1890	11.	299.7 /49.1 /19.9
2 Dks					91,30/14,95/ 6,01

Glattdecker, Masten mit Mars- und Bramstenge. Doppelte Mars-, aber einfache Bramsegel, Royals und Skysegel. Besanmast mit Stenge und einer Gaffel.

Sewall, A.+Co., Bath (Me)	Sewall, A.+Co.	Bath (Me)
→ 1910	Verkauf als Schleppleichter	

Als Schleppleichter im Jahre 1918 vor Long Island gesunken.

Hier muß wieder erwähnt werden, daß Lloyds ursprünglich alle Viermaster als Vollschiffe im Register eintrug. Es ist anzunehmen, daß *Shenandoah* immer als Bark getakelt war, wie es verschiedene Bilder bestätigen.
Für die Amerikaner bedeutete diese Einheit sehr viel, zierten doch Abbilder der *Shenandoah* die USA-Register und Schifferpatente. Die Dimensionen dieser Einheit übertrafen diejenigen der *Roanoke* noch.
Die erste Reise unter Kapitän J. F. Murphy segelte das Schiff von New York, rund Kap Hoorn, nach San Francisco, wo dann 5300 ts Getreide in die Frachträume übernommen wurden.
Ein großes Ereignis ergab sich für den großen Holz-Viermaster im Jahre 1895 auf Pos. 56° 12' S 72° 44' W, als er dort dem wohl berühmtesten Klipper aller Zeiten begegnete, *Cutty Sark,* geführt vom bekannten Kapitän Woodget. Man hätte bei diesem Anlaß wohl von David und Goliath sprechen können.
Während der Kriegsjahre bewaffneten die Reeder das Schiff mit Kanonen.
Die Person des Kapitäns J. F. Murphy bot Gelegenheit, viel Seemannsgarn zu spinnen. Jedenfalls muß der Mann ein sehr harter Schiffsführer gewesen sein. Nicht umsonst erhielt das Schiff bei Seeleuten den Beinamen »hell ship«, was nichts anderes als Höllenschiff bedeutete.
In Liverpool hat Murphy das Schiff einmal unter Polizeischutz verlassen müssen, um nicht in Bedrängnis zu geraten.
Es muß hier erwähnt werden, daß die amerikanischen Segelschiffe ganz allgemein sehr hart geführt wurden. Offenbar hatten Reeder und Kapitäne auch Grund dazu.
Letztlich erlitt die große Einheit ein klägliches Schicksal.
Unter der großen Zahl von Vier- und Fünfmastern gab es lediglich sieben Holzschiffe, nämlich *Great Republic, Ocean King, Frederic Billings, Shenandoah, Susquehanna* und *Roanoke* aus den USA und *King's County* aus Canada. Die Zahl sieben war also, wie für die Fünfmaster, auch bei den Holzschiffen gegeben.

Silberhorn

Fe	4 mbk	1853/1920	1884	3.	267.5 /40.2 /24.0
2 Dks					81,50/12,24/ 7,31

Glattdecker, Masten mit Mars- und Bramstenge. Doppelte Mars-, aber einfache Bramsegel und Royals. Besanmast mit Stenge und einer Gaffel.

Russell+Co., Port Glasgow	De Wolf, J. R.+Son	Liverpool

Am 12. Juni 1907 verließ *Silberhorn* mit einer vollen Kohleladung den Hafen von Newcastle (NSW). Bestimmung war Iquique. Auf Pos. 40° S/140° W wurde der Viermaster letztmals gesehen, darauf verschollen.
Am 27. August 1907 sichtete die deutsche Bark *Anny* bei den Juan Fernandez-Inseln ein brennendes Wrack. Daran waren am

Heck die Buchstaben . . . ool auszumachen. Sehr wahrscheinlich handelte es sich um *Silberhorn*. Zwei Jahre später, 1909, wurde am Bounty Beach auf Pitcairn Island ein Rettungsring angetrieben, der die Aufschrift *Silberhorn* trug.

Die Einheit blieb während ihrer ganzen Laufbahn unter De Wolf's Hausflagge, geführt durch die Kapitäne J. W. Mann, T. Rowe, R. Gibson und Warren. Meist führten die Fahrten des Schiffes in den Pazifik sowie in die Fernen Osten.

Dieser Viermastbark blieben auch schwere Unfälle nicht erspart. So kam es bei einer der zahlreichen Kap-Hoorn-Umrundungen zu einem Zwischenfall, der den Verlust eines Menschenlebens und schweren Schaden am Schiff zur Folge hatte. Eine achterlich hereinbrechende See spülte einen Seemann in die tobenden Fluten, zerschlug gleichzeitig das Ruderrad zu Kleinholz und richtete weiteren Schaden am Rigg an. Kapitän Rowe hattte keine Möglichkeit, dem bedauernswerten Matrosen zu Hilfe zu kommen. Das Schiff war steuerlos und unter keinen Umständen im schweren Sturm zu wenden. Wieder einmal erwiesen sich die entfesselten Elemente viel stärker als Menschenwerk.

In St. Nazaire wurde *Silberhorn* am Ende dieser Unglücksreise repariert.

Silberhorn, *Matterhorn* und *Goldenhorn* waren Schwesterschiffe, alle drei bei Russell für De Wolf gebaut und zu den kleineren Viermastbarken zählend.

Simla I

Fe	4	ms	2172/2288	1854		330.2 /39.8 /26.7
2 Dks						100,63/12,08/ 8,09

Als Dampfer gebaut, Maschine von 640 HP. Nach Kollision Umbau zu Viermastvollschiff. Details leider keine bekannt.

Tod, Glasgow	Alexander+Co.	Glasgow
→ 1883	Devitt+Moore	Glasgow

Im Jahre 1885 ist das Schiff nicht mehr im Lloyds Register eingetragen, Schicksal unbekannt.

Über die beiden Einheiten, die den Namen *Simla* führten, ist in der Literatur eine gewisse Verwirrung festzustellen, wurden die beiden Schiffe doch mehrmals untereinander verwechselt. *Simla I* war ursprünglich ein P + O-Dampfer. Nach einer Kollision mit der *City of Lucknow*, einem anderen Dampfschiff, wurde repariert, und es erfolgte der Umbau zum Viermaster. Devitt + Moore nahmen das Schiff in Betrieb, jedoch nur für kurze Zeit.

Simla II

St	4	mbk	2087/2214	1890	3.	278.2 /41.9 /24.4
1 Dk						84,78/12,71/ 7,41

Glattdecker, Masten mit Mars- und Bramstenge, doppelte Mars- und Bramsegel und Royals. Besanmast mit Stenge und einer Gaffel.

Russell+Co., Port Glasgow	Steeves, G. M.	Liverpool

Nach Brand am 10. September 1908 in Acapulco wurde das Schiff nach San Francisco geschleppt und dort als Hulk verwendet.
Als nach Ausbruch des Krieges Schiffsraum bald knapp wurde, wurde der Rumpf neu aufgeriggt. Als Schonerbarge im Dienste der Union Oil of California kam das Schiff erneute in die Register. Das weitere Schicksal ist unbekannt.

Die hier beschriebene Einheit gehörte zu den fünf Viermastern, die Russell für Steeves baute.
Sofort nach Indienststellung ging das Schiff auf große Fahrt nach Indien.
In den ersten Jahren waren die Kapitäne C. J. Killey, Hannay, O. H. C. Lindström, J. Davidson und F. M. Hustis. Nach der Jahrhundertwende sorgten W. Steele, G. T. Casson und J. E. Evans für gute Führung von Schiff und Mannschaft.
Der Brand in Acapulco beendete die Karriere des Viermasters frühzeitig.

Sindia

St	4	ms	2929/3068	1887	12.	329.3 /45.2 /26.7
2 Dks						100,34/13,76/ 8,09

Glattdecker, Masten mit Mars- und Bramstenge, doppelte Mars- und Bramsegel und Royals. Nach Umbau zur Viermastbark (1896) Besanmast als Pfahlmast mit einer Gaffel.

Harland+Wolff, Belfast	Brocklebank, T.+J.	Liverpool
→ 1900	Anglo American Oil Co.	London

Auf der Fahrt von Kobé nach New York geriet *Sindia* am 15. Dezember 1901 bei Ocean City (New Jersey) in einen schweren Schneesturm, lief auf Grund und war verloren. Die Unfallstelle lag etwa 95 Seemilen südlich von Sandy Hook. Noch in den 50er Jahren waren Teile des gesunkenen Schiffes zu sehen.

Mit dem Stapellauf dieser Einheit erschien das zur Zeit größte Segelschiff auf den blauen Tiefen. *Sindia* war in Großbritannien der erste Neubau, der die 3000-BRT-Grenze überschritt. Damit wurde eine stürmische Entwicklung eröffnet, die ihren Höhepunkt bei *Brilliant* und *Daylight* erreichte.
Unter Kapitän Cochran ging der Viermaster am 1. Februar 1888 auf Jungfernreise nach Calcutta. Besonders schnell waren die Cracks von Harland + Wolff nicht, weder *Sindia* noch ihre Schwester *Holkar*. Unter britischer Flagge machte das Schiff die meisten Reisen nach Indien, war doch Jute zu jener Zeit ein immer noch sehr begehrter Rohstoff in Europa.
Bevor das Schiff noch verkauft wurde, kam als nächster Kapitän R. Heyburn an Bord.
Der Handwechsel zur Flotte der AAOC hatte auch einen grundlegenden Wechsel im Fahrtenprogramm zur Folge. Ziel der Reisen wurden nun die Häfen im Fernen Osten. Viele, viele Ladungen Kerosin verfrachtete das Schiff nach Japan, von wo es mit Chromerz heimkehrte. Kapitän war A. Mackensie, der dann auch mit dem Schiff verunglückte.

Sir Robert Fernie

St	4	mbk	2410/2528	1889	8.	312.7 /41.9 /24.5
2 Dks						95,26/12,71/ 7,43

Glattdecker, Masten mit Mars- und Bramstenge, doppelte Mars- und Bramsegel und Royals. Besanmast als Pfahlmast mit einer Gaffel.

Russel+Co., Port Glasgow		Fernie, W. J.	London
→ 1907	*Elisabeth*	Bode, H.	Hamburg
→ 1909	als Lagerschiff nach Peru verkauft.	Compania Peruana de Vapores y Dique	Callao
→ 1922	? *Mairo*		San Francisco

Am 15. August 1924 ist das Schiff auf der Fahrt nach London auf Lobos Island gestrandet.

Der Namenswechsel zu *Mairo* liegt im dunkeln. Noch 1922 sowohl bei Lloyd wie bei Bureau Veritas noch als *Elisabeth* eingetragen.
Je nach Quelle wurde auch festgestellt, daß die Viermastbark einfache Bramsegel, Royals und Skysegel führte.
Für Fernie führten die Kapitäne H. E. Betts, P. F. Cannon und J. A. Sanders den Viermaster auf seinen Reisen nach San Francisco, Newcastle (NSW), Valparaiso, Taltal und Iquique.
Durch Verkauf kam die Einheit unter deutsche Flagge, wo sie den Namen *Elisabeth* erhielt. Reeder war H. Bode aus Hamburg und Kapitän J. Wächter, der den Viermaster auf der Salpeterroute segelte.
Nach dem Konkurs des Reeders wechselte das Schiff erneut seinen Besitzer, es kam nach Peru mit Liegeplatz Callao.
Der Krieg verhalf auch dieser Einheit zu neuem Leben, wurde sie doch in San Francisco wieder aufgeriggt. Als *Mairo* soll der Viermaster erneut auf See gewesen sein, bis er dann 1924 verunglückte.

Snaigow

St	4 mbk	2264/2384	1890	9.	282.7 /43.0 /24.1
1 Dk					86,12/13,10/ 7,33

Glattdecker, Masten mit Mars- und Bramstenge, Jubilee-Rigg, Besanmast mit Stenge und einer Gaffel.

Russell+Co., Port Glasgow		Bruce, D.+Co.	Dundee
→ 1898	*Ecuador*	Tidemann, J.+Co.	Bremen
→ 1907	*H. Hackfeld*	Pflüger, J. C.+Co.	Bremen
→ 1914	interniert in Caleta Coloso		
→ 1921	Auslieferung an Italien		

Für die Zeit unter britischer Flagge sagt die Literatur über diese Einheit nur wenig aus, ebenso darüber, was mit dem Schiff nach Auslieferung an Italien passierte. Schicksal unbekannt.

Bruce setzte an Bord von *Snaigow* die Kapitäne J. Walker und W. Fraser ein.
Bei Tidemann waren J. Westphal und O. Dieckmann die Chefs an Bord, ohne daß hier über die Fahrten Näheres wäre.
Mit dem weiteren Wechsel zu Pflüger und der neuerlichen Namensänderung in *H. Hackfeld* wurde das Schiff dann bekannter.
Die Bremer Reeder hatten gute Beziehungen zu den Königen von Hawaii, wobei Zucker eine dominierende Rolle spielte. Viele Tonnen des Süßstoffes brachte der Viermaster nach Europa, bevor er dann in Chile interniert wurde.
Mit dem Ende der Feindseligkeiten war *H. Hackfeld* den Italienern auszuliefern, worauf sich seine Spuren verlieren. Noch im Jahre 1922 ist die Einheit als der italienischen Regierung gehörend im Lloyds Register eingetragen.

Sofala

St	4 mbk	2160/2301	1892	5.	277.5 /42.0 /24.2
1 Dk					84,54/12,80/ 7,36

Glattdecker, Masten mit Mars- und Bramstenge. Doppelte Mars- und Bramsegel und Royals. Besanmast mit Stenge und einer Gaffel.

Russell+Co., Greenock	Steeves, G. M.	Liverpool
→ 1911	Edgar, J.+Co.	Liverpool

Zufolge eines schweren Lecks sank *Sofala* am 28. September 1911 auf der Fahrt von Montevideo nach Sydney.

Die fünf für Steeves gebauten Viermastbarken waren reine, schwer geriggte Frachtsegler, ohne irgendwelche Ambitionen hinsichtlich Reisegeschwindigkeit. Anfänglich segelte die Viermastbark auch noch nach Indien, bevor dann das Fahrtengebiet in den Pazifik verlegt wurde. In die Führung der Einheit teilten sich die Kapitäne N. H. Bent, A. W. Mack, T. Auld, R. Moore und D. Evans, ohne daß sie sich jemals besonderen Schwierigkeiten konfrontiert sahen.
Anläßlich der letzten Reise hingegen ergab sich eine eher ungewöhnliche, große Leckage, die mit Bordmitteln nicht zu beheben war. Schließlich mußte Kapitän Evans Befehl geben, die Boote klar zu machen. Der schiffbrüchigen Crew stand die norwegische Bark »Ingeborg« in der Not bei und konnte alle Mann retten.

Sokoto

Fe	4 mbk	2193/2262	1887	8.	278.5 /41.9 /24.5
1 Dk					84,85/12,71/ 7,43

Glattdecker, Masten mit Mars- und Bramstenge, doppelte Mars-, aber einfache Bramsegel und Royals. Besanmast mit Stenge und einer Gaffel.

Russell+Co., Port Glasgow	Steeves, G. M.	Liverpool
→ 1910	Lydersen, L.	Tvedestrand
→ 1916	Eskildsen, O. J.	København

Am 24. April 1917 reihte sich *Sokoto* in die Kriegsopfer ein.

Es scheint eine Spezialität der Steeves'schen Einheiten zu sein, daß über ihre Fahrten wenig oder nichts bekannt ist.
Die Kapitäne J. Vaughan, P. L. Ferguson, W. T. C. Pennant, P. E. Crosby, W. Bourke und R. B. Watts führten den Viermaster, der u. a. auch in der Table Bay und in San Francisco gesehen wurde.
Nach dem Verkauf an die norwegischen und dänischen Reeder liegt die Geschichte des Schiffes ganz im Dunkel. Es ist lediglich aus den Registern bekannt, daß N. B. Lydersen und C. M. Poulsen die Viermastbark unter ihrem Kommando fuhren.
Welches die kriegerischen Ereignisse waren, die den Verlust des Schiffes verursachten, ist ebenfalls nicht aus vorhandenen Dokumenten zu ersehen.

Somali

St	4	mbk	3336/3537	1892	8.	329.9 /47.0 /27.0
2 Dks						100,49/14,32/ 8,22

Glattdecker, Masten mit Mars- und Bramstenge, doppelte Mars-
und Bramsegel, Royals und Skysegel. Besanmast mit Stenge
und einer Gaffel.

Russell+Co., Port Glasgow	Steeves, G. M.	Liverpool
→ 1900	Alsterdamm	AG. Alster	Hamburg
→ 1912	Adolf Vinnen	Vinnen, F. A.	Bremen
→ 1914	in Santa Rosalia interniert		
→ 1921	Mae Dollar	Dollar, Rob.+Co.	San Francisco

Lange Zeit aufgelegt. *Mae Dollar* kam nie mehr unter Segeln auf
See. Von der Pacific Coyle Navigation Co. in Vancouver über-
nommen und zum Schleppleichter *Pacifik Carrier* degradiert. Im
Jahre 1936 Wechsel zur Island Tug + Barge Co. In Victoria
(B. C.) als *Island Carrier* und letztlich 1971 als Leichter *Crown
Zellerbach, No. 1* abgebrochen.

Wohl selten nur hat ein Schiff, respektive dessen Rumpf, über
fast 80 Jahre seinen Dienst geleistet.
Zu ihrer Zeit war *Somali* – nach *Preußen* – das größte Rahsegelschiff der Welt. Im Dienst für Steeves standen die Kapitäne
C. J. Killey, C. Hannay und H. Webster an Bord der Viermastbark.
Im Mai 1895 wurde das Schiff auf der Reise von Singapore nach
Ilo Ilo entmastet. In Hongkong konnten die Reparaturen ausgeführt werden, worauf die Reise nach San Francisco fortgesetzt
wurde.
Auf recht makabre Weise kam auch noch ein Mann zum Kommando des Viermasters, der noch keine Examen als Schiffsführer abgelegt hatte. Auf der Höhe des Kap der guten Hoffnung
starb der amtierende Kapitän, worauf der erste Steuermann
seine Nachfolge antrat. Doch auch er und bald danach ebenfalls
der zweite Steuermann verstarben an Bord. Schließlich lag *Somali* ohne Chargierte auf See. Da bestimmte die Mannschaft den
erwähnten Mann names Mc Donald zum Schiffsführer. Nach 32
Tagen übergab er das Schiff sicher dem Lotsen in Gravesend.
Im Jahre 1900 gelangte *Somali* als *Alsterdamm* unter deutsche
Flagge. Die Kapitäne A. Cords und Schmidt führten die Einheit
nach Yokohama, zum Cape Flattery, Galley Head, Santa Rosalia, San Francisco und Tocopilla.
Zwischen *Alsterdamm* und der Bark *Haddon Hall* ereignete sich
1908 eine Kollision, die beide Schiffe zu Reparaturen nach Montevideo zwang.
1912 erfolgte ein weiterer Verkauf, und zwar zu Vinnen nach Bremen, was neuerlichen Namenswechsel in *Adolf Vinnen* zur Folge
hatte. Unter Kapitän W. Müller wurde der Viermaster dann 1914
in Santa Rosalia interniert. Obwohl den Italienern zugesprochen,
kam die Einheit dann zu Dollar nach San Francisco. Nochmals
wurde der Name in *Mae Dollar* geändert, doch als solche kam sie
nicht mehr in tiefes Wasser. Als Leichter beendete das einst
stolze Schiff seine lange Laufbahn.

Springbank

St	4	mbk	2235/2398	1894	9.	282.4 /43.0 /24.4
2 Dks						86,05/13,10/ 7,41

Glattdecker, Masten mit Mars- und Bramstenge, Jubilee-Rigg.
Besanmast mit Stenge und einer Gaffel.

Russell+Co., Port Glasgow	Weir, A.+Co.	Glasgow
→ 1913		Monsen, E.+Co.	Tvedestrand
→ 1915		Heistein, Thv. B.+Sons	Christiansand
→ 1917	Asrym		
→ 1920		Langfeldt+Co.	Christiansand

Im November 1920 erreichte ein Schleppzug, bestehend aus
einem Fischdampfer und einem verlassenen Segelschiff, den Hafen von Stavanger. Der kleine Dampfer hatte *Asrym* auf dem Haken, die auf See entmastet und aufgegeben worden war. Zum
Leichter umfunktioniert, gelangte das Gefährt schließlich nach
Hamburg, genannt »Mimi«. Das Datum des Abbruchs ist nicht
bekannt.

Weir setzte an Bord von *Springbank* die Herren D. McGirr,
T. Dobbie, W. Boyd, W. H. E. James, D. Royal und T. Dunning
als Kapitäne ein.
In seiner Bauart war das Schiff ein ganz typischer »baldheader«,
was den Eindruck von zu niedrig und zu breit vermittelte. Zum
Einsatz kam der Viermaster auf der schon klassischen Salpeterroute.
Kurz vor dem Kriege verkaufte Weir die Viermastbark nach Norwegen, wo sie vorerst ihren Namen behielt. Erst 1917 wurde der
Name in *Asrym* geändert. Leider ist auch hier zu sagen, daß für
die Zeit unter skandinavischer Flagge die Angaben über Fahrten
fehlen. Auf der Reise von Newport nach Aalborg muß das Schiff
dann in schweres Wetter geraten sein, das eine Entmastung zur
Folge hatte und die Mannschaft zum Verlassen des havarierten
Viermasters zwang.

Springburn

St	4	mbk	2500/2655	1892	2.	296.0 /45.6 /25.7
2 Dks						90,22/13,86/ 7,79

Glattdecker, Masten mit Mars- und Bramstenge, Jubilee-Rigg.
Besanmast mit Stenge und einer Gaffel.

Barclay, Curle+Co., Glasgow	Shankland, R.+Co.	Greenock
→ 1906	Alexandre	Bordes, Ant. Dom. et fils	Dunkerque

Am frühen Morgen des 1. August 1917 versenkte U 155 die Viermastbark auf Pos. 33° 33' N/23° 15' W.

Springburn war die größte Einheit, die Reeder Shankland jemals
unter seiner Flagge hatte. Das Schiff machte mehrere gute Reisen. Besonders bekannt wurde die Passage von Newcastle
(NSW) nach San Francisco in nur 41 Tagen. 1897 segelte Kapitän Rae die Einheit in 72 Tagen von Capetown nach Portland
(Ore), was eine Rekordfahrt bedeutete. Neben Rae waren die Kapitäne J. Hunter, A. Sinclair, J. J. Crostwaite und T. Telfer an
Bord im Dienst.
Springburn gehörte ebenfalls zu den sehr markanten »bald-
headern«. Eigentlich für die Jutefahrt nach und von Indien erbaut, wechselte das Fahrtengebiet später zu den Getreidehäfen
am Pazifik.

Als *Alexandre* kam das Schiff im Jahre 1906 zur französischen Großreederei Bordes, befehligt durch die Commandants A. Bredeka, C. Beaujean, Lansquet, L. Brunet und Lebreton. Der Hauptbeschäftigung von Bordes' Einheiten nachgehend, kam *Alexandre* auch zum Transport von Salpeter.

Als am 1. August 1917 die Stunde des Viermasters geschlagen hatte, ergab sich kurz vor der Versenkung noch eine eigenartige Situation. Nachdem der Kapitän des Segelschiffs einsehen mußte, daß keine Gegenwehr – trotz Bewaffnung – mehr möglich war, näherte sich im Ruderboot eine Offiziersabordnung der Deutschen. An Bord der Viermastbark erklärte der zweite Offizier des U-Bootes, Otto Erkmann, daß er vor fünf Jahren an Bord der *Pitlochry* neben *Alexandre* in Chile gelegen habe.

Commandant Lebreton verließ mit seiner Crew das Segelschiff, woraufhin das U-Boot seine Pflicht tat. Auf dieser letzten Reise war *Alexandre* in Ballast von La Pallice nach Taltal unterwegs.

Stanley

St	4 mbk	2106/2210	1889	11.	278.1 /41.9 /24.4
1 Dk					84,75/12,71/ 7,41

Glattdecker, Masten mit Mars- und Bramstenge, Jubilee-Rigg. Besanmast mit Stenge und einer Gaffel.

Russell+Co., Port Glasgow	Steeves, G. M.	Liverpool

Auf der Reise von Calcutta nach Hamburg lief *Stanley* am 27. März 1896 in der Nähe des Leuchtturms bei Vlieland an der niederländischen Küste wrack.

Die Kapitäne C. H. Richers, F. P. Hodgens und J. H. Edgett führten die Viermastbark für Steeves.
Allerdings war die Laufbahn der Einheit recht kurz. *Stanley* war sowohl im Atlantik als auch im Pazifik und im Indischen Ozean zu sehen, war doch damals Jute für die Segelschiffe eine immer noch lohnende Fracht.
Kapitän Hodgens hatte über Jahre seine Frau und Töchter an Bord, die auch einmal einen sehr harten Sturm in der China-See erleben und ausstehen mußten. Schiff und Mannschaft überstanden diese Prüfung unbeschadet.

Stoneleigh

St	4 mbk	2101/2243	1892	3.	281.6 /42.3 /24.6
1 Dk					85,79/12,87/ 7,46

Glattdecker, Untermasten und Marsstenge aus einem Stück gefertigt, Bramstenge. Doppelte Mars- und Bramsegel und Royals. Besanmast als Pfahlmast mit einer Gaffel.

Scott+Co., Greenock	Cowan, G.	Greenock

Aus den zur Verfügung stehenden Unterlagen ist lediglich zu erfahren, daß *Stoneleigh* unter Kapitän J. G. Thomson im März 1895, gerade drei Jahre alt, verschollen ist.

Strathgryfe

St	4 mbk	2190/2276	1890	3.	279.4 /41.9 /24.4
1 Dk					85,13/12,71/ 7,41

Glattdecker, Masten mit Mars- und Bramstenge, doppelte Mars-, aber einfache Bramsegel und Royals. Besanmast mit Stenge und einer Gaffel.

Russell+Co., Port Glasgow		Strathgryfe Ship Co.	Greenock
→ 1895		Mc Gillivray, D.	Greenock
→ 1910	*Margretha*	Schmidt, H. H.	Hamburg
→ 1914/18	während des Krieges von den Portugiesen beschlagnahmt und verkauft, *Graciosa*		

Als portugiesische *Graciosa* am 24. August 1918 vom deutschen U-Boot U 90 versenkt.

Die Kapitäne D. McRitchie und D. McIntyre führten den Viermaster in der Zeit, da er britische Flagge führte.
In Williamstown, gegenüber Melbourne, lag das Schiff etwa 1904 und wurde von einem Rettungsschlepper ausgepumpt. Ein Jahr zuvor war die Einheit auf Wilsons Promontory gestrandet und lag dort bis zu ihrer Flottmachung.
Über weitere Reisen unter dem »Union Jack« sind leider keine Daten bekannt.
1910 erwarb Schmidt aus Hamburg die Viermastbark und taufte sie *Margretha*. Kapitän W. Wendt führte das Schiff gleich zu Beginn seiner Bordzeit in einer sehr guten Reise nach Melbourne. Nur 82 Tage benötigte er ab Dungeness zum australischen Hafen.
Während des Krieges suchte *Margretha* auf den Azoren Zuflucht. Als dann Portugal auf Seite der Briten in den Krieg eintrat, wurde das Schiff beschlagnahmt. Ein portugiesischer Reeder brachte *Graciosa* wieder auf See.
Wie schon in anderen Fällen, beschloß dann ein deutsches U-Boot am 24. August 1918 das Schicksal des ehemals deutschen Schiffes mit einem Torpedo.

Susquehanna

Ho	4 ms	2629/2745	1891	9.	273.6 /45.1 /28.0
3 Dks					83,36/13,73/ 8,53

Glattdecker, Masten mit Mars- und Bramstenge, doppelte Mars-, aber einfache Bramsegel, Royals und Skysegel. Besanmast mit Stenge und einer Gaffel.

Sewall, A.+Co., Bath (Me)	Sewall, A.+Co.	Bath (Me)

Vollbeladen mit Nickelerz, sank das Schiff auf der Heimreise von Neu-Kaledonien am 24. August 1905.
Die Holzkonstruktion war der Belastung durch das schwere Erz nicht gewachsen. Sie leckte so stark, daß alle Bemühungen, das Schiff zu halten, vergeblich waren. Zu allem Unglück versagte auch noch eine der Pumpen.

Susquehanna, eine typisch amerikanische »Down Easter«-Konstruktion mit Plattgatt am Heck. Die Kapitäne Joe Sewall, M. T. Bailey und Watts führten den Viermaster.
Besonders Sewall soll ein äußerst harter Schiffsführer gewesen sein, dem aus der Mannschaft auch Morddrohungen zukamen.

Die mit einem Indianernamen getaufte Einheit ging zur Jungfernreise nach San Francisco und von dort weiter nach Liverpool. Später war auch Hawaii im Logbuch der Einheit zu finden, bevor die verhängnisvolle Fahrt nach Neu-Kaledonien angetreten wurde.

Sewall verlor im Raume Neu-Kaledonien gleich zwei seiner großen Holzschiffe, *Roanoke* und *Susquehanna*.

Sehr wahrscheinlich war auch dieses Schiff nie als Vollschiff getakelt, aber es entsprach den Gepflogenheiten von Lloyd, zu jener Zeit die Segelschiffe in ihrer Takelage nicht zu unterscheiden.

Swanhilda

St	4 mbk	1999/2150	1890	8.	273.0 /42.3 /24.0
1 Dk					83,21/12,87/ 7,31

Glattdecker, Masten mit Mars- und Bramstenge, doppelte Mars- und Bramsegel und Royals. Besanmast mit Stenge und einer Gaffel.

McMillan, A.+Son, Dumbarton Carmichael, J.W.+Co. Glasgow

→ 1902	Lewis, W.+Co.	Glasgow

Auf der Reise von Cardiff nach der Westküste Südamerikas ist die Viermastbark am 6. Mai 1910 bei Cape St. Antony gestrandet und verlorengegangen.

Kapitän Meikle führte das Schiff auf seiner Jungfernfahrt gleich bis nach Newcastle (NSW). Die Viermastbark soll einen Trimm gehabt haben wie eine Yacht. Dies war offenbar einer der Gründe für die mehrheitlich sehr guten Reisen.

Im Jahre 1894 stellte das Schiff einen Rekord auf, der nie mehr von einem Segelschiff mit Fracht erreicht wurde. In nur 66 Tagen segelte der Viermaster von Wallaroo in Australien nach Queenstown (Irland). Ein Jahr später wurde die Reise in umgekehrter Richtung ebenso hervorragend unter den Kiel gebracht. In 82 Tagen legte das Schiff die Fahrt von Liverpool nach Sydney zurück. Kapitän C. Fraser war der Schiffsführer, der diese Reisen befehligte. Neben ihm und Meikle waren auch J. McDonald, J. F. Irish, J. Hume und A. G. Payne an Bord des Viermasters im Dienst.

Der Name von *Swanhilda* stand einst in allen Zeitungen der USA. Einem steckbrieflich gesuchten Mörder war es gelungen, an Bord der Viermastbark anzuheuern. Frank Britton, wie der Mann wirklich hieß, kam als »Wheeler« in die Crew von Kapitän Fraser. Er und sein erster Steuermann hatten auf Grund einer Zeitungsmeldung den Gewalttäter bald erkannt und blieben aufmerksam. Von Melbourne ging die Reise nach San Francisco, wo dann im Hafen die Polizei bereit stand und den Mörder in Empfang nahm. Nach Australien ausgeliefert, fand der Mörder am Galgen sein Lebensende.

Eine Reise im Jahre 1905 brachte dem Schiff schwere Schäden, die Rio de Janeiro als Nothafen bedingten. Bis nach der Stadt in Brasilien hatte die Fahrt ganze 135 Tage gedauert, und man war schon dabei, den Viermaster als verschollen zu erklären.

Tragisch endete das Schiff mit Teilen seiner Mannschaft. Kapitän Payne war noch sehr jung und hatte auf der Unglücksfahrt seine Braut mit an Bord. Mit der halben Mannschaft kamen auch Kapitän und Braut ums Leben, und man soll die beiden Leichen eng umschlungen gefunden haben.

Schuerbek

St	4 mbk	2266/2409	1902	5.	293.9 /43.1 /24.8
2 Dks					89,52/13,12/ 7,51

Glattdecker, Untermasten und Marsstenge aus einem Stück gefertigt, Bramstenge. Jubilee-Rigg, Besanmast mit Stenge und einer Gaffel.

Reid, J.+Co., Glasgow   Knöhr+Burchard   Hamburg

→ 1914	in Santa Rosalia interniert.		
→ 1920	Italien zugesprochen		
→ 1921	*Joseph Dollar*	Dollar Co.	San Francisco

In China im Jahre 1929 zur Hulk abgetakelt.

Geführt durch die Kapitäne A. Nicolai, R. Lorentzen und Chr. Christiansen, segelte die Viermastbark bei Knöhr + Burchard meist an die Westküsten Nord- und Südamerikas, wo sie Santa Rosalia, Royal Roads, Chemainus, Taltal, Valparaiso, Portland (Ore), Astoria, Antofagasta und den Puget Sound anlief.

Getreide und Salpeter waren denn auch die Frachtgüter für die Heimreisen. Allgemein Gut, Kohle und Koks wurden auf den Fahrten »outward bound« geladen.

Bei Ausbruch des Ersten Weltkrieges lag *Schuerbek* in Santa Rosalia und wurde dort interniert.

Nach Kriegsende sollte das Schiff als Reparationsleistung an Italien ausgeliefert werden, doch verkauften die Italiener den Viermaster an die Dollar Co. in San Francisco.

Kapitän Borgman übernahm die nun *Joseph Dollar* genannte Einheit und führte sie auf wenigen Reisen, u. a. auch nach Japan. Danach lag das Schiff längere Zeit auf, bis es zu seiner letzten großen Fahrt in See stach. Von Tacoma ging die Fahrt nach Shanghai, wo die Holzfracht gelöscht wurde und darauf die Einheit zum Verkauf ausgeschrieben war. Die Crew kehrte mit der Konkurrenz, ließ Dampfer, nach den USA zurück.

In China wurde die Viermastbark verstümmelt, indem man die Masten entfernte und das Schiff als Hulk verwendete. Das endgültige Schicksal hieß wohl Abbruch.

Die Galionsfigur von *Schuerbek* wird im Stadtmuseum von Oakland aufbewahrt.

Taisei Maru

St aux 4 mbk	1418/2287	1904	5.	277.4 /42.9 /24.1
2 Dks				84,52/13,02/ 7,33

Dreiinselschiff mit langer (70 Fuß) Poop und 36 Fuß langer Back. Hauptdeck also nur zwischen Fock- und Großmast offen. Untermasten und Marsstenge aus einem Stück gefertigt, Bramstenge. Doppelte Mars- und Bramsegel und Royals. Besanmast als Pfahlmast mit einer Gaffel.

Kawasaki Dockyard Co., Kobé	Navigation School of Japan Government	Tokio

In der Japanischen See lief dieses erste große Schulschiff der Japaner im Jahre 1946 auf eine Mine aus dem Kriege und sank.

Die Japaner hatten eine Vorliebe für große Segelschiffe, und sie sind es auch, die die letzten großen Viermaster als Segelschulschiffe in Betrieb nahmen.
Taisei Maru war gleich beim Bau mit Maschine ausgerüstet worden, also ein sog. »auxiliary ship«. Dieses Schiff diente der japanischen Marine zu Ausbildungszwecken, wogegen die Anwärter für Posten bei der Handelsschiffahrt bei den Deutschen oder Briten ihre Lehrgänge machten.
Mit dem Beginn des Zweiten Weltkrieges änderte sich auch die Aufgabe der Schulschiffe, denn sie wurden als Truppentransporter eingesetzt. Dabei wurde das Rigg weitgehend reduziert, und die Schiffe liefen nur mit Maschinenkraft.
Nach Friedensschluß im Jahre 1946 fanden die Alliierten alle Schulschiffe unversehrt, doch *Taisei Maru* wurde indirekt doch noch Opfer der schweren Auseinandersetzungen.
Verständlicherweise ist über die Fahrten und Reisen der Viermastbark nichts publiziert worden, man weiß aber, daß sie in Aberdeen (Wash) lag, worauf sie die Fahrt nach Honolulu fortsetzte.

Talavera

Fe 4 mbk	1730/1796	1882	6.	266.2 /40.0 /23.6
2 Dks				81,12/12,19/ 7,16

Glattdecker, Masten mit Mars- und Bramstenge, doppelte Mars-, aber einfache Bramsegel und Royals. Besanmast mit Stenge und einer Gaffel.

Birrell, Stenhouse+Co., Dumbarton	Hardie J.+Co.	Glasgow

Unter Hardie's Hausflagge ist *Talavera* am 1./2. Mai 1896 auf der Insel Santa Maria vor Talcahuano gestrandet.

Die kleine, eher schwer geriggte Viermastbark soll ein beachtenswert schnelles Schiff gewesen sein. Die Jungfernreise von Glasgow nach Melbourne brachte der Viermaster unter der Führung von Kapitän J. Robson in 91 Tagen hinter sich.
Die Einheit wurde in Laufe ihrer Karriere auch in Calcutta, Bombay, Lyttleton, Sydney und Valparaiso gesehen.
Nach Robson war auch Kapitän R. E. Mc Cleave an Bord des Schiffes.

Tarapaca

Fe 4 ms	2497/2557	1886	7.	305.0 /44.6 /23.3
2 Dks				92,96/13,56/ 7,08

Glattdecker, Masten mit Mars- und Bramstenge, doppelte Mars- und Bramsegel und Royals, Kreuzmast ohne Gaffel mit dreieckigem Besan.

Thompson, W. B., Glasgow	Bordes, Ant. Dom et fils Bordeaux

→ 1893	Dunkerque

Am 1. September 1917 versenkte das deutsche U-Boot U52 dieses Viermastvollschiff etwa 64 Seemeilen WSW der Insel Oléron, Nähe Chassiron.

Eine ganze Reihe der bekannten Bordes-Kapitäne führten diese Einheit: Moizan, Le Chevanton, Barach, J. Voisin, E. Gouyet, Morfuace, J. Bourgain, E. Robert, J. Layec, C. Rozé, Le Page und Hunault.
Tarapaca lief in ihrer Laufbahn praktisch nur auf der Salpeterroute. Am 9. September 1901 ergab sich mit dem Schiff im Hafen von La Pallice ein spektakulärer Unfall.
Von Tocopilla mit rund 4000 ts Salpeter heimkehrend, näherte sich der Viermaster im Schlepp dem erwähnten Hafen. Commandant Robert wurde von zwei Lotsen unterstützt. Trotzdem geriet das Schiff bei miserablem Wetter an die Nordmole der Hafeneinfahrt und riß sich ein langes Leck in den Rumpf. Relativ schnell sank das voll geladene Schiff und versperrte während fünf Tagen die Hafeneinfahrt. Es gelang, das Gefährt wieder flottzubringen, und im Schlepp brachte man *Tarapaca* nach Glasgow, wo die Reparaturen vorgenommen wurden.
Nach diesem Unfall verließ Kapitän Robert die Reederei Bordes und führte später die bekannte Bark *Babin Chevaye aus Nantes*. Eine andere Episode mit tragischem Ausgang ereignete sich im März 1901 an Bord des Viermastvollschiffs. In der Kap-Hoorn-Gegend war ein Matrose an einer Rahnock beschäftigt, als ein schwerer Roller des Schiffes den Matrosen aus dem Gleichgewicht brachte. Der Mann stürzte auf Deck, und kurz darauf spülte ihn eine See weiter über Bord. Ein sofort ausgesetztes Boot konnte den Seemann aus den Fluten retten. Kaum war er wieder an Bord, krachte ein weiterer Brecher über *Tarapaca* herein und riß den Geretteten erneut über Bord, diesmal für immer. Die entfesselten Naturgewalten wollten einfach ihr Opfer haben. Weshalb eigentlich spricht man auch heute noch oft von der sog. romantischen Seefahrt?
Unter Commandant Hunault ist *Tarapaca* dem deutschen U-Boot in die Fänge geraten.

Tasmania

Fe 4 ms	2175/2269	1886	11.	278.1 /41.9 /24.5
1 Dk				84,75/12,71/ 7,43

Glattdecker, Masten mit Mars- und Bramstenge, doppelte Mars-, aber einfache Bramsegel und Royals. Besanmast mit Stenge und einer Gaffel. 1889 zur Viermastbark umgebaut.

Russell+Co., Port Glasgow	Denniston, P.+Co.	Glasgow

→ 1910	*Tasman*	Grefstad+Herlofsen	Arendal

Auf der Fahrt von London nach Drammen ist *Tasman* am 1. März 1914 in der Nordsee gekentert und gesunken.

Die als Vollschiff gebaute *Tasmania* wurde im Jahre 1889 zur Bark umgebaut.

Bei der Rettungsaktion für die *Wamphray* erhielt die *Fritz Reuter* Unterstützung durch *Tasmania,* indem der Viermaster dem kleineren Schiff Lebensmittel übergeben konnte.

Über die Fahrten der Einheit sind nur wenige Unterlagen vorhanden. Man weiß lediglich, daß *Tasmania* im Jahre 1898 eine Reise nach Mauritius unternahm. Geführt wurde die Einheit durch die Kapitäne Witt, H. Kohn, H. L. C. Grahn, A. H. Rode, L. P. F. Fretwurst, W. Brandt und J. H. T. Witt.

Nach dem Verkauf an Norwegen übernahm Kapitän Gundersen das nunmehr *Tasman* getaufte Schiff.

Teviotdale

| Fe | 4 ms | 1623/1695 | 1882 | 11. | 266.3 /38.6 /22.7 |
| | | | | | 81,14/11,73/ 6,87 |

Einzelheiten über das Rigg des Schiffes sind nicht bekannt.

| A. Stephen+Sons, Glasgow | J.+A. Roxburgh | Glasgow |

Im Oktober 1886 im Bristol-Kanal verlorengegangen.

The Highfields

| St | 4 mbk | 2220/2280 | 1892 | 4. | 291.3 /42.0 /24.5 |
| 2 Dks | | | | | 88,76/12,80/ 7,43 |

Glattdecker, Masten mit Mars- und Bramstenge, doppelte Mars- und Bramsegel und Royals. Besanmast mit Stenge und einer Gaffel.

| Richardson, Duck+Co., Stockton | Kellock, C. W.+Co. | Liverpool |
| → 1898 | Macvicar, Marshall+Co. | Liverpool |

Nach einer Kollision mit dem Dampfer *Kaiser* ist die Viermastbark am 12./13. August 1902 bei Table Bay (Robben Island) gesunken.

Kapitän T. Stevenson führte das Schiff auf seiner Jungfernreise nach Calcutta. Als Fracht waren 3500 to Salz geladen, und nach nur 80 Tagen erreichte das Schiff den Bestimmungshafen.

Im August 1902 war im Raume Kap der guten Hoffnung die Hölle los. Ein schwerer Nord-Ost-Sturm tobte während Tagen. Von Cardiff her lief *The Highfields* in dieses Wetter hinein und hatte bald alle Segel verloren, trieb hilflos in der schweren See. Am 12. August, gegen Abend, gelang es der Mannschaft, kleine Notsegel zu setzen, und Kapitän Dunham suchte im Lee der Insel Robben Island Zuflucht. Dort lag aber schon der deutsche Ostafrika-Dampfer *Kaiser.* Es ergab sich dann eine schwere Kollision, deren Opfer die Viermastbark wurde. Innerhalb weniger Minuten sank das Segelschiff, den größten Teil der Besatzung mit sich reißend.

Im übrigen sind auch hier Unterlagen über weitere Tätigkeiten der Einheit in der Literatur nicht zu finden.

Theodor

| Fe | 4 mbk | 2338/2439 | 1862 | | 326.2 /40.4 /27.6 |
| 3 Dks | | | | | 99,41/12,29/ 8,37 |

Umgebauter Dampfer, Glattdecker, Masten mit Mars- und Bramstenge, doppelte Mars- aber einfache Bramsegel und Royals. Besanmast mit Stenge und einer Gaffel.

Napier, R.+Sons, Glasgow	Bischoff, J. D.	Bremen
→ 1900	Bunnemann, C. A.	Bremen
→ 1902	Johanson, J.+Co.	
		Christiania (Oslo)

Mit dem Verkauf an Norwegen verliert sich die Laufbahn dieser Einheit im Dunkel. Ab 1907/08 keine Verzeichnung mehr im Lloyds Register.

Nicht alle Dampferkonstruktionen der Frühzeit waren erfolgreich. Auch das *China* und später *Magellanes* getaufte Maschinenschiff gehörte zu diesen Einheiten.

Der Umbau zum Segelschiff muß etwa 1889 erfolgt sein, denn ab 1890 ist *Theodor* als Viermastbark im erwähnten Register eingetragen. Kapitän R. Hamer übernahm das Schiff und führte es bis zum Verkauf nach Norwegen.

Im September 1893 erstreckte sich die Eisdrift am Kap Hoorn bis an die Falklandinseln heran, so daß die Segelschiffsroute mitten hindurch führte. *Theodor* hatte in dieser Region eine schwere Kollision mit *Sainte Catherine* und mußte darauf Montevideo anlaufen, um Schäden reparieren zu lassen.

Für Bunnemann aus Bremen war Kapitän J. Arfmann als Schiffsführer im Dienst.

Über den Verbleib der Viermastbark unter norwegischer Flagge ist nichts bekannt.

Thistle

| St | 4 mbk | 2192/2284 | 1891 | 6. | 284.0 /42.5 /24.7 |
| 2 Dks | | | | | 86,56/12,92/ 7,48 |

Glattdecker, Masten mit Mars- und Bramstenge, doppelte Mars- aber einfache Bramsegel und Royals. Besanmast mit Stenge und einer Gaffel.

| Connell, C.+Co., Glasgow | Clink, J. D. | Greenock |

Auf der Fahrt von Portland (Ore) nach Port Pirrie in Australien ist *Thistle* am 8. November 1905 auf Palmerston Reef, in der Gruppe der Cook-Inseln, wrackgelaufen.

E. England und J. McNeill waren die Kapitäne, die für Clink diese Einheit führten.

Die großen Fahrten des Schiffes gingen fast ausnahmslos in den Raum des Pazifik, so nach Nagasaki, San Francisco und Australien. Die ausgedehnte Inselwelt des Pazifischen Ozeans wurde dann dem Viermaster auch zum Verhängnis.

Thistlebank

| St | 4 mbk | 2332/2430 | 1891 | 1. | 283.7 /42.9 /24.2 |
| 1 Dk | | | | | 86,42/13,02/ 7,36 |

Glattdecker, Masten mit Mars- und Bramstenge, doppelte Mars- und Bramsegel und Royals. Besanmast mit Stenge und einer Gaffel.

| Russell+Co., Port Glasgow | Weir, A.+Co. | Glasgow |
| → 1913/14 | | Norwegen |

Das deutsche U-Boot U 24 versenkte *Thistlebank* am 30. Juni 1915.

Für Weir waren die Kapitäne J. Wilson, D. Baird, T. Patterson, J. Perry, A. B. Hutton, F. Hodgens und T. Auld an Bord des Viermasters tätig. *Thistlebank* segelte meist Kurse Richtung Pazifik, und sie war zu sehen in Australien, Chile, Portland (Ore), Santa Rosalia, aber auch in Batavia.
Kurz vor dem Ersten Weltkrieg verkaufte Weir die Einheit an Norwegen, wo Kapitän J. Forby-Olsen das Schiff übernahm.
Nach der »Begegnung« mit dem deutschen U-Boot wurde das Segelschiff zuerst von den Deutschen durchsucht, und sogar das Bordschwein war willkommene Bereicherung des Menuplanes auf dem Kriegsschiff.

Thracian

St	4 mbk	2008/2154	1892	8.	282.0 /42.1 /24.5
2 Dks					85,95/12,82/ 7,43

Glattdecker, Einzelheiten des Riggs nicht bekannt.

Duncan, R.+Co., Port Glasgow	Thomson, W.+Co.	Liverpool

In Ballastfahrt – geschleppt – von Port Glasgow nach Liverpool vor Calf of Man, Port Erin gekentert und gesunken. Erste Fahrt des Viermasters mit offensichtlich zu wenig Ballast. Unfalldatum war der 15. August 1892.

H. H. Brown war erster und zugleich letzter Kapitän des Viermasters.

Tinto Hill

Fe	4 mbk	2067/2144	1888	8.	283.1 /40.5 /24.6
1 Dk					86,27/12,31/ 7,46

Glattdecker, Masten mit Mars- und Bramstenge, doppelte Mars-, aber einfache Bramsegel und Royals. Besanmast mit Stenge und einer Gaffel.

Russell+Co., Port Glasgow		Dickson, J. R.+Co.	Glasgow
→ 1900		Campbell, J. M.+Son	Glasgow
→ 1912	*Alonso*	Nileen, N. T.	Sandefjord
→ 1926	*Veirland*	???	

Abbruch 1927

Tinto Hill wurde von Dickson mehrheitlich in der Salpeterfahrt eingesetzt, geführt durch die Kapitäne D. B. Marshall, H. Docherty, Hogarth, J. M Hall, E. Jones, C. M. Pearson und D. G. Thomas.
Als *Alonso* segelte der Viermaster auch nach Australien, wo er nach 153 Reisetagen ab Falmouth am 24. September 1925 in Sydney einlief. Für den norwegischen Reeder waren die Kapitäne E. Hansen und H. Horntredt verantwortlich.
Als Skandinavier hatte das Schiff bei seinen Ausreisen meist den Rohstoff dieser Länder, Holz, geladen. Für die Heimreisen füllten entweder Getreide oder Salpeter die Frachträume.
Nach einem erneuten Verkauf erhielt das Schiff noch den Namen *Veirland,* ohne jedoch nochmals in tiefes Wasser zu gelangen. Nach längerer Liegezeit erfolgte der Abbruch.

Torrisdale

St	4 mbk	2184/2316	1892	7.	290.0 /42.5 /24.0
2 Dks					88,39/12,92/ 7,31

Glattdecker, Masten mit Mars- und Bramstenge, doppelte Mars- und Bramsegel und Royals. Besanmast mit Stenge und einer Gaffel.

Henderson, D. W.+Co., Partik Glasgow	Roxburgh, J.+A.	Glasgow
→ 1910	Roberts, Owen+Co.	Liverpool

Nach einer Ballastreise von Caleta Coloso nach Portland (Ore) ist das Schiff in der Einfahrt zu Gray's Harbour im Staate Washington im November 1912 wrackgelaufen.

Der Transport von Getreide ab den nordamerikanischen Häfen an der Westküste war die Hauptbeschäftigung für Schiff und Mannschaft. R. Buchanan, E. W. Nickels, A. Smith, W. Duncan und H. Brabender waren an Bord und führten den Viermaster, ohne besondere Ereignisse verzeichnen zu müssen.
Nach dem Wechsel zu Roberts, Owen in Liverpool übernahm Kapitän J. Fraser den Viermaster, jedoch nur für kurze Zeit, denn das Schicksal wollte es anders.

Trade Winds

St	4 mbk	2732/2859	1891	4.	315.3 /45.0 /25.0
2 Dks					96,08/13,71/ 7,62

Glattdecker, Untermasten und Marsstenge aus einem Stück gefertigt. Doppelte Mars- und Bramsegel und Royals. Besanmast als Pfahlmast mit einer Gaffel.

Ramage+Ferguson, Leith		Gardiner, G. N.+Co.	Liverpool
→ 1897		Joyce, J.+Co.	Liverpool
→ 1899	*Magdalene*	Wätjen, D. H.+Co.	Bremen
→ 1913	*Ophelia*	Rhederei AG von 1896	Hamburg
→ 1914	in Caleta Coloso interniert		
→ 1919	an Frankreich auszuliefern		
→ 1922	von Deutschland zurückgekauft		

In Wilhelmshaven, auf der Kaiserwerft, im Jahre 1923 abgebrochen.

Vorgesehen für die Jutefahrt nach Indien, war dieses Schiff eher schlank und leicht gebaut, man konnte auf schnelle Reisen hoffen. Die Besteller wurden aber eher enttäuscht. Unter Kapitän Ritchie machte *Trade Winds* im Jahre 1892 eine 107-Tage-Passage von Hamburg mit Salz nach Calcutta.
1899 umbenannt in *Magdalene* bei Wätjen, kam der Viermaster dann unter die Führung der Herren E. Susewind und H. Timm. Die gesegelten Einsätze sind nicht näher bekannt.
Beim Wechsel zu den »1896ern« blieb Timm an Bord der nun *Ophelia* getauften Einheit. Er segelte das Schiff auch nach Chile, wo zu Beginn des Krieges auch die Internierung in Caleta Coloso erfolgte. Das den Franzosen zugesprochene Schiff konnte von den Deutschen zurückgekauft werden. Doch die schlechte wirtschaftliche Situation brachte auch dieser Einheit das Ende.

Trafalgar

| Fe | 4 ms | 1696/1765 | 1877 | 9. | 271.5 /39.3 /23.4 |
| 2 Dks | | | | | 82.72/11,95/ 7,11 |

Glattdecker, Masten mit Mars- und Bramstenge, doppelte Mars- aber einfache Bramsegel und Royals. Besanmast mit Stenge und einer Gaffel.

Connell, C.+Co., Glasgow	Brown, W.+A.+Co.	Glasgow
→ 1893	Weir, A.+Co.	Glasgow

Am 11. November 1904 ist diese Einheit auf der Reise von Sydney nach Falmouth etwa 20 Seemeilen südlich Tamandare (Brasilien) wrackgelaufen.

Die Geschichte dieses frühen und kleinen Viermasters war ziemlich bewegt. Im März 1888 ereignete sich eine Kollision mit der Bark *City of Corinth*, die daraufhin sank.
Im Jahre 1895 verlor das Schiff alle seine führenden Leute durch das sog. Java-Fieber. Es kam so weit, daß ein achtzehnjähriger Jungmatrose das Schiff nach Melbourne segeln mußte.
Als Kapitäne dienten bei Brown und Weir D. Johnston, J. H. Auld, F. Edgar, M. H. Bowden, M. S. Wright und M. Patterson.
Um die Jahrhundertwende erfolgte der Umbau zur Viermastbark.

Tweedsdale

| Fe | 4 mbk | 1403/1460 | 1877 | 4. | 244.4 /37.4 /22.6 |
| 2 Dks | | | | | 74,47/11,37/ 6,85 |

Glattdecker, Masten mit Mars- und Bramstenge, doppelte Mars-, aber einfache Bramsegel und Royals. Besanmast mit Stenge und einer Gaffel.

Barclay, Curle+Co., Glasgow	Roxburgh, J.+A.	Glasgow
→ 1900	Hatfield, Cameron+Co.	Glasgow
→ 1910	Seedorf, F.	Nordenham

Im Dezember 1922 nach Lissabon geschleppt und dort als Hulk weiter verwendet. Endgültiges Schicksal nicht bekannt.

Erste und kleinste aus Eisen hergestellte Viermastbark der Welt! Im Verhältnis zu seiner Breite hatte das Schiff viel zu lange Rahen. Kapitän Duncan übernahm die Neukonstruktion zur Jungfernreise nach Port Phillip, wo sie nach 90 Tagen festmachte. *Tweedsdale* war die erste Einheit, die in Australien die neuartige Takelage vorführte. Über die vielen Jahre ihrer Karriere führten die Kapitäne Duncan, Peebles, Buchanan, D. Williams, D. Jones, F. Adam und W. H. Roberts das Schiff.
Nach vielen Jahren des Dienstes auf See kam der Viermaster im Jahre 1914 als Wohn- und Kasernenschiff in Nordenham zur Verwendung. Zwei Jahre später mit gleicher Verwendung in Hamburg beendigten die Zeit in deutschen Gewässern, denn es folgten noch Jahre des Einsatzes als Hulk in Lissabon.

Ulrica

| Fe | 4 ms | 1923/1972 | 1884 | 1. | 276.5 /41.2 /24.0 |
| 2 Dks | | | | | 84,24/12,54/ 7,31 |

Glattdecker, Masten mit Mars- und Bramstenge, doppelte Mars-, aber einfache Bramsegel und Royals. Vollschifftakelage, alle Masten gleich geriggt.

Barclay, Curle+Co., Glasgow	Hendry, Ferguson+Co.	Glasgow
→ 1887	Letham, W.	Greenock
→ 1892	Ferguson+Letham	Greenock
→ 1895	Rae, J.	Greenock

Auf der Reise von Queenstown nach Dublin wurde das Schiff im Januar 1897 zerschlagen, als es auf der Insel Copeland auf Grund lief.

Das Schwesterschiff der *Cluny Castle* wurde durch die Kapitäne J. Scurr, J. D. Tulloch, J. Littlejohn und D. Johnston geführt. Wenig ist über die Fahrten des Viermasters bekannt. Allerdings ist bekannt, daß das Schiff im Winter 1897/98 mit einer vollen Ladung Gerste von San Francisco nach Queenstown »for orders« zurückkehrte. Als dann Dublin als Bestimmungshafen angegeben war, nahm ein Schlepper den Viermaster auf den Haken und nahm Kurs auf die Hafenstadt in Irland. Im St.-Georgs-Kanal kam ein heftiger Sturm auf, und die Schlepptrosse brach. Das Segelschiff trieb auf Grund und ging verloren.

Union

| Fe | 4 ms | 2139/2234 | 1882 | 9. | 289.8 /43.0 /23.8 |
| 2 Dks | | | | | 88,28/13,10/ 7,21 |

Glattdecker, Masten mit Mars- und Bramstenge, doppelte Mars- und Bramsegel und Royals. Viermastvollschiff Takelage, Jiggermast mit einfachem Bramsegel.

Russell+Co., Greenock	Bordes, Ant. Dom. et fils	Bordeaux

Während des Ersten Weltkrieges stellte am 28. Oktober 1914 das deutsche Kriegsschiff *Kronprinz Wilhelm* den Viermaster auf Pos. 27° S/32 ° W. Die Kohleladung des Segelschiffs kam dem mit Dampf angetriebenen Kriegsschiff sehr gelegen, und sie wurde umgeladen. Nachdem *Union* leer war, versenkten die Deutschen das Segelschiff am 22. November.

Union war das erste Viermastvollschiff, welches die französische Flagge führte. Hinzu kam, daß diese Einheit erstmals eine Tonnage von mehr als 2000 ts laden konnte.
Der stets zunehmende Bedarf an Salpeter in Europa bewog europäische Reeder immer wieder, neuen, noch größeren Schiffsraum zu beschaffen. In Frankreich fand sich noch keine Werft, die Forderungen nach Schiffen über 2000 ts erfüllen konnte, und so gingen die Aufträge noch an die bereits erfahrenen britischen Schiffbauer.
Union wurde von Bordes ausschließlich im Salpetergeschäft eingesetzt, geführt durch die Commandants Le Queric, P. Martin, Leguen, Le Mentec, Le Treust, Guével, Guillon, N. Yves, Y. Nicolas, T. Moizan, E. Corfec und A. Riou.
Im Juni 1911 ereignete sich zwischen *Union* und *Madeleine* eine schwere Kollision, die beinahe den Untergang der ersteren zur Folge hatte. *Union* wurde anläßlich der Reparaturen zur Bark umgebaut.

Urania

St	4 mbk	3060/3265	1902	3.	330.0 /47.0 /27.0
1 Dk					100,58/14,32/ 8,22

Glattdecker, Masten mit Mars- und Bramstenge, doppelte Mars- und Bramsegel und Royals. Besanmast mit Stenge und einer Gaffel.

McMillan, A.+Son, Dumbarton	Wencke, B. Söhne	Hamburg

→ 1906	Rhederei AG. von 1896 Hamburg
→ 1914	am 10. Septem- ber 1914 von Royal Navy be- schlagnahmt und verkauft als *Speedonia*	Anglo American Oil Co. London

Nach 1930 abgewrackt.

Urania entstand bei McMillan als Schwesterschiff der *Alsterberg.* Der Viermaster hatte den Ruf, nicht nur groß, sondern auch sehr schnell zu sein.

Die Zeit unter britischer Flagge war relativ kurz, schon 1906 kam das Schiff in die Flotte der »1896er« nach Hamburg. Der Name wurde beibehalten, und die Kapitäne J. Timmer, A. Permien und Peter Petersen übernahmen die Führung. Bei Wencke hatten Kapitän Wolters und Peitsmeier zum guten Gelingen der Fahrten beigetragen.

Wie für viele andere Einheiten war das Fahrtengebiet des Viermasters mit Kursen rund Kap Hoorn nach den Westküsten Nord- und Südamerikas bestimmt. Fast immer wurde auf den Ausreisen Kohle an Bord genommen, für die Heimreisen waren es dann entweder Getreide oder Salpeter. Auch in Australien war *Urania* zu sehen.

Nach der Kaperung durch die Briten kam der Viermaster dann als *Speedonia* unter den Union Jack zur AAOC nach London.

Die Zeitspanne in dieser Tätigkeit war allerdings sehr kurz, denn schon 1917 erfolgte der Umbau zum Motortanker *Scala Shell.* Nach 1930 wurde auch dieses Gefährt einer Abwrackwerft zugeführt.

Valentine

St	4 mbk	2433/3258	1901	4.	311.2 /45.0 /26.9
2 Dks					94,79/13,71/ 8,14

Glattdecker, Untermasten und Marsstenge aus einem Stück gefertigt, Bramstenge. Doppelte Mars- und Bramsegel und Royals. Besanmast als Pfahlmast mit einer Gaffel.

Chantiers de Normandie, Grand Quevilly	Bordes, Ant. Dom. et fils Dunkerque

Im August 1914 war *Valentine* von Port Talbot nach Chile unterwegs, als sie an der Westküste Südamerikas dem deutschen Kreuzer *Leipzig,* der sich dort im November aufhielt, vor die Geschützrohre lief. Die Kohleladung des Viermasters war natürlich dem dampfgetriebenen Kriegsschiff hochwillkommen. Der schwarze Treibstoff wurde in mühsamer Arbeit in die Bunker des Kreuzers geschafft, worauf dieser das Segelschiff in Nähe der Insel Mas a Fuera versenkte.

Zu Beginn des 20. Jahrhunderts ließ Bordes bei den Chantiers de Normandie zwei Viermastbarken schönster Konzeption erstellen, *Marthe* und *Valentine.* Sofort fällt auch hier die große Differenz zwischen Brutto- und Nettotonnage auf, die durch die französischen Subventionsgesetze hervorgerufen wurde.

Eine ansehnliche Reihe von bekannten Bordes-Kapitänen war mit der Führung des Schiffes betraut, nämlich J. M. Ohler, F. Voisin, L. Gardanne, L. Salaün, Beaujean, Fourchon und F. Guillon. Im Jahre 1903 erbrachte *Valentine* eine Leistung, die von keinem anderen Schiff der Reederei Bordes erreicht wurde. Am 24. November ging die Viermastbark in Shields in See, um dann nach 66 Tagen in Iquique auf Reede zu liegen. Commandant Gardanne führte die Einheit auch auf der Heimreise wieder ganz hervorragend, denn nach nur 70 Tagen war der Heimathafen Dunkerque erreicht.

Während ihrer relativ kurzen Laufbahn segelte *Valentine* nur auf der Salpeterroute.

Wie mehrere andere Bordes-Schiffe, wurde auch dieses Schiff Opfer des Ersten Weltkriegs.

Die Besatzung der Viermastbark wurde vom Dampfer *Sacramento* nach Valparaiso gebracht, wo sie den Friedensschluß abwarten mußte.

Valparaiso

St	4 mbk	2419/3206	1902	11.	313.6 /45.1 /24.3
2 Dks					95,55/13,73/ 7,38

Glattdecker, Masten mit Mars- und Bramstenge, doppelte Mars- und Bramsegel und Royals. Besanmast als Pfahlmast mit einer Gaffel.

Chantiers de France, Dunkerque	Bordes, Ant. Dom. et fils Dunkerque

Im Juli 1927 in Dunkerque abgebrochen.

Als letzte für Bordes erbaute Viermastbark kam *Valparaiso* zu Wasser, nachdem kurz zuvor noch *Antonin* bei derselben Werft von den Helgen geglitten war.

Über die Jahre waren auch hier eine ganze Reihe der bekannten Bordes-Kapitäne im Einsatz, nämlich P. Harang, E. Gascon, J. B. Pierre, E. Gouyet, Le Chevanton, E. Salaün, Rozé und L. Le Coq. Auch dieses Schiff wurde von Bordes ausschließlich in der Salpeterfahrt eingesetzt.

An Bord dieser Einheit diente der spätere Kommandant des sehr bekannten Passagierschiffes *Normandie,* Mr. Thoreux, einen Teil seiner Ausbildung.

Nachdem sie den Krieg heil überstanden hatte, lag *Valparaiso* längere Zeit in Nantes auf, bevor sie dann auf Abbruch verkauft wurde.

Vanduara

Fe 4 ms 2012/2086 1882 9. 291.8 /42.0 /24.0
2 Dks   88,89/12,80/ 7,31

Glattdecker, Masten mit Mars- und Bramstenge, doppelte Mars-, aber einfache Bramsegel und Royals. Am Groß- und Kreuzmasten ursprünglich Skysegel. Umbau zur Viermastbark 1891/92.

Connell, C.+Co., Glasgow		Clink, J. D.+Co.	Greenock
→ 1910		Lydersen, L.	Tvedestrand

Unterwegs von Jamaica nach Le Havre wurde *Vanduara* am 2. Mai 1917 von einem deutschen U-Boot versenkt.

Wie auch andere Einheiten von Clink, war *Vanduara* als schnelles Schiff bekannt. Geführt durch die Kapitäne G. Simpson, Skinner, H. P. R. Rohde, R. W. Brisco, Corrance, J. Beavan und G. E. Williams, machte der Viermaster gute Reisen, mehrheitlich in den Pazifik. Zu Beginn der Laufbahn segelte das Schiff auch nach Indien, solange der Jutehandel noch in Blüte stand.

Schon zur Zeit, da Clink seine Schiffe bauen ließ, gab es sehr bekannte Rennyachten. Clink gab all seinen Einheiten die Namen solcher schnellen Schiffe, eben auch *Vanduara.* Für den Reeder war es denn auch sehr erfreulich, daß seine Schiffe ihren Namen alle Ehre machten.

So machte der Viermaster, noch mit Vollschifftakelage, im Jahre 1885 eine Rekordfahrt. Von Deal bei Dover nach Auckland auf Neuseeland benötigte die Einheit nur 76 Tage. Kapitän Corrance machte zwei Jahre später eine ebenso schnelle Fahrt von Auckland nach New York in nur 71 Tagen.

Unter der Hausflagge von Lydersen machte Kapitän N. J. Smith 1913 eine Reise von Hamburg nach Rio de Janeiro. Smith entschloß sich, im Norden von Schottland in den Atlantik hinauszugelangen. Dort geriet die Viermastbark dann in sehr schweres Wetter. Den Besatzungsmitgliedern schien es, als ob sie sich in den Alpen befänden, doch die schneebedeckten Berge waren schaumgekrönte Brechseen. Nach fast unglaublichen Strapazen gelangte das Schiff doch noch zum Hafen an der südamerikanischen Ostküste.

Nachdem die Kriegszeit fast überstanden war, geriet der Viermaster im Frühjahr 1917 doch noch in die Fänge eines deutschen U-Bootes.

Viking

St 4 mbk 2665/2952 1906 12. 293.8 /45.9 /23.8
2 Dks   89,50/13,93/ 7,21

Dreiinselschiff mit sehr lang gezogener Poop (80 Fuß), die bis zur Achterkante der Brücke reicht. Untermasten und Marsstenge aus einem Stück gefertigt, Bramstengen. Doppelte Mars- und Bramsegel und Royals. Besanmast als Pfahlmast mit einer Gaffel.

AG. Burmeister+Wain, København		Aktieselskabet »Den Danske Handelsflaades«, Skoleskib for Befalngsmaend København
→ 1915		Det Forenede Dampskibs Selskab København
→ 1929		Erikson, G. Mariehamn
→ 1949	zum Verkauf angeboten	
→ 1951	von Schweden gekauft, liegt in Göteborg.	

Zusammen mit *Passat* und *Pommern* einer der wenigen uns in Europa noch erhaltenen Viermaster.

Als einzige Segelschiffskonstruktion der Burmeister + Wain-Werft in København hat *Viking* bis heute überlebt.

Ursprünglich wurde das Schiff zu Schulungszwecken gebaut, was aus der überlangen Poop deutlich hervorgeht, die Raum für die Anwärter bieten mußte. *Viking* gleicht in dieser Beziehung sehr der deutschen *Herzogin Cecilie.*

Viking war am 1. Dezember 1906 zum Stapellauf bereit. Tausende von Zuschauern standen bereit, um das Ereignis mitzufeiern. Die dänische Kronprinzessin war Taufpatin. Langsam glitt der Viermaster in sein Element. Als er dann an der Werftpier lag, kenterte er. Nur dank der sich auf der Pier abstützenden Rahen schlug das Schiff nicht vollständig um. Noch waren die Ballasttanks nicht gefüllt, und ein aufgekommener Sturmwind drückte die Viermastbark einfach um.

Als erste Reise nahm die Viermastbark unter Kapitän N. H. Clausen die Fahrt von Hamburg nach Callao unter den Kiel.

Nach wenigen Jahren war Segelschulschiff-Ausbildung nicht mehr gefragt.

So kam *Viking* in der Frachtfahrt zum Einsatz. Anfänglich bei den Dänen, später bei Erikson in Mariehamn. Die wohlbekannten Erikson-Kapitäne Reuben de Cloux, J. Hägerstrand, Uno Mörn und Karl Broman machen mit *Viking* viele Reisen auf der Getreideroute nach Australien und zurück.

Während des Zweiten Weltkrieges wurde der Viermaster mehrmals in sichere Häfen verlegt.

Im Jahre 1949 stand *Viking* zum Verkauf, und die Schweden konnten sich zum Ankauf entschließen, um das Schiff zu erhalten.

Ville de Mulhouse

St 4 mbk 2429/3214 1899 4. 312.0 /45.4 /24.6
1 Dk   95,09/13,81/ 7,46

Glattdecker mit langer Back (86 Fuß) und 115 Fuß langer Poop. Untermasten und Marsstenge aus einem Stück gefertigt, Bramstenge. Doppelte Mars- und Bramsegel und Royals. Besanmast als Pfahlmast mit einer Gaffel.

Forges et chantiers de la Meditérranée, Le Havre		Compagnie des Voiliers Havrais Le Havre
→ 1909		Société Générale d'Armement Nantes
→ 1927		Soc. Anon. Ganadera y Comercial Menendez Behety Punta Arenas
→ 1928	Hulk in Punta Arenas	
→ 1939	*Andalucia*	Cia. Chilena de Navigacion Interoceania Punta Arenas
→ 1945	wieder Hulk in Punta Arenas	

Die Hulk blieb bis 1974 in Punta Arenas verankert. Zu diesem Zeitpunkt riß sie sich los und zerschellte auf den nahen Felsen.

Über das Datum des Stapellaufs bestehen in der Literatur gewisse Unterschiede, so selbst bei Louis Lacroix in seinen Werken.

Im Bau war diese Einheit der *Président Felix Faure* sehr ähnlich. Das Schiff wurde für den Einsatz in der Nickelerzfahrt nach Neu-Kaledonien konzipiert. Die erste Reise unter Commandant C. Girard begann denn auch am 7. Juli 1900 mit Ziel Noumea, wo der Viermaster nach 86 Tagen festmachte.

Nach Girard waren auch die Kapitäne A. Cannevé, L. Bony, P. Brunel, L. Legal, E. Rozé und Cadio an Bord im Einsatz.

Nach dem Ersten Weltkrieg kam *Ville de Mulhouse* in der Getreidefahrt zu den Häfen an der Westküste Amerikas zu neuen Kursen und Reisen. Im Jahre 1928 brachte das Schiff eine Ladung Kohle nach Punta Arenas, wo es dann liegenblieb und zur Hulk abgetakelt wurde.

Mit dem Ausbruch des nächsten Weltenbrandes wurde Schiffsraum sofort wieder knapp. Man erinnerte sich des Viermasters, und als neu aufgeriggte *Andalucia* kehrte das Schiff auf See zurück. Zwischen Punta Arenas und Buenos Aires legte es seine Fahrten unter den Kiel. Nach dem Waffenstillstand war dann endgültig Schluß mit den Segelschiffen, und neuerdings entfernte man das Rigg. Die Hulk lag dann noch Jahre im tiefen Süden nahe Kap Hoorn.

Ville du Havre ✓

St	4 mbk	2428/3215	1899	10.	312.0 /45.4 /24.6
1 Dk					95,09/13,81/ 7,46

Glattdecker mit überlanger Back (86 Fuß) und ebensolcher Poop (115 Fuß), offenes Deck nur zwischen Groß- und Kreuzmast. Untermasten und Marsstenge aus einem Stück gefertigt, Bramstenge. Doppelte Mars- und Bramsegel und Royals. Besanmast als Pfahlmast mit einer Gaffel.

Forges et chantiers de la Meditérranée, Le Havre	Compagnie des Voiliers Havrais Le Havre
→ 1909	Société Nouvelle d'Armement Nantes

Auf der Reise zwischen Ipswich und Buenos Aires stellte das deutsche U-Boot U 32 die Viermastbark am 1. März 1916 auf Pos. 48° 48' N/6° 36' W. Nachdem die Mannschaft von einem Dampfer übernommen war, erhielt der Viermaster den Gnadenstoß.

Ville de Mulhouse und *Ville du Havre* folgten einander auf den Helgen in Le Havre.

Am 31. Oktober 1899 ging diese Einheit mit Briketts auf die Jungfernreise nach Saigon. Nach etwa zehn Tagen sah sich Commandant A. Testulat zur Umkehr gezwungen, weil im Rumpf einige lose Nieten zu Wassereinbrüchen führten. Nach erfolgter Reparatur konnte die Fahrt erneut beginnen, und nach 146 Tagen lief die Einheit in den Mekong ein. Die Fortsetzung der Reise ging in Richtung Neu-Kaledonien, wo eine erste Ladung Nickelerz übernommen wurde. Wohlbehalten kam *Ville du Havre* im Bestimmungshafen Rotterdam an.

Im Jahre 1902 warf ein Wirbelsturm die Viermastbark bei Poro auf Neu-Kaledonien auf Strand, doch konnte das Schiff wieder flottgemacht werden.

Nach Testulat wurde die Einheit durch A. Leveque, F. Homo und Halluite geführt, sie konnte auch in Indonesien und in den USA, z. B. Philadelphia, gesehen werden.

Erneut strandete der Viermaster im Jahre 1905 in der Nähe von Noumea, doch wiederum stand das Glück dem Schiff bei, es konnte wieder in tiefes Wasser verholt werden.

Im Jahre 1907 überfiel auf Pos. 4° S/140° W ein Taifun die Viermastbark, aber mit viel Glück kamen Schiff und Mannschaft um eine Katastrophe herum.

Nach dem Verkauf riß die Pechsträhne vorerst ab, und *Ville du Havre* machte für die neuen Eigner eine ganze Reihe guter Fahrten.

Im Jahre 1916 schließlich blieb auch diesem Schiff das Kriegsschicksal nicht erspart. Die letzte Fahrt stand unter der Führung von Commandant Ybert.

Vimeira

St	4 mbk	2163/2233	1891	7.	283.4 /42.5 /24.7
1 Dk					86,35/12,92/ 7,48

Glattdecker, Masten mit Mars- und Bramstenge, doppelte Mars-, aber einfache Bramsegel und Royals. Besanmast mit Stenge und einer Gaffel.

Connell, C.+Co., Glasgow	Hardie, J.+Co.	Glasgow

In Dunkerque 1924 abgebrochen.

Vimeira blieb während ihrer ganzen Karriere unter der Hausflagge Hardie's, geführt durch die Kapitäne D. Steven, O. W. Jones, J. Mason, D. Thomson, J. Frazer, Hughes und J. Cameron. Die Jungfernreise begann in Birkenhead und hatte Calcutta als Bestimmungshafen.

Die nächste Ausreise ging von Cardiff aus in Szene. Über Rio de Janeiro, Newcastle (NSW), San Francisco ging die lange Fahrt letztlich wieder zurück nach Le Havre. Mit Stückgut segelte der Viermaster auch nach Tacoma, Astoria, Taltal, Pisagua und Iquique, wonach dann für die Fahrten Richtung Heimat Getreide oder Salpeter geladen wurde.

Mit den unglücklichen zwanziger Jahren kam auch das Ende des Viermasters. Nach drei Jahren Liegezeit in Calais kam es 1924 zum Abbruch in Dunkerque.

Vortigern ✓

St	4 mbk	2406/2529	1891	8.	305.7 /42.2 /24.6
1 Dk					93,13/12,85/ 7,46

Glattdecker, Masten mit Mars- und Bramstenge, Jubilee-Rigg, Besanmast mit Stenge und einer Gaffel.

Williamson, R.+Son, Workington	Brown, Jenkinson+Co. London

→ 1899	*Hebe*	Wencke, B. Söhne	Hamburg
→ 1906		Rhederei AG. von 1896	Hamburg
→ 1919	interniert in Mollendo		
→ 1921	*Contra Maestro Duenas*	Cia. Nacional de Trasportes	Callao

Im Jahre 1928 abgewrackt.

Vortigern war eine der bekannt gewordenen sechs »Workington sisters«, alles sehr schöne und gute Viermaster.

Leider ist über die Fahrten der Kapitäne D. Davies und J. Richardson nichts bekannt.

Im Jahre 1899 unter deutsche Flagge gestellt, erhielt die Viermastbark den Namen *Hebe*. Es war für Wencke die zweite Einheit mit dem Namen *Hebe*, nachdem die erste verlorengegangen war.

Kapitäne wurden H. Korff und E. W. A. von Kaufmann. Sie führten das Schiff nach Taltal, Caleta Buena, Valparaiso und Iquique, woraus hervorgeht, daß *Hebe* meist für den Transport von Salpeter Verwendung fand.

Für viele Seeleute wurde die Viermastbark bekannt, als sie im Jahre 1901 die Mannschaft der *France I* rettete.

Nach Friedrich Wenckes Tod ging auch *Hebe* an die »1896er« über, und die Kapitäne A. Sandvej, A. Permien, J. Ringleben und W. Fleth segelten den Viermaster nach Melbourne, Iquique, Newcastle (NSW), Pisagua und Tocopilla. In Europa gelangten die Salpeterfrachten in verschiedenste Häfen.

1919 wurde *Hebe* durch Peru beschlagnahmt und als Schulschiff *Contra Maestro Duenas* in Dienst gestellt.

Walter H. Wilson

Fe	4 mbk	2461/2518	1882	7.	308.1 /42.7 /24.9
2 Dks					93,89/12,97/ 7,53

Glattdecker, Masten mit Mars- und Bramstenge, doppelte Mars- und Bramsegel und Royals. Besanmast mit Stenge und einer Gaffel.

Harland + Wolff, Belfast	Lawther, S. + Co.	Belfast
→ 1901 *California*	Edgar, J. + Co.	Liverpool
→ 1911	Mattson, R.	Mariehamn

Auf St. Mary's Island in der Whitley Bay, Nähe North Shields, ist der Viermaster am 15. Januar 1913 wrackgelaufen.

Sowohl nach Californien wie auch nach Calcutta wurde *Walter H. Wilson* auf große Fahrt geschickt, wobei die Kapitäne G. Scott, W. H. Wadman, J. W. Sproul, D. F. Scovill und G. W. Doty die Verantwortung für Schiff und Mannschaft trugen. Doty lag mit dem Schiff in Tacoma, als sich der Zwischenfall mit *Andelana* ereignete.

Edgar aus Liverpool erwarb den Viermaster im Jahre 1901 und taufte ihn um in *California,* nicht zu verwechseln mit der Einheit gleichen Namens, die aber der White Star-Line gehörte.

Bei Edgar fehlen dann die Reisen nach Indien in den Logbüchern, die Fahrten in den Pazifik aber gehörten weiterhin zur Aufgabe des Viermasters. Tacoma, Seattle, Sydney, Newcastle (NSW), Tocopilla und Taltal waren für die Mannschaften keine unbekannten Häfen.

Im Jahre 1911 dann konnte Robert Mattson, der Konkurrent Eriksons in Mariehamn, das Schiff kaufen, worauf Kapitän A. Ekbom die Viermastbark übernahm und sie ab Hamburg über San Diego nach Tacoma führte. Nach Rückkehr sollte eine Charterfahrt nach Callao folgen. Ab South Shields sollte das Schiff in Ballast nach Rotterdam geschleppt werden. Zu diesem Zweck wurde nur ein minimaler Ballast übernommen. Der Schleppzug geriet dann in einen schweren Sturm, dessen Auswirkungen die Schlepptrosse nicht gewachsen war. Wie ein Spielball fiel das hilflose Schiff den Naturgewalten zum Opfer. Leider kamen bei diesem Unfall acht Seeleute ums Leben.

Wamphray

St	4 mbk	1795/1931	1891	8.	270.7 /40.0 /23.6
2 Dks					82,46/12,19/ 7,16

Glattdecker, Takelageeinzelheiten nicht bekannt.

Duncan, R. + Co., Port Glasgow	Guthrie, T. C.	Glasgow

Auf der Jungfernreise ist *Wamphray* am 18. Oktober 1891 im Sturm in der Kap-Hoorn-Region gekentert und gesunken.

Unter Kapitän A. McConnell verließ der Viermaster am 4. August 1891 mit einer Ladung Kohle den Hafen von Glasgow.

Südlich von Staten Island bemerkte man unvermutet brennende Kohle. Diese wurde über Bord geworfen, doch dadurch ging schließlich im schweren Sturm die restliche Ladung über, was den Verlust des Schiffes zur Folge hatte.

Das sinkende Schiff wurde durch das Vollschiff *Fritz Reuter* aus Hamburg entdeckt, und dies war die Rettung der Mannschaft. Unter den Schiffbrüchigen brach auf der rettenden Einheit dann eine Meuterei aus. Die Engländer wurden in Eisen gelegt und in Valparaiso der Polizei übergeben.

Ein weiteres Opfer hatte die gefährliche Kohle gefordert.

Wanderer

St	4 mbk	2801/2903	1891	9.	309.0 /46.0 /25.8
2 Dks					94,18/14,02/ 7,82

Dreiinselschiff mit 44 Fuß langer Mittschiffsbrücke. Masten mit Mars- und Bramstenge. Doppelte Mars-, aber einfache Bramsegel und Royals. Fock- und Großmast führten zusätzlich Skysegel. Besanmast mit Stenge und einer Gaffel.

Potter, W. H.+Sons, Liverpool	Potter, W. H.+Sons	Liverpool

Wanderer lag vor Anker in der Elbe, als sie am 14. April 1907 durch den Dampfer *Gertrude Woermann* gerammt wurde. Nach kurzer Zeit sank der Viermaster bei Altenbruch/Cuxhaven.

Potter betrieb den Viermaster während seiner ganzen Laufbahn auf eigene Rechnung.
Auf der Jungfernreise, kaum von Liverpool entfernt, lief die Viermastbark in einen schweren Sturm hinein. Nach Verlust eines Matrosen und mehrerer Segel drehte der Kapitän um. Nach erneutem Start wurde *Wanderer* wiederum in einem Sturm arg zugerichtet, ja entmastet. Dabei erschlug eine niederstürzende Skysegel-Rah Kapitän Currie. Hatte sich Neptun gegen das Schiff verschworen?
Der dritte Startversuch gelang, und schließlich erreichte der Viermaster sein Ziel San Francisco unbehelligt.
Das Schiff galt letztlich als unglückliche Einheit, denn noch weitere Seeleute mußten an Bord ihr Leben lassen.
Potter setzte die Kapitäne C. Currie, J. T. Brander, T. S. Bailey, T. Dunning, T. S. Tupman und J. McMullan zur Führung der Viermastbark ein.
Neben Fahrten in den Pazifik war *Wanderer* zu Beginn der Laufbahn auch noch in der Jutefahrt tätig.
Wanderer war für den bekannten britischen Dichter John Masefield Anlaß zur Gestaltung eines Gedichtes.

Waterloo

Fe	4 ms	1918/1976	1878	6.	282.5 /40.2 /24.2
2 Dks					86,07/12,24/ 7,36

Ursprünglich als Viermastvollschiff getakelt, Umbau zur Bark im Jahre 1896. Einzelheiten der Takelage nicht bekannt.

Connell, C.+Co., Glasgow	Brown, W.+A.+Co.	Glasgow
→ 1885	Mackay, A.+Co.	Glasgow
→ 1896	Edgar, J.+Co.	Liverpool
→ 1910	Rebisso, E.	Genova

Genaues Schicksal des Viermasters ist nicht bekannt. Sehr wahrscheinlich in Italien abgebrochen.

Waterloo, eine der frühen Viermasteinheiten, war auch im Salpetergeschäft eingesetzt, ohne daß nähere Angaben über die Fahrten bekannt wären.
Als Kapitäne amtierten auf dem Schiff J. H. Auld, Attwool, Johnston, Fawckner, R. A. Dickinson, D. Berry, Plage, W. R. Nicoll, W. H. Fellows und W. P. Fretwurst.
Im Jahre 1910 wurde *Waterloo* nach Italien verkauft, und es ist anzunehmen, daß sie dort abgebrochen wurde.

Wendur

Fe	4 ms	1982/2046	1884	9.	292.7 /42.0 /23.8
2 Dks					89,17/12,80/ 7,21

Glattdecker, Masten mit Mars- und Bramstenge. Doppelte Mars- und Bramsegel und Royals. Fock- und Großmast ursprünglich mit Skysegel, Jiggermast mit einfachem Bramsegel. Nach Umbau zur Viermastbark (1906) keine Skysegel mehr und Besanmast mit Stenge und einer Gaffel.

Connell, C.+Co., Glasgow	Mackay, A.+Co.	Glasgow

Auf der Passage von Plymouth nach Swansea ist *Wendur* am 12. März 1912 auf den Seven Stones bei den Scilly Island's auf Grund gelaufen und anschließend gesunken.

Wendur verkehrte sowohl auf Kursen nach Indien wie auch zum Pazifik. Die Häfen in British Columbia, San Francisco, Australien und Chile waren dem Schiff vertraut.
Im Jahre 1896 segelte *Wendur* eine bekannt gewordene Passage von Newcastle (NSW) nach Valparaiso in nur 29½ Tagen, eine Leistung, die von keinem der vielen Windjammer, die dieselbe Strecke befuhren, jemals wiederholt werden konnte. Im gleichen Jahr war eine Reise in 81 Tagen von Frederikstadt nach Melbourne zu verzeichnen. Nur die »flying P-Liner« von Laeisz in Hamburg konnten da Paroli bieten.
Wendur unterstand bei Mackay den Kapitänen R. Ramsey, Corranee, Dickenson, F. R. Whitson, W. R. Nicoll, E. R. Kendrick, W. Thomas und G. H. Blackstock. Der Unfall auf den berühmten Seven Stones forderte drei Menschenleben.

West Lothian

Fe	4 ms	1814/1882	1882	11.	279.5 /40.2 /23.6
2 Dks					85,15/12,37/ 7,16

Glattdecker, Masten mit Mars- und Bramstenge, doppelte Mars-, aber einfache Bramsegel und Royals. Nach Umbau zur Bark im Jahre 1897 Besanmast mit Stenge und einer Gaffel.

Connell, C.+Co., Glasgow	Boyd, J.	Glasgow
→ 1912	Dannevig, T.	Sandefjord

Am 18. April 1917 zog *West Lothian* außerhalb der westlichen Hebriden ihres Weges auf der Heimfahrt von Buenos Aires mit Ziel Norwegen. Untervermittelt von einem U-Boot angegriffen, ging das Schiff auf Tiefe, als die volle Besatzung gerettet in den Booten war.

West Lothian war ein schnelles Schiff, das sogar gegen eine Berühmtheit wie *Cutty Sark* antreten konnte! Leider ereignete sich auf dem Viermaster ein Brand, der zum Abbruch der Wettfahrt zwang.
Als Fahrtenziele für den Viermaster sind Calcutta, Newcastle (NSW), San Francisco, New York, Sydney und Melbourne bekannt.
Bei Boyd waren die Kapitäne W. Barr, C. Plank, R. Smith, F. G. Curtis, T. Davies, L. J. James und A. Movatt an Bord des Viermasters.
Auch bei Dannevig wurden durch die Viermastbark, unter den Kapitänen C. O. Lorentsen und S. M. Samuelson, sehr gute Reisen unter den Kiel gebracht. Samuelson segelte das Schiff im Jahre 1915 in der Rekordzeit von 35 Tagen und 6 Stunden von Port Talbot nach Buenos Aires.

Wilhelm Tell

St	4 mbk	2932/3107	1891	12.	323.0 /47.2 /25.2
2 Dks					98,45/14,37/ 7,67

Glattdecker, Masten mit Mars- und Bramstenge, doppelte Mars- und Bramsegel und Royals. Besanmast mit Stenge und einer Gaffel.

Ramage+Ferguson, Leith	Ehrensperger, Eckstein+Mead Liverpool
→ 1898 *Edmund* in Iquique interniert	Siemers, G. J. H. Hamburg
→ 1914	
→ 1921 *Faulconnier*	S. A. Les Voiliers Dunkerquois Dunkerque

Im Jahre 1923 auf Abbruch verkauft.

Wie es der Name des Schiffes schon bezeugt, stand es in enger Beziehung zur Schweiz, waren doch Ehrensperger und Eckstein Bürger schweizerischer Nationalität. Da aber die Schweiz damals noch keine Hochseeflagge führen durfte, war *Wilhelm Tell* unter britischer Flagge registriert.

Schon auf der Jungfernreise von Leith nach Cardiff wurde der Viermaster wegen Ballastmangel entmastet. In der Bauwerft wurde das Schiff repariert.

Zwei Jahre später lief *Wilhelm Tell* im Hooghli River (Indien) auf Grund, worauf in Calcutta erneut Reparaturen vorgenommen werden mußten. Kurze Zeit danach war die Einheit auch am Kap Hoorn in Schwierigkeiten, weil die Ladung teilweise übergegangen war. Infolge all dieser Vorkommnisse wurde die Viermastbark als unter keinem guten Stern stehend betrachtet.

Für die schweizerischen Besitzer führten die Kapitäne W. A. Flinn, A. J. Green und Crane das Schiff.

Mit der Übernahme durch Siemers und die gleichzeitige Umbenennung in *Edmund* kamen D. Gerdau, W. Gerlitzky, E. W. Harmgardt und W. Loff als Schiffsführer an Bord der großen Einheit. Meist gingen die »outward bound«-Kurse nach Australien oder Chile, wo dann Getreide oder Salpeter für die Heimreisen geladen wurde. Auf diese Weise ergab sich auch die Internierung in Chile.

Frankreich wurde zur Übernahme der Viermastbark nach dem Kriege bestimmt. Als *Faulconnier* lag der Viermaster denn auch in französischen Häfen, ohne aber jemals wieder tiefes Wasser unter den Kiel zu kriegen.

William P. Frye ✓

St	4 ms	2998/3374	1901	332.4 /45.4 /26.2
2 Dks				101,29/13,81/ 7,97

Glattdecker, Untermasten und Marsstenge aus einem Stück gefertigt, Bramstenge. Doppelte Mars- und Bramsegel und Royals. Besanmast als Pfahlmast mit einer Stenge. Möglicherweise Masten mit Stengen.

Sewall, A.+Co., Bath (Me)	Sewall, A.+Co. Bath (Me)

Der deutsche Hilfskreuzer *Prinz Eitel Friedrich* war für die Versenkung dieses Schiffes verantwortlich. Am 28. Januar 1915 empfing das Kriegsschiff den amerikanischen Segler auf Pos. 29° 45' N/24° 50' W und versenkte ihn als erstes Kriegsopfer unter USA-Flagge.

William P. Frye war von Seattle nach Liverpool unterwegs.

Nach dem Stapellauf übernahm Kapitän J. E. Sewall diesen Viermaster und führte ihn bis zum Jahre 1909. Diese Einheit war das letzte Schiff, welches Sewall für seine Reederei baute.

H. A. Nickerson kam als Nachfolger von Sewall an Bord, nachdem er vorher die große *Daylight* geführt hatte.

Mit dem Bau der Stahlschiffe bewies Sewall's Werft, daß sie auch diese Technik beherrschte. *William P. Frye* darf wohl als Meisterwerk der Werft in Bath bezeichnet werden.

Zwischenzeitlich war auch der berüchtigte J. Murphy an Bord, sozusagen als Aushilfe.

Einzelheiten über die Fahrtentätigkeit des Viermasters sind nicht bekannt.

Vor der Versenkung übernahm das deutsche Kriegsschiff die gesamte Besatzung des Segelschiffs.

Willy Rickmers

St	4 mbk	1968/2069	1895	8.	279.0 /41.1 /24.5
1 Dk					85,03/12,51/ 7,43

Glattdecker, Masten mit Mars- und Bramstenge, doppelte Mars- und Bramsegel und Royals. Besanmast mit Stenge und einer Gaffel.

Ritson+Co., Maryport	Rickmers Reismühlen, Rhederei und Schiffbau AG. Bremerhaven
→ 1913 *Paul*	Krabbenhöft+Bock Hamburg

Paul wurde im Jahre 1925 in Ardrossan abgebrochen.

Ritson in Maryport war eine der Werften, deren Bauten breitseits von den Helgen glitten, weil der Platz für einen »Heck voran«-Stapellauf nicht ausreichte.

Für Rickmers führten die Kapitäne A. Wichert, J. Benecke, J. Plate, E. Hellwich, H. Ahlers und H. Wessel den Viermaster auf seinen großen Fahrten zum Pazifik, nach Japan und hinauf bis nach Chemainus in der Georgia-Straße.

Im Jahre 1901 erlitt die Einheit auf der Reise von Hiogo nach dem erwähnten Chemainus eine schwere Havarie, die langwierige Reparaturen in San Francisco nach sich zog. Nach sieben Monaten war das Segelschiff wieder startbereit! Das Heranschaffen von Ersatzteilen hatte sehr viel Zeit in Anspruch genommen.

Kurz vor Ausbruch des Ersten Weltkrieges verkaufte Rickmers den Viermaster an die Reederei Krabbenhöft+Bock in Hamburg. Als *Paul* war das Schiff unter Kapitän W. Krüger in der Salpeterfahrt eingesetzt. Im Jahre 1919 erlitt die Viermastbark erneut eine schwere Havarie in der Takelage. Nach der Instandsetzung führte sie keine Royalrahen mehr, nur noch doppelte Bramrahen, also Jubilee-Rigg.

Auf eine letzte große Reise ging *Paul*, kurz bevor sie auf die Abwrackwerft in Ardrossan gelangte. Dabei wurden folgende Stationen angelaufen: Rangoon, Australien, Westküste Südamerikas, Kapstadt, Australien, Chile und zurück nach Schottland.

Windermere I

St	4 ms	2768/2833	1889	5.	304.1 /46.0 /25.0
2 Dks					92,67/14,02/ 7,62

Glattdecker, Masten mit Mars- und Bramstenge, doppelte Mars- und Bramsegel und Royals. Besanmast mit Stenge und einer Gaffel.

Whitehaven Shipbuilding Co., Herron, J.+Co.		Liverpool
Whitehaven		

→	1890	*Lord Rosebery*		
→	1900	*Reinbek*	Knöhr+Burchard	Hamburg
→	1914	in Santa Rosalia interniert		
→	1920	Frankreich zugesprochen		
→	1922		Rob. Dollar Co.	San Francisco

Abbruch 1929 in San Francisco.

Den Namen *Windermere* führte das Schiff nur sehr kurze Zeit, nachher hieß es *Lord Rosebery*. Im Jahre 1895 machte der Viermaster eine Australienreise, wobei auch Chile angelaufen wurde. Den obligaten . . . bek-Namen erhielt die Viermastbark nach der Übernahme durch die Reederei in Hamburg. Die Kapitäne C. Thiessen, C. Simon und A. Köhnke führten das Schiff des öfteren in den Norden des Pazifik, so nach Tacoma, aber auch nach Portland (Ore) und Los Angeles. Sozusagen im Vorbeigehen wurde natürlich auch Chile angelaufen. Im Jahre 1914 ergab sich dann die Internierung in Santa Rosalia. Die Franzosen wußten nach dem Kriege nicht, was mit dem Viermaster anzufangen wäre, und verkauften auch ihn der Dollar Co. in Frisco. Diese Gesellschaft hatte vorgesehen, das Schiff *Falkirk Dollar* zu taufen, doch dazu kam es nicht mehr. Lange Zeit blieb die langsam verrottende Viermastbark liegen, bis dann 1929 die Abwracker ans Werk gingen.
Es muß hier nochmals bemerkt werden, daß diese Einheit nur im Lloyds Register als Vollschiff geführt wurde, aber nie eine entsprechende Takelage führte.

Windermere II

St	4 mbk	2999/3050	1892	1.	320.1 /43.1 /25.7
2 Dks					97,55/13,12/ 7,79

Dreiinselschiff mit 48 Fuß langer Mittschiffsbrücke. Masten mit Mars- und Bramstenge, doppelte Mars- und Bramsegel und Royals. Besanmast mit Stenge und einer Gaffel.

Oswald, T. R.+Co.,	Fisher+Sprott	London
Milford-Haven		

→	1897	*Paul Rickmers*	Rickmers Reismühlen und Schiffbau AG.	Bremerhaven

Am 20. Juli 1902 passierte die Viermastbark auf der Fahrt von Bangkok nach Bremen die Sunda-Straße. Von dort wurde *Paul Rickmers* auch gemeldet, was aber das letzte Lebenszeichen von Schiff und Mannschaft bedeutete. Lloyds mußte den Viermaster dann als verschollen erklären.

Über die Fahrten der *Windermere II*, die durch die Kapitäne J. B. Sprott und T. E. Parker geführt wurde, sind leider nur spärliche Angaben vorhanden. Man weiß lediglich, daß das Schiff in Indien und auch in Australien gewisse Häfen anlief.
Bei Rickmers war dann Kapitän J. Beneke für *Paul Rickmers* verantwortlich. Für die Bremer Firma verständlich, wechselte das Fahrtengebiet zur Hauptsache in den Osten, wo Reis für den Betrieb in Bremerhaven geladen wurde.
Nach Beneke waren auch Kapitän A. Walsen und H. Schröder an Bord. Schröder war es, der den Viermaster auf seiner Unglücksfahrt führte.

W. J. Pirrie

Fe	4 ms	2516/2576	1883	5.	308.2 /42.8 /25.0
2 Dks					93,92/13,0 / 7,62

Glattdecker, Masten mit Mars- und Bramstenge. Doppelte Mars- und Bramsegel und Royals, Großmast zusätzlich mit Syksegel. Besanmast – nach Umbau – mit Stenge und einer Gaffel. Ursprünglich Vollschifftakelage.

Harland+Wolff, Belfast	Lawther, S.+Co.	Belfast

→	1900		Campbell, J. M.+Son	Glasgow

In Tocopilla ist *W. J. Pirrie* im Juli 1904 vollständig ausgebrannt. Darauf Verwendung als Hulk in Mejillones.
1919 als Fünfmastbarge wieder in Betrieb genommen, aber schon im November 1920 an Chiles Küste gestrandet und verloren.

Die Kapitäne J. A. Duckworth, Luther und H. Webster führten *W. J. Pirrie* auf ihren Reisen zum Pazifik und zurück.
Speziell für den Transport von Getreide aus Kalifornien war das Schiff eingerichtet, es machte aber auch Reisen nach Indien, solange Jute für Segelschiffe noch gefragte Fracht war.
Durch die Übernahme von Campbell änderte sich das Fahrtenprogramm in Richtung Australien, wobei allgemeine Ladung für die Ausreisen an Bord kam. Vom Haupt-Kohlelieferanten auf dem fünften Kontinent, Newcastle (NSW), brachte das Schiff dann den schwarzen Treibstoff nach Chile oder in die USA. Kapitän D. Jenkins führte den Viermaster auf all diesen Reisen bis zum Schicksalstag in Tocopilla.
Noch ein Wort zur Bezeichnung »Barge«, die oben verwendet wurde. Der Ausdruck wurde vielfach falsch verwendet, und so wäre wahrscheinlich der Ausdruck »Schoner« besser, wenn schon von fünf Masten gesprochen wird.

Wulfran Puget

St 4 mbk 2415/2990 1896 4. 322.2 /45.7 /25.4
2 Dks   98,19/13,88/ 7,72

Glattdecker, Untermasten und Marsstenge aus einem Stück gefertigt, Bramstenge. Doppelte Mars- und Bramsegel und Royals, Besanmast als Pfahlmast mit einer Gaffel. Verhältnismäßig lange Back und Poop.

Forges et chantiers de la	Bordes, Ant. Dom. et fils
Meditérrannée, La Seyne	Dunkerque

Wulfran Puget gelangte im Juni 1926 in Dunkerque zum Abbruch.

Nach einer glücklich verlaufenen Karriere von rund dreißig Jahren kam der Viermaster in Dunkerque zum Abbruch, nachdem er auch den Krieg schadlos überstanden hatte.

Der Name der Einheit entsprach dem Vor- und Nachnamen eines Freundes der Reederei.

Salpeter war natürlich auch für diese Einheit das Haupttransportgut. Als Commandants wirkten an Bord Etchepare, André, L. Quenet, J. Hamon, J. Boishardy, C. Fourchon, V. Arzul, D. Vaillant, E. Loff und Langethée.

Unter Commandant L. Quenet absolvierte die Viermastbark kurz nach der Jahrhundertwende mehrere sehr gute Reisen nach Chile und zurück. 73 oder 74 Tage wurden erreicht, was zu den wirklich sehr guten Leistungen gehört.

Während des Ersten Weltkrieges war *Wulfran Puget* bewaffnet, doch blieb den Schiffsführern der Gebrauch der Waffen erspart. Am 20. Januar 1925 kehrte das Schiff von seiner letzten Reise nach Dunkerque zurück. Darauf begann die Liegezeit bis zum Abbruch.

Alphabetisches Namensverzeichnis
der Vier- und Fünfmaster mit Angaben über Bauwerften

Name	ex	Typ/Baujahr		Werft	
A					
Abraham Rydberg	Star of Greenland	4	mbk 1892	Connell	Glasgow
	Hawaiian Isles				
Achnashie		4	mbk 1892	Duncan	Port Glasgow
Acme		4	mbk 1901	Sewall	Bath
A. D. Bordes		4	ms 1884	Thompson	Glasgow
Adelaide	Holkar	4	mbk 1888	Harland + Wolff	Belfast
Admiral Karpfanger	L'Avenir	4	mbk 1908	Rickmers	Bremerhaven
Adolf Vinnen	Alsterdamm	4	mbk 1892	Russell	Port Glasgow
	Somali				
Adolphe		4	mbk 1902	Chantiers de France	Dunkerque
Afghanistan		4	mbk 1888	Richardson, Duck	Stockton
Afon Alaw		4	mbk 1891	Stephen	Glasgow
Afon Cefni		4	mbk 1892	Stephen	Glasgow
Åland	Renée Rickmers	4	ms 1887	Russell	Port Glasgow
Albert Rickmers		4	mbk 1894	Rickmers	Bremerhaven
Albyn		4	ms 1883	Oswald, Mordaunt	Southampton
Alcedo		4	mbk 1891	Royden	Liverpool
Alcides		4	mbk 1892	Grangemouth Dockyard	Alloa
Alcyone		4	mbk 1889	Potter	Liverpool
Alejandrina	Andrina	4	mbk 1886	Oswald, Mordaunt	Southampton
Alexandre II		4	mbk 1902	Chantiers de France	Dunkerque
Alexandre I	Springburn	4	mbk 1892	Barclay, Curle	Glasgow
Alice A. Leigh		4	ms 1889	Whitehaven Shipb. Co.	Whitehaven
Allen Dollar	Helvig Vinnen	4	mbk 1891	Ramage + Ferguson	Leith
	Persimmon				
	Drumrock				
Almendral	Glaucus	4	ms 1889	Barclay, Curle	Glasgow
Alonso	Tinto Hill	4	mbk 1888	Russell	Port Glasgow
Alster	California	4	ms 1890	Harland + Wolff	Belfast
Alsterberg		4	mbk 1902	Mc Millan	Dumbarton
Alsterdamm	Somali	4	mbk 1892	Russell	Port Glasgow
Alsterfee	Oranasia	4	mbk 1892	Russell	Port Glasgow
Alsternixe	Lord Templemore	4	mbk 1892	Harland + Wolff	Belfast
Alsterschwan	Alcedo	4	mbk 1891	Royden	Liverpool
Alsterufer	North Star	4	mbk 1892	Grangemouth Dockyard	Alloa
Altair		4	mbk 1890	Potter	Liverpool
Altmore		4	ms 1887	Duncan	Port Glasgow
Ama Begonakoa		4	mbk 1902	Mc Millan	Dumbarton
Amazon		4	mbk 1886	Barclay, Curle	Glasgow
Amérique	Cape Clear	4	mbk 1892	Duncan	Port Glasgow
Ancona		4	mbk 1893	Russell	Greenock
Ancyra		4	mbk 1892	Russell	Greenock
Andalucia	Ville de Mulhouse	4	mbk 1899	Forges et chantiers	Graville

Name	ex	Typ/Baujahr			Werft	
Andelana		4	ms	1889	Williamson	Workington
Andorinha		4	mbk	1892	Pickersgill	Sunderland
Andrada		4	mbk	1891	Pickersgill	Sunderland
Andrina		4	mbk	1886	Oswald, Mordaunt	Southampton
Andromeda		4	mbk	1890	Duncan	Port Glasgow
Angelita	Sea Cloud	4	mbk	1931	Germania Krupp	Kiel
	Hussar					
Anna	Otterburn	4	mbk	1893	Barclay, Curle	Glasgow
Anne-Marie		4	mbk	1854	?	Paimboeuf
Annie M. Reid	Howard D. Troop	4	mbk	1892	Duncan	Port Glasgow
Antarna	Patria	4	mbk	1931	Germania Krupp	Kiel
	Angelita					
	Sea Cloud					
	Hussar					
Antoinette		4	mbk	1897	Forges et chantiers	La Seyne
Antonia Mumbru	Iberia	4	mbk	1884	Potter	Liverpool
	Ricart de Soler					
	Reliance					
Antonin		4	mbk	1902	Chantiers de France	Dunkerque
Archibald Russel		4	mbk	1905	Scott	Greenock
Arethusa	Peking	4	mbk	1911	Blohm + Voss	Hamburg
Armadale		4	mbk	1887	Stephen	Glasgow
Arracan		4	mbk	1892	Richardson, Duck	Stockton
Arrow		4	mbk	1902	Rodger	Port Glasgow
Arthur Sewall		4	mbk	1899	Sewall	Bath
Asalia	Chile	4	mbk	1892	Fairfield Shipb. Co.	Glasgow
	Chiltonford					
Ashbank		4	mbk	1891	Russell	Greenock
Asheim	Clan Graham	4	mbk	1893	Russell	Port Glasgow
Asie		4	mbk	1897	Laporte	Rouen
Asnières		4	mbk	1902	Forges et chantiers	Graville
Asrym	Springbank	4	mbk	1894	Russell	Port Glasgow
Astral		4	ms	1900	Sewall	Bath
Asulf	Comliebank	4	mbk	1890	Russell	Port Glasgow
Athene	Conishead	4	mbk	1892	Wiliamson	Workington
Atlantique		4	mbk	1897	Ateliers et chantiers de la Loire	Nantes
Atlas	Leif Gundersen	4	ms	1886	Barclay, Curle	Glasgow
	Bannockburn					
Atlas		4	mbk	1902	Sewall	Bath
Auchencairn		4	mbk	1891	Ritson	Maryport
Audun	Armadale	4	mbk	1887	Stephen	Glasgow
Augustella	Jordanhill	4	mbk	1892	Russell	Port Glasgow
Australia		4	mbk	1886	Russell	Port Glasgow
Austrasia		4	mbk	1892	Russell	Port Glasgow

B

Name	ex	Typ/Baujahr			Werft	
Bahama		4	mbk	1893	Russell	Greenock
Balasore		4	mbk	1892	Barclay, Curle	Glasgow
Balmoral		4	mbk	1892	Potter	Liverpool
Bandaneira		4	mbk	1885	Russell	Greenock
Bannockburn		4	ms	1886	Barclay, Curle	Glasgow
Barmbeck	Gilcruix	4	ms	1886	Whitehaven Shipb. Co.	Whitehaven
Baron of Renfrew		4	mbk	1825	Wood	Quebec
Barthold Vinnen	Alsterschwan	4	mbk	1891	Royden	Liverpool
	Alcedo					
Bay of Panama		4	ms	1883	Harland + Wolff	Belfast
Beatrice	Svithiod	4	ms	1881	Steele	Greenock
	Routenburn					

Name	ex	Typ/Baujahr			Werft	
Beechbank		4	mbk	1892	Russell	Greenock
Bell	Perkeo	4	mbk	1901	Russell	Port Glasgow
	Brilliant					
Bellands	Yawry	4	mbk	1891	Potter	Liverpool
	Werner Vinnen					
	Forteviot					
Bellhouse	Ponape	4	mbk	1903	Baccini	Genova
	Regina Elena					
Benares		4	ms	1877	Murray	Port Glasgow
Ben Douran		4	ms	1881	Murray	Port Glasgow
Bengairn	Pass of Brander	4	mbk	1890	Duncan	Port Glasgow
Bermuda		4	mbk	1893	Russell	Greenock
Bertha	Buckingham	4	ms	1888	Royden	Liverpool
Bertha	Lathom	4	mbk	1891	Royden	Liverpool
Bidston Hill		4	ms	1886	Royden	Liverpool
Blanche	Sainte Marguerite	4	mbk	1899	Forges et chantiers	Graville
	Emilie Siegfried					
Bracadale		4	mbk	1887	Stephen	Glasgow
Breidablik		4	mbk	1890	Russell	Port Glasgow
Brilliant		4	mbk	1901	Russell	Port Glasgow
Brownrigg		4	ms	1884	Russell	Greenock
Buckingham		4	ms	1888	Royden	Liverpool
Burrowa	Carl Rudgert Vinnen	4	mbk	1890	Potter	Liverpool
	Dunfermline					
Buteshire		4	ms	1888	Birrell, Stenhouse	Dumbarton

C

Name	ex	Typ/Baujahr			Werft	
Cairniehill		4	mbk	1889	Russell	Port Glasgow
Caledonia	Olivebank	4	mbk	1892	Mackie + Thomson	Glasgow
California	Walter H. Wilson	4	mbk	1882	Harland + Wolff	Belfast
California		4	ms	1890	Harland + Wolff	Belfast
Canowie	Ernst	4	mbk	1892	Russell	Port Glasgow
	Glenogil					
Cape Clear		4	mbk	1892	Duncan	Port Glasgow
Cape Wrath		4	mbk	1892	Duncan	Port Glasgow
Cape York		4	mbk	1890	Barclay, Curle	Glasgow
Cape Horn		4	mbk	1888	Russell	Port Glasgow
Caradoc		4	mbk	1892	Williamson	Workington
Carl	Jeanette Françoise	4	ms	1892	Smit	Krimpen a. d. Leck
Carla	Arracan	4	mbk	1892	Richardson, Duck	Stockton
Carl Rudgert Vinnen	Dunfermline	4	mbk	1890	Potter	Liverpool
Carmen	Dora	4	ms	1877	Barclay, Curle	Glasgow
	County of Inverness					
Caroline II	Muskota	4	mbk	1891	Richardson, Duck	Stockton
Caroline I		4	mbk	1896	Chantiers d. l. Loire	Nantes
Carrabin	Susanne Vinnen	4	mbk	1892	Grangemouth Dockyard	Alloa
	Alsterufer					
	North Star					
Carradale		4	mbk	1889	Stephen	Glasgow
Cavaliere Lauro	Fratelli Beverino	4	ms	1882	Shipbuilding Co.	Sunderland
	Glenorchy					
Cave Hill		4	mbk	1892	Workman, Clark	Belfast
Cawdor		4	ms	1884	Oswald, Mordaunt	Sothampton
C. B. Pedersen	Svecia	4	mbk	1891	Continental Lead + Iron	Pertusola / La Spezia
	Elsa Olander					
	Ferm					
	Emanuele Accame					
Cedarbank		4	mbk	1892	Mackie + Thomson	Glasgow

Name	ex	Typ/Baujahr			Werft	
Celticburn		4	mbk	1892	Barclay, Curle	Glasgow
Centesima		4	mbk	1893	Williamson	Workington
Champigny		4	mbk	1902	Forges et chantiers	Graville
Chanaral	Achnashie	4	mbk	1892	Duncan	Port Glasgow
Charles R. Flint	Cairniehill	4	mbk	1889	Russell	Port Glasgow
Chelmsford		4	mbk	1893	Fairfield Shipb. Co.	Glasgow
Chile	Chiltonford	4	mbk	1892	Fairfield Shipb. Co.	Glasgow
Chiltonford		4	mbk	1892	Fairfield Shipb. Co.	Glasgow
Christel Vinnen	Alster California	4	ms	1890	Harland + Wolff	Belfast
Christine		4	mbk	1891	Tecklenborg	Geestemünde
Cisneros	Curzon	4	mbk	1891	Denny	Dumbarton
Cissie	Drumblair	4	mbk	1883	Russell	Greenock
Clan Buchanan		4	ms	1887	Russell	Port Glasgow
Clan Galbraith		4	mbk	1894	Russell	Port Glasgow
Clan Graham		4	mbk	1893	Russell	Port Glasgow
Cluny Castle		4	ms	1883	Barclay, Curle	Glasgow
Colonial Empire		4	mbk	1902	Reid	Port Glasgow
Colony		4	ms	1886	Doxford	Sunderland
Columbia	Lord Wolseley	4	ms	1883	Harland + Wolff	Belfast
Columbus		4	mbk	1824	Wood	Quebec
Comet		4	mbk	1901	Hamilton	Port Glasgow
Comliebank		4	mbk	1890	Russell	Port Glasgow
Conishead		4	mbk	1892	Williamson	Workington
Contramaestro Duenas	Hebe Vortigern	4	mbk	1891	Williamson	Workington
Cooroy	Athene Conishead	4	mbk	1892	Williamson	Workington
Corunna		4	mbk	1893	Henderson	Partick/Glasgow
County of Aberdeen		4	ms	1879	Barclay, Curle	Glasgow
County of Caithness		4	ms	1876	Barclay, Curle	Glasgow
County of Cromarty		4	ms	1878	Barclay, Curle	Glasgow
County of Dumfries		4	ms	1878	Barclay, Curle	Glasgow
County of Edinburgh		4	ms	1885	Barclay, Curle	Glasgow
County of Haddington		4	ms	1878	Barclay, Curle	Glasgow
County of Inverness		4	ms	1877	Barclay, Curle	Glasgow
County of Kinross		4	ms	1878	Barclay, Curle	Glasgow
County of Linlithgow		4	ms	1887	Barclay, Curle	Glasgow
County of Peebles		4	ms	1875	Barclay, Curle	Glasgow
County of Roxburgh		4	ms	1886	Barclay, Curle	Glasgow
County of Selkirk		4	ms	1878	Barclay, Curle	Glasgow
Craigburn		4	ms	1884	Thompson	Glasgow
Craigend		4	mbk	1889	Russell	Port Glasgow
Craigerne		4	mbk	1889	Duncan	Port Glasgow
Crocodile		4	mbk	1892	Naval Works	Southampton
Crofton Hall		4	ms	1883	Potter	Liverpool
Crompton		4	ms	1890	Royden	Liverpool
Crown of Austria		4	mbk	1892	Ramage + Ferguson	Leith
Crown of Germany		4	mbk	1892	Workman, Clark	Belfast
Crown of India		4	mbk	1885	Ramage + Ferguson	Leith
Curzon	Dampfer A. Lopez	4	mbk	1891	Denny	Dumbarton

D

Name	ex	Typ/Baujahr			Werft	
Daghild	Alcyone	4	mbk	1889	Potter	Liverpool
Dagmar	Får Samaritan	4	mbk	1891	Duncan	Port Glasgow
Dalbek	Balasore	4	mbk	1892	Barclay, Curle	Glasgow
Damson Hill		4	mbk	1893	Harland + Wolff	Belfast
David Dollar	Thielbek Prince Robert	4	mbk	1893	Royden	Liverpool

Name	ex	Typ/Baujahr			Werft	
Daylight		4	mbk	1902	Russell	Port Glasgow
Denmark	Great Republic	4	mbk	1853	Donald Mc Kay	Boston
Dirigo		4	mbk	1894	Sewall	Bath
Dominion		4	mbk	1891	Doxford	Sunderland
Donna Francisca		4	mbk	1892	Russell	Greenock
Dora	County of Inverness	4	ms	1877	Barclay, Curle	Glasgow
Dowan Hill		4	mbk	1893	Russell	Port Glasgow
Dreadnought	Kurt	4	mbk	1904	Hamilton	Port Glasgow
Drumalis		4	mbk	1890	Pickersgill	Sunderland
Drumblair		4	ms	1883	Russell	Greenock
Drumburton		4	ms	1881	Russell	Port Glasgow
Drumcliff		4	ms	1887	Russell	Greenock
Drumcraig		4	mbk	1885	Barrow Shipbdg. Co.	Barrow-in-Furness
Drumeltan		4	ms	1883	Russell	Greenock
Drummuir		4	ms	1882	Potter	Liverpool
Drumrock		4	mbk	1891	Ramage + Ferguson	Leith
Duchalburn		4	mbk	1887	Barclay, Curle	Glasgow
Dumfriesshire		4	mbk	1890	Russell	Port Glasgow
Dundee		4	ms	1882	Thompson	Dundee
Dundonald		4	mbk	1891	Workman, Clark	Belfast
Dunfermline		4	mbk	1890	Potter	Liverpool
Dunkerque I		4	mbk	1889	Russell	Port Glasgow
Dunkerque II		4	mbk	1897	Laporte	Rouen
Dunstaffnage		4	mbk	1892	Potter	Liverpool

E

Name	ex	Typ/Baujahr			Werft	
Earl of Aberdeen		4	mbk	1886	Connell	Glasgow
Earl of Beaconsfield I	Dampfer Cuba	4	ms	1877	Tod, Mc Gregor	Glasgow
Earl of Beaconsfield II		4	ms	1883	Russell	Port Glasgow
Earl of Chatham		4	mbk	1884	Barrow Shipbdg. Co.	Barrow-in-Furness
Earl of Dalhousie		4	mbk	1884	Stephen	Dundee
Earl of Dunmore		4	mbk	1891	Russell	Greenock
Earl of Jersey		4	ms	1883	Barrow Shipbdg. Co.	Barrow-in-Furness
Earl of Shaftesbury		4	ms	1883	Ramage + Ferguson	Leith
Erbrin	Loudon Hill	4	mbk	1887	Russell	Port Glasgow
Ecclefechan		4	ms	1882	Duncan	Port Glasgow
Eclipse		4	mbk	1902	Rodger	Port Glasgow
Ecuador	Snaigow	4	mbk	1890	Russell	Port Glasgow
Edmund	Wilhelm Tell	4	mbk	1891	Ramage + Ferguson	Leith
Edward Sewall		4	mbk	1899	Sewall	Bath
Egon	Eclipse	4	mbk	1902	Rodger	Port Glasgow
Eilbek	Moreton	4	mbk	1892	Russell	Port Glasgow
Eleanor Margaret	Dampfer Mooltan	4	mbk	1885	Thames Shipbuildg. Co.	London
Elginshire		4	mbk	1889	Birrell, Stenhouse	Dumbarton
Elisabeth	Sir Robert Fernie	4	mbk	1889	Russell	Port Glasgow
Elisa Lihn	Australia	4	mbk	1886	Russell	Port Glasgow
Ellesmere		4	ms	1886	Oswald, Mordaunt	Southampton
Ellisland		4	ms	1884	Oswald, Mordaunt	Southampton
Elmbank		4	mbk	1890	Russell	Port Glasgow
Elsa Olander	Ferm Emanuale Accame	4	mbk	1891	Continental Lead + Iron	Pertusola/ La Spezia
Emanuele Accame		4	mbk	1891	Continental Lead + Iron	Pertusola/ La Spezia
Emile Renouf		4	mbk	1897	Forges et chantiers	Graville
Emilie Siegfried		4	mbk	1899	Forges et chantiers	Graville
Engelhorn		4	mbk	1889	Whitehaven Shipbdg.	Whitehaven
Enrichetta	E. Raggio	4	mbk	1890	Continental Lead + Iron	Pertusola/ La Spezia
E. Raggio		4	mbk	1890	Continental Lead + Iron	Pertusola/ La Spezia

Name	ex	Typ/Baujahr		Werft	
Erasmo		4 mbk	1903	Baccini	Genova
Ernest Siegfried		4 mbk	1898	Forges et chantiers	Graville
Ernst	Glenogil	4 mbk	1892	Russell	Port Glasgow
Erskine M. Phelps		4 ms	1898	Sewall	Bath
Eudora		4 mbk	1888	Stephen	Dundee
Eugenio Bruni	Dowan Hill	4 mbk	1893	Russell	Port Glasgow
Eulomene		4 ms	1891	Thompson	Sunderland
Euphrates		4 ms	1879	Murray	Port Glasgow
Europe		4 mbk	1897	Laporte	Rouen
Eusemere I		4 ms	1884	Potter	Liverpool
Eusemere II		4 mbk	1890	Williamson	Workington
Euterpe		4 mbk	1884	Barrow Shipbdg. Co.	Barrow-in-Furness

F

Name	ex	Typ/Baujahr		Werft	
Falkland		4 mbk	1889	Potter	Liverpool
Falls of Afton		4 ms	1882	Russell	Greenock
Falls of Bruar		4 ms	1879	Russell	Port Glasgow
Falls of Clyde		4 ms	1878	Russell	Port Glasgow
Falls of Dee		4 ms	1882	Russell	Greenock
Falls of Earn		4 ms	1884	Russell	Greenock
Falls of Ettrick		4 mbk	1894	Russell	Port Glasgow
Falls of Foyers		4 ms	1883	Russell	Greenock
Falls of Garry		4 mbk	1886	Russell	Port Glasgow
Falls of Halladale		4 ms	1886	Russell	Greenock
Fannie Kerr		4 mbk	1892	Royden	Liverpool
Får	Samaritan	4 mbk	1891	Duncan	Port Glasgow
Fascadale		4 mbk	1890	Stephen	Glasgow
Faulconnier	Edmund Wilhelm Tell	4 mbk	1891	Ramage + Ferguson	Leith
Federico	Palmerston Dampfer Charity	4 ms	1876	Laird	Birkenhead-Liverpool
Fehmarn	Carla Arracan	4 mbk	1892	Richardson, Duck	Stockton
Fennia I	Goodrich	4 mbk	1892	Workmann, Clark	Belfast
Fennia II	Champigny	4 mbk	1902	Forges et chantiers	Graville
Ferm	Emanuale Accame	4 mbk	1891	Continental Lead + Iron	Pertusola/La Spezia
Fingal		4 mbk	1883	Harland + Wolff	Belfast
Fiorino	Kinross-shire	4 mbk	1893	Russell	Greenock
Fischbek	Crown of Germany	4 mbk	1892	Workman, Clark	Belfast
Flora	Potosi	5 mbk	1895	Tecklenborg	Geestemünde
Flying Cloud	Muscoota Ottawa Bertha Buckingham	4 ms	1888	Royden	Liverpool
Forteviot		4 mbk	1891	Potter	Liverpool
Fort George		4 ms	1894	Workman, Clark	Belfast
Foz do Douro	Abraham Rydberg Star of Greenland Hawaiian Isles	4 mbk	1892	Connell	Glasgow
France I		5 mbk	1890	Henderson	Partik/Glasgow
France II		5 mbk	1911	Chant. et at. d. l. Gironde	Bordeaux
Francesco Giuseppe	Falls of Afton	4 ms	1882	Russell	Greenock
Fratelli Beverino	Glenorchy	4 ms	1882	Shipbuilding Co.	Sunderland
Frieda	County of Edinburgh	4 ms	1885	Barclay, Curle	Glasgow
Freden	Duchalburn	4 ms	1887	Barclay, Curle	Glasgow
Frederick Billings		4 ms	1885	Carleton, Norwood	Rockport

Name	ex	Typ/Baujahr			Werft	
G						
Gabriele	Gabriele d'Ali	4	mbk	1903	Odero	Genova
Gabriele d'Ali	Gabriele	4	mbk	1903	Odero	Genova
Galena		4	mbk	1890	Stephen	Dundee
Galgate		4	ms	1888	Shipbuilding Co.	Whitehaven
Garnet Hill		4	mbk	1890	Russell	Port Glasgow
Garthpool	Juteopolis	4	mbk	1891	Thompson	Dundee
Geertruida Gerarda		4	mbk	1904	Smit	Krimpen a.d. Leck
General Gordon		4	ms	1886	Evans	Liverpool
General Roberts		4	ms	1884	Russell	Greenock
George Roper		4	mbk	1883	Potter	Liverpool
Gers	Cape York	4	mbk	1890	Barclay, Curle	Glasgow
Gjertrud	Herzogin Sophie Charlotte Albert Rickmers	4	mbk	1894	Rickmers	Bremerhaven
Gifford		4	mbk	1892	Scott	Greenock
Gilcruix		4	ms	1886	Shipbuilding Co.	Whitehaven
Glaucus		4	ms	1889	Barclay, Curle	Glasgow
Glenbreck		4	mbk	1890	Duncan	Port Glasgow
Glencaird		4	mbk	1889	Russell	Port Glasgow
Glencairn		4	mbk	1878	Dobie	Glasgow
Glenclova		4	mbk	1893	Connell	Glasgow
Glencona		4	mbk	1890	Russell	Port Glasgow
Glenericht		4	ms	1885	Royden	Liverpool
Glenfinlas		4	ms	1882	Shipbuilding Co.	Sunderland
Glenogil		4	mbk	1892	Russell	Port Glasgow
Glenorchy		4	ms	1882	Shipbuilding Co.	Sunderland
Goldbek	Miltonburn	4	mbk	1893	Barclay, Curle	Glasgow
Golden Gate	Lord Shaftesbury	4	ms	1888	Shipbuilding Co.	Whitehaven
Goldenhorn		4	mbk	1883	Russell	Greenock
Goodrich		4	mbk	1892	Workman, Clark	Belfast
Gosford		4	mbk	1892	Scott	Greenock
Gowanbank		4	mbk	1891	Russell	Port Glasgow
Gowanburn		4	mbk	1886	Scott	Greenock
Graciosa	Margaretha Strathgryfe	4	mbk	1890	Russell	Port Glasgow
Great Republic		4	mbk	1853	Donald Mc Kay	Boston
Grenada		4	mbk	1894	Russell	Greenock
Gullmarn	Magda Erbrin Loudon Hill	4	mbk	1887	Russell	Port Glasgow
Gunford		4	mbk	1892	Scott	Greenock
Gustav	Austrasia	4	mbk	1892	Russell	Port Glasgow
H						
Hafrsfjord	General Roberts	4	ms	1884	Russel	Greenrock
Hans		4	mbk	1904	Hamilton	Port Glasgow
Harald	Niobe Damson Hill	4	mbk	1893	Harland + Wolff	Belfast
Hawaiian Isles		4	mbk	1892	Connell	Glasgow
H. Bischoff	Dampfer Ville de Paris	4	ms	1865	Napier	Glasgow
Hebe I		4	mbk	1891	Blohm + Voss	Hamburg
Hebe II	Vortigern	4	mbk	1891	Williamson	Workington
Hélène	Andorinha	4	mbk	1892	Pickersgill	Sunderland
Helvig Vinnen	Persimmon Drumrock	4	mbk	1891	Ramage + Ferguson	Leith
Henriette	Royal Forth	4	mbk	1893	Ramage + Ferguson	Leith
Hera	Richard Wagner	4	mbk	1886	Tecklenborg	Geestemünde
Herbert	Donna Francisca	4	mbk	1892	Russell	Greenock
Herö	Inverna	4	mbk	1890	Connell	Glasgow

Name	ex	Typ/Baujahr			Werft	
Herzogin Cecilie		4	mbk	1902	Rickmers	Bremerhaven
Herzogin Sophie Charlotte	Albert Rickmers	4	mbk	1894	Rickmers	Bremerhaven
H. Hackfeld	Ecuador	4	mbk	1890	Russell	Port Glasgow
	Snaigow					
Hiddekel		4	mbk	1892	Barclay, Curle	Glasgow
Hinemoa		4	mbk	1890	Russell	Greenock
Hippalos	Souverain	4	ms	1888	Harland + Wolff	Belfast
	Odessa					
	Adelaide					
	Holkar					
Holkar		4	mbk	1888	Harland + Wolff	Belfast
Hollinwood		4	ms	1889	Royden	Liverpool
Holt Hill I		4	ms	1884	Potter	Liverpool
Holt Hill II		4	mbk	1890	Russell	Port Glasgow
Holyhead		4	mbk	1889	Evans	Liverpool
Honresfeld		4	mbk	1891	Doxford	Sunderland
Hougomont		4	mbk	1897	Scott	Greenock
Howard D. Troop		4	mbk	1892	Duncan	Port Glasgow
Howth		4	mbk	1892	Workman, Clark	Belfast
Hussar		4	mbk	1931	Germania Krupp	Kiel

I

Name	ex	Typ/Baujahr			Werft	
Iberia	Ricart de Soler	4	ms	1884	Potter	Liverpool
	Reliance					
Inverlogie	Chelmsford	4	mbk	1893	Fairfield Shipbdg. Co.	Glasgow
Inverness-shire		4	mbk	1894	Duncan	Port Glasgow
Invertrossachs		4	mbk	1891	Russell	Port Glasgow
Iranian		4	mbk	1895	Williamson	Workington
Isebek	James Kerr	4	mbk	1892	Royden	Liverpool
Italia	Cavaliere Lauro	4	ms	1882	Shipbuilding Co.	Sunderland
	Fratelli Beverino					
	Glenorchy					
Italia		4	mbk	1903	Cantieri navali	La Spezia
Iverna		4	mbk	1890	Connell	Glasgow

J

Name	ex	Typ/Baujahr			Werft	
Jacobsen	Weser	4	mbk	1903	Baccini	Genova
	Pinguin					
	Erasmo					
Jacqueline		4	mbk	1897	Forges et chantiers	La Seyne
James Dollar	Orotava	4	mbk	1901	Hamilton	Port Glasgow
	Comet					
James Kerr		4	mbk	1892	Royden	Liverpool
Janet Cowan		4	ms	1889	Barclay, Curle	Glasgow
Janet Dollar	Egon	4	mbk	1902	Rodger	Port Glasgow
	Eclipse					
J. C. Vinnen	Osborne	4	mbk	1892	Potter	Liverpool
Jeanette Françoise		4	mbk	1892	Smit	Krimpen a.d. Leck
Jersbeck	Lyderhorn	4	mbk	1892	Oswald	Milford Haven
John Ena		4	mbk	1892	Duncan	Port Glasgow
John M. Blaikie		4	ms	1885	Geddes	Londonderry N. Sc.
Jordanhill		4	mbk	1892	Russell	Port Glasgow
Joseph Dollar	Schürbeck	4	mbk	1902	Reid	Port Glasgow
Juteopolis		4	mbk	1891	Thompson	Dundee

Name	ex	Typ/Baujahr			Werft	
K						
Kaiwo Maru		4	mbk	1930	Kawasaki Dockyard	Kobe
Katanga	Madagascar	4	mbk	1888	Russell	Port Glasgow
Kate Thomas		4	ms	1885	Doxford	Sunderland
Kelburn		4	ms	1889	Barclay, Curle	Glasgow
Kelton		4	mbk	1890	Duncan	Port Glasgow
Kenilworth		4	ms	1887	Reid	Port Glasgow
Kentmere		4	ms	1883	Potter	Liverpool
King James		4	mbk	1892	Russell	Greenock
Kings County		4	ms	1890	Cox	Kingsport N. Sc.
Kinross-shire		4	mbk	1893	Russell	Greenock
Knight of St. Michael		4	ms	1883	Thompson	Glasgow
København		5	mbk	1921	Ramage + Ferguson	Leith
Kommodore Johnsen	Magdalene Vinnen	4	mbk	1921	Germania Krupp	Kiel
Kringsjaa	Colony	4	mbk	1886	Doxford	Sunderland
Krusenstern	Padua	4	mbk	1926	Tecklenborg	Geestemünde
Kurt		4	mbk	1904	Hamilton	Port Glasgow
L						
Lady Wentworth		4	mbk	1896	Scott	Greenock
La Epoca	Corunna	4	mbk	1893	Henderson	Partik/Glasgow
Lancing	Dampfer Péreire	4	ms	1865	Napier	Glasgow
Lathom		4	mbk	1891	Royden	Liverpool
Laurelbank		4	mbk	1893	Russell	Port Glasgow
Lauriston		4	ms	1892	Workman, Clark	Belfast
Lautaro	Priwall	4	mbk	1920	Blohm + Voss	Hamburg
L'Avenir		4	mbk	1908	Rickmers	Bremerhaven
Lawhill		4	mbk	1892	Thompson	Dundee
Leif Gundersen	Bannockburn	4	ms	1886	Barclay, Curle	Glasgow
Lemkenhafen	Herbert Donna Francisca	4	mbk	1892	Russell	Greenock
Leni	Christine	4	mbk	1891	Tecklenborg	Geestemünde
Levernbank		4	mbk	1893	Russell	Port Glasgow
Lindfield		4	mbk	1891	Russell	Greenock
L'Invention		4	ms	1801	Thibault	Bordeaux
Lisbeth	Pendragon Castle	4	mbk	1891	Williamson	Workington
Liverpool I		4	ms	1882	Dobie	Glasgow
Liverpool II		4	ms	1889	Russell	Port Glasgow
Loch Broom		4	ms	1885	Barclay, Curle	Glasgow
Loch Carron		4	ms	1885	Barclay, Curle	Glasgow
Loch Moidart		4	ms	1881	Barclay, Curle	Glasgow
Loch Nevis		4	mbk	1894	Reid	Port Glasgow
Loch Torridon		4	mbk	1881	Barclay, Curle	Glasgow
Loire		4	mbk	1897	Ateliers et ch. d. l. Loire	Nantes
Lord Brassey		4	mbk	1891	Grangemouth Dockyard	Alloa
Lord Downshire		4	ms	1882	Harland + Wolff	Belfast
Lord Dufferin		4	mbk	1896	Workman, Clark	Belfast
Lord Ripon		4	mbk	1892	Grangemouth Dockyard	Alloa
Lord Rosebery	Windermere	4	ms	1889	Shipbuilding Co.	Whitehaven
Lord Shaftesbury		4	ms	1888	Shipbuilding Co.	Whitehaven
Lord Templemore		4	ms	1892	Harland + Wolff	Belfast
Lord Wolseley		4	ms	1883	Harland + Wolff	Belfast
Loudon Hill		4	mbk	1887	Russell	Port Glasgow
Lucipara		4	ms	1885	Russell	Greenock
Lucy Vinnen	Alsterfee Oranasia	4	mbk	1892	Russell	Port Glasgow
Lyderhorn		4	mbk	1892	Oswald	Milford Haven
Lydgate		4	mbk	1893	Palmers	Newcastle o. T.
Lyndhurst		4	ms	1886	Mc Millan	Dumbarton
Lynton		4	mbk	1894	Evans	Liverpool

Name	ex	Typ/Baujahr			Werft	

M

Madagascar		4	mbk	1888	Russell	Port Glasgow
Madeleine		4	mbk	1896	Atel. et Chant. d. l. Loire	Nantes
Mae Dollar	Adolf Vinnen	4	mbk	1892	Russell	Port Glasgow
	Alsterdamm					
	Somali					
Magda	Erbrin	4	mbk	1887	Russell	Port Glasgow
	Loudon Hill					
Magdalene	Trade Winds	4	mbk	1891	Ramage + Ferguson	Leith
Magdalene Vinnen I	Dunstaffnage	4	mbk	1892	Potter	Liverpool
Magdalene Vinnen II		4	mbk	1921	Germania Krupp	Kiel
Mairo	Elisabeth	4	mbk	1889	Russell	Port Glasgow
	Sir Robert Fernie					
Manchester		4	mbk	1892	Doxford	Sunderland
Manga Rewa	Pyrénées	4	mbk	1891	Connell	Glasgow
Margareta	Craigerne	4	mbk	1889	Duncan	Port Glasgow
Margretha	Strathgryfe	4	mbk	1890	Russell	Port Glasgow
Margaret Overman	Drumeltan	4	ms	1883	Russell	Port Glasgow
Maria	Isebek	4	mbk	1892	Royden	Liverpool
	James Kerr					
Maria Rickmers		5	mbk	1892	Russell	Port Glasgow
Mariechen	Glenericht	4	ms	1885	Royden	Liverpool
Marion Frazer		4	mbk	1892	Connell	Glasgow
Marion Josiah		4	mbk	1892	Connell	Glasgow
Marion Lightbody		4	ms	1888	Henderson	Partik/Glasgow
Marlborough Hill		4	mbk	1885	Potter	Liverpool
Marpesia	County of Kinross	4	ms	1878	Barclay, Curle	Glasgow
Marthe I	Melita	4	mbk	1892	Stephen	Dundee
Marthe II		4	mbk	1900	Chant. d. l. Normandie	Grand Quevilly
Mary Dollar	Hans	4	mbk	1904	Hamilton	Port Glasgow
Mashona		4	ms	1891	Bigger	Londonderry
Matterhorn		4	mbk	1882	Russell	Greenock
Mayfield		4	mbk	1892	Russell	Greenock
May Flint	Dampfer Persian Monarch	4	mbk	1880	Mc Millan	Dumbarton
Mayhill		4	mbk	1890	Stephen	Dundee
Mayotte	Tamara VI	4	mbk	1892	Russell	Port Glasgow
	Lucy Vinnen					
	Alsterfee					
	Oranasia					
Medway	Ama Begonakoa	4	mbk	1902	Mc Millan	Dumbarton
Melbourne	Gustav	4	mbk	1892	Russell	Port Glasgow
	Austrasia					
Melita		4	mbk	1892	Stephen	Dundee
Metropolis		4	ms	1887	Evans	Liverpool
Miltonburn		4	mbk	1893	Barclay, Curle	Glasgow
Milton Stuart		4	mbk	1892	Swan, Hunter	Newcastle o. T.
Mimi	Glenclova	4	mbk	1893	Connell	Glasgow
Minerva	Augustella	4	mbk	1892	Russell	Glasgow
	Jordanhill					
Mistral		4	mbk	1901	Atel. et chant. d. l. Loire	Nantes
Mneme		4	mbk	1903	Reid	Port Glasgow
Moel Tryvan		4	ms	1884	Doxford	Sunderland
Monongahela	Red Jacket	4	mbk	1892	Barclay, Curle	Glasgow
	Dalbek					
	Balasore					
Montmorency		4	mbk	1896	Atel. et chant. d. l. Loire	Nantes
Moreton		4	mbk	1892	Russell	Port Glasgow
Morven		4	mbk	1893	Duncan	Port Glasgow
Moshulu	Dreadnought	4	mbk	1904	Hamilton	Port Glasgow
	Kurt					

Name	ex	Typ/Baujahr		Werft	
Mowhan		4 mbk	1892	Pickersgill	Sunderland
Mozambique		4 mbk	1892	Russell	Port Glasgow
Muncaster Castle		4 ms	1882	Potter	Liverpool
Muscoota	Flying Cloud	4 ms	1888	Royden	Liverpool
	Ottawa				
	Bertha				
	Buckingham				
Muskoka		4 mbk	1891	Richardson, Duck	Stockton

N

Name	ex	Typ/Baujahr		Werft	
Nal	Lord Ripon	4 mbk	1892	Grangemouth Dockyard	Alloa
Nation		4 mbk	1891	Doxford	Sunderland
Nauarchos	Centesima	4 mbk	1893	Williamson	Workington
Neath	R. C. Rickmers	5 mbk	1906	Rickmers	Bremerhaven
Nile		4 ms	1886	Russell	Port Glasgow
Niobe	Damson Hill	4 mbk	1893	Harland + Wolff	Belfast
Nippon Maru		4 mbk	1930	Kawasaki Dockyard	Kobe
Nivelle		4 mbk	1897	Scott	Greenock
Nomia	Auchencairn	4 mbk	1891	Ritson	Maryport
Nonpareil		4 mbk	1901	Hamilton	Port Glasgow
Nord		4 ms	1889	Barclay, Curle	Glasgow
Nordhav	Bermuda	4 mbk	1893	Russell	Greenock
Norma		4 mbk	1893	Barclay, Curle	Glasgow
Northam	Dampfer	4 ms	1858	Day	Southampton
North Star		4 mbk	1892	Grangemouth Dockyard	Alloa

O

Name	ex	Typ/Baujahr		Werft	
Oceana		4 mbk	1887	Duncan	Port Glasgow
Oceana	Mowhan	4 mbk	1892	Pickersgill	Sunderland
Ocean King		4 ms	1874	Thompson	Kennebunk
Octavia	Loch Nevis	4 mbk	1894	Reid	Glasgow
Odessa	Adelaide	4 ms	1888	Harland + Wolff	Belfast
	Holkar				
Olivebank	Caledonia	4 mbk	1892	Mackie + Thompson	Glasgow
Olympia	Geertruida Gerarda	4 mbk	1904	Smit	Krimpen a. d. Leck
Omega	Drumcliff	4 ms	1887	Russell	Greenock
Onda	Anna	4 mbk	1893	Barclay, Curle	Glasgow
	Otterburn				
Ophelia	Magdalene	4 mbk	1891	Ramage + Ferguson	Leith
	Trade Winds				
Optima	Placilla	4 mbk	1892	Tecklenborg	Geestemünde
Oranasia		4 mbk	1892	Russell	Port Glasgow
Ormsary		4 mbk	1903	Russell	Port Glasgow
Orotava	Comet	4 mbk	1901	Hamilton	Port Glasgow
Osborne		4 mbk	1892	Potter	Liverpool
Ottawa	Bertha	4 ms	1888	Royden	Liverpool
	Buckingham				
Otterburn		4 mbk	1893	Barclay, Curle	Glasgow
Oweenee		4 mbk	1891	Richardson, Duck	Stockton

P

Name	ex	Typ/Baujahr		Werft	
Pacifique	Knight of St. Michael	4 ms	1883	Thompson	Glasgow
Pacifique	Barmbek	4 ms	1886	Shipbuilding Co.	Whitehaven
	Gilcruix				
Padua		4 mbk	1926	Tecklenborg	Geestemünde
Palgrave		4 ms	1884	Hamilton	Port Glasgow
Palmerston	Dampfer Charity	4 ms	1853	Laird	Birkenhead-Liverpool
Pamir		4 mbk	1905	Blohm + Voss	Hamburg

Name	ex	Typ/Baujahr			Werft	
Pangani		4	mbk	1903	Tecklenborg	Geestemünde
Parma	Arrow	4	mbk	1902	Rodger	Port Glasgow
Passat		4	mbk	1911	Blohm + Voss	Hamburg
Pass of Brander		4	mbk	1890	Duncan	Port Glasgow
Pass of Melfort		4	mbk	1891	Fairfield Shipbdg. Co.	Glasgow
Patria	Angelita	4	mbk	1931	Germania Krupp	Kiel
	Sea Cloud					
	Hussar					
Paul	Willy Rickmers	4	mbk	1895	Ritson	Maryport
Paul Rickmers	Windermere	4	mbk	1892	Oswald	Milford Haven
Pegasus		4	mbk	1884	Potter	Liverpool
Peking	Arethusa	4	mbk	1911	Blohm + Voss	Hamburg
Pendragon Castle		4	mbk	1891	Williamson	Workington
Perkeo	Brilliant	4	mbk	1901	Russell	Port Glasgow
Persévérance I		4	ms	1886	Thompson	Glasgow
Persévérance II		4	mbk	1896	Forges et chantiers	La Seyne
Persimmon	Drumrock	4	mbk	1891	Ramage + Ferguson	Leith
Peter Iredale		4	mbk	1890	Ritson	Maryport
Peter Rickmers		4	ms	1889	Russell	Port Glasgow
Petschili		4	mbk	1903	Blohm + Voss	Hamburg
Phyllis	Australia	4	mbk	1886	Russell	Port Glasgow
	Elisa Lihn					
	Australia					
Pindos	Eusemere	4	mbk	1890	Williamson	Workington
Pinguin	Erasmo	4	mbk	1903	Baccini	Genova
Pinmore		4	ms	1882	Reid	Port Glasgow
Pisagua		4	mbk	1892	Tecklenborg	Geestemünde
Pitlochry		4	mbk	1894	Stephen	Dundee
Placilla		4	mbk	1892	Tecklenborg	Geestemünde
Pola		4	mbk	1918	Blohm + Voss	Hamburg
Poltalloch		4	mbk	1893	Workman, Clar	Belfast
Polymnia		4	mbk	1886	Blohm + Voss	Hamburg
Pommern	Mneme	4	mbk	1903	Reid	Port Glasgow
Ponape	Regina Elena	4	mbk	1903	Baccini	Genova
Port Caledonia		4	mbk	1892	Russell	Greenock
Port Jackson		4	ms	1882	Hall	Aberdeen
Port Stanley		4	mbk	1890	Russell	Greenock
Potosi		5	mbk	1895	Tecklenborg	Geestemünde
Président Felix Faure		4	mbk	1896	Forges et chantiers	Graville
Preussen		5	ms	1902	Tecklenborg	Geestemünde
Primrose Hill		4	mbk	1886	Royden	Liverpool
Prince Robert		4	mbk	1893	Royden	Liverpool
Principality		4	ms	1895	Doxford	Sunderland
Principessa Mafalda		4	mbk	1902	Odero	Genova
Priwall		4	mbk	1920	Blohm + Voss	Hamburg
Province		4	ms	1886	Doxford	Sunderland
Puritan		4	mbk	1889	Reid	Port Glasgow
Pyrénées		4	mbk	1891	Connell	Glasgow

Q

Queen Margaret		4	mbk	1893	Mc Millan	Dumbarton
Quevilly		4	mbk	1897	Laporte	Rouen

R

R. C. Rickmers		5	mbk	1906	Rickmers	Bremerhaven
Red Jacket	Dalbek	4	mbk	1892	Barclay, Curle	Glasgow
	Balasore					
Regina Elena		4	mbk	1903	Baccini	Genova
Reinbek	Lord Rosebery	4	ms	1889	Shipbuilding Co.	Whitehaven
	Windermere					

Name	ex	Typ/Baujahr			Werft	
Reliance		4	ms	1884	Potter	Liverpool
Renée Rickmers		4	mbk	1887	Russell	Port Glasgow
Republic		4	mbk	1891	Doxford	Sunderland
Rewa	Alice A. Leigh	4	ms	1889	Shipbuilding Co.	Whitehaven
Rhône		4	mbk	1896	Forges et chantiers	La Seyne
Ricart de Soler	Reliance	4	ms	1884	Potter	Liverpool
Richard Hayward		4	ms	1885	Doxford	Sunderland
Richard Wagner		4	ms	1886	Tecklenborg	Geestemünde
Richelieu	Pola	4	mbk	1918	Blohm + Voss	Hamburg
Roanocke		4	ms	1892	Sewall	Bath
Robert Duncan		4	mbk	1891	Duncan	Port Glasgow
Robert Rickmers		4	mbk	1888	Russell	Greenock
Romsdal		4	ms	1877	Steele	Greenock
Ross-shire		4	mbk	1891	Scott	Greenock
Routenburn		4	mbk	1881	Steele	Greenock
Rowena	Cluny Castle	4	ms	1883	Barclay, Curle	Glasgow
Royal Forth		4	mbk	1893	Ramage + Ferguson	Leith

S

Name	ex	Typ/Baujahr			Werft	
Sainte Catherine	Ernest Siegfried	4	mbk	1898	Forges et chantiers	Graville
Sainte Marguerite	Emilie Siegfried	4	mbk	1899	Forges et chantiers	Graville
Samaritan		4	mbk	1891	Duncan	Port Glasgow
Santa Maria	Schiffbek Ellesmere	4	ms	1886	Oswald, Mordaunt	Southampton
Saragossa		4	mbk	1902	Shipbuilding Co.	Dundee
Saratoga		4	mbk	1893	Russell	Greenock
Sea Cloud	Hussar	4	mbk	1931	Germania Krupp	Kiel
Sea Cloud of Cayman	Antarna, Patria Angelita Sea Cloud Hussar	4	mbk	1931	Germania	Krupp Kiel
Seafarer		4	mbk	1888	Potter	Liverpool
Sedov	Kommodore Johnsen Magdalene Vinnen	4	mbk	1921	Germania Krupp	Kiel
Seefahrer	Seafarer	4	mbk	1888	Potter	Liverpool
Seileren	Loch Carron	4	ms	1885	Barclay, Curle	Glasgow
Seine	Sainte Catherine Ernest Siegfried	4	mbk	1898	Forges et chantiers	Graville
Semantha		4	mbk	1888	Hamilton	Port Glasgow
Shakespeare		4	ms	1876	Short	Sunderland
Shenandoah		4	ms	1890	Sewall	Bath
Silberhorn		4	mbk	1884	Russell	Port Glasgow
Simla I	Dampfer	4	ms	1883	Tod + Mc Gregor	Glasgow
Simla II		4	mbk	1890	Russell	Port Glasgow
Sindia		4	ms	1887	Harland + Wolff	Belfast
Sir Robert Fernie		4	mbk	1889	Russell	Port Glasgow
Skansen	Lydgate	4	mbk	1893	Palmers	Newcastle o. T.
Snaigow		4	mbk	1890	Russell	Port Glasgow
Snig	Dowan Hill Eugenio Bruni Dowan Hill	4	mbk	1893	Russell	Port Glasgow
Sofala		4	mbk	1892	Russell	Port Glasgow
Sofie	County of Caithness	4	ms	1876	Barclay, Curle	Glasgow
Sokoto		4	mbk	1887	Russell	Port Glasgow
Somali		4	mbk	1892	Russell	Port Glasgow
Songdal	Loch Broom	4	ms	1885	Barclay, Curle	Glasgow
Souvenir	Carl Jeanette Françoise	4	ms	1892	Smit	Krimpen a.d. Leck

Name	ex	Typ/Baujahr		Werft	
Souverain	Odessa Adelaide Holkar	4 mbk	1888	Harland + Wolff	Belfast
Sovinto	County of Dumfries	4 ms	1878	Barclay, Curle	Glasgow
Spartan	Earl of Dunmore	4 mbk	1891	Russell	Greenock
Speedonia	Urania	4 mbk	1902	Mc Millan	Dumbarton
Springbank		4 mbk	1894	Russell	Port Glasgow
Springburn		4 mbk	1892	Barclay, Curle	Glasgow
Stanley		4 mbk	1889	Russell	Port Glasgow
Star of Greenland	Hawaiian Isles	4 mbk	1892	Connell	Glasgow
Star of Lapland	Atlas	4 mbk	1902	Sewall	Bath
Star of Poland	Acme	4 ms	1901	Sewall	Bath
Star of Scotland	Kenilworth	4 ms	1887	Reid	Port Glasgow
Star of Shetland	Edward Sewall	4 ms	1899	Sewall	Bath
Star of Zealand	Astral	4 ms	1900	Sewall	Bath
Steinsund	Goldbek Miltonburn	4 mbk	1893	Barclay, Curle	Glasgow
Stoneleigh		4 mbk	1892	Scott	Greenock
Storebror	Afon Alaw	4 mbk	1891	Stephen	Glasgow
Storegut	Crocodile	4 mbk	1892	Naval Works	Southampton
Stöveren	Beechbank	4 mbk	1892	Russell	Greenock
Strathgryfe		4 mbk	1890	Russell	Port Glasgow
Susanne Vinnen	Alsterufer North Star	4 mbk	1892	Grangemouth Dockyard	Alloa
Susquehannah		4 ms	1891	Sewall	Bath
Svartskog	Inverness-shire	4 mbk	1894	Duncan	Port Glasgow
Svecia	Elsa Olander Ferm Emanuale Accame	4 mbk	1891	Continental Lead + Iron	Pertusola/ La Spezia
Svithiod	Routenburn	4 ms	1881	Steele	Greenock
Svolder	Bracadale	4 mbk	1887	Stephen	Glasgow
Swanhilda		4 mbk	1890	Mc Millan	Dumbarton
Sydnaes	Ulrich	4 mbk	1892	Russell	Port Glasgow
Schiffbek	Ellesmere	4 ms	1886	Oswald, Mordaunt	Southampton
Schürbek		4 mbk	1902	Reid	Port Glasgow

T

Name	ex	Typ/Baujahr		Werft	
Taisei Maru		4 mbk	1904	Kawaski Dockyard	Kobe
Talavera		4 mbk	1882	Birrell, Stenhouse	Dumbarton
Tamara VI	Lucy Vinnen Alsterfee Oranasia	4 mbk	1892	Russell	Port Glasgow
Tamara XV	Eilbek Moreton	4 mbk	1892	Russell	Port Glasgow
Tarapaca		4 ms	1886	Thompson	Glasgow
Tasman	Tasmania	4 ms	1886	Russell	Port Glasgow
Tasmania		4 ms	1886	Russell	Port Glasgow
Teie	Falls of Dee	4 ms	1882	Russell	Greenock
Teviotdale		4 ms	1882	Stephen	Glasgow
The Highfields		4 mbk	1892	Richardson, Duck	Stockton
Thekla	Milton Stuart	4 mbk	1892	Swan, Hunter	Newcastle o. T.
Theodor	Dampfer China	4 mbk	1862	Napier	Glasgow
Thielbek	Prince Robert	4 mbk	1893	Royden	Liverpool
Thistle		4 mbk	1891	Connell	Glasgow
Thistlebank		4 mbk	1891	Russell	Port Glasgow
Thor II	Nile	4 ms	1886	Russell	Port Glasgow
Thracian		4 mbk	1892	Duncan	Port Glasgow
Tijuca	Marion Josiah	4 mbk	1892	Connell	Glasgow

Name	ex	Typ/Baujahr			Werft	
Tinto Hill		4	mbk	1888	Russell	Port Glasgow
Torrisdale		4	mbk	1892	Henderson	Partick/Glasgow
Towarischtsch	Lauriston	4	ms	1892	Workman, Clark	Belfast
Trade Winds		4	mbk	1891	Ramage + Ferguson	Leith
Trafalgar		4	ms	1877	Connell	Glasgow
Tweedsdale		4	mbk	1877	Barclay, Curle	Glasgow

U

Name	ex	Typ/Baujahr			Werft	
Ulrica		4	ms	1884	Barclay, Curle	Glasgow
Ulrich	Mozambique	4	mbk	1892	Russell	Port Glasgow
Union		4	ms	1882	Russell	Port Glasgow
Urania		4	mbk	1902	Mc Millan	Dumbarton

V

Name	ex	Typ/Baujahr			Werft	
Valentine		4	mbk	1901	Chantiers d. l. Normandie	Grand Quevilly
Valerie	Clan Buchanan	4	ms	1887	Russell	Port Glasgow
Valparaiso		4	mbk	1902	Chantiers de France	Dunkerque
Vanduara		4	ms	1882	Connell	Glasgow
Veirland	Alonso Tinto Hill	4	mbk	1888	Russell	Port Glasgow
Vestfield	Freden Duchalburn	4	ms	1887	Barclay, Curle	Glasgow
Viking		4	mbk	1906	Burmeister + Wain	København
Ville de Mulhouse		4	mbk	1899	Forges et Chantiers	Graville
Ville du Havre		4	mbk	1899	Forges et chantiers	Graville
Vimeira		4	mbk	1891	Connell	Glasgow
Vortigern		4	mbk	1891	Williamson	Workington

W

Name	ex	Typ/Baujahr			Werft	
Walküre	Alsterberg	4	mbk	1902	Mc Millan	Dumbarton
Walter H. Wilson		4	mbk	1882	Harland + Wolff	Belfast
Wamphray		4	mbk	1891	Duncan	Port Glasgow
Wanderer		4	mbk	1891	Potter	Liverpool
Wandsbek	Ancyra	4	mbk	1892	Russell	Greenock
Waterloo		4	ms	1878	Connell	Glasgow
Wendur		4	ms	1884	Connell	Glasgow
Werner Vinnen	Forteviot	4	mbk	1891	Potter	Liverpool
Weser	Pinguin Erasmo	4	mbk	1903	Baccini	Genova
West Lothian		4	ms	1882	Connell	Glasgow
Wilhelm Tell		4	mbk	1891	Ramage + Ferguson	Leith
William Dollar	Walküre Alsterberg	4	mbk	1902	Mc Millan	Dumbarton
William P. Frye		4	ms	1901	Sewall	Bath
William T. Lewis	Robert Duncan	4	mbk	1891	Duncan	Port Glasgow
Willy Rickmers		4	mbk	1895	Ritson	Maryport
Windermere I		4	ms	1889	Shipbuilding Co.	Whitehaven
Windermere II		4	mbk	1892	Oswald	Milford Haven
W. J. Pirrie		4	ms	1883	Harland + Wolff	Belfast
Woglinde	Lady Wentworth	4	mbk	1896	Scott	Greenock
Wulfran Puget		4	mbk	1896	Forges et chantiers	La Seyne

Y

Name	ex	Typ/Baujahr			Werft	
Yawry	Werner Vinnen Forteviot	4	mbk	1891	Potter	Liverpool

Reihenfolge der Einheiten
nach Baujahren mit Zusammenstellung

Baujahr

erste Kolonne: Monat des Stapellaufs oder der Inbetriebsetzung. Ohne Angabe = Zeitpunkt unbekannt.
zweite Kolonne: Anzahl Masten, die das Schiff führte
dritte Kolonne: Takelage, die das Schiff ursprünglich führte (ms für Vollschiff, mbk für Bark)
vierte Kolonne: Netto-Registertonnage
fünfte Kolonne: Brutto-Tonnage

Angabe des ersten Namens des Segelschiffes mit Ergänzung durch spätere Namenswechsel.

Pro Baujahr sind die Tonnagen aufaddiert mit Angabe der im betreffenden Jahr in Betrieb gekommenen Einheiten, sofern es mehr als eine Einheit betraf.
Teilweise sind Tonnagen unbekannt, oder es fehlt die Nettotonnage.
Es ist zu beachten, daß die Tonnagen über die Jahre oft wechselten. Soweit möglich wurde die erste Tonnage nach Lloyds Register festgehalten.

Bei den frühen Jahrgängen bezeichnet der in Klammern gesetzte Namen mit dem Zusatzbuchstaben »D« die ehemaligen Dampfer, die zu Segelschiffen umgebaut wurden.

1801
| | 4 | ms | 440 | 486 | L'Invention |

1824
| 7. | 4 | mbk | | 3690 | Columbus |

1825
| 6. | 4 | mbk | | 5294 | Baron of Renfrew |

1853
10.	4	mbk	4300	4555	Great Republic
	4	ms	1116	1250	(D. Charity) → Palmerston → Federico
			5416	5805	2 Einheiten

1854
	4	mbk	?	?	Anne-Marie
	4	ms	2172	2288	(D. Simla) → Simla I
					2 Einheiten

1858
| | 4 | ms | 958 | 1557 | (D. Northam) → Northam |

1860
| | 4 | mbk | 2327 | 2465 | (D. Mooltan) → Eleanor Margaret |

1862
| | 4 | ms | 2338 | 2439 | (D. China) → Theodor |

1864
| | 4 | mbk | 2488 | 2686 | (D. Cuba) → Earl of Beaconsfield I |

1865
11.	4	ms	2600	2678	(D. Péreire) → Lancing
11.	4	mbk	1860	1962	(D. A. Lopez) → Curzon → Cisneros
	4	ms	2708	2776	(D. Ville de Paris) → H. Bischoff
			7168	7416	3 Einheiten

1874

	4	ms	2386	2500	*Ocean king*

1875

| 7. | 4 | ms | 1614 | 1691 | *County of Peebles* |

1876

5.	4	ms	1757	1814	*Shakespeare*
9.	4	ms	<u>1636</u>	<u>1715</u>	*County of Caithness → Sofie*
			3393	3529	2 Einheiten

1877

1.	4	ms	1636	1716	*County of Inverness → Dora → Carmen*
4.	4	ms	1646	1721	*Benares*
4.	4	mbk	1403	1460	*Tweedsdale*
9.	4	ms	1696	1765	*Trafalgar*
10.	4	ms	<u>1827</u>	<u>1887</u>	*Romsdal*
			8208	8549	5 Einheiten

1878

1.	4	ms	1641	1719	*County of Kinross → Marpesia*
2.	4	ms	1644	1723	*County of Cromarty*
3.	4	ms	1640	1718	*County of Dumfries → Sovinto*
6.	4	mbk	1564	1619	*Glencairn*
6.	4	ms	1918	1976	*Waterloo*
10.	4	ms	1865	1943	*County of Selkirk*
11.	4	ms	1865	1943	*County of Haddington*
12.	4	ms	<u>1741</u>	<u>1807</u>	*Falls of Clyde*
			13878	14448	8 Einheiten

1879

2.	4	ms	1643	1716	*Euphrates*
3.	4	ms	1865	1943	*County of Aberdeen*
3.	4	ms	<u>1740</u>	<u>1808</u>	*Falls of Bruar*
			5248	5467	3 Einheiten

1880

| 9. | 4 | mbk | 3288 | 3428 | *May Flint → Persian Monarch → May Flint* |

1881

4.	4	mbk	1997	2097	*Routenburn → Svithiod → Beatrice*
7.	4	ms	1840	1891	*Drumburton*
8.	4	ms	1871	1950	*Ben Douran*
9.	4	ms	2000	2081	*Loch Moidart*
11.	4	mbk	<u>2000</u>	<u>2081</u>	*Loch Torridon*
			9708	10100	5 Einheiten

1882

2.	4	ms	1899	1974	*Falls of Afton → Francesco Giuseppe → Falls of Afton*
4.	4	ms	1916	1974	*Falls of Dee → Teie*
4.	4	ms	2263	2322	*Lord Downshire*
4.	4	ms	2037	2104	*Muncaster Castle*
6.	4	mbk	1839	1918	*Matterhorn*
6.	4	mbk	1730	1796	*Talavera*

1882

7.	4	mbk	2461	2518	*Walter H. Wilson → California*
8.	4	ms	1798	1844	*Drummuir*
8.	4	ms	2058	2106	*Ecclefechan*
8.	4	ms	2149	2229	*Glenorchy → Fratelli Beverino → Cavaliere Lauro → Italia*
8.	4	ms	2132	2212	*Port Jackson*
9.	4	ms	2139	2234	*Union*
9.	4	ms	2012	2086	*Vanduara*
10.	4	ms	1998	2063	*Dundee*
10.	4	ms	2358	2431	*Pinmore*
11.	4	ms	2015	2089	*Liverpool I*
11.	4	ms	1623	1695	*Teviotdale*
11.	4	ms	1814	1882	*West Lothian*
12.	4	ms	<u>2148</u>	<u>2228</u>	*Glenfinlas*
			38389	39705	19 Einheiten

1883

1.	4	mbk	1842	1915	*Goldenhorn*
2.	4	mbk	2033	2104	*George Roper*
2.	4	ms	2221	2278	*Knight of St. Michael → Pacifique*
4.	4	ms	2095	2154	*Albyn*
4.	4	ms	2074	2127	*Crofton Hall*
4.	4	ms	1917	2009	*Falls of Foyers*
4.	4	mbk	2510	2570	*Fingal*
5.	4	ms	2516	2576	*W. J. Pirrie*
6.	4	ms	2457	2521	*Kentmere*
7.	4	ms	2005	2079	*Earl of Shaftesbury*
7.	4	ms	2518	2577	*Lord Wolseley → Columbia*
9.	4	ms	1848	1907	*Drumblair → Cissie*
10.	4	ms	2052	2129	*Earl of Jersey*
11.	4	ms	2282	2365	*Bay of Panama*
11.	4	ms	1934	1986	*Cluny Castle → Rowena*
11.	4	ms	1848	1908	*Drumeltan → Margaret Overman*
12.	4	ms	<u>1893</u>	<u>1960</u>	*Earl of Beaconsfield II*
			35045	37165	17 Einheiten

1884

1.	4	ms	2458	2631	*Reliance → Ricart de Soler → Iberia → Antonia Mumbru*
1.	4	ms	1923	1972	*Ulrica*
2.	4	ms	2355	2426	*Cawdor*
2.	4	ms	1686	1756	*Fort George*
3.	4	ms	2025	2384	*A. D. Bordes*
3.	4	mbk	2052	2129	*Euterpe*
3.	4	mbk	1853	1920	*Silberhorn*
4.	4	ms	2279	2375	*Brownrigg*
4.	4	ms	2355	2426	*Ellisland*
4.	4	ms	2441	2523	*Holt Hill I*
5.	4	ms	1997	2065	*Craigburn*
5.	4	mbk	1677	1765	*Earl of Dalhousie*
5.	4	ms	2292	2386	*Falls of Earn*
7.	4	ms	1914	1997	*General Roberts → Hafrsfjord*
7.	4	mbk	2564	2631	*Pegasus*

1884

8.	4	ms	1639	1691	Moel Tryvan
8.	4	ms	3078	3187	Palgrave
9.	4	ms	1982	2046	Wendur
10.	4	ms	2651	2720	Eusermere I
11.	4	mbk	<u>2057</u>	<u>2141</u>	Earl of Chatham
			43278	45171	20 Einheiten

1885

1.	4	mbk	1919	1970	Drumcraig
1.	4	ms	1863	1943	Lucipara
1.	4	mbk	2443	2531	Marlborough Hill
2.	4	ms	2075	2128	Loch Broom → Songdal
3.	4	mbk	1862	1944	Bandaneira
4.	4	ms	2075	2128	Loch Carron → Seileren
5.	4	ms	1637	1687	Richard Hayward
6.	4	ms	2078	2160	County of Edinburgh → Frieda
6.	4	mbk	1975	2056	Crown of India
6.	4	ms	1693	1748	Kate Thomas
9.	4	ms	1699	1758	Principality
11.	4	ms	2341	2434	Glenericht → Mariechen
	4	ms	1778	1829	John M. Blaikie
	4	ms	<u>2497</u>	<u>2629</u>	Frederick Billings
			27935	28945	14 Einheiten

1886

1.	4	mbk	2052	2129	Polymnia
2.	4	ms	2636	2699	Andrina → Alejandrina
2.	4	mbk	2436	2520	Primrose Hill
3.	4	ms	1694	1750	Colony → Kringsjaa
4.	4	ms	2006	2094	Richard Wagner → Hera
4.	4	ms	2000	2068	Bannockburn → Leif Gundersen → Atlas
4.	4	ms	2645	2708	Ellesmere → Schiffbek → Santa Maria
4.	4	mbk	1999	2079	Gowanburn
4.	4	ms	2511	2558	Persévérance I
5.	4	ms	1615	1690	General Gordon
6.	4	mbk	1998	2062	Amazon
6.	4	ms	2121	2209	County of Roxburgh
6.	4	ms	2079	2163	Nile → Thor II
6.	4	mbk	2026	2088	Falls of Garry
7.	4	mbk	2084	2145	Earl of Aberdeen
7.	4	ms	2026	2085	Falls of Halladale
7.	4	ms	2497	2557	Tarapaca
8.	4	ms	2239	2304	Gilcruix → Barmbek → Pacifique
9.	4	mbk	2175	2268	Australia → Elisa Lihn → Australia → Phyllis
9.	4	ms	2249	2311	Lyndhurst
10.	4	mbk	1784	1842	Province
11.	4	ms	2434	2519	Bidston Hill
11.	4	ms	<u>2175</u>	<u>2269</u>	Tasmania → Tasman
			48481	51117	23 Einheiten

1887

1.	4	ms	2468	2525	Drumcliff → Omega
3.	4	mbk	1960	2015	Armadale → Audun
3.	4	ms	2072	2140	Clan Buchanan → Valerie
3.	4	ms	2243	2308	Kenilworth → Star of Scotland

1887

4.	4	mbk	1962	2015	Bracadale → Svolder
5.	4	ms	2122	2207	County of Linlithgow
5.	4	mbk	2066	2139	Loudon Hill → Erbrin → Magda → Gullmarn
6.	4	ms	1716	1772	Altmore
7.	4	ms	1759	1811	Metropolis
8.	4	mbk	2064	2135	Renée Rickmers → Åland
8.	4	mbk	1998	2058	Duchalburn → Freden → Vestfield
8.	4	mbk	2193	2262	Sokoto
9.	4	mbk	1827	1916	Oceana
12.	4	ms	<u>2929</u>	<u>3068</u>	Sindia
			29379	30371	14 Einheiten

1888

2.	4	mbk	2221	2286	Afghanistan
4.	4	ms	2960	3073	Holkar → Adelaide → Odessa → Souverain → Hippalos
4.	4	mbk	2163	2211	Seafarer → Seefahrer
5.	4	mbk	2077	2145	Madagascar → Katanga
5.	4	ms	2127	2176	Marion Lightbody
7.	4	mbk	1938	1992	Eudora
8.	4	ms	1854	1906	Buteshire
8.	4	mbk	2211	2262	Robert Rickmers
8.	4	mbk	2067	2144	Tinto Hill → Alonso → Veirland
9.	4	ms	2613	2668	Buckingham → Bertha → Ottawa → Flying Cloud → Muscoota
9.	4	ms	2291	2361	Galgate
10.	4	mbk	2608	2626	Cap Horn
11.	4	mbk	2211	2280	Semantha
12.	4	ms	<u>2273</u>	<u>2341</u>	Lord Shaftesbury → Golden Gate
			31614	32471	14 Einheiten

1889

1.	4	ms	3330	3400	Liverpool II
3.	4	ms	1999	2056	Glaucus → Almendral
4.	4	mbk	2418	2523	Glencaird
5.	4	mbk	2219	2272	Craigend
5.	4	mbk	1732	1822	Craigerne → Margareta
5.	4	ms	2498	2578	Janet Cowan
5.	4	ms	2768	2833	Windermere → Lord Roseberry → Reinbek
6.	4	mbk	2093	2160	Elgingshire
7.	4	mbk	3094	3152	Dunkerque I
8.	4	ms	2929	3003	Alice A. Leigh → Rewa
8.	4	mbk	2739	2804	Falkland
8.	4	ms	2606	2673	Hollinwood
8.	4	mbk	2410	2528	Sir Robert Fernie → Elisabeth → Mairo
9.	4	mbk	2415	2524	Cairniehill → Charles R. Flint
10.	4	ms	2418	2512	Andelana
10.	4	mbk	2499	2579	Kelburn
10.	4	ms	2816	2958	Peter Rickmers

1889

11.	4	mbk	2148	2229	Alcyone → Daghild
11.	4	mbk	1982	2085	Carradale
11.	4	mbk	2374	2461	Engelhorn
11.	4	mbk	2273	2336	Holyhead
11.	4	mbk	2106	2210	Stanley
11.	4	ms	3070	3163	Nord
12.	4	mbk	2283	2361	Puritan
			59219	61222	24 Einheiten

1890

1.	4	mbk	2512	2565	Dumfriesshire
2.	4	mbk	1976	2083	Fascadale
2.	4	mbk	2489	2631	Glencona
3.	4	mbk	2087	2214	Simla II
3.	4	mbk	2190	2276	Strathgryfe → Margaretha → Graciosa
4.	4	ms	2991	3099	California → Alster → Christel Vinnen
4.	4	mbk	2188	2288	Elmbank
4.	4	mbk	2027	2121	Mayhill
5.	4	mbk	1822	1928	Andromeda
5.	4	mbk	2186	2274	Garnet Hill
6.	4	mbk	2463	2512	Eusemere II
6.	4	mbk	1776	1924	Kelton
6.	4	mbk	1994	2075	Peter Iredale
7.	4	ms	2717	2810	Crompton
7.	4	mbk	1786	1900	Glenbreck
7.	4	mbk	2269	2398	Holt Hill II
8.	4	mbk	2346	2452	Altair
8.	4	mbk	2030	2128	Cape York → Gers
8.	4	mbk	1999	2150	Swanhilda
9.	4	mbk	1993	2127	Pass of Brander → Bengairn
9.	4	mbk	2264	2384	Snaigow → Ecuador → H. Hackfeld
10.	4	mbk	2179	2283	Comliebank → Asulf
10.	4	mbk	2450	2530	Drumalis
10.	4	mbk	2773	2902	Dunfermline → Carl Ridgert Vinnen → Burrowa
10.	4	mbk	2220	2312	Iverna → Herö
10.	5	mbk	3624	3784	France I
11.	4	mbk	2095	2133	E. Raggio → Enrichetta
11.	4	mbk	2203	2283	Hinemoa
11.	4	ms	3258	3407	Shenandoah
12.	4	mbk	2309	2417	Breidablik
12.	4	mbk	2169	2294	Galena
12.	4	mbk	2187	2276	Port Stanley
	4	ms	2225	2300	Kings County
			75797	79260	33 Einheiten

1891

1.	4	mbk	2444	2551	Andrada
1.	4	mbk	2005	2166	Robert Duncan → William T. Lewis
1.	4	mbk	2332	2430	Thistlebank
2.	4	mbk	2093	2131	Emanuele Accame → Ferm → Elsa Olander → Svecia → C. B. Pedersen

1891

2.	4	mbk	2399	2510	Pendragon Castle → Lisbeth
3.	4	mbk	1900	1987	Christine → Leni
3.	4	mbk	2205	2288	Gowanbank
4.	4	mbk	2732	2859	Trade Winds → Magdalene → Ophelia
5.	4	mbk	2205	2287	Earl of Dunmore → Spartan
5.	4	mbk	2873	3045	Honresfeld
6.	4	mbk	1997	2143	Samaritan → Får → Dagmar
6.	4	mbk	2192	2284	Thistle
7.	4	mbk	2148	2257	Ross-shire
7.	4	mbk	2401	2540	Nation
7.	4	mbk	2163	2233	Vimeira
8.	4	ms	2607	2725	Eulomene
8.	4	mbk	1795	1931	Wamphray
8.	4	mbk	2985	3082	Lathom → Bertha
8.	4	mbk	2962	3145	Forteviot → Werner Vinnen → Yawry → Bellands
8.	4	mbk	2406	2529	Vortigern → Hebe → Contramaestro Duenas
9.	4	mbk	2616	2722	Hebe
9.	4	ms	2629	2745	Susquehannah
9.	4	mbk	2801	2903	Wanderer
9.	4	mbk	3010	3182	Drumrock → Presimmon → Helvig Vinnen → Allen Dollar
9.	4	mbk	2169	2243	Pyrénées → Manga Rewa
10.	4	mbk	1925	2040	Auchencairn → Nomia
10.	4	mbk	2334	2432	Oweenee
10.	4	mbk	2399	2540	Republic
11.	4	mbk	2309	2470	Alcedo → Alsterschwan → Barthold Vinnen
11.	4	mbk	2577	2710	Invertrossachs
11.	4	mbk	2115	2205	Dundonald
11.	4	mbk	2619	2749	Lord Brassey
11.	4	mbk	2259	2357	Muskoka → Caroline
12.	4	mbk	2174	2292	Ashbank
12.	4	mbk	1947	2052	Afon Alaw → Storebror
12.	4	mbk	2398	2539	Dominion
12.	4	mbk	2652	2842	Juteopolis → Garthpool
12.	4	mbk	2169	2280	Lindfield
12.	4	ms	2352	2499	Mashona
12.	4	mbk	2196	2346	Pass of Melfort
12.	4	mbk	2932	3107	Wilhelm Tell → Faulconnier
			97426	102378	41 Einheiten

1892

1.	4	mbk	2193	2285	Glenogil → Ernst → Canowie
1.	4	mbk	2136	2251	Gosford
1.	4	mbk	2080	2165	Howard D. Troop → Annie M. Reid
1.	4	mbk	2999	3050	Windermere → Paul Rickmers

1892

2.	4	mbk	2027	2097	Hawaiian Isles → Star of Greenland → Abraham Rydberg → Foz do Douro
2.	5	mbk	3344	3822	Maria Rickmers
2.	4	mbk	2176	2285	Mayfield
2.	4	mbk	2780	2895	Placilla → Optima
2.	4	mbk	2500	2655	Springburn → Alexandre I
3.	4	mbk	2154	2288	Beechbank → Stöveren
3.	4	mbk	1967	2066	Afon Cefni
3.	4	mbk	2500	2655	Celticburn
3.	4	mbk	2166	2244	Howth
3.	4	mbk	2176	2291	Jordanhill → Augustella → Minerva
3.	4	mbk	2627	2765	Lord Ripon → Nal
3.	4	mbk	2851	3046	Manchester
3.	4	mbk	2986	3166	Osborne → J. C. Vinnen
3.	4	mbk	2101	2243	Stoneleigh
4.	4	mbk	2334	2476	Achnashie → Chanaral
4.	4	mbk	2409	2531	Caradoc
4.	4	mbk	2158	2246	Cave Hill
4.	4	mbk	2163	2277	Donna Francisca → Herbert → Lemkenhafen
4.	4	ms	2947	3045	Lord Templemore → Alsternixe
4.	4	mbk	2220	2280	The Highfields
5.	4	mbk	2586	2718	Austrasia → Gustav → Melbourne
5.	4	mbk	2178	2305	King James
5.	4	mbk	2017	2129	Cape Clear → Amérique
5.	4	mbk	2424	2555	Crocodile → Storegut
5.	4	mbk	2154	2241	Crown of Germany → Fischbek
5.	4	mbk	2747	2873	Mowhan → Oceana
5.	4	mbk	2627	2761	North Star → Susanne Vinnen → Carrabin
5.	4	mbk	2222	2282	Arracan → Carla → Fehmarn
5.	4	mbk	2160	2301	Sofala
6.	4	mbk	2993	3137	Crown of Austria
6.	4	mbk	2113	2245	Gifford
6.	4	mbk	2723	2914	Lyderhorn → Jersbek
6.	4	mbk	2264	2396	Marion Frazer
6.	4	mbk	2305	2433	Mozambique → Ulrich → Sydnaes
6.	4	mbk	2565	2706	Oranasia → Alsterfee → Lucy Vinnen → Tamara VI → Mayotte
6.	4	mbk	2320	2426	Port Caledonia
7.	4	mbk	2198	2333	Ancyra → Wandsbek
7.	4	mbk	2562	2724	Balasore → Dalbek → Red Jackett → Monongahela
7.	4	mbk	2449	2614	Balmoral
7.	4	mbk	2153	2243	Goodrich → Fennia I
7.	4	mbk	2568	2842	John Ena
7.	4	mbk	2257	2394	Marion Josiah → Tijuca
7.	4	mbk	2184	2316	Torrisdale
8.	4	mbk	2649	2825	Cedarbank

1892

8.	4	mbk	2008	2154	Thracian
8.	4	mbk	2281	2420	James Kerr → Isebek → Maria
8.	4	mbk	3155	3178	Milton Stuart → Thekla
8.	4	mbk	3336	3537	Somali → Alsterdamm → Adolf Vinnen → Mae Dollar
9.	4	ms	3347	3539	Roanoke
9.	4	mbk	3264	3440	Andorinha → Hélène
9.	4	mbk	1998	2140	Cape Wrath
9.	4	mbk	2500	2655	Hiddekel
9.	4	mbk	2749	2942	Lawhill
9.	4	mbk	2283	2429	Moreton → Eilbek → Tamara XV
9.	4	mbk	2763	2906	Pisagua
10.	4	mbk	2492	2704	Alcides
10.	4	mbk	2404	2526	Conishead → Athene → Cooroy
10.	4	mbk	2286	2426	Fannie Kerr
10.	4	mbk	2108	2261	Gunford
10.	4	mbk	2647	2824	Olivebank → Caledonia → Olivebank
11.	4	mbk	2658	2857	Melita → Marthe I
12.	4	mbk	2198	2348	Chiltonford → Chile → Asalia
12.	4	mbk	3129	3317	Dunstaffnage → Magdalene Vinnen I
12.	4	mbk	2133	2301	Lauriston → Towarischtsch
	4	mbk	<u>2231</u>	<u>2292</u>	Jeanette Françoise → Carl → Souvenir
			169382	179033	69 Einheiten

1893

1.	4	mbk	1984	2087	Damson Hill → Niobe → Harald
1.	4	mbk	2134	2297	Saratoga
4.	4	mbk	1997	2150	Morven
5.	4	mbk	2168	2299	Kinross-shire → Fiorino
5.	4	mbk	1999	2122	Norma
5.	4	mbk	2654	2846	Prince Robert → Thielbek → David Dollar
6.	4	mbk	2499	2663	Otterburn → Anna → Onda
6.	4	mbk	2988	3130	Royal Forth → Henriette
6.	4	mbk	1999	2144	Queen Margaret
7.	4	mbk	2623	2846	Bermuda → Nordhav
7.	4	mbk	1976	2115	Dowan Hill → Eugenio Bruni → Dowan Hill → Snig
8.	4	mbk	2242	2400	Levernbank
8.	4	mbk	2499	2663	Miltonburn → Goldbek → Steinsund
9.	4	mbk	2796	2949	Centesima → Nauarchos
9.	4	mbk	2246	2369	Glenclova → Mimi
9.	4	mbk	2237	2397	Laurelbank
10.	4	mbk	2268	2432	Corunna → La Epoca
11.	4	mbk	2080	2245	Bahama
11.	4	mbk	2570	2852	Ancona
12.	4	mbk	2197	2347	Chelmsford → Inverlogie

1893

12.	4	mbk	1976	2147	Clan Graham → Asheim
12.	4	mbk	2350	2534	Lydgate → Skansen I
12.	4	mbk	2139	2254	Poltalloch
			52621	56288	22 Einheiten

1894

2.	4	mbk	2856	3005	Dirigo
2.	4	mbk	1983	2149	Clan Galbraith
3.	4	mbk	2135	2264	Falls of Ettrick
4.	4	mbk	2324	2531	Lynton
5.	4	mbk	2147	2307	Inverness-shire → Svartskog
6.	4	mbk	2328	2431	Loch Nevis → Octavia
9.	4	mbk	2972	3111	Pitlochry
9.	4	mbk	2235	2398	Springbank → Asrym
10.	4	mbk	2302	2395	Albert Rickmers → Herzogin Sophie Charlotte → Gjertrud
11.	4	mbk	2106	2268	Grenada
			23388	24859	10 Einheiten

1895

3.	4	mbk	2797	2958	Iranian
7.	5	mbk	3854	4027	Potosi → Flora
8.	4	mbk	1968	2069	Willy Rickmers → Paul
			8619	9054	3 Einheiten

1896

1.	4	mbk	2376	3011	Madeleine
4.	4	mbk	2415	2990	Wulfran Puget
5.	4	mbk	2376	3011	Caroline
5.	4	mbk	2135	2250	Lord Dufferin
5.	4	mbk	2393	2860	Président Felix Faure
6.	4	mbk	2552	2715	Lady Wentworth → Woglinde
6.	4	mbk	2376	3011	Montmorency
8.	4	mbk	2415	2990	Persévérance II
10.	4	mbk	2434	3017	Rhône
			21472	25855	9 Einheiten

1897

2.	4	mbk	2434	3017	Antoinette
2.	4	mbk	2498	3338	Dunkerque II
3.	4	mbk	2425	2924	Emile Renouf
3.	4	mbk	2453	3094	Loire
4.	4	mbk	2262	2430	Nivelle
6.	4	mbk	2453	3094	Atlantique
6.	4	mbk	2261	2428	Hougomont
6.	4	mbk	2434	3017	Jacqueline
6.	4	mbk	2518	3272	Quevilly
11.	4	mbk	2070	2957	Europe
12.	4	mbk	2045	2954	Asie
			25853	32525	11 Einheiten

1898

4.	4	mbk	2429	3214	Ernest Siegfried → Sainte Catherine → Seine
	4	mbk	2715	2999	Erskine M. Phelps
			5144	6213	2 Einheiten

1899

3.	4	mbk	2429	3214	Emilie Siegfried → Sainte Marguerite → Blanche
4.	4	mbk	2429	3214	Ville de Mulhouse → Andalucia
10.	4	mbk	2428	3215	Ville du Havre
	4	mbk	2919	3209	Arthur Sewall
	4	mbk	2916	3206	Edward Sewall
			13121	16058	5 Einheiten

1900

12.	4	ms	2987	3292	Astral
12.	4	mbk	2432	3255	Marthe II
			5419	6547	2 Einheiten

1901

2.	4	mbk	2890	3014	Comet → Orotava → James Dollar
4.	4	mbk	2433	3258	Valentine
5.	4	mbk	3609	3765	Brilliant → Perkeo → Bell
10.	4	mbk	2208	2755	Mistral
	4	mbk	2987	3288	Acme → Star of Poland
	4	mbk	2890	3014	Nonpareil
	4	ms	2998	3374	William P. Frye
			20015	22468	7 Einheiten

1902

1.	4	mbk	3599	3756	Daylight
3.	4	mbk	2281	2436	Colonial Empire II
3.	4	mbk	3060	3265	Urania → Speedonia
4.	4	mbk	2462	3204	Adolphe
4.	4	mbk	2971	3090	Arrow → Parma
4.	4	mbk	2786	3242	Herzogin Cecilie
5.	4	mbk	3072	3239	Alsterberg → Walküre → William Dollar
5.	4	mbk	2266	2409	Schürbek → Joseph Dollar
6.	4	mbk	2729	3112	Champigny → Fennia II
6.	4	mbk	2969	3090	Eclipse → Egon → Janet Dollar
6.	4	mbk	2419	3205	Alexandre II
7.	4	mbk	2356	2516	Ama Begonakoa → Medway
7.	5	ms	4765	5081	Preussen
8.	4	mbk	2446	3230	Asnières
9.	4	mbk	2418	3204	Antonin
11.	4	mbk	2419	3206	Valparaiso
	4	mbk	3006	3381	Atlas → Star of Lapland
	4	mbk	2289	2503	Saragossa
			50313	57169	18 Einheiten

1903

1.	4	mbk	2822	3054	Pangani
1.	4	mbk	2099	2251	Ormsary
2.	4	mbk	2323	2456	Mneme → Pommern
3.	4	mbk	2157	2224	Erasmo → Pinguin → Weser → Jacobsen
5.	4	mbk	2390	2464	Principessa Mafalda
6.	4	mbk	2855	3087	Petschili
7.	4	mbk	2365	2464	Regine Elena → Ponape → Bellhouse → Ponape
8.	4	mbk	2391	2463	Gabriele d'Ali → Gabriele → Gabriele d'Ali
9.	4	mbk	3030	3109	Italia
			22432	23572	9 Einheiten

1904

4.	4	mbk	2875	3109	Kurt → Dreadnought → Moshulu
5.	4	mbk	1418	2287	Taisei Maru
11.	4	mbk	2404	2505	Geertruida Gerarda → Olympia
	4	mbk	2869	3102	Hans → Mary Dollar
			9566	11003	4 Einheiten

1905

10.	4	mbk	2777	3020	Pamir
	4	mbk	2181	2385	Archibald Russell
			4958	5405	2 Einheiten

1906

2.	5	mbk	4696	5548	R. C. Rickmers → Neath
2.	4	mbk	2665	2952	Viking
			7361	8500	2 Einheiten

1908

5.	4	mbk	2074	2738	L'Avenir

1911

5.	4	mbk	2882	3100	Peking
9.	4	mbk	2882	3091	Passat
11.	5	mbk	4544	5633	France II
			10308	11824	3 Einheiten

1914/1920

	4	mbk	2880	3100	Pola → Richelieu
	4	mbk	2849	3105	Priwall → Lautaro
			5729	6205	2 Einheiten

1921

3.	5	mbk	3329	3901	København
	4	mbk	3017	3476	Magdalene Vinnen II → Kommodore Johnsen → Sedov
			6346	7377	2 Einheiten

1926

6.	4	mbk	2678	3064	Padua → Krusenstern

1930

1.	4	mbk	1743	2284	Kaiwo Maru
1.	4	mbk	1743	2285	Nippon Maru
			3486	4569	2 Einheiten

1931

4.	4	mbk	1187	2323	Hussar → Sea Cloud → Angelita → Patria → Antarna → Sea Cloud of Cayman

Baujahr	Einheiten	NRT	BRT
1801	1	440	486
1824	1		3690
1825	1		5294
1853	2	5416	5805
1854	2	2172	2288
1858	1	958	1557
1860	1	2327	2465
1862	1	2338	2439
1864	1	2488	2686
1865	3	7168	7416
1874	1	2386	2500
1875	1	1614	1691
1876	2	3393	3529
1877	5	8208	8549
1878	8	13878	14448
1879	3	5248	5467
1880	1	3288	3428
1881	5	9708	10100
1882	19	38389	39705
1883	17	36045	37165
1884	20	43278	45171
1885	14	27935	28945
1886	23	48481	51117
1887	14	29379	30371
1888	14	31614	32471
1889	24	59219	61222
1890	33	75797	79260
1891	41	97426	102378
1892	69	169382	179033
1893	23	52621	56288
1894	10	23388	24859
1895	3	8619	9054
1896	9	21472	25855
1897	11	25853	32525
1898	2	5144	6213
1899	5	13121	16058
1900	2	5419	6547
1901	7	20015	22468
1902	18	50313	57169
1903	9	22432	23572
1904	4	9566	11003
1905	2	4958	5405
1906	2	7361	8500
1907	–	–	–
1908	1	2074	2738
1911	3	10308	11824
1914/1920	2	5729	6205
1921	2	6346	7377
1926	1	2678	3064
1930	2	3486	4569
1931	1	1187	2323
	447	1031065	1114292

N.B.: Teilweise sind bei den frühen Einheiten die Tonnagen nicht bekannt. – Anne-Marie von 1854 mitgezählt.

Werften, alphabetisch geordnet, mit Angaben gebauter Einheiten

	Werft Name	in		erste	letzte	Bauten total	Eisen	Stahl	Holz
1	Ateliers et chantiers de la Loire	Nantes	F	1896	1901	6		6	
2	Barclay, Curle + Co.	Glasgow	GB	1875	1893	34	20	14	
3	Barrow Shipbuilding Co.	Barrow-in-Furness	GB	1883	1885	4	4		
4	Bigger, C. J.	Londonderry	GB	1891	1891	1		1	
5	Birrel, Stenhouse + Co.	Dumbarton	GB	1882	1889	3	1	2	
6	Blohm + Voss AG.	Hamburg	D	1886	1920	8	1	7	
7	Burmeister + Wain	København	DK	1906	1906	1		1	
8	Cantieri navali di Muggiano	La Spezia	I	1903	1903	1		1	
9	Carleton, Norwood + Co.	Rockport (Me)	USA	1885	1885	1			1
10	Chantiers de France	Dunkerque	F	1902	1902	4		4	
11	Chantiers de la Normandie	Grand Quevilly	F	1900	1901	2		2	
12	Chantiers et ateliers de la Gironde	Bordeaux	F	1911	1911	1		1	
13	Connell, C. + Co.	Glasgow	GB	1877	1893	14	6	8	
14	Continental Lead + Iron Co.	Pertusola/La Spezia	I	1890	1891	2		2	
15	Cox, E.	Kingsport (N. Sc.)	CDN	1890	1890	1			1
16	Day	Southampton	GB	1858	1858	1	1		
17	Denny, W. + Bros.	Dumbarton	GB	1865	1865	1	1		
18	Dobie + Co.	Glasgow	GB	1878	1882	2	2		
19	Doxford, W. + Sons	Sunderland	GB	1884	1892	11	6	5	
20	Duncan, R. + Co.	Port Glasgow	GB	1882	1894	19	1	18	
21	Dundee Shipbuilding Co.	Dundee	GB	1902	1902	1		1	
22	Evans, R. + J. + Co.	Liverpool	GB	1886	1894	4	3	1	
23	Fairfield Shipbuilding Co.	Glasgow	GB	1891	1893	3		3	
24	Forges et chantiers de la Mediterránée	Graville	F	1896	1902	8		8	
25	Forges et chantiers de la Mediterránée	La Seyne	F	1896	1897	5		5	
26	Geddes, J. H.	Londonderry (N. Sc.)	CDN	1885	1885	1			1
27	Grangemouth Dockyard Co.	Alloa	GB	1891	1892	4		4	
28	Hall, A. + Co.	Aberdeen	GB	1882	1882	1	1		
29	Hamilton, W. + Co.	Port Glasgow	GB	1884	1904	6	1	5	
30	Harland + Wolff	Belfast	GB	1882	1893	11	3	8	
31	Henderson, D. + W.	Partik/Glasgow	GB	1888	1893	4		4	
32	Kawasaki Dockyard	Kobe	J	1904	1930	3		3	
33	Krupp Germania Werft	Kiel	D	1921	1931	2		2	
34	Laird + Co.	Birkenhead/Liverpool	GB	1853	1853	1	1		
35	Laporte + Co.	Rouen	F	1897	1897	4		4	
36	Mackie + Thomson	Glasgow	GB	1892	1892	2		2	
37	Mc Kay, D.	Boston (Mass.)	USA	1853	1853	1			1
38	Mc Millan, A. + Co.	Dumbarton	GB	1886	1902	7	1	6	
39	Murray, H. + Co.	Port Glasgow	GB	1877	1881	3	3		
40	Napier, R. + Sons	Glasgow	GB	1862	1862	3	3		
41	Odero, W.	Genova	I	1902	1903	2		2	
42	Oswald, T. R. + Co.	Milford Haven	GB	1892	1892	2		2	
43	Oswald, Mordaunt + Co.	Southampton	GB	1883	1886	5	5		
44	Palmers Co. Ltd.	Newcastle o. Tyne	GB	1893	1893	1		1	
45	Pickersgill, W. + Sons	Sunderland	GB	1890	1892	4		4	

	Werft Name	in		erste	letzte	Bauten total	Eisen	Stahl	Holz
46	Pottter, W. H. + Sons	Liverpool	GB	1882	1892	20	14	6	
47	Ramage + Ferguson	Leith	GB	1883	1903	8	2	6	
48	Reid, J. + Co.	Port Glasgow	GB	1882	1903	7		7	
49	Richardson, Duck + Co.	Stockton	GB	1888	1892	5	1	4	
50	Rickmers AG.	Bremerhaven	GB	1894	1908	4		4	
51	Ritson + Co.	Maryport	GB	1890	1895	3	1	2	
52	Rodger, A. + Co.	Port Glasgow	GB	1902	1902	2		2	
53	Royden, Th. + Sons	Liverpool	GB	1885	1893	11	3	8	
54	Russell + Co.	Greenock	GB	1882	1894	34	16	18	
55	Russell + Co.	Port Glasgow	GB	1878	1902	55	15	40	
56	Scott + Co.	Greenock	GB	1886	1905	10		10	
57	Sewall, A. + Co.	Bath (Me)	USA	1890	1902	11		8	3
58	Short	Sunderland	GB	1876	1876	1	1		
59	Smit, J. + K.	Krimpen a.d. Leck	NL	1893	1904	2		2	
60	Società Esercizio Baccini	Genova	I	1903	1903	2		2	
61	Southampton Naval Works Co.	Southampton	GB	1892	1892	1		1	
62	Steele, R. + Co.	Greenock	GB	1877	1881	2	2		
63	Stephen, A. + Sons	Dundee	GB	1884	1894	6	3	3	
64	Stephen, A. + Sons	Glasgow	GB	1882	1892	7	3	4	
65	Sunderland Shipbuilding Co.	Sunderland	GB	1882	1892	2	2		
66	Swan + Hunter	Newcastle o. Tyne	GB	1892	1892	1		1	
67	Tecklenborg, J. C.	Geestemünde	D	1886	1926	8	1	7	
68	Thames Shipbuilding Co.	London	GB	1860	1860	1	1		
69	Thibault	Bordeaux	F	1801	1801	1			1
70	Thompson, N. L.	Kennebunk (Me)	USA	1874	1874	1			1
71	Thompson, R. + Sons	Sunderland	GB	1891	1891	1		1	
72	Thompson, W. B.	Dundee	GB	1882	1892	3	1	2	
73	Thompson, W. B.	Glasgow	GB	1883	1886	5	4	1	
74	Tod + Mc Gregor	Glasgow	GB	1864	1864	2	2		
75	Whitehaven Shipbuilding Co.	Whitehaven	GB	1886	1889	6	1	5	
76	Williamson, R. + Son	Workington	GB	1889	1895	8		8	
77	Wood, Charles	Quebec	CDN	1823	1825	2			2
78	Workman, Clark	Belfast	GB	1884	1896	9	1	8	
						446	138	297	11

N.B.: In dieser Aufstellung fehlt *Anne-Marie* von 1854, da Werft unbekannt.

Verzeichnis der Werften
mit Einzelheiten über Produktion

Ateliers et chantiers de la Loire		Nantes				Frankreich			
Madeleine			St	4	mbk	2376	3011	1896	1.
Caroline			St	4	mbk	2376	3011	1896	5.
Montmorency			St	4	mbk	2376	3011	1896	6.
Loire			St	4	mbk	2453	3094	1897	3.
Atlantique			St	4	mbk	2453	3094	1897	6.
Mistral			St	4	mbk	2208	2755	1901	10.
						14242	17976	6 Einheiten	

Barclay, Curle + Co.		Glasgow				Großbritanien			
County of Peebles			Fe	4	ms	1614	1691	1875	7.
County of Caithness	→ Sofie		Fe	4	ms	1636	1715	1876	9.
County of Inverness	→ Dora		Fe	4	ms	1636	1716	1877	1.
	→ Carmen								
Tweedsdale			Fe	4	mbk	1403	1460	1877	4.
County of Kinross	→ Marpesia		Fe	4	ms	1641	1719	1878	1.
County of Cromarty			Fe	4	ms	1644	1723	1878	2.
County of Dumfries	→ Sovinto		Fe	4	ms	1640	1718	1878	3.
County of Selkirk			Fe	4	ms	1865	1943	1878	10.
County of Haddington			Fe	4	ms	1865	1943	1878	11.
County of Aberdeen			Fe	4	ms	1865	1943	1879	3.
Loch Moidart			Fe	4	ms	2000	2081	1881	9.
Loch Torridon			Fe	4	mbk	2000	2081	1881	11.
Cluny Castle	→ Rowena		Fe	4	ms	1934	1986	1883	11.
Ulrica			Fe	4	ms	1923	1972	1884	1.
Loch Broom	→ Songdal		Fe	4	ms	2075	2128	1885	2.
Loch Carron	→ Seileren		Fe	4	ms	2075	2128	1885	4.
County of Edinburgh	→ Frieda		Fe	4	ms	2078	2160	1885	6.
Bannockburn	→ Leif Gundersen		St	4	ms	2000	2068	1886	4.
	→ Atlas								
Amazon			Fe	4	mbk	1998	2062	1886	6.
County of Roxburgh			Fe	4	ms	2121	2209	1886	6.
County of Linlithgow			Fe	4	ms	2122	2207	1887	5.
Duchalburn	→ Freden		St	4	mbk	1998	2058	1887	8.
	→ Vestfield								
Glaucus	→ Almendral		St	4	ms	1999	2056	1889	3.
Janet Cowan			St	4	ms	2498	2578	1889	5.
Kelburn			St	4	mbk	2499	2579	1889	10.
Nord			St	4	ms	3070	3163	1889	12.
Cape York	→ Gers		St	4	mbk	2030	2128	1890	8.
Springburn	→ Alexandre I		St	4	mbk	2500	2655	1892	2.
Celticburn			St	4	mbk	2500	2655	1892	3.
Balasore	→ Dalbek		St	4	mbk	2562	2724	1892	7.
	→ Red Jacket								
	→ Monongahela								

Barclay, Curle + Co.			**Glasgow**				**Großbritanien**		
Hiddekel				St	4	mbk	2500	2655	1892	9.
Norma				St	4	mbk	1999	2122	1893	5.
Otterburn	→ Anna			St	4	mbk	2499	2663	1893	6.
	→ Onda									
Miltonburn	→ Goldbek			St	4	mbk	2499	2663	1893	8.
	→ Steinsund									
							70288	73352	34 Einheiten	

Barrow Shipbuilding Co.			**Barrow-in-Furness**				**Großbritannien**		
Earl of Jersey				Fe	4	ms	2052	2129	1883	10.
Euterpe				Fe	4	mbk	2052	2129	1884	3.
Earl of Chatham				Fe	4	mbk	2057	2141	1884	11.
Drumcraig				Fe	4	mbk	1919	1970	1885	1.
							8080	8369	4 Einheiten	

Bigger, C. J.			**Londonderry**				**Großbritannien**		
Mashona				St	4	ms	2352	2499	1891	12

Birrel, Stenhouse + Co.			**Dumbarton**				**Großbritannien**		
Talavera				Fe	4	ms	1730	1796	1882	6.
Buteshire				Fe	4	ms	1854	1906	1888	8.
Elginshire				St	4	mbk	2093	2160	1889	6.
							5677	5862	3 Einheiten	

Blohm + Voss AG.			**Hamburg**				**Deutschland**		
Polymnia				Fe	4	ms	2052	2129	1886	1.
Hebe				St	4	mbk	2616	2722	1891	9.
Petschili				St	4	mbk	2855	3087	1903	6.
Pamir				St	4	mbk	2777	3020	1905	10.
Peking	→ Arethusa			St	4	mbk	2882	3100	1911	5.
	→ Peking									
Passat				St	4	mbk	2882	3091	1911	9.
Pola	→ Richelieu			St	4	mbk	2880	3100	1916	
Priwall	→ Lautaro			St	4	mbk	2849	3105	1917/20	3.
							21793	23354	8 Einheiten	

Burmeister + Wain			**København**				**Dänemark**		
Viking				St	4	mbk	2665	2952	1906	12.

Cantieri navali di Muggiano			**La Spezia**				**Italien**		
Italia				St	4	mbk	3030	3109	1903	9.

Carleton, Norwood + Co.			**Rockport (Me)**				**USA**		
Frederick Billings				Ho	4	ms	2497	2629	1885	

Chantiers de France			**Dunkerque**				**Frankreich**		
Adolphe				St	4	mbk	2462	3204	1902	4.
Alexandre II				St	4	mbk	2419	3205	1902	6.
Antonin				St	4	mbk	2418	3204	1902	9.
Valparaiso				St	4	mbk	2419	3206	1902	11.
							9718	12819	4 Einheiten	

Chantiers de la Normandie			**Grand Quevilly**				Frankreich		
Marthe		Rouen		St	4	mbk	2432	3255	1900	12.
Valentine				St	4	mbk	2433	3258	1901	4.
							4865	6513	2 Einheiten	

Chantiers et ateliers de la Gironde		Bordeaux				Frankreich			
France			St	5	mbk	4544	5633	1911	11.
Connell, C. + Co.		Glasgow				**Großbritannien**			
Trafalgar			Fe	4	ms	1696	1765	1877	9.
Waterloo			Fe	4	ms	1918	1976	1878	6.
Vanduara			Fe	4	ms	2012	2086	1882	9.
West Lothian			Fe	4	ms	1814	1882	1882	11.
Wendur			Fe	4	ms	1982	2046	1884	9.
Earl of Aberdeen			Fe	4	mbk	2084	2145	1886	7.
Iverna	→ Herö		St	4	mbk	2220	2312	1890	10.
Thistle			St	4	mbk	2192	2284	1891	6.
Vimeira			St	4	mbk	2163	2233	1891	7.
Pyrénées	→ Manga Rewa		St	4	mbk	2169	2243	1891	9.
Hawaiian Isles	→ Star of Greenland		St	4	mbk	2027	2097	1892	2.
	→ Abraham Rydberg								
	→ Foz do Douro								
Marion Frazer			St	4	mbk	2264	2396	1892	6.
Marion Josiah	→ Tijuca		St	4	mbk	2257	2394	1892	7.
Glenclova	→ Mimi		St	4	mbk	2246	2369	1893	9.
						29044	30228	14 Einheiten	
Continental Lead + Iron Co. Ltd.		Pertusola				**Italien**			
E. Raggio	→ Enrichetta	La Spezia	St	4	mbk	2095	2133	1890	11.
Emanuele Accame	→ Ferm		St	4	mbk	2093	2131	1891	2.
	→ Elsa Olander								
	→ Svecia								
	→ C. B. Pedersen								
						4188	4264	2 Einheiten	
Cox, E.		Kingsport (N. Sc.)				**Kanada**			
Kings County			Ho	4	ms	2225	2300	1890	
Day		Southampton				**Großbritannien**			
Northam			Fe	4	ms	958	1557	1858/77	
Denny, W. + Bros.		Dumbarton				**Großbritannien**			
Curzon	→ Cisneros		Fe	4	mbk	1860	1962	1865/91	
Dobie + Co.		Glasgow				**Großbritannien**			
Glencairn			Fe	4	mbk	1564	1619	1878	6.
Liverpool			Fe	4	ms	2015	2059	1882	11.
						3579	3708	2 Einheiten	
Doxford, W. + Sons		Sunderland				**Großbritannien**			
Moel Tryvan			Fe	4	ms	1639	1691	1884	8.
Richard Hayward			Fe	4	ms	1637	1687	1885	5.
Kate Thomas			Fe	4	ms	1693	1748	1885	6.
Principality			Fe	4	ms	1699	1758	1885	9.
Colony	→ Kringsjaa		Fe	4	ms	1694	1750	1886	3.
Province			Fe	4	mbk	1784	1842	1886	10.
Honresfeld			St	4	mbk	2873	3045	1891	5.
Nation			St	4	mbk	2401	2540	1891	7.
Republic			St	4	mbk	2399	2540	1891	10.
Dominion			St	4	mbk	2398	2539	1891	12.
Manchester			St	4	mbk	2851	3046	1892	3.
						23068	24186	11 Einheiten	
Duncan, R. + Co.		Port Glasgow				**Großbritannien**			
Ecclefechan			Fe	4	ms	2058	2106	1882	8.
Altmore			St	4	ms	1716	1772	1887	6.
Oceana			St	4	mbk	1827	1916	1887	9.

Duncan, R. + Co. — Port Glasgow — Großbritannien

Name									
Craigerne	→ Margareta		St	4	mbk	1732	1822	1889	5.
Andromeda			St	4	mbk	1822	1928	1890	5.
Kelton			St	4	mbk	1776	1924	1890	6.
Glenbreck			St	4	mbk	1786	1900	1890	7.
Pass of Brander	→ Bengairn		St	4	mbk	1993	2127	1890	9.
Robert Duncan	→ William T. Lewis		St	4	mbk	2005	2166	1891	1.
Samaritan	→ Får		St	4	mbk	1997	2143	1891	6.
Wamphray			St	4	mbk	1795	1931	1891	8.
Howard D. Troop	→ Annie M. Reid		St	4	mbk	2080	2165	1892	1.
Achnashie	→ Chanaral		St	4	mbk	2334	2476	1892	4.
Cape Clear	→ Amérique		St	4	mbk	2017	2129	1892	5.
John Ena			St	4	mbk	2568	2842	1892	7.
Thracian			St	4	mbk	2008	2154	1892	8.
Cape Wrath			St	4	mbk	1998	2140	1892	9.
Morven			St	4	mbk	1997	2150	1893	4.
Inverness-shire	→ Svartskog		St	4	mbk	2174	2307	1894	5.
						37656	40098	19 Einheiten	

Dundee Shipbuilding Co. — Dundee — Großbritannien

Name								
Saragossa		St	4	mbk	2289	2503	1902	

Evans, R. + J. + Co. — Liverpool — Großbritannien

Name								
General Gordon	Fe	4	ms	1615	1690	1886	5.	
Metropolis	Fe	4	ms	1759	1811	1887	7.	
Holyhead	Fe	4	mbk	2273	2336	1889	11.	
Lynton	St	4	mbk	2324	2531	1894	4.	
				7971	8368	4 Einheiten		

Fairfield Shipbuilding Co. — Glasgow — Großbritannien

Name								
Pass of Melfort		St	4	mbk	2196	2346	1891	12.
Chiltonford	→ Chile	St	4	mbk	2198	2348	1892	12.
	→ Asalia							
Chelmsford	→ Inverlogie	St	4	mbk	2197	2347	1893	12.
					6591	7041	3 Einheiten	

Forges et chantiers de la Meditérranée — Graville — Frankreich

Name									
Président Felix Faure		Le Havre	St	4	mbk	2393	2860	1896	5.
Emile Renouf			St	4	mbk	2425	2924	1897	8.
Ernest Siegfried	→ Sainte Catherine		St	4	mbk	2429	3214	1898	4.
	→ Seine								
Emilie Siegfried	→ Sainte Marguerite		St	4	mbk	2429	3214	1899	3.
	→ Blanche								
Ville de Mulhouse	→ Andalucia		St	4	mbk	2429	3214	1899	4.
Ville du Havre			St	4	mbk	2428	3215	1899	10.
Champigny	→ Fennia		St	4	mbk	2729	3112	1902	6.
Asnières			St	4	mbk	2446	3230	1902	8.
						19708	24983	8 Einheiten	

Forges et chantiers de la Meditérranée — La Seyne — Frankreich

Name								
Wulfran Puget		St	4	mbk	2415	2990	1896	4.
Persévérance		St	4	mbk	2415	2990	1896	8.
Rhône		St	4	mbk	2434	3017	1896	10.
Antoinette		St	4	mbk	2434	3017	1897	2.
Jacqueline		St	4	mbk	2434	3017	1897	6.
					12132	15031	5 Einheiten	

Geddes, J. H. — Londonderry (N. Sc) — Kanada

Name							
John M. Blaikie	Ho	4	ms	1778	1829	1885	

Grangemouth Dockyard		**Alloa**				**Großbritannien**			
Lord Brassey			St	4	mbk	2619	2749	1891	11.
Lord Ripon	→ Nal		St	4	mbk	2627	2765	1892	3.
North Star	→ Alsterufer		St	4	mbk	2627	2761	1892	5.
	→ Susanne Vinnen								
	→ Carrabin								
Alcides			St	4	mbk	2492	2704	1892	10.
						10365	10979	4 Einheiten	
Hall, A. + Co.		**Aberdeen**				**Großbritannien**			
Port Jackson			Fe	4	ms	2132	2212	1882	8.
Hamilton, W. + Co.		**Port Glasgow**				**Großbritannien**			
Palgrave			Fe	4	ms	3078	3187	1884	8.
Semantha			St	4	mbk	2211	2280	1888	11.
Comet	→ Orotava		St	4	mbk	2890	3014	1901	2.
	→ James Dollar								
Nonpareil			St	4	mbk	2890	3014	1901	
Kurt	→ Dreadnought		St	4	mbk	2875	3109	1904	4.
	→ Moshulu								
Hans	→ Mary Dollar		St	4	mbk	2869	3102	1904	
						16813	17706	6 Einheiten	
Harland + Wolff		**Belfast**				**Großbritannien**			
Lord Downshire			St	4	ms	2263	2322	1882	4.
Walter H. Wilson	→ California		Fe	4	mbk	2461	2518	1882	7.
Fingal			St	4	mbk	2510	2570	1883	4.
W. J. Pirrie			Fe	4	ms	2516	2576	1883	5.
Lord Wolseley	→ Columbia		Fe	4	ms	2518	2577	1883	7.
Bay of Panama			St	4	ms	2282	2365	1883	11.
Sindia			St	4	ms	2929	3068	1887	12.
Holkar	→ Adelaide		St	4	ms	2960	3073	1888	4.
	→ Odessa								
	→ Souverain								
	→ Hippalos								
California	→ Alster		St	4	ms	2991	3099	1890	4.
	→ Christel Vinnen								
Lord Templemore	→ Alsternixe		St	4	ms	2947	3045	1892	4.
Damson Hill	→ Niobe		St	4	mbk	1984	2087	1893	1.
	→ Harald								
						28361	29300	11 Einheiten	
Henderson, D. + W.		**Partik**				**Großbritannien**			
Marion Lightbody		Glasgow	St	4	ms	2127	2176	1888	5.
France			St	5	mbk	3624	3784	1890	10.
Torrisdale			St	4	mbk	2184	2316	1892	7.
Corunna	→ La Epoca		St	4	mbk	2268	2432	1893	10.
						10203	10708	4 Einheiten	
Kawasaki Dockyard		**Kobe**				**Japan**			
Taisei Maru			St	4	mbk	1418	2287	1904	5.
Kaiwo Maru			St	4	mbk	1743	2284	1930	1.
Nippon Maru			St	4	mbk	1743	2285	1930	1.
						4904	6856	3 Einheiten	
Krupp Germania Werft		**Kiel**				**Deutschland**			
Magdalene Vinnen	→ Kommodore Johnsen		St	4	mbk	3017	3476	1921	
	→ Sedov								
Hussar	→ Sea Cloud		St	4	mbk	1187	2323	1931	4.
	→ Angelita								
	→ Patria								
	→ Antarna								
	→ Sea Cloud of Cayman						4204	5799	2 Einheiten	

Laird + Co.		**Birkenhead**				**Großbritannien**			
Palmerston	→ *Federico*		Fe	4	ms	1116	1250	1853/76	
Laporte + Co.		**Rouen**				**Frankreich**			
Dunkerque			St	4	mbk	2498	3338	1897	2.
Quevilly			St	4	mbk	2518	3272	1897	6.
Europe			St	4	mbk	2070	2957	1897	11.
Asie			St	4	mbk	2045	2954	1897	12.
						9131	12521	4 Einheiten	
Mackie + Thomson		**Glasgow**				**Großbritannien**			
Cedarbank			St	4	mbk	2649	2825	1892	8.
Olivebank	→ *Caledonia*		St	4	mbk	2647	2824	1892	10.
	→ *Olivebank*					5296	5649	2 Einheiten	
Mc Kay, Donald		**Boston (Mass)**				**USA**			
Great Republic	→ *Denmark*		Ho	4	mbk	4300	4555	1853	10.
Mc Millan, A. + Co.		**Dumbarton**				**Großbritannien**			
Lyndhurst			St	4	ms	2249	2311	1886	9.
Swanhilda			St	4	mbk	1999	2150	1890	8.
Queen Margaret			St	4	mbk	1999	2144	1893	6.
May Flint			Fe	4	ms	3288	3428	1880	
Urania	→ *Speedonia*		St	4	mbk	3060	3265	1902	3.
Alsterberg	→ *Walküre*		St	4	mbk	3072	3239	1902	5.
	→ *William Dollar*								
Ama Begonakoa	→ *Medway*		St	4	mbk	2356	2516	1902	7.
						18023	19053	7 Einheiten	
Murray, H. + Co.		**Port Glasgow**				**Großbritannien**			
Benares			Fe	4	ms	1646	1721	1877	4.
Euphrates			Fe	4	ms	1643	1716	1879	2.
Ben Douran			Fe	4	ms	1871	1950	1881	8.
						5160	5387	3 Einheiten	
Napier, R. + Sons		**Glasgow**				**Großbritannien**			
Theodor			Fe	4	mbk	2338	2439	1862	
H. Bischoff			Fe	4	ms	2708	2776	1865	
Lancing			Fe	4	ms	2600	2678	1865	
						7646	7893	3 Einheiten	
Odero, N.		**Genova**				**Italien**			
Principessa Mafalda		alla Foce	St	4	mbk	2390	2464	1903	5.
Gabriele d'Ali	→ *Gabriele*		St	4	mbk	2391	2463	1903	8.
	→ *Gabriele d'Ali*								
						4781	4927	2 Einheiten	
Oswald, T. R. + Co.		**Milford Haven**				**Großbritannien**			
Windermere	→ *Paul Rickmers*		St	4	mbk	2999	3050	1892	1.
Lyderhorn	→ *Jersbek*		St	4	mbk	2723	2914	1892	6.
						5722	5964	2 Einheiten	
Oswald, Mordaunt + Co.		**Southampton**				**Großbritannien**			
Albyn			Fe	4	ms	2095	2154	1883	4.
Cawdor			Fe	4	ms	2355	2426	1884	2.
Ellisland			Fe	4	ms	2355	2426	1884	4.
Andrina	→ *Alejandrina*		Fe	4	ms	2636	2699	1886	2.
Ellesmere	→ *Schiffbek*		Fe	4	ms	2645	2708	1886	4.
	→ *Santa Maria*								
						12086	12413	5 Einheiten	

Palmers Co.		Newcastle				Großbritannien			
Lydgate	→ Skansen	o. Tyne	St	4	mbk	2350	2534	1893	12.
Pickersgill, W. + Sons		Sunderrland				Großbritannien			
Drumalis			St	4	mbk	2450	2530	1890	10.
Andrada			St	4	mbk	2444	2551	1891	1.
Mowhan	→ Oceana		St	4	mbk	2747	2873	1892	5.
Andorinha	→ Hélène		St	4	mbk	3264	3440	1892	9.
						10905	11394	4 Einheiten	
Potter, W. H. + Sons		Liverpool				Großbritannien			
Muncaster Castle			Fe	4	ms	2037	2104	1882	4.
Drummuir			Fe	4	ms	1798	1844	1882	8.
George Roper			Fe	4	mbk	2033	2104	1883	2.
Crofton Hall			Fe	4	ms	2074	2127	1883	4.
Kentmere			Fe	4	ms	2457	2521	1883	6.
Reliance	→ Ricart de Soler		Fe	4	ms	2458	2631	1884	1.
	→ Iberia								
	→ Antonia Mumbru								
Holt Hill			Fe	4	ms	2441	2523	1884	4.
Pegasus			Fe	4	ms	2564	2631	1884	7.
Eusemere			Fe	4	ms	2651	2720	1884	10.
Marlborough Hill			Fe	4	mbk	2443	2531	1885	1.
Seafarer	→ Seefahrer		St	4	mbk	2163	2211	1888	4.
Falkland			Fe	4	mbk	2739	2804	1889	8.
Alcyone	→ Daghild		Fe	4	mbk	2148	2229	1889	11.
Altair			Fe	4	mbk	2346	2452	1890	8.
Dunfermline	→ Carl Rudgert								
	Vinnen		St	4	mbk	2773	2902	1890	10.
	→ Burrowa								
Forteviot	→ Werner Vinnen		St	4	mbk	2962	3145	1891	8.
	→ Yawry								
	→ Bellands								
Wanderer			St	4	mbk	2801	2903	1891	9.
Osborne	→ J. C. Vinnen		St	4	mbk	2986	3166	1892	3.
Balmoral			Fe	4	mbk	2449	2614	1892	7.
Dunstaffnage	→ Magdalene Vinnen I		St	4	mbk	3129	3317	1892	12.
						49452	51479	20 Einheiten	
Ramage + Ferguson		Leith				Großbritannien			
Earl of Shaftesbury			Fe	4	ms	2005	2079	1883	7.
Crown of India			Fe	4	ms	1975	2056	1885	6.
Trade Winds	→ Magdalene		St	4	mbk	2732	2859	1891	4.
	→ Ophelia								
Drumrock	→ Persimmon		St	4	mbk	3010	3182	1891	9.
	→ Helvig Vinnen								
	→ Allen Dollar								
Wilhelm Tell	→ Edmund		St	4	mbk	2932	3107	1891	12.
	→ Faulconnier								
Crown of Austria			St	4	mbk	2993	3137	1892	6.
Royal Forth	→ Henriette		St	4	mbk	2988	3130	1893	6.
København			St	5	mbk	3329	3901	1921	3.
						21964	23451	8 Einheiten	
Reid, J. + Co.		Port Glasgow				Großbritannien			
Pinmore			St	4	mbk	2358	2431	1882	10.
Kenilworth	→ Star of Scotland		St	4	ms	2243	2308	1887	3.
Puritan			St	4	mbk	2283	2361	1889	12.
Loch Nevis	→ Octavia		St	4	mbk	2328	2431	1894	6.
Colonial Empire			St	4	mbk	2281	2436	1902	3.
Schürbek	→ Joseph Dollar		St	4	mbk	2266	2409	1902	5.
Mneme	→ Pommern		St	4	mbk	2323	2456	1903	2.
						16082	16832	7 Einheiten	

Richardson, Duck + Co.   Stockton   **Großbritannien**

Afghanistan			Fe	4	mbk	2221	2206	1888	2.
Oweenee			St	4	mbk	2334	2432	1891	10.
Muskoka	→ Caroline		St	4	mbk	2259	2357	1891	11.
The Highfields			St	4	mbk	2220	2280	1892	4.
Arracan	→ Carla		St	4	mbk	2222	2282	1892	5.
	→ Fehmarn								
						11256	11637	5 Einheiten	

Rickmers AG.   Bremerhaven   **Deutschland**

Albert Rickmers	→ Herzogin Sophie								
	Charlotte		St	4	mbk	2302	2395	1894	10.
Herzogin Cecilie			St	4	mbk	2786	3242	1902	4.
R. C. Rickmers	→ Neath		St	5	mbk	4696	5548	1906	8.
L'Avenir	→ Admiral								
	Karpfanger		St	4	mbk	2074	2738	1908	5.
						11858	13923	4 Einheiten	

Ritson + Co.   Maryport   **Großbritannien**

Peter Iredale			Fe/St	4	mbk	1994	2075	1890	6.
Auchencairn	→ Nomia		St	4	mbk	1925	2040	1891	10.
Willy Rickmers	→ Paul		St	4	mbk	1968	2069	1895	8.
						5887	6184	3 Einheiten	

Rodger, A. + Co.   Port Glasgow   **Großbritannien**

Arrow	→ Parma		St	4	mbk	2971	3090	1902	4.
Eclipse	→ Egon		St	4	mbk	2969	3090	1902	6.
	→ Janet Dollar								
						5940	6180	2 Einheiten	

Royden, Th. + Sons   Liverpool   **Großbritannien**

Glenericht	→ Mariechen		Fe	4	ms	2341	2434	1885	11.
Primrose Hill			Fe	4	ms	2436	2520	1886	2.
Bidston Hill			Fe	4	ms	2434	2519	1886	11.
Buckingham	→ Bertha		St	4	ms	2613	2668	1888	9.
	→ Ottawa								
	→ Muscoota								
	→ Flying Cloud								
	→ Muscoota								
Hollinwood			St	4	ms	2606	2673	1889	8.
Crompton			St	4	ms	2717	2810	1890	7.
Lathom	→ Bertha		St	4	mbk	2985	3082	1891	8.
Alcedo	→ Alsterschwan		St	4	mbk	2309	2470	1891	11.
	→ Barthold Vinnen								
James Kerr	→ Isebek		St	4	mbk	2281	2420	1892	8.
	→ Maria								
Fannie Kerr			St	4	mbk	2286	2426	1892	10.
Prince Robert	→ Thielbek		St	4	mbk	2654	2846	1893	5.
	→ David Dollar								
						27662	28868	11 Einheiten	

Russell + Co.   Greenock   **Großbritannien**

Falls of Afton	→ Francesco								
	Giuseppe		Fe	4	ms	1899	1974	1882	2.
Falls of Dee	→ Teie		Fe	4	ms	1916	1974	1882	4.
Matterhorn			Fe	4	mbk	1839	1918	1882	6.
Union			Fe	4	ms	2139	2234	1882	9.
Goldenhorn			Fe	4	mbk	1842	1915	1883	1.
Falls of Foyers			Fe	4	ms	1917	2009	1883	4.
Drumblair	→ Cissie		Fe	4	ms	1848	1907	1883	9.
Drumeltan	→ Margaret Overman		Fe	4	ms	1848	1908	1883	11.

Russell + Co.		Greenock				Großbritannien			
Brownrigg			Fe	4	ms	2279	2375	1884	4.
Falls of Earn			Fe	4	ms	2292	2386	1884	5.
General Roberts	→ Hafrsfjord		Fe	4	ms	1914	1997	1884	7.
Lucipara			Fe	4	ms	1863	1943	1885	1.
Bandaneira			F	4	mbk	1862	1944	1885	3.
Falls of Halladale			Fe	4	ms	2026	2085	1886	7.
Drumcliff	→ Omega		Fe	4	ms	2468	2525	1887	1.
Robert Rickmers			Fe	4	mbk	2211	2562	1888	8.
Hinemoa			St	4	mbk	2203	2283	1890	11.
Port Stanley			St	4	mbk	2187	2276	1890	12.
Earl of Dunmore	→ Spartan		St	4	mbk	2205	2287	1891	5.
Ashbank			St	4	mbk	2174	2292	1891	12.
Lindfield			St	4	mbk	2169	2280	1891	12.
Mayfield			St	4	mbk	2176	2285	1892	2.
Beechbank	→ Stöveren		St	4	mbk	2154	2288	1892	3.
Donna Francisca	→ Herbert		St	4	mbk	2163	2277	1892	4.
	→ Lemkenhafen								
King James			St	4	mbk	2178	2305	1892	5.
Sofala			St	4	mbk	2160	2301	1892	5.
Port Caledonia			St	4	mbk	2320	2426	1892	6.
Ancyra	→ Wandsbek		St	4	mbk	2198	2333	1892	7.
Saratoga			St	4	mbk	2134	2297	1893	1.
Kinross-shire			St	4	mbk	2168	2299	1893	5.
Bermuda	→ Nordhav		St	4	mbk	2623	2846	1893	7.
Ancona			St	4	mbk	2570	2852	1893	11.
Bahama			St	4	mbk	2080	2245	1893	11.
Grenada			St	4	mbk	2160	2268	1894	11.
						72131	75796	34 Einheiten	

Russell + Co.		Port Glasgow				Großbritannien			
Falls of Clyde			Fe	4	ms	1741	1807	1878	12.
Falls of Bruar			Fe	4	ms	1740	1808	1879	3.
Drumburton			Fe	4	ms	1840	1891	1881	7.
Earl of Beaconsfield II			Fe	4	ms	1893	1960	1883	12.
Silberhorn			Fe	4	mbk	1853	1920	1884	3.
Falls of Garry			Fe	4	mbk	2026	2088	1886	6.
Nile	→ Thor II		Fe	4	ms	2079	2163	1886	6.
Australia	→ Elisa Lihn		Fe	4	mbk	2175	2268	1886	9.
	→ Australia								
	→ Phyllis								
Tasmania	→ Tasman		Fe	4	ms	2175	2269	1886	11.
Clan Buchanan	→ Valerie		Fe	4	ms	2072	2140	1887	3.
Loudon Hill	→ Erbrin		Fe	4	mbk	2066	2139	1887	5.
	→ Magda								
	→ Gullmarn								
Renée Rickmers	→ Åland		Fe	4	ms	2064	2135	1887	8.
Sokoto			Fe	4	ms	2193	2262	1887	8.
Madagascar	→ Katanga		St	4	mbk	2077	2145	1888	5.
Tinto Hill	→ Alonso		Fe	4	mbk	2067	2144	1888	8.
	→ Veirland								
Cap Horn			St	4	mbk	2608	2626	1888	10.
Liverpool			Fe	4	ms	3330	3400	1889	1.
Glencaird			St	4	mbk	2418	2523	1889	4.
Craigend			St	4	mbk	2219	2272	1889	5.
Dunkerque I			St	4	mbk	3094	3152	1889	7.
Sir Robert Fernie	→ Elisabeth		St	4	mbk	2410	2528	1889	8.
	→ Mairo								
Cairniehill	→ Charles Flint		St	4	mbk	2415	2524	1889	9.
Peter Rickmers			St	4	ms	2816	2958	1889	10.
Stanley			St	4	mbk	2106	2210	1889	11.
Dumfriesshire			St	4	mbk	2512	2565	1890	1.

Russell + Co. Port Glasgow **Großbritannien**

Glencona		St	4	mbk	2489	2631	1890	2.
Strathgryfe	→ Margartha	St	4	mbk	2190	2276	1890	3.
	→ Graciosa							
Simla II		St	4	mbk	2087	2214	1890	3.
Elmbank		St	4	mbk	2180	2288	1890	4.
Garnet Hill		St	4	mbk	2186	2274	1890	5.
Holt Hill		St	4	mbk	2269	2398	1890	7.
Snaigow	→ Ecuador	St	4	mbk	2264	2384	1890	9.
	→ H. Hackfeld							
Comliebank	→ Asulf	St	4	mbk	2179	2283	1890	10.
Breidablik		St	4	mbk	2309	2417	1890	12.
Thistlebank		St	4	mbk	2332	2430	1891	1.
Gowanbank		St	4	mbk	2205	2288	1891	3.
Invertrossachs		St	4	mbk	2577	2710	1891	11.
Glenogil	→ Ernst	St	4	mbk	2193	2285	1892	1.
	→ Canowie							
Maria Rickmers		St	5	mbk	3344	3822	1892	2.
Jordanhill	→ Augustella	St	4	mbk	2176	2291	1892	3.
Austrasia	→ Gustav	St	4	mbk	2586	2718	1892	5.
	→ Melbourne							
Oranasia	→ Alsterfee	St	4	mbk	2565	2706	1892	6.
	→ Lucy Vinnen							
	→ Tamara VI							
	→ Mayotte							
Mozambique	→ Ulrich	St	4	mbk	2305	2433	1892	6.
	→ Sydnaes							
Somali	→ Alsterdamm	St	4	mbk	3336	3537	1892	8.
	→ Adolf Vinnen							
	→ Mae Dollar							
Moreton	→ Eilbek	St	4	mbk	2283	2429	1892	9.
	→ Tamara XV							
Dowan Hill	→ Eugenio Bruni	St	4	mbk	1976	2115	1893	7.
	→ Dowan Hill							
	→ Snig							
Levernbank		St	4	mbk	2242	2400	1893	8.
Laurelbank		St	4	mbk	2237	2397	1893	9.
Clan Graham	→ Asheim	St	4	mbk	1976	2147	1893	12.
Clan Galbraith		St	4	mbk	1983	2149	1894	2.
Falls of Ettrick		St	4	mbk	2135	2264	1894	3.
Springbank	→ Asrym	St	4	mbk	2235	2398	1894	9.
Brilliant	→ Perkeo	St	4	mbk	3609	3765	1901	5.
	→ Bell							
Daylight		St	4	mbk	3599	3756	1902	1.
Ormsary		St	4	mbk	2099	2251	1903	1.
					128143	134353	55 Einheiten	

Scott + Co. Greenock **Großbritannien**

Gowanburn		St	4	mbk	1999	2079	1886	4.
Ross-shire		St	4	mbk	2148	2257	1891	7.
Gosford		St	4	mbk	2136	2251	1892	1.
Stoneleigh		St	4	mbk	2101	2243	1892	3.
Gifford		St	4	mbk	2114	2245	1892	6.
Gunford		St	4	mbk	2108	2261	1892	10.
Lady Wentworth	→ Woglinde	St	4	mbk	2552	2715	1896	6.
Nivelle		St	4	mbk	2262	2430	1897	4.
Hougomont		St	4	mbk	2261	2428	1897	6.
Archibald Russell		St	4	mbk	2181	2385	1905	
					21861	23294	10 Einheiten	

Sewall, A. + Co.		**Bath (Me)**				**USA**				
Shenandoah			Ho	4	ms	3258	3407	1890	11.	
Susquehannah			Ho	4	mbk	2629	2745	1891	9.	
Roanocke			Ho	4	ms	3347	3539	1892	9.	
Dirigo			St	4	mbk	2856	3005	1894	2.	
Erskine M. Phelps			St	4	mbk	2715	2999	1898		
Arthur Sewall			St	4	mbk	2919	3209	1899		
Edward Sewall	→ *Star of Shetland*		St	4	mbk	2916	3206	1899	10.	
Astral	→ *Star of Zealand*		St	4	ms	2987	3292	1900	12.	
Acme	→ *Star of Poland*		St	4	mbk	2987	3288	1901		
William P. Frye			St	4	mbk	2998	3374	1901		
Atlas	→ *Star of Lapland*		St	4	mbk	3006	3381	1902		
						32618	35445	11 Einheiten		

Short Bros.		**Sunderland**				**Großbritannien**				
Shakespeare			Fe	4	ms	1757	1814	1876	5.	

Smit, J. + K.		**Krimpen**				**Niederlande**				
Jeanette Françoise	→ *Carl*	a. d. Leck	St	4	mbk	2231	2292	1892		
	→ *Souvenir*									
Geetruida Gerarda	→ *Olympia*		St	4	mbk	2404	2505	1904	11.	
						4635	4797	2 Einheiten		

Società Esercizio Baccini		**Genova**				**Italien**				
Erasmo	→ *Pinguin*	Riva Trigoso	St	4	mbk	2157	2224	1903	3.	
	→ *Weser*									
	→ *Jacobsen*									
Regina Elena	→ *Ponape*									
	→ *Bellhouse*									
	→ *Ponape*		St	4	mbk	2365	2464	1903	7.	
						4522	4688	2 Einheiten		

Southampton Naval Works Co.		**Southampton**				**Großbritannien**				
Crocodile	→ *Storegut*		St	4	mbk	2424	2555	1892	5.	

Steele, R. + Co.		**Southampton**				**Goßbritannien**				
Romsdal			Fe	4	ms	1827	1887	1877	10.	
Routenburn	→ *Svithiod*		Fe	4	ms	1997	2097	1881	4.	
	→ *Beatrice*									
						3824	3984	2 Einheiten		

Stephen, A. + Sons		**Dundee**				**Großbritannien**				
Earl of Dalhousie			St	4	mbk	1677	1765	1884	5.	
Eudora			St	4	mbk	1938	1992	1888	7.	
Mayhill			Fe/St	4	mbk	2027	2121	1890	4.	
Galena			Fe/St	4	mbk	2169	2294	1890	12.	
Melita	→ *Marthe*		Fe/St	4	mbk	2658	2857	1892	11.	
Pitlochry			St	4	mbk	2972	3111	1894	9.	
						13441	14140	6 Einheiten		

Stephen, A. + Sons		**Glasgow**				**Großbritannien**				
Teviotdale			Fe	4	ms	1623	1695	1882	11.	
Armadale	→ *Audun*		Fe	4	mbk	1960	2015	1887	3.	
Bracadale	→ *Svolder*		Fe	4	mbk	1962	2015	1887	4.	
Carradale			St	4	mbk	1982	2085	1889	11.	
Fascadale			St	4	mbk	1976	2083	1890	2.	
Afon Alaw	→ *Storebror*		St	4	mbk	1947	2052	1891	12.	
Afon Cefni			St	4	mbk	1967	2066	1892	3.	
						13417	14011	7 Einheiten		

Builder / Ship	Renamed	Location	Material	Masts	Rig	Tonnage 1	Tonnage 2	Year	No.	Country
Sunderland Shipbuilding Co.		Sunderland								**Großbritannien**
Glenorchy	→ Fratelli Beverino		Fe	4	ms	2149	2229	1882	8.	
	→ Cavaliere Lauro									
	→ Italia									
Glenfinlas			Fe	4	ms	2148	2220	1882	12.	
						4297	4457	2 Einheiten		
Swan + Hunter		Newcastle								**Großbritannien**
Milton Stuart	→ Thekla	o. Tyne	St	4	mbk	3155	3178	1892	8.	
Tecklenborg, J. C.		Geestemünde								**Deutschland**
Richard Wagner	→ Hera		Fe	4	mbk	2006	2094	1886	4.	
Christine	→ Leni		St	4	mbk	1900	1987	1891	3.	
Placilla	→ Optima		St	4	mbk	2780	2895	1892	2.	
Pisagua			St	4	mbk	2763	2906	1892	9.	
Potosi	→ Flora		St	5	mbk	3054	4027	1895	7.	
Preussen			St	5	ms	4765	5081	1902	7.	
Pangani			St	4	mbk	2822	3054	1903	1.	
Padua	→ Krusenstern		St	4	mbk	2670	3064	1926	6.	
						23568	25108	8 Einheiten		
Thames Shipbuilding Co.		London								**Großbritannien**
Eleanor Margaret			Fe	4	mbk	2327	2465	1860		
Thibault		Bordeaux								**Frankreich**
L'Invention			Ho	4	ms	440	486	1801		
Thompson, N. L.		Kennebunk (Me)								**USA**
Ocean King			Ho	4	ms	2386	2500	1874		
Thompson, R. + Sons		Sunderland								**Großbritannien**
Eulomene			St	4	ms	2607	2725	1891	8.	
Thompson, W. B.		Dundee								**Großbritannien**
Dundee			Fe	4	ms	1998	2063	1882	10.	
Juteopolis	→ Garthpool		St	4	mbk	2652	2842	1891	12.	
Lawhill			St	4	mbk	2749	2942	1892	9.	
						7399	7847	3 Einheiten		
Thompson, W. B.		Glasgow								**Großbritannien**
Knigth of St. Michael	→ Pacifique		St	4	ms	2221	2278	1883	2.	
A. D. Bordes			Fe	4	ms	2025	2278	1884	3.	
Craigburn			Fe	4	ms	1997	2065	1884	5.	
Persévérance			Fe	4	ms	2511	2550	1885	4.	
Tarapaca			Fe	4	ms	2497	2557	1886	7.	
						11251	11842	5 Einheiten		
Tod + Mc Gregor		Glasgow								**Großbritannien**
Simla I			Fe	4	ms	2172	2288	1854		
Earl of Beaconsfield I			Fe	4	ms	2488	2686	1864		
						4660	4974	2 Einheiten		
Whitehaven Shipbuilding Co.		Whitehaven								**Großbritannien**
Gilcruix	→ Barmbek		Fe	4	ms	2239	2304	1886	8.	
	→ Pacifique									
Galgate			St	4	ms	2291	2361	1888	9.	
Lord Shaftesbury	→ Golden Gate		St	4	ms	2273	2341	1888	12.	
Windermere	→ Lord Rosebery		St	4	ms	2768	2833	1889	5.	
	→ Reinbek									
Alice A. Leigh	→ Rewa		St	4	ms	2929	3003	1889	8.	
Engelhorn			St	4	mbk	2374	2461	1889	11.	
						14874	15303	6 Einheiten		

Williamson, R. + Son — Workington — Großbritannien

Schiff		Typ		Takelung	Tonnage 1	Tonnage 2	Jahr	Monat
Andelana		St	4	ms	2418	2512	1889	10.
Eusemere	→ Pindos	St	4	mkb	2463	2512	1890	6.
Pendragon Castle	→ Lisbeth	St	4	mbk	2399	2510	1891	2.
Vortigern	→ Hebe	St	4	mbk	2406	2529	1891	8.
	→ Contramaestro Duenas							
Caradoc		St	4	mbk	2409	2531	1892	4.
Conishead	→ Athene	St	4	mbk	2404	2526	1892	10.
	→ Cooroy							
Centesima	→ Nauarchos	St	4	mbk	2796	2949	1893	9.
Iranian		St	4	mbk	2797	2958	1895	3.
					20092	21027	8 Einheiten	

Wood, Charles — Quebec — Kanada

Schiff		Typ		Takelung	Tonnage 1	Tonnage 2	Jahr	Monat
Columbus	Anse du Fort	Ho	4	mbk	?	3690	1824	4.
Baron of Renfrew		Ho	4	mbk	?	5294	1825	6.
						8984	2 Einheiten	

Workman, Clark — Belfast — Großbritannien

Schiff		Typ		Takelung	Tonnage 1	Tonnage 2	Jahr	Monat
Fort George		Fe	4	ms	1686	1756	1884	2.
Dundonald		St	4	mbk	2115	2205	1891	11.
Howth		St	4	mbk	2166	2244	1892	3.
Cave Hill		St	4	mbk	2158	2246	1892	4.
Crown of Germany	→ Fischbek	St	4	mbk	2154	2241	1892	5.
Goodrich	→ Fennia	St	4	mbk	2153	2243	1892	7.
Lauriston	→ Towarischtsch	St	4	ms	2133	2301	1892	12.
Poltalloch		St	4	mbk	2139	2254	1893	12.
Lord Dufferin		St	4	mbk	2135	2250	1896	5.
					18839	19740	9 Einheiten	

Zusammenstellung

Werft	Ort	Land			
Ateliers et chantiers de la Loire	Nantes	F	14242	17976	6
Barclay, Curle + Co.	Glasgow	GB	70288	73352	34
Barrow Shipbuilding + Co.	Barrow-in-Furness	GB	8080	8369	4
Bigger, C. J.	Londonderry	GB	2352	2499	1
Birrell, Stenhouse + Co.	Dumbarton	GB	5677	5862	3
Blohm + Voss AG.	Hamburg	D	21793	23354	8
Burmeister + Wain	København	DK	2665	2952	1
Cantieri Navali di Muggiano	La Spezia	I	3030	3109	1
Carleton, Norwood + Co.	Rockport (Me)	USA	2497	2629	1
Chantiers de France	Dunkerque	F	9718	12819	4
Chantiers de la Normandie	Grand Quevilly/Rouen	F	4865	6513	2
Chantiers et Ateliers de la Gironde	Bordeaux	F	4544	5633	1
Connell, C. + Co.	Glasgow	GB	29044	30228	14
Continental Lead + Iron Co.	Pertusola/La Spezia	I	4188	4264	2
Cox, E.	Kingsport (N. Scotia)	CDN	2225	2300	1
Day	Southampton	GB	958	1557	1
Denny, W. + Bros.	Dumbarton	GB	1860	1962	1
Dobie + Co.	Glasgow	GB	3579	3708	2
Doxford, W. + Sons	Sunderland	GB	23068	24186	11
Duncan, R. + Co.	Port Glasgow	GB	37656	40098	19
Dundee Shipbuilding Co.	Dundee	GB	2289	2503	1
Evans, R. + J. + Co.	Liverpool	GB	7971	8368	4
Fairfield Shipbuilding Co.	Glasgow	GB	6591	7041	3
Forges et chantiers de la Méditerranée	Graville/Le Havre	F	19708	24983	8
Forges et chantiers de la Méditerrannée	La Seyne	F	12132	15031	5
Geddes, J. H.	Londonderry (N. Scotia)	CDN	1778	1829	1
Grangemouth Dockyard Co.	Aloa	GB	10365	10979	4
Hall, A. + Co.	Aberdeen	GB	2132	2212	1
Hamilton, W. + Co.	Port Glasgow	GB	16813	17706	6

Harland + Wolff	Belfast	GB	28361	29300	11
Henderson, D. + W.	Partick/Glasgow	GB	10203	10708	4
Kawasaki Dockyard	Kobe	Jp	4904	6856	3
Krupp Germania Werft	Kiel	D	4204	5799	2
Laird + Co.	Birkenhead/Liverpool	GB	1116	1250	1
Laporte + Co.	Rouen	F	9131	12521	4
Mackie + Thomson	Glasgow	GB	5296	5649	2
Mc Kay, D.	Boston (Mass)	USA	4300	4555	1
Mc Millan, A. + Co.	Dumbarton	GB	18023	19053	7
Murray, H. + Co.	Port Glasgow	GB	5160	5387	3
Napier, R. + Sons	Glasgow	GB	7646	7893	3
Odero, N.	Genova	I	4781	4927	2
Oswald, T. R. + Co.	Milford Haven	GB	5722	5964	2
Oswald, Mordaunt + Co.	Southampton	GB	12086	12413	5
Palmers Co.	Newcastle on Tyne	GB	2350	2534	1
Pickersgill, W. + Sons	Sunderland	GB	10905	11394	4
Potter, W. H. + Sons	Liverpool	GB	49452	51479	20
Ramage + Ferguson	Leith	GB	21964	23451	8
Reid, J. + Co.	Port Glasgow	GB	16082	16832	7
Richardson, Duck + Co.	Stockton	GB	11256	11637	5
Rickmers AG.	Bremerhaven	D	11858	13923	4
Ritson + Co.	Maryport	GB	5887	6184	3
Rodger, A. + Co.	Port Glasgow	GB	5940	6180	2
Royden, Th. + Sons	Liverpool	GB	27662	28868	11
Russell + Co.	Greenock	GB	72131	75796	34
Russell + Co.	Port Glasgow	GB	128143	134353	55
Scott + Co.	Greenock	GB	21861	23294	10
Sewall, A. + Co.	Bath (Me)	USA	32618	35445	11
Short Bros.	Sunderland	GB	1757	1814	1
Smit, J. + K.	Krimpen an der Leck	NL	4635	4797	2
Società Esercizio Baccini	Genova	I	4522	4688	2
Southampton Naval Works Co.	Southampton	GB	2424	2555	1
Steele, R. + Co.	Greenock	GB	3824	3984	2
Stephen, A. + Sons	Dundee	GB	13441	14140	6
Stephen, A. + Sons	Glasgow	GB	13417	14011	7
Sunderland Shipbuilding Co.	Sunderland	GB	4297	4457	2
Swan + Hunter	Newcastle on Tyne	GB	3155	3178	1
Tecklenborg, J. C.	Geestemünde	D	23568	25108	8
Thames Shipbuilding Co.	London	GB	2327	2465	1
Thibault	Bordeaux	F	440	486	1
Thompson, N. L.	Kennebunk (Me)	USA	2386	2500	1
Thompson, R. + Sons	Sunderland	GB	2607	2725	1
Thompson, W. B.	Dundee	GB	7399	7847	3
Thompson, W. B.	Glasgow	GB	11251	11842	5
Tod + Mc Gregor	Glasgow	GB	4660	4974	2
Whitehaven Shipbuilding Co.	Whitehaven	GB	14874	15303	6
Williamson, R. + Son	Workington	GB	20092	21027	8
Wood, Charles	Quebec/Anse du Fort	CDN	?	8984	2
Workmann, Clark	Belfast	GB	18839	19740	9
			1031065	1114292	446

N.B.: Es fehlen die Angaben für *Anne-Marie* von 1854

Werften-Produktion
nach Ländern und Bauplätzen

Canada

Cox, E.	Kingsport	2225	2300	1
Geddes, J. K.	Londonderry	1778	1829	1
Wood, Charles	Quebec/Anse du Fort	?	8984	2
		4003	13113	4

Deutschland

Blohm + Voss AG.	Hamburg	21793	23354	8
Krupp Germania Werft	Kiel	4204	5799	2
Rickmers AG.	Bremerhaven	11858	13923	4
Tecklenborg, J. C.	Geestemünde	23568	25108	8
		61423	68184	22

Dänemark

Burmeister + Wain	København	2665	2952	1

Frankreich

Chantiers et ateliers de la Gironde	Bordeaux	4544	5633	1
Thibault	Bordeaux	440	486	1
Chantiers de France	Dunkerque	9718	12819	4
Forges et chantiers de la Méditerannée	Graville/Le Havre	19708	24983	8
Ateliers et chantiers de la Loire	Nantes	14242	17976	6
Chantiers de la Normandie	Grand Quevilly/Rouen	4865	6513	2
Laporte + Co.	Rouen	9131	12521	4
Forges et chantiers de la Méditerranée	La Seyne	12132	15031	5
		74780	95962	31

Großbritannien

Hall, A. + Co.	Aberdeen	2132	2212	1	Additionswerte bei mehreren		
Grangemouth Dockyard C.	Alloa	10365	10979	4	Werften am gleichen Platz.		
Barrow Shipbuilding Co.	Barrow-in-Furness	8080	8369	4			
Harland + Wolff	Belfast	28361	29300	11			
Workman, Clark	Belfast	18839	19740	9	47200	49040	20 Einheiten
Laird + Co.	Birkenhead/Liverpool	1116	1250	1			
Birrell, Stenhouse + Co.	Dumbarton	5677	5682	3			
Denny, W. + Bros.	Dumbarton	1860	1962	1			
Mc Millan, A. + Co.	Dumbarton	18023	19053	7	25560	26877	11 Einheiten
Dundee Shipbuilding Co.	Dundee	2289	2503	1			
Stephen, A. + Sons	Dundee	13441	14140	6			
Thompson, W. B.	Dundee	7399	7847	3	23129	24490	10 Einheiten

Großbritannien

Barclay, Curle + Co.	Glasgow	70288	73352	34			
Connell, C. + Co.	Glasgow	29044	30228	14			
Dobie + Co.	Glasgow	3579	3708	2			
Fairfield Shipbuilding Co.	Glasgow	6591	7041	3			
Henderson, D. + W.	Glasgow	10203	10708	4			
Mackie + Thomson	Glasgow	5296	5649	2			
Napier, R. + Sons	Glasgow	7646	7893	3			
Stephen, A. + Sons	Glasgow	13417	14011	7			
Thompson, W. B.	Glasgow	11251	11842	5			
Tod + Mc Gregor	Glasgow	4660	4974	2	161975	169406	76 Einheiten
Russell + Co.	Greenock	72131	75796	34			
Scott + Co.	Greenock	21861	23294	10			
Steele, R. + Co.	Greenock	3824	3984	2	97816	103074	46 Einheiten
Ramage + Ferguson	Leith	21964	23451	8			
Evans, R. + J. + Co.	Liverpool	7971	8368	4			
Potter, W. H. + Sons	Liverpool	49452	51479	20			
Royden, Th. + Sons	Liverpool	27662	28868	11	85085	88715	35 Einheiten
Thames Shipbuilding Co.	London	2327	2465	1			
Bigger, C. J.	Londonderry	2352	2499	1			
Ritson + Co.	Maryport	5887	6184	3			
Oswald, T. R. + Co.	Milford Haven	5722	5964	2			
Palmers Co.	Newcastle on Tyne	2350	2534	1			
Swan + Hunter	Newcastel on Tyne	3155	3178	1	5505	5712	2 Einheiten
Duncan, R. + Co.	Port Glasgow	37656	40098	19			
Hamilton, W. + Co.	Port Glasgow	16813	17706	6			
Murray, H. + Co.	Port Glasgow	6160	5387	3			
Reid, J. + Co.	Port Glasgow	16082	16832	7			
Rodger, A. + Co.	Port Glasgow	5940	6180	2			
Russell + Co.	Port Glasgow	128143	134353	55	209794	220556	92 Einheiten
Day	Southampton	958	1557	1			
Oswald, Mordaunt + Co.	Southampton	12086	12413	5			
Southampton Naval Works Co.	Southampton	2424	2555	1	15468	16525	7 Einheiten
Richardson, Duck + Co.	Stockton	11256	11637	5			
Doxford, W. + Sons	Sunderland	23068	24186	11			
Pickersgill, W. + Sons	Sunderland	10905	11394	4			
Short Bros.	Sunderland	1757	1814	1			
Sunderland Shipbuilding C.	Sunderland	4297	4457	2			
Thompson, R. + Sons	Sunderland	2607	2725	1	53890	56213	24 Einheiten
Whitehaven Shipbuilding Co.	Whitehaven	14874	15303	6			
Williamson, R. + Son	Workington	20092	21027	8			
		820333	860311	362			

Italien

Odero, N.	Genova	4781	4927	2			
Società Esercizio Baccini	Genova	4522	4688	2	9303	9615	4 Einheiten
Cantieri navali di Muggiano	La Spezia	3030	3109	1			
Continental Lead + Iron Co. Ltd.	Pertusola/La Spezia	4188	4264	2	7218	7373	3 Einheiten
		16521	16988	7			

Japan

Kawasaki Dockyard	Kobe	4904	6856	3

Niederlande

Smit, J. + K.	Krimpen an der Leck	4635	4797	2

USA

Sewall, A. + Co.	Bath (Me)	32618	35445	11
Mc Kay, D.	Boston (Mass)	4300	4555	1
Thompson, N. L.	Kennebunk (Me)	2386	2500	1
Carleton, Norwood + Co.	Rockport (Me)	2497	2629	1
		41801	45129	14

Zusammenstellung:

Canada	3		Werften	4003	13113	4 Einheiten
Deutschland	4		Werften	61423	68184	22 Einheiten
Dänemark	1		Werft	2665	2952	1 Einheit
Frankreich	8		Werften	74780	95962	31 Einheiten
Großbritannien	52		Werften	820333	869311	362 Einheiten
Italien	4		Werften	16521	16988	7 Einheiten
Japan		1	Werft	4904	6856	3 Einheiten
Niederlande	1		Werften	4635	4797	2 Einheiten
Vereinigte Staaten	4		Werften	41801	45129	14 Einheiten
				1031065	1114292	446 Einheiten

N.B.: Es fehlen Anne-Marie von 1854 und die NRT. der Wood-Bauten aus Quebec.

Reihenfolge der Bauplätze entsprechend ihrer Produktion

Port Glasgow	6 Werften	92 Einheiten	209 794	220 556
Glasgow	10 Werften	76 Einheiten	161 975	169 406
Greenock	3 Werften	46 Einheiten	97 816	103 074
Liverpool	3 Werften	35 Einheiten	85 085	88 715
Belfast	2 Werften	20 Einheiten	47 200	49 040
Sunderland	5 Werften	19 Einheiten	42 634	44 576
Bath (Me)	1 Werft	11 Einheiten	32 618	35 445
Dumbarton	3 Werften	11 Einheiten	25 560	26 877
Geestemünde	1 Werft	8 Einheiten	23 586	25 108
Graville/ Le Havre	1 Werft	8 Einheiten	19 708	24 983
Dundee	3 Werften	10 Einheiten	23 129	24 490
Leith	1 Werft	8 Einheiten	21 964	23 451
Hamburg	1 Werft	8 Einheiten	21 793	23 354
Workington	1 Werft	8 Einheiten	20 092	21 027
Rouen	2 Werften	6 Einheiten	13 996	19 034
Nantes	1 Werft	6 Einheiten	14 242	17 976
Southampton	3 Werften	7 Einheiten	15 468	16 525
Whitehaven	1 Werft	6 Einheiten	14 874	15 303
La Seyne	1 Werft	5 Einheiten	12 132	15 031
Bremerhaven	1 Werft	4 Einheiten	11 858	13 923
Dunkerque	1 Werft	4 Einheiten	9 718	12 819
Stockton	1 Werft	5 Einheiten	11 256	11 637
Alloa	1 Werft	4 Einheiten	10 365	10 979
Genova	2 Werften	4 Einheiten	9 303	9 615
Barrow-in-Furness	1 Werft	4 Einheiten	8 080	8 369
La Spezia	2 Werften	4 Einheiten	7 218	7 373
Kobe	1 Werft	3 Einheiten	4 904	6 856
Quebec	1 Werft	2 Einheiten		8 984
Maryport	1 Werft	3 Einheiten	5 887	6 184
Bordeaux	2 Werften	2 Einheiten	4 984	6 119
Milford Haven	1 Werft	2 Einheiten	5 722	5 964
Kiel	1 Werft	2 Einheiten	4 204	5 799
Newcastle on Tyne	2 Werften	2 Einheiten	5 505	5 712
Krimpen an der Leck	1 Werft	2 Einheiten	4 635	4 797
Boston (Mass)	1 Werft	1 Einheit	4 300	4 555
København	1 Werft	1 Einheit	2 665	2 952
Rockport (Me)	1 Werft	1 Einheit	2 497	2 629
Kennebunk (Me)	1 Werft	1 Einheit	2 386	2 500
Londonderry	1 Werft	1 Einheit	2 352	2 499
London	1 Werft	1 Einheit	2 327	2 465
Kingsport (N. Scotia)	1 Werft	1 Einheit	2 225	2 300
Aberdeen	1 Werft	1 Einheit	2 132	2 212
Londonderry (N. Scotia)	1 Werft	1 Einheit	1 778	1 829
Birkenhead/ Liverpool	1 Werft	1 Einheit	1 116	1 250
			1 031 065	1 114 292

N.B.: Es fehlt die Werft in Paimboeuf und die Werte für *Anne-Marie.*

Reedereien mit Bedeutung

Zusammenstellung über einige bekanntere Reedereien, die auch Vier- und Fünfmaster unter ihrer Hausflagge stehen hatten

Reederei	Land	Einheiten
A. D. Bordes et fils	Frankreich	38
F. Laeisz	Deutschland	19
G. Erikson	Finnland	16
Rhederei AG. von 1896	Deutschland	15
Anglo-American Oil Co.	Großbritannien	14
A. Weir + Co.	Großbritannien	13
Macvicar, Marshall	Großbritannien	13
R. + J. Craig	Großbritannien	12
Knöhr + Burchard	Deutschland	11
Robert Dollar Company	Vereinigte Staaten	11
R. Shankland + Co.	Großbritannien	11
William Thomas + Co.	Großbritannien	11
John Hardie + Sons	Großbritannien	9
Thos. Law + Co.	Großbritannien	9
AG. Alster	Deutschland	7
B. Wencke + Söhne	Deutschland	7
Rickmers AG.	Deutschland	7
Aitken, Lilburn + Co.	Großbritannien	6
G. J. H. Siemers	Deutschland	6
R. Denniston	Großbritannien	6
Alaska Packers Association	Vereinigte Staaten	5
Brown + Corblet	Frankreich	5
James Rolph	Vereinigte Staaten	5
Fischer + Sprott	Großbritannien	4
Aug. Bolten, Wm. Miller's N'f.	Deutschland	3
Devitt + Moore	Großbritannien	3
J. D. Clink	Großbritannien	3

A. D. Bordes et fils

Schiff	Jahr
A. D. Bordes	1884
Adolphe	1902
Alexandre I	1892
Alexandre II	1902
Almendral	1889
Amérique	1892
Antoinette	1897
Antonin	1902
Asie	1897
Atlantique	1897
Blanche	1898
Caroline I	1891
Caroline II	1896
Chanaral	1892
Dunkerque I	1889
Dunkerque II	1896
Europe	1897
France I	1890
Gers	1890
Hélène	1892
Jacqueline	1897
Loire	1897
Madeleine	1895
Marthe I	1892
Marthe II	1900
Montmorency	1896
Nord	1889
Pacifique	1883
Persévérance I	1886
Persévérance II	1896
Rhône	1896
Seine	1898
Tarapaca	1886
Tijuca	1902
Union	1882
Valentine	1901
Valparaiso	1902
Wulfran Puget	1896

F. Laeisz

Schiff	Jahr
Padua	1926
Pamir	1905
Pangani	1903
Parma	1902
Passat	1911
Peking	1911
Perkeo	1901
Persimmon	1891
Petschili	1903
Pinguin	1903
Pisagua	1892
Pitlochry	1893
Placilla	1892
Pola	1920
Pommern	1903
Ponape	1903
Priwall	1920
Potosi	1895
Preussen	1902

Gustaf Erikson

Schiff	Jahr
Åland	1887
Archibald Russell	1905
Carradale	1889
Herzogin Cecilie	1902
Hougomont	1897
L'Avcnir	1908
Lawhill	1892
Margareta	1889
Melbourne	1892
Moshulu	1904
Olivebank	1892
Pamir	1905
Passat	1911
Pommern	1903
Ponape	1903
Viking	1907

Rhederei AG. von 1896

Schiff	Jahr
Athene	1892
Hera	1886
Mneme	1903
Oceana	1892
Octavia	1894
Odessa	1888
Olympia	1904
Omega	1887
Onda	1893
Ophelia	1891
Optima	1892
Orotava	1901
Pindos	1890
Polymnia	1885
Urania	1902

Anglo-American Oil Co.

Schiff	Jahr
Alcides	1892
Arrow	1902
Brilliant	1903
Colonial Empire	1902
Comet	1901
Daylight	1903
Drumeltan	1883
Eclipse	1902
Falls of Ettrick	1894
Juteopolis	1891
Kentmere	1883
Lawhill	1892
Nonpareil	1901
Sindia	1887

A. Weir + Co.

Schiff	Jahr
Ashbank	1891
Beechbank	1892
Cedarbank	1892
Comliebank	1890
Ellisland	1884
Elmbank	1890
Gifford	1892
Gowanbank	1891
Laurelbank	1893
Levernbank	1893
Olivebank	1892
Springbank	1894
Thistlebank	1891

Macvicar, Marshall + Co.

Schiff	Jahr
Balmoral	1892
Buckingham	1888
Crompton	1890
Dunfermline	1890
Dunstaffnage	1892
Falkland	1889
Forteviot	1891
Hollinwood	1889
Lathom	1891
Norma	1893
Osborne	1892
Samaritan	1891
The Highfields	1892

R. + J. Craig

Schiff	Jahr
County of Aberdeen	1879
County of Caithness	1876
County of Cromarty	1878
County of Dumfries	1878
County of Edinburgh	1885
County of Haddington	1878
County of Inverness	1877
County of Kinross	1878
County of Linlithgow	1887
County of Peebles	1875
County of Roxburgh	1886
County of Selkirk	1878

Knöhr + Burchard

Schiff	Jahr
Barmbek	1886
Dalbek	1892
Eilbek	1892
Fischbek	1892
Goldbek	1893
Isebek	1892
Jersbek	1892
Reinbek	1889
Schiffbek	1886
Schuerbek	1902
Thielbek	1893

Robert Dollar Company

Schiff	Jahr
David Dollar	1893
Helwig Dollar	1891
James Dollar	1901
Janet Dollar	1902
John Ena	1892
Joseph Dollar	1902
Mae Dollar	1892
Mary Dollar	1904
Reinbek	1889
Wandsbek	1892
William Dollar	1902

R. Shankland + Co.

Schiff	Jahr
Bannockburn	1886
Celticburn	1892
Craigburn	1884
Duchalburn	1887
Gowanburn	1886
Janet Cowan	1889
Kelburn	1889
Miltonburn	1893
Otterburn	1893
Routenburn	1881
Springburn	1892

William Thomas + Co.

Schiff	Jahr
Afon Alaw	1891
Colony	1886
Crocodile	1892
Dominion	1891
James Kerr	1892
Kate Thomas	1885
Metropolis	1887
Nation	1891
Principality	1885
Province	1886
Rowena	1883

John Hardie + Sons

Schiff	Jahr
Archibald Russell	1905
Chiltonford	1892
Corunna	1893
Hougomont	1897
Nivelle	1897
Pyrénées	1891
Saragossa	1902
Talavera	1882
Vimeira	1891

Thos. Law + Co.

Schiff	Jahr
Buteshire	1888
Dumfries-shire	1889
Elginshire	1889
Falls of Halladale	1886
Inverness-shire	1894
Kinross-shire	1893
Ross-shire	1891
Glencairn	1878
Jordanhill	1892

AG. Alster

Schiff	Jahr
Alster	1890
Alsterberg	1902
Alsterdamm	1892
Alsterfee	1892
Alsternixe	1892
Alsterschwan	1891
Alsterufer	1892

B. Wencke + Söhne

Schiff	Jahr
Athene	1892
Euterpe	1884
Hebe I	1891
Hebe II	1891
Hera	1886
Mneme	1903
Pindos	1890

Rickmers AG.

Schiff	Jahr
Albert Rickmers	1895
Paul Rickmers	1892
Peter Rickmers	1889
Renee Rickmers	1887
Robert Rickmers	1888
Maria Rickmers	1892
R. C. Rickmers	1906

Aitken, Lilburn + Co.

Schiff	Jahr
Chelmsford	1893
Loch Broom	1885
Loch Carron	1885
Loch Moidart	1881
Loch Nevis	1894
Loch Torridon	1881

G. J. H. Siemers + Co.

Schiff	Jahr
Edmund	1891
Egon	1902
Hans	1904
Herbert	1892
Kurt	1904
Thekla	1892

R. Denniston

Schiff	Jahr
Australia	1886
Bandaneira	1885
Bermuda	1893
Grenada	1894
Lucipara	1885
Tasmania	1886

Alaska Packers Association

Schiff	Jahr
Star of Greenland	1892
Star of Poland	1901
Star of Scotland	1887
Star of Shetland	1899
Star of Zealand	1900

Brown + Corblet

Schiff	Jahr
Blanche	1899
Emile Renouf	1897
Emilie Siegfried	1899
Ernest Siegfried	1898
Président Felix Faure	1896

James Rolph

Schiff	Jahr
Annie M. Reid	1892
Drummuir	1882
Golden Gate	1888
John Ena	1892
Wiliam T. Lewis	1891

Fisher + Sprott

Schiff	Jahr
Ellesmere	1886
Eusemere I	1884
Eusemere II	1890
Kentmere	1883

Aug. Bolten, Wm. Miller's Nachf.

Schiff	Jahr
Gustav	1892
Leni	1891
Ulrich	1892

Devitt + Moore

Schiff	Jahr
Simla	1854
Port Jackson	1882
Medway	1902

J. D. Clink

Schiff	Jahr
Pinmore	1882
Thistle	1891
Vanduara	1882

Th. Dunlop + Sons

Schiff	Jahr
Clan Buchanan	1887
Clan Graham	1893
Clan Galbraith	1894

A. Lyle + Sons

Schiff	Jahr
Cape Clear	1892
Cape Wrath	1892
Cape York	1890

Watson Bros.

Schiff	Jahr
Ben Douran	1881
Benares	1877
Craigerne	1889

H. Fölsch + Co.

Schiff	Jahr
Walküre	1902
Woglinde	1896

J. + A. Allan

Schiff	Jahr
Glencairn	1878
Romsdal	1877

Lang + Fulton

Schiff	Jahr
Grenada	1894
Ormsary	1903

Thos. + Jno. Brocklebank

Schiff	Jahr
Sindia	1887
Holkar	1888

George Duncan

Schiff	Jahr
Colonial Empire	1902
Lauriston	1892

R. Hughes + Co.

Schiff	Jahr
Afon Law	1891
Afon Cefni	1892

Crawford + Rowat

Schiff	Jahr
Port Caledonia	1892
Port Stanley	1890

D'Orbigny et Faustin

Schiff	Jahr
Asie	1902
Europe	1897

Long-courriers français

Schiff	Jahr
Asnières	1902
Champigny	1902

Prentout-Leblond

Schiff	Jahr
France II	1912
Quevilly	1897

Bureau et fils

Schiff	Jahr
Sainte Catherine	1898
Sainte Marguerite	1899

Société des voiliers havrais

Schiff	Jahr
Ville de Mulhouse	1899
Ville du Havre	1899

Literatur-Verzeichnis

I. Bücher:

Adams, Bill
Ships and memories, Brighton 1975

Adams, Bill
Ships and women, London 1936

Albrand, L.
Westward-ho, Hamburg 1936

Andersch, R.
Die weißen Schwingen, Tübingen 1958

Anderson, Ernest B.
Sailing ships of Ireland, Dublin 1951

Aubin, Georges
L'empreinte de la voile, Paris 1955

Aubin, Georges
Nous les Cap Horniers, Paris 1957

Aymar, Brandt
A pictorial treasury of the Marine Museums of the world, New York 1967

Baines, Frank
Der Letzte, Hamburg 1959

Barker, James P.
The log of a limejuicer, New York 1933

Bassett-Lowke, W. J. + Holland, George
Ships and men, London 1949

Bathe – Rubin de Cervin
Der Segelschiffe große Zeit, Bielefeld 1967

Bernatz, Hans Willy
Berühmte Schiffe, Herford 1973

Bisset, James Sir
Auf allen Ozeanen, München 1965

Blake, George
Down to the seas, London 1937

Blöss, Hans
Bürger der Ozeane und Meere, Kiel 1968

Blöss, H.
Potosi und Preußen, (Glanz und Schicksal der . . .), Kiel 1960

Bock, Bruno; Paschburg, Hartmut
Sea Cloud, Herford 1979

Bourne, Pamela
Out of the world, London 1935

Bowness, Ed.
Fourmasted barque, London 1955

Börjeson, D. HJ. T.
Stockholms Segelsjöfart, Stockholm 1932

Brennecke, Jochen; Dummer, Karl-Otto
Pamir – ein Schicksal, Herford 1977

Brennecke, Jochen
Strandungen, Herford 1969

Brennecke, Jochen
Tanker, Herford 1975

Brennecke, Jochen
Windjammer, Herford 1968

Brewington, Dorothy + M. V.
Marine paintings and drawings, Salem Mass. 1968

Briggs, L. V.
Around Cape Horn to Honolulu on the bark »Amy Turner«, London 1974

Brophy, Patrick
Sailing ships, London 1974

Brustal-Naval, Fritz
Windjammer auf großer Fahrt, Göttingen 1973

Brustal-Naval, Fritz
Zwischen Mast und Reling, Stuttgart 1966

Burmester, Heinz
Mit der Pamir um Kap Horn, Oldenburg. Hamburg 1974

Burmester, Heinz
Segelschulschiffe rund Kap Horn, Oldenburg. Hamburg 1976

Busch, Fritz O.
Weiße Segel, weite Meere, Berlin 1939

Campbell, Neil
Shadow and sun, London 1949

Capper, D. P. Commander
Famous sailing ships of the world, London 1957

Carr, Frank G. G.
The medley of mast and sail, Brighton 1976

Carse, Rob.
The twiligth of sailing ships, New York 1965

Carter, Clive
Cornish ship wrecks, Vol. II, 1970

Carvell, John L.
Stephen of Linthouse, Glasgow 1950

Chapelle, Howard I.
History of American sailing ships, New York 1935

Chatterton, E. Keble
Sailing ships and their history, New York 1968

Chatterton, E. Keble
Seamen all, London 1924

Churchouse, Jack
The Pamir under New Zealand Ensign, Wellington N. Z. 1978

Clark, Arthur H. Capt.
The clipper ship era, Riverside, Conn. 1970

Clements, Rex
A gipsy of the Horn, London 1925

Course, A. G.
Painted ports, London 1961

Course, A. G.
The wheel's kick and the wind's song, Newton Abbot 1968

Course, A. G.
Windjammer of the Horn, London 1969

Craemer, Hans A.
5000 Jahre Segelschiffe, München-Berlin 1938

Curti, Orazio
Schiffsmodellbau, Bielefeld 1973

Derby, W. L. A.
The tall ships pass, Newton Abbot 1970

Dinklage, L.
Männer, Schiffe, Abenteuer, Hannover 1967

Domitzlaff, H.
Passat, Bielefeld 1960

Domville-Fife, Charles W.
Epics of the square rigged ships, London 1958

Domville-Fife, Charles W.
Square-rigger days, London 1938

Dunn, Laurence
The worlds tanker, London 1936

Ewe, Herbert
Schiffe auf Siegeln, Bielefeld 1972

Finch, Roger
The ship painters, Lavenham/Suff. 1975

Fowles, John
Shipwreck, London 1974

Fyfe, Dorothy M.
Maritime History of Wallaroo, 1979

Gaukel, Bruno
Neptun's Reporter, Hamburg 1963

General Catalogue of historic photographs, Vol. II
»Merchant sailing ships«, Greenwich 1976

Gerdau, Kurt Kapt.
Padua, Herford 1978

Gillis, Richard
Wrecks around the Cornish Coast, Bristol 1967

Gipps, Jim
Pacific square riggers, Seattle 1969

Goldsmith-Carter, G.
Sailors, sailors, London 1966

Gording, Peter
Erbarmungslose See, Lengerich/Westf. 1964

Gording, Peter
Wir segeln dem Teufel die Hörner ab, Bremerhaven 1969

Gordon, William + Lander, Hugh
Windjammers, Glasgow 1938

Grattidge, H.
Captain of the Queens, London 1956

Gropallo, Tommaso
Il romanzo della vela, Ausg. I, 1929

Gropallo, Tommaso
Il romanzo della vela, Ausg. II, Milano 1973

Gropallo, Tommaso
Ultima vela – last sail, Bogliasco-Genova 1969

Hamecher, Horst
Königin der See, Fünfmastvollschiff *Preußen*, Hamburg. Garstedt 1969

Hansen, Hans Jürgen
Deutsche Marine Malerei, Hamburg 1977

Hansen, Hans Jürgen
Galionsfiguren, Hamburg 1979

Hansen, Hans Jürgen
Kunstgeschichte der Seefahrt, Hamburg 1966

Hansen, Hans Jürgen
Heiß die Segel, Hamburg 1974

Hawks, Ellison
The romance of the merchant ships, London 1931

Haws, Duncan
Schiffe und Meer, Bielefeld 1975

Hayet, Armand
Us et coutumes a bord des Long-Courriers, Paris 1969

Heinrich, Rhoda
Wide sail and wheat stacks, Port Victoria 1976

Herrlau, H.
Moses in Luv und Lee, Hamburg 1965

Herrlau, Harry H.
Wer einmal um Kap Horn gesegelt, Herford 1970

Holm-Petersen, F.
Skipportraetmalere, Troense 1967

Holmes, James W. Capt.
Voyaging, London 1965

Höver, Otto
Von der Galiot zum Fünfmaster, Bremen 1934

Hughes, Henry
Immortal sails, Prescot/Lanc. 1969

Hurst, Alex. A.
Arthur Briscoe – Marine artist, Brighton 1974

Hurst, Alex. A.
Square-riggers, the final epoch, Brighton 1972

Hurst, Alex. A.
The music of five Oceans, London 1960

Hurst, Alex. A.
The sailing school ships, London 1962

Huycke, Harold, D.
To Santa Rosalia, further and back, Newport News 1970

Jebens, H. Dr.
Passat im Novembersturm, Kassel 1960

Johnson, Irving Capt.
Peking battles Cape Horn, New York 1977

Jones, W. H. S.
All hands aloft
London 1969

Jones, W. H. S.
Sturmverweht, Hamburg 1959

Kåhre, George
The last tall-ships, Greenwich 1978

Kåhre, George
Under Gustaf Eriksons Flagga, Mariehamn 1948

Karlsson, Elis
Die See, mein Leben, Bielefeld 1965

Kirkaldy, A. W.
British shipping, Newton Abbot 1970

Kraaz, Karl-Heinz
Die letzte Fahrt der Pamir, Köln 1958

Kresse, Walter
Seeschiffs-Verzeichnis der Hamburger Reedereien, Teil 2, 1969

Laas, W. Prof.
Die großen Segelschiffe, Kassel 1972

Lacroix, Louis
L'age d'or de la voile, 1949

Lacroix, Louis
Les derniers Cap Horniers Français, Paris 1957

Lacroix, Louis
Les derniers grands voiliers, Paris 1967

Laing, Alexander
American ships, New York 1971

Laing, Alexander
Clipper ships and their makers, New York 1966

Landström, Björn
Das Schiff, Gütersloh 1961

Larn, Richard + Carter, Clive
Cornish ship wrecks, Vol. I, 1971

Larn, Richard
Cornish ship wrecks, Vol. III, 1971

Lächler-Wirz
Schiffe der Völker, Olten und Freiburg 1962

Leip, Hans
Am Rande der See, Hamburg 1967

Le Scal, Yves
La grande épopée des Cap Horniers, Paris 1964

Le Scal, Yves
Segelschiffe, Photographien, Luzern + Frankfurt 1977

Leithäuser, Joachim G.
Weltweite Seefahrt, Berlin 1962

Llaugé, Dansà Felix
Storia dei velieri, Milano 1974

Lloyd, Christopher + Henry, J. Douglas
Schiffe und Schiffsvolk, Hamburg 1962

Lubbock, Basil
Round the Horn before the mast, London 1930

Lubbock, Basil
China Clippers, Glasgow 1957

Lubbock, Basil
Coolie ships and oil sailers, Glasgow 1955

Lubbock, Basil
The Colonial Clippers, Glasgow 1955

Lubbock, Basil
The Down Easters, Glasgow 1963

Lubbock, Basil
The merchant sailing ship, Newton Abbot 1970

Lubbock, Basil
Nitrate clippers, Glasgow 1953

Lubbock, Basil
The last of the windjammers, Vol. I, Glasgow 1963

Lubbock, Basil
The last of the windjammers, Vol. II, Glasgow 1960

Lubbock, Basil
The romance of the clipper ships, London 1958

Lubbock, Basil
The western ocean packets, Glasgow 1956

Luckner, Graf
Seeteufel, Herford 588—593 Tsd.

Macintyre, Donald Capt.
Abenteuer der Segelschiffahrt, Gütersloh 1970

Mackenzie, Margaret E.
Shipwreck . . . and more shipwrecks, Peterborough, Vict. Australia 1979

Martinen, Martin
Seemann auf der Preußen und anderen Windjammern, Oldenburg. Hamburg 1978

Masefield, John
The Wanderer, London 1930

Matthews, F. C. + Howe, O. T.
American Clipper ships, Vol. I + II., New York 1967

Mc Culloch, John Herries
A million miles in sail, London 1933

Mc Cutchan, Philip
Tall ships, London 1976

Mc. Gregor, David
Fast sailing ships, Lausanne 1973

McKay, Richard C.
Some famous sailing ships and their builder, Riverside, Conn. 1969

Meyer, Carl
Ein Teufelsjob, Herford 1974

Meyer, Jürgen
150 Jahre Blankeneser Schiffahrt, Hamburg 1968

Meyer, Jürgen
Hamburgs Segelschiffe, Norderstedt 1971

Meyer, Jürgen
Segelschiffe auf alten Postkarten, Norderstedt 1975

Middendorf, F. L.
Bemastung und Takelung der Schiffe, Kasel 1971

Mielke, O.
Katastrophen auf See, Hamburg 1957

Mjelde, Michael Jay
Glory of the seas, Middletown, Conn. 1970

Mudie, Rosemary + Colin
The story of the sailing ship, London. New York 1975

Muncaster, Claude
Roling round the Horn, London 1933

Munro, D. J. Capt.
The roaring forties and after, London 1929

Nebel, Kay H.
. . . rund Cap Horn, 1978

Newby, Eric
Das letzte Weizenrennen, Berlin 1968

Norton, Peter
Figureheads, Greenwich 1972

Page, Ch. + A.
Under sail and in port, Salem, Mass. 1950

Parsons, Ronald
Sailing in the South, Adelaide, Sydney 1975

Pearce, Ronald
The last of the glorious era, London 1969

Petersen, Kaare
The saga of Norwegian shipping, Oslo 1955

Phillips-Birt, Douglas
Sie fuhren hinaus auf See, Bielefeld 1971

Potts, W. H.
Wind from the East, London 1944

Prager, Hans Georg
Blohm + Voss, Herford 1977

Prager, Hans Georg
F. Laeisz – vom Frachtsegler zum Bulk-Carrier, Herford 1974

Randier, Jean
Grands voiliers Français, Grenoble 1974

Randier, Jean
Hommes et navires au Cap Horn, 1966

Randow, H.
Sieben Mal um Kap Horn, Hattingen (Ruhr) 1962

Rees, Gareth
Tall ships (Bildband Großformat), Oxford 1978

Reinemuth, Rolf
Die »Bremer Esel«, Herford 1973

Reinemuth, Rolf
Master next God, Herford 1979

Reinemuth, Rolf
Nymphe – ein Windjammer aus Vegesack, Herford 1978

Reinemuth, Rolf
Rebellen an Bord, Herford 1976

Reinemuth, Rolf
Segel aus Downeast, Herford 1971

Richter, Gerhard + Grube, Frank
Das große Buch der Windjammer, Hamburg 1976

Ried, Walter
Deutsche Segelschiffahrt seit 1470, München 1974

Riesenberg, Felix
Cape Horn, London 1950

Riesenberg, Felix
Under sail, London 1925

Rodgers, Henry H.
Henry Huddleton Rodgers collection, Annapolis, Maryl. 1958

Rohrbach, Piening und Schmidt
FL – die Geschichte einer Reederei, Hamburg 1955

Rosenberger, Eugenie
Auf großer Fahrt, München-Berlin 1929

Rutland, Jonathan
All colour of ships, London 1978
Sailing ships, their history and development, part. I, London 1932
Sailing ships, their history and development, part. II, London 1936

Savant, Jean
Histoire mondiale de la marine, Paris 1961

Schäuffelen, Otmar
Die letzten großen Segelschiffe, Bielefeld 1969

Schmelzkopf, Reinhart
Die deutsche Handelsschiffahrt 1919–1939, Hamburg 1974

Schlechtriem, Gert
Bremerhaven in alten Ansichtskarten, Frankfurt a. M. 1977

Schmidt, Fred Kapt.
Alle Mann an Deck, Berlin 1953

Schmidt, Fred Kapt.
Kapitäne berichten, Berlin 1941

Schmidt, Fred Kapt.
Neue Kapitäns-Berichte, Berlin 1937

Schmidt, Fred Kapt.
Von den Bräuchen der Seeleute, Hamburg 1962

Schmidt, Fred Kapt.
Windspiele der Kalifornienfahrt, Berlin 1950

Schönicke, Lothar
Mit Windjammer unterwegs um die Welt, Herford 1971

Schulz, Günter
Unter Segeln rund Kap Horn, Hamburg 1956

»Scott Greenock«
Two centuries of shipbuilding, London 1920

Sebille, Albert
Dunkerque et ses chantiers de construction, 1950

Seeamt Lübeck
Der Untergang des Segelschulschiffes Pamir,
Kassel 1973

Serafini, Flavio
La città dei marinai, Milano 1978

Simper, Robert
Scottish sail, a forgotten era, Newton Abbot 1974

Smith, C. Fox
There was a ship, London 1929

Spengemann, Friedrich
Die Segelschiffe der hannoverschen Weserflotte, Norderstedt 1975

Spiers, George Capt.
The Wavertree, New York 1969

Spurling, Jack + Lubbock, Basil
Sail, the romance of the clipper ships, Vol. I, II, III, London 1972

Stammers, Michael K.
The passage makers, Brighton 1978

Svenson, S. + Macfie, G.
Segel durch Jahrhunderte, Bielefeld 1961

Szymanski, Hans
Deutsche Segelschiffe, Hamburg 1972

Tavernier, Bruno
Seewege, Bielefeld 1971

Taylor, James
Ellermans, a weath of shipping, London 1976

Timm, Werner
Kapitänsbilder, Bielefeld 1971

Timm, Werner
Schiffe und ihre Schicksale, Bielefeld 1976

Timmermann, G.
Schiffsmodelle, Hamburg 1958

Traung, Olaf
Viking, Göteborg 1951

Tunstall-Behrens, Hilary
Pamir, London 1956

Underhill, Harold A.
Deep-water sail, Glasgow 1963

Underhill, Harold A.
Sailing ships, rig und rigging, Glasgow 1963

Underhill, Harold A.
Sail training and cadet ships, Glasgow 1956

Villiers, Alan
Auf blauen Tiefen, Hamburg 1965

Villiers, Alan
By way of Cape Horn, London 1952

Villiers, Alan
Ein Königreich für ein Schiff, Hamburg 1960

Villiers, Alan
Falmouth for orders, New York 1953

Villiers, Alan
Falmouth for orders, Cambridge 1976

Villiers, Alan
Men, ships and the sea, Washington, DC. 1962

Villiers, Alan
Rund Cap Horn, Wiesbaden 1966

Villiers, Alan + Picard, Henri
The bounty ships of France, London 1972

Villiers, Alan
The last of the windships, New York 1934

Villiers, Alan
The war with Cape Horn, London 1971

Villiers, Alan
Verschollen auf See, Bielefeld 1965

Villiers, Alan
Voyage of the Parma, London 1933

Villiers, Alan
Wilder Atlantik, Hamburg 1958

Von Salis-Soglio, Edgar
Mit fliegenden Segeln über die Weltmeere, Zürich 1953

Williams, P. J. + Serle, R.
Ships in Austrailian waters, Sydney 1968

Wilmerding, John
A history of American marine painting, Salem, Mass. 1968

Wilmore, C. Ray
Square-riggers round the Horn, Camden, Maine 1972

Winchester, Clarence
Shipping wonders of the world volume I + II, London 1938

Witthöft, Hans Jürgen
HAPAG, Hamburg Amerika Linie, Herford 1973

Witthöft, Hans Jürgen
HAPAG-LLOYD, Herford 1974

Witthöft, Hans Jürgen
Norddeutscher Lloyd, Herford 1973

II. Zeitschriften, Festschriften:

Ålands Sjöfart
Ålands shipping gazette, Mariehamn

Cape Horniers Australia
Mitteilungsblatt der australischen Sektion der Cap Horniers

Der Albatros
Mitteilungsblatt der deutschen Sektion der Cap Horniers

Köhlers Flottenkalender
nach Jahrgängen

National Geographic Society
National Geographic Magazine
nach Jahrgängen

Sea Breezes Magazin
nach Jahrgängen

Seekiste, später Schiffahrt International
nach Jahrgängen

The Society for nautical research »Mariner's Mirror«
nach Jahrgängen

100 Jahre Blohm + Voss
Festschrift 1877–1977, 1977

Rickmers
125 Jahre Jubiläum, 1959

Interessenten für ein umfangreiches und
individuelles Literaturverzeichnis wollen sich bitte direkt
an den Autor dieses Buches wenden:
Hans Jörg Furrer, Dipl.-Ing. ETH
Alpenstraße 33, CH 3006 Bern